Vorwort.

Die jährlichen Ausgaben der Eisenbahnen Deutschlands für Materialien betragen zur Zeit etwa hundert und fünfzig Millionen Mark. Der Verfasser glaubt, durch Anführung dieser Summe einer weiteren Ausbreitung über die Wichtigkeit des Materialienwesens überhoben zu sein.

Die Eisenbahn-Materialien-Verwaltung erfordert vielseitige Kenntnisse, Fähigkeiten und Thätigkeiten, welche theils kaufmännischer bezw. rechtswissenschaftlicher, theils technischer Art sind. Die vorliegende Arbeit zieht lediglich die technische Seite der Materialien in Betracht.

Es sind nicht ausschließlich die Rohwaaren und Halbfabrikate, sondern auch die sehr zahlreichen zum unmittelbaren Gebrauche fertigen Ersatzstücke berücksichtigt, außerdem die nicht zahlreichen Stoffe, welche nur mittelbar den Eisenbahnzwecken, nämlich zu Untersuchungen dienen.

Der Wichtigkeit eines jeden Materials entsprechend, ist dessen Herstellungsweise mehr oder minder eingehend besprochen, weil vorwiegend die Kenntniß dieser dazu befähigt, das Material richtig beurtheilen, insbesondere Unvollkommenheiten, mögen sie nun Material-, Fabrikations- oder Schönheitsfehler sein, erkennen zu können.

Den Verbrauchszweck der Eisenbahn-Materialien betreffend, so ist man hin und wieder geneigt, anzunehmen, die Kenntniß davon sei dem Materialienverwalter entbehrlich. Da jedoch der Verbrauchszweck nicht allein die zu verlangende Güte des Materials, sondern auch die zu beschaffende Menge, die Beschaffungszeit, ferner den zu haltenden Vorrath, endlich nicht selten die zweckmäßige Lagerung bedingt — und wenn der Verwalter darauf seine Aufmerksamkeit richten will, ob nicht an irgend welchen Stellen für bestimmte Zwecke zu viel oder ungeeignete oder unnöthig theuere Materialien verwendet werden, sowie, ob der Verbrauch an verschiedenen Stellen unter gleichen Verhältnissen annähernd gleich groß ist — dann dürfte die in Rede stehende Wissenschaft über den Verbrauchszweck der Materialien dem Verwalter derselben unerläßlich sein.

Die angegebenen Preise sind nur als Durchschnittspreise für Waaren solcher Güte zu verstehen, wie dieselben bei den Eisenbahnen zur Verwendung kommen.

Es bedarf kaum der Erwähnung, daß das Wissen des Einzelnen nicht ausreichte, die Eisenbahn-Materialien in dem Umfange, wie es geschehen, zu bearbeiten; dem Maschinentechniker mußten der Hüttenmann, der Walzwerktechniker, der Chemiker u. a. zu Hülfe kommen und ist diese Hülfe auf das Zuvorkommendste geleistet worden. Derjenige Theil der Arbeit, welcher genauere Kenntnisse der Chemie erforderte, ist in freundlichster Weise von einem mit den betreffenden Materialien vertrauten Chemiker, welcher seit einer Reihe von Jahren die chemischen Untersuchungen für eine Anzahl von Eisenbahnen ausführt, einer Durchsicht unterworfen.

Der Verfasser muß es leider sich versagen, die betreffenden Herren einzeln hier namhaft zu machen, er spricht jedoch denselben, wie auch den Fachgenossen von der Eisenbahn, welche ihn ebenso bereitwillig wie liebenswürdig unterstützten, seinen lebhaften Dank aus.

Wesentliche Dienste leisteten die Lieferungsbedingungen einer großen Anzahl von in- und ausländischen Bahnverwaltungen, nicht minder die „Zusammenstellung der Qualitätsbestimmung rc." der Königlichen Eisenbahndirection Hannover, sowie auch die bezgl. Bestimmungen des Vereins Deutscher Eisenbahnverwaltungen.

Die sonstigen Schriften, welche zu Rathe gezogen wurden, sind Seite VII u. VIII aufgeführt.

Während einer fünfundzwanzigjährigen eisenbahndienstlichen Laufbahn hatte der Verfasser in den verschiedensten Stellungen im Werkstätten- und Eisenbahnbetriebe, ferner als Abnahmebeamter und als Mitglied von Abnahmecommissionen Gelegenheit, mit den Eisenbahn-Materialien sich zu befassen; selbstredend sind die im Laufe dieser Zeit gesammelten Erfahrungen benutzt.

Ein Werk, welches ausschließlich, in dem Umfange, wie das vorliegende, und gemeinfaßlich die Eisenbahn-Materialien für Oberbau, Werkstätten, Betrieb und Telegraphie behandelt, gibt es meines Wissens noch nicht.

Der Verfasser gibt der Hoffnung sich hin, daß das Wörterbuch auch bei denjenigen Eisenbahnbeamten und Fabrikanten von Eisenbahnbedarf, welche einer gemeinfaßlichen Darstellung dieses Gebietes entrathen können, dennoch als Sammelwerk und bequemes übersichtliches Nachschlagebuch Freunde sich erwerben wird.

Ob im Uebrigen ein Bedürfniß zu einer gemeinverständlichen Arbeit über Eisenbahn-Materialien vorhanden ist, mag die Zukunft lehren. Wer als Leiter von Eisenbahn-Werkstätten oder eines Zweiges des Eisenbahn-Betriebes, ferner als Mitglied von Prüfungs- und Abnahme-Kommissionen Gelegenheit hatte, einen Einblick in die Materialienkunde bei denjenigen Perſönlichkeiten zu thun, durch deren Hände in letzter Reihe die Eiſenbahn-Materialien ohne Ausnahme gehen, um ihrer Beſtimmung zugeführt zu werden — wer ferner zu beobachten in der Lage war, wie nicht ſelten Lieferanten wenig mit den an ein gutes Eiſenbahn-Material zu ſtellenden Anforderungen vertraut ſind — dürfte nicht abgeneigt ſein, mit dem Verfaſſer die Bedürfnißfrage zu bejahen.

Wenn die vorliegende Arbeit als geeignet ſich erweiſen ſollte, bei den zahlreichen Betriebs-, Strecken-, Werkſtätten-, Telegraphen-, Stations-, Locomotiv-, Wagen-, Fahr-, Materialien- und Magazin-Beamten die Kenntniſſe von den Eiſenbahn-Materialien und damit das Intereſſe an denſelben zu fördern, ſo hat der Verfaſſer ſeinen Hauptzweck erreicht. Den Beamten-Anwärtern dürfte das Wörterbuch ein Hülfsmittel abgeben, die bei den Prüfungen verlangten Kenntniſſe von den Materialien ohne zu große Schwierigkeit ſich anzueignen. Insbeſondere auch mit Rückſicht auf die genannten Beamten ſind Fremdwörter und Kunſtausbrücke nach Möglichkeit vermieden.

Den Stubirenden techniſcher Lehranſtalten, welche in das Eiſenbahnfach überzutreten gedenken, und den jüngeren Technikern wird das Wörterbuch dazu dienen können, ſich einen Ueberblick über die Eiſenbahn-Materialien zu verſchaffen; an der Hand dieſes Sammelwerkes werden dieſelben ſich nicht ganz fremd in dieſem Gebiete fühlen.

Das Abnehmen von Materialien betreffend, ſo glaubt der Verfaſſer bemerken zu ſollen, daß man die Fähigkeit dazu nicht aus Lieferungsbedingungen ſich aneignen kann, es müſſen Praxis und Erfahrung der Wiſſenſchaft ſehr zu Hülfe kommen. Lieferungsbedingungen können kaum ſo genau gefaßt ſein, daß Meinungsverſchiedenheiten zwiſchen Käufer und Lieferant ausgeſchloſſen ſind. Durch möglichſt ſcharf gefaßte Bedingungen, insbeſondere weil der Lieferant von vornherein noch nicht bekannt iſt, wird jener jeden Schaden von ſich fern zu halten ſuchen, dieſem dagegen iſt es billiger Weiſe nicht zu verbenken, ſeine erlaubten Vortheile im Auge zu behalten. Der Abnahmebeamte kann eine für beide Theile ſehr nützliche Stellung einnehmen, andererſeits iſt nicht ausgeſchloſſen, daß er, an den Buchſtaben der Lieferungsbedingungen ſich klammernd, keinem Theile gerecht und beiden mindeſtens läſtig wird.

Selbſtverſtändlich muß die Abnahme von Materialen, welche weſentlichen Abmachungen der Lieferungsbedingungen nicht entſprechen, beanſtanbet werden, insbeſondere, wenn es ſich um Fabrikate handelt, welche in enger Beziehung zu der Sicherheit des EiſenbahnBetriebes ſtehen, dabei iſt aber zu berückſichtigen, daß eine Abweichung von den Lieferungsbedingungen nicht immer eine geringere Güte der Waare bedingt, ſowie ferner, daß zufällige kleine Fehler, welche bei Maſſenherſtellungen nicht ausbleiben, auch bei den wichtigſten Materialien oft ohne Einfluß auf die Brauchbarkeit derſelben ſind. Wenn trotzdem ein ſolches Material „ins alte Eiſen“ wandert, ſo iſt damit Niemanden gedient, und allein schon vom volkswirthschaftlichen Standpunkte aus ist es zu beklagen, denn mit dem Materiale gehen der darauf verwendete Geist, Fleiß und Schweiß verloren.

Während die Interessen des Käufers und des zuverlässigen Lieferanten Hand in Hand gehen, gestaltet die Sache sich anders, wenn aus Unkenntniß oder Irrthum, oder in selteneren Fällen aus unerlaubtem Eigennutze, Materialien zur Abnahme gestellt werden, welche nicht nur nicht den Lieferungsbedingungen entsprechen, sondern sogar in Folge schädlicher Eigenschaften, vertuschter Fehler, unmittelbarer Fälschung od. dergl. für die Eisenbahnverwaltung Nachtheile oder Aergeres herbeiführen können. Der Verfasser wünscht lebhaft, seine Arbeit möge den Abnahme-Beamten wie den Lieferanten von Eisenbahnbedarf gleich nützlich werden.

Die Hoffnung, das Buch wohlwollend beurtheilt zu sehen, begleitet es in die Oeffentlichkeit.

Kattowitz (Oberschl.), im Januar 1887.

J. Brosius.

Abkürzungen.

ä. D.	äußerer Durchmesser.	i. D.	innerer Durchmesser.	qmm	Quadratmillimeter.
bezgl.	bezüglich.	kg	Kilogramm.	S.	Seite.
cbcm	Kubikcentimeter.	l	Liter.	S. oder s.	Siehe.
cbm	Kubikmeter.	lfd.	laufend.	sog.	sogenannte.
cm	Centimeter.	m	Meter.	Spez. Gew.	Spezifisches Gewicht.
Ctr.	Centner.	M.	Mark.	t	Tonne.
d. h.	das heißt.	mm	Millimeter.	Thl.	Theile.
D. oder d.	Der, die das.	o. a.	oder andere.	u.	und.
D.	Durchmesser.	o. dgl.	oder dergleichen.	u. a.	und andere.
Fig.	Figur.	%	Prozente o. prozentig.	u. dgl.	und dergleichen.
Gew.	Gewicht.	Pf.	Pfennige.	u. s. w.	und so weiter.
gr	Gramm.	Pr.	Preußisch.	z. B.	zum Beispiel.
		qm	Quadratmeter.		

Litteratur.

Außer den bekannten technischen Zeitschriften:

Egbert Hoyer — Lehrbuch der vergleichenden mechanischen Technologie.
Rudolf von Wagner — Handbuch der chemischen Technologie.
Muspratt-Kerl — Chemie.
Rühlmann — Allgemeine Maschinenlehre.
Dr. Karl Seubert — Handbuch der allgemeinen Waarenkunde.
Simon und Friederici — Materialienkunde.
E. Schick — Waarenkunde.
„Hütte“ — Des Ingenieurs Taschenbuch, und Taschenbuch für Chemiker und Hüttenleute.
Dr. Adolf Gurlt — Bergbau und Hüttenkunde.
C. Rammelsberg — Lehrbuch der chemischen Metallurgie.
Heusinger von Waldegg — Handbuch für spezielle Eisenbahntechnik.
  —   —   — Kalender für Eisenbahntechniker.
Deutsches Bauhandbuch.
F. Oberstadt — Die Technologie der Eisenbahnwerkstätten.
Emil Tilp — Der praktische Maschinendienst im Eisenbahnwesen.
Rudolph Gottgetreu — Physische und chemische Beschaffenheit der Baumaterialien.
A. Ledebur — Die Metallverarbeitung auf chemisch-physikalischem Wege.
  —   — Die Verarbeitung der Metalle auf mechanischem Wege.

Dr. F. Muck — Grundzüge und Ziele der Steinkohlenchemie.
Dr. Adolf Gurlt — Die Bereitung der Steinkohlenbriquettes.
G. K. Schrott — Ueber Heizmaterialien.

Dr. Hermann Wedding — Eisenhüttenkunde.
Alphons Petzoldt — Fabrikation, Prüfung und Uebernahme von Eisenbahnmaterial.
Eduard Japing — Eisen und Eisenwaaren.
  —   — Draht und Drahtwaaren.

C. Bischoff — Das Kupfer und seine Legirungen.
Andreas Wildberger — Die Legir- und Löthkunst.

Nördlinger — Technische Eigenschaften der Hölzer.
Dr. Georg Thenius — Das Holz und seine Destillationsprodukte.
Eduard Prinz — Die Bau- und Nutzhölzer.

Wiesner — Die Rohstoffe des Pflanzenreichs.

Dr. Robert Schlesinger — Mikroskopische Untersuchungen der Gespinnstfasern.

E. Sonntag — Der Flachsbau.

Dr. H. Grothe — Lehrbuch der Textilindustrie.

—   —   — Spinnerei, Weberei und Appretur.

Ludw. Hartung — Das Seilerhandwerk.

Dr. Josef Bersch — Die Fabrikation der Erd-, Mineral- und Lackfarben.

Dr. Stanislaus Mierziński — Die Erd-, Mineral- und Lackfarben.

R. Tormin — Der Staffiermaler.

Erwin Andres — Die Fabrikation der Lacke, Firnisse u. s. w.

R. Tormin — Lehrbuch der Lackirkunst.

Carl Lichtenberg — Die Fettwaaren und fetten Öle.

Dr. Christian Heinzerling — Die Fabrikation der Kautschuk- und Guttapercha-Waaren.

Franz Clouth — Die Kautschukindustrie.

Ferdinand Wiener — Die Lohgerberei.

—   —   — Die Weißgerberei, Sämischgerberei u. s. w.

Dr. M. Graeger — Lohgerberei.

Conrad Josef Marner — Der Bürsten- und Pinselfabrikant.

Siegmund Lehner — Die Kitt- und Klebemittel.

Heinrich Eckardt — Die Kittkunst.

Bernhard Schlegel — Die Leimfabrikation.

A. Lüdike — Handbuch für Kunst-, Bau- und Maschinenschlosser.

A.

Abziehbilder (Abziehschriften.)
Die Anschriften und Bilder (z. B. Adler,
Kronen) an den Eisenbahnwagen werden
unter Zuhülfenahme von Schablonen oder
schriften abschattirt oder die Bilder mehr-
farbig sind, mit freier Hand nachhelfen; die
Abziehbilder erfordern eine Nacharbeit mit
Farben und Pinsel nicht, oder doch selten.

Fig. 1.

Abziehbild
für Preuß. Staatsbahn-Personenwagen.

unter Benutzung von sog. Abziehbildern
(Abziehschriften) gefertigt. Bei ersteren
muß der Maler, insbesondere wenn die An-
Abziehbilder sind Oeldrucke auf Papier,
dessen eine Seite dünn mit einer Masse überzogen ist, welche nach Befeuchten des Pa-

Wörterbuch

der

Eisenbahn=Materialien

für

Oberbau, Werkstätten, Betrieb und Telegraphie,

deren

Vorkommen, Gewinnung, Eigenschaften, Fehler und Fälschungen,
Prüfung u. Abnahme, Lagerung, Verwendung, Gewichte, Preise.

Handbuch

für

Eisenbahnbeamte, Studirende technischer Lehranstalten und Lieferanten
von Eisenbahnbedarf.

Unter Mitwirkung von Fachgenossen
gemeinfaßlich bearbeitet
von

J. Brosius,

Maschineninspector bei Kgl. Eisenbahndirection Breslau.

Mit 228 Holzschnitten.

Wiesbaden.
Verlag von J. F. Bergmann.
1887.

pieres von biefem fich ablöft. Das Abzieh=
bilb fitzt auf ber zugerichteten Papierfeite,
jedoch in umgekehrter Reihenfolge, wie bei
gewöhnlichen Oelbilbern, bie Grunbirung
ift nämlich oben unb bie Farbenfchicht unten
unb zwifchen Papier unb Bilb liegt bie
lösliche Maffe.

Wie ein folches Abziehbilb mit ber rich=
tigen Seite nach außen auf eine Fläche
übertragen wirb, befagt folgenbe

Gebrauchsanweifung.

Man überftreicht mit einem Haarpinfel bas Ab=
ziehbilb auf ber Vorderfeite (Bildfeite) bünn unb
gleichmäßig mit einem bünnen, gut flebenben Lad
unb läßt biefen etwas anziehen. Hierauf legt man
bas Bilb mit ber ladirten Seite auf bie bis auf ben
lehten Ladanftrich fertige Wand bes Wagens unb
brüdt es mit einem weichen, pilzförmig geballten
Tuche (Wafchleber) gut an, immer von ber Mitte nach
außen fahrenb, bamit alle Luftblafen entfernt werben.
Nachbem bas Bilb vollftänbig geglättet unb ange=

trodnet ift, wirb es mit einem feuchten Schwamme
benetzt unb bas Papier nach einigen Minuten vor=
fichtig abgelöft; an Stellen, wo biefes fich nicht löft,
wirb burch Befeuchten nachgeholfen

Das auf bem Gegenftanbe zurüdgebliebene Bilb
muß burch vorfichtiges Abtupfen mit einem feuchten
Schwamme grünblich von bem barauf befinblichen
Schleim gereinigt werben, ba fonft, wenn bas Ab=
ziehbilb troden wirb, bie Farben Riffe befommen unb
abfpringen.

Ladirer fönnen bei ber Anbringung von Abzieh=
bilbern gleich ben Lad vor bem lehten Ueberladiren
als Klebftoff benuhen, alfo bas trodene Bilb auf bie
noch flebrige Ladirung legen.

Das übertragene Bilb ift nach einigen Stunben
troden unb wirb bann bei bem lehten Ladanftrich
mit überladirt.

100 Abziehbilber für Perfonenwagen
(Fig. 1) 18,50 M., für Güterwagen 5,80 M.,
Hunbeföpfe 5,50 M. Troden zu lagern.

Abziehfteine (Oelfteine), f. Schleif=
fteine.

Achsbuchsbedel, aus fchmiebbarem
Eifenguß, bas Stüd 0,5 bis
0,6 kg. 100 kg 50—60 M.
Müffen genau nach Zeich=
nung, fauber unb fehlerlos ge=
liefert werben. S. fchmiebbarer
Eifenguß.

Achsbuchfen (Achs=
lagerfaften) für Loko=
motiven, Fig. 2 bis 4.
Die Obertheile ber Lagerfaften
werben nach Zeichnung mit
Maßangaben aus Schweiß=
eifen, Flußftahl ober Stahl=
façonguß hergeftellt; bie Er=
fahrungen mit lehterem finb
nicht überall günftig. Das
Material muß in allen Fällen
befter Güte, gleichmäßig unb
bicht (weber unganz noch porig) fein. Stahl=
façonguß foll ohne befonbere Schwierigfeit
fich bearbeiten laffen. Die Obertheile müffen
genau nach ben vorgefchriebenen Abmeffungen
überall fauber bearbeitet unb in ben Führung=
flächen vollfommen parallel fein.

Bei Schweißeifen wirb bas aus beften
Schroteifen hergeftellte Paquet in brei Hihen

Fig. 2—4.

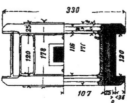

Achslagerfaften
für Locomotiven.

unter dem Dampfhammer (60—100 Ctr.) ausgeschweißt und ·wie Fig. 5 andeutet, ausgereckt, dann, wie punktirt angegeben, umgebogen. Es ist darauf zu halten, daß das Schmiedestück aus e i n e m Paquete, also ohne späteres Schweißen, hergestellt wird. Bei Stahl tritt an die Stelle des Paquetes ein entsprechend großer Flußstahl=

Fig. 5.

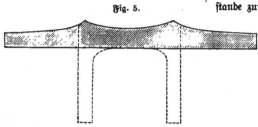

block. Die weitere Bearbeitung der Achs= buchsen erfolgt auf Werkzeugmaschinen.

Das Untertheil der Achsbuchse besteht aus Gußeisen. Das Material muß den an besten grauen Eisenguß zu stellenden An= forderungen genügen, die Bearbeitung sau= ber sein.

Fig. 6 u. 7.

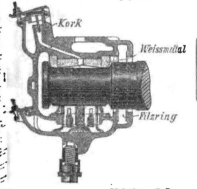

Achslagerkasten
für Wagen.

An den Führungsflächen werden die Achsbuchsen mit Rothgußeinlage gefüttert; diese, wie auch die Lager werden in den

Eisenbahn=Werkstätten angefertigt und ein= gebracht, ebenso die Schmiervorrichtungen, Deckel und Filzringe. Obertheil 37—47 kg, Untertheil 8,5—10,5 kg. (100 kg 40—50 M.)

Achsbuchsen (Achslagerkasten) für Wagen, Fig. 6 und 7, werden nach Zeichnungen mit Maßangaben hergestellt, oder man übergibt dem Lieferanten Modelle, welche nach dem Gebrauche in gutem Zu= stande zurückzugeben sind.

Die Lagerkasten sollen mit der Formmaschine geformt und so sauber gegossen sein, daß eine weitere Bearbeitung nicht erforderlich ist. Das Material muß ein graues Gußeisen bester Güte, der Guß dicht, fest, frei von Löchern, Blasen, Rissen, Formsand, Gußnähten, An= güssen und dergl. sein und überall eine glatte und tadellose Ober= fläche haben. Zu dem Bügel, den Schrau= ben und Stiften muß bestes Schmiedeeisen verwendet werden. Der obere Schmier= kastendeckel und der Schlußring der Bügel= schraube werden auch aus schmiedbarem Gusse hergestellt.

Zu den Lagerschalen wird je nach Anforderung Rothguß oder Weißmetall verwendet.

Die Achsbuchsen müssen genau in den vorgeschrie= benen Abmessungen und sauber hergestellt, die Führungsflächen ganz pa= rallel und, wenn der Guß nicht vollkommen glatte Flächen haben sollte, sorg= fältig bearbeitet, der Bügel muß sauber ge= schmiedet und bearbeitet sein. Die Schlußringe gegen das selbst= thätige Losdrehen der Bügelschrauben müssen bequem, jedoch ohne zu schlottern, mit der Hand auf dem Sechskant von Bügel und Schraube sich verschieben lassen. Die Schrauben sollen tadellos gearbeitet, insbesondere scharf geschnitten, sie dürfen an den Gewinden nicht ausgebrochen sein und nicht schlottern.

In der Regel werden nur die Gußtheile, der Bügel, die Bügelschraube und der Schlußring fertig beschafft, wogegen die Lagerschale, der Schmierapparat, die Deckel und deren Verschlüsse, der Korkstopfen mit Kupferröhrchen und der Filzring (Staubring) in den eigenen Werkstätten angefertigt und angebracht werden. Obertheil 27,5 kg, Untertheil 13,5 kg. 100 kg 13,50 bis 15 M.

Achswellen (Achsschafte, Achsen), werden aus Flußstahl von bester, zäher, durchweg gleichmäßig dichter, fehlerfreier Beschaffenheit hergestellt. Die Art der Herstellung des Flußstahles, ob Tiegelguß, Bessemer- oder Martinstahl, bleibt in der Regel dem Lieferanten überlassen, muß jedoch in dem Angebote mitgetheilt werden.

Mit Rücksicht auf eine geringe Abnutzung der Schenkel in den Lagern würde ein harter Stahl sich empfehlen; da die Achswellen jedoch Schwingungen, starke Stöße und Erschütterungen, welche zum Bruche führen könnten, auszuhalten haben, so opfert man der Sicherheit einen Theil der Dauerhaftigkeit und fertigt deßhalb die Achswellen aus einem weicheren, aber zähen

Stahle. Selbstredend darf dieser keine schädlichen Stoffe (Phosphor, Silicium u. a.) in solchen Mengen enthalten, daß die Zähigkeit desselben beeinträchtigt und die Neigung der Achse zum Bruche vergrößert wird. In der Regel schreibt man die Zusammensetzung des Stahles zu den Achsschaften, insbesondere den Gehalt an Kohlenstoff, nicht vor, aber verlangt, daß das verwendete Material bei Zerreiß-, Schlag- und Biegeproben bestimmten Anforderungen an Festigkeit und Zähigkeit genügt.

Die Anfertigung einer geraden Achswelle (Fig. 8 und 9) umfaßt:

1. die Herstellung des Stahlblockes [s. Eisen],
2. das Vorschmieden des Blockes,
3. das Fertigschmieden des Blockes,
4. das Drehen der geschmiedeten Achse.

Größe und Gewicht des Stahlblockes werden für eine oder zwei (selten für mehrere) Achsen bemessen; für die Enden desselben, welche häufig undicht sind, muß ein bestimmter Prozentsatz an Material zugegeben werden, um von der vorgeschmiedeten Achse

Fig. 8 u. 9.

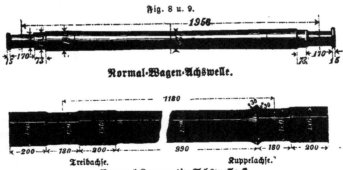

Normal-Wagen-Achswelle.

Treibachse.   Kuppelachse.

Normal-Locomotiv-Achswelle.

die untauglichen Endstücke abschneiden zu können. Die Dicke des achtkantigen oder runden Blockes für eine gerade Achswelle nimmt man zu ungefähr dem dreifachen Durchmesser der fertigen Achse.

Die Gußblöcke werden in Schweißöfen erhitzt und unter Dampfhämmern (75 Ctr.

mit ober 150 Ctr. ohne Oberdampf) in einer Hitze zu achtkantigen Stäben ausgereckt und erforderlichen Falles in mehrere Theile (Achsschafte) zerschnitten. In einer zweiten Hitze schmiedet man den achtkantigen Knüppel unter einem leichteren Hammer (30—50 Ctr.) zu dem runden Körper der Achswelle aus.

Auf einigen Werken wird der so gebildete Rundstab nach sorgfältiger Abkühlung der Dreherei zum Abdrehen des Achskörpers, Eindrehen der Schenkel und Drehen der Nabensitze und Bunde übergeben; in der Regel findet jedoch vorher das Fertigschmieden statt. Die vorgeschmiedete Achse wird an dem einen Ende erhitzt und unter einem leichteren Hammer (10—15 Ctr.) mit festen Gesenken der rohe Achsschenkel auf die ungefähre Form

Auf der Spitzendrehbank wird alsdann der Achsenkörper cylindrisch oder etwas kegelförmig und auf der Fertigdrehbank werden die vorgeschruppten Schenkel und die Nabensitze fertig gedreht, die Schenkel sauber abgeschmirgelt und polirt.

Da der Durchmesser des Nabensitzes der Achse nur um den Bruchtheil eines Millimeters größer sein darf als die Nabenbohrung des Rades, damit die Achswelle beim Einpressen in die Radnabe den nöthigen Anzug hat und ohne andere Hülfsmittel durchaus festsitzt, so kommt es hier auf eine so genaue Arbeit an, daß man sie häufig auf besonderen Drehbänken durch eigens dazu eingeschulte Arbeiter ausführen läßt.

In einigen Fabriken verarbeitet man die Rohstahlblöcke nicht unter Hämmern son-

Fig. 10—12.

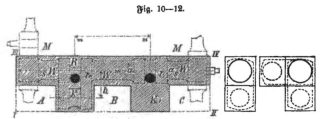

Gekröpfte Locomotiv-Achswelle.

des fertigen Schenkels gebracht; mit dem anderen Ende der Welle wird ebenso verfahren. Nachdem die rohen Achsen unter der Richtpresse (Schraubenpresse) ausgerichtet sind, werden sie vorsichtig bis zur Rothglühhitze gebracht, worauf man sie im Ofen selbst oder zu Haufen aufgestapelt unter Asche langsam erkalten läßt, um so etwaige vom Schmieden herrührende schädliche Spannungen fortzubringen.

Die vollständig erkaltete Achse wird auf der Schruppbank durch Abstechen der Enden auf genaue Länge gebracht, die Schenkel werden grob vorgedreht, worauf die Centrirbank das Eindrehen der Körner, etwa 16 mm tief und kegelförmig, besorgt.

dern durch Walzen zu Rundstäben, an welchen dann die Schenkel vorgeschmiedet oder ohne dieses sogleich eingedreht werden. Man nimmt allgemein an, daß bei gleicher Güte des Stahles und gleicher Querschnittsveränderung der Blöcke durch das Schmieden bessere Achswellen als durch Walzen hergestellt werden, es wird dieserhalb in den meisten Fällen das Vorschmieden der Stahlblöcke für die Achsen der Eisenbahnfahrzeuge vorgeschrieben.

Einige Bahnverwaltungen lassen die Achswellen zwischen den Nabensitzen nicht drehen, sondern nur glatt schmieden, andere besorgen das Drehen in den eigenen Werkstätten, in welchem Falle die Achsen so genau und sauber fertig geschmiedet sein müssen, daß ein Drehspan von nur etwa 1,5 mm fortgenommen werden braucht.

Gekröpfte Achsen. Der Stahlblock für eine solche, welcher wegen des vielen Abfalles fast doppelt so schwer wie die fertige Achse sein muß, wird in der ersten Hitze unter einem 300 Ctr. Hammer zu einer Platte (Bramme) I, II, III, IV Fig 10 ausgeschmiedet, deren

     Länge = Länge der Achse,
     Breite = Höhe der Kurbel,
     Dicke = Dicke der Kurbel

ist, dabei werden für die Bearbeitung nach allen Richtungen mindestens 25 mm zugegeben. (Vergl. Seite 5, Fig. 10—12.)

In einer zweiten Hitze werden aus der Bramme die Stücke A, B und C fortgenommen, so daß dieselbe die schraffirte Form erhält. Es bilden sich dadurch die beiden Kurbelmassen K K′ und die Stücke W W′ W für die Welle. In derselben Hitze gibt man noch in den Mittellinien der Kurbel die Lochungen 11, um später die Ausstoßung der Kurbelräume R zu vereinfachen. Da durch das Lochen das Material leiden kann, so ist das Bohren dieser Löcher vorzuziehen.

In einer dritten und vierten Hitze werden die Wellenstücke W W rund geschmiedet, in der fünften Hitze des Wellenstückes W′ die Kurbelmassen K K′ um 90° gegeneinander verdreht, worauf man in einer sechsten und letzten Hitze des verdrehten Stückes W′ dieses sauber und rund behämmert. Die so vorgeschmiedete Achse, welche überall eine gewisse Mehrdicke hat, bedarf auf Stoß=, Hobel= und Planiermaschinen, sowie auf Drehbänken einer Anzahl von Vollendungsarbeiten, deren Gang folgender ist.

1. Aufsuchen der Mittelpunkte der Kurbeln K K′, Verzeichnung der Mittellinien und des Maßes mm,

2. Verzeichnung der Mittellinien M M der beiden Schenkel ss,

3. Nachdrehen der cylinderischen Theile s, W, W′, W, s,

4. Rohdrehen der vier Außenflächen a a a a der Kurbeln K K′,

5. Verzeichnung der Kurbelzapfen=Mittel, also des Maßes h,

6. Aussägen und Ausstoßen der Kurbelräume R,

7. Drehen der Kurbelzapfen,

8. Feindrehen aller cylindrischen Theile,

9. Hobeln der parallelen Außenflächen a a a a,

10. Rundhobeln der äußeren Begrenzung der Kurbeln (wenn diese nicht rechteckig bleiben).

     Prüfung und Abnahme.

Die fertigen Achsen sind insofern getrennt von einander zu halten, als die aus derselben Schmelzung (Charge) hervorgegangenen einen gemeinschaftlichen Stempel (Nummer) bekommen. Da das Material der Wellen aus ein= und derselben Schmelzung übereinstimmende Eigenschaften zeigt, so genügt oft die Untersuchung des Materiales einer Achse, um auch über das der übrigen aus derselben Schmelzung ein richtiges Urtheil zu haben. Die Prüfung des Materiales erfolgt durch Zerreiß=, Fall= und Biegeproben. Nach vertragsmäßiger Uebereinkunft wird aus einer bestimmten Anzahl (50) Achsen eine beliebig ausgewählt und den Proben unterworfen. Genügt diese eine Achswelle in Bezug auf Material oder Verarbeitung den Lieferungsbedingungen nicht, so kann die Abnahme aller übrigen (49) Achsen derselben Parthie verweigert werden, was immer dann eintreten muß, wenn weitere Versuche ebenfalls Mängel erkennen lassen.

Zu den Zerreißproben werden Versuchsstäbe von der Form und den Abmessungen der Fig. 13 und 14 aus dem Achsschafte kalt herausgearbeitet und in der vorgeschriebenen Länge (240 mm) genau cylindrisch auf einen Durchmesser von nicht unter 20 mm (thunlichst 25 mm) gedreht und auf einer Zerreißmaschine bis zum Reißen geprüft. Bei Flußstahlachswellen soll die geringfte zuläffige Zerreißfeftigkeit (abfolute Feftigkeit) 50 kg für 1 qmm des urfprünglichen Querschnitts und die geringfte zuläffige Zufammenziehung (Contraction, Zähigkeitsmaß) 30% des urfprünglichen Querschnitts betragen. Zur Beftimmung der Güte des Materiales find beide Eigenschaften (Zerreißfeftigkeit und Zufammenziehung) nöthig und zwar werden die zwei gefundenen Zahlen (Kilogramme

mafchine fehr zuverläffig fein und der Abnahmebeamte Uebung und Erfahrung in folchen Unterfuchungen haben.

Es kann vorkommen, daß zufällig in dem Probeftabe ein Fehler fich befindet, welcher bei dem verhältnißmäßig kleinen Querfchnitte ein ungünftiges Ergebniß herbeiführt, während diefer Fehler, vorausgefetzt, daß er in dem Achsfchafte nicht weiter ausgebreitet war, die Güte diefer

Fig. 13 u. 14.

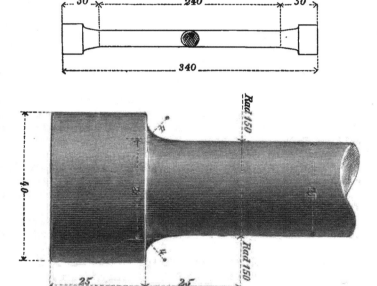

Probeftab für Zerreißverfuche.

der Zerreißfeftigkeit und Procente der Zufammenziehung) zufammengezählt und müffen mindeftens die Zahl (Qualitätszahl genannt) 90 ergeben. Zerreißfeftigkeit und Zufammenziehung dürfen alfo nicht beide nur den geringften Werth von 50 kg und 30% geben, da diefe zufammen erft die Zahl 80 ausmachen.

Wenn Zerreißproben von Werth fein follen, fo muß felbftverftändlich die Zerreiß-

nicht beeinflußt haben würde. Hiernach empfiehlt es fich, aus derfelben Achswelle mehr als einen Verfuchsftab zu entnehmen und zu prüfen.

Neben den Zerreißproben werden von vielen Bahnverwaltungen noch Fallproben (Schlagproben) vorgefchrieben. Da bei einer folchen Prüfung die ganze Achswelle beanfprucht wird, wie diefes auch in der Praxis, wenn fie unter einem Fahrzeuge läuft, geschieht, so wird von einigen Seiten den Schlagproben ein gewisser Werth beigelegt. Bei der Fallprobe wird die Achswelle auf 1,5 m frei aufgelegt und muß alsdann acht unter jedesmaligem Wenden ausgeführte Schläge eines 600 kg schweren Fallgewichtes aus einer Fallhöhe von 7 m aushalten, ohne zu brechen. Bei Lokomotivachswellen ist das Fallgewicht 800 kg schwer.

Ferner werden neben den Zerreiß- und Fallproben zuweilen Biegungsproben vorgenommen, um zu ermitteln, bei welchem Belastungsgewichte eine bleibende Durchbiegung der Achswelle erfolgt; endlich wird wohl noch vorgeschrieben, daß bei dem Zerreißversuche der Probestab um ein bestimmtes Maß (etwa 10—20%) seiner ursprünglichen Länge sich ausdehnen muß, bevor er reißt.

Sowohl die rohen wie die abgedrehten Achswellen müssen einer genauen äußeren Besichtigung unterworfen werden, um etwaige Risse oder andere Fehler zu entdecken. Die Arbeiter der Fabrik sind immerfort darauf zu beobachten, ob sie nicht versuchen, Mängel an Achswellen auf irgend eine Weise zu vertuschen. Es ist beispielsweise der Fall bekannt, daß ein nußgroßes Blasenloch in dem Achsschenkel mit einer Antimonlegirung so geschickt ausgefüllt war, daß der Fehler erst sichtbar wurde, als der

Schenkel nach mehrjähriger Indienststellung der Achse heiß lief. Wenn die rohe Achse auf ihrer Oberfläche mit einem Niethammer beklopft wird, so kommen die etwa vorhandenen feinen Haarrisse zum Vorschein. Mit geeigneten Maßstäben, Zirkeln und Lehren wird festgestellt, ob die Wellen in allen Abmessungen mit den Zeichnungen übereinstimmen. Bei gedrehten Achsen müssen insbesondere die Schenkel genau cylindrisch und dabei sauber abgeschmirgelt und polirt sein.

Außer dem Chargenstempel erhält jede Achse eine Fabriknummer, die Firma des Fabrikanten, die Jahreszahl und den Eigenthumsvermerk der betreffenden Bahn. Diese Stempelungen sind auf der Mitte der Achswelle und parallel derselben in deutlicher Weise (6 mm tief und 10 mm hoch) anzubringen.

Zum Schutz gegen das Rosten müssen die gedrehten Achsschafte mit einem Ueberzuge versehen und die Schenkel mit gesottetem Werg und Packleinen fest umwickelt werden.

Acidum carbolicum depuratum, ist sogenannte 100% Karbolsäure (90—95%). Ein Desinfectionsmittel. 5 bis 6 M. das kg. S. Karbolsäure.

Aether (Schwefeläther), wird dargestellt durch Erhitzung eines Gemisches

Abmessungen, Gewichte u. a. von Achswellen.

Bezeichnung der Achswelle.	Stärke in mm			Länge in mm		Gewicht kg	Preis für 100 kg Mark
	in der Mitte	in der Nabe	im Schenkel	von Mitte zu Mitte Schenkel	im Ganzen		
Gekröpfte Lokomotivachse	165	210	165	1181,5	1712	613	Tiegel-Gußstahl etwa 38
Personenzuglokomotiv-Treibachse .	180	190	180	1180	1760	371	
Personenzuglokomotiv-Kuppelachse .	180	190	180	1180	1760	368	Besse-mer und Martin-stahl etwa 28.
Personenzuglokomotiv-Laufachse .	170	190	180	1180	1700	343	
Güterzuglokomotiv-Treibachse . .	180	190	180	1180	1700	358	
Güterzuglokomotiv-Laufachse . .	180	190	180	1180	1700	354	
Tenderachse	130	140	105	1956	2156	228	
Wagenachse	120	130	95	1956	2156	198	

von Alkohol und concentrirter Schwefel=
säure und Verdichtung der hierbei sich bil=
denden und abdestillirten Dämpfe. In reinem
Zustande eine farblose, dünne, leicht beweg=
liche, sehr flüchtige und äußerst leicht ent=
zündliche Flüssigkeit von angenehmem Ge=
ruch. Muß sich ohne Rückstand verflüchtigen.
Wird verfälscht durch Alkohol und Wasser.
Aether löst die meisten Fette, viele Harze und
dergl., worauf seine Anwendung zum Rei=
nigen von Zeugstoffen beruht; wird zu dem
Zwecke auch mit Salmiakspiritus gemischt.
S. Ammoniak.

Aether ist äußerst leicht entzünd=
lich, seine Dämpfe bilden mit Luft
ein explosives Gemenge! In gut
schließenden Glas= oder Metallgefäßen an
einem kühlen Orte aufzubewahren. Vorsicht
bei der Berausgabung! welche nie bei
künstlichem Lichte erfolgen darf. 1,10 M.
das kg.

Aetzkalk, s. Kalk.

Aetznatron (Natronhydrat),
s. Soda.

Ahorn, gemeiner (Bergahorn),
Laubholz, wird in 80—100 Jahren bis 30 m
hoch und 1,5 m dick; heimisch in fast ganz
Europa. Das Holz ist schön weiß mit
bräunlichen Spiegelfasern, oft hübsch ge=
flammt, geädert oder marmorirt; fein und
gleichmäßig dichtfaserig, hart, fest, zähe.
Fein und glatt zu bearbeiten, sehr politur=
fähig; dem Werfen, Reißen und dem
Wurmfraße wenig ausgesetzt. Spec. Gew.
0,53—0,79. Im Trockenen dauerhaft, im
Freien unbeständig. Wird zu feinen Drechs=
ler= und Tischlerarbeiten, zu Füllungen für
Decken und Wände in Personenwagen, zu
Sitzbänken, zu Maschinentheilen, Furniren
verwendet. Dem Ahornholze kann durch
Beizen ein dem Ebenholze ähnliches Ansehen
gegeben werden. 65—70 M. das cbm.
S. Holz und Brennholz.

Akazie (Robinie), Laubholz, wird in
30 Jahren bis 24 m hoch, in ganz Europa
heimisch. Schönes, grünlich=gelbes Holz,

schwer spaltbar, fein, ziemlich hart, wenig
biegsam, ungemein fest, sehr zähe und
dauerhaft, fault nicht leicht. Spec. Gew.
0,58—0,85. Wird verwendet zu Holznägeln,
Pfählen, Hammerstielen, Stangen, Sitz=
schwingen in Personenwagen u. a. 90 M.
das cbm. S. Holz.

Alabasterglas, s. Glas.

Alabasterglocken, müssen genau die
vorgeschriebenen Formen und Abmessungen,
eine gleichmäßige Färbung (Trübung) ohne
Flecken und dürfen keinen der bei „Glas"
angegebenen Fehler haben. Man hat die=
selben von Milchglasglocken zu unterscheiden;
diese sind etwas röthlich durchscheinend,
gute Alabasterglocken haben einen edleren
Schimmer. Finden u. a. bei der elektrischen
Beleuchtung Verwendung; sie dämpfen das
grelle Licht der elektrischen Flamme, sie ver=
theilen dasselbe; indem sie selbst leuchtend
werden, bekommt die Lichtquelle einen größe=
ren Umfang und die Schatten werden ge=
mildert. In der Regel mit Drahtgeflecht
umgeben. Fehler und Untersuchung s. Glas.

Alaun (Kalialaun), ein aus
schwefelsaurer Thonerde, schwefelsaurem Kali
und Wasser bestehendes Salz. Findet sich
fertig in dem Mineral Alaunstein, aus
dem er durch schwaches Brennen, Auslaugen
mit Wasser und Abdampfen gewonnen wird.
Den meisten Alaun liefern die Mineralien
Alaunschiefer und Alaunerde, die
man verwittern läßt oder röstet und aus=
laugt. Die Lauge enthält außer schwefel=
saurer Thonerde Verbindungen von Schwefel=
säure und Eisenoxyde, welche beim Sieden
der Lauge sich abscheiden. Durch Zusatz
von schwefelsaurem Kali zu der Lauge wird
der Alaun in fein zertheiltem Zustande
(Alaunmehl) abgeschieden. Dieses wird
behufs Reinigung gewaschen und läßt man
den Alaun in Kryställen sich ausscheiden.
Diese sind farblos, verwittern an der Luft,
verlieren durch Erhitzen ihr Wasser (ge=
brannter Alaun). Alaun ist seiden=
glänzend, durchscheinend, farblos, von süßlich=

zusammenziehendem Geschmacke. Spez. Gew. 1,75. Wird verwendet zur Bereitung von Holzbeizen, Lackfarben, flüssigem Leim, zum Gerben des Leders. Das kg in Kryftallen 20 Pf., gebrannt 60—70 Pf.

Alkohol, in reinem Zustande eine farblose, leicht bewegliche und äußerst leicht entzündliche Flüssigkeit, brennt mit blaßblau, wenig leuchtender Flamme ohne jeden Ruß. Wasserfreier Alkohol ist giftig. Spez. Gew. etwa 0,79, Siedepunkt bei etwa 80°, Gefrierpunkt unter — 90°. Wird hauptsächlich aus Kartoffeln und Getreide bereitet. Im Handel ist der Alkohol immer mit Wasser verdünnt und heißt dann Spiritus oder Weingeist. Den Gehalt an reinem Alkohol in der Mischung gibt man in Raumprozenten an, z. B. 80% Spiritus enthält in 100 l 80 l reinen Alkohol und 20 l Wasser. Zur Ermittelung des Alkoholgehaltes dienen die Alkoholometer, in Deutschland das von Tralles. Alkohol löst gewisse Harze, hierauf beruht seine Verwendung zur Bereitung von Lacken und Kitten, sowie als Reinigungsmittel. Je mehr Wasser er enthält, um so geringer ist sein Lösungsvermögen. Für die Lackbereitung muß der Spiritus mindestens 90° Tralles zeigen. Wird außerdem noch verwendet bei der Bereitung von Holzbeizen. Spiritus soll rein, klar und wasserhell sein, darf keinen Holzgeist, und Fuselöl höchstens in Spuren enthalten. Letzteres ist dadurch zu entdecken, daß man einige cbcm des Weingeistes auf Fließpapier verdunsten läßt, wobei vorhandenes Fuselöl, weil es schwerer flüchtig als Alkohol ist, länger zurückbleibt und an seinem Geruche erkannt wird.

Spiritus ist in sehr dichten Fässern, besser in Blechgefäßen oder Ballons anzuliefern, in kühlen, abgesonderten Kellerräumen zu lagern. Wegen der Flüchtigkeit und leichten Entzündlichkeit des Spiritus darf **der Lagerraum nicht mit Licht betreten werden!** Gefäße stets gut wieder zu verschließen, andernfalls durch Verflüchtigung Verlufte entstehen. Der Spiritus wird nach seinem Gehalte an reinem Alkohol bezahlt und rechnet man nach Literprozenten, die man erhält durch Vervielfältigung der Anzahl Liter mit den Prozenten nach Tralles, z. B. 300 l 70% Spiritus find gleich (300 × 70) 21 000 Literprozenten mit 210 l reinem Alkohol. Die Einheit im Handel bilden 10000 Literprozent, d. h. 100 l von 100° Tralles oder 1 Hektolitr reiner Alkohol.

Preis je nach dem der Kartoffeln oder des Getreides. Wasserfreier Alkohol das kg 1,40 M. 90—95% das Liter 50—58 Pf.

Alpengras, gehört zu den in mehreren hundert Arten vorkommenden Riedgräsern. Heimisch am Oberrhein und in Oesterreich. Kommt in zopfartig geflochtenen Strängen in den Handel. Dient als Polster- und Ausstopfmaterial, ist wenig elastisch und ballt mit der Zeit zusammen. Muß durchaus trocken sein, nur nach Probe zu kaufen. 13—15 Pf. das kg.

Altmaterial, nennt man das durch natürlichen Verschleiß ausgenutzte oder durch Alter aufgebrauchte, sowie durch Zerstörung (Verderb) untauglich gewordene und für Eisenbahnzwecke nicht mehr verwendbare Material; auch Abfälle gehören dahin. Solches Material wird gesammelt und zeitweise verkauft.

Aluminium, Metall, findet sich nicht gediegen. Ein Bestandtheil des Thones, Lehms u. a. Silberweiß, glänzend, fest, hält sich polirt an der Luft gut. Sehr leicht, spez. Gew. 2,5. Läßt sich zu den dünnsten Blättchen schlagen (Blattaluminium) und gibt als Legirung mit 90% Kupfer die Aluminiumbronce mit goldähnlicher Farbe, welche auch gepulvert als Metallfarbe Verwendung findet. 130 M. das kg. In Blechen und Drähten 150 bis 250 M. das kg.

Alpaka, ist Neusilber.

Amerikanisches Harz, ist Kolophonium.

Ammoniak, wird aus Salmiak gewonnen, indem man diesen durch Aetzkalk zersetzt, wobei sich Ammoniak als farbloses Gas mit dem bekannten durchdringenden Geruche ausscheidet, welches in Wasser geleitet wird. Dieses ammoniakhaltige Wasser heißt Salmiakgeist oder Ammoniakspiritus. Dieser muß sich ohne Rückstand verdampfen lassen, wasserhell sein und darf nicht brenzlich riechen; soll mindestens 17% Ammoniak enthalten, dabei ist das spez. Gew. etwa 0,935. Je größer der Ammoniakgehalt, um so schärfer der Geruch und um so geringer das spez. Gew. Wird benutzt zum Entfernen von Fettflecken aus Tuchen (100 Thl. warmes Wasser, 2,5 Thl. Salmiakgeist, 1,25 Thl. Aether) und Plüschen (100 Thl., 1 Thl. und 3 Thl.); zum Beizen von Holz und bei der Untersuchung von verschiedenen Materialien z. B. Geweben. Anzuliefern in Glasballons oder Flaschen; in kühlen, zweckmäßig in Kellerräumen zu lagern. Bei der Verausgabung Vorsicht! Wegen der Flüchtigkeit des Ammoniakes Gefäße gut verschlossen zu halten. 40 Pf. das kg.

Anheizmaterial, für Oefen, Dampfkessel, Lokomotiven u. a., besteht aus leicht entzündlichen und leicht brennbaren Stoffen: zerkleinertes Brennholz, Reiserwellen, Torf, trockene Tannenzapfen, Stroh, Hobelspäne u.a.

Anilinroth, ist eine Theerfarbe, wird zum Rothbeizen von Holz benutzt. 2,60 M. das kg (flüssig).

Anthrazit, s. Steinkohlen.

Antifriktionsmetalle, s. Lagermetalle.

Antikesselsteinmittel, s. Kesselspeisewasser.

Antimon, Metall, findet sich selten gediegen, meist in Verbindung mit Schwefel (Antimonglanz). Wird gewonnen, indem man zunächst aus den Antimonerzen durch Glühen in Tiegeln oder Flammöfen Schwefelantimon ausschmelzt, diesem durch Rösten den Schwefel entzieht, wobei sich Spießglanzasche (Verbindung von Antimon und Sauerstoff) bildet, aus welcher dann durch Erhitzen in Tiegeln unter Zusatz von Weinstein oder Kohle und Soda das metallische Antimon sich ausscheidet. In anderer Weise wird dem Antimon durch Glühen mit Eisen der Schwefel entzogen. Das so gewonnene Antimon enthält noch Arsen, Schwefel, Eisen, Kupfer, Blei u. a., von welchen Beimengungen es durch wiederholtes Umschmelzen in Thontiegeln unter Zusatz von Kochsalz, Soda u. a. befreit wird. Fremde Beimengungen dürfen in Antimon mittlerer Güte zusammen 2% und der Arsengehalt 0,1% nicht übersteigen.

Reines Antimon behält an der Luft eine reine und glänzende Oberfläche, wogegen unreines anläuft. Rein ist es silberweiß, spröde, nicht dehnbar, pulverisirbar, hat starken Metallglanz, ein blätterig krystallinisches Gefüge. Spec. Gew. 6,7; Schmelzpunkt 430°. Wird zu Legirungen benutzt; macht im Allgemeinen andere Metalle härter, glänzender und spröder. 100 kg 65—70 M.

Antimonblei, eine aus etwa 80 Thl. Blei und 20 Thl. Antimon bestehende Legirung. S. Legirungen.

Antimonschwärze, ist sehr fein zertheiltes Antimon, dient zum Schwärzen von Eisen; führt daher auch den Namen Eisenschwarz. 1,25 M. das kg.

Apparatfarbe, s. Telegraphenfarbe.

Apparatöl, s. Uhröl.

Arabisches Gummi, ist der eingetrocknete Saft von einigen Bäumen Afrika's, insbesondere von Akazienarten, daher auch Akaziengummi. Kommt bis zu nußgroßen, eckigen, rundlichen, durchscheinenden Stücken oder pulverisirt in den Handel. Letzteres ist nicht selten mit Gummi von einheimischen Obstbäumen verfälscht; die Beschaffung in Stücken vorzuziehen, welche einen glasglänzenden, spiegelnden Bruch und gelbliche Farbe haben, in Wasser vollständig löslich und frei von fremden Beimengungen sein müssen. Die Klebkraft dieses Gummis ist besser, wenn es in kaltem als in warmem

Wasser aufgelöst wird.   Probe 0,2 kg. 2—5 M. das kg.

Asbest, ist ein faseriges Mineral, welches seiner chemischen Zusammensetzung nach aus kieselsaurer Talkerde und kieselsaurer Kalkerde nebst wechselnden Mengen von Thonerde und Eisenoxydul besteht. Verschieden gefärbt: weiß, grau, grünlich, gelblich, bräunlich, röthlich; schillert oft seidenartig. Je nach seinem Gefüge führt der Asbest noch andere Namen, so Berg = oder Steinflachs, welcher aus feinen eng aneinander liegenden und voneinander trennbaren Fasern besteht; ferner Bergkork und Bergfleisch u. a., bei welchen Sorten die Fasern kürzer und ineinander gewoben und verfilzt sind und dieserhalb sich nicht so leicht trennen lassen. Asbest findet sich an vielen Orten, u. a. in Spanien, Italien, Schweden, Norwegen, Sachsen, Tyrol; in Amerika kommt er hauptsächlich in Canada vor, der daher stammende Asbest wird Canada = Faser und weil diese in Boston verarbeitet wird, auch Bostonit genannt.

Die Faser des Bergflachses, welche lang, biegsam und elastisch ist, läßt sich ohne Zusatz eines anderen Stoffes zu Fäden verspinnen, zu Schnüren und Seilen flechten, auch werden aus Asbest Gewebe und Platten gefertigt. Die Eigenschaften des Asbestes, große Hitze zu vertragen und widerstandsfähig gegen starken Druck zu sein, machen denselben geeignet, in der Form von Fäden, Schnüren, Seilen, Platten, Ringen u. a. haltbare Dichtungen für Stopfbüchsen, Flantschen, Mannlöcher u. a. abzugeben.

Die Meinungen über den wirklichen Werth von Asbestdichtungen sind getheilt, was darauf zurückzuführen ist, daß neben guten Waaren auch schlechte und gefälschte in den Handel kommen. Nicht jeder Asbest ist zu Dichtungsmaterial geeignet, außerdem werden Asbestwaaren angeboten, die mit minderwerthigen Stoffen, wie Flachs, Baumwolle, Papiermasse u. a. verarbeitet, oder welchen Schwerspath, Talk u. a. zur Beschwerung beigemischt sind.

Der rohe Asbest kostet je nach seiner Güte, wobei hauptsächlich die Langfaserigkeit und die Eigenschaft, sich spinnen und flechten zu lassen, also biegsam und elastisch zu sein, in Betracht kommen, 100 kg 80—300 M.

Asbestwaaren werden zweckmäßig in engerer Verbindung von bewährten Firmen beschafft. Je nach der Güte des Asbestes und der Art und Menge der Zusätze sind die Preise derselben ungemein verschieden.

Asbestfaden, ein aus etwa sechs Fäden zusammengezwirntes Asbestgespinnst zum Dichten kleiner Stopfbüchsen. Für größere werden mehrere Fäden zusammengedreht. Die Zöpfe sind vor dem Einlegen in flüssigem Talge zu tränken. 1 kg bis 9 M.

Asbestmannlochschnur, zum Dichten von Mannlöchern mit rechteckigem Querschnitt. 26 × 20 mm. Behandlung wie bei Asbestplatten. 1 kg bis 10 M.

Asbestplatten oder **Pappe,** muß mindestens 95 % reinen Asbest in langen Fasern haben. Größe etwa 1 qm, Dicke 1—8 mm. Bei einer Stärke von 1,5, 2 und 3 mm darf das Gewicht 1,5, 2 und 3 kg nicht erheblich übersteigen. Soll weiß und weich sein, graue ist minder gut. Die passend zugeschnittenen Stücke werden vor dem Einlegen rasch durch kaltes Leinöl gezogen und die Oberfläche mit Kreide oder Graphit bestrichen, um das Ankleben der Platte zu vermeiden. In glatten Bogen zwischen Brettern verpackt zu liefern. 1 kg bis 3—4,5 M.

Asbestfeile, zum Dichten von größeren Stopfbüchsen, haben einen quadratischen Querschnitt; 5, 10, 12, 15 mm stark und weiter von 5 zu 5 mm steigend. Werden trocken ohne Zusatz von Fett in die Stopfbüchsen gelegt. 1 kg bis 10 M.

Asphalt (Erdpech, Judenpech, Bergpech, Erdharz), ist im natürlichen Zustande wahrscheinlich aus Erdöl durch Aufnahme von Sauerstoff entstanden. Fundrte: Insel Trinidad. Syrien, Frankreich, Schweiz. Spröde, braune bis pechschwarze Masse, flachmuscheliger Bruch. Schmilzt bei 100° unter Entwickelung von dicken, schweren Dämpfen, brennt mit stark rußender Flamme, wenig Asche. Spez. Gewicht 1,1 bis 1,2. Löst sich u. a. in Alkohol und Terpentinöl. Dient zur Bereitung schwarzer Lacke, Anstriche und Kitte, zur Herstellung von wasserdichtem Packpapier und Dachpappen, zum Bekleiden von Mauerwerk und Hölzern, u. a. von Telegraphenstangen, Laternenpfählen u. s. w., soweit sie im Erdboden sind und 20—30 cm darüber zum Schutz gegen Fäulniß, zu Fahrstraßen, Bürgersteigen, zur Isolirung unterirdischer Telegraphenleitungen u. s. w.

Künstlicher oder sog. deutscher Asphalt wird hergestellt durch Destillation von Steinkohlentheer, er bleibt als eine dem natürlichen Asphalte ähnliche Masse zurück und findet dieselbe Anwendung wie dieser.

Asphalt ist im Allgemeinen um so besser, je weniger Rückstände er beim Verbrennen oder beim Lösen in Terpentinöl hinterläßt und je schwärzer seine Farbe ist.

Natürlicher Asphalt 8—10 M., künstlicher 4—5 M. für 100 kg.

Das sogen. Asphaltiren besteht in dem Ueberziehen von Gegenständen, insbesondere von gußeisernen Gas- und Wasserleitungsröhren mit Steinkohlentheer. Dieser wird den Gasanstalten entnommen und durch Einkochen soweit eingedickt, daß er kalt eine zähe, klebrige und siedend eine flüssige Masse bildet. Kleinere Gegenstände werden auf etwa 300° erhitzt und in den Theer getaucht, bei größeren Stücken wird der siedende Theer aufgebracht; in beiden Fällen wird der anhaftende Theer mit Bürsten verrieben und läßt man ihn dann trocknen.

Ein geringer Zusatz von gebranntem Kalke beschleunigt das Einkochen und gibt dem Theere einen eigenthümlichen Glanz, zu viel Kalk erschwert das Erstarren des Ueberzuges und macht diesen beim Erwärmen wieder klebrig.

Asphaltlack. Man versteht darunter sowohl Lösungen von reinem natürlichen Asphalte in Terpentinöl, Benzin o. dergl. mit Zusätzen von Leinölfirniß, Kopal oder Bernstein, Kolophonium, Kautschuk u. a., wie auch Lösungen von deutschem Asphalte und anderen Harzen in dem einen oder dem anderen der genannten Lösungsmittel.

Außerdem kommen Asphaltlacke im Handel vor, die Asphalt überhaupt nicht enthalten, z. B. Brillant Black, sondern aus geeigneten Harzen und schwarz färbenden Mitteln, wie Kienruß und anderen hergestellt sind.

Asphaltlack muß eine klare, durch keine Ausscheidung getrübte Lösung bilden, bei welcher auch nach längerem Lagern ein Bodensatz sich nicht zeigt. In dünner Schicht auf Eisen aufgetragen, muß er rasch (in 1 bis 1½ Stunden) und klebfrei trocknen, einen tiefschwarzen, glänzenden, harten, nicht spröden und dauerhaften Ueberzug abgeben, welcher sowohl der mechanischen Abnutzung, z. B. dem Waschen mit Bürsten, wie auch der Hitze widersteht. Wenn ein Asphaltlack diese Eigenschaften hat, so kommt es auf die Natur der Bestandtheile und auf die Anwesenheit von echtem oder unechtem Asphalte kaum an. Vorschriften über Bereitungsweise und Zusammensetzung empfehlen sich nicht, da dieselben doch nicht genau geprüft werden können. Asphaltlack wird hauptsächlich zum Anstrich von Eisen (Eisenlack) benutzt, insbesondere wenn es Hitze vertragen muß.

Fronwork-Black ist ein englischer Asphaltlack, dessen Lösungsmittel Benzin oder Terpentinöl ist.

Die chemische Untersuchung der Asphaltlacke kann nur feststellen, ob die Lieferung erheblich von der Probe (0,5 kg) abweicht. 50—80—150 Pf. das kg.

Atlas, s. Gewebe, Wollatlas und Baumwollatlas.

Ausspritzschlauch (Auswaschschlauch, Füllschlauch), heißt der zum Reinigen und Füllen der Locomotivkessel dienende Wasserschlauch. Füllschläuche sind auch die zum Speisen der an Eisenbahnfahrzeugen befindlichen Gasbehälter und der Gaswagen dienenden Gasschläuche. S. Kautschukschläuche.

B.

Backkohlen, s. Steinkohlen.

Bahnschwellen, s. Schwellen.

Ballons, s. Glas.

Ballongläser, s. Meidinger Ballon-Elemente.

Band, ist ein schmales Leinen-, Baumwollen-, Wollen- oder Seidengewebe und zwar glatt, geköpert, gemustert oder sammetartig. Bänder werden auf Reinheit der Gespinnstfaser, Echtheit der Farben, Festigkeit und sonstige Eigenschaften untersucht wie Gewebe. S. da.

Bandage, entbehrliches Fremdwort für Radreif.

Bandeisen, ist ein Flacheisen, welches gegen seine Breite und Dicke verhältnißmäßig sehr lang ist. Stärke 1 bis 5,5 mm, immer um 0,25 mm steigend. Breite etwa 6 bis 250 mm. Muß aus dem zähesten Eisen vollständig parallel gewalzt, ohne Schiefer und Brüche sein, im kalten Zustande sich völlig bis zum Aufeinanderliegen der Flächen umbiegen lassen, ohne daß es bricht oder Einbrüche zeigt. (Siehe Tabelle Seite 15.)

Barchent, ein dichtes Baumwollengewebe, dessen eine Seite rauh gekratzt ist, so daß es auf dieser mit frei liegenden Fasern bedeckt ist. Wird zu Wachstuch benutzt, welches als Wandtapete dienen soll, daher der Name Wachsbarchent.

Baryt, kohlensaurer, kommt unter dem Namen Witherit als Mineral in England, Steiermark u. a. vor. Findet dieselbe Verwendung wie der schwefelsaure Baryt (Schwerspath), außerdem zur Bereitung von Härtemassen. Das kg 18 Pfg.

Batteriegläser, s. Meidinger BallonElemente.

Batterieklemmen, s. Meidinger Ballon-Elemente.

Baumöl (Olivenöl), wird aus den Früchten des in Frankreich, Italien, Spanien u. a. heimischen Oelbaums gewonnen. Soll als Schmieröl ein höheres Antifrictionsvermögen als Rüböl haben, ist jedoch im Allgemeinen diesem nicht vorzuziehen. Wird leicht ranzig und setzt bei + 6° Stearin ab, so daß es im Winter, wie das Rüböl, mit Petroleum versetzt werden muß. Wird wegen seines höheren Preises häufiger verfälscht als Rüböl und zwar als Schmieröl mit Rüböl oder Leinöl. 1,10 M. das kg. S. Schmiermaterialien.

Baumwolle, stammt von der in den wärmeren und heißen Gebieten aller Erd

Fig. 15.

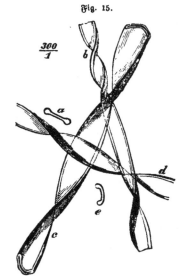

Baumwollenfaser.

theile heimischen Baumwollpflanze. Die Frucht dieser bildet eine wallnußgroße Kapsel mit Fächern, deren jedes eine Anzahl von Samenkörnern (Baumwollsamen) trägt. Während der Entwickelung der Frucht wachsen aus der Oberhaut dieser Körner lang gestreckte, dünnwandige Zellen (Samenhaare), welche die Baumwolle bilden. Zur Zeit der Reife platzen die Kapseln und die Baumwolle, deren Fasern an den Samenkörnern festsitzen, tritt heraus. Die Baumwollenfaser (Fig. 15) ist bandartig zusammengeklappt mit an den Längsseiten herumlaufenden Verdickungen, wie dieses der Querschnitt a und e zeigt; sie erscheint pfropfenzieherartig um sich selbst gewunden. Länge der Faser 12 bis 50 mm, Breite 0,12 bis 0,42 mm, Dicke 0,04 bis 0,08 mm. Die

Gewichte von Bandeisen.

Dicke mm =	1,00	1,50	2,00	2,50	3,00	3,50	4,00	4,50	5,00	5,50
Breite mm	Gewicht für ein laufendes Meter in Kilogramm.									
12	0,093	0,140	0,187	0,233	0,280	0,327	0,373	0,420	0,467	0,513
13	0,101	0,152	0,202	0,253	0,303	0,354	0,405	0,455	0,506	0,556
14	0,109	0,163	0,218	0,272	0,327	0,381	0,436	0,490	0,546	0,599
16	0,125	0,187	0,249	0,311	0,373	0,436	0,498	0,560	0,622	0,685
18	0,140	0,210	0,280	0,350	0,420	0,490	0,560	0,680	0,700	0,770
20	0,156	0,233	0,311	0,389	0,467	0,545	0,622	0,700	0,778	0,856
22	0,171	0,257	0,342	0,428	0,513	0,599	0,685	0,770	0,856	0,941
24	0,187	0,280	0,373	0,467	0,560	0,654	0,747	0,840	0,934	1,027
26	0,202	0,303	0,405	0,506	0,607	0,708	0,801	0,910	1,011	1,113
28	0,218	0,327	0,436	0,545	0,654	0,762	0,871	0,980	1,089	1,198
30	0,233	0,350	0,467	0,584	0,700	0,817	0,934	1,050	1,167	1,284
32	0,249	0,373	0,498	0,622	0,747	0,871	0,996	1,120	1,245	1,369
34	0,265	0,397	0,529	0,661	0,794	0,926	1,058	1,190	1,323	1,455
36	0,280	0,420	0,560	0,700	0,840	0,980	1,120	1,260	1,400	1,540
38	0,296	0,443	0,591	0,739	0,887	1,035	1,183	1,330	1,478	1,626
40	0,311	0,467	0,622	0,778	0,934	1,089	1,245	1,400	1,556	1,712
42	0,327	0,490	0,654	0,817	0,980	1,144	1,307	1,470	1,634	1,797
44	0,342	0,513	0,685	0,856	1,027	1,193	1,369	1,540	1,712	1,883
46	0,358	0,537	0,716	0,895	1,074	1,253	1,432	1,610	1,789	1,938
48	0,373	0,560	0,747	0,934	1,120	1,307	1,494	1,680	1,867	2,045
50	0,389	0,584	0,778	0,973	1,167	1,362	1,556	1,751	1,945	2,140
52	0,405	0,607	0,809	1,011	1,214	1,416	1,618	1,821	2,023	2,225
54	0,420	0,630	0,840	1,050	1,260	1,470	1,680	1,891	2,101	2,311
56	0,436	0,654	0,871	1,089	1,307	1,525	1,743	1,961	2,178	2,396
58	0,451	0,677	0,902	1,128	1,354	1,579	1,805	2,031	2,256	2,482
60	0,467	0,700	0,934	1,167	1,400	1,634	1,867	2,101	2,334	2,567
62	0,482	0,724	0,965	1,206	1,447	1,688	1,929	2,171	2,412	2,653
64	0,498	0,747	0,996	1,245	1,494	1,743	1,992	2,241	2,490	2,739
66	0,513	0,770	1,027	1,234	1,540	1,797	2,054	2,311	2,567	2,824
68	0,529	0,794	1,058	1,323	1,587	1,852	2,116	2,381	2,645	2,960
70	0,545	0,817	1,089	1,362	1,684	1,906	2,178	2,451	2,723	2,995
75	0,584	0,875	1,167	1,459	1,751	2,042	2,334	2,626	2,918	3,209
80	0,622	0,984	1,245	1,556	1,867	2,178	2,490	2,801	3,112	3,423
85	0,661	0,992	1,323	1,653	1,984	2,315	2,645	2,976	3,307	3,637
90	0,700	1,050	1,400	1,751	2,101	2,451	2,801	3,151	3,501	3,851

1—5 mm starkes, 13—76 mm breites Bandeisen, 100 kg 16 M.

Farbe ist gelblich-, bläulich- oder röthlich-weiß, auch hell- und dunkelbraun. Ebenso sind Festigkeit, Elastizität, Weichheit, Glanz u. s. w. verschieden. Im Allgemeinen ist Baumwolle um so geschätzter, je weißer, weicher und elastischer sie ist. Zur Gewinnung derselben werden die Fasern mittelst Maschine von den Körnern getrennt. Sie kommt zu Ballen gepreßt in den Handel. Wird zu Gespinnsten und Geweben verarbeitet. Da Baumwolle billiger ist als Flachs, Wolle und Seide, so wird sie diesen in unredlicher Absicht oft zugesetzt. Wie sie in fertigen Waaren entdeckt wird, siehe Gewebe.

Baumwollen-Abfall, s. Putzwolle.

Baumwollenatlas, ist dem Wollatlas nachgeahmt. Wird als feineres Gewebe in schwarzer Farbe zu Unterfutter bei Uniformen benutzt. Untersuchung s. Gewebe.

Behäuteleinen (Gazeleinen), ist ein weitmaschiges, grobfadiges Hanf- oder Flachsgewebe zu Polsterarbeiten. Ohne zu große Knoten nach Muster zu liefern. Probe 1 qm. 24 bis 28 Pfg. das m.

Beinglas, ist Milchglas.

Beinschwarz (Knochenschwarz, Elfenbeinschwarz), ist in Retorten unter Luftabschluß gebrannte Knochenkohle, die fein gerieben als Oelfarbe Verwendung findet. Trocknet schwierig. Zu den feinsten Sorten werden Elfenbein-Abfälle benutzt. Muß eine tiefschwarze, matte Farbe zeigen; bei glänzender Farbe ist es aus nicht entfetteten Knochen bereitet und nicht gut. Lieferungsbedingungen, Untersuchung u. s. w. wie bei Kienruß. 0,30 bis 2 M. das kg.

Beizen, sind Flüssigkeiten, welche dazu dienen, die Oberfläche von Metallen, Holz, Horn u. a. zu reinigen, zu färben oder gleichzeitig beides zu bewirken. Das Beizen von Metallen geschieht mit verdünnter Schwefelsäure, Salzsäure oder Salpetersäure, in welche man die Gegenstände kürzere oder längere Zeit hineinlegt. Es löst sich dadurch die dünne Oxydschicht und die

metallisch reine Oberfläche tritt hervor. Da Salzsäure und Salpetersäure schädliche Dämpfe entwickeln, so gibt man der Schwefelsäure immer den Vorzug, wenn nicht in besonderen Fällen eine der beiden anderen Säuren zweckmäßiger ist. Nach dem Beizen wird der Gegenstand in Wasser abgespült und, um die letzten Spuren der Säure zu vertilgen, in Kalkmilch gebracht, alsdann nochmals gewaschen, in Sägespänen abgetrocknet und bei 100° völlig getrocknet.

Je stärker die Säure ist, um so rascher wirkt sie, man nennt deshalb eine starke Säure auch Schnellbeize und eine schwächere Mattbeize.

Das Beizen von Eisen erfolgt in einer Mischung von 1 Theil Säure und 10—100 Theilen Wasser, je nach der Zeit, in welcher man die beabsichtigte Wirkung erzielen will. Da Säuren Eisen um so leichter angreifen, je weniger Kohlenstoff es enthält, so ist das Beizen auch anwendbar, um das Gefüge des Eisens, insbesondere bei Schmiedeeisen, zu untersuchen. Es wird zu diesem Zwecke die zuerst geschliffene Fläche mit einem Gemisch von Schwefelsäure und Salpetersäure (auch 3 Theile Salzsäure und ein Theil Salpetersäure) behandelt; wenn das Eisen ein ungleichmäßiges Gefüge hat, so bilden sich nach einiger Zeit, nachdem die Fläche einige Mal abgewischt und frische Säure aufgegeben ist, verschieden tiefe Stellen, weil das kohlenstoffärmere Eisen (Schmiedeeisen) von der Säure mehr gelöst wird als das kohlenstoffreichere (Feinkorneisen und Stahl).

In derselben Weise können schlechte Stellen und Schweißfehler im Eisen entdeckt werden, indem diese beim Beizen in Folge Eindringens der Säure mehr sichtbar werden. Will man die untersuchten Stücke aufbewahren, so werden die gebeizten Flächen zum Schutze gegen Rost mit einem durchsichtigen Lacke überzogen.

Das Beizen von Kupfer, um es von Glühspan zu reinigen, geschieht mit

iner Mischung von 1 Thl. Schwefelsäure
nb 5 Thl. Wasser. Wenn man so gebeiztes
kupfer in Heringslake taucht, dann rothglühend macht und in Wasser abkühlt (ab-
lätzen), so tritt die reine, natürliche, rothe
Farbe des Kupfers schön hervor.

Das Beizen von Messing (Bronce)
erfolgt in einer Mischung von 1 Theil
Schwefelsäure und 10—20 Thl. Wasser oder
in 1 Thl. Salpetersäure und 10 Thl. Wasser.
In erstem Falle bleibt auf der Oberfläche
eine kupferreichere Legirung zurück, es entsteht eine dunklere, bei Anwendung verdünnter Salpetersäure dagegen eine hellere
Färbung.

Durch Beizen mit verdünnter Säure bekommen die Messinggegenstände eine matte,
unschöne Farbe. Will man denselben eine
lebhaftere Farbe geben (Gelbbeizen), so
müssen sie mit Schnellbeizen weiter behandelt werden. Ein Gemisch von 2 Thl. Salpetersäure und 1 Thl. Schwefelsäure erzeugt
eine goldgelbe, Salpetersäure allein eine
in's Grüne stechende Farbe. Setzt man der
Schnellbeize gewisse organische Substanzen
zu (Ruß, Holzmehl), so wird die Farbe
lebhafter. Die Schnellbeize läßt man nur
einige Augenblicke wirken, worauf der Gegenstand mit reinem Wasser abgespült und wie
vor angegeben getrocknet wird.

Soll statt der glänzenden Oberfläche
eine matte Färbung entstehen, so wird der
in der Schnellbeize behandelte Gegenstand
in kochende Mattbeize gebracht, welche man
durch Lösen von 1 Thl. Zink in 3 Thl.
Salpetersäure und Mischen dieser Lösung
mit 8 Thl. Schwefelsäure und 8 Thl. Salpetersäure erhält, welche Beize durch einen
größeren Zusatz von Zink schwächer wird.
In der kochenden Mattbeize bleibt der
Gegenstand etwa 1/2 Minute. Er bekommt
in derselben einen mißfarbigen Ueberzug,
den man jedoch durch kurzes Eintauchen in
oben genannte Schnellbeize entfernen kann,
worauf der Gegenstand, wie angegeben, abgespült und getrocknet wird.

Das Beizen von Holzgegen-
ständen hat entweder nur den Zweck, sie
zu färben oder man beabsichtigt, denselben,
wenn sie aus gewöhnlichem Holze bestehen,
das Ansehen der theueren (ausländischen)
natürlich gefärbten Hölzer zu geben. Es
gibt eine große Anzahl von Vorschriften
für Bereitung und Anwendung der verschieden gefärbten Holzbeizen und für Nach-
ahmungen der natürlichen Holzfarben. Das
zu beizende Holz muß ganz trocken sein, damit es die färbende Flüssigkeit gut aufsaugt,
zu welchem Zwecke auch das Erwärmen des
Holzes während 1—2 Tage bei 30° empfohlen wird, da dadurch die Poren sich
öffnen. Um das Holz noch geeigneter zur
Aufnahme der Beize zu machen, soll sich bei
einigen Hölzern das Auskochen empfehlen.

Das Beizen erfolgt in der Weise, daß
man die Holzfläche ein oder mehrere Mal
mit der Beize bestreicht oder kleinere Gegenstände darin kocht, bis die gewünschte Färbung hervortritt, dann trocknet, worauf die
Polirung erfolgt.

1. Gelbe Holzbeize. a) 1 Thl. Gelbholz oder Curcuma (pulverisirt) und 30 Thl.
Weinessig werden in eine Flasche gefüllt und
unter wiederholtem Schütteln einige Tage
darin belassen. Die klare Beize wird abgegossen. b) Eine Lösung von 1 Thl. chlor-
saurem Kali in 100 Thl. Wasser.

2. Braune Holzbeize. a) Das Holz
(z. B. Feilenhefte) wird erst mit Leinöl und
dann mit einem Gemisch von Umbra, Terra
di Siena und Gelatine eingerieben. b) Verdünnte Salpetersäure. c) 1 Thl. übermangan-
saures Kali und 30 Thl. Wasser (helle Nuß-
baum-Beize). Wird zweimal angewandt
und nach Einwirkung von fünf Minuten
abgewaschen. d) Mahagonibeize für
helles Nußbaumholz. Auf das mit Salpetersäure vorgebeizte und getrocknete Holz
wird eine Lösung von 3 Thl. Drachenblut,
1 Thl. Soda und 64 Thl. Spiritus mit
einem Pinsel so lange aufgetragen, bis die
gewünschte Farbe hervortritt. e) Eine Ab-

kochung von Mahagonispänen in reinem Regenwasser (Mahagonibeize für helles Holz). f) (Rothbraun.) Das mit Kupfervitriol getränkte Holz wird mit einer Lösung von Blutlaugensalz, der etwas Schwefelsäure zugesetzt ist, bestrichen.

3. Rothe Holzbeize. a) 4 Thl. Fernambukholzspäne und 4 Thl. Alaun werden in 9 Thl. Wasser gekocht, man setzt 1 Thl. in Weingeist gelöste Gelatine zu und läßt auf die Hälfte eindampfen. Diese Beize wird warm aufgetragen. b) Lösung von Anilinroth oder Karmin. c) 5 Thl. Krappwurzel werden in 50 Thl. oder d) 1 Thl. Kochenille und 4 Thl. Weinstein werden in 160 Thl. Wasser gekocht. Die von Karmin oder Kochenille herrührende rothe Farbe wird durch Nachbeizen mit Salmiakgeist Karmoisin.

4. Blaue Holzbeize. a) Indigolösung. b) Man übergießt Blauholzspäne mit 1 Thl. Wasser, 1 Thl. Salpetersäure und einer Lösung von $1/16$ Thl. Salmiak und läßt das Gemisch bei mäßiger Wärme etwa 48 Stunden stehen, worauf die Beize abfiltrirt und mit Wasser verdünnt wird.

5. Violette Holzbeize. a) Mit Fernambukholz roth gefärbtes Holz wird durch Nachbeizen mit Pottasche violett. b) 4 Thl. Rothholz und 8 Thl. Blauholz werden mit scharfem Weinessig überschüttet und einige Tage in der Wärme stehen gelassen. Darauf kocht man das Ganze in einer 10 fachen Gewichtsmenge Wasser einige Stunden lang, fügt 1 Thl. Alaun hinzu und filtrirt zur Entfernung der Holzspäne.

6. Grüne Holzbeize. Die blau gebeizten Hölzer werden mit gelber Beize behandelt.

7. Graue Holzbeize. a) 1 Thl. Höllenstein gelöst in 50 Thl. destillirtem Wasser. Diese Beize wird zweimal aufgetragen, dann mit Salzsäure und schließlich mit Salmiakgeist überstrichen; an einem

dunkelen Orte zu trocknen. b) Man füllt eine Flasche zu $1/4$ mit reinen und rostfreien Eisenfeilspänen, gießt bis $3/4$ Essig hinzu und schüttelt oft um. Nach einiger Zeit läßt man die Lösung sich klären und gießt die klare Beize (Eisenbeize) ab.

8. Schwarze Holzbeize. a) (Ebenholzbeize.) Man kocht Blauholzspäne unter Zusatz von etwas Alaun in Wasser. Die erhaltene Brühe wird heiß auf das Holz getragen, welches nach dem Trocknen mit Eisenbeize [S. 7b], oder mit Eisenchlorid, oder mit chromsaurem Kali so lange bestrichen wird, bis die schwarze Farbe sich einstellt. b) Man löst 8 Thl. Blauholzextrakt in 500 Thl. Wasser und gibt 1 Thl. gelbes chromsaures Kali hinzu. c) Man kocht reine und rostfreie Eisenfeilspäne so lange in Holzessig, bis die Lösung eine schwarze Farbe hat, von der man, nachdem sie sich abgesetzt hat, die klare Beize abgießt. Wenn dieser eine Abkochung von Galläpfel zugesetzt wird, so erhält die Beize eine sammtschwarze Farbe. d) Eichenholz wird schön schwarz gefärbt, wenn man es einige Tage lang in eine Alaunlösung legt und dann abwechselnd mit einer Blauholzabkochung und einer Lösung von Grünspan in Essig behandelt.

Belageisen (Zoreseisen), ein für Decken, Brücken u. a. geeignetes Walzeisen

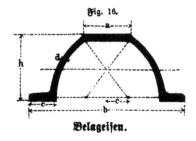

Fig. 16.

Belageisen.

(Fig. 16). Festigkeit und sonstige Eigenschaften wie bei Façoneisen angegeben. (Siehe Tabelle Seite 19.)

Normalprofile für Belageisen.

Nummer des Profiles	Höhe h	Breite			Stärke		Quer= schnitt qcm	Gewicht für 1 m kg	Preis für 1000 kg Mark
		untere b	obere a	Flantsch c	Wand d	Flantsch t			
5	50	120	33	21	3	5	6,8	5,3	120 bis 150.
6	60	140	38	24	3,5	6	9,5	7,3	Bei 6 bis
7½	75	170	45,5	28,5	4	7	13,4	10,3	12 m Länge 5
9	90	200	53	33	4,5	8	17,9	13,8	bis 35 M.
11	110	240	63	39	5	9	24,2	18,6	mehr für 1000 kg.

Beleuchtungs = Materialien,
f. Dochte, Fackeln, Rüböl, Petroleum, Stearinkerzen.

Benzin (Petroleumbenzin). Wird Roh = Petroleum auf 80—100⁰ erhitzt, so bildet sich ein Gas, welches verdichtet eine farblose, sehr flüchtige Flüssigkeit von aro= matischem Geruche gibt, Benzin genannt. Muß bei 15⁰ ein spez. Gewicht von 0,68 bis 0,71 und einen Siedepunkt von 80 bis 100⁰ haben, darf nicht nach Naphta oder Roh=Petroleum riechen.

Dient unter dem Namen Flecken= wasser zum Reinigen von Metallen, Ge= weben, Leder u. a., indem es Fette, und zur Bereitung von Firnissen, indem es Harze auflöst. In wurmstichigen Gegen= ständen, wenn man diese in geschlossenen Räumen Benzindämpfen aussetzt, werden die Larven zerstört. **Benzin ist sehr feuer= gefährlich!** Bezüglich der Lagerung, Ver= ausgabung u. s. w. dieselben Vorsichtsmaß= regeln wie bei Alkohol und Terpentinöl zu beobachten. In Fässern oder Glasballons anzuliefern. Das kg 45—50 Pf.

Bergflachs (Bergpech), f. Asbest.

Berliner Blau, f. Pariser Blau.

Bernstein, ist das Harz vorweltlicher Nadelbäume; bildet unregelmäßige Stücke mit matter, rauher Oberfläche, ist gelb bis rothgelb, seltener weiß, meistens durchsich= tig. Spez. Gew. 1,0—1,1, Schmelzpunkt 280⁰. Brennt mit weißer Flamme und stechendem Geruche, wird durch Reiben stark elektrisch. Der Bernstein wird im Sam= lande bergmännisch gegraben, an der Ostsee=

küste theils von der See ausgeworfen, theils ausgebaggert. Die Stücke werden zu Drechsler= arbeiten, die Feil= und Drehspäne (90 Pfg. das kg) davon zu Lacken und Firnissen ver= wendet. Fälschung durch den billigeren Kopal.

Bernsteinlack, f. Firnisse, 3—4 M. das kg.

Besen, f. Reiserbesen, Piassavabesen, Haar= besen und Rohrbesen.

Bessemerstahl, f. Eisen. In Stücken von 1570 × 180 × 100 m und in Stangen von 75—65 mm D. 100 kg 18 M.

Bienenwachs, das natürliche hat eine gelbe bis bräunliche, das gebleichte eine weiße Farbe. Es bildet das Material der Waben, welche man, nachdem der Honig aus denselben entfernt ist, in heißem Wasser schmelzt und das oben sich absetzende Wachs abschöpft.

Löst sich zum Theile in kochendem Al= kohole, fast ganz in Aether, Benzin, Ter= pentinöl und Schwefelkohlenstoff. Spez. Gew. 0,96. Schmelzpunkt 62⁰. Wird zur Herstellung von einigen Lacken (Wachs = politur) und Kitten, von Kerzen, zum Glätten von Nähgarn, zum Poliren von Leder, von den Gelbgießern u. a. verwendet. Fälschung mit sog. Japanesischem Wachse, welches aus dem Pflanzenreiche stammt, ferner mit Mineralstoffen (Schwer= spath, Glätte, Schwefel, Kreide) und orga= nischen Stoffen (Mehl, Talg, weißes Pech); chemisch zu prüfen. 2,70—3 M. das kg, Japanesisches 2 M. das kg.

2*

Bier, wird wegen seiner kleberigen Beschaffenheit zuweilen dem Formsand zugesetzt, um denselben plastischer (bildsamer) oder „stärker" zu machen.

Bildernägel, sind eiserne Drahtstifte mit messingenen Köpfen. Nach Muster zu liefern. 100 Stück bei 20, 30 und 40 mm Länge 60, 65 und 70 Pfg. S. Drahtstifte.

Bimstein (natürlicher), ein blasiges, löcheriges, schwammartig aussehendes Gestein ohne bestimmte Form, hauptsächlich aus Kiesel, Thonerde, Eisen, Alkalien bestehend. Findet sich u. a. in der Nähe von ausgestorbenen oder noch thätigen Vulcanen, von denen es ausgeworfen ist.

Muß hellgrau, seidenartig schimmernd, nicht körnig, von gleichartigem Bruche sein, soll große Poren haben; in großen Stücken anzuliefern. Diese werden zum Schleifen von anzustreichenden oder zu polirenden Flächen gebraucht und zu dem Zwecke zersägt; gemahlen und auf einem leinenen Lappen oder auf Filz mit Wasser oder Oel angefeuchtet, benutzt man den Bimstein zum Schleifen von Metall und von mit Schleiflack überzogenen Gegenständen.

Bimstein in Pulverform muß auf's Feinste gemahlen sein und darf frembartige Bestandtheile (Kreide, Thon, Schwerspath u. a.) nicht enthalten.

Gepreßter Bimstein (Wiener) muß aus dem feinsten und reinen Bimsteinpulver in den vorgeschriebenen Formen hergestellt und fest gepreßt sein.

Gewöhnlicher Bimstein in großen Stücken 30—35 M., Wiener, je nach der Feinheit des Kornes, 36—45 M. für 100 kg.

Bimsteinpapier, dient zum Abschleifen von Metall, Holz, Horn u. dgl. Wird hergestellt, indem man starkes, zähes Papier mit gutem Leim bestreicht und dann mit Bimsteinpulver besiebt. Die Untersuchung, wie viel Pulver für die Flächeneinheit angewendet, ob der Leim und die Leimung gut, ferner die Anlieferung und Lagerung wie bei Schmirgelpapier. 20 M. für 1000 Bogen à 770 qcm.

Bindedraht, s. Telegraphendraht.

Binderiemen (Nähriemen), zum Nähen von Treibriemen u. a. Bis 6 mm stark. Werden für leichtere Arbeit aus Kalbleder, für schwerere aus Kuhleder geschnitten.

Bindestricke (Bindestränge), sind aus reinem Hanfe oder guter Hanfheede herzustellen, werden in der Regel viersträngig mit fester Oese von 40 und 70 mm Länge verlangt. Länge (2, 4, 5, 5,5, 8, 12 und 20 m) vorzuschreiben. Nach Muster. 2 m lang (100 Stück 12 kg) 6—7,5 Pfg. das Stück. S. Seilerwaaren.

Bindetaue, aus bestem Hanfe, werden bis zu einer Stärke von 30 mm und einer Länge von 18—20 m verlangt, gewöhnlich mit Oese von etwa 140 mm lichter Länge. Nach Muster. S. Seilerwaaren.

Bindfaden, aus Flachs oder Hanf, 2, 3, 4, 8, 12 und 20 schnürig; je nach der erforderlichen Festigkeit in verschiedenen Stärken. Wird nach Gewicht gekauft, muß daher völlig trocken und frei von Beschwerungsmitteln sein. Die stärkeren Sorten gewöhnlich in 0,5 kg, die schwächeren in 0,25 kg und 0,11 kg Rollen. Abnahme nach dem wirklichen Gewichte. Je nach der Feinheit das kg 1,12—2 M. S. Seilerwaaren.

Birke (Weißbirke), Laubholz, erreicht in 60 Jahren 20—25 m Höhe, 60 cm Dicke. Heimisch in fast ganz Europa. Das Holz ist sehr schön weiß, auch röthlich, feinfaserig, wenig hart, sehr zähe und elastisch, gut spaltbar. Spez. Gew. 0,51—0,77. Im Freien nicht dauerhaft, zieht Feuchtigkeit an, quillt, wirft sich und fault; dem Wurmfraße ausgesetzt. Wird zu Füllungen der Wände und Decken in Personenwagen verwendet, zu Trägern, Mulden; als runde Stämme zu Hand- und Drehscheibenbäumen, Schippen- und Besenstielen, zu Bremsknüppeln (müssen sehr trocken sein); die Reiser zu Besen. Birkenholzkohle in Staubform um Pudern der Formen in den Gießereien. Durch Einreiben mit Birkentheeröl bekommt Juchtenleder seinen eigenthümlichen Geruch. 0—50 M. das cbm. **S. Holz und Brennholz.**

Birnbaum, Laubholz, wird in 70 bis 80 Jahren bis 20 m hoch und 60 cm stark, heimisch in ganz Europa. Das ausgewachsene Holz ist rothgelb bis rothbraun, gleichmäßig dicht, kurz= und feinfaserig, hart, fest, zähe und glatt. Spez. Gew. 0,64 bis 0,76. Im Trockenen haltbar, bekommt leicht Wurmfraß und Kernfäule. Verwendung zu Modellen, Radkämmen, zu Decken und als Blindholz in Personenwagen. Durch Beizen ist dem Birnbaumholze ein dem Ebenholze sehr ähnliches Ansehen zu geben. 70—80 M. das cbm. **S. Holz.**

Bittersalz (schwefelsaure Bittererde. Schwefelsaure Magnesia), findet sich in Verbindung mit anderen Salzen in vielen Mineralien, dann im Quell=, Fluß= und Meerwasser. Es wird gewonnen durch Eindampfen der natürlichen Bitterwässer, als Nebenerzeugniß in den Salinen und Mineralwasserfabriken bei der Entwicklung von Kohlensäure aus Magnesit (kohlensaure Magnesia). Wird verwendet zu elektrischen Batterien; muß zu dem Zwecke chemisch rein und in Wasser vollständig und klar löslich sein. Fein gepulvert oder in seinen Krystallnadeln mit höchstens 5% Feuchtigkeit und in Paqueten zu 1 kg zu liefern. Chemisch zu untersuchen, da es nicht selten verunreinigt oder verfälscht ist. In trockenen und kühlen Räumen zu lagern. Probe 1 kg. 100 kg 8—10—15 M.

Blankleder (Rindsblankleder), ist ein Lohgares Rindsleder, welches auf der Narbenseite blank gestoßen und gerieben ist. Es soll aus besonders dichten und festen Rindshäuten, in einer gleichmäßigen Stärke von 3—5 mm hergestellt und muß geschmeidig, ohne Etterlinge und andere Fehlstellen, die Fleischseite eben und glatt bearbeitet sein. Bleibt hell oder wird mit Eisenvitriol schwarz gefärbt. Führt auch die Namen Geschirr=,

Zaum= und Riemenleder, weil es in der Geschirrfabrikation und zu Riemen aller Art Verwendung findet; ferner zum Einfassen von Fußdecken, zu Thürhaltern, Schutzleisten an den Thüren, Fensterriemen u. a. In großen, völlig lufttrockenen Häuten ohne Kopf, Hals und Bauch (nur Kern) zu liefern. Eine Haut wiegt 7—9 kg, 1 qm soll im Allgemeinen nicht über 3 kg wiegen. 3,75 bis 4,50 M. das kg. **S. Leder.**

Blattaluminium, Metallfarbe, besteht aus fast reinem Aluminium, äußerst dünne Blättchen, die wie Blattsilber hergestellt werden, findet an Stelle dieses Verwendung. Lieferung und Untersuchung wie bei Blattgold. Probe 8 Blatt. 1 Buch à 10 Büchelchen à 20 Blatt à 80×86 mm 1,30 M. **S. Farben.**

Blattgold, Metallfarbe, das echte ist bis auf ganz geringe Mengen Silber und Kupfer reines Gold. Wird aus Goldblech durch Hämmern (Schlagen) zwischen Pergamentblättern und dann zwischen Goldschlägerhäutchen (aus dem Blinddarme der Rinder) hergestellt. Die Blätter sind nur $^1/_{8000}$ mm dick. Werden in verschiedenen Größen (etwa 60—90 qmm) in Büchelchen (25 Blatt) geliefert, davon mehrere (12) ein Buch bilden. In diesem liegen die Goldblätter zwischen glatten Papierblättern, welche mit Bolus u. dergl. bestrichen sind, damit das Blattgold nicht anhaftet. Dient zum Vergolden von Metallen, Holz u. a. Es gibt zwei Sorten, die in der Regel bevorzugte (Schildgold) hat eine dunkle, orangene, die andere eine citronengelbe Farbe. Chemisch zu untersuchen auf fremde Metalle. Die Blätter müssen unversehrt sein. Durch Anhauchen auf einer reinen Glasplatte befestigt, muß das Blattgold in durchscheinendem Lichte gleichmäßig grünlich erscheinen und ohne Löcher sein. Dunklere Partien in einem Blatte rühren von ausgebesserten Stellen her.

Probe 8 Blatt. 1 Buch à 12 Büchelchen à 25 Blatt zu 68×68 mm Größe:

8,10 M. Unechtes Blattgold (Schlaggold) aus einer Legirung von etwa 85% Kupfer und 15% Zink wird wie das echte hergestellt, die Blätter haben eine Stärke von etwa $1/1500$ mm. Für den Schlag à 20 Blatt à 220×140 mm 6,5 Pf. S. Farben.

Blattsilber, Metallfarbe, das echte ist fast reines Silber; wird in derselben Weise wie Blattgold zu dünnen Blättchen von etwa $1/4500$ mm Dicke hergestellt. Ebenso zu liefern und zu untersuchen. Dient zum Versilbern von Metallen, Holz u. dergl. Probe 8 Blatt. Das Büchelchen 25 Pf.

Unechtes Blattsilber ist eine Legirung von Zinn und Zink, wird wie echtes gefertigt in Blättern von etwa $1/1500$ mm Dicke. S. Blattgold u. Farben.

Blaue Farben, s. Berlinerblau, Blauholz, Indigo, Pariserblau, Ultramarin u. Farben.

Blauholz (Kampescheholz), von dem westindischen Blauholzbaume, gibt in möglichst dünne Späne (Blauspäne) zerschnitten und mit Wasser ausgekocht, eine blaue und nach Zusatz von Eisenvitriol eine schwarze Holzbeize. 15 Pf. das kg.

Blausaures Kali, ist Blutlaugensalz.

Blaustegel, s. Zinkweiß.

Blei, Metall, findet sich selten gediegen. Die Bleierze enthalten noch andere Metalle, ferner Schwefel, Arsen, Kohlensäure u. a. Wird aus Schwefelbleierzen (Bleiglanz) entweder durch Erhitzen mit Eisen in Schachtöfen gewonnen, wobei sich Schwefeleisen und metallisches Blei bilden, oder durch Rösten des Bleiglanzes und Reduction. Durch diese ist das Blei auch aus kohlensaurem Bleioxyd (Weißbleierz) darzustellen. Das in der einen oder der anderen Weise erhaltene unreine Blei wird Werkblei genannt, welches noch Silber, Kupfer, Antimon, Arsen und andere Bestandtheile enthält, von welchen es auf verschiedene Weise zu reinigen ist. Blei mit fremden Bestandtheilen, insbesondere mit Antimon, ist härter (Hartblei, Antimonblei) als reines Blei. Das gereinigte, weichere Blei nennt man

Weichblei. Blei hat eine blaugra... Farbe, frisch geschnitten einen starken Meta... glanz; ist sehr weich, biegsam, läßt sich dünnen Tafeln auswalzen, auch pre... weniger gut zu Draht ziehen; läßt... schneiden, schaben, raspeln, aber nicht fei... da es die Feile verschmiert. Blei fär... stark ab. Spez. Gew. 11,37, Schmel... punkt 332°. In der Weißglühhi... kocht es und entwickelt giftige Dämpf... Im Handel als Mulden- oder Blo... und als Walz- oder Rollblei. Ei... Mulde wiegt etwa 67 kg. Bleiplatt... lassen sich bis zu 7 m Länge und 2,2... Breite herstellen.

Blei findet Verwendung zu Bleifarben... wie Bleiweiß, Mennige u. a., zu Legirunge... zum Dichten von Flächen (1—4 mm star... Platten) und Muffenröhren, zum Deck... von Dächern, zu Bleifolie, zu Fenster... sprossen, zum Vergießen von Klammer... und Haken in Stein, zu Plomben, Ble... röhren, zum Verbleien u. a.

Ein Bleiüberzug schützt Eisen vor Ro... Das Verbleien geschieht in der Weise, da... man das Eisen reinigt, erhitzt und dan... das flüssige Blei unter Zusatz von Salmi... oder Chlorzink auf demselben verreibt. Auc... kann man das Eisen in flüssiges Ble... tauchen, welches gegen Oxydation mit Chlor... zink bedeckt ist.

Das Blei wird auf fremde Bestandtheile durch chemische Prüfung untersucht. Zu... lässiger Gehalt an fremden Beimengungen 0,1%. 100 kg Blockblei (Muldenble... 22 M., Walzblei (Rollenblei) 27 M.

Bleiglätte (Bleioxyd), wird als Nebenerzeugniß beim Abtreiben des Silber... aus silberhaltigem Blei gewonnen. Ist i... reinem Zustande ein gelbes, bald heller... bald dunkler gefärbtes Pulver, ersteres Silberglätte, dieses Goldglätte genannt. Spez. Gew. 9,3.

Enthält oft fremde Beimengungen, wie Zink, Silber, Antimon, Kupfer und auch metallisches Blei. Wird verfälscht mit

Schwerspath, Thon, Ziegelmehl. Kreide u. a. Bleiglätte muß auf's Feinste gemahlen und geschlemmt sein, darf höchstens 1% andere Metalloxyde, weitere fremde Beimengungen aber nicht enthalten. In Fässern zu liefern, in trockenen Räumen zu lagern, da sie aus der Luft Feuchtigkeit und Kohlensäure aufnimmt.

Bleiglätte ist giftig! Den Arbeitern mitzutheilen! Vorsicht beim Gebrauche! Stäuben zu vermeiden!

Findet Verwendung als gelbe Farbe, ferner zur Bereitung von Firnissen, Kitten, Bleimennige u. a. Chemisch zu untersuchen. Beim Auflösen in verdünnter Salpetersäure darf ein Aufbrausen nicht stattfinden und kein beträchtlicher Rückstand sich absetzen. Probe 0,2 kg. Silberglätte 28 Pfg., Goldglätte 33—36 Pfg. das kg.

Bleigrau, ein Gemenge von Bleiweiß und Zinkgrau, wenn echt ohne Schwerspath. Anstrichfarbe, gibt durch Zusatz von geschlemmtem Graphite das Maschinengrau. Preis richtet sich nach dem Mischungsverhältnisse der Bestandtheile, welche letztere den Farbenton bestimmen. (27 Pf. das kg.)

Bleimennige (Minium), Verbindung von Bleisuperoxyd und Bleioxyd. Entsteht beim Glühen von gelbem umgeschmolzenen Bleioxyd (Massicot) unter Luftzutritt. Lebhaft scharlachrothes, schweres Pulver. Findet Verwendung zu Anstrichen und Kitten (Dichten von Flantschen), dann bei der Firnißbereitung. Wird verfälscht mit Schwerspath, Ziegelmehl, Ocker, Thon u. dgl. Chemisch zu untersuchen. Praktische Prüfung siehe Farben. Bleimennige muß auf's Feinste gemahlen und geschlemmt, von feuriger Farbe, frei von frembartigen Bestandtheilen sein. Verunreinigung höchstens 1%; Gehalt an Bleisuperoxyd mindestens 25%. Eine besondere Art Mennige, durch Glühen von Bleiweiß hergestellt, orangefarbig, kommt unter dem Namen Pariserroth in den Handel.

Bleimennige ist giftig! Den Arbeitern mitzutheilen! Vorsicht beim Gebrauche! Stäuben zu vermeiden! Trocken zu lagern in Kisten oder Fässern. Probe 0,5 kg. Je nach der Reinheit 100 kg 30—35 M. S. Farben.

Bleioxyd, s. Bleiglätte.

Bleiplomben, s. Plomben.

Bleiröhren, werden aus flüssigem Blei mittelst hydraulischer Pressen über einen Stahldorn (Kern) gepreßt, dessen Durchmesser gleich der lichten Weite der Röhre ist. Das Blei schiebt sich über den Kern hinweg durch den Preßring, dessen Oeffnung gleich dem äußeren Durchmesser der Röhre ist. Durch Bemessung des Abstandes zwischen Dorn und Ring wird die Wandstärke bestimmt. Bleiröhren bis zu 15 cm Durchmesser werden bis 100 m lang in einem Stücke gefertigt. Dienen hauptsächlich zu Gasleitungen und müssen dazu sehr dicht und biegsam, außerdem sollen sie innen und außen glatt, kreisrund und überall von gleicher Wandstärke sein.

Gewicht für 1 lfd. m in kg.

Innerer Durchmesser mm	Wandstärke in mm.									Preis für 100 kg
	2	3	4	5	6	7	8	9	10	
10	0,64	1,08	1,48	1,98	2,54	3,14	3,80	4,52	5,28	28—30 Mark.
15	0,90	1,43	2,01	2,64	3,33	4,07	4,86	5,70	6,60	
20	1,16	1,82	2,54	3,30	4,12	5,00	5,91	6,89	7,92	
25	1,43	2,22	3,06	3,96	4,92	5,91	6,97	8,68	9,24	
30	1,69	2,62	3,59	4,62	5,71	6,84	8,02	9,27	10,56	
40	2,22	3,41	4,65	5,94	7,29	8,69	10,34	11,64	13,20	
50	2,75	4,20	5,70	7,26	8,87	10,53	12,25	14,02	15,84	
60	3,28	4,99	6,76	8,58	10,46	12,38	14,36	16,39	18,48	
70	3,80	5,78	7,81	9,90	12,04	14,23	16,47	18,77	21,11	

Bleischrot, wird benutzt zum Füllen (Beschweren) der unteren Säume der Coupé-Gardinen, damit diese glatt herunterhängen. 35 Pfg. das kg.

Bleiweiß, Verbindung von kohlensaurem Bleioxyd und Bleioxydhydrat mit durchschnittlich 85,7% Bleioxyd, 12,3% Kohlensäure und 2% Wasser. Entsteht bei Einwirkung von Essigdämpfen und Kohlensäure auf metallisches Blei, oder indem man Bleiglätte (Bleioxyd) in Essigsäure auflöst und in die Lösung Kohlensäure leitet, wobei Bleiweiß ausscheidet. Kommt in Broten von 1—1,5 kg oder gepulvert in den Handel. Gemahlen, geschlemmt und getrocknet in reinem Zustande ein weißes, schweres Pulver. Dient als Farbe, zu Kitten und Firnissen. Seine Deckkraft ist größer als die jeder anderen weißen Farbe, jedoch nicht bei allen Bleiweißen gleich groß. Praktisch zu untersuchen. Gegen Zinkweiß hat es den Nachtheil, bei Anwesenheit von Schwefelwasserstoff mit der Zeit gebräunt zu werden. Spez. Gew. 6,73. Wird häufig mit Schwerspath gemischt, deshalb chemisch zu prüfen. Reines Bleiweiß löst sich vollständig in verdünnter Salpetersäure, Schwerspath dagegen nicht. Das Bleiweiß muß frei von fremdartigen Bestandtheilen sein, darf höchstens 1% Verunreinigungen enthalten. **Bleiweiß ist sehr giftig! Den Arbeitern mitzutheilen! Vorsicht beim Gebrauche! Stäuben zu vermeiden! In dichten Fässern zu liefern, trocken zu lagern. Probe 0,5 kg.**

Die theuerste Sorte (Malerfarbe), das Kremserweiß 1—1,5 M. das kg, gewöhnliche Anstrichfarbe und zu Kitten 40 bis 30 M. 100 kg. Bleiweiß-Oelfarbe, fein gerieben, 100 kg 45—50 M. S. Farben.

Bleizucker, ist essigsaures Bleioxyd. Wird dargestellt durch Auflösen von Bleiglätte in Essigsäure und Verdampfen der Lösung, wobei der Bleizucker auskrystallisirt. Die Krystalle sind farblos, verwittern an der Luft; schmeckt widerlich, metallisch-süß.

Dient u. a. zur Bereitung von Bleifirnissen, Bleiweiß, Chromgelb und zur Untersuchung der Reinheit des Leuchtgases. Wird nämlich auf ein mit Bleizucker angefeuchtetes weißes Filtrirpapier (Löschpapier) der Gasstrom geleitet, so färbt dieser bei Anwesenheit von Schwefelwasserstoff, in Folge Bildung von schwarzem Schwefelblei, das Papier braun, während es andernfalls weiß bleibt. **Bleizucker ist sehr giftig! Den Arbeitern mitzutheilen! Das kg 70 Pfg.**

Blindholz, nennt man mit Furniren belegtes Holz.

Blutlaugensalz, gelbes (Blausaures Kali), wird durch Verkohlen thierischer Abfälle (Horn, Klauen, Blut, Wolle, Leder) unter Zusatz von Pottasche und Eisenfeile bereitet, indem man diese Stoffe mischt, in eisernen Gefäßen glüht und die sich bildende schwarze Masse mit siedendem Wasser auszieht, aus welcher Lösung das Salz auskrystallisirt; durch nochmalige Lösung und Auskrystallisirung wird es gereinigt. In schönen, reinen, blaßcitronengelben Krystallen (Prismen) zu liefern. Ist die Farbe unrein oder grau, so ist Schwefeleisen vorhanden.

Dient zum Beizen von Holz, zur Oberflächenhärtung des Eisens, zu Schweißpulvern, zu letzteren Zwecken darf das Blutlaugensalz keine Schwefelverbindungen enthalten, weil diese Eisen angreifen und das Schweißen erschweren. Chemisch zu untersuchen. Verpackung in Fässern, trocken zu lagern. Probe 0,5 kg. 1,80—2 M. das kg.

Bolus, rother (Röthel), ist durch Eisenoxyd gefärbte Thonerde. Dient in Stücken als rothe Kreide, in Pulverform unter Zusatz von Kalkmilch findet er als billige Wasserfarbe zum Anstrich von Wänden Verwendung. Das kg 9 Pfg. S. Farben.

Bolus, weißer, ist ungefärbter Thon, dient geschlemmt als Wasserfarbe. Besondere Arten sind die Porzellanerde und der Pfeifenthon, welche u. a. als Zusatz zu gelben und rothen Farben, zu Kitten und

Schwärze Verwendung finden. Das kg 10 Pfg. S. Farben.

Borax (borsaures Natron), findet sich in einigen Seen Indien's, China's u. a. Wird durch Verdunstung des Wassers oder durch Auslaugen von Schlamm, welcher durch Baggern aus diesen Boraxseen zu Tage gefördert wird, und folgende Abdampfung der Lauge gewonnen.

In Toscana strömen aus den Fumarolen (das sind vulcanische Bodenöffnungen) borsäurehaltige Wasserdämpfe, welche in natürlichen oder künstlich angelegten Sümpfen verdichtet werden und das Rohmaterial zur Gewinnung der Borsäure und mittelbar des Borax (durch Neutralisirung mit Sodalösung) liefern.

Der Borax ist in durchsichtigen, farblosen, unverwitterten, reinen Krystallen, frei von fremden Beimengungen zu liefern. Wird verfälscht mit Alaun, Steinsalz, Sodakrystallen, Glaubersalz, phosphorsaurem Natron u. a. Chemisch zu prüfen. Dient zum Löthen, zu Schweiß- und Cementirpulvern und Kitten. In Fässern zu liefern, trocken und kühl zu lagern. Probe 0,5 kg. 70—80 Pfg. das kg.

Borden (Borten), sind schmale Gewebe, entweder einfach oder mit sammetartigen und auch aufgeschweiften Mustern. Werden auf besonderen Borden-Webstühlen als Posamentirwaare gefertigt. Dienen zum Einfassen, Säumen und Besetzen bei dem Ausschlagen und Polstern der Coupé's (Wagenborde). Man unterscheidet Seiden- und Wollenborden, je nachdem der Flor aus Seide oder Wolle besteht; das Grundgewebe ist Baumwolle oder Leinen. Die Borden sind in Farbe, Webart, Güte, Muster, Abmessungen u. s. w. nach Muster zu liefern, müssen echt gefärbt sein. Für die rothe Seidenborde wird zuweilen die Färbung mit Cochenille vorgeschrieben.

Fensterzugborde wird zu Fensterzügen und Armschlingen in I. und II. Cl. benutzt. Rothseidene 1,50—2,50, grauwollene 1—1,70 Mark das m.

Ganz schmale Borden nennt man Nagel-, Platt- und Nahtschnur. Mit letzterer wird starker Bindfaden bezogen. Sie dienen zum Verdecken von Nähten, zum Einfassen und zur Verzierung. 1 m seidene 20 bis 23, wollene 12—14 Pfg.

Die Farbe der Borden muß zu der der Polsterbezüge passen. S. Gewebe.

Borsäure, kleine, weiße, glänzende Blättchen. Verliert in der Glühhitze sein Wasser und bildet dann eine glasartige Masse. Zu Schweißpulvern gebraucht. 1 M. das kg.

Borsaures Mangan-Oxydul (Manganborat), dient, wie noch andere Manganverbindungen, zur Bereitung des Leinölfirnisses und als Siccativ (Siccativpulver). Manganborat muß rein sein, ganz frei von fremden Beimengungen, insbesondere von Zink- und Eisenoxyd. In Fässern oder Kisten zu liefern, trocken zu lagern. Probe 0,1 kg. Chemisch zu prüfen. 1,20 M. das kg. S. Braunstein u. Manganoxydhydrat.

Borstenwaaren (Bürsten, Haarbesen, Handfeger, Handbühlen, Schrubber, Pinsel u. a.), sind nach Muster zu beschaffen. Zu denselben sollen die Hals- und Rückenhaare (Borsten, Schweineborsten) des Haus- oder Wildschweines benutzt werden, da diese Haare am steifsten, längsten und elastischsten sind. Die besten Borsten kommen aus dem nördlichen und östlichen Europa. Sie sollen von im Winter geschlachteten Thieren herrühren und möglichst kalt ausgerupft sein, da sie alsdann am kernigsten sind. Vor der Verwendung werden sie durch Waschen mit Seife, heißer Alaunlösung u. dergl. gereinigt. Verfälschungen der Borsten durch Pflanzenfasern (Piassava u. a.), welche dadurch erkannt werden, daß sie mit Flamme verbrennen, während Schweineborsten an einer Flamme mit knisterndem Tone, unter Verbreitung eines widerlichen

Geruches, versengen, wobei die Kohle sich krümmt und aufbläht. Die Borsten müssen an den Griffen, Bürstenrücken, Stielen u. s. w. gut und dauerhaft befestigt sein; eingepicht dürfen sie sich nicht leicht herauszziehen lassen.

Die längsten und stärksten Borsten (1 kg 12 M.) werden von den Sattlern zum Spitzen von Hanfgarn gebraucht, minderswerthige als Zusatz zu Polstermaterialien und zum Fälschen von Pferdehaaren.

Boftonit, s. Asbest.

Brasilienholz ist Rothholz.

Braune und gelbe Farben s. Bleiglätte, Chromgelb, Curcuma, Gelbholz, Kasseler Braun, Mahagonibraun, Terra de Siena, Umbra.

Braunkohle, ein durch nasse Verzmoberung verändertes Holz, bei welcher die Zersetzung weiter als beim Torfe und weniger als bei der Steinkohle vorgeschritten ist; sie steht in dieser Beziehung und in ihrem Alter zwischen beiden. Man unterscheidet drei Arten: hellbraune, faserige Braunskohle, welche noch das Ansehen (das Gefüge) des Holzes hat; Pechkohle, glänzend schwarz, muscheliger Bruch, das Holzgefüge ist nicht oder sehr wenig erkennbar; erdige Braunkohle (Erd- oder Moorkohle), braune, erdige, gewöhnlich zerfallene Masse. Letztere läßt sich oft nur verfeuern, nachdem sie angefeuchtet in Formen gestrichen und getrocknet oder zu Briquettes verarbeitet ist. Braunkohle hat durchschnittlich etwa 20% Wasser und 5—10% Asche. Ihre Brennbarkeit ist geringer als die des Holzes, die Flammbarkeit steht zwischen der des Holzes und der Steinkohle, die Verdampfungskraft ist größer als die des gedörrten Holzes und des Torfes, geringer als die von Steinkohle, Koks und Holzkohle. Durch Lagern verzliert die Braunkohle an Heizkraft.

Bei der Lieferung muß sie lufttrocken, frei von unverbrennlichen (mineralischen) Bestandtheilen und sonstigen Verunreizinigungen und ohne Grus sein. Der Bruch muß muschelig (steinartig) ohne holzartiges Gefüge, die Farbe dunkel (schwarz), nicht braunroth, sein. Es wird wohl noch von geschrieben, daß höchstens 68,5 kg eine Hektoliter geben.

Eine Braunkohle von diesen Eigenschafte zählt zu den Pechkohlen, welche als Brenn material unter den Braunkohlen den größten Werth besitzen.

Eine Art von Braunkohle (Schwel kohle) wird auf Mineralöl und Paraffin verarbeitet, wobei ein koksartiges Brenn material, die Grude, welche an einigen Orten für Herdfeuerung Verwendung findet als Nebenerzeugniß abfällt.

Die Braunkohle findet sich hauptsächlich in Böhmen, Sachsen, Bayern, Hessen, Altenburg. Im Jahre 1884 wurden in Deutschland etwa 12 Millionen Tonnen befördert. 1 Hektoliter 75 Pf. an der Zeche. S. Brennmaterialien, Torf, Steinkohlen.

Braunkohlentheer-Oel, s. Gasöle.

Braunstein, ein schwarz-graues Manganerz; aus verschiedenen Manganverbindungen zusammengesetzt, enthält jedoch hauptsächlich Mangansuperoxyd. Als fremde Beimengungen finden sich in demselben Baryt, Kieselsäure und Wasser. Wegen seines großen Gehaltes an Sauerstoff findet es u. a. Verwendung bei der Herstellung des schmiedbaren Eisengusses und des Leinölzfirnisses, in beiden Fällen wirkt der Sauerstoff des Braunsteins oxydirend; ferner zu elektrischen Batterien, Schweißpulvern und Kitten. Muß aufs Feinste gemahlen sein, mindestens 80% Mangansuperoxyd enthalten. Chemisch zu prüfen. In Fässern anzuliefern, trocken zu lagern. Probe 0,1 kg. In Pulverform, je nach der Reinheit, 100 kg 17—25 M.

Bremsklötze aus Stahlguß (Fig. 17 u. 18 S. 27), sind genau nach Zeichnung zu fertigen, wenn nicht dem Lieferanten Modell übergeben ist. Der Stahlguß muß bester Güte, der Guß sauber und fehlerfrei sein. Für Wagen Gew. 18—23 kg, für Tender

und Maschinen 20—28 kg. 10—13 M.
100 kg.

Fig. 17 u. 18.

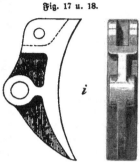

Stahlguß-Bremsklotz.

Bremsklötze, hölzerne, werden
meistens aus Pappel- oder Rothbuchenholz
gefertigt. Das Holz soll im Winter gefällt,
muß gesund, kern- und astfrei, scharfkantig
geschnitten und gehobelt sein. Die Klötze
müssen genau der Zeichnung entsprechen.
25—30 Pf. das Stück.

Bremsknüppel, zum Bremsen der
Wagen beim Rangiren, insbesondere auf
Ablaufgeleisen 1—1½ m lang, 80—100 mm
stark; müssen gerade sein und aus sehr
zähem Holze bestehen, welches völlig trocken
sein muß, da es in feuchtem Zustande einen
zu geringen Reibungswiderstand hat. 10 Pf.
das Stück. Für das Raummeter 6,50 M.

Bremsleinen, für Eisenbahnzüge
mit Heberleinbremse, etwa 12 mm Durchmesser. Müssen aus Hanf bester Güte,
ganz gleichmäßig hergestellt (geflochten),
trocken und ohne Beschwerungsmittel sein.
1 m bis 35 Pf. S. Seilerwaaren.

Brennholz, dient bei den Eisenbahnen
nur noch vereinzelt zum eigentlichen Heizen,
meistens als Anheizmaterial bei Dampfkesseln, Lokomotiven u. a. Man verwendet
als solches alles Holz, welches nicht als
Bau-, Nutz- oder Werkholz besser verwerthet
werden kann. Es kommt in den Handel
als Stücke, Scheite oder Kloben genannt,
oder als Knüppelholz (Prügelholz)
oder als Reis (Reisig).

Die Brennbarkeit der weichen Hölzer
(Weide, Pappel, Linde, Weißtanne, Fichte)
ist größer als die der harten (Esche, Birke,
Ulme, Buche, Eiche). Nadelhölzer und
Birkenholz lassen sich am leichtesten entzünden und brennen am besten fort, erstere
geben wegen ihres Harzgehaltes die längste
Flamme. In der Praxis nimmt man den
durchschnittlichen Aschengehalt aller Brenn-
hölzer zu 1,5 % an, bei Aesten und Reisern
steigt er bis 2,3 %. Der Heizeffekt der
verschiedenen Hölzer für die Gewichts-
einheit ist, wenn sie denselben Grad der
Trockenheit haben, annähernd gleich groß.
Auf die Raumeinheit bezogen, verhalten
bei folgenden Brennhölzern die Heizeffekte
sich etwa wie die beigeschriebenen Zahlen:

Eiche, Ulme, Ahorn, Birke, Buche, Tanne,
100   91   90   88   84   67
Weide, Pappel, Föhre, Fichte, Linde,
65   64   63   59   55

so daß Eichen das beste, Linden das schlechteste
Brennholz abgeben. Als solches kommen
auch alte, zerkleinerte Bahnschwellen und
Hölzer von ausrangirten Wagen zur Verwendung.

Das Buchenbrennholz muß ge-
spaltenes, vollkommen lufttrockenes und gesundes Schnittholz aus dem Stamme sein,
jedes Stück etwa 10 kg schwer und 1 m lang.

Kiefernes Klobenholz darf nicht
aus raupenfräßigem Holz bestehen, muß
ohne Knubben und ohne große Aeste sein,
zwei oder dreiklüftig und nicht unter
13—16 cm gespalten.

Brennholz ist trocken und abseits von
geheizten Räumen zu lagern; in feuchtem
Zustande bereitet es beim Anheizen von
Kesseln die widerwärtigsten Schwierigkeiten.
S. Anheizmaterialien, Brennmaterialien.

Brennmaterialien (Heizmaterial). Für die Zwecke der Eisenbahnen
kommen als natürliche Brennstoffe: Holz,
Torf, Braunkohlen und Steinkohlen, als

künstliche: Holzkohlen, Torfkohlen, Koks, Briquettes und Preßkohlen in Betracht. Petroleum, Leuchtgas u. a. sind als Heizmaterial für die Eisenbahnen noch ohne Bedeutung; Versuche, Lokomotiven damit anzuheizen, haben günstige Resultate weder bezl. der Billigkeit, noch Einfachheit ergeben.

Abgesehen von fremden Beimengungen (Wasser, Asche), bestehen die Brennmaterialien aus Kohlenstoff, Wasserstoff, Sauerstoff und Stickstoff und zwar in folgenden Verhältnissen:

	Kohlen-stoff %	Sauer-stoff %	Wasser-stoff %	Stick-stoff %
Holz . . .	50	43	6	1
Torf . . .	59	33	6	2
Braunkohlen.	69	25	5,5	0,8
Steinkohlen.	82	13	5	0,8
Anthrazit .	95	2,5	2,5	Spur.

Der Versuch, einen überhaupt brennbaren Körper zu entzünden, gelingt bei dem einen leichter als bei dem anderen, wie denn auch nach der Entzündung der eine Stoff leichter fortbrennt als der andere. In Bezug auf diese Eigenschaften unterscheidet man leicht entzündliche (leicht brennbare) und schwer entzündliche (schwer brennbare) Körper. Diese Brennbarkeit ist abhängig von der chemischen Zusammensetzung des Brennstoffes und zwar ist ein Körper im Allgemeinen um so leichter entzündlich, je mehr flüchtige brennbare Bestandtheile er enthält, von seiner sonstigen Beschaffenheit bezüglich Dichtigkeit, Feuchtigkeit, Wärmeleitungsvermögen, Zerkleinerung, Schichtung u. s. w. Nicht immer ist ein leicht brennbarer Körper auch leicht entzündlich, z. B. Holzkohle brennt schwierig an, einmal entzündet brennt sie aber bei erforderlichem Luftzuge langsam fort. Leicht entzündliche und brennbare Stoffe werden benutzt, um schwer brennbare zu entzünden (Anheizmaterial), z. B. Stroh, Reiser, Torf, zerkleinertes Holz u. a.

Durch Verbindung mehrerer Stoffe kann man für bestimmte Zwecke ein leicht brennbares Heizmaterial herstellen, z. B. Preßkohlen (Holzkohle und Salpeter) für Coupéheizung.

Die Feuergefährlichkeit eines Körpers wächst mit der leichten Entzündlichkeit und Brennbarkeit.

Je mehr brennbare Gase ein Körper in der Hitze entwickelt, um so größer ist die Flammbarkeit, welche mit dem Gehalt an Wasserstoff zunimmt. Man unterscheidet kurzflammige und langflammige Brennstoffe.

Bei dem Verbrennen eines Körpers entsteht eine mehr oder minder starke Wärme. Je höher die überhaupt zu erreichende Hitze ist, um so größer ist die Heizkraft des betreffenden Brennstoffes. Die Temperatur wird untersucht durch Pyrometer, das sind Wärmemesser (Thermometer) für hohe Hitzegrade. Auf die Verbrennungstemperatur eines Körpers ist von Einfluß die Zeit, in welcher eine gewisse Menge verbrennt, die Größe des Verbrennungsraumes, die spezifische Wärme des Körpers, sein Wassergehalt, die zugeführte Luft (Menge und Temperatur) und der Gehalt an fremden, insbesondere unverbrennlichen Bestandtheilen (Asche und Schlacke). Die höchste Verbrennungstemperatur ist etwa bei:

Holz, trocken . . . . . . 2130° C.
Holz mit 20% Wasser . . 1950°,
Holzkohle . . . . 2480°,
Torf, trocken . . . . . . 2260°,
Torf, mit 20% Wasser . . 2110°,
Braunkohle, trocken . . . 2360°,
Braunkohle, mit 20% Wasser 2220°,
Steinkohle . . . . . . 2480°,
Koks . . . . 2480°,

Um 1 kg reine Kohle (Kohlenstoff) vollständig zu verbrennen, sind etwa 9 cbm Luft erforderlich und berechnet sich hieraus die nöthige Luftmenge für:

1 kg Holz mit 20 °/₀ Waſſer zu 5,2 cbm Luft
1 „ Holzkohle zu . . . . 9,0 „ „
1 „ Steinkohle zu . . . 9,0 „ „
1 „ Koks zu . . . . 9,0 „ „
1 „ Braunkohle zu . . 7,3 „ „
1 „ Torf zu . . . . 7,3 „ „

In der Praxis nimmt man jedoch mindeſtens die doppelte Menge, um eine vollſtändige Verbrennung zu bewirken.

Von der Heizkraft eines Brennſtoffes iſt eine Brennkraft oder der Heizeffekt (Wärmeleiſtung, Wärmeeffekt) zu unterſcheiden, darunter verſtanden die Wärmemenge, d. i. die Anzahl der Wärmeinheiten, welche ein Gewichtstheil des Brennſtoffes entwickeln kann. Als Wärmeinheit (Calorie genannt) hat man diejenige Wärmemenge angenommen, welche erforderlich iſt, um die Wärme von 1 kg Waſſer um 1 °C. zu erhöhen. Je weniger Brennmaterial nöthig iſt, um dieſe Wirkung zu erzielen, oder, um ſo mehr kg Waſſer mit demſelben Gewichtstheile eines Brennſtoffes um die Wärme von 1 °C. erhöht werden kann, oder endlich, je heißer man dieſelbe Gewichtsmenge Waſſer mit demſelben Gewichtstheile eines Brennmateriales machen kann — was alles auf daſſelbe herauskommt — um ſo größer iſt der Heizeffekt des betreffenden Brennſtoffes.

Beiſpielsweiſe mögen 25 kg eines Brennmateriales das in einem Keſſel befindliche Waſſer, deſſen Wärme 15° und deſſen Gewicht 1200 kg iſt, auf eine Wärme von 70° gebracht haben; das Waſſer iſt um 70 — 15 = 55° wärmer geworden, es ſind alſo bei 1200 kg 1200 × 55 = 66000 Calorien entwickelt und zwar durch 20 kg Brennſtoff, d. i. durch ein kg = 3300 Calorien. Wenn ſchon 18 kg eines anderen Brennſtoffes hinreichen, jene 1200 kg Waſſer von 15° auf 70° zu erhitzen, ſo bleibt die Anzahl der entwickelten Calorien (6600) die gleiche, der Heizeffekt von 1 kg dieſes zweiten Stoffes iſt dann aber = $\frac{6600}{18}$ = 3666 Calorien.

Wenn nun 20 kg eines dritten Brennſtoffes die 1200 kg Waſſer von 15° auf 100°, alſo zum Sieden bringen können, ſo ſteigert ſich die Wärme um 100 — 15 = 85°, es werden durch 1200 kg Waſſer 85 × 1200 = 102000, das iſt durch 1 kg $\frac{102000}{20}$ = 5100 Calorien entwickelt. Es hat hiernach dieſer dritte Brennſtoff einen größeren Heizeffekt als der zweite und dieſer einen größeren als der erſte.

Auf den Heizeffekt eines Körpers iſt von Einfluß ſeine chemiſche Zuſammenſetzung, die ſpezifiſche Wärme der Verbrennungserzeugniſſe, der Gehalt an Feuchtigkeit und Aſche, die äußere Beſchaffenheit. Die durchſchnittlichen Heizeffekte, alſo die Anzahl der durch 1 kg entwickelten Calorien ſind für die folgenden Brennmaterialien:

Holzkohle	. . .	8000 Calorien
Steinkohle	. . .	7500 „
Koks	. . .	6500 „
Braunkohle	. . .	4500 „
Torf, lufttrocken	. .	3000 „
Holz		2800 „

Für die Praxis iſt es zweckmäßiger zu wiſſen, wie viel kg Waſſer von je 1 kg eines Brennſtoffes verdampft werden können. Da 640 Calorien dazu gehören, um 1 kg Waſſer in Dampf zu verwandeln, ſo ergibt ſich hieraus die durchſchnittliche Verdampfungsfähigkeit für 1 kg für

Holzkohlen . . $\frac{8000}{640}$ = 12,5 kg Waſſer (5—9).

Steinkohlen . . $\frac{7500}{640}$ = 11,7 „ „ (5—9).

Koks . . . $\frac{6500}{640}$ = 10 „ „ (5—8).

Braunkohlen . . $\frac{4500}{640}$ = 7 „ „ (2,5—4).

Torf . . . . $\frac{3000}{640}$ = 4,7 „ „ (2—2,5).

Holz . . . . . $\frac{2800}{640}$ = 4,4 „ „ (2,5).

In Wirklichkeit nimmt man nur die eingeklammerten Werthe an, da bei allen Feuerungsanlagen größere oder geringere Wärmeverluſte unvermeidlich ſind.

Weiteres ſiehe: Anheizmaterialien, Braunkohlen,

Brennholz, Briquettes Holzkohlen, Koks, Preßkohlen, Steinkohlen, Torf, Torfkohlen.

Brennöl, f. Rüböl.

Brennstahl, f. Eisen.

Brillant-Black, f. Asphaltlack.

Briquettes. Man versteht unter diesen ein ursprünglich pulverförmiges Brennmaterial (Kohlenklein, Sägespähne, Gerberlohe u. a.), dem man mit oder ohne Bindemittel in Pressen die Form von Ziegeln gegeben hat. In der Form von Briquettes ist es möglich, die sonst nicht mehr verwendbaren Abfälle von Stein- und Braunkohlen, Koks u. a. nutzbar zu machen, indem man dem Kohlenklein die für die Beförderung und für die Verwendung als Brennmaterial praktische Gestalt der Ziegel gibt (**Kohlenziegel**). Als Rohmaterial werden fast nur noch Steinkohlengrus (Feinkohlen) benutzt, seltener Braunkohlenklein und sonstige Abfälle von Holz und Torf. Wir behandeln nur Steinkohlenbriquettes, von welchen in Europa jährlich etwa $2^1/_2$ Millionen, in Teutschland etwa 100,000 Tonnen ($^1/_{25}$) gemacht werden.

Fette Steinkohle, welche bei 200—300° teigartig und klebend werden, lassen sich in diesem Zustande ohne Bindemittel zu Kohlensteinen formen, da jedoch Grus von fetten Kohlen sich anderweitig (Koks, Leuchtgas) verwenden läßt, so werden im Allgemeinen fette Steinkohlen nicht zu Briquettes verarbeitet und andere erfordern ein Bindemittel, da ohne ein solches die Kohlenziegel nicht genügend fest und versandfähig werden.

Die Kohlen zu Briquettes dürfen eine gewisse Korngröße (7 mm) nicht überschreiten, wenn die Mengung mit dem Bindemittel innig und die Pressung dicht werden soll, bei größerem Korne findet deshalb eine Zerkleinerung in Quetschwalzen oder Schleudermühlen statt.

Der Aschengehalt der Briquettes soll einen gewissen Prozentsatz nicht übersteigen, da der Heizwerth mit dem Aschengehalte abnimmt, außerdem muß die Asche mitbe

fördert werden, erhöht also die Versankosten. 10% Asche ist in der Regel d. höchste, welches zugestanden wird, es gi. Briquettes mit nur 4—5%. Aus Stri. kohlen mit zu großem Aschengehalte entfer. man vorher die unverbrennlichen Theile b. auf den zulässigen Gehalt durch Wind oder Wasseraufbereitung. Die gewaschen. Kohlen werden vor dem Pressen wieder ge. trocknet, da naß gepreßtes Kohlenklein schi. ferige und abblätternde Briquettes gib. welche die Beförderung schlecht vertrag. außerdem auch im Feuer zerfallen.

Die Bindemittel sind entweder organiv. oder anorganische. Erstere sind mitver. brennlich und geben dabei Wärme a. während die unverbrennlichen anorganisch. Bindemittel selbst Wärme binden und d. Aschengehalt erhöhen, es sind also unt. sonst gleichen Umständen die organisch. Bindemittel den anorganischen vorzuzieh. Zur Anwendung gekommen sind Steinkohl. theer, Weichpech, Hartpech, Kartoffelmel. isländische Flechte, Seetang, Asphalt u. a. als anorganische Bindemittel: Wasserglas. Thonerdehydrat, Kalkwasser, Salmiak, Ma. nesiacement. Von den organischen hat si. das Hartpech am besten bewährt, die dam. hergestellten Steinkohlenbriquettes sind fe. und verbrennen mit wenig Rauch; von de. anorganischen ist keins zur allgemeinen. Verwendung gekommen.

Hartpech wird als Rückstand bei der Destillation des Steinkohlentheers gewonnen, etwa 55 kg von 100 kg Theer. Es ist eine glänzend schwarze Masse von 1,3 spez. Ge. wicht, welche bei 200° schmilzt.

Dem Kohlenklein werden 8—10% Pech. in gemahlenem Zustande zugesetzt, die. Mengung erfolgt in durch offene Feuerung. heiße Luft oder überhitzten Dampf erwärmten. Mengeapparaten, wobei das Pech zum. Schmelzen kommt und so innig das Kohlen. klein durchbringt.

Mit einer Wärme von 80—100° gibt. man die Masse in die Preßmaschine. Es

ot Tangential=, Stempel= und continuir=
he Pressen, von welchen einige bis 250 t
riquettes in 10 Stunden liefern. Der
ruck auf das qm muß je nach der Härte
r Kohle 100—150 kg sein, wenn die
ressung gut und gleichmäßig sein soll.

Hinsichtlich des Druckverlustes beim
ressen wird der kreisförmige Querschnitt
r Briquettes der beste sein, da jedoch
ese bei Ziegelform den geringsten Raum
i der Verladung einnehmen, was für die
eförderung von Wichtigkeit ist, so gibt
an denselben einen viereckigen Querschnitt
it abgerundeten Ecken. Es soll sich nicht
mpfehlen, mit den Abmessungen über 400
is 500 qcm und 10--12 cm Höhe, und
it dem Gewichte über 8--10 kg zu gehen.

Die Heizkraft guter Briquettes ist min=
estens gleich der der besten Steinkohlen,
äufig größer. Die Rauchentwickelung ist
eringer. Die Festigkeit hängt außer von
em bei der Pressung ausgeübten Druck
von dem Gehalte an Pech ab. Dieser kann
ermittelt werden durch Ausziehen des Peches
mittelst Schwefelkohlenstoff und Wägen des
ungelösten Rückstandes. Im Allgemeinen
wird der Gehalt an Pech nicht vorgeschrieben,
jedoch dürfen die Briquettes beim Versand
nicht zerfallen, ferner nicht stäuben, da Pech=
staub die Augen angreift. Im Feuer sollen
sie nicht zerfallen, sondern schichtenweise von
außen nach innen abbrennen. Der Aschen=
gehalt darf nicht über 7% betragen. Stein=
kohlenbriquettes 7,20 M. für 1000 kg frei
Zeche.

Broncen, sind Legirungen, welche
hauptsächlich aus Kupfer und Zinn bestehen.
Der Einfluß des Zinnes auf die Eigen=
schaften des Kupfers ist wie folgt:

Die Härte der Legirung (im Allgemeinen
größer als die des Messings) nimmt bis
28% Zinn zu, über diesem Gehalte wieder
ab. Die härteste Bronce ist mit der Feile
schlecht zu bearbeiten. Die Festigkeit steigert
sich schon bei kleinem Zinngehalte, bei
17,5% Zinn ist dieselbe am größten gegen

Zerreißen und Zerbrechen und bei 30%
Zinn gegen Zerdrücken. Mit dem Zinn=
gehalte nimmt die Sprödigkeit der Bronce
zu, also die Zähigkeit und Dehnbarkeit ab.
Bronce mit 4,75% Zinn und weniger läßt
sich kalt strecken, bei größerem Gehalte an
Zinn wird die Bronce bis 50% immer
spröder, von hier ab mindert sich die Sprödig=
keit wieder. Härte und Sprödigkeit, ins=
besondere der zinnreicheren Broncen nehmen
ab, wenn man diese glühend in kaltes Wasser
taucht. Dieses Mittel ist also anwendbar,
um schlecht zu bearbeitende Broncen weicher
und bis zu einem gewissen Grade hämmer=
bar und biegsam zu machen.

Die Schmelzwärme der Broncen steigt
und fällt mit dem Kupfergehalte, bei 35%
Zinn ist dieselbe etwa 650°.

Die Gußfähigkeit des Kupfers wird schon
bei einem kleinen Zinngehalte verbessert.
Die rothe Farbe des Kupfers nimmt bei
Zusatz von Zinn schnell ab. Die Farbe ist

bei 5% Zinn roth= (gold) gelb,
„ 12% „ röthlichgelb,
„ 15% „ gelb,
„ 26% „ röthlichweiß,
„ 30% „ weiß,
dann grauweiß, über 70% Zinn weißlich
und zinnähnlich.

Die Broncen sind in Folge ihres gleich=
mäßigen, dichten und harten Gußes sehr
politurfähig und ihre Politur ist haltbar.
Je nach ihrer Verwendung gibt man den
Broncen eine andere Zusammensetzung und Be=
nennung, wie Geschützbronce, Glocken=
bronce, Spiegelbronce, Statuen=
bronce, Münzbronce, Maschinen=
bronce u. s. w.

Die Bestandtheile und Mischungsver=
hältnisse sind je nach den verlangten Eigen=
schaften andere. In der Regel enthalten
die Broncen außer Kupfer und Zinn noch
ein oder mehrere andere Metalle, insbeson=
dere Zink und Blei, dann Antimon, Nickel,
Eisen, Mangan, sowie auch Phosphor.

Einige Broncen.

Verwendung für	Bestandtheile in %			
	Kupfer	Zinn	Zink	Blei
Glocken	80	20	—	—
Schilder	88,75	11,25	—	—
Hähne und Küken	90	10	—	—
Phosphorbronce . {	90	9	—	—
	+0,5—1 Phosph.		—	—
Locomotiv-Arma- {	82	9	9	—
turen . . . . . . {	80	10	10	—
	84	14	2	—
Dampf-Schieber . {	82	9	9	—
	85	15	—	—
	80	12	8	—
	47,62	47,62	2,38	2,38
Achsenlager . . . . {	83,5	16,5	—	—
	80	16	—	4
	80	8	8	4
Pleuelstangenlager	85	15	—	—

S. Legirung, Phosphorbronce, Siliciumbronce, Deltametall, Messing, Lagermetalle.

Zink in geringer Menge erhöht die Gußfähigkeit, ein größerer Zinkgehalt mindert die Festigkeit und Härte, was unter Umständen wünschenswerth ist. Zink macht die Legirung billiger und kann man durch die Menge desselben den Farbenton bestimmen.

Blei erniedrigt den Schmelzpunkt der Bronce und hat ebenfalls Einfluß auf die Färbung, es vermindert die Festigkeit und Dehnbarkeit, erhöht die Sprödigkeit. Wegen dieses letzteren Einflusses wird der Bronce oft Blei zugesetzt um sie für die Bearbeitung mit Schneidestählen, Meißel und Feile geeigneter zu machen.

Eisen und Mangan (in der Regel unter 0,1%) erhöhen die Festigkeit der Bronce und geben ihr besondere Farbentöne.

Nickel macht eine zinnreiche Bronce noch weißer, es erhöht die Festigkeit und Sprödigkeit.

Phosphor verhindert, daß beim Schmelzen von Kupfer und Zinn Metalloxyde sich bilden, welche die Festigkeit und Dehnbarkeit der Bronce vermindern. Die durch einen sehr kleinen Zusatz von Phosphor (immer unter 1%) entstehende sog. Phosphorbronce ist in hohem Grade elastisch, hart, fest, feinkörnig und dünnflüssig. Durch Aenderung der Gewichtsverhältnisse von Kupfer, Zinn und Phosphor kann man dieser Bronce sehr verschiedene Eigenschaften geben, u. a. große Härte und Festigkeit bei geringer oder mit bleibender Elastizität, ferner Festigkeit neben großer Dehnbarkeit oder auch eine gute Gießfähigkeit bei einem bestimmten Farbentone. Der Phosphor wird durch den Zusatz einer entsprechenden Menge von Phosphorkupfer oder Phosphorzinn in die Legirung gebracht.

Buche, Roth-, Laubholz, erreicht in 100—120 Jahren eine Höhe von 20—40 m, eine Stärke bis 90 cm. Heimisch in ganz Europa.

Das Holz ist in der Jugend weiß und zähe, bei ausgewachsenen Bäumen im Kerne röthlichweiß mit bräunlichem und glänzendem Spiegel; hart, ziemlich fest und elastisch. grob- und kurzfaserig, aber gleichmäßig dicht, nicht besonders politurfähig; leicht spaltig, reißt und springt leicht. Gedämpft sehr biegsam und geeignet zu gebogenen Möbeln. Spez. Gew. 0,59—0,85. Im Witterungswechsel wenig dauerhaft, dem Wurmfraße unterworfen. Als Bauholz nur im Trockenen oder in steter Nässe verwendbar. Als Nutzholz zu nicht polirten Arbeiten, zu Sitzschwingen und als Blindholz in Personenwagen; in krumm gewachsenen Stücken zu Spriegeln, getränkt zu Schwellen. Ein gutes Brennholz und liefert sehr gute Holzkohlen. 40—50 M. das cbm. S. Holz und Brennholz.

Buche, Weiß-, (Hain- oder Hagebuche), Laubholz, wird in 100—150 Jahren bis 20 m hoch und 30—60 cm dick. Heimisch in ganz Europa.

Gelblichweißes Holz, bei älteren Stämmen bräunlich; gleichmäßig dicht, hart, fest, elastisch und sehr zähe; spez. Gew. 0,62—0,85. Schwindet und reißt wenig, splittert leicht unter dem Hobel. Im Trockenen sehr dauerhaft, nicht im Witterungswechsel. Als Bauholz wenig geeignet, dagegen zu größeren vielgebrauchten Modellen, zu Maschinentheilen und Werkzeugen, wie Zahnräder, Schrauben, Lager, Rollen und Rollenkloben für Seilzüge, Stiele zu Aexten und Hämmern, Feilen= und Stemmeisenheften, Klopfhämmern, Hebebäumen. Getränkt zu Bahnschwellen. 65—75 M. das cbm.

Buchenholzkohlen, s. Holzkohlen.

Buckelplatten, s. Eisenblech.

Buckskin, ist ein geköperter, ungeschorener Wollstoff (Tuch) aus Streichgarn, auf der einen Seite geglättet. Dient zu Beinkleidern. S. Gewebe u. Tuche.

Bürsten, s. Borstenwaaren.

Bürstenmatten, s. Kokosmatten.

Bufferhülsen, für Wagen, sind entweder geschlossene, Fig. 19 u. 20, oder offene, Fig. 21 u. 22, letztere auch Bufferkreuze genannt. Müssen genau

Ungleichheit von höchstens 1,5 mm zulässig. Die offenen Hülsen müssen am und im Führungsbunde, die geschlossenen auf der ganzen Oberfläche und im Führungsloche sauber gedreht sein, nachdem beide genau ausgerichtet sind. Die Fußplatte muß genau der Zeichnung entsprechen, die Löcher müssen an den bezeichneten Stellen richtig eingebohrt und ohne Grat sein.

Gewicht einer offenen Hülse 16 kg, einer geschlossenen (400 mm lang) 22—26 kg; etwa 10 M. das Stück.

Bufferscheiben, hölzerne, werden vielfach aus Eschenholz gefertigt. Müssen genau nach Zeichnung aus durchaus gesundem Holze gefertigt und sauber bearbeitet sein. Mit Blech 2 M. das Stück.

Bufferstangen, Fig. 23 u. 24, werden je nach Bestellung entweder mit den Scheiben aus einem Stücke ohne Schweißung hergestellt oder die Scheiben

Fig. 19 u. 20.

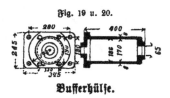

Bufferhülse.

Fig. 21 u. 22.

Bufferkreuz.

Fig. 23 u. 24.

Bufferstangen.

nach Zeichnung aus bestem Eisenblech bezw. Schmiedeeisen hergestellt und auf das Sorgfältigste ohne Schweißfehler geschweißt sein. Die Hülsen dürfen auch im Inneren keine Schweißnähte, Brandstellen oder sonstige Fehler erkennen lassen und müssen überall die gleiche Wandstärke haben; es ist eine

werden aufgenietet, wie in den Figuren angegeben. Die Scheiben sind eben oder gewölbt nach vorgeschriebenem Halbmesser. Stangen und Scheiben müssen aus bestem, fehlerfreien Schmiedeeisen angefertigt sein und genau die vorgeschriebenen Abmessungen haben. Fehler irgend welcher Art bedingen die Verwerfung der Stangen. Jede Stange hat an dem hinteren Ende entweder eine Schraube (Withworth'sches Gewinde) mit gut gearbeiteter Mutter, Vorlegescheibe und

Splint, oder Keilloch mit Keil, Vorlege=
ſcheibe und Splint, welche Theile in vor=
züglicher Ausführung und von beſtem
Materiale mitzuliefern ſind.

Gewicht einer Stange mit Zubehör
30 kg, das Stück etwa 12 M.

Burgunderharz, iſt ein franzöſiſches
Fichtenharz, ähnlich dem Kolophonium,
etwas heller, leichter und dünnflüſſiger als
dieſes. Wird zum waſſerdichten Anſtrich
der Decken der bedeckten Güterwagen (ſelten
noch) benußt. 1 kg 14—15 Pf.

C.

Unter C vermißte Artikel bei K nachzuſchlagen.

Calcinirte Soda, ſ. Soda.
Canadafaſer, ſ. Asbeſt.
Caput mortuum (Tobtenkopf,
Kolkothar), Erdfarbe, iſt weſentlich Eiſen=
oxyd. Wird als Rückſtand bei der Ge=
winnung der Schwefelſäure durch Glühen
von Eiſenvitriol gewonnen. Gemahlen und
geſchlemmt ein hellziegelrothes bis dunkel=
violettrothes Pulver, je nach der Wärme,
bei welcher es hergeſtellt wurde. Dient
zu Anſtrichen (Oel= und Waſſerfarben) und
zum Poliren (Polirroth). Wird zur
Zeit meiſt dargeſtellt aus den Kiesabbränden,
welche bei der Herſtellung der Schwefelſäure
aus Schwefelkieſen zurückbleiben. Aus dieſen
Rückſtänden dürfen Thon nur in geringer
Menge und ſchwefelſaure Salze nicht in
die Farbe übergehen. Thon macht den An=
ſtrich weich und, weil er Feuchtigkeit auf=
nimmt, empfindlich gegen Näſſe. Schwefel=
ſaure Salze machen die Farbe ungeeignet
für Anſtriche auf Eiſen, da ſie das Roſten
begünſtigen.

Caput mortuum muß aufs Feinſte ge=
mahlen und geſchlemmt, ſandfrei, gut deckend
und trocknend, mit ſchöner, feuriger Farbe
geliefert werden. Farbenton und Feinheit
des Kornes nach ausgelegter Probe. Der
Gehalt an Eiſenoxyd muß mindeſtens 80%,
in Salzſäure unlösliche Theile (Thon u. a.),
dürfen höchſtens 15% ausmachen. Säure
und ſaure Salze ſollen nicht vorhanden
ſein. Chemiſch zu unterſuchen. Praktiſche
Prüfung ſiehe bei Farben. In dichten
Fäſſern zu liefern, trocken zu lagern. 11 M.
100 kg. Unter dem Namen „Caput

mortuum" werden auch Eiſenmennige,
Engliſchroth und andere rothe Eiſenoxyd=
farben verkauft, wie denn überhaupt dieſe
Farben unter den verſchiedenſten Namen
und in zahlreichen Farbentönen in den
Handel gebracht werden. S. Farben.

Carbolkalklöſung und **Carbol=
pulver,** ſ. Desinfectionsmittel.

Carbolſäure, rohe, wird bei der
Deſtillation des Steinkohlentheers gewonnen.
Wird dieſer in geſchloſſenen, ſchmiedeeiſernen
Blaſen erhitzt, ſo bilden ſich Dämpfe, welche
in geeigneten Vorrichtungen zu ölartigen
Flüſſigkeiten, welche man Theeröle nennt,
verdichtet werden. Theeröl, welches bei
einer Wärme zwiſchen 150 und 200° C.
aus dem Steinkohlentheere ſich verflüchtigt,
enthält 10—50% Carbolſäure (Phenole),
welche im Handel die Bezeichnung „rohe
Carbolſäure" führt; iſt eine ſchwarz=
braune, ölartige Flüſſigkeit von durch=
dringendem, brenzlichen Geruche und dient
zum Desinfiziren. Für Eiſenbahnzwecke,
nämlich zum Desinfiziren von Viehwagen,
Viehrampen, Retiraden u. ſ. w. wird in
der Regel eine Carbolſäure mit einem
höheren Gehalte an wirkſamer Carbolſäure
bezogen. Soll aus einer 20%igen Waare
eine carbolſäurereichere dargeſtellt werden,
ſo wird ſie nochmals deſtillirt. Aus der
reicheren, rohen Carbolſäure wird reine
Carbolſäure durch Behandlung mit Natron=
lauge und Abſcheidung der Carbolſäure aus
dem ſo erhaltenen carbolſauren Natron ge=
wonnen. Für Eiſenbahnzwecke muß die

olsäure mindestens 50% wirksame Car=
ure enthalten.

:er Handelswaare sind nicht selten
.ere, unwirksame Steinkohlen= oder
theeröle beigemengt. Chemisch zu unter=
n. Geliefert in Glasballons oder Fässern,
agern in kühlen Räumen.

:arbolsäure ist giftig und ätzend!
: Arbeitern mitzutheilen! Vor=
t bei der Verausgabung und
Gebrauche! Gefäße gut verschlossen
halten. Probe 1 kg. Preis je nach
Gehalte an reiner Carbolsäure; bei
o etwa 20—24 M. 100 kg.

Eine sehr starke Lösung von reiner Car=
äure in destillirtem Wasser (100 Thl.
100 Thl.) befindet sich in einem sicher
chlossenen Glase in dem Rettungskasten
Pr, Stäb. Diese Lösung wird von 4
100 gemischt, mit reinem Wasser zum
:schen von Wunden und zum Tränken
Wundumschlägen benutzt.

Carbolsaurer Kalk, wird bereitet
ch Besprengung von pulverförmigem
:e mit der erforderlichen Menge Säure
Umschaufelung der Mischung. Muß
ndestens 5% wirksame Carbolsäure ent=
ten. Am billigsten stellt man denselben
bie angegebene Weise selbst her. Für
Bereitung wird angegeben: 100 Thl.
rannter Kalk, 10 Thl. sogen. 100%ige
:bolsäure. Dient wie diese zur Desin=
ion, insbesondere der Bedürfnißanstalten
Viehrampen (Desinfectionspulver).
In Fässern zu liefern, welche gut ge=
offen zu halten sind, weil in Folge Ver=
htigung der Carbolsäure, an deren Stelle
Kohlensäure der Luft tritt, das Material
verschlechtert. Zu lagern in trocknen,
len Räumen. 100 kg 7—10—14 M.

Carmin, ist der rothe Farbstoff der
henille. Dient als Holzbeize, als sehr
cthvolle Wasser= und Oelfarbe und zur
reitung von rothen Lacken. 38 M. das kg.

Chenille, ist ein ganz schmales Seiden=
r Wollen=Gewebe, das nach Fertigstellung
um sich selbst gedreht ist und ein plüsch=
artiges, raupenförmiges Aussehen mit schrau=
benförmiger Drehung zeigt. Nach Muster
zu liefern. Untersuchung wie Gewebe.
Wird benutzt bei der Ausstattung der
Coupés I. und II. Klasse.

Chlorbaryum, wird dargestellt aus
kohlensaurem (Witherit) oder schwefelsaurem
Baryt (Schwerspath). Aus ersterem durch
Auflösen in Salzsäure, aus letzterem durch
Glühen mit Kohlen und Zersetzen des ge=
bildeten Schwefelbaryums mittelst Salzsäure.
Chlorbaryum bildet farblose, durchsichtige
Krystalle, ist löslich in Wasser, schmeckt
scharf und ekelerregend. In Mehlform
zu liefern. Muß 90% wasserfreies, reines
Chlorbaryum enthalten. Dient in Ver=
bindung mit Kalk zum Niederschlagen der
Kesselsteinbildner aus dem Kesselspeisewasser.
Chlorbarium ist giftig. Probe 0,5 kg.
100 kg 20—25 M.

Chlordämpfe, s. Desinfectionsmittel.

Chlorkalk, bildet sich bei Einwirkung
von Chlor auf gelöschten Kalk. Dieser
wird in gasdichten Chlorkammern auf
Gestellen ausgebreitet und das Chlor von
oben eingeleitet. Ist ein weißes Pulver,
krümlich und etwas backend. In Fässern
anzuliefern, die mit Papier auszulegen und
deren Böden mit Gyps vergossen oder mit
Kalk vertüncht werden müssen, weil Chlor=
kalk aus der Luft Wasser und Kohlensäure
aufnimmt, welche seine Wirksamkeit ver=
ringern. In dunkelen, kühlen Räumen auf=
zubewahren. Wenn Chlorkalk der Wärme
oder den Sonnenstrahlen ausgesetzt wird,
kann durch plötzliche Gasentwickelung eine
Explosion erfolgen! Muß mindestens 30%
wirksames Chlor enthalten. Chemisch zu
prüfen. Wird benutzt zur Desinfection
der Bedürfnißanstalten, Viehrampen u. a.
Güterwagen, in welchen Vieh befördert
ist, werden besser nicht mit Chlorkalk des=
inficirt, weil der Chlorgeruch schwer zu
vertreiben ist und anderen Gütern schädlich
werden kann. Auch sollen Hunde, welche

in mit Chlorkalk desinficirten Wagen be=
fördert werden, für einige Zeit die Spür=
nase verlieren. Probe 0,5 kg. 100 kg
30%igen Chlorkalk 25 M. S. Desinfectionsmittel.

Chlorzink (Zinkchlorid), wird dar=
gestellt durch Auflösen von Zink oder Zink=
oxyd (Zinkweiß) in Salzsäure und fabrik=
mäßig, indem man die in Soda= und
Schwefelsäurefabriken als Nebenerzeugniß
gewonnene Salzsäure warm auf Zinkabfälle
oder Zinkasche (unreine Zinkoxyde) ein=
wirken läßt.

Wird als starke Lösung in Wasser zum
Tränken von Holz, insbesondere der Eisen=
bahnschwellen benutzt, außerdem als Des=
infektionsmittel und Löthwasser. Die Ver=
unreinigungen aus der rohen Salzsäure und
dem unreinen Zink, bezw. Zinkoxyd, schaden
im Allgemeinen nicht, doch darf das Chlor=
zink höchstens 1% Eisen und keine freie
Säure und muß mindestens 50% wasser=
freies Chlorzink enthalten, welchem annähernd
ein Gehalt von 25% Zink entspricht. Das
spez. Gewicht einer solchen Lösung beträgt
etwa 1,62.

Wird verfälscht mit Chlormagnesium,
Chlorcalcium, Chlornatrium, Chlorkalium;
chemisch zu prüfen. Die Zinkchlorid=
lösung muß klar und frei von Bodensatz
sein. In Glasballons zu liefern, in kühlen
Räumen zu lagern, jedoch vor Frost zu
schützen, da sich sonst festes Chlorzink in
Krystallen ausscheidet. Chlorzink ist stark
ätzend und giftig; den Arbeitern mit=
zutheilen! Vorsicht bei der Ver=
ausgabung und dem Gebrauche!
Die Ballons gut geschlossen zu halten!
Probe ½ l. 14—17 M. für 100 kg einer
50%igen Lösung.

Chromgelb (chromsaures Blei=
oxyd), eine sehr schöne hochgelbe, gut
deckende Mineralfarbe. Wird gewonnen
aus essigsaurem Bleioxyd (Bleizucker) und
chromsaurem Kali, bei deren Mischung es

als Niederschlag sich absetzt. Das Chrom=
gelb des Handels ist selten reines chrom=
saures Bleioxyd, sondern enthält häufig
(weißes) schwefelsaures Bleioxyd, das jedoch
bis zu einem Gehalte von 50% nicht als
Verfälschung anzusehen ist, indem es den
Zweck hat, verschiedene hellere Farbentöne
(Strohgelb, Citronengelb) zu erzeugen.
Fälschungen mit Schwerspath, Gyps, Thon=
erde, Stärkemehl u. a. chemisch zu prüfen.
Bei der praktischen Prüfung muß Chrom=
gelb mit Pariser Blau ein reines (nicht
oliven= oder broncefarbenes) Grün geben.
Färbevermögen durch Mischungen mit feinst
geriebenem Schwerspathe zu untersuchen.
Chromgelb ist frei von fremdartigen Be=
standtheilen in lebhaft gelber Farbe, gut
deckend und trocknend, in Fässern oder Kisten
zu liefern; trocken zu lagern. Für die ge=
wünschten Farbentöne sind Proben aus=
zulegen. **Chromgelb ist giftig; den Ar=
beitern mitzutheilen! Vorsicht bei
dem Gebrauche! Stäuben zu ver=
meiden!** Proben von jeder Sorte 0,2 kg.
Je nach der Reinheit und den sonstigen
Eigenschaften 0,50—2,50 M., für Eisenbahn=
zwecke 1,30 M. das kg. In engerer Ver=
bindung zu beziehen. S. Farben.

Chromgrün (Chromoxyd), eine
grüne, werthvolle, sehr beständige Mineral=
farbe; findet in reinem Zustande wenig Ver=
wendung. Die im Handel vorkommende
grüne Anstrichfarbe, fälschlich Chromgrün
genannt, ist eine Mischfarbe von Chrom=
gelb und Pariser Blau.

Je nachdem gelb oder blau vorherrscht,
spielt das Grün in's Gelbliche oder Bläu=
liche. Dem Chromgrün werden häufig
Schwerspath, Gyps, Thon u. a., und, um
dunkle Grüne zu erhalten, auch schwarze Far=
ben zugesetzt. Je nach den Zusätzen und
den Farbentönen werden diesen grünen
Farben die verschiedensten Namen gegeben,
wie Zinnobergrün, Oelgrün, Laub=
grün u. a. Der Werth der Farbe ist
lediglich abhängig von dem Gehalte an reinem

Chromgelb und Pariser Blau. Chemisch zu untersuchen.

Das Zusetzen von weißen oder schwarzen Farben nimmt man zweckmäßig selbst vor. Das zu liefernde Chromgrün muß frei von fremdartigen Bestandtheilen (reines Chromgelb und Pariser Blau), von lebhafter grüner Farbe, gut deckend und trocknend sein. Für die gewünschten Farbentöne sind Proben auszulegen. In Fässern zu liefern, trocken zu lagern. **Chromgrün ist wenig giftig; den Arbeitern mitzutheilen! Vorsicht beim Gebrauche! Stäuben zu vermeiden!** Proben von jeder Sorte 0,5 kg. Je nach den Bestandtheilen und deren Mengen 0,40—1,00 M. das kg. In engerer Verbindung von bewährten Firmen zu beziehen. S. Farben.

Coating, s. Fries.

Coquillenguß, s. Eisenguß.

Coteline, ist ein halbseidenes Gewebe; Schuß Baumwolle, Kette Seide. Gewöhnlich mit Mustern so gewebt, daß vorwiegend die Seidenfäden flott liegen; die Muster müssen so gestellt sein, daß die Breiten aneinander passen (wie bei Tapeten), damit durch Abschneiden kein Verlust entsteht. Dient zur Bekleidung der Wände in den Coupé's I. Classe. In einer Breite von 1280 mm gehören zu einem Coupé 7 m. In Farbe und Muster nach Probe zu liefern. Muß gleichmäßig gewebt sein, im Uebrigen Untersuchung wie bei Gewebe. Durch Trennung der Seiden- von den Baumwollenfäden würde das Verhältniß der Gewichte von beiden ermittelt werden können. Bei 1280 mm Breite 10—11 M. das m.

Coupékohlen (Coupéheizkohlen), sind Preßkohlen.

Curcuma (Gelbwurzel), ist die getrocknete Wurzel einer in Asien heimischen Pflanze; enthält einen gelben Farbstoff, welcher zur Herstellung einer Holzbeize und des gelben Curcumapapieres dient. Dieses wird bei den Untersuchungen von verschiedenen Materialien häufig benutzt. Das kg 90 Pf., der Bogen 3 Pf.

Cylindergläser, s. Lampencylinder.

D.

Dammaraharz, entstammt einem ostindischen Nadelholze, ist farblos oder hellgelb, geschmack- und geruchlos. Wird bei Handwärme schon klebrig, bildet bei 100° eine dickflüssige, bei 150° eine dünnflüssige Masse. Ist löslich in Terpentinöl u. a., dient zur Herstellung heller Lackfirnisse. 2 M. das kg.

Dammaralack, ist eine Lösung von Dammaraharz in Terpentinöl mit einem geringen Zusatze von dick eingekochtem Leinölfirniß. Nicht selten verfälscht durch Kolophonium, welches chemisch nachzuweisen ist. Dammaralack muß zähflüssig, vollständig klar und frei von Bodensatz sein; in dünner Schicht einen glänzenden, nicht blind werdenden und klebfreien Ueberzug erzeugen. Bei der praktischen Prüfung werden auf Holz und Metall bei Anwendung von gleichen Mengen Zinkweiß Weißlackirungen hergestellt und wird ermittelt, von welcher Probe die geringste Menge erforderlich ist, ferner in welcher Zeit die Probeanstriche trocken sind und ob sie klebfrei trocknen. 1,50—2,50 M. das kg. S. Firnisse.

Dampfchlinder, für Locomotiven und Dampfmaschinen. Dem Lieferanten sind sehr genaue Zeichnungen mit Maßangaben oder das Modell zu übergeben. Letzteres ist in der Regel im Besitze des Lieferanten der betr. Maschine und wird dieser deshalb am billigsten und schnellsten einen Reserve- oder Ersatzchlinder anliefern können.

Das Material muß bestes graues, vollkommen gleichmäßiges Gußeisen, der Guß besonders dicht und fest sein und dieserhalb mit entsprechend schwerem Druckkopf gegossen werden. Reste von Formsand, Löcher, Blasen,

Risse, Gußnähte u. s. w. dürfen sich nicht vorfinden und nach dem Bohren und Bearbeiten muß der Cylinder sich als völlig fehlerfrei erweisen. Es ist auf genaue Innehaltung der Abmessungen und darauf zu sehen, daß die geraden Flächen nicht windschief sind. Auf Dichtigkeit kann ein Dampfcylinder durch Wasserdruckprobe untersucht werden. S. Eisenguß.

Gewicht bei Normalpersonenzuglocomotiven etwa 1050 kg, bei Güterzugmaschinen etwa 1300 kg. 800—900 M. das Stück.

Dampfkesselkohlen, s. Steinkohlen.

Darmsaiten, werden aus den Därmen von jungen Schafen, Ziegen, Katzen u. a. gefertigt, indem man dieselben entfettet, zusammendreht, bleicht und glättet. In den Werkstätten werden dickere Saiten zu den Fidelbögen der Rollenbohrer und zu kleinen Handdrehbänken benutzt. Karbolisirte dünne Darmsaiten werden bei Blutungen zu Gefäßunterbindungen verwendet. Zwei Gläschen mit solchen, Catgut, je 1,20 M., befinden sich in dem großen Rettungskasten der Pr. Staatsbahnen.

Dampfkolben, s. Kolbenkörper u. Kolbenstange. Gew. 80—100 kg.

Deckwinkel, sind 70 mm breite Façoneisen, Fig. 25, zur Befestigung der Hilf'schen Langschwelle mit den Querschwellen, um

Fig. 25.

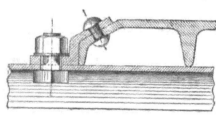

Deckwinkel.

das Wandern der Langschwellen zu verhindern. Auf jeder Seite der Langschwelle an beiden Enden ist ein solcher Deckwinkel mit

zwei Nieten angenietet, der Deckwinkel selbst ist mit einem Schraubenbolzen an der Querschwelle befestigt. Solche Deckwinkel werden in mehrfachen Längen gewalzt und auf einfache Länge geschnitten. Die Anforderungen an Material und äußere Beschaffenheit sind dieselben wie bei den Langschwellen. Die Auf- und Anlageflächen an Quer- und Langschwelle müssen genau die vorgeschriebene Neigung zu einander haben, besonders glatt, eben und sehr gerade gerichtet sein, damit der Anschluß ein dichter ist. Die Vernietung muß durchaus fest, die Niete von bestem Nieteisen sein. S. Façoneisen.

Dégras, s. Lederschmiere.

Delta = Metall, ist eine Legirung von Kupfer, Zink und Eisen; für besondere Zwecke enthält dasselbe noch Mangan, Zinn oder Blei. Spez. Gew.: 8,6; Farbe hellgelb bis dunkelgelb, die sich an der Luft besser als bei Bronce und Messing hält, dünnflüssig, gibt sehr dichte Güsse mit feinem Korne, sehr politurfähig. Hart wie Schmiedeeisen, in der Rothglühhitze schmiedbar und walzbar, nicht schweißbar aber löthbar. Läßt sich zu Drähten und Röhren ziehen, zu Blechen und Stäben walzen. Sehr feste Legirung. Zerreißfestigkeit in Stäben 33 kg, geschmiedet 50 kg, Draht 95 kg für das qmm.

Desinfectionsmittel. In Fäulniß übergehende Stoffe aus dem Thier- und Pflanzenreiche, insbesondere die Auswurfstoffe von Menschen und Thieren entwickeln übelriechende der Gesundheit schädliche Gase (Kohlen-, Schwefel- und Phosphorwasserstoffe, Ammoniak u. a.) und können außerdem niedere lebende Thierchen der kleinsten Art (Bacterien, Pilze) enthalten, welche ansteckende Krankheiten (Cholera, Rinderseuche u. a.) auf Menschen oder Thiere übertragen. Die Desinfection bezweckt, die Fäulniß überhaupt zu verhindern, oder die sich entwickelnden Gase unschädlich zu machen (sie zu binden) oder die Bacterien, Pilze u. s. w. zu tödten; die dazu geeigneten Mittel nennt man Desinfectionsmittel. Unter Anwendung von Carbolsäure, Gyps, Kalk, Kreide, Chlorkalk, Eisenvitriol, Chlor, Chlorzink, schwefeliger Säure, Soda, Pottasche haben dieselben folgende Zusammensetzung.

Carbolpulver. 8 kg Carbolsäure und 100 kg Kreidepulver. 1 kg davon mit 6 kg Wasser gemischt.

Carbolkalklösung. 20% carbolsaurer Kalk und Wasser, oder 1 Thl. Carbolsäure und 6 Thl. Kalkwasser.

Chlorkalklösung. 1 Gewichtstheil Chlorkalk und 12 Gewichtstheile Wasser.

Carbolsäure, 2 Thl. davon auf 100 Thl. Wasser. Auch findet sich die Bestimmung, daß für 1 qm der zu desinficirenden Fläche 7 gr Carbolsäure zu verwenden und davon eine 3% Lösung in Wasser herzustellen ist.

Da Carbolsäure schwerer als Wasser ist, so muß die Mischung fortwährend umgerührt werden.

Acidum carbolicum depuratum, ist 100% Carbolsäure. Ist vorgeschrieben zur Desinfection der Ausleerungen von Cholerakranken und der beschmutzten Wäsche. 1 Thl. auf 18 Thl. Wasser. Die Menge muß mindestens den fünften Thl. der Menge der Ausleerung ausmachen. Die Wäsche wird 48 Stunden lang in die Lösung gelegt und dann mit Wasser ausgespült.

Desinfectionspulver. 16 Thl. Carbolsäure, 24 Thl. Eisenvitriol, 60 Thl. Gyps.

Oder: 100 Gewichtstheile mit Wasser zu Pulver gelöschter Kalk (Aetzkalk) und 10 Gewichtstheile 10%ige Carbolsäure.

Desinfectionsflüssigkeit. 50 Gr. Soda (oder Pottasche) und 10 kg Wasser. Oder: Wasser mit 2% Carbolsäure und 5% Eisenvitriol oder an Stelle des letzteren 3% Chlorzink.

Oder: 20 Thl. Wasser, 1 Thl. Schwefelsäure (zum Desinficiren von Dünger).

Chlordämpfe, werden entwickelt indem man in einem Topfe von Steingut 5 Thl. Kochsalz, 2 Thl. Braunstein, 4 Thl.

Schwefelsäure und 4 Thl. Wasser mischt.

Oder: 1 kg Chlorkalk und ½ l Essig.

Oder: 1 kg Chlorkalk und 2 kg Salzsäure.

Die erst genannte Mischung ist im Winter nicht zu verwenden, da die Chlorentwickelung zu gering ist.

Schwefelige Säure, entwickelt sich beim Anzünden von Schwefel.

Bei Anwendung dieser Mittel werden die zu desinficirenden Massen oder Gegenstände entweder mit dem gepulverten Mittel bestreut oder mit der Flüssigkeit begossen oder abgewaschen; bei gasförmigen Mitteln setzt man die Gegenstände oder Räume der Einwirkung des Gases aus.

Unter dem Namen Desinfectionspulver kommen mehrere aus verschiedenen Stoffen zusammengesetzte Mittel in den Handel, deren wirksame Bestandtheile jedoch immer nur die bekannten sind. In der Regel wird man solche Desinfectionspulver oder -Flüssigkeiten für einen niedrigeren als den Handelspreis selbst herstellen oder mischen können. Bei Ankauf von größeren Mengen ist chemische Prüfung auf die wirksamen Bestandtheile erforderlich.

Desinfectionspulver, sind in Pulverform zur Anwendung kommende Desinfectionsmittel, wie carbolsaurer Kalk, Chlorkalk u. a. S. Desinfectionsmittel.

Deutscher Asphalt, s. Asphalt.

Deutscher Stahl, ist Schweißstahl (Puddelstahl).

Dextrin, ist Stärkegummi.

Diamantfarbe, ist eine aus Graphit und Leinölfirniß bestehende Anstrichfarbe. Trocken das kg 17 Pfg.

Dochte, dienen entweder zur Beleuchtung (Lampendochte) oder zur Schmierung (Schmierdochte), in beiden Fällen werden dieselben aus Baumwolle gefertigt. Erstere werden noch wieder in Oel- und Petroleumdochte unterschieden. In einfachen Handlampen (Putzer-, Spirituslampen u. a.) und den meisten Schmiergefäßen werden

Fadendochte (Korbeldochte, Küchen= dochte, Dochtgarn) verwendet. Diese bestehen aus losen, dicken Fäden, welche mit schwacher Drehung nebeneinander liegen, so daß sie durch Wegnahme oder Zugabe von Fäden ohne Schwierigkeit dünner und auch dicker gemacht werden können, wie dieses bei Dochten für Schmiergefäße und Lampen mit verschieden weiten Schmierröhrchen bezw. Tüllen oft nöthig wird. Diese Fadendochte müssen aus weißen, reinen, weichen, lang= faserigen (nicht kurzgriffigen), gleichmäßigen, schwach gedrehten Baumwollenfäden ohne Nester, Knoten, Samenkapseln u. a. herge= stellt sein. Man findet die Vorschriften, daß 122—134 m (14—15 Fäden) oder 150 bis 200 m, oder 200—270 m ein kg wiegen, wie auch, daß dieselben 5 mm dick sein sollen.

Die Dochte für Flach= und Rundbrenner sind gewebt aus dicken Ketten= und dünnen Schußfäden. Sie sind entweder bandartig und heißen dann Band= oder Flachdochte, oder schlauchartig, die Cylinder= oder Hohldochte. In Bezug auf das Material gilt das bei dem Fadendochte Gesagte.

Im übrigen müssen die Dochte gleich= mäßig gewebt und trocken sein, da feuchte Dochte schlecht saugen; ferner sollen sie die Brenneröffnung gut, jedoch nicht zu fest ausfüllen und endlich dürfen dieselben beim Brennen nicht kohlen.

Die gewebten Dochte werden meistens unter Angabe der Breite, bei den Hohldochten in flach gedrücktem Zustande, in 10 m Paqueten bestellt, wenn auf Länge ge= schnitten, in solchen zu 12 Dutzend.

Zuweilen wird auch das Gewicht vor= geschrieben und zwar: (S. Tabelle.)

Dochte aller Art müssen sehr trocken ge= lagert werden. Band=, Hohl= und Küchen= dochte etwa 2,20 M. das kg. Oelsaugedochte 25 mm breit 9 Pfg., 40 mm breit 40 Pfg. das m.

Dochtgarn, baumwollenes, f. Dochte.

Doppelköper, f. Gewebe.

Doppelponton=Blech, f. Weißblech.

Doppel=T=Eisen, f. I=Eisen bei „T.“

Drachenblut, ein Harz von verschie= denen Bäumen Afrika's und Ostindien's. Das beste kommt in kugelförmigen Stücken in den Handel. Hat eine blutrothe Farbe. Wird zur Herstellung von Firnissen, Gold= lack u. a., sowie von Holzbeizen benutzt. 5,0 M. das kg.

Drahtgewebe (Eisendraht), be= stehen wie die Gewebe aus Pflanzen= und Thierfasern aus Kette und Schuß. Meist sind es schlichte Gewebe, es gibt aber auch geköperte und andere. Die Anfertigung er= folgt theils auf den Leinenwebstühlen ähn= lichen Webstühlen, theils auf solchen, bei welchen die Kettendrähte senkrecht neben= einander liegen. Die stärkeren Drahtgewebe erfordern zu ihrer Herstellung besondere Maschinen. In der Regel sind die Drähte rund, jedoch kommen auch Drahtgewebe aus Façondrähten vor. Sie werden bis zu 50 m Länge und in Breiten bis zu 3,5 m ange= fertigt. Je enger die Maschen, um so dünner sind meistens auch die Drähte. Finden in feineren Geweben und lackirt als Dichtungs= material (Verpackungsgaze), mit Men= nige gestrichen zu Funkenfängern, verzinkt zum Schutze von Fenstern (Fenstergaze) in Güterwagen, Werkstätten u. s. w., zu Sieben für Kohlen und Kies Verwendung. Die Güte des Drahtes wird durch Biegungs=

10 Meter müssen wiegen:

Breite des Bandbochtes in mm	5	12	16	17	20	25	35	39	41	46	50	60	65	97
Gramm	35	80	102	121	130	162	232	275	272	375	381	410	500	785

und Zerreißversuche, die Stärke der Zink=
schicht wie bei Zink angegeben, untersucht.
Das Gewebe ist in gleichförmiger Maschen=
weite mit gleich starken Drähten und sauber
gewebt anzuliefern. (S. Tabelle.)

musterten Kopf; der Glaserstift hat einen
gewölbten Kopf; die Kammzwecke ist in
Schaft und Kopf glatt, in der Regel blau
angelassen, auch verzinkt oder verzinnt; der
Schreinerstift hat einen stark versenkten

In Rollen zu 50 m Länge und 1 m Breite.

Maschenweite mm	16	20	25	32	40	50	80	
Drahtstärke mm	0,7	0,9	1,0	1,0	1,6	1,6	1,6	2,25
Für 1 Rolle (50 qm) Mark	51,75	38,25	33,75	27,00	31,50	27,00	24,75	18,25

Das letzte zu Funkenfängern.

Für Heiztrommeln 1,5—2 mm stark,
7 mm Maschenweite; für das qm 6—8 M.

Das feinste Drahtgewebe (Drahtgaze)
95 Pf. und grüne Drahtgaze 1,70 M. für
das qm.

Drahtlitze, s. Eisendraht.

Drahtstifte, eiserne, haben eine
Länge von 6—200 mm, eine Dicke von 0,5
bis 9 mm. Werden auf Drahtstiftmaschinen
angefertigt, die größeren bis zu 3000, die
kleineren bis zu 20,000 in der Stunde. Sie
müssen die vorgeschriebene Form haben, aus
gutem, hart gezogenen, blanken Draht ge=
fertigt, gerade, gut gespitzt, die Köpfe müssen
gesund sein und concentrisch zum Schafte
sitzen. Dieser ist gewöhnlich rund und glatt,
jedoch kommen auch dreikantige mit canne=
lirter Form und Quadratdrahtstifte vor, so=
wie solche mit gemustertem oder gerauhten
Schafte. Die dreikantigen Stifte sind 25
bis 30 % leichter als vierkantige und runde
bei gleicher Festigkeit; sie krümmen sich
weniger leicht als diese, lassen sich leichter
einschlagen, da sie weniger Holz zu verdrängen
haben und sitzen dennoch fester, da sie sich
in das Holz einschneiden. Die Bezeichnung
der Drahtstifte ist eine sehr mannigfache.
Der gewöhnliche Eisendrahtstift hat einen
runden, glatten Schaft und flachen, ge=

Kopf, der Schaft ist glatt oder mehr oder
weniger gerauht; der Scheinhakenstift
hat dieselbe Form und im Kopfe einen Ein=
schnitt wie die Holzschraube; Formerstifte
sind glatte Stifte mit langen, dünnen Schäften
und flachen, breiten Köpfen; Verband=
stifte sind an beiden Enden gespitzt; Mö=
belnägel haben kleine Schäfte und Messing=
oder Porzellanköpfe, sie gehören eigentlich
nicht zu den Drahtstiften. Bildernägel
(s. da) haben messingene Köpfe.

Drell (Drillich), ist ein geköpertes
oder auch einfach gemustertes Gewebe, ge=
wöhnlich aus Flachs oder Hanf, doch auch
aus Halbleinen und Baumwolle. Leinendrell
findet Verwendung zu Gardinen in III. Cl.=
Wagen, zu Wagendecken, Handtüchern, Bett=
tüchern, Matratzen, Beinkleidern, Unter=
futter u. a., in gröberer Waare auch zu
Säcken. Anforderungen wie bei Segeltuch.

Bei 1 m Breite das m gestreifter Drell
1,45 M.; rother 1,65 M.   S. Gewebe.

Drehseide, s. Nähseide.

Düffel, ist ein tuchartiges Wollenzeug
aus Streichwolle, eine Art Fries, jedoch aus
dickerem Gespinnste und etwas kürzer ge=
schoren, fester gewalkt. Findet Verwendung
zu Winterschutzkleidern. Untersuchung siehe
Gewebe und Tuche.

E.

Ebonit, ist Hartgummi.

Eckeisen, ist Winkeleisen.

[⌐Eisen, s. ⌐-Eisen bei U.

Eggen, sind die Längskanten von Geweben, welche bei der Verarbeitung dieser (z. B. zu Kleidern) den Abfall bilden. Solche von Wollengeweben kommen zum Dichten der Thüren und Fenster bei Personenwagen zur Anwendung.

Eiche. a) Sommereiche (Stieleiche), wird in 200 Jahren bis 60 m hoch und 2—2,6 m dick; heimisch in ganz Europa. Das Holz ist im Splinte und bei jungen Bäumen weiß, im Kernholz bräunlich. Sehr fest und hart, schwer, spez. Gew. 0,604 bis 0,832, zähe und elastisch, leicht spaltbar, eines der dauerhaftesten Hölzer sowohl unter Wasser, wie im Trocknen, weniger bei Wechsel von Nässe und Trockenheit.

b) Wintereiche (Traubeneiche, quercus robur), wird in 200 bis 250 Jahren 40—60 m hoch, 1—1,8 m stark. Das Holz hat die guten Eigenschaften der Sommereiche, wächst langsamer, deßhalb noch härter und dichter, nicht so zähe und elastisch, weniger gut spaltbar, schwerer zu bearbeiten, grobfaserig und mehr röthlichbraun.

Eichenholz muß sehr langsam austrocknen, wenn es nicht reißen und sich werfen soll. Wird überall verwendet, wo es auf Festigkeit und Dauerhaftigkeit ankommt, nur nicht zu Tragbalken, weil Eichenholz eine verhältnißmäßig geringe Bruchfestigkeit hat; im Maschinenbau, zu Tischlerarbeiten, in ausgedehntem Maße zu Bahnschwellen und Weichenhölzern, zu Curvenknaggen, zu den Untergestellen und Kastengerippen der Eisenbahnwagen. 90 M. das cbm. S. Holz und Brennholz.

Einführungshülsen, aus Porzellan, für elektrische Leitungen, müssen genau nach Zeichnung angefertigt sein. (**Fig. 26.**) Das Material und die äußere Beschaffenheit betreffend, so gilt das bei Isolatoren

Fig. 26.

Einführungshülsen.

Gesagte. 20 bis 70 mm lang, Lochweite 7 bis 16 mm. Je nach Größe 100 Stück 5—18 M. Von Hartgummi. 15 cm lang, 1,90 M. b. Stück.

Einführungspfeifen, gebogene, aus Porzellan, für elektrische Leitungen, müssen genau nach Zeichnung angefertigt sein. (Fig. 27 u. 28.) Das Material und die äußere

Fig. 27 u. 28.

Einführungspfeifen.

Beschaffenheit betreffend, so gilt das bei Isolatoren Gesagte. Lochweite 30 mm, Länge 125 mm und 260 mm. 100 Stück 20 M. und 80 M.

Eimer, hölzerne, sollen aus bestem, splintfreien Eichenholze sein, der Boden aus einem Stücke; mit eisernen Bändern und starkem eisernen Beschlage. Nach Muster zu liefern, Probe einzureichen. Durch Füllen mit Wasser auf Dichtigkeit zu prüfen. Das Stück mit 12 l Inhalt 2,50 M. S. Feuereimer.

Einsatzgläser, s. Meidinger Ballon-Elemente.

Einsteckbolzen, s. Hakenschrauben.

Eisen, Metall, ist in Verbindung mit Sauerstoff, Kohlensäure, Mangan, Schwefel, Phosphor, Silicium u. a. in den Eisenerzen auf der ganzen Erde verbreitet. Wird aus diesen in Hohöfen durch Glühen mit Koks oder Holzkohlen, seltener Steinkohlen, unter Zusatz von sog. Zuschlägen (Kalk, Kieselsäure, Thonerde u. a.), bei Anwendung von heißer, gepreßter Gebläseluft gewonnen. Während des Glühens der Masse verbindet sich der Sauerstoff der Erze mit Kohle und entweicht als Kohlensäure und Kohlenoxyd, ebenso verflüchtigen sich ganz oder theilweise Schwefel, Phosphor u. a. Die Zuschläge bilden mit den weiteren fremden Beimengungen der Erze die leichtere Schlacke, das frei werdende schwerere Eisen schmilzt und sammelt sich am Boden des Ofens, von wo es zeitweise abgelassen (abgestochen) und in einfache Sand= oder Eisenformen geleitet wird, in welchen es zu Stücken, Gänze, Masseln oder Flossen genannt, erstarrt. Es gibt Hohöfen bis zu 35 m Höhe, aus welchen in 24 Stunden bis 100 000 kg Eisen hervorgehen. Das im Hohofen dargestellte Eisen heißt Roheisen. Dieses ist nicht reines Eisen, sondern eine Verbindung von Eisen und Kohlenstoff. Letzterer spielt bei Eisen überall die größte Rolle; kohlenstofffreies Eisen ist überhaupt für technische Zwecke nicht verwendbar. Die Menge des Kohlenstoffes bestimmt die Eigenschaften des Eisens. Der Gehalt an Kohlenstoff im Eisen liegt zwischen $1/20\%$ und 5%. Je mehr Kohlenstoff vorhanden ist, um so spröder und leichter schmelzbar, je weniger Kohlenstoff anwesend, um so schwerer schmelzbar und um so zäher und dehnbarer (schmiedbarer) ist das Eisen.

Man hat hiernach zwei Sorten von Eisen zu unterscheiden, nämlich das spröde, leicht schmelzbare und nicht schmiedbare Roheisen (Gußeisen) mit 5 bis $2,3\%$ Kohlenstoff, und das schmiedbare, schwer schmelzbare Eisen mit 2,3 bis $0,05\%$ Kohlenstoff.

Roheisen.

Dieses ist also in Folge seines großen Gehaltes an Kohlenstoff spröde, nicht dehnbar, nicht schmiedbar, nicht schweißbar, aber leicht schmelzbar. Je nach der Natur der verwendeten Erze und ihrer Behandlung liefert der Hohofen weißes oder graues Roheisen. Das weiße Roheisen hat seinen ganzen Gehalt an Kohlenstoff chemisch gebunden, im grauen Roheisen ist ein Theil des Kohlenstoffes demselben mechanisch als Graphit eingemengt. Der Graphit gibt dem Roheisen die graue Farbe, der chemisch gebundene Kohlenstoff ändert die natürliche weiße Farbe des Roheisens nicht.

Weißes Roheisen, Schmelzpunkt 1050^0—1200^0, spez. Gew. 7,056—7,889, ist sehr hart, spröde, dabei dickflüssig und füllt die Formen schlecht aus, so daß es sich weniger zu Gußwaaren eignet. Es wird hauptsächlich zu Schmiedeisen und Stahl verarbeitet und führt daher auch den Namen **Frischereiroheisen.** Den größten Gehalt an Kohlenstoff hat das Spiegeleisen (5%) mit 3—20% Mangan und kleinen Mengen Phosphor, Silicium u. a. Eisen mit mehr als 20% Mangan nennt man **Manganeisen (Ferromangan).**

Gemeines weißes Roheisen hat meistens unter 1% Mangan, 2—3% Kohlenstoff, 1—2% Silicium und kleine Mengen Phosphor, Schwefel u. a.

Weißstrahleisen liegt zwischen diesen beiden Sorten weißen Roheisens, es hat 1 bis 3% Mangan, 3—4% Kohlenstoff.

Graues Roheisen enthält 2 bis $3,2\%$ Gesammtkohlenstoff und davon einen Theil als Graphit mechanisch beigemengt. Schmelzpunkt 1100^0—1300^0, spez. Gew. 6,63 bis 7,57. Die Farbe ist lichtgrau bis schwarzgrau, der Bruch grobkörnig und schuppig. Es ist weicher als weißes Roheisen, läßt sich daher besser mit Werkzeugen bearbeiten; ist schwerer schmelzbar, dagegen dünnflüssiger und füllt die Formen gut aus; graues Gußeisen eignet sich dieserhalb besonders zu Gußwaaren und nennt man es davon auch Gießereiroheisen. Wenn man flüssiges graues Gußeisen durch Begießen mit Wasser plötzlich abkühlt (abschrecken), so wird die Ausscheidung des Graphit's verhindert und es geht in weißes Roheisen über, umgekehrt wird dieses wieder zu grauem, wenn es bei starker Hitze geschmolzen wird und dann langsam erkaltet, in welchem Falle wieder eine Abscheidung von Graphit stattfindet.

Halbirtes Roheisen entsteht durch Zusammenschmelzen von weißem und grauem.

Unmittelbar aus dem Hohofen findet Roheisen allerdings Verwendung, in den meisten Fällen wird es jedoch in besonderen Oefen noch wieder umgeschmolzen und liefert dann als Gußeisen das Material zu den verschiedensten Gußwaaren. **6. Eisenguß.**

Gießt man geschmolzenes Eisen in Formen aus guten Wärmeleitern, z. B. in Eisenformen, so wird die Oberfläche plötzlich abgekühlt, wobei die äußere Rinde des Gußstückes zu weißem, harten Gußeisen wird, während der Kern, welcher sich langsam abkühlt, weich bleibt. Kleinere Gußstücke werden bei diesem Verfahren durch und durch hart. Man macht hiervon Gebrauch bei der Herstellung des **Hartgusses**.

Außer Kohlenstoff enthält das Roheisen (Gußeisen) noch andere Stoffe, welche die Eigenschaften desselben mehr oder weniger beeinflussen und zwar:

Mangan, macht Roheisen zur Gießerei untauglich, ist aber nützlich bei der Herstellung von schmiedbarem Eisen.

Silicium, macht bei einem Gehalte von über 3% das Eisen faulbrüchig, d. h. es ist spröde in der Wärme und Kälte.

Phosphor, macht Roheisen dünnflüssig und daher geeignet für Kunst= und Geschirrguß.

Schwefel, macht Roheisen dickflüssig und ungeeignet zu scharfen Güssen, auch vermindert er bei einem Gehalte von über 0,1% die Festigkeit des Eisens.

Arsen, macht das Eisen härter und spröder.

Kupfer, hat einen ähnlichen Einfluß wie Schwefel.

Wolfram und Chrom, machen Roheisen härter und spröder, sie sind wichtig bei der Erzeugung von sehr hartem Stahle.

Das Roheisen (Gießereiroheisen), welches zur Herstellung von Gußwaaren in den eigenen Werkstätten angekauft wird, muß bester Güte, frei von den genannten schädlichen Beimengungen, insbesondere von Schwefel, Phosphor und Kiesel, tiefgrau und weich sein. Es gibt einige als vorzüglich bekannte schottische Roheisen (Langloan I, Coltness I, Gartsherri I), welchen das zu liefernde Roheisen in keiner Beziehung nachstehen soll. Es empfiehlt sich, angeben zu lassen, aus welchem Hohofen das Roheisen hervorgegangen ist. Bruchprobe von 5 kg.

Schmiedbares Eisen.

Bei diesem ist das kohlenstoffärmere Eisen mit 0,6 bis 0,05% Kohlenstoff und das kohlenstoffreichere mit 0,6 bis 2,3% Kohlenstoff zu unterscheiden. Ersteres behält unter allen Umständen seine natürliche Härte, das kohlenstoffreichere schmiedbare Eisen wird dagegen, wenn man es erhitzt und dann schnell abkühlt, in hohem Maße härter, sogar härter als das kohlenstoffreichste Roheisen. Das erstere schmiedbare Eisen, mit der immer gleichen Härte, nennt man **Schmiedeisen** und das zweite mit der Eigenschaft, sich härten zu lassen, **Stahl**.

Es ergibt sich hiernach folgende Eintheilung des Eisens:

Eisen

Roheisen, 5–2,3% Kohlenstoff, leicht schmelzbar, nicht schmiedbar.	Schmiedbares Eisen, 2,3–0,05% Kohlenstoff, schwer schmelzbar, schmiedbar.
Graues Roheisen mit Graphit. · Weißes Roheisen ohne Graphit.	Stahl 2,3–0,6 Kohlenstoff, härtbar. · Schmiedeeisen 0,6–0,05 Kohlenstoff, nicht härtbar.

Schmiedeeisen.

Die ursprünglichste Darstellung des Schmiedeeisens, nämlich unmittelbar aus den Eisenerzen durch Zusammenschmelzen mit Holzkohlen auf Herden (Rennfeuer) oder in Schachtöfen, welches Verfahren man das Rennen oder die Rennarbeit nennt, ist fast nicht mehr gebräuchlich, weil die Ausbeute an Eisen zu gering und der Verbrauch an Kohlen zu groß ist. Zur Zeit wird Schmiedeeisen fast nur noch aus weißem Roheisen gewonnen, indem man diesem durch das sog. Frischen den überschüffigen Kohlenstoff entzieht.

Das Herdfrischen. Bei diesem wird das Roheisen auf einem Herde unter Zuführung von Gebläseluft mit Holzkohlen tropfenweise zusammengeschmolzen, wobei das Roheisen seinen Kohlenstoff zum allergrößten Theile verliert und sich in Schmiedeeisen umwandelt. Dieses formt sich im Herde zu einer teigigen, schwammigen Masse, welche als Klumpen (Luppe) herausgehoben und unter Hämmern oder in Quetsch- oder Walzwerken von der Schlacke befreit wird (Luppenzängen). Dabei nimmt das Schmiedeeisen unter Verlust seiner teigigen, schwammigen Beschaffenheit ein gleichmäßigeres Gefüge an. Die Verwendung von Holzkohle macht das Herdfrischen theuer, auch nimmt es sehr viel Zeit in Anspruch und erfordert geschickte Arbeiter; es kommt wenig mehr zur Anwendung.

Das Puddeln. Bei der Entkohlung des Roheisens in Flammöfen (Puddelöfen) ist das Brennmaterial von dem Eisen getrennt, so daß die billigeren Steinkohlen oder auch Gasfeuerung Verwendung finden können. In dem Puddelofen werden jedes Mal 150 bis 200 kg Roheisen niedergeschmolzen, welche mit eisernen Stangen fortwährend umgerührt (gepuddelt) werden. (Handpuddeln.) Dabei tritt die Entkohlung des Roheisens und damit die Bildung des Schmiedeeisens ein. Während die Entkohlung nach und nach durch die ganze Masse vor sich geht, bildet sich schließlich eine teigige Eisenmasse, welche von dem Puddler mit der Brechstange zu einem Klumpen (Luppe) geballt und mit einer Zange aus dem Ofen geholt wird. Die der Luppe noch anhaftende Schlacke wird, wie bei der Herdfrischerei, durch Zängen entfernt. Das so gewonnene Schmiedeeisen nennt man nach der Darstellungsweise Puddeleisen.

Wird das Puddeln unterbrochen, bevor die völlige Entkohlung des Roheisens bis zu Schmiedeeisen eingetreten ist, so entsteht ein etwas kohlenstoffreicheres Eisen, das Feinkorneisen, welches in seinen Eigenschaften zwischen Schmiedeeisen und Stahl steht.

Um die beschwerliche Handarbeit beim Puddeln zu beseitigen, haben mechanische Rührvorrichtungen und drehbare Puddelöfen Verwendung gefunden. Schmiedeeisen, welches durch Herdfrischen und Puddeln hergestellt, also in nicht flüssigem, sondern in teigigem Zustande erzeugt ist, nennt man Schweißeisen.

Das Windfrischen (nach dem Erfinder auch „Bessemern" genannt). Bei diesem wird das unmittelbar dem Hohofen entnommene oder vorher umgeschmolzene Roheisen in ein birnförmiges Gefäß (Bessemerbirne) gebracht (3000 – 15000 kg) und durch Oeffnungen im Boden der Birne werden Luftstrahlen unter hoher Pressung in das flüssige Eisen geblasen. Durch den Sauerstoff der Luft wird die Entkohlung des Roheisens schnell (12–45 Minuten) bewirkt. Die fremdartigen Bestandtheile werden dabei theilweise verflüchtigt, zum Theil sondern sie sich als Schlacke ab. Das geschmolzene Eisen wird aus der drehbaren Birne zuerst in ein cylindrisches Gefäß, die Gießpfanne, und von dieser in gußeiserne Formen gefüllt und so zu Blöcken (Ingots) hergestellt, welche das Material zu den schmiedeeisernen Fabrikaten abgeben. Das in der Bessemerbirne in flüssigem Zustande gewonnene Schmiedeeisen wird Flußeisen genannt, zum Unterschiede von Schweißeisen.

Die Ausbeute betreffend, so werden 5000 kg Roheisen durch das Herdfrischen in etwa $1\frac{1}{2}$ Wochen, durch Puddeln in $1\frac{1}{2}$ Tagen, durch Bessemmern in 20 Minuten in schmiedbares Eisen übergeführt.

Durch das Zängen der Luppen wird weder alle Schlacke herausgebracht, noch eine genügende Zusammenschweißung des Eisens erreicht, noch ein gleichmäßiges Material gewonnen. Alles dieses kann erst durch ein wiederholtes Schweißen bewirkt werden. Zu dem Zwecke schneidet man das gezängte und in der Luppenwalze ausgereckte Eisen in Stücke, diese werden zu einem sog. Paquete gehäuft, letzteres wird mit Draht umwunden, damit die Stäbe nicht auseinander fallen, und in einem Schweißofen bis zur Weißglühhitze erwärmt. Die Paquete werden alsdann unter den Hammer oder in das Walzwerk gebracht und zu Stäben ausgeschmiedet oder gewalzt. Die Flußeisenblöcke haben zwar keine Schlacken, aber Blasenräume und müssen deßhalb gedichtet werden, was durch Druck unter Hämmern oder Walzen geschieht.

Kohlenstoffarmes Schmiedeeisen hat ein sehniges, kohlenstoffreicheres ein feinkörniges Gefüge (Feinkorneisen). Schmiedeeisen ist auf der Bruchfläche lichtgrau; äußerst dehnbar und biegsam, weicher als Roheisen und Stahl, äußerst schwer (1800^0—2250^0) und nur in kleinen Mengen schmelzbar. Spez. Gew. 7,35—7,91. In der Weißgluth ist Schmiedeeisen schweißbar, d. h. zwei Stücke lassen sich bei dieser Hitze unter dem Hammer ohne weiteres Bindungsmittel zu einem Stücke vereinigen (schweißen). Bei Zutritt der Luft verbrennt es leicht in der Weißglühhitze und wird dann grobkörnig und brüchig. Beim Schweißen bestreut man die glühenden Oberflächen der zu schweißenden Theile mit Sand, gepulvertem Lehm, Borax u. a. (Schweißsand, Schweißpulver, (s. Schweißpulver), um die beim Schweißen hinderliche Bildung von Glühspan zu vermeiden; bei dem Zusammenhämmern der zu verbindenden Theile wird die sich bildende leichtflüssige Schlacke herausgequetscht.

Fremdartige Beimengungen beeinträchtigen die guten Eigenschaften des Schmiedeeisens und zwar:

Schwefel (schon 0,02%) macht Schmiedeeisen rothbrüchig, d. h. es läßt sich kalt, aber nicht in der Rothgluth hämmern, strecken, biegen, ohne zu brechen. Bei Anwesenheit von Schwefel nimmt die Schweißbarkeit ab. Da Eisen beim Glühen mit schwefelhaltiger Kohle leicht Schwefel aufnimmt, so stellte man früher Eisen bester Güte unter Anwendung von Holzkohlen her (Holzkohleneisen). Es leuchtet ein, daß auch Schmiedekohlen möglichst schwefelfrei sein müssen. Rothbruch ist erkennbar an dem blätterigen, grobsehnigen Gefüge und der dunkelen Farbe ohne Glanz auf der Bruchfläche.

Phosphor macht das Schmiedeeisen kaltbrüchig, d. h. es läßt sich warm, aber nicht kalt verarbeiten. Die Schweißbarkeit wird durch Phosphor erhöht; Kaltbruch ist erkennbar an einem schuppigen Bruche bei lebhaftem Glanze.

Silicium macht Eisen faulbrüchig, es läßt sich weder in der Kälte, noch in der Wärme verarbeiten; bei Faulbruch ist das Eisen mürbe und brüchig, dunkelfarbig, körnig und faserig durcheinander.

Arsen vermindert die Schweißbarkeit.

Kupfer bewirkt wie Schwefel Rothbruch.

Verbranntes Eisen mit schieferigem Bruche bei bläulicher Farbe und lebhaftem

Glanze entsteht bei wiederholtem starken Glühen unter Luftzutritt.

Unganzes Eisen (heberig, schulferig), entsteht durch Schlackenbildung oder dergl., welche den Zusammenhang der Eisentheile verhindert.

Rohbrüchiges Eisen bildet sich bei unregelmäßigem Frischen; bei Rohbruch zeigt Schmiedeeisen gröberes (weißes) und feineres (dunkleres) Eisen durcheinander.

Oberflächenhärtung.

Man kann Schmiedeeisen oberflächlich in Stahl verwandeln (härten), um ihm äußerlich eine größere Härte und höhere Politurfähigkeit zu geben. Man glüht zu dem Zwecke die Schmiedestücke mehrere Stunden lang in eisernen Behältern zwischen Schichten von Holzkohlenpulver oder besser zwischen pulverifirter thierischer Kohle (Knochen, Klauen, Horn, Lederabfälle). Sehr wirksam ist Blutlaugensalz, bei dessen Anwendung man das Eisen vorher blank macht und dann glühend mit dem Salze bestreut und schnell abkühlt.

Das oberflächliche Verstählen des Schmiedeeisens wird Einsetzen oder Einsatzhärten (Zementiren) genannt. Außer Kohle kommen noch andere Stoffe dabei zur Anwendung; sie werden gewöhnlich pulverifirt und heißen dann Härtepulver (Zementirpulver). In einigen bekannten Fabriken kommen zur Anwendung:

1.   7 Thl. Soda,
    11 Thl. Kalk,
    18 Thl. Holzkohle.
    36 Thl. (nicht zu fein).
2.   2 Thl. calcinirte Soda,
    5 Thl. gestoßener Kalkstein.
    7 Thl.
3.   5 Thl. Salpeter,
    5 Thl. Salmiak,
    10 Thl. Borax.
    20 Thl.

4.   3 Thl. Holzkohle,
    1 Thl. kohlensaurer Baryt.
    4 Thl.

Der Einsatzkasten hat etwa die Abmessungen von $600 \times 400 \times 300$ mm; er wird unten mit einem Brett oder einer starken Schicht Holzkohlenpulver belegt, damit die zu härtenden Stücke nicht mit dem Boden verschweißen. Die einzelnen Stücke dürfen sich nicht berühren, sie müssen ringsum mit einer etwa 25 mm dicken Schicht des Härtepulvers umgeben ein. Das Glühen geschieht in besondern Einsatzöfen und zwar:

zu 1. 18—22 Stunden und bei größeren
    Stücken bis 36 Stunden;
zu 2. und 3. 24 Stunden;
zu 4. 22—24 Stunden.

Kleine Stücke, wie Bolzen, Coulissen u. s. w. kann man auch mit schwarzer Seife bestreichen, dann mit Soda bestreuen und darauf in wollenen Lappen oder fettiger Putzwolle eingewickelt 12 bis 15 Stunden lang glühen, wobei auf eine gleichmäßige Hitze zu halten ist. Die Einsatzkästen werden zum Schutze gegen Verbrennen mit Lehm oder mit einem Gemische von $2/3$ Lehm und $1/3$ Salz überzogen.

Eine andere Härtemasse ist folgende:
1. 20 kg Kochsalz,
2. 0,5 kg doppelt chromsaures Kali,
3. 0,167 kg Borax,
4. 0,2 kg gestoßenes Glas,
5. 3 kg blausaures Kali.

Die zu 1—4 genannten Materialien werden in einem schmiedeeisernen Gefäße bis zum Flüssigwerden erhitzt und in die flüssige heiße Masse legt man die bis zur Rothgluth erwärmten Schmiedestücke, worauf sofort blausaures Kali langsam zugesetzt wird und zwar im Verhältniß zu der in den Topf gekommenen Menge der anderen Materialien. Die Stücke bleiben 30—10 Minuten in der Flüssigkeit, je nachdem die Verstählung tief oder weniger tief eindringen soll. Mit der Flüssigkeit darf Wasser durchaus

nicht in Berührung kommen, **da dadurch eine Explosion eintreten kann.**

Nachdem die Stücke herausgenommen,
werden sie in einer Flüssigkeit abgekühlt,
die aus

20 Liter Wasser,
1 Liter Essig,
1 kg Salz,
0,16 kg rauchende Salpetersäure

besteht. Will man den gehärteten Stücken
eine schöne graue Farbe geben, so werden
sie nach dem Abkühlen auf einige Minuten in
Härtewasser, das aus einer Mischung von

4 Liter Essig,
1 „ Salzsäure

besteht, gebracht und dann mit Oel abgerieben.

Die Erscheinung der Oberflächenhärtung
beruht darauf, daß durch die beschriebene
Behandlung in die äußere Schicht des
Schmiedeeisens Kohlenstoff eindringt und diese
dadurch in den kohlenstoffreicheren (härteren)
Stahl übergeführt wird.

Das Einsatzhärten wird ausgeführt, wenn
es darauf ankommt, gewissen Maschinentheilen
eine harte Oberfläche zu geben, (Bolzen,
Coulissen, Führungslineale) oder bei Gegenständen, denen man eine hohe und dauerhafte
Politur geben will, welche aber sonst zweckmäßiger aus Schmiedeeisen als aus Stahl
bestehen.

Stahl.

Dieser kann, wie das Schmiedeeisen, unmittelbar aus den Erzen durch Zusammenschmelzen mit Holzkohlen hergestellt werden
(Rennstahl, Wolfstahl), jedoch ist diese
Gewinnungsart, wie auch die aus Roheisen
auf Gebläseherden (Herdfrischstahl,
Herdstahl) wenig mehr gebräuchlich.

Im Puddelofen wird Stahl in derselben
Weise wie Schmiedeeisen gewonnen, nur treibt
man die Entkohlung des Roheisens nicht so
weit, da ja Stahl mehr Kohlenstoff als
Schmiedeeisen enthält, sonst ist aber das Verfahren ganz dasselbe. Den im Puddelofen
erzeugten Stahl nennt man Puddelstahl.

Am gebräuchlichsten ist die Herstellung
des Stahles aus dem Roheisen durch das schon
beim Schmiedeeisen besprochene Bessemern.
Es wird dabei in gleicher Weise verfahren,
wenn jedoch die gänzliche Entkohlung des
Eisens eingetreten ist, so setzt man wieder
kohlenstoffreiches Eisen (Spiegeleisen) zu,
welches den richtigen Gehalt an Kohlenstoff
herbeiführt und damit das geschmolzene
Eisen in Stahl verwandelt, Bessemerstahl genannt. Er wird in gußeisernen
Formen zu Stahlblöcken hergestellt, welche
das Material zu den verschiedensten Stahl-
fabrikaten (Schienen, Radreifen, Achswellen u. s. w.) abgeben.

Bei dem Bessemern gelang es früher
nicht, den schädlichen Phosphor aus dem
Eisen fortzubringen. Dieses ist in neuerer
Zeit den Engländern Thomas und Gilchrist
gelungen und zwar durch eine andere Aus-
fütterung der Bessemerbirne und durch Einbringen von geeigneten Zuschlägen in dieselbe,
welche eine Schlacke bilden, die den Phosphor
aufnimmt.

Martiniren. (Nach dem Erfinder
Martin benannt.) Bei diesem wird in einem
Flammofen mit Siemens'scher Gasfeuerung
zuerst Roheisen geschmolzen und demselben
dann unter fortwährendem Umrühren Abfall
von Eisen und Stahl zugesetzt. Wenn die
völlige Entkohlung eingetreten, wird wieder
Spiegeleisen zugegeben, um den richtigen
Gehalt an Kohlenstoff zu bekommen. Der
Martinstahl findet dieselbe Verwendung
wie der Bessemerstahl.

Die Herstellung der Stahlblöcke.

Der durch das Bessemern oder Martiniren erzeugte flüssige Stahl wird zunächst
in die sog. Gießpfanne abgelassen. In dieser
sondert sich die noch vorhandene Schlacke
von dem Stahle; sie schwimmt als Decke
auf dem Metallbade und schützt als schlechter
Wärmeleiter dieses vor zu rascher Abkühlung.
Die Trennung von Stahl und Schlacke ermöglicht es, das Flußmetall durch eine im
Boden der Gießpfanne angebrachte Oeffnung,

welche mit einem feuerfesten und an der Außenseite der Pfanne geführten Pfropfen verschließbar ist, in die darunter befindlichen Formen (Coquillen) abgießen zu können, ohne daß Schlacke mit in die Form gelangt. Das Abgießen geschieht in der Weise, daß die Gießpfanne durch besondere Vorrichtungen über den Formen, welche in einer vertieften Gießgrube und zwar kreisförmig oder in einer geraden Linie aufgestellt sind, hingeführt wird. Beim Gießen wird in der Regel auf die Form noch ein mit feuerfester Masse ausgefütterter Trichter gesetzt, weil es nöthig ist, daß der flüssige Stahl in einem ununterbrochenen Strahle einfließt und dieses leichter mit als ohne Trichter zu erreichen ist.

Von Bedeutung ist die Wärme des flüssigen Stahles; ist dieselbe zu hoch, so wird der Stahl in der Form unruhig, kocht und die Wandung der Form kann sich mit verschweißen, in welchem Falle diese zerschlagen werden muß. Bei zu geringer Wärme ist der Stahl dickflüssig, erkaltet beim Gießen zu rasch, es kann der Trichter sich verstopfen und der Stopfen der Gießpfanne sich festsetzen, in welchem letzteren Falle diese umgekippt werden muß.

Die Formen sind aus Gußeisen und werden vor dem Füllen angewärmt, wenn sie nicht von dem vorhergehenden Gusse noch genügend warm sind. Außer diesem Gusse von oben wird vielfach auch der Guß von unten (steigender Guß) angewendet. Dieser gibt im Allgemeinen den Blöcken eine glattere Oberfläche und gewährt den Vortheil, daß mehrere Blöcke gleichzeitig gegossen werden können, er erhöht aber die Betriebskosten durch den Verbrauch an feuerfestem Materiale. Man wendet den steigenden Guß an, wenn besonderer Werth darauf gelegt wird, sehr gleichmäßige Blöcke herzustellen oder wenn beim Gießen von leichten Blöcken der Einzelguß ein Zusetzen der Oeffnung in der Gießpfanne zu befürchten

ist. Beim steigenden Gusse bedient man sich einer gußeisernen Platte (Fig. 29 u. 30), in welcher von der Mitte ausgehend (beispielsweise 4) Kanäle ausgespart und in diese entsprechend geformte feuerfeste Röhren eingelegt sind, welche durch einen in der Mitte der Platte eingesetzten Vierwegstein in Verbindung stehen. Ueber jede Oeffnung bb wird eine Form gestellt, über a

Fig. 29 u. 30.

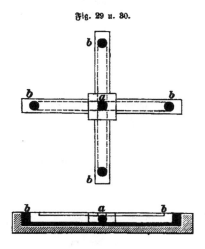

ein mit gußeisernem Mantel versehener feuerfester Trichter von entsprechender Höhe. Gießt man durch a ein, so steigt der Stahl gleichmäßig in den 4 Formen über bb. Statt 4 kann man auch 6, 8 und mehr Formen gleichzeitig füllen, man ist in der Anzahl nur in so fern beschränkt, als der Guß um so länger dauert, je mehr Formen man auf einer Platte vereinigt und mit der längeren Dauer des Gusses die Gefahr des Zusetzens der Kanäle wächst.

Die Form steht in allen Fällen nur vermöge ihrer Schwere auf der Unterlage fest, man kann sie also nach dem Starrwerden des Blockes mittelst eines Krahnes an schmiedeisernen Henkeln a a abziehen. Um dieses zu erleichtern, macht man die

Formen oben enger als unten. (Fig. 31.)
Der Querschnitt ist in der Regel quadra=
tisch, für größere Blöcke achtkantig, für
einzelne Radreifenblöcke häufig rund und in
einzelnen Fällen (z. B. bei Blöcken für
Brammen) auch läng=
lich rechteckig. Die
Abmessungen der
Formen sind von
wesentlichem Ein=
flusse auf den Guß=
block. Ist dieser im
Verhältnisse zum
Querschnitte zu hoch,
so ist er geneigt, beim
Erstarren in Folge
ungleichmäßiger
Schwindung tief=
gehende Querrisse zu
bekommen. Im All=
gemeinen nimmt man
an, daß das günstigste
Verhältniß von Dicke zu Höhe = 1 : 3 ist
und daß das von 1 : 4 ohne Nachtheil nicht
überschritten werden darf.

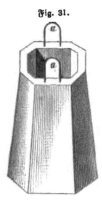

Fig. 31.

Den Querschnitt der Form betreffend,
so zeigt der Block um so leichter Längsrisse,
je mehr sich derselbe der runden Form
nähert, während quadratische und nament=
lich rechteckige Blöcke mehr zu Querrissen
neigen. Sind die Blöcke daher sehr schwer,
oder wird das eben angegebene Verhältniß
von Querschnitt zur Höhe überschritten, so
zieht man wohl stets die achtkantige der
vierkantigen Form vor. Es ist von Wichtig=
keit, daß die Kanten bei viereckigen Formen
gut abgerundet sind, den Seitenflächen gibt
man gern eine kleine Ausbauchung nach
außen.

Je nach seinem Verhalten in der Form
unterscheidet man steigenden (treibenden)
und ruhigen (stehenden) Stahl; der
Unterschied zeigt sich darin, daß der steigende
Stahl nach beendigtem Gusse in Folge von
entweichenden Gasen sich ausdehnt, so daß
der erstarrte Block einen größeren Raum

einnimmt als der flüssige Stahl und sich
wölbt, während der stehende Stahl mit ge=
rader Oberfläche erstarrt. Steigt oder treibt
der Stahl nur wenig, d. h ist die Gas=
entwickelung gering, so wölbt sich nur die
Oberfläche, treibt er stärker, so durchbricht
der flüssige Stahl die erstarrende Decke.
Ein stark treibender Block kann um drei
und mehr cm steigen. Das Treiben wird
begrenzt, wenn man die Form fest verkeilt.
Da die Erstarrung der Außenkruste meist
eintritt, bevor die Gase entweichen können,
so gelangen diese nur bis unter die erstarrte
Kruste, wo sie zurückgehalten werden. Bei
treibendem Stahle ist hiernach der Block
unter seiner Oberfläche blasig.

Ruhiger Stahl zeigt am erstarrten Blocke
eine entgegengesetzte Erscheinung, die Ober=
fläche nämlich bleibt nicht immer glatt,
sondern wird mehr oder weniger vertieft,
es bildet sich am oberen Ende ein trichter=
förmiger hohler Raum, Lunker genannt,
welcher oft bis zu einem Drittheil der Höhe
in den Block hinabgeht, der erstarrte Block
nimmt also weniger Raum ein als das
flüssige Metall.

Im Allgemeinen ist der Stahl um so
mehr zum Treiben geneigt, je weicher er
ist und er steht um so ruhiger, je härter
man ihn macht, jedoch sprechen noch andere
hier nicht weiter zu erwähnende Umstände mit.

Nachdem die Formen von den Blöcken
abgezogen, können diese nicht sofort weiter
verarbeitet werden, da sie außen eine er=
starrte Kruste haben, welche den inneren
meist noch flüssigen Kern umhüllt. Um
Stahl bearbeiten (walzen oder schmieden) zu
können, muß er gleichmäßig durchweicht
sein und um dieses zu erreichen, bringt man
die Blöcke in Wärmeöfen, in welchen sie
die erforderliche gleichmäßige Walzwärme
erhalten. Die Gleichmäßigkeit der Erwär=
mung ist sehr wesentlich, da ungleichmäßig
erwärmte Blöcke Neigung zum Springen
haben und Risse bekommen. Die neueren
sog. Rollöfen mit geneigt liegendem Herde

faſſen 20 und mehr Blöcke. Jeder einzelne wird an der höchſten (wenigſt heißen) Stelle, am Fuchs, eingebracht (chargirt) und an der Feuerbrücke herausgebracht (gezogen). Wenn hier ein Block gezogen iſt, ſo werden alle anderen um eine Blockdicke vorangekantet und an der Einſaßthür ein neuer eingeſetzt. Man erreicht hierdurch ein allmähliches Wärmen, weil die Blöcke von der am wenigſt heißen Stelle nach der heißeſten herangerollt werden, außerdem bewirkt das Kanten, daß alle Seiten des Blockes gleichmäßig gewärmt werden.

Nach einem neueren Verfahren führt man den oberflächlich erkalteten Blöcken in Oefen nicht neue Wärme zu, ſondern man bewirkt die Erhitzung der erſtarrten Kruſte durch den Ueberſchuß an Wärme, welchen das flüſſige Innere hat. Zu dem Zwecke werden die gegoſſenen Blöcke ſofort in feuerfeſte Gruben verſenkt und hier findet vom Inneren aus die Erhitzung der Kruſte ſtatt, ſo daß die Blöcke nach etwa ½ Stunde in der richtigen Hitze herausgenommen und verwalzt werden können. Selbſtredend muß man die Zeit, während welcher die Blöcke der Abkühlung an der Luft ausgeſetzt ſind, möglichſt abkürzen. Dieſes bedingt geringe räumliche Entfernung der Gießgrube von den ſog. Durchweichungsgruben und dieſer von den Walzen, welcher Umſtand die Einführung dieſes Verfahrens bei bereits beſtehenden Anlagen erſchwert.

Glühſtahl. Durch das Beſſemern und Martiniren wird dem in geſchmolzenem Zuſtande befindlichen Roheiſen Kohlenſtoff entzogen und dadurch Stahl erzeugt. Man kann das Roheiſen auch in feſtem Zuſtande zum Theil entkohlen, wenn man es nämlich zwiſchen Quarzſand in eiſernen Käſten der Glühhitze ausſetzt, wo dann die eingeſchloſſene Luft entkohlend wirkt. Das Erzeugniß, nochmals in Tiegeln umgeſchmolzen, gibt den Tunner'ſchen Glühſtahl.

Ein ähnliches Verfahren findet ſtatt, um ſchmiedbares Gußeiſen herzuſtellen.

6. Eiſenguß.

Zementſtahl. Während bei dem Beſſemern, dem Martiniren und der Herſtellung des Glühſtahles dem Roheiſen Kohlenſtoff entzogen wird, um daraus Stahl zu gewinnen, kann man auch in umgekehrter Weiſe dem Schmiedeeiſen Kohlenſtoff zuführen, um Stahl zu erzeugen, welches Verfahren man das Zementiren nennt, das Erzeugniß heißt Zementſtahl oder auch Brennſtahl. Die Herſtellung erfolgt durch Glühen von dichten und ſchlackenfreien ſchmiedeeiſernen Flachſtäben (etwa $20 \times 80 \times 3000$ mm) in Kiſten aus Stein oder Thon, welche 7500—10000 kg Eiſen faſſen. Die Stäbe liegen dabei zwiſchen Schichten aus kleinen Stücken von Laubholzkohle und zwar ſo, daß ſie ſich nicht berühren. Der Kohle ſetzt man oft noch andere Stoffe zu, welche die Kohlung des Schmiedeeiſens begünſtigen, z. B. thieriſche Kohle aus Knochen, Horn, Leder u. a., ferner Soda, kohlenſauren Kalk u. a. (Zementirpulver), nöthig ſoll dieſes jedoch nicht ſein. Das Glühen bis zur Rothgluth im Zementirofen dauert 7—10 Tage. Der Fortgang der Kohlung wird an zwei Probeſtäben beobachtet, welche mit dem einen Ende aus der Kiſte hervorragen und herausgezogen werden können. Die langſame Erkaltung der Kiſte nimmt drei Tage in Anſpruch.

Der ſo gewonnene Zementſtahl iſt im Bruch grau und grobblätterig, auf der Oberfläche blaſig, woher er auch den Namen Blaſenſtahl führt. Durch weiteres Verarbeiten verſchwinden die Blaſen und der Stahl wird durchweg gleichmäßig.

Stahl, welcher in nicht flüſſigem, ſondern im teigigen Zuſtande, alſo durch das Herdfriſchen, Puddeln und Zementiren gewonnen iſt, wird Schweißſtahl genannt, im Gegenſatz zu Flußſtahl, der im flüſſigen Zuſtande, alſo durch das Beſſemern und Martiniren erzeugt iſt. Hiernach kann die Seite 45 gegebene Eintheilung des Eiſens wie folgt vervollſtändigt werden.

4*

Eisen.

Roheisen,	Schmiedbares Eisen,
5—2,8% Kohlenstoff, leicht schmelzbar, nicht schmiedbar.	2,3—0,05% Kohlenstoff, schwer schmelzbar, schmiedbar.

Graues Roheisen mit Graphit (Giessereiroheisen).	Weißes Roheisen ohne Graphit (Frischereiroheisen).	Stahl, 2,3—0,6 Kohlenstoff, härtbar.	Schmiedeeisen, 0,6—0,05 Kohlenstoff, nicht härtbar.
		Flußstahl. Im flüssigen Zustande gewonnen. Bessemmer-, Martinstahl. / Schweißstahl. In nicht flüssigem Zustande gewonnen. Renn-, Herd-, Puddel- und Zementstahl.	Flußeisen. Im flüssigen Zustande gewonnen. Bessemmer-, Martineisen. / Schweißeisen. In nicht flüssigem Zustande gewonnen. Renn-, Herd-, Puddeleisen.

Raffiniren des Stahles.

Bei jeder Stahlerzeugung entsteht zunächst ein mehr oder minder unvollkommenes Material (Rohstahl), welches vor seiner Verwendung oft einer weiteren Behandlung bedarf (Raffiniren) zum Zwecke, den Rohstahl bezüglich der Kohlenvertheilung und des Gefüges gleichmäßiger und dichter zu machen (Raffinirstahl). Der Rohstahl wird dadurch zu Feinstahl oder Edelstahl verbessert.

Eine der Methoden der Verbesserung, Gärben des Stahles genannt, besteht darin, den Rohstahl in Paqueten (Garben) in Schweißöfen zu erhitzen und unter Hämmern und Walzen zu schweißen und auszurecken. Dieses Verfahren wird bei Schweißstahl angewendet; Flußstahlblöcke werden unter Hämmern oder Walzen gedichtet.

Gußstahlerzeugung. Ein besseres Verfahren, den Stahl zu verbessern, besteht darin, daß man Rohstahl irgend welcher Art in kleinen Mengen (15—40 kg) in feuerbeständigen Tiegeln schmelzt und so den Gußstahl oder Tiegelgußstahl herstellt, welcher wohl von dem Flußstahle zu unterscheiden ist. Der Rohstahl wird vorher zu Stäben ausgeschmiedet, diese werden in Stücke zerbrochen und die damit gefüllten Tiegel in Flamm- oder Schachtöfen erhitzt. S. Tiegelgußstahl.

Stahl vereinigt in sich die guten Eigenschaften des Schmiedeeisens und des Gußeisens. Je nach seinem Gehalte an Kohlenstoff, an sonstigen Beimengungen, der Darstellungsweise und bei späterer Bearbeitung ähnelt er mehr dem Schmiedeeisen oder dem Gußeisen.

Die Bruchfläche des guten Stahles zeigt eine licht grau-weiße Farbe und ein sehr gleichmäßiges körniges Gefüge. Kohlenstoffreicher Stahl hat ein gröberes Korn als kohlenstoffärmerer; besonders fein ist das Korn bei bearbeitetem und gehärtetem Stahle. Schmelzhitze des Stahles 1300—1500°; spez. Gew.: Flußstahl 7,40—7,82; Schweißstahl 7,82—8,08.

Je kohlenstoffärmer ein schmiedbares Eisen ist, eine desto größere Hitze erträgt es und um so besser läßt es sich schweißen, demnach ist Schmiedeeisen leichter schweißbar als Stahl. Wenn dieser über 2% Kohlenstoff hat, so ist er fast nicht mehr schweißbar. Kohlenstoffarmer Stahl läßt sich mit Schmiedeeisen schweißen.

Stahl kann aus denselben Veranlassungen wie bei Schmiedeeisen roth-, kalt-, faul- und rohbrüchig sein.

Die Härtbarkeit des Stahles ist eine Eigenschaft, welche das Schmiedeeisen nicht hat. Seine natürliche Härte liegt zwischen der des Schmiedeeisens und des Roheisens, sie kann gesteigert werden bis zur Härte des Spiegeleisens. Die größte Härte (Glashärte) erhält der Stahl, wenn man ihn rothglühend (etwa 450—500°) rasch abkühlt

(härten), z. B. in kaltem Waſſer (Härte-
waſſer).

Unter Rothglühhitze wird der Stahl beim
Abkühlen nicht hart, ebenſo nicht, wenn er
weißglühend iſt. In letzterem Falle wird
er grobkörnig (überhitzter oder verbrann-
ter Stahl).

Durch das Härten wird der Stahl feinkörniger und ſpröder. ſeine Feſtigkeit nimmt
ab. Die Härtung wird um ſo höher, je
mehr Kohlenſtoff der Stahl hat, je kälter
die Flüſſigkeit iſt und je beſſer dieſe die
Wärme leitet.

Waſſer, dem etwas Salmiak oder Schwefelſäure zugeſetzt iſt (2—4%) härtet ſtärker als
reines Waſſer, Brunnenwaſſer mehr als
Flußwaſſer, Fette und Oele weniger als
Waſſer.

Glasharter Stahl findet wenig Verwendung (Feilen), man hat es jedoch in der
Hand, durch Erwärmung des glasharten
Stahles bis zu beſtimmten Wärmegraden
demſelben jeden beliebigen Härtegrad zwiſchen
Glashärte und ſeiner natürlichen Härte zu
geben. Man nennt dieſes Verfahren das
Anlaſſen oder Nachlaſſen des Stahles.
Ob bei dem Anlaſſen die für den gewünſchten Härtegrad erforderliche Wärme erreicht
iſt, erkennt man an der Färbung (Anlauffarben, Anlaßfarben) welche der vor
dem Anlaſſen blank gemachte Stahl bei den
verſchiedenen Wärmegraden annimmt. Folgende Zuſammenſtellung gibt dieſe bei den
verſchiedenen Anlauffarben und die haupt-
ſächlichſte Verwendung des Stahles bei den
zugehörigen Härtegraden an.

221° — blaßgelb	}	zu wundärztlichen Inſtru-
232° — goldgelb		menten, Werkzeugen für
243° — dunkelgelb		Metallverarbeitung.
254° — morgenroth	}	zu Holzverarbeitungswerk-
265° — purpurroth		zeugen, gewöhnlichen
277° — violett		Schneidwaaren.
288° — hellblau ..		zu Säbelklingen, Uhrfedern,
298° — kornblau ..		zu feinen Sägen, Bohrern,
316° — dunkelblau .		zu Holzſägen.

Bei gewiſſen Härtegraden hat der Stahl
eine große Biegſamkeit und Federkraft
(Federſtahl für Trag- und Spiralfedern).

Beim Härten iſt mit großer Vorſicht zu
verfahren; es erfordert Uebung und Ge-
ſchicklichkeit, um eine gleichmäßige Härtung
im ganzen Stahlſtücke herzuſtellen. Wenn
nicht überall ein gleichzeitiges und gleichmäßiges Abkühlen eintritt, ſo entſtehen in
demſelben Stücke verſchiedene Härtegrade
und damit ungleiche Spannungen, die entweder eine Verbiegung (Werfen, Ziehen)
des Gegenſtandes oder ein Springen (Reißen,
Berſten, Härteriſſe, Hartborſte) oder
auch ein völliges Zerſpringen zur Folge haben
können. Wenn es bei Stahlſtücken nur auf
eine harte Oberfläche ankommt, um z. B.
eine höhere und dauerhaftere Politur zu erzielen, ſo kann, wie bei Schmiedeeiſen, eine
Oberflächenhärtung vorgenommen werden.
S. Federſtahl, Tiegelgußſtahl, Werkzeugſtahl, deutſcher
Stahl.

Eiſenbeize, ſ. Beizen u. S. 48.

Eiſenblech, wurde früher auch durch
Hämmern, (Hammerblech), zur Zeit wird
es jedoch faſt ausſchließlich durch Walzen
von Eiſenſtücken in glühendem Zuſtande hergeſtellt. Das Material muß ein möglichſt
reines (ſchlackenfreies), zähes und weiches
Eiſen ſein. Schweißeiſen (Luppeneiſen) zu
Blechen wird zuerſt durch Paquetirung und
Schweißung ſchlackenfrei und gleichmäßig
gemacht und zu Flachſtäben ausgereckt,
deren jeder ungefähr das Gewicht des fertigen Bleches hat unter Zugebung eines
gewiſſen Prozentſatzes für Abbrand und Abfall. Bei Flußeiſen fällt die Paquetirung
fort. Große und ſchwere Bleche werden aus
vorgeſchmiedeten Eiſenſtücken, Brammen
genannt, gewalzt, welche ganz oder faſt die
Breite des fertigen Bleches haben. Bei
Flußeiſenblechen werden die Brammen in
eiſernen Formen gegoſſen.

Durch Zuſammenſchweißen mehrerer Bleche
unter dem Walzwerke entſtehen die dickſten
Bleche (Panzerplatten). Sehr dünne
Bleche werden in der Weiſe gefertigt, daß
man ein Blech zu zwei Lagen umbiegt
(doppeln), und nachdem dieſe übereinander-

liegend die Walze durchlaufen haben, sie wieder doppelt (4 Lagen) und so fort bis 16 Lagen übereinander geschichtet durch die Walze gehen. Um das Zusammenschweißen zu verhindern, bringt man Lehmwasser oder Kohlenstaub zwischen die einzelnen Lagen.

Die Bleche kühlen sich beim Walzen ab und werden spröde, sie können daher nicht immer in einer Hitze gewalzt, sondern müssen ein oder mehrere Mal in Glühöfen oder bei ganz schwachen Blechen in geschlossenen gußeisernen Kästen von Neuem geglüht werden.

Bezeichnung der Bleche. Nach der Größe und Stärke der Eisenbleche heißen die schwächsten von 5,2—0,37 mm Schwarzbleche (Sturzbleche), die mittleren, etwa von 5,5—21 mm Kesselbleche und die stärksten von 100—200 mm und mehr Panzerplatten, welche bis 15000 kg wiegen. Das dünnste Blech hat eine Dicke von nur 0,017 mm (fast 60 auf 1 mm) und wiegt das qm 135 Gramm. Verzinntes Schwarzblech heißt Weißblech. Eisenblech bis 2 mm Stärke wird auch Feinblech benannt.

Bleche der gebräuchlichsten Abmessungen, welche in den größeren Werken vorräthig sind, nennt man Handels- oder Magazinbleche. Nach der Verwendung des Bleches sind die Bezeichnungen ungemein mannigfach, so Schloßblech von 0,8—3 mm, Dachblech bis 3 mm, Rohrblech unter 1 mm Dicke u. s. w.

Die deutsche Blechlehre für Schwarzbleche weist folgende 26 Nummern auf:

Deutsche Blechlehre.

Sturz- oder Schwarzbleche.	Stärke mm	Gewicht eines qm	Bemerkungen
No. 1 . .	5,50	44	Von 1—23 in Ab
„ 2 . .	5,00	40	messungen
„ 3 . .	4,50	36	1000 × 2000 mm.
„ 4 . .	4,25	34	
„ 5 . .	4,00	32	Von 16—26 auch
„ 6 . .	3,75	30	800 × 1600 mm.
„ 7 . .	3,50	28	
„ 8 . .	3,25	26	Nr. 7, 8 u. 9 auch
„ 9 . .	3,00	24	1300 × 2600 mm.
„ 10 . .	2,75	22	
„ 11 . .	2,50	20	Nr. 14—18 u. 21—24
„ 12 . .	2,25	18	auch 510 × 750 mm.
„ 13 . .	2,00	16	
„ 14 . .	1,75	14	Nr. 14—25 auch
„ 15 . .	1,50	12	470 × 750 mm.
„ 16 . .	1,37	11	
„ 17 . .	1,25	10	Nr. 14—24 auch
„ 18 . .	1,12	9	440 × 750 mm.
„ 19 . .	1,00	8	Bis 1,250 m br. u.
„ 20 . .	0,87	7	2,5 m lg. u. 2—5 mm
„ 21 . .	0,75	6	Dicke 1000 kg 170 bis
„ 22 . .	0,62	5	240 M.
„ 23 . .	0,56	4,5	Von 1—2 mm Dicke
„ 24 . .	0,50	4	1000 kg 195—295 M.
„ 25 . .	0,44	3,5	je nach d. Güte.
„ 26 . .	0,37	3	

Hiernach ist das Gewicht von 1 qm bei 1 mm Dicke gleich dem spez. Gewicht des Eisens.

Die Bezeichnung der Bleche unter Zugrundelegung ihrer Güte ist eine ebenso mannigfache wie oft den thatsächlichen Verhältnissen nicht entsprechende, z. B. wird Blech als Holzkohleneisen bezeichnet, wenngleich man solche nicht mehr herstellt. Da es außerdem vorkommt, daß Bleche geringerer Güte mit den Handelsmarken der besseren und

Ein Quadratmeter Eisenblech wiegt:

Dicke mm	1	2	3	4	5	6	7	8	9	10
kg	7,78	15,56	23,34	31,12	38,90	46,48	54,56	62,24	70,02	77,80
Dicke mm	11	12	13	14	15	16	17	18	19	20
kg	85,58	93,36	101,14	108,92	116,70	124,48	132,26	140,04	147,82	155,60

besten Bleche versehen werden, so muß man, wenn wichtige Bauwerke, Maschinen u. s. w. in Frage kommen, z. B. Brücken, Kessel u. a., Prüfungen vornehmen. Es genügt, die Bleche nach ihrer Güte mit I, II und III (best, mittel, gewöhnlich) zu bezeichnen; es sind auch die Bezeichnungen: Mantelbleche (III), Börbel= und Krempbleche (II) und Feuerplattenblech (I) üblich.

Prüfung und Abnahme.

Durch äußere Besichtigung ist festzustellen, ob die Oberfläche des Bleches glatt und eben, ohne Blasen, Beulen, Risse, Schiefer und Walzfehler ist. Die verlangten Abmessungen müssen eingehalten sein. Das Gewicht der einzelnen Bleche muß bis auf 5% und bei Verwiegung einer größeren Anzahl bis auf 3% mit dem berechneten Gewichte übereinstimmen. Die Bleche sollen sauber und je nach Bestellung gerade und rechtwinkelig, oder mit der Zeichnung übereinstimmend beschnitten, auch an allen Stellen gleich dick sein.

Unganze Stellen im Inneren entdeckt man dadurch, daß das Blech senkrecht aufgestellt, durch Kreidestriche in kleine Quadrate getheilt und mit einem leichten Hammer auf die Kreuzungspunkte geklopft wird; ein veränderter, dumpfer, unmetallischer Ton zeigt eine fehlerhafte Stelle (Blasen oder dergl.) an. Wenn ein Blech in rothwarmem Zustande dunkle Flecken zeigt, so sind innere Fehler vorhanden.

Eine Probe auf Festigkeit und Zähigkeit besteht darin, daß man in ein Loch des Bleches mit dem Durchmesser gleich der $1\frac{1}{2}$ fachen Blechstärke, dessen Mittelpunkt um den Durchmesser des Loches von dem Blechrande entfernt ist, einen schlanken Dorn eintreibt: dabei muß sich das Loch um $\frac{1}{8}$ seines Durchmessers auftreiben lassen, ohne auszureißen. Diese Probe setzt bestes Blech voraus. Weitere Auskunft über die Güte des Bleches geben Biege= und Zerreißproben. Die Anforderungen sind je nach der verlangten Güte des Bleches verschieden.

Biegeproben. Bei der warmen Biegeprobe, wobei das Versuchsstück in kirschrothem Zustande ist, wird dasselbe um eine gebrochene Kante gebogen; dabei soll der Biegungswinkel, welchen das Blech verträgt, ohne zu brechen, zu reißen oder auszufransen, betragen:

Bei Blech	In der Längsfaser.	In der Querfaser.
III. Güte (Mantelblech) .	110°	80°
II. Güte (Börbelblech) . .	150°	120°
I. Güte (Feuerplattenblech)	180°	180°

Bei der kalten Biegeprobe wird der Versuchsstreifen, dessen Längskanten abgerundet werden können, um einen Dorn von 26 mm Durchmesser gebogen; die Winkel W, Fig. 32, bei welchen sich Einbrüche oder Risse in der Biegungsstelle nicht zeigen dürfen, sind:

(Siehe untenstehende Tabelle.)

Dicke d in mm	III. Güte		II. Güte		I. Güte		Bemerkungen.
	Lang-faser	Quer-faser	Lang-faser	Quer-faser	Lang-faser	Quer-faser	
			Grade				
6—7	50	30	80	50	110	90	Langfaser: in der Walzrichtung.
8—9	45	25	70	40	100	80	Querfaser: senkrecht zur Walz-
10—11	40	20	60	35	90	70	richtung.
12—13	35	15	50	30	80	60	
14—15	30	12	40	25	75	50	Güte I für Kesselbleche.
16—17	25	10	35	20	70	40	
18—19	20	8	30	15	65	35	Diese Werthe sind auch die des
20—21	15	5	25	10	60	30	Dampfkesselrevisionsvereins.

Bei Blechen I Güte, welche gekümpelt werden oder zu eisernen Feuerkisten dienen

Fig. 32.

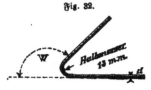

sollen, find die Winkel W um 10° zu vergrößern.

Bei Locomotivkesselblechen wird wohl auch verlangt, daß ein in der Längenrichtung abgeschnittener Streifen von 10 mm Dicke sich in kaltem Zustande um ein Rundeisen von der sechsfachen Dicke und warm nach beiden Richtungen doppelt zusammenlegen laffen muß, ohne Einbrüche zu bekommen. Stärkere Bleche werden vor der Prüfung auf 10 mm ausgeschmiedet.

Zerreißproben. Die Versuchsstäbe nimmt man zweckmäßig aus den Ausschnitten für Dome, Mannlöcher und Flammröhren. Für die Zerreißfestigkeit und Ausdehnung werden von dem Dampfkesselrevisionsverein folgende Werthe verlangt:

Preis für 100 kg: Eisenbleche von 0,75 bis 26 mm Stärke, bis 3000 × 1250 mm Größe, etwa 18 M.; Weichenbleche 12 mm stark, 330 mm breit, 6050 und 5050 mm lang, 21 M.; Kesselbleche, glatte (— 800 kg) 22 M.; gepolterte 26 M.; Rohrwände 28 M.; Mantelplatten 23 M.; Domfüße 45—60 M.; Domhauben (bis 800 mm D.) 25 M.

Formbleche. (Façonbleche.) Außer den geraden und ebenen Blechen bis zu einer Breite von 2500 mm und rund bis zum Durchmesser von 2800 mm liefern viele Walzwerke auch gepreßte Bleche, z. B. Kesselböden, Rohrwände u. a. mit flacher oder gewölbter Stirnfläche und rund umlaufendem, zur Stirnfläche senkrecht stehendem Rande. Solche Kesselböden werden bis zu einem Durchmesser von 2200 mm bei 25 mm Stärke und 900 kg Gewicht gefertigt. Während Kesselböden und runde Rohrwände gepreßt werden können, müssen Bleche mit mehrfachen Biegungen, z. B. die Rück- und Vorderwände von Locomotiv-Feuerbuchsmäntel, Dampfdome u. a. von Hand mit Holzhämmern umgebördelt und ausgekümpelt werden. Die Arbeit erfordert mehrere Hitzen

Beanspruchung:	III. Güte.		II. Güte.		I. Güte.	
	Langfaser.	Querfaser.	Langfaser.	Querfaser.	Langfaser.	Querfaser.
Zerreißfestigkeit . . .	33 kg (30)	30 kg (27)	35 kg	33 kg	36 kg	34 kg
Ausdehnung	7% (6%)	5% (4%)	12%	8%	18%	12%

Für gewöhnliche Eisenbleche (III) genügen in den meisten Fällen die eingeklammerten Werthe.

An Stelle der Längenausdehnung wird oft eine bestimmte Zusammenziehung des Probestabes als Maß der Zähigkeit verlangt, u. a. für Locomotivbleche:

und ist deshalb bei der Untersuchung genau darauf zu achten, ob das Blech nicht verbrannt ist. Solche gebörtelte und gekümpelte Bleche dürfen auch in den Biegungen nicht die geringsten Einbrüche, Riffe oder schwächere Stellen zeigen.

Beanspruchung:	II. Güte		I. Güte		Bemerkungen.
	in der Walzrichtung.	quer zur Walzrichtung	in der Walzrichtung.	quer zur Walzrichtung	
Zerreißfestigkeit	33 kg	30 kg	36 kg	32 kg (34 kg)	I. Güte für den Kessel.
Zusammenziehung . . .	10—15%	6—9%	25—30%	15—25%	II. Güte für Rauchkammern, Rahmen, Cysternen u. s. w.

Gerippte Bleche. (Rippenblech, Riffelblech.) Fig. 33 u. 34 mit 2—3 mm hohen, sich schief oder rechtwinkelig durchschneidenden Rippen, die letzteren auch ge-

Fig. 33 u. 34.

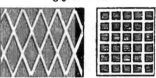

Gerippte Bleche.

steinte Bleche genannt, müssen im Allgemeinen die Güte des gewöhnlichen Eisenbleches haben. Bei Biegeproben darf das Blech nicht neben den Rippen einbrechen, diese müssen scharf ausgewalzt sein.

Findet Verwendung zu Führerständen, Fußtritten, Drehscheiben, Belagblechen in Maschinen- und Lagerräumen, Fallthüren u. a.

1 qm Rippenblech wiegt:

Dicke in mm	6	6,5	7	7,5	8	8,5	9	9,5	10
kg	46,5	50,5	54,5	58,5	62	66	70	74	78

1000 kg 150—160 M.

Buckelplatten, haben die Form der Fig. 35 u. 36; sind meist im Grundrisse quadratisch, seltener länglich rechteckig. Es kommen auch cylindrisch gewölbte Buckelplatten zur Verwendung, welche nur an den Langseiten gerade Ränder haben. Folgende Zusammenstellung gibt die Gewichte für Buckelplatten der Fig. 35 u. 36 an.

Fig. 35 u. 36.

Buckelplatte.

Buckelplatten finden Verwendung für den Belag von Eisenbahnüberbrückungen und Straßenbrücken, für feuersichere Decken u. a. Cylindrische Buckelplatten haben dieselben Blechstärken und Breiten von 500—1000 mm, bei Längen bis 2000 mm.

Buckel-Platten.

L = Länge, B = Breite der Platte, b = Breite des geraden Randes, h = Pfeil des Buckels in mm, G das Gewicht in kg.

Nr.	B	L	b	h	G Gewicht pro Stück bei einer Blechstärke von								
					6	6,5	7	7,5	8	8,5	9	9,5	10
1	1490	1490	78	130	104	112,5	21,5	190	139	147,5	156,5	165,5	173,5
2	1140	1140	40	85	61	66	71	76	81	86	91	96	101
3	1098	1098	40	75	56,5	61	66	70,5	76	81	85	90	94
4	1098	1098	78	78	56,5	61	66	70,5	76	81	85	90	94
5	1000	1000	60	72	47	51	54,5	53,5	62,5	66,5	70,5	74	78
6	750	750	60	45	26,5	28,5	30,5	33	35	37	39,5	41,5	44
7	500	500	60	27	11,5	12,5	13,5	14,5	15,5	16,5	17,5	18,5	19,5
8	1680	1270	80	130	96,5	105	113	121,5	129,5	137,5	145,5	153,5	161,5
9	1100	770	55	80	39,5	43	46	49,5	53	56,5	59,5	63	76
10	1265	1265	80	100	75	81	87,5	94	100	106,5	112,5	118,5	124,5

1000 kg 180 M. Verzinkte Platten 1000 kg 250 M.

Gewellte Bleche (Wellbleche), Fig. 37 im Durchschnitte, werden von der Dillinger Hütte in den Abmessungen und Gewichten folgender Zusammenstellung gefertigt. Es bezeichnet h die Höhe, e die Entfernung der Wellenberge.

Die Ueberdeckung bei a ist bei allen Blechen etwa 20 mm, bei z beliebig. Bis zur Breite von 900 mm werden die Bleche

Fig. 87.

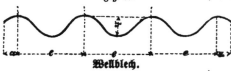

Wellblech.

nach Halbmessern von 2—14 m gewölbt. Bleche Nr. 4 werden auch verbleit oder verzinkt geliefert. Verbleite Bleche benutzt man in Räumen, wo saure Dämpfe sich entwickeln, da diese Blei nicht angreifen. Wellbleche von 3—6 mm Stärke finden bei Brückenbauten, die schwächeren für Dachdeckungen (2 b flache Dächer) Verwendung.

Wenn bei Wellblechen die Höhe der Wellen (h) größer wird als die Entfernung derselben (e), so entstehen die Trägerwellbleche, welche auf größere Entfernungen sich freitragen und dieserhalb und wegen ihrer Feuersicherheit bei Zimmerdecken, Bogenbrücken, Treppen, Sicherheits-Rolljalousien u. a. sehr gebräuchlich sind.

An sonstigen Blechen sind noch die gelochten Bleche zu erwähnen, welche für manche Bauzwecke (Blenden, Gitter, Belag bei Luftheizungen u. a.) sehr zweckmäßig sind. Gebräuchlich in Stärken von 0,5 bis 4 mm mit Lochweiten von 0,5—70 mm und Gewichten von 3—33 kg das qm. Die stärkeren Bleche werden in Abmessungen bis 1000 × 5000 mm geliefert. Die Löcher sind rund, quadratisch, rechteckig, dreieckig, oval, linsenförmig, herzförmig, sternförmig u. s. w., die Muster äußerst verschieden.

Eisendraht, muß aus einem sehr guten, zähen, doppeltgeschweißten Eisen hergestellt sein, für die feinsten Sorten wird Flußeisen verwendet. Die Eisenstäbe für Drähte, Drahtknüppel (auch Billets) genannt, haben 40—70 mm im Quadrate und meist 600—700 mm Länge. Diese werden im Feinwalzwerk zunächst zu Walzdraht von 4—6 mm Dicke hergestellt, wobei der Knüppel 13—17 Caliber (abwechselnd quadratisch und oval) mit allmählich abnehmendem Querschnitte durchlaufen muß. Aus dem letzten Caliber kommend, wird der Walzdraht auf einen Haspel gewickelt und von dem anhaftenden Sinter durch Beizen (100 Thl. Wasser, 1 Thl. Schwefelsäure) oder auf mechanischem Wege (Polterbank, Scheuertrommel) gereinigt. Der Walzdraht findet als solcher Verwendung, er ist kenntlich an der Walznaht.

Die weitere Ausreckung des Drahtes geschieht durch Ziehen in kaltem Zustande auf der Ziehbank, wobei derselbe durch eine Anzahl von immer kleiner werdenden Löchern (Ziehlöcher) einer Stahlplatte (Zieheisen) gezogen wird.

Gewellte Bleche.

Nr.	Stärke mm	h mm	e mm	Gewicht für 1 qm kg	Größte Länge und Breite.
	0,56			5,55	
4	0,71	27	87	7,1	1566 × 900
	0,84			8,3	1000 k
					210—165 R.
	0,75			6	
3	1	25	132,5	8,5	2360 × 530
	1,25			10,5	1000 kg
	1,50			12,5	180—160 R.
	1			9	
	1,25			11,25	
2 b	1,50	45	154	13,5	3000 × 11250
	1,75			16	1000 k
	2			18,5	180—150 R.
	1,25			11	
	1,50	45	156	13,25	3000 × 920
	1,75			15,5	1000 k
	2			17,75	185—150 R.
	3			29	
	3,5			34	
2 a	4	75	230	39	3000 × 920
	4,5			44	1000 k
	5			49	185—150 R.
	5,5			54	
	6			59	

Durch das Ziehen wird der Draht hart und spröde, man macht ihn daher von Zeit zu Zeit durch Glühen in eisernen, von außen erhitzten Töpfen wieder geschmeidig. Die dadurch auf der Oberfläche sich bildende Oxydschicht wird durch sehr verdünnte Schwefelsäure (3 Thl. auf 100 Thl. Wasser) abgebeizt, der Draht gewaschen und hierauf in Kalkmilch getaucht, um die letzten Spuren der Säure zu entfernen. Der Beizflüssigkeit setzt man oft etwas Kupfervitriol zu, welches den Draht schwach verkupfert, was das Ziehen erleichtern soll, zu welchem Zwecke auch verschiedene Schmiermittel Anwendung finden. Drähte unter 1,2 mm Stärke werden nicht mehr geglüht.

Draht mit einem anderen als runden Querschnitte, z. B. halbrunder, dreieckiger, ovaler, sternförmiger u. s. w. heißt Formdraht (Façon= oder Deſſindraht). Zur Herstellung desselben erhalten die Löcher des Zieheiſens die entſprechende Form, halbrunder Draht wird jedoch auch durch Spalten von Rundbraht mittelſt einer Kreisſcheere hergeſtellt.

Eisendraht muß eine gleichmäßige Dicke, einen ganz runden Querschnitt und eine glatte, fehlerfreie Oberfläche ohne Furchen, Splitter, Riſſe und Schiefer haben. Dabei soll er zähe sein und sich kalt und warm gut verarbeiten laſſen, was durch Biegen, Zuſammenſchlagen und Ausſtrecken unterſucht wird.

Eisendraht findet Verwendung bei Herstellung von Rohrdecken, zu Drahtgeflechten, =Geſpinnſten und =Geweben, Drahtbürſten, Drahtſeilen, Drahtlitzen, Drahtſtiften, Rieten, feinen Schrauben, Nägeln, Telegraphen= und Telephonleitungen, zu Zügen aller Art, wie bei Zugbarriëren, Diſtancesignalen, centralen Weichen und Signalen u. ſ. w. Eisendraht wird in 42 Nummern von 0,2—10 mm Dicke hergeſtellt.

Gewichtstabelle für Eisendraht.

Nr. der deutschen Drahtlehre.	Dicke mm	Gewicht für 1000 m kg	Preis für 100 kg M.
100	10	600,00	
94	9,4	530,40	
88	8,8	464,86	
82	8,2	403,59	
76	7,6	346,68	
70	7	294,00	
65	6,5	253,50	
60	6	216,00	20
55	5,5	181,50	
50	5	150,00	
46	4,6	126,96	
42	4,2	105,84	
38	3,8	86,64	20,50
34	3,4	69,36	
31	3,1	57,66	21,50
28	2,8	47,04	
25	2,5	37,50	22
22	2,2	29,04	
20	2	24,00	23,50
18	1,8	19,44	
16	1,6	15,36	25,50
14	1,4	11,76	
13	1,3	10,17	
12	1,2	8,64	
11	1,1	7,26	27
10	1	6,00	
9	0,9	4,86	30
8	0,8	3,84	
7	0,7	2,94	32
6	0,6	2,16	
5,5	0,55	1,81	
5	0,5	1,50	
4,5	0,45	1,26	
4	0,4	0,96	
3,7	0,37	0,82	
3,4	0,34	0,69	
3,1	0,31	0,58	
2,8	0,28	0,47	
2,6	0,26	0,41	
2,4	0,24	0,35	
2,2	0,22	0,29	
2	0,2	0,24	

Hiernach ergibt ſich aus den Nummern der Drahtlehre durch Theilen mit 10 die Dicke des Drahtes.

Für viele Zwecke wird Eisendraht in der Weiſe verzinkt, daß man denſelben beim letzten Ziehen durch ein Zinkbad laufen läßt. Um das überſchüſſige Zink abzuſtreifen und einen gleichmäßigen Ueberzug zu bekommen, wird ber Draht nach Verlaffen des Zinkbades nochmals durch paffende Ziehlöcher oder auch burch Walzen geführt. Näheres über ver= zinkten Eisendraht bei Telegraphenbraht.

Eisenguß. Roheisen kann unmittelbar aus dem Hohofen zu Güffen verwenbet wer= ben, wenn fonft das erzeugte Eifen geeignet ift; in ber Regel wirb baffelbe noch wieber

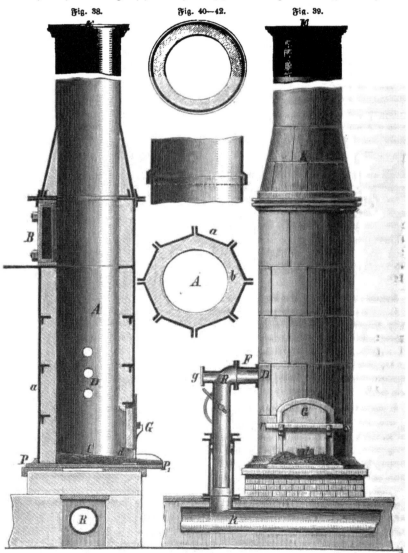

Fig. 38.   Fig. 40—42.   Fig. 39.

Kupolofen.

in Tiegeln, Flamm= oder Schachtöfen um=
geschmolzen. Durch den Umschmelzbe=
trieb wird ein dichteres, festeres und gleich=
mäßigeres Gußeisen erhalten, auch kann man
durch Mischen verschiedener Eisensorten das
für jeden Fall geeignete Material herstellen,
wie auch altes Gußeisen (Brucheisen) wieder
verwenden.

Schachtöfen. Die Einrichtung eines
solchen, Kupolofen genannt, verdeutlichen
die Fig. 38 bis 42. Er besteht aus dem
cylinderischen Behälter A (Kernschacht)
aus einem feuerfesten Stoffe und der eiser=
nen Ummantelung. (Entweder vielseitig aus
zusammengeschraubten Platten, Fig. 42,
oder rund aus muffenartig in einander
greifenden Cylindern, Fig. 41, bestehend).
Zwischen Mantel und Mauerwerk bleibt,
damit der Kernschacht sich ausdehnen kann,
ein Raum, den man mit Asche und dergl.
ausfüllt, oder auch leer läßt, in beiden
Fällen ist um den Schacht herum ein
schlechter Wärmeleiter. Der Ofen ruht auf
der Bodenplatte P, welche mit einer 20 cm
hohen Schicht von Masse bedeckt ist, auf
welcher das geschmolzene Eisen sich ansammelt.
Die durch eine Stange s r festgestellte Ar=
beitsthür 'g macht den Ofen zugänglich,
wenn er ausgebessert oder von Schlacken ge=
reinigt oder wenn neue Masse eingestampft
werden muß. In der Thüre ist das Stich=
loch d, davor die Rinne P und im oberen
Theile eine zweite Thüre B zum Eingeben
von Eisen und Brennmaterial. An den
Ofen schließt sich durch Vermittelung des
Stückes K die Esse E.

Der für den Ofen erforderliche Wind
wird durch Gebläsevorrichtungen, durch Röh=
ren E und Düsen F, welche in den Oeff=
nungen (Formen) D liegen, in denselben
gepreßt.

Nach vorheriger Anwärmung des Ofens
und Verstopfen des Stichloches werden ab=
wechselnd Kohlen und Eisen aufgegeben. Die
Schaulöcher g vor den Formen (Fig. 39)
lassen den Gang der Schmelzung beobachten.

Das geschmolzene Eisen wird nach Entfer=
nung des Pfropfens aus dem Stichloche
durch die Rinne P in geeignete Gießgefäße
abgelassen (abstechen).

Diese Oefen sind mit der Zeit verändert
und verbessert, um Brennstoff zu ersparen
und das Schmelzen zu beschleunigen.

Ein Kupolofen faßt je nach der Größe
500—15000 kg Gußeisen und schmelzt
500—7500 kg in der Stunde.

Flammöfen. Bei diesen ist das Eisen
von dem Brennmateriale getrennt, es kommt
nur mit der Flamme in Berührung, der
Brennstoff muß deßhalb langflammig sein;
es kommen Steinkohlen, Braunkohlen, Torf
oder Holz zur Verwendung.

Die allgemeine Einrichtung eines Flamm=
ofens verdeutlicht die auf Seite 62 abge=
bildete Figur 43 (Durchschnitt). Er
besteht aus drei Haupträumen: A der
Feuerraum mit dem Roste, B der Arbeits=
raum, C der Schornstein. Der Brennstoff
wird durch eine Seitenthür oder durch den
Schieber s des Ansatzes H, das Eisen durch
die Arbeitsthür B eingebracht. Die Oeff=
nungen bei o, p und d lassen den Schmelz=
gang und die Wärme beobachten.

Die über die Feuerbrücke a gehende
und von der gewölbten Decke b geführte
Flamme bringt das Eisen zum Schmelzen,
welches nach dem Sumpfe c fließt; die
sich etwa bildende Schlacke geht durch den
Fuchs F nach der Esse ab, von wo sie
entfernt wird. Die Abstichöffnung befindet
sich an der tiefsten Stelle des Sumpfes.

Ein solcher Flammofen erfordert in der
Regel ein besonderes Gebläse nicht, der
natürliche Zug der Esse genügt. Je nach
seiner Größe kann der Ofen 3000—5000 kg,
mindestens 200—300 kg und auch 7500 bis
15000 kg Roheisen aufnehmen. Da immer
nur einzelne Mengen geschmolzen werden,
der Betrieb also nach jeder Schmelzung
unterbrochen wird, so entsteht dadurch ein
Verlust an Wärme, welches ein Nachtheil
der Flammöfen gegenüber den Schachtöfen

ist, wogegen diese ein theueres Brennmaterial erfordern.

Tiegel. Diese sind aus Graphit, Thon oder einem Gemisch von beiden und fassen nur geringe Mengen Eisen, welches in kleinen Brocken eingegeben und mit Holzkohle oder Schlacke bedeckt wird. Die gefüllten Tiegel werden in Zugöfen meist unmittelbar auf den Rost gestellt und mit Holzkohlen oder Koks erhitzt. S. Tiegelgußstahl.

Gießen in eisernen Formen hat den Zweck, das Gußeisen an der Oberfläche hart zu machen, (abzuschrecken) und nennt man hiernach diesen Guß auch Hartguß.

Sandformen und meistens auch die Formen aus Masse und Lehm sind nur für einen Guß benutzbar und heißen verlorene, die aus Eisen u. a., welche mehrere Güsse aushalten, nennt man bleibende Formen.

Fig. 43.

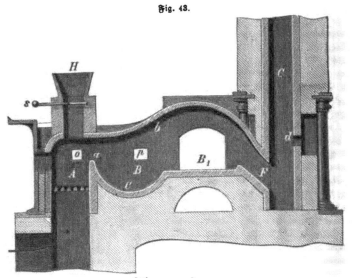

Flammofen.

Formerei.

Gußstücke werden durch Eingießen des flüssigen Metalles in Formen, in welchen das Metall erstarrt, hergestellt. Die Formen fertigt man aus Sand, Masse oder Lehm oder aus Eisen, Stein u. a. Nach dem Materiale unterscheidet man Sand-, Masse- und Lehmformerei und dem entsprechend Sand-, Masse- und Lehmguß. Eiserne Formen nennt man Schalen (Coquillen) und hiernach den in solchen erzeugten Guß Schalenguß (Coquillenguß). Das

Sandformerei. Geeigneter Formsand besteht aus 85—95% Sand und 4—10% Thon, oft mit geringen Mengen Eisenoxyd und Kalk. Die chemische Zusammensetzung ist für die Güte des Formsandes nicht allein entscheidend, es kommt auch auf die Form und Größe der Sandkörner an, indem diese die Porigkeit (Durchlässigkeit) des Formsandes bedingen, welche erforderlich ist, damit die beim Gießen in der Form sich bildenden Dämpfe und Gase entweichen können. Je feiner ein Sand, um so weniger durchlässig ist er, wogegen eine scharfe und zackige Form die Durchlässigkeit erhöht. Da der Sand eine gewisse Feinheit zur Herstellung von sauberen und glatten Güssen haben muß, so soll Formsand auch gleichzeitig zackig und scharfkantig sein.

Der Thon gibt dem Sande die Bildsamkeit, d. h. er läßt sich in bestimmte Formen drücken, wobei er so viel Zusammenhang (Festigkeit) haben muß, daß er die ihm gegebene Gestalt beibehält und so beim Gießen die Gußform nicht beschädigt wird. Die Bildsamkeit und Festigkeit machen zusammen die Bindekraft des Formsandes aus, welche mit dem Gehalte an Thon zunimmt, während die Durchlässigkeit mit steigendem Thongehalte abnimmt, außerdem ist der Formsand um so weniger durchlässig, je ungleich groß die Sandkörner sind.

Sand mit weniger Thon, (magerer Sand) erhält erst durch eine gewisse Feuchtigkeit die nöthige Bindekraft (nasser oder grüner Sand). Man kann dieselbe durch Zusatz von Roggenmehl, Syrup, Bier o. dergl. erhöhen. Enthält der Sand zu viel Thon (fetter Sand) und ist in Folge dessen nicht durchlässig genug, so macht man ihn durch Kohlenpulver poriger, welches gleichzeitig verhindert, daß durch die Hitze des flüssigen Metalles der Formsand zusammenfrittet. Kohlenstaub wird in Mengen von 5—10 Volumen-Prozent dem Formsande zugesetzt.

Eine oberflächliche Untersuchung von Formsand kann man dadurch anstellen, daß eine kleine Menge mit der Hand zu einem Ballen geknetet wird, wobei die Bildsamkeit (Plastizität) sich ergibt; die Feinheit erkennt man daran, wie scharf die Runzeln der Hand sich abprägen. Wenn der Sand die nöthige Festigkeit hat, so darf der Ballen beim Theilen in zwei Stücke nicht zerfallen, ebenso nicht, wenn er aus einer gewissen Höhe herabfällt; die dabei in dem Ballen entstehenden Risse geben einen Anhalt zur Beurtheilung, wie der Sand steht. Zur weiteren Untersuchung werden von einem erfahrenen Former einige Formen und Güsse zur Probe gemacht.

Zur Herstellung der Gußform in Sand ist ein Modell nöthig (aus Holz, Metall o. dergl.). Wird dieses unmittelbar in den Formsand der Gießhütte abgeformt, was nur bei flachen Modellen, die man einfach in den Formsand drückt, ausführbar ist, auch nur für gewöhnlichen Guß angewendet wird, welcher auf der einen Seite eine rauhe Oberfläche haben darf (Roststäbe, Gitter, Platten u. a.), so nennt man diese Formerei Herdformerei und den Guß Herdguß. Soll das Gußstück überall eine glatte Oberfläche und ausgeprägte Kanten und Ecken haben, oder wenn das Modell sich nicht in einem Stücke aus dem Sande heben läßt, ohne die Hohlform zu beschädigen, wenn dasselbe also in zwei oder mehrere Theile zerschnitten, ferner, wenn hohle Gußstücke hergestellt werden sollen: dann wird das Sandformen in einem zwei- oder mehrtheiligen Gefäße, Formkasten, Flasche oder Lade genannt, bewirkt. Diese Formerei bezeichnet man als Kastenformerei und den Guß als Kastenguß. Die Kastentheile müssen genau und fest an- und aufeinander passen, was durch Oesen und Zapfen, durch Haken und Ringe, ferner durch Vorreiber u. a. bewirkt wird. Fig. 44 zeigt einen zweitheiligen Formkasten im Durchschnitte ohne Sandform. Der Oberkasten O hat die Zapfen a a, der Unterkasten U die Oesen b b; Fig. 45 zeigt die obere Ansicht des Unterkastens mit den Sandformen. Es bezeichnen f f die abnehmbaren Formbretter, d den Einguß oder das Gießloch, e e die Löcher für Windkanäle (Windpfeifen), aus denen beim Gießen sich bildende Gase entweichen. Nimmt man die Formbretter von den Kästen ab, so darf der Sand dennoch nicht herausfallen, es werden zum Festhalten desselben kleinere Kästen mit nach innen vorspringenden Rippen (Sandleisten) versehen oder man baucht die Wände nach außen aus (Fig. 44), größere Kästen erhalten durchgehende Rippen (Fig. 46).

Am einfachsten macht sich das Formen, wenn das Modell in einem Stücke aus dem Formsande gehoben werden kann, wie

Fig. 44 u. 45.

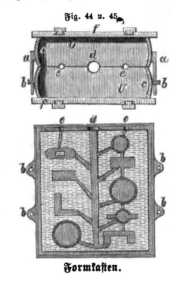

Formkasten.

Fig. 46.

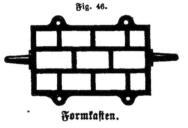

Formkasten.

in Fig. 47—49. Das Modell M wird mit der flachen Seite auf das Formbrett B gelegt, der Unterkasten U darüber gestellt und mit Sand gefüllt, den man mit besonderen Werkzeugen (Kugeln, Keulen) andrückt, sodaß das Modell fest und ohne Lücken in dem Sande liegt. Nachdem dieser oben mit einem Lineale glatt abgestrichen ist, wird der Kasten U umgedreht (Fig. 48),

der Oberkasten O aufgesetzt und ebenfalls mit Sand vollgestampft (Fig. 49). Man hebt nun den Oberkasten wieder ab, nimmt das Modell aus dem Sande, schneidet die Wind= und Eingußrinnen ein, setzt den Oberkasten wieder auf, worauf die Form zum Gusse fertig ist. Um das Modell ausheben zu können, hat dieses Oeffnungen, in welche Handhaben (Schrauben) sich einsetzen lassen.

Damit beim Abheben der Sand des Oberkastens von dem im Unterkasten sich glatt trennt, wird zwischen beide ein Scheidemittel (Scheidesand, Pudersand) gebracht

Fig. 47, 48 u. 49.

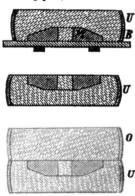

(trockner Sand, Kohlenstaub, Lycopodium), welches aus einem Staubbeutel aufgestäubt wird. (Pudern der Form.) Damit das flüssige Metall nicht mit dem Sande zusammenschmilzt, wird die Form auch innen mit Holzkohlenstaub (Graphit, Koks) gepudert. Bei Masse= und Lehmguß wird der Kohlenstaub mit Wasser zu einem dünnen Brei (Schwärze) gerührt und dieser mit Pinseln aufgetragen.

Um Sand und Arbeit zu sparen, formt man häufig mehrere Modelle in einem Kasten (Fig. 45), es genügt dann ein Einguß und eine Hauptrinne mit Abzweigungen nach den einzelnen Formen. Statt die Rinne und Windpfeifen einzuschneiden, können auch befondere Stücke zur Bildung derfelben mit eingeformt werden; die Windpfeifen können zuweilen fortbleiben, wenn mit Spießen in der Nähe der Form in den Sand geftochen wird.

In derfelben Weife wie M in der Fig. 47 laffen fich auch Modelle mit Querfchnitten

Fig. 50—55.

wie in Fig. 50—55 formen, da diefelben alle in einem Stücke aus dem Sande fich heben laffen, ohne die Form zu befchädigen.

Wenn diefes nicht der Fall ift, fo wird das Modell in zwei oder mehrere Theile

Fig. 56 u. 57.

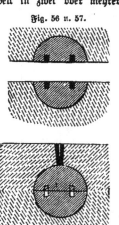

Fig. 58.

auf das Formbrett (Fig. 56), fetzt den Form= kaften darüber, füllt Sand ein und kehrt den Kaften um (Fig. 57). Auf die im Sande liegende Halbkugel wird nun die andere Hälfte und auf den Unterkaften der Oberkaften gelegt und, nachdem ein Modell für den Einguß eingefetzt ift, mit Sand gefüllt (Fig. 58). Die Modelltheile werden hier, wie immer, wenn ein Modell in mehrere Theile zerfchnitten ift, durch Dübel in die genau richtige Lage zu einander gebracht und darin gehalten. Nachdem man die beiden Kaften von einander gehoben, hebt man das Modellftück für den Einguß und die beiden Modellhälften heraus und fetzt die Kaften= theile zum Guß wieder zufammen.

In derfelben Weife können viele Modelle in zwei Theile eingeformt werden, z. B. Cylinder, Kegel, Säulen, Walzen u. a. Ferner prismatifche und pyramidale Körper mit ebenen Begrenzungsflächen, wie die der Fig. 59—64, vorausgefetzt, daß die Durch= fchnittsfigur keine einfpringenden Winkel hat. Bei runden Körpern geht die Schnitt= fläche durch die Achfe, bei Prismen und Pyramiden durch zwei paffende Kanten oder durch eine Kante und eine Fläche nach der Linie x y.

Das Modell einer Riemfcheibe (Fig. 65),

Fig. 59—64.

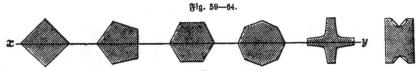

zerfchnitten und jeder Theil für fich geformt, worauf man die Einzelformen zu der ganzen Form zufammenfetzt. Eine Kugel z. B. wird in zwei Theilen (Halbkugeln) eingeformt. Die eine Hälfte legt man mit der Schnittfläche

deren Kranz nach beiden Seiten ausgebaucht ift, wird nach der Linie x y fenkrecht zur Achfe durch die Mitte der Speichen in zwei Theile zerfchnitten.

Mit Hülfe der Fig. 66—69 foll ver=

deutlicht werden, wie verfahren wird, wenn ein Modell nicht in zwei Theilen aus dem Sande gehoben werden kann, man also genöthigt ist, dasselbe in mehrere Theile zu zerschneiden, oder wenn mehr als zwei Kasten-theile oder aber besondere Kunstgriffe nöthig sind, um die Hohlform herzustellen.

Fig. 66 zeigt den Querschnitt eines acht-eckigen Prismas mit eingebauchten Seiten-flächen. Das Modell kann nicht in zwei solche Theile zerlegt werden, welche ohne Ausbrechen des Sandes sich ausheben lassen. Wird nach x y zerschnitten, so reißen die Kanten a_1 b und a b_1 Sand weg nach a, b, zerschnitten, ist dieses mit den Kanten c b

von dem Mittelkasten werden in derselben Weise die beiden anderen Theile aus Ober- und Mittelkasten entfernt. Nach dem Zu-sammensetzen der drei Kästen ist die Form fertig.

Zerschneidet man das Modell nach a_1 b und a b, in nur drei Theile (Fig. 68) bleibt also das Mittelstück a b_1 b a_1 ganz, so muß der Mittelkasten der Länge nach in zwei Theile zerlegt werden. Man formt die drei Stücke wie vorher ein und hebt die Theile a, c b und a c, b_1 auch ebenso heraus, dagegen wird das Mittelstück durch seitliches Voneinanderziehen des Mittelkastens frei ge-macht, worauf nach Wiederaneinanderfügen

Fig. 65.

Fig. 66. Fig. 67. Fig. 68. Fig. 69.

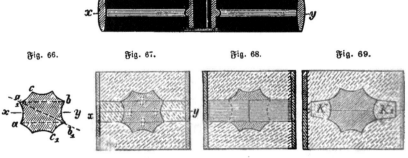

und a c_1 der Fall. Wird das Modell nach den Linien a_1 b a b_1 und x y zerlegt, so entstehen vier Theile, aus welchen die Form sich herstellen läßt. Die beiden mittleren Stücke werden zusammen in einem Mittel-kasten geformt, welcher die Höhe von a_1 b b, a hat (Fig. 67), dann wird der Obertheil a, c b in dem aufgesetzten Oberkasten geformt und umgekehrt; alsdann legt man a c, b, auf das Mittelstück, setzt den Unterkasten auf und füllt Sand ein. Wird der nun oben liegende Unterkasten wieder abgehoben, so kann das in demselben sitzende Stück und aus dem Mittelkasten die obenliegende Hälfte des Mittelstückes ausgehoben werden. Nach Trennung des unten liegenden Oberkastens

des zweitheiligen Mittelkastens und Auf-setzen des Ober- und Unterkastens die Form hergestellt ist.

Eine dritte Art, das Stück zu formen, zeigt Fig. 69. Es wird nach der Linie x y in zwei Theile zerlegt und jeder Theil für sich eingeformt. Man schneidet dann zwei Sandprismen heraus, worauf die Modell-theile auszuheben sind. Nachdem dieses ge-schehen, werden die ausgeschnittenen Sand-stücke durch zwei gleichgeformte Kernstücke K K, aus fettem Sande oder Lehm, welche gebrannt werden, ersetzt und dann die bei-den Kästen zusammengesetzt. Man kann die Kernstücke auch vorher anfertigen und mit einformen als gehörten sie zum Modelle.

beim Abheben des Oberkastens läßt die
bere Modellhälfte den Sand los und kann
bgehoben werden; nach Entfernung der
Kernstücke kann auch die untere Hälfte aus=
ehoben werden, worauf man die Kern=
tücke wieder einlegt und den Kasten auf=
etzt.

Solche Kernstücke wendet man häufig an,
auch wenn es nicht unbedingt nöthig ist,
weil unter Zuhülfenahme derselben oft zwei
Formkasten ausreichen, wo sonst drei oder
mehrere nöthig wären.

Fig. 70 verdeutlicht das Formen eines
Stirnrades auf zweierlei Weise. Das Rad=
modell A hat einen vollen glatten Kranz von

Fig. 70.

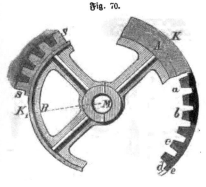

einer solchen Breite, daß der Halbmesser M K
etwas größer (um die Dicke der Kernmarke
d e) als der Durchmesser des fertigen Rades
ist. Das Modell wird in der gewöhnlichen
Weise eingeformt und in die ringförmige
glatte Vertiefung der Form werden dann
Sandkerne a b c zur Bildung der Zahnlücken
eingelegt. Dieses Verfahren erfordert zur
Herstellung von Rädern mit verschiedenen
Zahnformen nur ein Modell, indem nur
andere der Zahnform entsprechende Kern=
stücke einzulegen sind. Auf andere Weise
ist das Rad zu formen, indem man zunächst
das Rad-Modell B (Fig. 70) ohne Zähne
also mit dem Halbmesser M K, formt und
dann an den glatten Umfang ein Stück s s

des Zahnkranzes legt und Sand in die
Lücken stampft und so mit dem Stücke s s
rund um das Modell herum fährt.

Durch diese Art der Formerei, wie auch
durch die mittelst Lehren, (s. Lehmformerei)
können häufig Modellkosten erspart werden.

Das Formen von hohlen Gegenständen
ist nicht so einfach, indem hier neben der
äußeren auch die innere Gestalt und außer=
dem die Lage der inneren Gestalt zur äußeren
in Betracht kommt. Bei einer gußeisernen
Röhre z. B. wird eine überall gleiche Wand=
stärke verlangt, es genügt also nicht, daß
Außen= und Innenfläche cylindrisch sind,
sondern sie müssen auch überall denselben
Abstand von einander haben, da sonst die
Wandstärke des Rohres nicht an allen Stellen
gleich ist.

In der Form muß die Höhlung des
Gußstückes, welche also nicht mit flüssigem
Metalle gefüllt werden darf, mit Formsand
(Lehm, Masse) ausgefüllt sein. Wenn der
hohle Raum mit einem besonderen Theile
ausgefüllt wird, welcher also mit der Guß=
form nicht aus einem Stücke besteht, so
nennt man denselben Kern. Der leere
Raum zwischen dem Kern und der äußeren
Begrenzung der Form wird zur Herstellung
des Gußstückes u dem flüssigen Metalle
gefüllt.

Das Formen mit Kern erfordert zwei
Modelle. Das eine zur Bildung der Hohl=
form, also mit der äußeren Gestalt des
Gußstückes, braucht nicht hohl zu sein (Voll=
modell) und wird eingeformt wie ein massives
Modell. Das zweite Modell, dient zur Her=
stellung des Kernes, es ist hohl und seine
Höhlung hat die innere Gestalt des zu
fertigenden Gußstückes. Es wird Kern=
kasten oder Kerndrücker genannt.

Der mit dem Formstoffe gefüllte Kern=
kasten muß sich von dem darin liegenden
Kerne, ohne diesen zu beschädigen, trennen
lassen, er wird deßhalb, wenn erforderlich,
wie ein Vollmodell zerschnitten, um ihn so
in einzelnen Stücken von dem Kerne ab=

5 *

heben zu können. Der aus Sand oder Lehm bestehende Kern wird in dem Kernkasten durch Pressen gebildet, dieser muß deßhalb aus Holz, Gußeisen ob. dergl. bestehen und so eingerichtet sein, daß man seine Theile durch Schraubenzwingen ob. dergl. fest an= einander drücken kann. Einfache Kerne lassen sich häufig ohne Kernkasten aus freier Hand durch Kneten, Schneiden u. s. w. anfertigen, andere lassen sich drehen, wie die für Röhren, hohle Säulen u. a.

Sandkerne sind leicht zerbrechlich, sie werden dadurch fester gemacht, daß man steife Theile (Kernskelette) in sie ein=

von Werkzeugen oder durch Aufpressen der Hohlform oder mit Hülfe von Lehren ge= bildet.

Wenn der Kern nicht in einem Stücke in die Hohlform gebracht werden kann, oder wenn die Höhlung des Gußstückes mit Theilen, z. B. Rippen, Scheidewände, durchsetzt ist, so muß der Kern aus zwei oder mehreren Theilen bestehen, die einzeln angefertigt und in die Hohlform gebracht und hier durch Klebemittel, Formerstifte ob. dergl. ver= einigt werden.

Von Wichtigkeit ist das Einlegen der

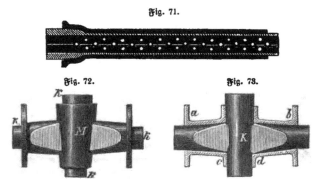

Fig. 71.

Fig. 72.

Fig. 73.

schließt, welche je nach Größe und Gestalt der Kerne aus Drahtstücken, eisernen Stangen, Röhren, Platten ob. dergl. gebildet werden. Bei ganz großen Kernen, z. B. für Bild= säulen, besteht das Skelett aus einem voll= ständigen Gerippe. Große Kerne macht man hohl, um an Material zu sparen und sie leichter zu halten, z. B. besteht der Kern der gußeisernen Röhre, Fig. 71, aus einer außen mit Lehm umkleideten Blechröhre, welche an vielen Stellen durchlöchert ist, damit der Lehm besser festhaftet und aus= trocknet. Das Umwickeln des Skelettes mit Strohseilen ob. dergl. bezweckt ebenso schnelle= res Trocknen und Materialersparniß.

Die äußere Schicht der Kerne wird ent= weder aus freier Hand unter Zuhülfenahme

Kerne in die Gußformen und das Festlegen derselben. Wenn beispielsweise der Kern in einer Röhre schief liegt oder beim Gießen aus der richtigen Lage kommt, so wird die Wandung nicht überall eine gleiche Dicke bekommen. Man läßt zur Lagerung der Kerne diese aus der Form hervortreten und lagert die Enden in dem Formsande in sog. Kernlagern. Man gibt dem Vollmodelle Ansätze, Kernmarken genannt, welche beim Formen die Kernlager bilden. Fig. 72 zeigt das Vollmodell M eines Hahngehäuses mit den vier Kernmarken K, Fig. 73 den Kern K und den Durchschnitt a b c d des Gußstückes. Fig. 74 zeigt einen Dampf= cylinder, zu dessen Herstellung vier Kerne nöthig sind, A für die cylindrische Höhlung a und b für die Dampfeinströmungskanäle und c für den Ausströmungskanal.

Fig. 74.

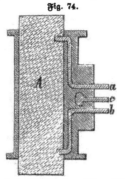

Für das Ventil der Fig. 75 bis 77 (Fig. 75 Längenschnitt, Fig. 76 u. 77 Querschnitte) besteht der Kern aus den fünf einzelnen Stücken 1—5.

von dem Modell und dann dieses entweder im Ganzen oder getheilt von dem Sande abgehoben, worauf man die Kastentheile wieder zusammenfügt. Der so entstehende Hohlraum hat die Gestalt des Gußstückes und wird mit dem flüssigen Metalle gefüllt. Diese Art des Formens wird hauptsächlich bei topfförmigen Gefäßen angewendet.

Masseformerei.

Unter Masse versteht man fetten Sand, d. i. eine Mischung von Sand mit so viel Thon, daß dieselbe in feuchtem Zustande geformt und getrocknet werden kann, ohne Risse zu bekommen oder sogar zu zerfallen, sie wird im Gegentheil durch das Trocknen widerstandsfähiger. Die Masse wird vor der Verwendung gebrannt, gepocht, gemahlen, gesiebt und dann angefeuchtet; sie hat alsdann eine größere Bildsamkeit als der

Fig. 75—77.

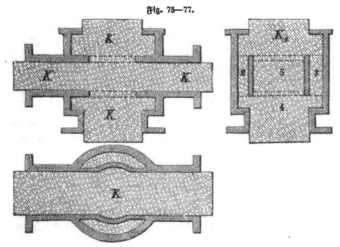

Bei dem Formen hohler Gegenstände ohne Anwendung von Kernen hat das Modell außen und innen die Gestalt des Gußstückes. Das Modell wird je nach seiner Gestalt in zwei oder mehrere Theile zerschnitten oder in einem Stücke eingeformt, dabei füllt man gleichzeitig auch die Höhlung mit Sand aus. Es werden alsdann zuerst die Kastentheile

magere Sand, nimmt wegen ihrer größeren Bindekraft feinere Eindrücke an und wird deßhalb häufig bei feineren Gußsachen (u. a. Kunstguß) vorgezogen. Masse in feinstem Zustande ist weniger als Formsand und nicht genügend durchlässig, um die beim Gießen sich bildenden Dämpfe (Gase) durchzulassen, die Formen und Kerne müssen deßhalb getrocknet werden, damit das Wasser aus denselben ganz oder theilweise sich verflüchtigt. Je heißer die Form beim Gießen wird, also im Allgemeinen je größer das Gußstück und je höher die Schmelzwärme des betr. Metalles ist, um so schärfer werden die Formen und Kerne aus Masse getrocknet. Dieses geschieht entweder in Trockenkammern oder es werden heiße Gase in die Form geleitet und hier verbrannt. Bei größeren Formen kann man auch eiserne, mit glühenden Kohlen gefüllte Körbe einhängen oder man bringt in der Nähe offene Feuer an.

Die trockene Masse, insbesondere wenn sie beim Gießen noch warm ist, leitet die Wärme weniger als die feuchte Sandform, in Folge dessen schreckt der Masseguß weniger ab und ist deßhalb im Allgemeinen weicher als Sandguß.

Das Formen in Masse geschieht immer in Formkasten und ganz in derselben Weise wie bei dem Sandformen. Die Masse-Formen sind wegen des größeren Aufwandes an Arbeit und Zeit, sowie wegen der erforderlichen Trockenvorrichtungen im Allgemeinen theurer als Sandformen.

Lehmformerei.

Lehm ist sandiger Thon, welcher fein gemahlen in angenäßtem Zustande eine große Bildsamkeit hat und feine Eindrücke annimmt, welche er nach dem Trocknen behält. In Folge seines großen Thongehaltes ist der Lehm wenig porig und durchlässig, so daß er nur langsam trocknet, dabei hat er Neigung zum Schwinden und Reißen. Diese für die Formerei schädlichen Eigenschaften werden dem Lehm durch Zusatz von lockeren organischen Stoffen, wie Pferdedünger,

Kuhmist, Kälberhaare, Spreu u. a., benommen, von welchen dem Pferdedünger der Vorzug gegeben wird, weil er auch die Bindekraft des Lehms erhöht.

Das Formen in Lehm erfolgt ohne Formkasten, da es aber viel Zeit und Arbeit erfordert, ist es demnach kostspielig und findet in der Regel nur Anwendung bei solchen Gegenständen, welche wegen ihrer Gestalt oder Größe in Sand sich nicht gut formen lassen, ferner, wenn für einzelne große Stücke das Modell gespart werden soll, oder dieses wegen seiner Schwere und Größe schlecht würde zu handhaben sein, z. B. große Dampfcylinder, Locomotivschornsteine u. a.

Die Fig. 78 u. 79 mögen das Verfahren der Lehmformerei verdeutlichen. Auf einer Gußplatte G wird aus Ziegeln, Lehmsteinen o. a. der Kern K aufgebaut (bei großen Stücken stets hohl), dem man annähernd die innere Gestalt des Gußkörpers gibt. Um den Ziegelkern werden dünne Lehmschichten gelegt, die folgende immer erst dann, nachdem die vorige trocken geworden ist. Die oberste Schicht wird von freier Hand mit Modellirwerkzeugen oder unter Zuhülfenahme von Modellstücken und Lehren so ausgebildet, daß die Oberfläche des Kerns genau die innere Gestalt des Gußkörpers hat. Ist diese rund, wie bei dem zu formenden Dampf-

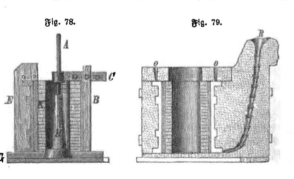

Fig. 78.　　　　　　Fig. 79.

cylinder der Fig. 78, so kommt eine Lehre B (Drehbrett) zur Anwendung, welche in der Scheere C befestigt und auf dieser beliebig verstellbar ist. Die Scheere sitzt auf der in der Hülse H drehbaren Achse A. Mit der Lehre wird um den Lehmkörper so lange herumgefahren, bis dieser die richtige innere Gestalt des Gußkörpers hat.

Nachdem der Kern trocken geworden, wird um denselben ein Lehmkörper von genau der Gestalt des herzustellenden Gußstückes gebildet, welcher also das Modell von diesem ist und Hemde genannt wird. Hat dieses eine schlicht cylinderische Oberfläche, so wird einfach die Lehre um die Wandstärke auf der Scheere C nach außen verschoben, ist dagegen, wie in Fig. 79 der Cylinder mit Reifen und Flantschen versehen, so muß eine andere, der äußeren Querschnittsform entsprechende Lehre E (Fig. 78) angewandt werden.

Nachdem das Hemde fertiggestellt und getrocknet ist, wird über demselben eine dritte starke Lehmlage, Mantel genannt, hergestellt und getrocknet.

Um das Hemde zu entfernen, wird der Mantel im Ganzen oder zerschnitten fortgenommen, dann das Hemde ebenfalls getheilt und in Stücken von dem Kern getrennt. Damit Mantel, Hemde und Kern sich ohne Schwierigkeit von einander ablösen, werden bei der Anfertigung der Gußform Kern und Hemd mit einem Ueberzuge (Scheidemasse) versehen, der aus Kohlenstaub, Schwärze, Asche o. dergl. besteht. Nachdem Mantel und Kern durch Abreiben mit Bimstein und Nachreiben mit feinem Lehm verputzt und darauf geschwärzt sind, wird der Mantel wieder umgelegt und mit Draht oder eisernen Bändern umbunden.

Zwischen Mantel und Kern befindet sich nun der Hohlraum für das Gußstück. Der Eingußtrichter R und die Windpfeifen o o sind besonders angefertigt und an geeigneten Stellen angebracht. Fig. 79.

Damit der Mantel beim Gusse nicht zerreißt, bedarf er in der Regel noch besonderer Verstärkungen, die aus eingelegten Stäben, Ringen o. dergl. bestehen, von

welchen auch einige nach außen treten und hier umgebogen werden oder Oesen bekommen, um die Manteltheile daran mit Draht zusammenheften und auch heben zu können.

In gewissen Fällen ist das Hemde nicht erforderlich. Hat z. B. ein Gußstück eine solche Größe, daß der Mantel von innen her fertiggestellt und ist der Kern dabei so gestaltet, daß er von außen in den Mantel gebracht werden kann, so werden beide für sich angefertigt und setzt man den Kern in den Mantel. Wenn das Gußstück einzelne Vertiefungen oder vorspringende Theile hat, so sind entsprechende Kernstücke für erstere und Vertiefungen im Mantel für letztere besonders anzubringen.

Die verschiedenen Verfahren des Formens, welche hier und bei den Anfertigungen von Gußformen für ganz unregelmäßig gestaltete Gußstücke z. B. Bildsäulen, Verzierungen, u. a. zur Anwendung kommen, werden hier nicht behandelt, da solche Kunstgußstücke nicht zum Eisenbahnbedarf gehören.

Eiserne Formen.

Die bleibenden Formen für Eisenguß sind gewöhnlich aus Gußeisen. Da dieses die Wärme rascher leitet als Sand, Masse und Lehm, so wird der Guß in einer eisernen Form an der Oberfläche rasch abgekühlt (abgeschreckt) und in Folge dessen hart. (Seite 44.) Für viele Gußstücke ist eine harte Rinde erwünscht und für solche werden eiserne Formen (Schalen, Coquillen) angewendet, den Guß nennt man Hartguß oder Schalenguß. Dem zu diesem bestimmten Gießereiroheisen (graues) setzt man weißes Roheisen zu, da diese Mischung schon an und für sich einen härteren Guß giebt.

Die eiserne Form muß selbstredend so eingerichtet sein, daß das Gußstück herausgenommen werden kann. Sie besteht oft aus vielen Theilen mit Vorrichtungen zum genauen Zusammenfügen und Festhalten in der richtigen Lage.

Hartguß hat eine große Widerstandsfähigkeit gegen Reibung, er ist jedoch auch spröder als gewöhnlicher Guß und sehr schwierig zu bearbeiten.

Bei vielen Gußstücken ist es erwünscht, daß sie nur an bestimmten Stellen hart sind. beispielsweise brauchen bei gußeisernen Herzstücken nur die Schienen am Kopfe und bei Eisenbahnrädern nur der Umfang des Kranzes hart zu sein, alle anderen Stellen bleiben besser weich, damit sie weniger leicht springen und mit Werkzeugen besser zu bearbeiten sind. In solchen Fällen stellt man die Form für die harten Stellen aus Eisen, für die weichen aus Sand her   Fig 80

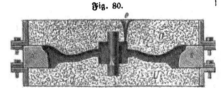

Fig. 80.

zeigt eine solche Form für ein Rad, welches eine harte Lauffläche haben soll. s ist die gußeiserne Schale, welche fest zwischen Ober und Unterkasten liegt, O ist der Obertheil der Form mit dem Einguffe e, U der Untertheil, K der Kern für das Nabenloch.

Je dicker die Schale ist, um so weniger schnell wird sie warm und um so tiefer bringt die Härtung ein. Den Grad der letzteren kann man in gewissen Grenzen durch Anwärmung oder Abkühlung der Schale bestimmen, je kälter diese, um so stärker ist die Abschreckung.

Damit das Gußstück mit der eisernen Form nicht zusammenschmilzt, wird diese innen mit Graphit, Theer, Oel od. dergl. bestrichen.

Das Gießen des Eisens.

Das Füllen der Formen erfolgt in den wenigsten Fällen unmittelbar aus dem Schmelzofen, sondern das flüssige Eisen wird zuerst in kleinere oder größere Gefäße (Gießlöffel, Kellen, Pfannen) abgelassen und in diesen nach den Formen getragen oder mittelst Krahne dahin geschafft.

Den Gießgefäßen giebt man immer einen schützenden Ueberzug von Lehm und vor dem Gebrauche werden sie angewärmt. In denselben läßt man das Eisen so lange sich abkühlen, bis die für das betreffenden Guß geeignete Wärme eingetreten ist, was der Gießer nach der Farbe des flüssigen Eisens und dem Verhalten der Oberfläche, ob dieselbe ruhig ist oder sich bewegt, beurtheilt. Bei sehr großen Gußstücken wird oft das Eisen aus dem Schmelzofen in einer in die Erde gegrabenen und mit Sand ausgestampften Vertiefung (Sumpf) angesammelt und von dieser aus in einem ununterbrochenen Strahle in die Form abgelassen.

Das Eingießen muß mit großer Vorsicht geschehen, insbesondere dürfen nicht fremde Körper (Schlacke, Brennstoffe ob. dergl.) mit in die Form gelangen, diese sind also vorher zu entfernen oder beim Gießen zurückzuhalten. Solche Unreinigkeiten und ebenso beim Füllen der Formen aufgeschluckte Luft geben einen löcherigen oder unganzen Guß. Das Gießen muß in einem ununterbrochenen Strahle geschehen, damit nicht eine zum Theil gefüllten Form nicht eine Orybation oder sogar Erstarrung der Oberfläche eintritt, wodurch sogen. Kaltguß entsteht, daran erkennbar und zwar erst bei der Bearbeitung des Gußstückes, daß nicht überall eine Vereinigung des Metalles stattgefunden hat. Ferner ist beim Eingießen das Spritzen zu vermeiden, weil dabei kleine Eisentheile schnell erkalten und dann nicht wieder innig mit der Gußmasse sich vereinigen.

In dem flüssigen Eisen sind Gase (Wasserstoff, Kohlenoxyd, Stickstoff) aufgelöst, welche in die Höhe steigen und zum Theil entweichen, ein anderer Theil kann jedoch, wenn inzwischen die Masse starrer geworden ist, eingeschlossen bleiben, es entstehen dann Hohlräume, der Guß wird undicht (blasig). Da Gase sich auch aus den mit in die

Form gerathenen Unreinigkeiten, wozu auch die an der Oberfläche des flüssigen Eisens sich bildende Oxydhaut zählt, während des Gießens bilden, so ist es auch dieserhalb wichtig, fremdartige Stoffe zurückzuhalten. Das Entweichen der gelösten Gase vor dem Eingießen wird dadurch gefördert, daß man die Gußmasse in den Gießgefäßen mit hölzernen oder eisernen Stangen umrührt.

In Folge der Abkühlung zieht das Gußeisen beim Erstarren sich zusammen, welches man das Schwinden nennt; da die Erhärtung von außen nach innen fortschreitet, so ist schließlich im Inneren noch ein von der harten Kruste umschlossener flüssiger Kern; wenn nun dieser auch erstarrt, (schwindet) und damit kleiner wird, so entsteht an der Stelle, wo sich zuletzt noch flüssiges Metall befand, ein hohler Raum. Ein solcher kann, ebenso wie Blasenräume, das Gußstück untauglich machen und sind Hohlräume im Gußstücke um so gefährlicher, weil man sie erst bei der Bearbeitung entdeckt. Es giebt einige Mittel zur Verminderung der Blasen und Hohlräume, also zur Herstellung eines dichten Gusses. Eins besteht darin, daß man das flüssige Eisen unten in die Form treten läßt (Fig. 29, steigender Guß, siehe S. 49); dabei entweicht die Luft besser aus der Form und dem flüssigen Metalle, auch werden nicht so leicht Schlacke, Asche o. dergl. eingeschlossen, da diese ungehindert nach oben steigen können.

Bei großen Gußstücken giebt man der Gußform einen hohen Eingußtrichter, welcher die Form überragt. Wenn dieser beim Gießen mitgefüllt wird, so steht das flüssige Eisen unter einer gewissen Pressung, was die Entweichung der Luft aus der Form und der Gase aus dem Metalle unterstützt. Außerdem füllen sich aus diesem Trichter die beim Schwinden entstehenden Hohlräume, er wird deßhalb durch Nachgießen heißen Eisens immer gefüllt gehalten. Wenn Größe und Form des Eingußtrichters richtig ge-

wählt sind und man durch Umgebung mit schlechten Wärmeleitern dafür sorgt, daß in demselben das Eisen länger als in der Gußform flüssig bleibt, so werden die Hohlräume in dem Gußstücke selbst vermieden, sie bilden sich dagegen in dem an demselben sitzenden Gießzapfen, auch Gießkopf oder verlorener Kopf genannt, welcher nach dem Erkalten von dem Gußstücke getrennt und als Rohmaterial wieder verwendet wird. Je nach der Gestalt und Größe des Gußstückes wird der Gießkopf voll oder hohl (ringförmig), schwerer oder leichter gemacht, sein Gewicht ist oft größer als das des Gußstückes selbst. Die Gestaltung des verlorenen Kopfes erfordert sorgfältige Erwägung, damit nicht die Hohlräume trotz desselben ganz oder theilweise in das Gußstück selbst fallen. Da Blasen und eingemengte fremde Körper in dem geschmolzenen Metalle in die Höhe steigen, so erfüllt der Gießkopf auch noch den Zweck, diese aufzunehmen, er trägt also in doppelter Beziehung dazu bei, einen dichten Guß zu erzeugen.

Wenn bei einem Gußstücke insbesondere die eine Seite möglichst blasenfrei sein soll, so wird diese zu unterst gegossen und aus demselben Grunde gießt man Muffenröhren stehend mit den Muffen nach unten.

Nach dem Füllen der Form erkalten diejenigen Theile des Gußstückes, welche den kleinsten Querschnitt haben, zuerst; wenn später die volleren Theile sich abkühlen und dabei schwinden, so üben sie, je nach ihrer Lage zu den schwächeren Theilen, auf diese einen Zug oder Druck aus, wodurch in dem Gußstücke ungleiche Spannungen oder Verziehungen entstehen. Diese stellen sich ebenfalls ein, wenn bei gleichen Querschnitten eine ungleichmäßige Erkältung eintritt Diese Spannungen können zur Folge haben, daß das Gußstück schon bei kleinen Stößen oder Erschütterungen zerspringt. Man wird, um ungleiche Spannungen zu vermeiden, bestrebt sein müssen, Gußstücken überall möglichst gleiche Querschnitte zu geben, außerdem ist eine gleichmäßige Abkühlung zu bewirken, indem man den heißen Gußkörper unter schlechten Wärmeleitern (Sand, Asche) langsam erkalten läßt. Ersteres Mittel ist nicht immer anwendbar und wird dann die Abkühlung der schwächeren Theile durch Bedecken mit Sand, Asche o. dergl. verlangsamt, dagegen die der stärkeren, indem man sie der Luft aussetzt oder mit Wasser besprengt, beschleunigt.

Bei Platten kann das Schwinden zur Folge haben, daß sie windschief werden und zwar um so eher, je mehr die Platte sich der runden oder quadratischen Form nähert, welche man also, wenn möglich, nicht wählt. Dem Krummziehen kann durch eine in der Mitte gelassene Oeffnung vorgebeugt werden.

Beim Gießen bilden sich im Innern der Form brennbare Gase, welche an den Windpfeifen und den Fugen der Formkasten entzündet werden, weil sonst eine Explosion eintreten könnte; man legt zu diesem Zwecke an diese Oeffnungen leicht brennbare Stoffe, z. B. Stroh.

Bearbeitung der Gußstücke.

Stücke, welche sich verzogen haben, werden in glühendem Zustande durch Beschweren mit Gewichten oder durch Klopfen mit hölzernen Hämmern gerichtet.

Die erkalteten Gußstücke reinigt man zunächst von anhängendem Sande, Kohlenstaub u. dergl. (Putzen.) Es dienen dazu Meißel, Hammer, Sandstein, Drahtbürsten u. a. Kleinere Gußstücke werden auch mit Sand in drehbaren Trommeln abgerieben.

Gießkopf, Eingüsse, Windpfeifen, sonstige Ansätze und Gußnähte, welche letztere sich an den Stellen bilden, wo die Formtheile zusammenstoßen, werden abgearbeitet und die Ansatzstellen mit Meißel und Feile geglättet.

Wenn so bearbeitete Gußstücke sogleich Handelswaare sind, so schwärzt man sie durch Bürsten mit Graphit o. dergl., oder sie bekommen einen Lack-, Theer- oder Oel-

anstrich. Da es vorkommt, daß unganze Stellen an den Außenflächen (Sandlöcher, Blasenräume, Risse) mit Kitt verschmiert oder mit Blei ausgegossen werden und solche Flickereien unter dem Anstriche schwer zu entdecken sind, so ist es besser, insbesondere den Maschinenguß ohne irgend welchen Ueberzug abzunehmen und das Anstreichen in den eigenen Werkstätten vorzunehmen. Gußwaaren werden zweckmäßig mit dem Namen oder der Geschäftsbezeichnung des Lieferanten versehen.

Anlassen des Gußeisens. Um schädliche Spannungen aus Gußstücken fortzubringen oder um diese behufs leichterer Bearbeitung weicher zu machen, werden sie dem Anlassen unterworfen, indem man dieselben unter Abschluß der Luft längere Zeit glüht und dann langsam erkalten läßt. Das durch zu rasche Abkühlung oder durch reichlichen Zusatz von weißem Roheisen hart gewordene Gußeisen wird durch das Anlassen in graues Gußeisen mit den ihm eigenthümlichen Eigenschaften (Weichheit, graue Farbe, grobkörniges Gefüge) umgewandelt.

Die anzulassenden Gußstücke werden umgeben von die Wärme schlecht leitenden Stoffen (Holz- oder Kokspulver, Lehm, Sand) und verpackt in eisernen oder thönernen Gefäßen in geeigneten Oefen je nach der Größe der Stücke und der Beschaffenheit des Eisens kürzere oder längere Zeit der Rothglühhitze ausgesetzt und dann langsam (mehrere Tage) erkalten gelassen.

Schmiedbares Gußeisen. Seite 51 wurde bereits erwähnt, wie dem Roheisen in ungeschmolzenem Zustande ein Theil seines Kohlenstoffes entzogen und dadurch in Stahl verwandelt werden kann. Wird dieses Verfahren unter Zuhülfenahme von sauerstoffreichen Stoffen vorgenommen, deren Sauerstoff sich mit dem Kohlenstoffe des Gußeisens verbindet, so schreitet die Entkohlung so weit fort, daß schließlich Schmiedeeisen entsteht, welches zwar nicht die Festigkeit und Zähigkeit des Schweiß- oder Flußeisens besitzt, jedoch abweichend von dem gewöhnlichen Gußeisen sich biegen, hämmern, schmieden läßt und hiernach hämmerbares oder schmiedbares Gußeisen genannt wird. Das Entkohlen bezweckt also, nachträglich den Gußwaaren eine größere Festigkeit zu geben. Man kann eine große Anzahl von Gegenständen, deren Herstellung durch Schmieden oder Pressen kostspielig oder überhaupt nicht möglich ist, durch Gießen aus Gußeisen und folgende Entkohlung billiger anfertigen. Zu schmiedbarem Guß wird lichtgraues oder halbirtes Roheisen gewählt und beim Gusse durch rasches Abkühlen in weißes Gußeisen übergeführt. Das Schmelzen erfolgt meist in Tiegeln, weil die für schmiedbaren Guß bestimmten Stücke nur geringe Abmessungen haben, das Formen in Sand. Die Gußstücke werden nach dem Erkalten „geputzt" und dann verpackt zwischen Zementirpulvern in gußeisernen Töpfen (Glühtöpfen) mehrere Tage lang auf Rothglühhitze gehalten und dann im Ofen sehr langsam erkalten gelassen. Als Zementirpulver dienen gekörnte, sauerstoffreiche Stoffe, meistens Rotheisenstein (Eisenerz, Eisenoxyd), seltener andere Eisenerze oder Zinkoxyd (Zinkweiß). Phosphor und Schwefel vermindern die Festigkeit des schmiedbaren Gusses, graphithaltiges Gußeisen gibt brüchige Waare. Schmiedbare Gußtheile haben im Allgemeinen nur Stärken bis zu 50—60 mm, da bei größeren Abmessungen die Entkohlung durch die ganze Masse nicht ausführbar ist.

Prüfung und Abnahme.

Wie schon angegeben, werden Gußstücke zweckmäßig ohne jedweden Ueberzug abgenommen. Die Härte derselben muß dem Verwendungszwecke entsprechen. Stücke, welche noch einer weiteren Verarbeitung bedürfen, sollen aus grauem Roheisen hergestellt und so weich sein, daß sie mit Meißel, Schneidstahl, Feile und Bohrer ohne Schwierigkeit sich bearbeiten lassen. Dabei muß der Guß überall scharf ausgegossen, also

an den Ecken und Kanten vollständig ausgebildet, fest, dicht, sauber, ohne Blasen, Sandlöcher, Risse oder sonstige Fehlstellen; Angüsse, Gußnähte ꝛc. müssen glatt weggearbeitet sein. Bei gutem, weichem Eisenguß muß ein Schlag auf die Kante einen Eindruck hinterlassen, es darf jedoch kein Stück abspringen. Bei flachen Stücken ist zu untersuchen, ob dieselben nicht etwa windschief sind. Ungleiche Spannungen sind nicht sichtbar, es kann sich empfehlen, die Gußstücke je nach ihrer Form und Stärke schwächeren oder stärkeren Stößen auszusetzen.

Schmiedbarer Guß muß sauber und genau geformt, scharf ausgegossen, weich und zähe sein; durch Stöße oder Schläge darf er nicht zerbrechen, er muß sich ohne Risse zu zeigen biegen lassen.

Der Preis der Gußwaaren richtet sich nach dem des Roheisens, nach der Größe und Gestalt des Stückes, da hier die Kosten für Modelle bezw. für die Lehmformen mitsprechen; auch macht es einen Unterschied, ob das Stück voll (Vollguß) oder hohl (Kernguß) ist.

Eisenguß, feiner (Maschinenguß), wie bei der Eisenbahn gebräuchlich, 15 bis 20 M. Gewöhnlicher Sandguß 15 M., Roststabguß 11 M. für 100 kg, schmiedbarer Eisenguß das kg 13—17 Pf.

Eisenkitt, s. Kitte.

Eisenlack, ist ein Asphaltlack.

Eisenmennige, Erdfarbe, besteht wesentlich aus Eisenoxyd (50—90 %), Thon und Wasser. Wird gewonnen durch Brennen, Mahlen und Schlemmen von Rotheisenstein (Eisenerz). Fein gepulvert von rothbrauner oder violetter Farbe. Dient an Stelle der etwa doppelt so theueren Bleimennige, zum Anstreichen insbesondere von Eisenwerken und mit Theer gemischt von Holz. Eine gute Deckfarbe, gibt bei tadelloser Waare einen dauerhaften, vor Rost schützenden Anstrich, welcher auch der Hitze und dem Dampfe widersteht. Ein Gehalt an Aetzkalk aus dem kohlensauren Kalke der verwendeten

Erze ist schädlich, indem dieser mit Leinöl Kalkseife bildet. Thon in zu großer Menge macht den Anstrich weich und empfindlich gegen Nässe, indem er Feuchtigkeit aufnimmt; die zu liefernde Eisenmennige muß aufs Feinste gemahlen und geschlemmt, sand- und kalkfrei, von schöner, feueriger Farbe, gut deckend und trocknend sein. Für den Farbenton und die Feinheit des Kornes ist Probe maßgebend. Gehalt an Eisenoxyd muß mindestens 80%, an in Salzsäure unlöslichen Theilen (Thon u. a.) dürfen höchstens 15% vorhanden sein.

Chemisch zu untersuchen. Praktische Prüfung siehe Farben. In Fässern zu liefern, trocken zu lagern. Probe 0,5 kg. 100 kg 12—22 M., je nach der Güte.

Eisenmennige kommt auch unter der Bezeichnung Caput mortuum in den Handel.

Eisenrohre, gußeiserne, sind entweder Flantschenrohre oder Muffenrohre. Bei ersteren erfolgt die Verbindung durch Aneinanderschrauben der Flantschen, zwischen welche eine Dichtungsscheibe (Pappe, Drahtgaze mit Kitt, Asbest, Kautschuk ob. dergl.) gelegt wird; bei Muffenrohren steckt man das Ende des einen Rohres in die Muffe des benachbarten, die Dichtung wird durch Ausfüllen der Fuge mit getheertem Hanfe (Theerstricke) und einen übergossenen und eingestemmten Bleiring, seltener durch Ausfüllen der Fuge mit Rostkitt bewirkt.

Muffenrohre sind billiger als Flantschenrohre, diese werden nur dann angewendet, wenn zu befürchten ist, daß ein häufigeres Auswechseln von zerbrochenen Rohren erforderlich werden wird, welches immer bei Dampfleitungen in Folge des Wärmewechsels der Fall ist; Flantschenrohre lassen sich schneller und weniger umständlich als Muffenrohre auswechseln.

Für die Leitung von Gas, Wasser o. a. müssen die Rohre vollständig dicht (blasenfrei) sein und Erschütterungen und Stöße, welche bei Wasserleitungen durch das Wasser selbst herbeigeführt werden, mit Sicherheit aushalten. Die Muffen müssen das Einstemmen des Bleiringes vertragen.

Um einen dichten Guß zu bekommen, sollen die Rohre stehend mit der Muffe nach unten gegossen werden, wodurch insbesondere diese die erforderliche Festigkeit bekommt; auch ist weniger zu befürchten, daß die Wandstärke ungleich wird, wie denn auch bei dem stehenden Gusse die Gußnähte fehlen. Die Gußrohre müssen sauber gegossen und geputzt, der Querschnitt muß überall kreisrund, die Wandstärke überall gleich sein, endlich müssen die Rohre genau den Zeichnungen entsprechen.

Ein Gasrohr wird auf Dichtigkeit in der Weise untersucht, daß man dasselbe, nachdem die Enden durch aufgepreßte Deckel luftdicht geschlossen sind und das Innere durch einen Schlauch mit einer Luftpumpe in Verbindung gesetzt ist, in einen mit Wasser gefüllten Behälter bringt und dann in das Rohr Luft bis zu 2 Atmosphären preßt; dabei machen auch die kleinsten Undichtheiten der Rohrwandungen durch Aufsteigen von Luftblasen sich bemerkbar.

Ein Wasserrohr wird zur Untersuchung auf Dichtigkeit mit Wasser gefüllt und dieses nach Verschluß der Enden mittelst einer Druckpumpe auf 10, 15, 20 Atmosphären (je nach den Lieferungsbedingungen) gepreßt. Wenn gleichzeitig mit 1—1½ kg schweren Hämmern das Rohr beklopft wird, so darf es weder Wasser ausschwitzen noch springen.

Häufig werden die Rohre asphaltirt, s. Asphalt, was jedoch erst nach der Druckprobe und Abnahme geschehen darf.

Gußeiserne Flantschen- und Muffenrohre.
(Normaltabelle.)

Innerer Durchmesser	Wandstärke für 10 Atmosphären	Flantschenrohre							Muffenrohre					
		Gewicht für 1 m ausschl. Muffe oder Flantschen	Flantschendurchmesser	Flantschendicke	Schrauben-Anzahl	Schrauben-Stärke	Baulänge	Gewicht eines Rohres	Aeußerer Muffendurchmesser	Innerer Muffendurchmesser	Tiefe der Muffe	Gewicht des Bleiringes	Gewicht der Muffe	Gewicht für 1 m Baulänge einschl. Muffe
mm	mm	kg	mm	mm		mm	m	kg	mm	mm	mm	kg	kg	kg
40	8	8,75	150	18	4	13	2	21,4	120	69	74	0,6	2,00	9,75
50	8	10,58	160	18	4	15,5	2	25,5	132	81	77	0,8	2,6	11,88
60	8,5	13,26	175	19	4	15,5	2	45	143	91	80	1,0	3,15	14,83
70	8,5	15,195	185	19	4	15,5	3	51,4	153	101	82	1,2	3,7	17,05
80	9	18,25	200	20	4	15,5	3	61,7	164	112	83	1,5	4,32	19,70
90	9	20,30	215	20	4	15,5	3	68,8	175	122	86	1,7	5,00	21,83
100	9	22,32	230	20	4	19	3	76	186	133	88	2,0	5,80	24,25
125	10	28,94	260	21	4	19	3	98	213	158	91	2,5	7,34	31,38
150	10	36,45	290	22	6	19	3	122	242	185	94	3,2	8,90	39,06
175	10,5	44,38	320	22	6	19	3	149	270	211	97	4,0	10,61	47,90
200	11	52,91	350	23	6	19	3	178	299	238	99	4,5	12,33	57,00
225	11,5	61,96	370	23	6	19	3	206	315	264	100	5,2	14,32	66,73
250	12	71,61	400	24	8	19	3	238	351	291	101	6,0	16,32	77,09
275	12,5	82,30	425	25	8	19	3	273	378	317	102	7,0	19,12	88,67
300	13	93,00	450	25	8	19	3	306	406	343	104	8,0	21,93	100,00
325	13,5	102,87	490	26	10	22,5	3	343	433	368	105	9,0	24,91	111,17
350	14	112,75	520	26	10	22,5	3	376	460	394	106	10	27,90	122,06
375	14	124,04	550	27	10	22,5	3	415	489	421	107	11	30,00	134,04
400	14,5	136,85	575	27	10	22,5	3	456	518	448	109	12	34,09	147,21
425	14,5	145,16	600	28	12	22,5	3	484	545	473	110	13	37,27	157,58
450	15	162,00	630	28	12	22,5	3	539	573	499	111	14	40,45	175,53
475	15,5	174,84	655	29	12	22,5	3	582	600	525	112	15	44,09	189,54
500	16	187,68	680	30	12	22,5	3	624	628	551	114	16	47,74	204,13
550	16,5	214,97	740	33	14	26	3	723	682	603	116	19	55,33	233,43
600	17	243,28	790	33	16	26	3	813	736	655	119	21	63,52	264,46
650	18	276,00	840	33	18	26	3	916	791	707	122	24	73,47	301,08
700	19	311,27	900	33	18	26	3	1034	846	759	125	27	84,63	339,45
750	20	347,96	950	33	20	26	3	1148	897	812	127	30	94,40	379,44
800	21	387,10	1020	36	20	29,5	3	1297	949	866	129	33	104,64	421,98
900	22,5	472,81	1120	36	22	29,5	3	1567	1066	968	134	39	135,94	518,15
1000	24	560,00	1220	36	24	29,5	3	1878	1177	1074	140	45	168,47	616,21

Eisenrohre, schmiedeeiserne, für Dampf-, Gas- und Wasserleitungen, Heizröhren (Siederohre) werden aus Blechstreifen gebogen und in weißglühendem Zustande durch Walzen mit den Längskanten aneinander geschweißt. Bei Röhren, die dicht unter hohem Drucke sein müssen, schweißt man die Ränder mit Ueberlappung, bei gewöhnlichen Röhren mit stumpfer Fuge voreinander. Röhren, welche einen genauen Durchmesser, eine glatte, äußere Oberfläche haben sollen, werden nach dem Walzen noch gezogen.

Das Material der Röhren muß ein so zähes Eisen sein, daß diese in rothwarmem Zustande, ohne zu reißen, nach einem Halbmesser gleich dem zweifachen Röhrendurchmesser gebogen werden können. Um das Aufreißen der Röhren zu vermeiden, wird Röhrenblech aus besonders paquetirtem Eisen gewalzt. S. Gasröhren u. Siederöhren.

Gewichtsübersicht von geschweißten schmiedeeisernen Röhren.

Aeußerer Durchmesser mm	38	41,5	44,5	47,5	51	54	57	60	63,5	70	76	83	89	95	102
Wandstärke mm	2,5	2,5	2,5	2,5	2,75	0,75	2,75	3	3	3	3	3,5	3,5	3,5	3,75
Gewicht für 1 m	1,97	2,40	2,60	2,75	3,25	3,45	3,65	4,20	4,45	4,90	5,35	6,80	7,32	7,83	9,01

Aeußerer Durchmesser mm	103	114	121	127	133	140	146	152	159	165	171	178	191
Wandstärke mm	3,75	3,75	4,25	4,25	4,25	4,5	4,5	4,5	4,5	4,5	4,5	4,5	4,5
Gewicht für 1 m	9,56	10,10	12,13	12,75	13,40	14,90	15,56	16,22	17,00	17,65	18,31	19,08	24,93

Eisenschwarz, ist entweder sehr fein zertheilter Graphit, mit dem Gußeisen geschwärzt wird, (10 Pf. das kg) oder auch Antimonschwärze.

Eisenvitriol (grüner Vitriol), ist schwefelsaures Eisenoxydul, welches bei Einwirkung von Schwefelsäure auf Eisen oder Eisenerze entsteht. Es wird meistens in den Alaunwerken als Nebenerzeugniß aus der eisenhaltigen Mutterlauge gewonnen. Beim Abdampfen der Lösung scheidet das Eisenvitriol in Krystallen sich aus, welche bei Anlieferung hell, blaßgrün, und unzerfallen sein müssen. Sie dürfen beim Lösen in Wasser keinen erheblichen Rückstand hinterlassen, dieses auch nicht, wenn gemahlenes Eisenvitriol bezogen wird. An der Luft verwittern die Krystalle und beziehen sich mit einem gelben oder gelbbraunen Ueberzuge von schwefelsaurem Eisenoxyde.

Dient zum Desinfiziren von Aborten, zu welchem Zwecke auch die unreinen dunkelbraunen Sorten zu verwenden sind, deren Preis selbstredend entsprechend niedriger sein muß.

Beim Auflösen von Eisenvitriol sind metallene Gefäße, da diese angegriffen werden, nicht zu benutzen.

In Fässern zu liefern, in trockenen, kühlen Räumen zu lagern. Probe ½ kg. 100 kg 8—9 M.

Elemiharz (Oelbaumharz), wird in Amerika und Ostindien gewonnen, ist entweder dickflüssig und gelblich weiß mit starkem aromatischen Geruche, oder fest mit muscheligem Bruche und hellgelber Farbe. Löslich in heißem Weingeiste. Es wird als Zusatz zu einigen Firnissen benutzt, um dieselben elastischer zu machen, ihnen also die Neigung zum Springen zu benehmen. 2,50 M. das kg.

Elfenbeinschwarz, s. Beinschwarz und Pariser Schwarz.

Englischroth, wesentlich aus Eisenoxyd bestehende rothe Oel- und Wasserfarbe von sehr guter Deckkraft. Nebenerzeugniß bei der Darstellung des Alauns und der Schwefelsäure. Der sogen. Alaunschlamm (schwefelsaures Eisenoxyd und Gyps) wird in Oefen geglüht, wobei Wasser und Schwefelsäure entweichen und Eisenoxyd zurückbleibt. Je nach der angewendeten Glühhitze ist die Farbe heller oder dunkler roth. Muß auf's Feinste gemahlen und geschlemmt, sandfrei, von schöner, lebhafter Farbe, gut deckend und trocknend sein. Farbenton und Feinheit des Kornes nach ausgelegter Probe. Untersuchung wie bei Eisenmennige. Englischroth kann von der Herstellung freie Schwefelsäure in Spuren enthalten und ist deßhalb nicht als Schutzanstrich gegen das Rosten des Eisens zu verwenden, da dieses durch die Säure befördert wird. In Fässern zu liefern, trocken zu lagern. Probe 0,5 kg. 100 kg 15—25 M. je nach Reinheit und Feinheit des Kornes, in Oel gerieben 50 M. Englischroth wird auch unter dem Namen caput mortuum in den Handel gebracht, es führt noch die Bezeichnungen Königs= roth, Rothe Erde, Engelroth, Neapelroth und Polirroth. Letzte= ren Namen von seiner Verwenduug als Polirmittel. S. Farben.

Erdöl, ist Petroleum.

Erdpech, Erdharz, ist Asphalt.

Erle, Laubholz, wird in 40—60 Jahren 20—23 m hoch, 30—50 cm stark, heimisch in ganz Europa. Das Holz ist gelblich= röthlich, fein und gleichförmig; sehr ge= schmeidig, gut spaltbar, wenig elastisch, weich (schwammig) und leicht, spez. Gew. 0,42 bis 0,68; gut zu bearbeiten, bei wechselnder Nässe und Trockenheit von geringer Dauer, dagegen haltbar in feuchter Erde und unter Wasser. Findet Verwendung zu Modellen, Werkzeugen, Schaufeln, Trögen, Brunnen= röhren. 40—50 M. das cbm. S. Holz und Brennholz.

Esche, gemeine, Laubholz, wird in 120 Jahren 20—25 m hoch, 60 cm stark;

heimisch in ganz Europa. Das Holz ist hellgelblich, älter bräunlichgelb, im Kern fast braun, seidenglänzend oder gewässertes Aussehen, oft schön braun geädert. Eschen= holz ist dicht, sehr zähe und elastisch, nicht sehr hart. Spez. Gew. 0,49—0,94. Läßt sich gut verarbeiten, reißt nicht leicht, wirft sich wenig. Im Wechsel von Nässe und Trocken= heit wenig haltbar, dagegen sehr dauerhaft in steter Trockenheit. Wird u. a. verwendet zu Spriegeln, krummen Sperrhölzern, Buffer= scheiben, zu Gerippen der Coupé=Zwischen= wänden, zu Sitzschwingen und Rahmenstücken der Sitze, zu losen Thürsäulen, Tragfedern für Erdtransportwagen, und überall da, wo es auf Leichtigkeit und Elastizität ankommt. Junge Stämme geben gute Tragbäume. 65—75 M. das cbm. S. Holz.

Essig, wird aus Obst, Bier, Wein o. dgl., zu technischen Zwecken meist aus Alkohol dargestellt; rein hält er sich unver= ändert. Am besten in Glasgefäßen aufzu= bewahren. Wird zum Verreiben von Farben zu Essigfarbe benutzt und diese zur Her= stellung der künstlichen Maserung auf ge= strichenem Holze; ferner zu Härtewasser. 10 Pf. das Liter.

Eßkohle, s. Steinkohle.

Fackeln, zur Beleuchtung bei nächt= lichen Streckenarbeiten, Unfällen u. a., haben eine Länge von etwa 1,5 m und bestehen aus einem 20—25 mm dicken und 650 mm langen Stiele aus leichtem Holze, der auf eine Länge von etwa 500 mm aus der eigentlichen Fackel hervorragt. Diese, etwa 40 mm stark, besteht aus mit Harz ge= tränktem Hanfe, der gut gewickelt sein muß. Das Harz soll rein sein, sich also in Alkohol ohne erheblichen Rückstand lösen, und darf keinen Theerzusatz haben. Die Fackeln dürfen nicht zu schwierig sich anzünden lassen, müssen leicht aber sparsam brennen, ein

helles Licht geben ohne stark zu qualmen und zu tropfen; sie dürfen nur wenig Asche hinterlassen, beim stärksten Winde nicht ver= löschen und müssen bis auf den letzten Rest ohne Lockerung niederbrennen. Durch längere Lagerung dürfen sie an Güte nicht verlieren. Gewicht etwa 1,2 kg. 35 Pf. das Stück.

Façonbleche (Formbleche), s. Eisenbleche.

Façondraht (Formdraht), s. Eisendraht.

Façoneisen (Formeisen), sind solche gewalzte Eisen, welche im Querschnitte nicht rechteckig, quadratisch oder rund sind.

Hierher gehören u. a. und siehe da: Be=
lageisen, Muttereisen, Roststab=
eisen, Winkeleisen (Eckeisen) (L),
T=Eisen, I=Eisen, ⊔=Eisen, Z=
Eisen, Quadranteisen, Waggon=
eisen. Die genannten Eisen kommen im
Maschinen=, Wagen=, Brücken=, Ober= und
Hochbau vielfach zur Anwendung. Im
Wagenbau verwendete Formeisen nennt man
auch Waggoneisen. S. da. Die Eisen=
bahnschienen, eiserne Lang= und Quer=
schwellen, Laschen, Radreifen u. a. sind
ebenfalls Formeisen.

Die Bestellung von solchen erfolgt nach
Zeichnungen mit Maßangaben oder auch
unter Angabe der Nummer der sog. Profil=
bücher der Walzwerke.

Prüfung und Abnahme. Die Schen=
kel der Formeisen müssen mit den Außen=
flächen genau rechtwinkelig zu einander stehen
und überall gleich breit, die Kanten ohne
Grat sein. Formeisen muß im Allgemeinen
in der Längsfaser eine Zerreißfestigkeit von
36 kg für 1 qmm bei 12% Dehnung haben.
Ein aus dem Materiale geschnittener 25
bis 50 mm breiter Streifen mit abgerun=
deten Kanten muß im kalten Zustande bei
einer Dicke von

8—11 mm um 50°,
12—15 " " 35°,
16—20 " " 25°,
21—25 " " 15°,

sich biegen lassen, ohne daß Risse im Knicke
sich zeigen.

Im dunkelkirschrothen Zustande muß bei
8—25 mm Stärke der Winkel 130° und
über 25 mm 90° betragen. Ein 30 bis
50 mm breiter Streifen des Schenkels muß
im rothwarmen Zustande nach jeder Rich=
tung um das 1½fache seiner Breite ausge=
hämmert werden können, ohne daß eine
Trennung des Eisens eintritt.

Um das Gefüge zu untersuchen, wird
ein kalter Stab mit dem Meißel eingehauen
und so umgebogen, daß die Einkerbung nach

außen liegt. Das bloßgelegte Gefüge muß
sich als vollkommen sehnig erweisen.

Formeisen soll gut ausgewalzt sein, darf
nirgends Risse oder unganze Stellen, keine
eingewalzten Schlacken und Schiefer, sondern
muß überall eine glatte Oberfläche haben.
Bei Längen auf Maß darf die Abweichung
höchstens ± 2 mm betragen.

Von 13—152 mm Schenkellänge 11 bis
19 M. (je nach Güte) für 100 kg, auf genaue
Länge geschnitten für je 100 kg 1 M. mehr.

Façonleinen, wird in einer Breite
von 1340 mm für die Stühle in I. (2,4 m)
und II. Classe (3,32 m) benutzt. 25 bis
30 Pf. das m. Probe 1 m. S. Gewebe.

Fahlleder (Schmalleder), ist ein
aus dünnen Rindshäuten meist blank ge=
stoßenes lohgares Leder, braun von der
Gerbung oder schwarz gefärbt. In ganzen
lufttrockenen und gleichmäßig starken Häuten
zu liefern. Dient als Oberleder zu Schuh=
werken, zu Schurzfellen, Lederschürzen, Blase=
bälgen und verschiedenen Sattlerarbeiten.
Eine ganze Haut wiegt 6—8 kg. 4 bis
5 M. das kg. S. Leder.

Farben. Eintheilung. Aus dem
Pflanzen= und dem Thierreiche stammende
färbende Körper heißen organische, dem
Erdreiche entnommene anorganische Farb=
stoffe. Man theilt letztere in Erdfarben
und Mineralfarben. Den Erdfarben
zählt man diejenigen zu, welche fertig ge=
bildet in der Erdrinde vorkommen und nur
einer mechanischen Behandlung (Mahlen,
Brennen, Sieben, Schlemmen, Trocknen) be=
dürfen, um zum Gebrauche fertig zu sein.
Mineralfarben werden aus mineralischen
Rohstoffen durch chemische Prozesse herge=
stellt und zählt man zu denselben auch die=
jenigen, welche durch Verkohlen organischer
Stoffe (Holz, Horn u. a.) gewonnen werden.

Nach der Farbe unterscheidet man weiße,
gelbe, braune und violette, rothe und oran=
gene, grüne, blaue und schwarze Farbstoffe.
Durch Mischung von zwei oder mehreren
dieser Farben zu Mischfarben kann man

eine unendliche Anzahl von verschiedenen Farbentönen herstellen.

Eine andere Eintheilung ist die in Deck= farben und Lasurfarben. Erstere be= sitzen die Eigenschaft, unter Zuhülfenahme eines geeigneten Bindemittels und in dünner Schicht auf Flächen aufgetragen, diese voll= ständig zu verdecken, die Flächen also unsicht= bar zu machen; Deckfarben sind undurch= sichtig; Lasurfarben lassen die Flächen mehr oder weniger durchscheinen, sie sind also durchsichtig. Eine scharfe Grenze zwischen Deck= und Lasurfarbe ist nicht vorhanden, gewisse Farben können als beide verwendet werden, andere sind je nach dem Bindemittel (Oel, Wasser) deckend oder nicht deckend. Die Deckfarben werden mit fetten Lacken oder Firniß, die Lasurfarben meistens mit Weingeistlacken, seltener mit weißen Fett= lacken angerieben.

Lackfarben sind Verbindungen von organischen Farbstoffen (z. B. Carmin, Krapp, die Farbstoffe aus Gelbholz und Blauholz) mit einem Metalloxyde, wie Bleioxyd, Zink= oxyd oder Thonerde.

Spachtelfarbe ist eine Farbenmischung, u. a. aus Ocker, Umbra und zuweilen Kreide, oder aus Schieferpulver und Bleiweiß, die mit geeigneten Bindemitteln (Leinöl, Ter= pentinöl, Kopallack) zu fertiger Anstrich= masse verarbeitet ist.

Maler= oder Anstrichfarben dienen zum Bemalen und Anstreichen von Gegen= ständen aller Art.

Zeug= oder Druckfarben finden Ver= wendung in der Zeugfärberei.

Wasser=, Oel= und Firnißfarben sind Anstrichfarben, deren Bindemittel Wasser, Oel= oder Firniß ist.

Viele Farbstoffe können mit verschiedenen Bindemitteln verwendet werden.

Metallfarben sind Metallblätter von ungemeiner Feinheit, welche unter Zuhülfe= nahme eines Klebemittels auf Flächen ge= legt, diesen das Ansehen von Metall geben.

Metallbroncen oder Broncefarben sind äußerst fein pulverisirte und mit Oel verriebene Abfälle genannter Metallblätter. Die Pulver werden durch Erhitzen gefärbt, d. h. mit Anlauffarben versehen. Sie dienen ebenfalls dazu, Flächen ein metallisches (broncirtes) Ansehen zu geben.

Theerfarben sind die aus Steinkohlen= theer zu gewinnenden Farbstoffe, wie Ani= lin, Naphtalin u. a.

Ein Farbstoff derselben chemischen und physikalischen Beschaffenheit kommt nicht selten unter verschiedenen, darunter ganz willkürlichen Benennungen im Handel vor und Farben verschiedener Beschaffenheit führen zuweilen denselben Namen.

Allgemeine Eigenschaften. Farb= stoffe, welche als rein bezeichnet sind, dürfen keine fremdartigen Bestandtheile haben, da= hin gehören minderwerthige Farben und Stoffe, welche lediglich das Gewicht ver= größern, wie Schwerspath, Gyps, Thonerde, Ziegelmehl, Stärkemehl u. a. Verunrei= nigungen, von den Rohstoffen oder der Her= stellung herrührend, lassen sich nicht immer ganz vermeiden, dürfen aber nicht in einer solchen Menge vorhanden sein, daß sie nach= theiligen Einfluß haben oder den Werth der Farbe herunterdrücken.

Wenn für gewisse Verbrauchszwecke zu einer Farbe der Zusatz eines anderen Stoffes erforderlich ist, z. B. zu dunkelen Farben weißer Schwerspath, um denselben einen helleren Farbenton zu geben, sie lichter zu machen, oder ein schwarzer Farbstoff, um die Farbe zu dämpfen, so nimmt man zweckmäßig die Mischung selbst vor.

Das Deckvermögen einer Farbe ist um so größer, in je dünnerer Schicht, ver= rieben mit einem geeigneten Bindemittel, sie einer beliebigen Fläche einen undurch= sichtigen Ueberzug zu geben vermag. Mit derselben Gewichtsmenge einer gut deckenden Farbe kann eine größere Fläche regelrecht gestrichen werden als mit einer schlechter deckenden derselben Art. Da dicke Anstriche

6

erfahrungsmäßig weniger dauerhaft und halt=
bar sind, insbesondere eher rissig werden
und abblättern als dünnere, bei schlecht
deckenden Farben aber die Schichten dicker
sein müssen, so ergibt sich auch hieraus der
große Werth eines guten Deckvermögens.
Bei demselben Farbstoffe ist dasselbe um so
größer, je feiner dieser zerrieben ist.

Der Farbenreichthum oder das fär=
bende Vermögen einer Farbe ist um so
größer, je mehr sie einer anderen Farbe die
ihr eigenthümliche Färbung mitzutheilen
vermag. Zur Untersuchung nimmt man
am besten eine weiße Farbe und um diese
selbst zu prüfen eine schwarze (Kienruß).
Sind beispielsweise mehrere Sorten von
grünen Farben auf ihr färbendes Vermögen
zu untersuchen, so mischt man gleiche Ge=
wichtstheile derselben innig mit der gleichen
Menge ein und derselben weißen Farbe.
Diejenige der grünen Farben, welche der
Mischung die stärkste grüne Färbung gibt,
hat von den untersuchten Sorten den größten
Farbenreichthum und ist also in dieser Be=
ziehung die beste. Zur weiteren Unter=
suchung kann man die Mischungen unter
Zusatz von gleichen Mengen desselben Fir=
nisses in einer Reibschale verrühren und nach
dem Aussehen der so erzeugten Mischfarbe
den Farbenreichthum beurtheilen.

Die Farbenschönheit einer Farbe
setzt voraus, daß der Farbenton feurig,
glänzend und lebhaft ist. Dieselbe darf bei
der Verarbeitung und mit der Zeit nicht
verloren gehen. Die Farbe muß Beständ=
igkeit haben.

Farbenreinheit ist bei einer Farbe
vorhanden, wenn die Färbung nicht in eine
andere Farbe hinüberspielt, z. B. Weiß in's
Bläuliche, Schwarz in's Graue, Blau in's
Grünliche u. s. w., wobei zu bemerken ist,
daß dieses nicht selten gewünscht wird.

Der Farbenton (die Abstufung in
der Färbung) kann bei mehreren Proben
derselben Farbe, auch wenn bei allen Far=
benreinheit vorhanden ist, dennoch verschie=

ben sein und dieses auch, wenn die Proben
dieselbe chemische Zusammensetzung haben.

Beispielsweise sind Bleiweiß und Zink=
weiß beide in der größten Vollkommenheit
im Farbenton nicht ganz gleich, und der=
selben Probe Zinnober kann man durch
weiteres Reiben einen anderen (helleren) Far=
benton geben. In erster Reihe ist dieser
abhängig von der Feinheit des Farben=
kornes, z. B. geht Zinnober allmählich von
Dunkelroth in Roth und Hochroth über,
wenn man ihn mehrere Mal durch die Farb=
mühle gehen läßt und dadurch das Korn
feiner macht. Im Allgemeinen ist die Farbe
um so lichter, je feiner sie gerieben ist. Der
Farbenton ist ferner abhängig von der
Form des Kornes, welches rund, eckig,
schuppig, krystallinisch sein kann, und außer=
dem von seiner sonstigen Beschaffenheit, es
kann u. a. undurchsichtig oder mehr oder
weniger durchscheinend sein und hierdurch
und durch die Form des Kornes wird die
Lichtbrechung und dadurch der Eindruck auf
das Auge bedingt.

Bei gestrichenen Farben ist der Ton end=
lich noch abhängig von der Natur des
Bindemittels (Wasser, Oel, Leim) und sei=
nem Verhalten zu dem Farbstoffe, ob es
nämlich diesen auflöst oder in denselben ein=
bringt oder die Farbenkörner nur umhüllt.
Beispielsweise kann derselbe Farbstoff mit
dem einen Bindemittel eine Deckfarbe, mit
dem anderen eine Lasurfarbe sein.

Durch Mischung von zwei oder mehreren
verschiedenen Farbstoffen kann man die
verschiedensten Farben herstellen. Von Weiß,
Gelb, Roth, Blau und Schwarz ausgehend,
geben:

Gelb und Roth . . . . Orange,
Roth und Blau . . . . Violett,
Blau und Gelb . . . . Grün,
Gelb und Roth und Blau . . Schwarz,
Schwarz, Gelb und Roth . . Braun,
        Orange
Gelb, Roth, Blau und Weiß . . . reines
    Grau.

Von diesem Grau ist dasjenige zu unter=
scheiden, welches durch Mischung eines ein=
fachen Schwarz (z. Kienruß) und Weiß her=
zustellen ist. Während jenes je nach dem
Vorherrschen einer Farbe einen Stich in's
Gelbe, Rothe oder Blaue haben kann, ist
dieses Grau nur mehr oder weniger ein
helles oder dunkeles Grau. Wenn in den
gemischten Farben eine an Menge vor=
herrschend ist, so ist diese bestimmend auf
die Färbung und ist man durch Wahl der
Mischungsverhältnisse im Stande, eine un=
endliche Anzahl von verschiedenen Farben
in den mannigfaltigsten Tönen herzustellen,
so außer den genannten:

Gelb= und Rothorange,
Roth= und Blauviolett,
Blau= und Gelbgrün;
Ferner:
Gelb=, Roth= und Blaugrau,
Orange=, Violett= und Grüngrau;
dann:
Gelb=, Roth= und Blaubraun,
Orange=, Violett= und Grünbraun.

Viele Farben kommen fertig gebildet in
der Natur vor oder können, ohne daß man
zu einer Mischung zu greifen braucht, her=
gestellt werden, in den meisten Fällen jedoch
sind mehrere Farbstoffe erforderlich, um die
gewünschte Farbe hervorzubringen.

Je nachdem eine Farbe mehr in's Helle
oder Dunkele geht, bezeichnet man sie als
Hell= (licht=) oder auch Hoch= (Hellgrün,
Hochroth) oder als Dunkel= oder Tief=
(Dunkelblau, Tiefschwarz). Bei gewissen
Tönen bezeichnet man Farben als mager
oder satt und als kalt oder warm, welche
letztere Bezeichnungen weder unter sich, noch
mit „Hell" und „Dunkel" gleichbedeutend
sind.

Lichte Töne können durch Zusatz von
Weiß, dunkle (gedämpfte) durch Schwarz
herbeigeführt werden und zu kräftige Töne
können durch passende Farben gemildert
(sanfter gemacht) werden.

Oft bezeichnet man eine Farbe nach der

eines allgemein bekannten Gegenstandes, z. B.
Kastanienbraun, Citronengelb, Kornblumen=
blau u. a. Wenn eine Farbe in eine andere
hinüberspielt (einen Stich dahin hat), so
setzt man die betr. Farbenbezeichnungen
nebeneinander, z. B. bläulichweiß, braun=
roth, gelblichgrün.

Prüfung und Abnahme.

Farben werden zweckmäßig in Pulver=
form bei möglichster Feinheit des Farben=
kornes bezogen. Bei Stücken und grobem
Korne können Täuschungen bezüglich der
Farbenschönheit, Farbenreinheit und des
Farbentones unterlaufen, außerdem wird
die Arbeit des Reibens und an Material
erspart, indem das Deckvermögen bei der=
selben Farbe mit der Feinheit des Kornes
zunimmt.

Der Verbrauch an Oel (Firniß), um
streichfertige Massen herzustellen, ist nicht
nur bei Farben verschiedener chemischer Be=
schaffenheit, sondern auch bei solchen der=
selben Art nicht selten unterschiedlich. Von
Einfluß hierauf sind das spezifische Gewicht
des Farbenpulvers, also die Feinheit des
Kornes, dann fremdartige Zusätze u. s. w.
Je mehr Oel für die streichfertige Masse
nöthig ist, um so langsamer trocknet diese,
aber auch bei demselben Verbrauch an Oel
ist die Zeit des Trocknens bei verschiedenen
Farben derselben Art (z. B. bei verschiede=
nen Sorten Bleiweiß) nicht immer gleich.
Auch in dieser Beziehung sind die Erschei=
nungen bei der Prüfung der Farben und
bei den Probeanstrichen zu beachten.

Die Untersuchung der chemischen Be=
schaffenheit der Farben und die Feststellung
der fremdartigen Bestandtheile nach Art
und Menge ist dem Chemiker zu überlassen.
Wenngleich grobe Verfälschungen in einigen
Fällen durch einfache Prüfungen, welche ein=
gehende Kenntnisse in der Chemie nicht er=
fordern, entdeckt werden können, so genügen
dieselben doch nicht, um über die Natur
und die Gewichtsmengen der Beimengungen

6*

genügende Klarheit zu bekommen. Sollte bei Meinungsunterschieden zwischen dem Lieferanten und der Bahnverwaltung über die Güte und bedingungsgemäße Lieferung einer Farbe die gerichtliche Entscheidung nothwendig werden, so ist das Urtheil des Chemikers überhaupt nur maßgebend. Bei der praktischen Prüfung verschiedener Proben einer Farbe werden von jeder gleiche Gewichtsmengen (etwa 150 Gramm) abgewogen und aus denselben mit demselben Firnisse (Oel) in reinen Gefäßen bei Anwendung von gleichen Arbeitsgeräthen, Pinseln u. f. w. streichfertige Massen hergestellt. Sind die Farben in Stücken geliefert, so muß die Pulverisirung vorhergehen, wobei sich die Härte, sowie ferner ergiebt, ob der Farbstoff leicht pulverisirbar, ob er durch die ganze Masse gleichmäßig, ob härtere Theile eingesprengt find u. f. w. Bei dem Verrühren stellt sich heraus, ob und welche Sorte mehr Firniß gebraucht als eine andere und wie viel, ob Sand, feste Theilchen vorhanden, ob die Feinheit des Kornes genügt u. f. w.

Zur Untersuchung des Deckvermögens werden die angerührten Farben auf gleich große Flächen (bei weißen und hellen Farben auf schwarze, bei anderen Farben auf weiße Marmortafeln) in dünner Schicht und gleichmäßig aufgetragen, worauf man die Anstriche sofort und nach dem Trocknen auf das Deckvermögen der Farben vergleicht. Hierbei ergiebt sich gleichzeitig das Trocknungsvermögen der Anstrichmassen, indem festgestellt wird, welche Zeit bei einer jeden zum völligen Trocknen nöthig ist.

Zur Prüfung, wie viel von jeder Anstrichmasse für den Anstrich gleich großer Flächen erforderlich ist, wägt man die Gefäße mit Pinsel und Inhalt, streicht dann gleich große Flächen gleicher Beschaffenheit (z. B. glatte Zinkbleche) thunlichst gleichmäßig an und wägt dann Gefäß mit Pinsel und Inhalt zurück. Der Gewichtsunterschied ergiebt für jede Sorte die benöthigte Menge, die Ausgiebigkeit der Anstrichmasse, welche im Allgemeinen mit der Feinheit des Farbenkornes zunimmt. Die Anzahl der erforderlichen Anstriche läßt den für das Streichen mit den verschiedenen Farben aufzuwendenden Arbeitslohn berechnen.

Deckvermögen, Firnißverbrauch, Ausgiebigkeit, Arbeitslohn und Preis der Farben ermöglichen zu bestimmen, welche Sorte der Farben den billigsten Anstrich giebt; werden außerdem noch Farbenreichthum, Farbenschönheit und Farbenreinheit in Vergleich gezogen, so ist dann endlich zu beurtheilen, welcher Sorte der angebotenen Farben der Vorzug zu geben ist.

Bei den eigentlichen Lasurfarben kommt es auf das Deckungsvermögen nicht an, bei diesen sind vergleichende Versuche betr. Feuer und Farbenton durch Probeanstriche mit Anstrichmassen aus gleichen Gewichtsmengen der Farben und der erforderlichen Menge desselben Bindemittels auf Glastafeln und hellem Holzgrunde herzustellen.

Lieferungsbedingungen für Farben können nicht so genau gegeben werden, daß Meinungsverschiedenheiten zwischen Lieferant und Käufer ausgeschlossen sind, es müssen deßhalb Proben für die ganze Lieferung maßgebend bleiben. Die Mengen derselben sind so zu bemessen, daß nicht nur vorab Untersuchungen auf alle Eigenschaften der Farbe damit angestellt werden können, sondern es muß auch noch ein Rest für vergleichende Prüfungen mit der gelieferten Waare übrig bleiben. Die Proben werden zweckmäßig in Gläsern mit eingeschliffenen Glasstöpseln, die trocken und dunkel zu stellen sind, aufbewahrt, damit die Farbstoffe im Laufe der Zeit sich nicht verändern.

Weiteres über die einzelnen an den Eisenbahnen gebräuchlichen Farben siehe:

Weiße Farben bei: Bleiweiß, Galmeiweiß, Kalk, Kreide,

Litophonweiß, Schwerspath, Zinkweiß.

Graue Farbe bei: Zinkgrau und Farben, gemischte.

Gelbe und braune Farben bei: Bleiglätte, Chromgelb, Curcuma, Kasseler Braun, Mahagonibraun, Ocker, Terra de Siena, Umbra.

Rothe und violette Farben bei: Anilinroth, Bleimennige, Bolus, Caput mortuum, Carmin, Cochenille, Drachenblut, Eisenmennige, Englischroth, Krapp, Zinnober.

Blaue Farben bei: Berliner Blau, Blauholz, Indigo, Pariser Blau, Ultramarin.

Grüne Farben bei: Chromgrün, Grüner Zinnober, Kupferfarben.

Schwarze Farben bei: Antimonschwärze, Beinschwarz, Eisenschwarz, Elfenbeinschwarz, Frankfurter Schwarz, Graphit, Lackschwarz, Kohlenschwarz, Kienruß. Oelschwarz, Rebenschwarz, Schieferschwarz.

Ferner siehe: Die Metallfarben: Blattgold, Blattsilber, Blattaluminium, Gold-, Silber-, Kupfer- und Aluminiumbronce, und endlich: Farben, gemischte, und Leuchtfarbe.

Farben, gemischte. In folgender Zusammenstellung sind übliche Mischungsverhältnisse in Gewichtstheilen ausgedrückt. Unter Weiß ist Bleiweiß oder Zinkweiß zu verstehen.

Weiß und Grau.

Bläulichweiß: 1 Weiß, $1/110$ Indigo.

Emailweiß: 500 Weiß, eine Spur Indigo.

Hellgrau: 1 Weiß, $1/150$ Kienruß.

Dunkelgrau: 1 Weiß, 1 Berlinerblau, 3 Kienruß.

Perlgrau: 1 Weiß, $1/100$ Holzkohle.

Schiefergrau, ist Zinkgrau oder: 1 Weiß, $1/10$—$1/20$ Schwarz.

Silbergrau: 1 Weiß, $1/200$ Indigoblau.

Stahlgrau: 1 Weiß, $1/50$ Berlinerblau, $1/50$ Grünspan.

Gelb.

Chamois (Ledergelb): a. 1 Weiß, $1/50$ Chromgelb, $1/30$ Pariserroth; b. 1 Zinkweiß, $3/100$ gelber Ocker. $3/100$ Zinnober.

Citronengelb: 1 Weiß, $1/9$ Chromgelb, $1/400$ Berlinerblau.

Goldgelb: 1 Weiß, $1/10$ Chromgelb.

Haselnußgelb: 1 Weiß, $1/16$ gelber Ocker, $1/16$ rother Ocker, $1/60$ Kienruß.

Nußbaumholzfarbe: a. dunkel: 1 Weiß, $1/9$ Umbra, $1/25$ rother Ocker; b. helle: 1 Weiß, $1/19$ Terra de Siena, $1/19$ saffrangelber Ocker: c. lichte: 1 Weiß, $1/60$ Terra de Siena, $1/60$ saffrangelber Ocker.

Orangegelb: a. 1 Weiß, $1/6$ Chromgelb, $1/60$ Zinnober; b. 1 Chromgelb, $1/6$ Zinnober.

Schwefelgelb: 1 Weiß, 1 Chromgelb, $1/400$ Berlinerblau.

Steinfarbe: 1 Weiß, $1/10$—$1/20$ gelber Ocker.

Strohgelb: 1 Weiß, $1/50$ Chromgelb.

Braun.

Dunkelbraun: 1 Frankfurter Schwarz, $1/3$ Kasseler Braun.

Lichtbraun: 1 Umbra, $1/4$ Chromgelb.

Kastanienbraun: 1 Englischroth, $1/10$ Schwarz, $1/15$ Zinnober.

Mahagonibraun: 1 Weiß, $1/16$ Terra de Siena, $1/19$ Pariserroth.

Roth.

Carmoisin: 1 Carminlack, 1 Vermillon.

Kirschroth: 1 Zinnober, $1/9$ Carminlack.

Lila: 1 Weiß, $1/16$ Carminlack, $1/65$ Berlinerblau.

Rosenroth: 1 Weiß, $1/8$—$1/9$ Carminlack.

Violett.

Röthlich violett: 1 Carminlack, 1/20 Berlinerblau.

Dunkel violett: 1 Carminlack, 1 Berlinerblau.

Hell violett: a. 1 Weiß, 1/3 Carminlack, 1/75 Berlinerblau; b. 1 Weiß, 1 Carminlack, 1/20 Berlinerblau.

Bläulich violett: 1 Weiß, 1/3 Carminlack, 1/20 Berlinerblau.

Blau.

Himmelblau: 1 Weiß, 1/20 Ultramarin, 1/90 Berlinerblau.

Kornblumenblau: 1 Weiß, 1/55 Berlinerblau, 1/500 Carminlack.

Grün.

Broncegrün: 1 Zinkweiß, 1 Chromgelb, 6/100 Berlinerblau, 6/100 Schwarz.

Dunkelgrün: 1 Berlinerblau, 2 Chromgelb.

Grasgrün: a. 1 Chromgelb, 1/6 Berlinerblau; b. Helle: 1 Chromgelb, 1 Weiß, 1/40 Berlinerblau oder: 1 Chromgelb, 1 Weiß, 1/12 Berlinerblau.

Hellgrün: 3 Chromgelb, 1 Berlinerblau.

Olivengrün: a. 1 Ocker, 1/2 Ruß; b. 1 Zinkweiß, 1/2 gelber Ocker, 1/8 Schwarz.

Sächsischgrün: 1 Chromgelb, 1/10 Berlinerblau.

Schwarz.

1 Kienruß, 2/3 Berlinerblau.

Die einzelnen Farben sind nicht nur innig zu mischen, sondern müssen auch zusammen verrieben werden. Es ist selbstverständlich, daß die Mischfarbe keinen reinen Ton haben kann, wenn deren einzelne Farbstoffe nicht farbenrein sind.

Farben, giftige. Von den Seite 85 aufgeführten Farben sind folgende giftig:

Weiße: Bleiweiß (Schieferweiß, Kremserweiß), Zinkweiß.

Gelbe: Bleiglätte (Silber-, Goldglätte), Massikot, Chromgelb.

Rothe: Bleimennige, Zinnober.

Blaue: Pariserblau, Berlinerblau.

Grüne: Schweinfurter Grün, Scheelsches Grün, Chromgrün, grüner Zinnober und alle gemischten Grüne, welche eine oder mehrere der genannten giftigen blauen oder gelben Farben enthalten.

Violette: ⎫ welche eine oder mehrere
Orange: ⎬ der vorgenannten
Graue: ⎪ giftigen Farben ent-
Schwarze: ⎭ halten.

Wenngleich im Allgemeinen anzunehmen ist, daß den Malern die giftigen Farben bekannt sind, so gehen doch letztere auch durch die Hände von unerfahrenen Arbeitern und ist es deßhalb rathsam, auf geeignete Weise den Arbeitern die giftigen Farben zu bezeichnen! Bei der Verausgabung und Verarbeitung, sowie bei dem Gebrauche der giftigen Farben ist mit Vorsicht zu verfahren! Es ist alles zu vermeiden (Stäuben, Luftzug u. a.) wodurch Theile der giftigen Stoffe oder die Dämpfe dieser in Mund und Nase gelangen können.

Bei einer wirklichen Vergiftung ist bis zur Ankunft des Arztes dem Erkrankten Seifenwasser, welches am schnellsten zu haben ist, in großer Menge einzugeben. Auch Zucker, fette Milch und Eiweiß sind Mittel, welche die schädlichen Wirkungen einer Vergiftung abschwächen.

Farbiges Glas, s. Glas u. Glasscheiben.

Fasertorf, s. Torf.

Federleinen, wird in einer Breite von 1340 mm für die Stühle in I. (2,4 m) und II. Classe (3,22 m) benutzt. 60—65 Pf. das m. Nach Probe zu liefern. S. Geweben.

Federringe, Fig. 81 und 82 mit einfacher oder mit doppelter Windung, dienen als Unterlage bei Schraubenmuttern, insbesondere bei Laschenschrauben, um das selbstthätige Lösen derselben zu verhindern. Sie müssen aus bestem Tiegelgußstahl bestehen und eine zweckentsprechende Härte haben. Sind genau nach Zeichnung und Muster zu liefern. Müssen genau kreisrund sein, sauber und überall tadellos gearbeitet, insbeſondere dürfen die Flächen der Ringe keine Unebenheiten haben.

Die Prüfung erfolgt im kalten Zuſtande durch Biegen und Brechen; die Ringe dürfen auch bei wiederholter Belaſtung und voll= ſtändigem Zuſammendrücken ſich nicht blei=

Fig. 81 u. 82.

Federringe.

bend ſetzen, alſo eine Verminderung der Höhe erfahren. Für Ringe mit einfacher Windung wird wohl eine Tragkraft von 180 kg vorgeſchrieben.

Aeußerer Durchmeſſer 31—35 mm, Stärke 5—6 mm, Gewicht 0,018—0,024 kg. Stück: einfache 2 Pf., doppelte 4 Pf.

Federſtahl, für Federn aller Art, insbeſondere für die Trag= und Schnecken= federn der Eiſenbahnfahrzeuge, muß Tiegel= Flußſtahl vorzüglichſter Güte ſein, welcher aus den beſten Rohſtahlen hergeſtellt iſt; er muß gleichmäßig, feinkörnig, gut härtbar, die Querſchnittsform genau nach Zeichnung und ſauber ausgewalzt, die einzelnen Stäbe müſſen gerade ſein und die vorgeſchriebene Länge haben. Bei hoher Elaſtizitätsgrenze ſoll die Zerreißfeſtigkeit mindeſtens 65 kg für das qmm und die Zuſammenziehung mindeſtens 20% des urſprünglichen Quer= ſchnittes ſein, die beiden Zahlen zuſammen= gezählt müſſen mindeſtens 90 ergeben.

Ein 76 mm breiter und 13 mm ſtarker Stab darf in federhartem Zuſtande bei 600 mm freier Auflage und in der Mitte mit 1750 kg belaſtet, keine bleibende Durch=

biegung erleiden. Jeder Stab iſt deutlich mit dem Fabrikzeichen und dem Jahre der Anlieferung zu bezeichnen. Proben: ein feder= harter Stab von 1100 mm Länge, 76 mm Breite und 13 mm Stärke und ein Stab von 500 mm Länge bei derſelben Breite

Fig. 83.

Federſtahl=Querſchnittsform
(⅓ natürl. Gr.).

und Stärke in weichem Zuſtande. Fig. 83 zeigt die bei den Pr. Stäb. eingeführte Querſchnittsform von Federſtahl für die Tragfedern der Fahrzeuge. 100 kg 16 M.

Feilenhefte, gewöhnlich in vier Größen. von Weißbuchen=, Pappel= oder Birkenholz. Müſſen ſauber gedreht ohne Riſſe oder ſonſtige Fehler ſein. Erhalten eine eiſerne, hart gelöthete Zwinge. Nach Muſtern zu liefern, Proben einzureichen.

Je nach Größe 3—7 Pf. das Stück.

Feinkorneiſen, ſ. Eiſen. 100 kg 16 M.

Fenſtergaze, ſ. Drahtgewebe.

Fenſterglas, ſ. Glas u. Glasſcheiben.

Fenſtergummi, ſ. Kautſchukſchnüre.

Fenſterleder, ſind Putzleder.

Fenſterzugborde, ſ. Borde.

Fernambukholz, iſt Rothholz. Das kg 1,20 M.

Ferromangan, iſt Manganeiſen.

Fette (Oele), ſind im Thier= und Pflan= zenreiche vorkommende, durchſchnittlich etwa aus 76% Kohlenſtoff, 12,5% Waſſerſtoff und 11,5% Sauerſtoff beſtehende, bei ge= wöhnlicher Wärme feſte oder flüſſige Körper, welche in reinem Zuſtande farb=, geruch= und geſchmacklos, leichter als Waſſer und in dieſem unlöslich ſind, bei etwa 300° ſich zerſetzen und in brennbare Gaſe übergehen. Die feſten Fette nennt man je nach dem Grade ihrer Härte Talg, Butter oder

Schmalz, die flüssigen Fette heißen Oele.
Talg ist das Fett der Rinder, Schafe u. a.
Schmalz das der Schweine, Butter das
der Milch, jedoch werden auch feste Fette von
Pflanzen als Butter bezeichnet, z. B. Palm-
butter.

Oele sind pflanzlichen oder thierischen
Ursprungs, zu ersteren gehören u. a. Rüböl,
Baumöl, Leinöl, zu letzteren u. a. Thran,
Klauenöl.

Die Fette erleiden an der Luft eine
Veränderung, indem sie sich zum Theil zersetzen, in Folge dieser Zersetzung freie
Fettsäuren enthalten und Farbe, Geruch und
Geschmack annehmen. Man nennt diesen
Vorgang das „Ranzigwerden.“ Oele werden
an der Luft dicker und schwerer; wenn sie
dabei in dünner Schicht zu einer harzähnlichen Haut erhärten, so nennt man sie
trocknende Oele, bleiben sie dagegen
immer schmierig, so bezeichnet man dieselben
als nicht trocknende Oele. Zu diesen
zählen u. a. Rüböl, Baumöl, Thran, zu
den trocknenden Oelen gehören Leinöl, Hanföl,
Mohnöl, Nußöl. Die Fette werden durch
Auskochen und Auspressen oder durch Ausziehen mit Schwefelkohlenstoff aus dem Thier-
oder Pflanzenkörper gewonnen.

Viele Pflanzen enthalten noch andere
Arten von Oelen, ätherische oder flüchtige Oele genannt, welche von den vorigen
(die man fette Oele nennt), dadurch sich
unterscheiden, daß sie schon bei gewöhnlicher
Wärme sich verflüchtigen und auch in
reinem Zustande einen durchdringenden und
oft angenehmen Geruch haben. Flüchtige
und fette Oele sind dadurch leicht von
einander zu unterscheiden, daß diese auf
Papier einen bleibenden Fettfleck erzeugen,
während die Flecken von flüchtigen Oelen
allmählich wieder verschwinden.

Von den fetten und flüchtigen Oelen sind
die Mineralöle zu unterscheiden, welche
nur Kohlenstoff und Wasserstoff und keinen
Sauerstoff enthalten. Sie werden gewonnen
durch Destillation von Rohpetroleum, Braun-

kohlentheer u. a. Die Mineralöle enthalten
keine Fettsäuren und verharzen nicht, sie ge-
frieren weniger leicht als die fetten Oele und
in der Hitze verflüchtigen sie sich ohne Zersetzung.

Weiteres siehe Gasöl, Klauenöl.
Leinöl, Mineralöl, Rüböl, Schmier-
materialien, Seife, Talg, Thran,
Terpentinöl, Uhröl.

Fettkohle, f. Steinkohlen.

Feuerbuchse, kupferne (Feuerkiste), für Locomotiven. Dem Lieferanten
sind genaue Zeichnungen mit Maßangaben
und erforderlichen Falles auch Lehren zu
übergeben. Dieselbe muß aus Kupferblech
bester Güte hergestellt werden. Die Anforderungen an Festigkeit, Zähigkeit, äußere
und innere Beschaffenheit siehe bei Kupferblech. Unter Umständen ist bei Feuerkisten-
blechen die chemische Untersuchung zur Bestimmung des Gehaltes an reinem Kupfer
(u. a. nach der Luckow'schen electroly-
tischen Methode) zu empfehlen. Einige Verwaltungen schreiben vor, wie die Walzfasern
der Bleche bei der fertigen Kiste laufen sollen.

Die Kümpelungen der Bleche müssen
glatt, sauber, ohne Beulen, Risse und sonstige
Fehler ausgeführt, die Nietlöcher müssen gebohrt sein, die Auflageflächen schon vor dem
Zusammennieten gut schließen. Das Ver-
stemmen der Nietköpfe und Blechränder muß
vorsichtig geschehen, damit die Bleche nicht
angegriffen werden.

Man beschafft die innere Feuerkiste ohne
Thüröffnung und Bohrungen für Siederöhren, Niete, Stehbolzen, Verankerungen,
Rostanlage u. s. w., da dieselben erst in der
Werkstätte zu dem vorhandenen Kessel passend und an richtiger Stelle angebracht werden können.

Gewicht einer kupfernen inneren Feuerkiste für Normalgüterzuglocomotive etwa
2000 kg, Preis etwa 3100 M.

Feuereimer, leinene, müssen aus
bestem, sehr dichten Segeltuche gefertigt, mit
Lederboden, oberer Ledereinfassung und Leder-

henkel verſehen ſein. 200 mm Durchmeſſer, 275 mm Höhe. Nach Muſter zu liefern. Probe einreichen. 2,70 Mark das Stück. S. Eimer.

Feuerſteinpapier, ſ. Sandſteinpapier.

Fichte, gemeine (Rothtanne), Nadelholz, wird in 150 Jahren bis 50 m hoch und 1,75 m dick; heimiſch im mittleren und nördlichen Europa.

Röthlich gelbes bis weißes Holz, im Kern geadert, langfaſerig und oft ziemlich grobfaſerig (feinfaſerig zu verlangen), weich, leicht ſpaltbar, ſehr elaſtiſch, harzreich. Spez. Gew. 0,35—0,60. Im Witterungswechſel ſtockt es leicht, ganz unter Waſſer faſt unverwüſtlich. Das in der Ebene gewachſene Holz iſt leichter, weniger dauerhaft und bekommt eher die Rothfäule als das von Bergen. Verwendung zu allen Sorten Bauholz, Möbeln, zur Bekleidung der Seiten-, End- und Niſchenwände, zu Decken, End- und Seitenbords von Wagen, zu Fußböden, zu Inventarſtücken der Werkſtätten, zu Wagen-Ausrüſtungen für Militärzwecke. 30—40 M. das cbm. S. Holz und Brennholz.

Fichtenharz, iſt Kolophonium.

Filling appretur (Filling up.), ſ. Firniſſe.

Filz. Viele thieriſche Haare, insbeſondere Schafwolle, haben in Folge ihrer ſchuppigen Oberfläche, Kräuſelung, Feinheit, Biegſamkeit u. a. die Eigenſchaft, im angefeuchteten und erwärmten Zuſtande durch einen knetenden und zugleich ſchiebenden Druck ein dichtes, aus verworren und verſchlungen durcheinander liegenden Haaren (Wolle) beſtehendes unentwirrbares Zeug zu bilden, aus welchem einzelne Haare ohne abzureißen nicht mehr entfernt werden können. Den auf dieſe Weiſe ohne Spinnen und Weben hergeſtellten Stoff nennt man Filz.

Das Verfilzen der Wolle erfolgt durch Maſchinen, welche gleichzeitig dem Filz die Form von Platten geben, welche je nach der Feinheit und dem Verwendungszwecke des Filzes von einigen Millimetern bis mehrere Centimeter dick ſind. Der feinſte Filz beſteht aus weißer, guter Wolle, die gröberen Sorten aus Wolle geringerer Güte, Kuhhaaren o. dgl. Die Herſtellungsweiſe der Filzplatten ermöglicht es, zwiſchen äußere gute Schichten billigeres Material zu legen, worauf bei der Prüfung zu achten iſt, indem man ein Probeſtück der Dicke nach trennt. Ob dem Wollfilze Haare von anderen Thieren beigemengt ſind, läßt ſich unter dem Mikroſkope erkennen. Guter Filz muß ohne Bindemittel hergeſtellt, weich und elaſtiſch, von gleichmäßiger Dicke und nur ſchwierig zerreißbar ſein. Filz findet Verwendung zum Umhüllen von Leitungsröhren für Waſſer und Dampf, von Dampfkeſſeln, alſo als Wärmeſchützmaſſe; ferner zum Dichten, zu Teppichen, Decken, Winterſchuhwerk, zu Staubringen in den Achslagerkaſten der Wagen, zu Schmierpolſtern, zum Schleifen (Schleiffilz). Grauer Filz in Stärken von 8 mm und 15 mm 1,80 und 5 M., weißer in denſelben Stärken 6 und 10 M. für das qm. Nach Probe zu liefern.

Filzringe (Staubringe), zum Dichten der Achslager bei Wagen. Nach Zeichnung und Muſter zu liefern. Der Filz muß feſt ſein, darf ſich nur ſchwierig ſpalten oder auseinanderziehen laſſen. Proben einzureichen. Das Stück 4—7 Pf.

Firniſſe und Lacke. Unter Firniſſen verſteht man beſonders zubereitete trocknende Oele, welche in Berührung mit der Luft allmählich ſich verdicken und ſchließlich ganz erhärten; in dünnen Schichten auf eine Fläche aufgetragen bilden Firniſſe nach einiger Zeit eine feſte durchſichtige Haut auf derſelben. In den meiſten Fällen verſteht man unter Firniß den Leinölfirniß, da faſt ausſchließlich Leinöl zur Bereitung desſelben Verwendung findet.

Lacke oder Lackfirniſſe ſind Auflöſungen von Harzen oder harzähnlichen Körpern in Flüſſigkeiten, welche in dünnen Schichten auf Flächen aufgetragen, ebenſo wie Firniſſe, nach kurzer Zeit einen feſten durchfichtigen Ueberzug bilden. Während bei den Firnissen die Erhärtung dadurch vor sich geht, daß das Leinöl Sauerstoff aus der Luft aufnimmt und mit demselben einen neuen festen Körper bildet, bleiben bei den Lacken die chemisch unveränderten Harze in Folge der Verflüchtigung der Auflösungsmittel in einer zusammenhängenden Schicht zurück. Gewöhnlich werden Firnisse und Lacke nicht streng geschieden, um so mehr nicht, weil beide gleiche Zwecke haben, nämlich Metallen, Holz, Zeugstoffen u. a. ein gutes Aussehen zu geben oder dieselben vor schädlichen Einflüssen von Luft, Wasser, Gasen, Säuren ꝛc. zu schützen, auch können sowohl Firnisse wie Lacke gleichzeitig beiden Zwecken dienen.

Oel=Lackfirnisse, auch Oellacke und fette Lacke genannt, sind im Allgemeinen Mischungen von Oelfirnissen und Lacken.

Reines Leinöl ohne jede Beimengung besitzt schon ein gewisses Trocknungsvermögen, welches um so größer wird, je mehr Sauerstoff es schon aufgenommen hat, was sehr befördert wird durch anhaltendes Kochen unter beständigem Umrühren. Solches Leinöl trocknet in dünner Schicht nach einiger Zeit zu einem dünnen, durchsichtigen und harten Ueberzuge, so daß man reines gekochtes Leinöl eigentlich schon als Firniß bezeichnen kann. Die Trocknenkraft des Leinöles wird ganz bedeutend vergrößert, wenn demselben beim Kochen Stoffe zugesetzt werden, welche leicht Sauerstoff abgeben, wie Bleimennige, Braunstein, Mangan=Oxydhydrat, oder sich mit der Oelsäure des Leinöles zu Metallseifen verbinden, wie Bleiglätte, Manganoxydul. Der Leinölfirniß wird durch anhaltendes Kochen von Leinöl unter Zusatz einer der genannten Stoffe hergestellt. Diese lösen sich zum Theil in dem Leinöle auf, zum Theil schlagen sie sich mit den Unreinigkeiten nieder und bilden mit denselben einen Bodensatz, von welchem der klare Firniß abgeschöpft und zur weiteren Klärung in Lagerfässer gebracht

wird. Je länger man ihn in diesen beläßt, um so blanker wird er und das Trocknungsvermögen nimmt mit seinem Alter zu.

Man kann Leinöl bleichen, indem man es in breiten Kästen von Blech mit Glasdeckeln einen Sommer lang den Sonnenstrahlen aussetzt.

Je nach den beim Kochen des Leinöles verwendeten Materialien unterscheidet man Blei= und Manganfirnisse. Die Mengen, welche von diesen Stoffen zugesetzt werden, schwanken nach den verschiedenen Vorschriften von 1—50 Thl. auf 1000 Thl. Leinöl. Die Bleifirnisse stehen hinter den Manganfirnissen insofern zurück, als sie nachdunkeln und damit hergestellte Anstriche mit der Zeit ein schwärzliches Ansehen bekommen, insbesondere wenn Schwefelgase darauf einwirken. (Es bildet sich Schwefelblei.) Bleifirniß mit einer schwefelhaltigen Farbe angerieben, macht diese allmählich mißfarbig und schließlich schwarz. Der Firniß darf kein Blei enthalten, wenn Zinkweiß zum Anstrich benutzt werden soll, in einem solchen Falle ist Manganfirniß zu benutzen, welcher im Allgemeinen überhaupt der beste Firniß ist.

Guter Leinölfirniß muß aus altem, reinen Leinöl unter Zusatz einer der genannten Stoffe kunstgerecht gekocht sein. Er darf keine fremdartigen Beimengungen, keinen Schlamm und Bodensatz enthalten oder diese nach längerer Lagerung absetzen. Bei der Entnahme einer Probe für die chemische Prüfung ist wie bei dem Leinöl zu verfahren. S. da. Der Firniß muß bei dünner Schicht und einer Wärme von 15⁰ in 24 Stunden einen trockenen, klebefreien Ueberzug bilden. Für die Lieferung bleibt eine für gut erkannte Probe maßgebend.

Das Kochen des Leinöls ist eine zeitraubende und Kosten verursachende Arbeit, es kommmen deßhalb Leinölfirnisse in den Handel, die überhaupt nicht oder ungenügend gekocht sind, denen aber dafür Siccativ zugesetzt ist. Unter diesen versteht man Stoffe, welche die Eigenschaft haben, das Trocknungsvermögen der Oele und Oelfirnisse zu erhöhen. Die oben genannten, welche dem Leinöl bei dem regelrechten Kochen zu Leinölfirniß zugesetzt werden, sind streng genommen Siccative, doch versteht man gewöhnlich darunter solche Stoffe, welche man rohem oder ungenügend gekochtem Leinöl zumischt, um dessen Trocknungsvermögen zu erhöhen. Durch kein Siccativ kann ein so guter, dauerhafter und den Witterungseinflüssen widerstehender Leinölfirniß hergestellt werden, wie durch kunstgerechtes Kochen des Leinöles mit einem der mehrfach genannten Materialien. Ein festes Siccativ (Siccativpulver) ist das borsaure Manganoxydul, welches mit wenig Leinöl angerieben in 300—400 Theilen Leinöl einmal aufgekocht wird. Auch kalt zugesetzt beschleunigt dieses Siccativpulver das Trocknen des Firnisses. Die flüssigen Siccative sind Lösungen von ganz dick eingekochtem Leinölfirniß (Firnißextract) in Terpentinöl oder Auflösungen von leinölsaurem Bleioxyd oder leinölsaurem Manganoxydul.

Flüssiges Siccativ muß eine durchaus klare Lösung bilden, darf keinen Bodensatz haben oder mit der Zeit ablagern. Einige Tropfen Siccativ mit einer geringen Menge Oel geschüttelt, dürfen dieses nur wenig färben, sich jedoch nicht niederschlagen.

Die Wirksamkeit verschiedener Siccative wird dadurch untersucht, daß man gleiche Gewichtsmengen einer Anstrichmasse mit gleichen Mengen der Siccativproben mischt und in dünnen Schichten auf ein Metallblech streicht und dann beobachtet, in welcher Zeit die verschiedenen Anstriche trocknen.

Den durch Siccativzusatz aus ungekochtem Leinöl hergestellten Firnissen werden oft minderwerthige Oele zugesetzt, welche den Firniß noch weiter verschlechtern. Durch chemische Untersuchung sind die Siccative und die fremden Oele in den meisten Fällen nachzuweisen. Firnisse sollten nur von anerkannt guten Firmen angekauft werden, wenn nicht vorgezogen wird, dieselben in den eigenen Werkstätten herzustellen.

Leinölfirniß wird in Fässern geliefert, die in kühlen, zweckmäßig in Kellerräumen zu lagern sind. **Es sind dieselben Vorsichtsmaßregeln wie bei Leinöl zu beobachten!**

Flüssiges Siccativ kommt in Fässern oder Blechgefäßen zur Anlieferung, die wie Leinöl zu lagern sind. **Vorsichtsmaßregeln wie bei Schleiflack!**

Die Lösungsmittel für Harze zur Bereitung der Lacke (Lackfirnisse) sind hauptsächlich Weingeist (Spiritus), Terpentinöl, Benzin, leichte Theeröle. Man unterscheidet hiernach Weingeist-, Terpentinöl-, Theerfirnisse u. s. w. Eine andere Benennung haben die Lacke nach dem aufgelösten Harze, z. B. Asphaltlack, Bernsteinlack, Kopallack, Schellacklfirniß u. a.

Die reinen Weingeistlacke sind leicht ganz wasserhell herzustellen, sie trocknen sehr schnell und geben ganz glatte, glänzende Ueberzüge, die jedoch bei Erschütterungen und Wärmewechsel bald feine Risse bekommen und in starken Schichten sogar abblättern. Diese Erscheinung erklärt sich dadurch, daß der Ueberzug ausschließlich aus reinem Harze besteht, der an und für sich spröde ist. Alle Lacke, deren Lösungsmittel sich vollständig verflüchtigen, also an der Bildung der Lackschicht sich nicht betheiligen und nur die reine Harzschicht zurücklassen, haben denselben Fehler wie der reine Weingeistlack.

Die Schellack-Politur ist zuweilen ein reiner Weingeistlack, der zum Poliren von Holz Verwendung findet (Tischlerpolitur). In der Regel setzt man dem Schellack- und anderen Weingeistlacken eine passende Menge von Terpentinöl oder Leinölfirniß zu, weil sie dadurch geschmeidiger und elastischer werden.

Terpentinöl-Firniſſe ſind Auflöſungen von Harzen in Terpentinöl. Dieſe
trocknen nicht ſo raſch, ſind weniger ſpröde
und werden nicht ſo bald riſſig, weil nämlich
das Terpentinöl ſelbſt einen Rückſtand hinterläßt, welcher dem Harze die Sprödigkeit
benimmt. Dem Terpentinöl-Firniſſe wird
meiſtens Leinöl oder Leinölfirniß zugeſetzt,
welche Miſchung die ſogen. Oel-Lackfir-
niſſe oder fette Lacke bilden. In der
Regel werden die fetten Lacke nicht unter
Verwendung von nur einem Harze bereitet, ſondern je nach den gewünſchten Eigenſchaften, wie Härte, Biegſamkeit, Geſchmei-
digkeit, kommen verſchiedene Harze gleichzeitig zur Verwendung, wie denn auch in
vielen Fällen mehrere als ein Löſungsmittel
angewandt werden.

Zu weiche Firniſſe können durch Zuſatz
von harten Harzen (Bernſtein, Kopal,
Schellack) härter, dagegen zu harte und
ſpröde durch weiche Harze (Maſtix, Elemi,
Terpentin) weicher und geſchmeidiger gemacht werden.

Man nimmt im Allgemeinen zu 1 Thl.
Harz 2¹/₂ Thl. Löſungsmittel. Zu dicker
Firniß wird durch Zugabe von weiteren
Löſungsmitteln verdünnt, zu leichtflüſſiger
Firniß durch Abdampfen dickflüſſiger ge-
macht.

Zum Lackiren der Eiſenbahnfahrzeuge
finden Schleiflack, Güterwagenlack,
Kutſchenlack, Locomotivlack Verwendung. Dieſelben ſind Kopallacke und
beſtehen aus einer Löſung von Kopal in
Terpentinöl oder einem anderen Löſungsmittel mit einem Zuſatz von Leinölfirniß
und meiſtens noch von anderen Harzen, wie
Bernſtein, Sondarac, Elemi, Maſtix. Wie
alle Lacke iſt auch der Kopallack um ſo
weicher, elaſtiſcher und dem Springen um
ſo weniger ausgeſetzt, je größer der Zuſatz
von Leinöl oder Leinöl-Finiß iſt.

Die genannten Lacke müſſen eine durchaus klare, durch keine Harzausſcheidungen
oder ſonſt getrübte Löſung bilden, frei von

Bodenſatz ſein und ſich leicht und gleichmäßig
auftragen laſſen, ſo daß die Pinſelſtriche
nicht zu ſehen ſind.

Der Schleiflack (Präparationslack) muß ſchnell trocknen und dann einen
ſo harten Ueberzug abgeben, daß er ſich
ſchleifen läßt, (mit Bimſtein) ohne daß eine
Verſchmierung des Schleifmittels eintritt.

Die drei anderen aufgeführten Lacke
müſſen nach dem Trocknen einen harten,
vollſtändig glatten, glänzenden und hauch-
freien Ueberzug bilden, welcher den Einflüſſen
der Witterung thunlichſt lange widerſteht
und weder blind noch riſſig wird. Der
Kutſchenlack muß außerdem ſo hell ſein, daß
er helle Farben nicht verändert.

Der Locomotivlack muß große Wärme
vertragen, ohne Riſſe zu bekommen oder
blind zu werden.

Durch chemiſche Prüfung kann nachge-
wieſen werden, ob der Kopallack durch
billige Harze, z. B. Dammaraharz, verfälſcht iſt. Im Uebrigen läßt ſich die Güte
eines Kopallackes nur nach langer Beobachtung beurtheilen.

Die Lackfirniſſe ſind in ſtarken Weiß-
blechgefäßen zu liefern, Schellackpolitur auch
in Flaſchen, da ſie in Blechgefäßen ſich verändern ſoll; im Kühlen, zweckmäßig in Kellerräumen zu lagern.

**Lacke ſind noch feuergefährlicher als
fette Oele!** weil ſie leicht flüchtige und
leicht entzündliche Stoffe, wie Terpentinöl,
Benzin, Naphta o. dergl. enthalten. Die
Lacke ſollten deßhalb immer abgeſondert gelagert ſein. **Die Lagerräume von Lacken
dürfen nie mit Licht betreten oder künſtlich
beleuchtet werden!** weil bei undichten Gefäßen die Räume mit den flüchtigen und leicht
entzündlichen Stoffen ſich anfüllen. **Die Verausgabung alſo nur bei Tageslicht!** Lappen,
Werg, Hede u. a., welche mit Terpentinöl,
(mit welchem die Arbeiter oft die Hände
ſich reinigen) oder mit Oel aus den Lacken
befeuchtet ſind, dürfen nicht an freier Luft
liegen bleiben, **da dieſelben ſich noch leichter**

von selbst entzünden! als wenn sie nur mit Oel getränkt sind.

Für die Aufbewahrung solcher Hebe ꝛc. in verschlossenen eisernen Behältern ist Sorge zu tragen!

Die Lackgefäße sind stets sorgfältig geschlossen zu halten, weil die flüchtigen Bestandtheile entweichen und den Lagerraum anfüllen, ferner Verluste eintreten und die Lacke sich unvortheilhaft verändern.

Probe von jeder Sorte 0,5 kg.

Kutschenlack I. Güte 6,50—5,00 M., II. Güte 4,00—2,50 M.; Schleiflack I. Güte 3,80 M., II. Güte 2,20 M. das kg. Flüssiges Siccativ 3,20 M. das kg.

Firnißextract, s. Firnisse.

Firnißfarben, s. Farben.

Fischthran, s. Thran.

Fixirungsplättchen (Sicherheitsplättchen), dienen zum Feststellen von Schraubenmuttern gegen selbstthätiges Zurückdrehen, insbesondere bei Laschen- und Hakenschrauben. S. Klemmplatten. 70 bis 80 mm im Quadrat, 2 mm dick, 0,08 kg Gewicht. Bei Laschenschrauben muß die Entfernung des Schlitzes von der Unterkante so bemessen werden, daß diese fest auf dem Schienenfuße steht, weil andernfalls das Sicherheitsplättchen sich selbst drehen kann.

Müssen aus festem, sehr zähem Eisen sein, damit der Lappen einige Mal das Auf- und Zurückbiegen verträgt. 100 kg 23—26 M.

Flacheisen, sind im Allgemeinen Walzeisen mit rechteckigem Querschnitte, in der Regel versteht man jedoch nur diejenigen darunter, welche stärker als 3 mm und nicht über 155 mm breit sind. Die schwächeren Flacheisen (meistens von 5,5 mm abwärts) nennt man Bandeisen und die breiteren (bis 800 mm) Universal- oder Breiteisen. Für diese gelten je nach dem Verwendungszwecke die Lieferungsbedingungen wie für Eisenbleche I., II. oder III. Güte, an Flacheisen werden im Allgemeinen dieselben Anforderungen wie an Stabeisen gestellt. (Hierzu Tabelle S. 94 u. 95.)

Bei 5—80 mm Stärke und 10—235 mm Breite für 100 kg 13—18 M.

Flachs, ist die Bastfaser der in ganz Europa heimischen Leinpflanze (Lein), deren Samen das Leinöl liefert. Fig. 84 u. 85 zeigen Querschnitte des Stengels dieser Pflanze. Die Schichten 1 bis 5 sind der Reihe nach das Mark, die Holzmasse, noch nicht fertig gebildetes Holz, der Bast und die Oberhaut. Zur Gewinnung des Flachses muß der Bast von den übrigen Theilen getrennt und dann in Fasern zerlegt werden.

Nachdem die Pflanze mit den Wurzeln aus der Erde gezogen ist, wird sie durch das Raffen von dem Samen befreit, indem die Stengel bündelweise durch die Zinken eines eisernen Kammes gezogen werden. Diesem folgt das Rotten, darin bestehend, daß man die Flachsstengel in Wasser einer Gährung unterwirft, um die Bindemittel zwischen Holz und Bast zu zerstören. Dem Rotten folgt das Dörren (Trocknen) und diesem das Knicken, Brechen und Spalten der Stengel, je nach dem zur Anwendung kommenden Werkzeuge Riften, Brechen, Boken oder Botten genannt. Die zerkleinerten Holztheile nennt man Schäben, welche durch das Rippen oder Schwingen von dem Flachse entfernt werden.

Fig. 84 u. 85.

Flachsfaser.

Der so gewonnene Flachs (Schwingflachs, Reinflachs) wird zu gröberen Seiler- und Gewebewaaren verarbeitet. Um den Flachs zu feinerer Waare brauchbar zu machen, ist noch das Hecheln, eine Art von Kämmen, nöthig, durch welches die letzten Holztheile entfernt und der Bast in möglichst viele einzelne Fasern gespalten wird, wodurch die feinsten Flachsfäden zu Garnen und Geweben entstehen. Die beim Schwingen

Flachs.

Gewichts-Zusammen-
Gewicht für

Dicke in mm.	Breite in mm.															
	10	12	14	15	16	18	20	22	24	25	26	28	30	35	40	45
1	0,078	0,093	0,109	0,117	0,125	0,140	0,156	0,171	0,187	0,195	0,203	0,218	0,234	0,273	0,312	0,351
2	0,156	0,187	0,218	0,234	0,249	0,280	0,312	0,343	0,374	0,390	0,405	0,436	0,467	0,545	0,623	0,701
3	0,234	0,280	0,327	0,351	0,374	0,421	0,467	0,514	0,561	0,584	0,608	0,654	0,701	0,818	0,935	1,052
4	0,312	0,374	0,436	0,467	0,499	0,561	0,623	0,686	0,748	0,779	0,810	0,872	0,935	1,091	1,249	1,402
5	0,390	0,467	0,545	0,584	0,623	0,701	0,779	0,857	0,935	0,974	1,013	1,091	1,169	1,363	1,558	1,753
6	0,467	0,561	0,654	0,701	0,748	0,841	0,935	1,028	1,122	1,169	1,215	1,309	1,402	1,636	1,870	2,103
7	0,545	0,654	0,763	0,818	0,872	0,982	1,091	1,200	1,309	1,363	1,418	1,527	1,636	1,909	2,181	2,454
8	0,623	0,748	0,872	0,935	0,997	1,122	1,246	1,371	1,496	1,558	1,620	1,745	1,870	2,181	2,493	2,804
9	0,701	0,841	0,982	1,051	1,122	1,262	1,402	1,542	1,683	1,753	1,823	1,963	2,103	2,454	2,804	3,155
10	0,779	0,935	1,091	1,169	1,246	1,402	1,558	1,714	1,870	1,948	2,025	2,181	2,337	2,727	3,116	3,506
11	0,857	1,028	1,200	1,285	1,371	1,542	1,714	1,885	2,057	2,142	2,228	2,399	2,571	2,999	3,428	3,856
12	0,935	1,122	1,309	1,402	1,496	1,683	1,870	2,057	2,244	2,337	2,430	2,617	2,804	3,272	3,739	4,207
13	1,013	1,215	1,418	1,519	1,620	1,823	2,025	2,228	2,430	2,532	2,633	2,836	3,038	3,544	4,051	4,557
14	1,091	1,309	1,527	1,636	1,745	1,963	2,181	2,399	2,617	2,727	2,836	3,054	3,272	3,817	4,362	4,908
15	1,169	1,402	1,636	1,753	1,870	2,103	2,337	2,571	2,804	2,921	3,038	3,272	3,506	4,090	4,674	5,258
16	1,246	1,496	1,745	1,870	1,994	2,244	2,493	2,742	2,991	3,116	3,241	3,490	3,739	4,362	4,986	5,609
17	1,324	1,589	1,854	1,986	2,119	2,384	2,649	2,913	3,179	3,311	3,443	3,708	3,973	4,635	5,297	5,959
18	1,402	1,683	1,963	2,103	2,244	2,524	2,804	3,085	3,365	3,506	3,646	3,926	4,207	4,908	5,609	6,310
19	1,480	1,776	2,072	2,220	2,368	2,664	2,960	3,256	3,552	3,700	3,848	4,144	4,440	5,180	5,920	6,660
20	1,558	1,870	2,181	2,337	2,493	2,804	3,116	3,428	3,739	3,895	4,051	4,362	4,674	5,453	6,232	7,011
21	1,636	1,963	2,290	2,454	2,617	2,945	3,272	3,599	3,926	4,090	4,253	4,581	4,907	5,726	6,544	7,362
22	1,714	2,057	2,399	2,571	2,742	3,085	3,428	3,770	4,113	4,285	4,456	4,799	5,141	5,998	6,855	7,712
23	1,792	2,150	2,508	2,688	2,867	3,225	3,585	3,942	4,300	4,479	4,658	5,017	5,375	6,271	7,167	8,063
24	1,870	2,244	2,617	2,804	2,991	3,365	3,739	4,113	4,487	4,674	4,861	5,235	5,609	6,544	7,478	8,413
25	1,948	2,337	2,727	2,921	3,116	3,506	3,895	4,285	4,674	4,869	5,064	5,453	5,843	6,816	7,790	8,764
26	2,025	2,430	2,836	3,038	3,241	3,646	4,051	4,456	4,861	5,064	5,266	5,671	6,076	7,089	8,102	9,114
27	2,103	2,524	2,945	3,155	3,365	3,786	4,207	4,627	5,048	5,258	5,469	5,889	6,310	7,362	8,413	9,465
28	2,181	2,617	3,054	3,272	3,490	3,926	4,362	4,799	5,235	5,453	5,671	6,107	6,544	7,634	8,725	9,815
29	2,259	2,711	3,163	3,389	3,615	4,066	4,518	4,970	5,422	5,648	5,874	6,325	6,777	7,907	9,036	10,17
30	2,337	2,804	3,272	3,506	3,739	4,207	4,674	5,141	5,609	5,843	6,076	6,544	7,011	8,180	9,348	10,52
31	2,415	2,898	3,381	3,622	3,864	4,347	4,830	5,313	5,796	6,037	6,279	6,762	7,245	8,452	9,660	10,87
32	2,493	2,991	3,490	3,739	3,988	4,487	4,986	5,484	5,983	6,232	6,481	6,980	7,478	8,724	9,971	11,22
33	2,571	3,085	3,599	3,856	4,113	4,627	5,141	5,656	6,170	6,427	6,684	7,198	7,712	8,997	10,28	11,57
34	2,649	3,178	3,708	3,973	4,238	4,767	5,297	5,827	6,357	6,622	6,886	7,416	7,946	9,270	10,59	11,92
35	2,727	3,272	3,817	4,090	4,362	4,908	5,453	5,998	6,544	6,816	7,089	7,634	8,180	9,543	10,91	12,27
36	2,804	3,365	3,926	4,207	4,487	5,048	5,609	6,170	6,731	7,011	7,291	7,852	8,413	9,816	11,22	12,62
37	2,882	3,459	4,035	4,323	4,612	5,188	5,765	6,341	6,918	7,206	7,494	8,070	8,647	10,09	11,53	12,97
38	2,960	3,552	4,144	4,440	4,736	5,328	5,920	6,512	7,104	7,401	7,697	8,289	8,881	10,36	11,84	13,32
39	3,038	3,646	4,253	4,557	4,861	5,469	6,076	6,684	7,291	7,595	7,899	8,507	9,114	10,63	12,15	13,67
40	3,116	3,739	4,362	4,674	4,986	5,609	6,232	6,855	7,478	7,790	8,102	8,725	9,348	10,91	12,46	14,02
41	3,194	3,833	4,471	4,791	5,110	5,749	6,388	7,027	7,665	7,985	8,304	8,943	9,582	11,18	12,78	14,37
42	3,272	3,926	4,581	4,908	5,235	5,889	6,544	7,198	7,852	8,180	8,507	9,161	9,815	11,45	13,09	14,72
43	3,350	4,020	4,690	5,025	5,360	6,029	6,699	7,369	8,039	8,374	8,709	9,379	10,05	11,72	13,40	15,07
44	3,428	4,113	4,799	5,141	5,484	6,170	6,855	7,541	8,226	8,569	8,912	9,597	10,28	12,00	13,71	15,42
45	3,506	4,207	4,908	5,258	5,609	6,310	7,011	7,712	8,413	8,764	9,114	9,815	10,52	12,27	14,02	15,77

und Hecheln abfallenden kurzen Fasern nennt man Werg oder Hede und zwar Schwinghede und Hechelhede, letztere ist reiner als Schwinghede, welche in der Regel noch Schäben hat.

Werg und Flachs unterscheiden sich nur durch ihre äußere Beschaffenheit; bei Flachs liegen die 300—700 mm langen Fasern geordnet nebeneinander, während bei dem Werg die kürzeren (zerrissenen), mit Schäben verunreinigten Fasern ein wirres Durcheinander bilden.

Guter Flachs hat eine helle, blaßblonde, bläulich- oder gelblichweiße oder auch stahlgraue Farbe, einen seidenartigen Glanz, große Weichheit und Biegsamkeit; er darf

Stellung für Flacheisen.

das lfd. m in kg.

\	\	\	\	\	Breite in mm.										Dicke in mm
50	60	70	80	90	100	110	120	130	140	150	160	170	180	190	
,390	0,467	0,545	0,623	0,701	0,779	0,857	0,935	1,013	1,091	1,169	1,246	1,324	1,402	1,480	1
,779	0,935	1,091	1,246	1,402	1,558	1,714	1,870	2,025	2,181	2,337	2,493	2,649	2,804	2,930	2
,169	1,402	1,636	1,870	2,103	2,337	2,571	2,804	3,038	3,272	3,506	3,739	3,973	4,207	4,440	3
,558	1,870	2,181	2,493	2,804	3,116	3,428	3,739	4,051	4,362	4,674	4,986	5,297	5,609	5,920	4
,948	2,337	2,727	3,116	3,506	3,895	4,285	4,674	5,064	5,453	5,843	6,232	6,622	7,011	7,401	5
,337	2,804	3,272	3,739	4,207	4,674	5,141	5,609	6,076	6,544	7,011	7,478	7,946	8,413	8,881	6
,727	3,272	3,817	4,362	4,908	5,453	5,998	6,544	7,089	7,634	8,180	8,725	9,270	9,815	10,36	7
,116	3,739	4,362	4,986	5,609	6,232	6,855	7,478	8,102	8,725	9,348	9,971	10,59	11,22	11,84	8
,506	4,207	4,908	5,609	6,310	7,011	7,712	8,413	9,114	9,815	10,52	11,22	11,92	12,62	13,32	9
,895	4,674	5,453	6,232	7,001	7,790	8,569	9,348	10,13	10,91	11,69	12,46	13,24	14,02	14,80	10
,285	5,141	5,998	6,855	7,712	8,569	9,426	10,28	11,14	12,00	12,85	13,71	14,57	15,42	16,28	11
,674	5,609	6,544	7,478	8,413	9,348	10,28	11,22	12,15	13,09	14,02	14,96	15,89	16,83	17,76	12
,064	6,076	7,089	8,102	9,114	10,13	11,14	12,15	13,17	14,18	15,19	16,20	17,22	18,23	19,24	13
,453	6,544	7,634	8,725	9,815	10,91	12,00	13,09	14,18	15,27	16,36	17,45	18,54	19,63	20,72	14
,843	7,011	8,180	9,348	10,52	11,69	12,85	14,02	15,19	16,36	17,53	18,70	19,86	21,03	22,20	15
,232	7,478	8,725	9,971	11,22	12,46	13,71	14,96	16,20	17,45	18,70	19,94	21,19	22,44	23,68	16
,622	7,946	9,270	10,59	11,92	13,24	14,57	15,89	17,22	18,54	19,86	21,19	22,51	23,84	25,16	17
,011	8,414	9,815	11,22	12,62	14,02	15,42	16,83	18,23	19,63	21,03	22,44	23,84	25,24	26,64	18
,401	8,881	10,36	11,84	13,32	14,80	16,28	17,76	19,24	20,72	22,20	23,68	25,16	26,64	28,12	19
,790	9,348	10,91	12,46	14,02	15,58	17,14	18,70	20,25	21,81	23,37	24,93	26,49	28,04	29,60	20
,180	9,815	11,45	13,09	14,72	16,36	17,99	19,63	21,27	22,90	24,54	26,17	27,81	29,45	31,08	21
,569	10,28	12,00	13,71	15,42	17,14	18,85	20,57	22,28	23,99	25,71	27,42	29,13	30,85	32,56	22
,959	10,91	12,54	14,33	16,13	17,92	19,71	21,50	23,29	25,08	26,88	28,67	30,46	32,25	34,04	23
,348	11,22	13,09	14,96	16,83	18,70	20,57	22,44	24,30	26,17	28,04	29,91	31,79	33,85	35,52	24
,738	11,69	13,63	15,58	17,53	19,48	21,42	23,37	25,32	27,27	29,21	31,16	33,11	35,06	37,00	25
10,13	12,15	14,18	16,20	18,23	20,25	22,28	24,30	26,33	28,36	30,38	32,41	34,43	36,46	38,48	26
10,52	12,62	14,72	16,83	18,93	21,03	23,14	25,24	27,34	29,45	31,55	33,65	35,76	37,86	39,96	27
10,91	13,09	15,27	17,45	19,63	21,81	23,99	26,17	28,36	30,54	32,72	34,90	37,08	39,26	41,44	28
11,30	13,55	15,81	18,07	20,33	22,59	24,85	27,11	29,37	31,63	33,89	36,15	38,40	40,66	42,92	29
11,69	14,02	16,36	18,70	21,03	23,37	25,71	28,04	30,38	32,72	35,06	37,39	39,73	42,07	44,40	30
12,07	14,49	16,90	19,32	21,73	24,15	26,56	28,98	31,39	33,81	36,22	38,64	41,05	43,47	45,83	31
12,46	14,96	17,45	19,94	22,44	24,93	27,42	29,91	32,41	34,90	37,39	39,88	42,38	44,87	47,36	32
12,85	15,42	17,99	20,57	23,14	25,71	28,28	30,85	33,42	35,99	38,56	41,13	43,70	46,27	48,84	33
13,24	15,89	18,54	21,19	23,84	26,49	29,13	31,78	34,43	37,08	39,73	42,38	45,03	47,67	50,32	34
13,63	16,36	19,09	21,81	24,54	27,27	29,99	32,72	35,44	38,17	40,90	43,62	46,35	49,08	51,80	35
14,02	16,83	19,63	22,44	25,24	28,04	30,85	33,65	36,46	39,26	42,07	44,87	47,67	50,48	53,28	36
14,41	17,29	20,18	23,06	25,94	28,82	31,71	34,59	37,47	40,35	43,23	46,12	49,00	51,88	54,76	37
14,80	17,76	20,72	23,68	26,64	29,60	32,56	35,52	38,48	41,44	44,40	47,36	50,32	53,28	56,24	38
15,19	18,23	21,27	24,30	27,34	30,38	33,42	36,46	39,50	42,53	45,58	48,61	51,65	54,69	57,72	39
15,58	18,70	21,81	24,93	28,04	31,16	34,28	37,39	40,51	43,62	46,74	49,86	52,97	56,09	59,20	40
15,97	19,16	22,36	25,55	28,75	31,94	35,13	38,33	41,52	44,71	47,91	51,10	54,30	57,49	60,68	41
16,36	19,63	22,90	26,17	29,45	32,72	35,99	39,26	42,58	45,81	49,08	52,35	55,62	58,89	62,16	42
16,75	20,10	23,45	26,80	30,15	33,50	36,85	40,20	43,55	46,90	50,25	53,60	56,94	60,29	63,64	43
17,14	20,57	23,99	27,42	30,85	34,28	37,70	41,13	44,56	47,99	51,41	54,84	58,27	61,70	65,12	44
17,53	21,03	24,54	28,04	31,55	35,06	38,56	42,07	45,57	49,08	52,58	56,09	59,59	63,10	66,60	45

keine Schäben und Hede enthalten. Um zu untersuchen ob bem Flachse Hanf beigemengt ift, wird eine kleine Menge mit ftark verdünnter Jodlösung (Jod in Jodkalium) und darauf mit ftark verdünnter Schwefelsäure behandelt; dabei nimmt die Flachsfaser eine bläuliche, die Hanffaser eine grünliche Färbung an. Die Anwesenheit von Jutefaser wird durch Eintauchen einer Probe in fehr ftarke Salpetersäure entdeckt, indem Jute dadurch rothgelb wird, während Flachs feine Farbe faft nicht ändert; Hanf färbt fich gelb.

Flachs wird zu Garnen, Zwirnen und Geweben verarbeitet. 100 kg 120—130 M. Flachshede 100 kg 45 M. S. Gewebe.

Flachsgewebe, s. Leinwand und Gewebe.

Flammkohlen, s. Steinkohlen.

Flaschen, sind nach Muster oder Zeichnung zu liefern; bezüglich der Güte ist ersteres vorzuziehen. Geschliffene Flaschen sind von den billigeren gepreßten dadurch zu unterscheiden, daß diese nicht so ausgeprägte Ecken und Kanten haben. Feines geschliffenes Hohlglas muß ein Kalibleiglas (Kryftallglas) und als solches durchaus farblos, glänzend, klingend und von starkem Lichtbrechungsvermögen sein.

Eingeschliffene Stöpsel müssen auch bei den dünnsten Flüssigkeiten, wenn man die gegenüber beilegt sind bei den Gußstahl= Scheibenrädern angegeben, wo auch erwähnt wurde, daß verschiedene Bahnverwaltungen letztere Räder nicht unter Bremswagen laufen lassen und man deßhalb jetzt die Radscheiben auch aus Flußeisen fertigt und denselben Flußstahlreifen giebt, Fig. 86 und 87. An Stelle der Bolzenbefestigung wird jetzt meist Sprengringbefestigung angewendet. Die Scheiben werden durch Schmieden und Walzen aus einem Flußeisenblock hergestellt, so daß Schweißfehler ausgeschlossen sind.

Die gegossenen Flußeisenblöcke für diese

Fig. 86 u. 87.

Flußeisen=Scheibenrad.

gefüllte Flasche mit dem Hals nach unten hält, dicht halten.

Fehler und Unterfuchung s. Glas.

Flanell, ift ein tuchartiges Wollzeug mit Kammwoll=Kette und Streichwoll=Schuß, glatt oder geköpert, wenig gerauht, geschoren und gewalkt. Bei 750 mm Breite 1,85 M. das m. Unterfuchung s. Gewebe.

Flintfteinpapier, s. Sandpapier.

Flugkohle, s. Steinkohlen.

Flußeisen, s. Eisen S. 46.

Flußeisen=Scheibenräder (Walz= scheibenrad). Die Vortheile, welche man den Scheibenrädern den Speichenrädern Radscheiben haben die Form der Fig. 88. Nachdem die Angußtrichter mit einem schweren Hammer abgeschlagen und die Blöcke von Schlacken, Schaalen u. dergl. befreit sind, werden dieselben in Wärmeöfen erhitzt und unter dem Dampfhammer (4000 kg) in Gesenken ausgeschmiedet und gelocht, Fig. 89. Nach dem Erkalten werden die Scheiben nochmals untersucht und Mängel und Fehler thunlichst beseitigt, damit dieselben nicht auf das Rad sich übertragen.

Nach einer nochmaligen Erhitzung der Scheiben wird durch die Nabe ein passender

Bolzen gesteckt und die Scheibe in das Walzwerk geführt, Fig. 90. Die Walzköpfe K haben eine dem Querschnitte der Scheibe entsprechende Form und bilden mit der Druckrolle D das Caliber des zu walzenden Rades. Walzköpfe und Druckrolle können durch Schrauben und Hebelübersetzungen gleichmäßig angestellt werden. Nachdem die Scheibe eingesetzt ist, wobei der durch die Nabe gesteckte Bolzen in zwei seitlichen Führungen gleitet, wird dieselbe bis vor die Rolle D geschoben und werden alsdann die Walzen in Thätigkeit gesetzt. Diese fassen die Scheibe an dem äußeren dicken Rande und erzeugen, indem sie dieselbe um den Nabenbolzen drehen, unter beständigem Wachsen des Durchmessers und Füllen des Calibers, den Unterreifen und die richtige Form der Scheibe. Ist der beabsichtigte Durchmesser erreicht, so werden die Walzen zurückgezogen, das Rad wird vom Walzwerke in einen Glühofen übergeführt, wo man es noch einmal auf Rothwärme bringt und dann langsam erkalten läßt, so daß es fast nur noch handwarm aus dem Ofen kommt.

Nach erfolgter Prüfung und Stempelung werden die Räder der Dreherei überwiesen, wo die weitere Bearbeitung der Naben und des Unterreifens in gewöhnlicher Weise vorgenommen und das Rad zum Aufziehen des Reifens fertig gestellt wird.

Prüfung und Abnahme. Das Material der flußeisernen Walzscheibenräder muß bestes Flußeisen von gleichmäßigem Gefüge und ohne Fehler sein. Für den Unterreif und die Nabe, sowie deren Bohrung gilt das bei „Speichenräder" und „Gußstahlräder" gesagte, im Uebrigen muß das Rad sauber und rein bearbeitet sein und genau die in der Zeichnung angegebenen Abmes-

fungen haben. Die Untersuchung auf Widerstandsfähigkeit durch Fallproben erfolgt wie bei Gußstahlräder.

Flußstahl, s. Eisen, S. 51 u. 52.

Flußstahl-Scheibenräder, s. Gußstahl-Scheibenräder.

Föhre, s. Kiefer.

Fig. 88, 89 u. 90.

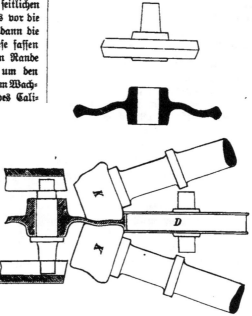

Förderkohle, s. Steinkohle.

Formdraht, s. Eisendraht.

Formeisen, s. Façoneisen.

Formsand, s. Eisenguß, S. 62.

Frankfurter Schwarz (Hefenschwarz), ein aus fein zertheilter Kohle bestehende schwarze Farbe. Wird gewonnen durch Glühen von trockener Weinhefe in geschlossenen Gefäßen, Auswaschen, Trocknen und Mahlen des Rückstandes. Ist rein, frei von fremdartigen Bestandtheilen, in feinstem Farbenkorne, tief schwarz, gut deckend und trocknend zu liefern. Chemisch zu untersuchen, ob billigere schwarze Erdfarben (Schieferschwarz o. dergl.) beigemengt sind. Praktische Untersuchung auf Färbevermögen, Deckkraft u. s. w. wie bei Kienruß und Farben angegeben. Eine geringere Sorte von Frankfurter Schwarz wird durch Verkohlen von Weinreben (Rebenschwarz) hergestellt. In Kisten zu liefern, trocken zu lagern. Probe 0,5 kg 35—50 Pf. das kg, in Oel gerieben 70 bis 80 Pf. das kg. S. Farben.

Fries (Coating, Flaus), ist ein tuchartiges Woll-Gewebe, glatt oder geköpert, aus dickem Garn grob gewebt, langhaarig, wenig gerauht, stark gewalkt und dann heiß gepreßt und oft noch mit Baumöl heiß gebügelt. Dient als Unterfutter bei Winterschutzkleider. S. Gewebe.

Frischereiroheisen, s. Eisen, S. 43.

Fruchtgummi, ist Stärkgummi.

Füllschläuche, s. Ausspritzschläuche.

Furniere, sind sehr dünne Holzblätter (1—5 mm) aus theueren Hölzern, wie Mahagoni, Nußbaum, Palisander, Kirschbaum, Jakaranda, Ahorn u. a. Werden in der Feintischlerei verwendet, indem man sie auf Möbel, Thüren, Fenster, innere Decken in Personenwagen u. s. w. leimt und dann polirt. Diese Holzarbeiten erhalten durch die Furniere ein schönes Aussehen, ohne daß der Preis zu sehr erhöht wird, da der Gegenstand selbst aus einem billigeren Holze (Blindholz) besteht.

Das Schneiden der Furniere erfolgt auf Sägemaschinen oder mit Messern; dieses auch in der Weise, daß man den runden Holzstamm um seine Achse dreht, während das Messer am Anfange beginnend bis zum Kerne ein zusammenhängendes Holzblatt abschält. Rollenfurniere genannt, welche unter einer Presse geebnet werden. Furniere sollen so dünn sein, wie dieses die erforderliche Haltbarkeit bei der Bearbeitung zuläßt, da alsdann für größere Arbeiten eine gleichmäßigere Maserung vorhanden ist. Bei der Abnahme ist auf reinen Schnitt, gleichmäßige Stärke, schöne Maserbildung und darauf zu achten, daß nirgends Risse, Löcher, lose Aeste ꝛc. vorhanden sind. Zu bestellen nach qm.

Fußdecken, s. Kokosbürstenmatten.

Fußdeckenplüsch, s. Plüsch.

Fußmatten, s. Kokosmatten.

Futterstücke, s. Sattelstücke.

G.

Galmeiweiß, s. Zinkweiß.

Gardinenringe, aus Messing (100 Stück 80 Pf.), Steinnuß oder Knochen (Stück 7 Pf.). Nach Proben zu liefern. Müssen glatt, innen und außen und, wo vorgeschrieben, auch im Querschnitte kreisrund sein.

Gardinenstoffe, a) wollene, werden vielfach in Naturfarbe (nicht gefärbt), jedoch auch gefärbt (blau) verlangt; häufig mit eingewebter Eigenthumsbezeichnung (geflügeltes Rad und K. P. E. V. für P. St. B.).

In der passenden Breite von 1,20 m werden für ein Coupé I. oder II. Cl. 4,2 m gebraucht. Etwa 2,40 M. das m.

b) leinene (grauer Drell), ebenfalls in Naturfarbe, 1 m breit für Coupé's III. Cl. mit Eigenthumsbezeichnung. 95 Pf. das m.

Garn, s. Gespinnste.

Gaskohle, s. Steinkohlen.

Gaskoks nennt man die bei der Bereitung des Leuchtgases aus Steinkohlen zurückbleibenden Koks.

Gasöle nennt man diejenigen Oele,

aus welchen das Fettgas gewonnen wird. Seit über 10 Jahren findet bei den Eisenbahnen vielfach das Fettgas in gepreßtem Zustande zur Beleuchtung von Wagen und Locomotiven und in gewöhnlichem Zustande (unter dem Drucke des Gasometers wie bei Steinkohlengas) zur Beleuchtung von Bahnhöfen, Werkstätten u. a. Verwendung.

Aus einer großen Anzahl von Oelen des Mineral=, Thier= und Pflanzenreiches, auch aus den geringwerthigsten läßt sich Fettgas herstellen, jedoch find in Bezug auf Billigkeit, Ausbeute, Lichtstärke des Gases, Menge und Werthe der Nebenerzeugnisse nicht alle gleich gut geeignet. Die meisten Länder haben auf unabsehbare Zeiten genügende Mengen von Rohstoffen, welche zur sofortigen Vergasung tauglich find oder aus denen Gasöle hergestellt werden können.

Die in Deutschland bisher zu Fettgas verarbeiteten Rohstoffe find vorzugsweise die dunkelen Paraffinöle, welche bei der Destillation der Braunkohle abfallen (Braunkohlentheeröle), nachdem zuvor das werthvolle Paraffin ausgeschieden und aus der Lauge die besseren Oele zu anderen Zwecken gewonnen find. Ursprünglich ein faft werthloses Material wird das dunkle Paraffinöl zur Zeit vorzugsweise zu Gas verarbeitet.

Neben diesem ist deutsches Rohpetroleum ein brauchbares Gasöl.

In Rußland liefern sehr ergiebige Naphtaquellen, in Rumänien und Galizien mächtige Petroleumlager zum Vergasen geeignete Rohstoffe. In letzteren beiden Ländern werden außerdem aus bituminösem Schiefer, in Schottland und Australien aus der Bogheadkohle, in Amerika ausschließlich aus Petroleum Gasöle gewonnen.

In folgender Zusammenstellung find die verschiedenen Ausbeuten an Fettgas aus 50 kg des Rohstoffes, die Leuchtkraft in Normalkerzen für 31 Liter und die Ausbeute an Theer zusammengestellt.

Rohstoff.	Gasausbeute von 50 kg cbm	Leuchtkraft in Normalkerzen von 31 l Gas.	Ausbeute an Theer in % des Rohstoffes.
Stearin	60,2	8,3	2,0
Paraffin (47 bis 50 c)	37,3	10,5	13,0
Fischthran . . .	29,8	4,0	12,0
Rüböl	29,1	9,8	16,8
Paraffinöl . . .	29—32	10,0	30—33
Talg	27,6	8,5	15,3
Petroleum=Rückstand	26,4	10,0	26,5
Gereinigtes Petroleum . . .	25,2	10,1	32,6
Rohpetroleum . .	24,4	10,1	29,3
Harzöl	21	9,4	37,2
Kreosot	17,4	3,1	50,4

Außer Theer wird flüssiger Kohlenwasserstoff beim Pressen des Fettgases gewonnen, (15—25 l aus 100 cbm Gas) welcher in den chemischen Fabriken Verwendung findet. Die Theergewinnung kann unter Umständen von solcher Bedeutung sein, daß Fettgasanstalten errichtet werden, um Theer als Haupterzeugniß und Gas nebenbei zu gewinnen.

In Bezug auf den Preis der Rohstoffe, die Ausbeute an Gas und dessen Leuchtkraft, die Menge der Nebenerzeugnisse u. a. find Paraffinöl (Braunkohlentheeröl) und Rohpetroleum für Deutschland zur Zeit die wichtigsten Gasöle. In der Regel wird vorgeschrieben, daß das Gasöl satz= und wasserfrei und möglichst klar sein soll und beim Vergasen aus 50 kg Oel durchschnittlich 26 cbm Gas größter Leuchtkraft geben muß. Beim Vergasen darf ein Zusetzen der Retorten=Vorlagen und der Rohre durch Ruß, Pech oder dergl. nicht stattfinden und in den Retorten dürfen nur geringe Rückstände verbleiben.

Bei Braunkohlentheeröl wird auch wohl ein spez. Gew. von 0,9 kg verlangt. Preis eines solchen Gasöles 100 kg 10—12 Mk.

Gasröhren, gußeiserne, s. Eisenröhren.

Gasröhren, schmiedeeiserne. Das Material muß ein weiches, zähes Eisen

ohne Fehler und die Schweißung so voll=
kommen sein, daß die Röhren bis 26 mm
lichten Durchmesser in kaltem, die stärkeren
in dunkelrothwarmem Zustande in jeder
Richtung zur Schweißnaht nach einem Halb=
messer gleich dem zweifachen Röhrendurch=
messer sich biegen lassen müssen, ohne daß
ein Bruch erfolgt oder die Schweißfuge sich
öffnet. Die Röhren müssen mit genau kreis=
rundem Querschnitte, sauber und glatt aus=
gezogen, sowie gerade gerichtet, die Gewinde
an beiden Enden sollen scharf ausgeschnitten
und die Röhren an dem einen Ende mit
Muffe versehen sein. Die Gewinde dieser,
der Röhren und sonstiger Verschraubungs=
stücke müssen bei Röhren mit demselben
Durchmesser genau übereinstimmen und gut
geölt sein. Die Länge der Röhren ist zweck=
mäßig nicht unter 4 bis 5 m. Für die
Gewichte u. a. finden sich folgende Angaben:

Gasröhren.

Innerer Durch- messer mm	10	13	20	26	33	40	52
kg für 1 lfd. m etwa	0,85	1,15	1,70	2,40	3,40	4,35	6,00
Preis für 1 lfd. m in Pf.	23	32	45	63	81	102	152
Preis für 1 Muffe in Pf.	5	8	10	11	13	14	15
Preis für 1 Kniestück in Pf.	16	19	23	30			
Preis für 1 T-Stück in Pf.	17	21		32		67	

Die schmiedeeisernen Gasröhren dienen
auch zu Stangenleitungen für Weichen und
kommt hier die Druck= und Zugfestigkeit, da=
gegen nicht die Dichtigkeit in Betracht. Bei
diesen Röhren ist insbesondere darauf zu
sehen, daß etwa beim Schweißen verbrannte
Enden abgeschnitten werden, weil die Enden,
durch die Gewinde noch geschwächt, am
meisten beansprucht werden und deßhalb
gut geschweißt sein müssen; kleinere Schweiß=

fehler an anderen Stellen sind sobald nicht
schädlich.

Ein üblicher äußerer Durchmesser für
diese Röhren ist 41,3 mm (1⅝ Zoll engl.)
bei einem inneren Durchmesser von 31,3 mm.
Die Wandstärke am Gewinde gemessen darf
nicht unter 4,5 mm sein. Die Länge solcher
Röhren einschließlich der 60 mm langen
Gewinde ist zweckmäßig nicht unter 3 m und
im Uebrigen etwa 4,5 m durchschnittlich.

Es ist darauf zu achten, daß insbesondere
die Enden keine kurzen Knicke haben, da
diese die Verbindung der Röhren erschweren.
Die Gewinde werden zweckmäßig nach einer
dem Lieferanten zu übergebenden Muster=
muffe geschnitten. In der Länge dürfen
dieselben höchstens eine Abweichung von
± 5 mm haben.

Die zu jedem Rohre zu liefernde Ver=
bindungsmuffe hat etwa 120 mm Länge bei
55 mm äußerem Durchmesser; das Gewinde
muß durch die ganze Muffe gleichmäßig und
voll geschnitten sein. Bis auf 40 mm müssen
die Muffen von Hand und ohne zu schlottern
auf das Gewinde sich drehen lassen. Die
Röhren müssen mit reinen und gut geölten
Gewinden zur Ablieferung kommen.

Gaseleinen, Fremdwort für Behäute=
leinen.

Geköperte Stoffe, s. Gewebe.

Gelbe und braune Farben,
s. Bleiglätte, Chromgelb, Curcuma, Gelbholz, Kasseler
Braun, Mahagonibraun, Terra de Siena, Umbra
und Farben.

Gelbguß, s. Messing.

Gelbholz (gelbes Brasilienholz),
ist das Holz eines in Amerika und Indien
heimischen Baumes; kommt in Spänen oder
in Pulverform in den Handel. Hat einen
gelben Farbstoff, der zum Beizen von Holz
dient. 30 Pf. das kg.

Gelbkupfer, s. Messing.

Gelbwurzel, s. Curcuma.

Gemusterter Plüsch, s. Plüsch.

Gemusterte Stoffe, s. Gewebe.

Gepäckhalter-Netze (Netzraufen),
sind aus rother oder grauer, etwa 4 mm

starker Wolle oder aus grauer Hanfschnur. Gebräuchliche Länge 2300 × 250 mm. Nach Probe zu liefern. Untersuchung s. Gespinnste. Für das Stück aus Wollschnur 4 M., aus Hanfschnur 2 M.

Gerberfett, s. Lederschmiere.

Gerberwolle, s. Wolle.

Geschirrleder, s. Blankleder.

Gespinnste. Die einzelnen Fasern des Flachses und Hanfes, der Jute, Wolle, Baumwolle und Seide sind nicht stark und mit Ausnahme bei Seide auch nicht lang genug, um ohne weitere Verarbeitung Verwendung finden zu können. Man vereinigt die Fasern in geringerer oder größerer Anzahl durch Neben- und Aneinanderlegen bei gleichzeitiger Drehung zu einem dünneren oder dickeren Faden von beliebiger Länge und mehrere solche Fäden werden, wenn der einzelne nicht die erforderliche Festigkeit oder Dicke hat, wieder zusammengelegt und durch nochmalige Drehung umeinander verbunden. Das Vereinigen vieler Fasern zu einem Faden nennt man Spinnen und das Erzeugniß Garn. Das Vereinigen mehrerer Fäden heißt Zwirnen und das Erzeugniß wird je nach seiner Dicke, der Stärke der Drehung und nach dem Faserstoffe Zwirn, Schnur, Bindfaden, Kordel, Strang, Leine, Seil oder Tau genannt.

Im Allgemeinen rechnet man die Gespinnste aus Flachs, Hanf und Jute zu den Seilerwaaren, und die aus Baumwolle, Wolle und Seide zu den Posamentirwaaren.

Den Seilerwaaren sind nicht selten zur Vermehrung ihres Gewichtes Mineralsubstanzen, wie Schwerspath, Thon o. dergl. einverleibt, Posamentirwaaren werden zu demselben Zwecke mit starken Lösungen von Chlormagnesium oder schwefelsaurer Magnesia, auch mit Stärkezucker, Dextrin, Glycerin u. a. behandelt. Ferner können die genannten Waaren zu viel Feuchtigkeit enthalten und endlich werden theueren

Waaren nicht selten minderwerthige Gespinnstfasern, z. B. Seiden- und Wollengespinnsten Baumwolle, und Flachs- und Hanfwaaren Jute beigemischt. Mineralsubstanzen werden durch Veraschung einer Probe des Gespinnstes und Untersuchung der Asche nachgewiesen, fremde Beimengungen überhaupt, indem man eine kleine Menge wägt, diese mit heißem Wasser auslaugt, trocknet und wieder wägt, der Gewichtsverlust drückt das Gewicht der Beimengungen aus. Die Feuchtigkeit wird ebenso bestimmt, nur tritt an Stelle des Auslaugens das Austrocknen zwischen den beiden Wägungen.

Im Allgemeinen sind die technischen Anforderungen an Gespinnste und die Prüfungen dieser dieselben wie bei Geweben, wo auch angegeben ist, an welchen besonderen Merkmalen die verschiedenen Faserstoffe zu erkennen sind. S. Gewebe, Flachs, Hanf, Jute, Seide, Wolle, Baumwolle.

Gewebe (Zeug, Stoffe) bestehen aus dem durch das Spinnen der Gespinnstfasern hergestellten Garne. Man unterscheidet nach der Natur der Faser Flachs-, Hanf-, Jute-, Baumwollen-, Wollen-, Seidengewebe u. a. Wenn das verwendete Garn aus verschiedenen Fasern, z. B. aus Wolle und Baumwolle oder aus Flachs und Hanf besteht, so ist selbstredend das Gewebe kein reines; ebenso dann nicht, wenn zwar das einzelne Garn unvermischt, aber das Gewebe aus verschiedenen Garnen besteht. Beispielsweise gibt es aus Seidengarn und Flachsgarn gewebte Stoffe, die Halbseide, wie denn auch noch solche gemischte Gewebe aus Baumwolle und Flachs und viele andere vorkommen.

Das Gewebe entsteht durch Vereinigung der Fäden in einer solchen Weise, daß eine zusammenhängende Fläche von den sich kreuzenden und durcheinander geschlungenen Fäden entsteht, in welcher der einzelne Faden sich nicht aus seiner Lage verschieben kann.

Diejenigen Fäden, welche in der Längsrichtung des Gewebes liegen, heißen einzeln Kettenfäden und zusammen bilden sie die Kette; die der Breite nach laufenden Fäden nennt man Schußfäden, auch Einschlagfäden, sie machen zusammen den Schuß oder den Einschlag aus. Sowohl Ketten= wie Schußfäden liegen wellenförmig in dem Gewebe, sodaß sie herausgezogen länger sind als das Gewebe lang bezw. breit ist. Wo Ketten= und Schußfäden in einander greifen, entstehen die sog. Bindungen oder Fadenein= kreuzungen.

Beim Weben sind die Kettenfäden parallel neben= einander eingespannt und die Schußfäden werden recht= winkelig dazu in der Weise durchgeführt, daß ein langer Faden hin= und zurückgeführt wird, so daß er an den äußer= sten Kettenfäden, diese um= schlingend, wieder umkehrt. Dadurch wird erreicht, daß die äußeren Kettenfäden nach der Seite hin aus dem Ge= webe sich nicht herausschieben können; es entstehen an den Längsseiten des Gewebes feste Kanten, auch Eggen oder Leisten genannt.

Es ist nicht nöthig, daß Ketten= und Schußfäden die= selbe Stärke haben, häufig sind sie ungleich stark und dann in der Regel die Ketten= fäden dünner und läßt des= halb ein Gewebe nach der Breite sich ge= wöhnlich leichter als nach der Länge zer= reißen. Daß Gewebe auch aus Fäden von verschiedenen Gespinnstfasern bestehen, wurde bereits bemerkt.

In dem Gewebe der Fig. 91 hat sowohl im Schusse wie in der Kette jeder Faden abwechselnd einen Faden über sich und unter sich, es liegen also keine Fäden frei

nebeneinander und kann die Verschlingung nicht fester sein; außerdem sind die Fäden so geordnet, daß sowohl im Schusse wie in der Kette die ungeraden Fäden ebenso liegen wie die geraden. In Folge dieser Anord= nung erscheint das Gewebe als aus lauter kleinen Quadraten bestehend, dasselbe ist auf beiden Seiten glatt (schlicht) und ohne Ab= wechselung. Man nennt solche Gewebe glatt oder schlicht und auch leinwand= artig, weil nämlich die Leinwand (Leinen) in den meisten Fällen ein glattes Gewebe ist. Wenn die Anordnung der Fäden so ist,

Fig. 91.

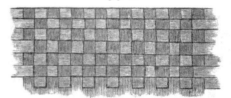

Schlichtes Gewebe.

Fig. 92.

Köper.

daß jeder Faden in Kette und Schuß zwei Fäden überspringt, und zwei über oder unter sich läßt (Fig. 92), so entsteht ein sog. geköperter Stoff (Köper). Bei einem solchen kann der überspringende Faden auch drei Fäden (Fig. 93) und mehrere unter oder über sich lassen. Es liegen also bei dem Köper zwei oder mehrere Fäden über zwei oder mehreren Fäden frei (flott) nebeneinander. Wenn dabei die Bindungen (Fadenkreuzungen) aneinander liegen und eine fortlaufende schräge Linie bilden, wie in Fig. 92 u. 93, so ist das Gewebe ein eigentlicher Köper (kurzweg Köper genannt), liegen dagegen die Bindungen zwar regelmäßig aber zerstreut über dem Gewebe (Fig. 94), so heißt dieses ein gebrochener Köper.

Ein geköperter Stoff ist auch der Atlas, bei welchem die Bindungen ganz vereinzelt liegen, indem ein überspringender Faden 5 oder 8 Fäden unter oder über sich läßt. (Fig. 95.) Bei dem gebrochenen Köper und dem Atlas bilden die Bindungen keine zusammenhängende Linie.

Ueberspringt der Faden ebenso viele Fäden wie flott liegen, so entsteht ein Köper, bei welchem auf beiden Seiten gleich viel Schuß= und Kettenfäden sichtbar sind, welcher also auf beiden Seiten gleich (recht) ist und beidrechter oder Doppelköper genannt wird. (Fig. 96.)

Dadurch, daß man es in der Hand hat, beliebige Fäden der Kette oder des Schusses beliebig viele Fäden überspringen zu lassen, demnach die Anzahl der flott liegenden Fäden und die Länge, auf welcher sie flott liegen, in beliebiger Wahl liegt, ist man im Stande, in dem Gewebe bestimmte Figuren (Muster) zu bilden, wie solche beispielsweise die Fig. 97—99 zeigen. Derartige Gewebe nennt man

Fig. 93.

Köper.

Fig. 94.

Gebrochener Köper.

Fig. 95.

Atlas.

Fig. 96.

Doppelköper.

gemusterte Stoffe. Zu diesen gehören auch solche, denen Bilder, Wappen, Eigenthumsmerkmale, Buchstaben u. dergl. (Fig. 100) eingewebt sind.

Durch das Flottliegen der Fäden bei geköperten und gemusterten Stoffen fällt ein Theil der Verschlingungen fort und verliert dadurch das Gewebe an Festigkeit, wird dafür aber weicher, lockerer und biegsamer, welche Eigenschaften für manche Zwecke wünschenswerth sind, z. B. die Weichheit und Biegsamkeit für viele Kleiderstoffe, ein lockerer Zustand des Gewebes für Handtücher u. a. Man kann die flottliegenden Fäden nach Wunsch auf beide Stoffseiten vertheilen, also auch, wenn Kette und Schuß

bilden die Fäden der Polkette Schleifen (Noppen), welche dicht nebeneinander stehend querüberlaufende Wülste bilden. Werden diese aufgeschnitten, so bilden sie die aufrecht stehenden Fäden, den Flor.

Bei dem Weben des echten Sammet ist immer eine Polkette und zwar von Seide erforderlich, das Grundgewebe ist Baumwolle oder auch Seide. Bei dem unechten Sammt (Baumwollensammt, Manchester) wird die Haardecke aus Schußfäden gebildet, welche ohne Anwendung von besonders eingelegten Drähten glatt und mehrere Fäden überspringend auch flott aufliegen. Die durch die flott liegenden Schußfäden gebildeten schrägen Streifen werden in der

Fig. 97—99.   Fig. 100.

Gemusterte Gewebe.

aus verschiedenartigen Fäden bestehen, die besseren Fäden vorwiegend auf die äußere (rechte) Seite bringen.

Die auf den Geweben durch die Muster hervorgebrachten Abwechselungen kann man durch verschiedene Dicke und Färbung der Fäden noch stärker hervortreten lassen und vergrößern.

Sammtartige Stoffe sind solche, bei welchen aus dem Gewebe dicht stehende kurze Fäden hervorragen, ähnlich wie kurze Haare bei einem Thierfelle. Das Grundgewebe bei einem sammtartigen Zeuge ist schlicht oder geköpert; die Haardecke, Flor oder Pole genannt, wird durch eine zweite Kette (Polkette) gebildet, deren Fäden sich über besondere Drähte legen, welche über dem Grundgewebe in der Richtung der Schußfäden eingeschoben werden. Wenn man nach Fertigstellung des Gewebes die Drähte aus diesem wieder herauszieht, so

Mitte aufgeschnitten und der Flor durch besondere Maschinen aufgebürstet. Manchester besteht aus Baumwollengarn, bei seiner Herstellung ist also nur eine Kette und ein Schuß erforderlich.

Die vier genannten Gewebe — glatte (schlichte), geköperte, gemusterte, sammtartige — werden einzeln in mannigfachster Weise angeordnet und mit einander in Verbindung gebracht. Da nun außerdem die Fäden aus verschiedenen Gespinnstfasern bestehen, dabei ungleich dick und noch verschieden gefärbt sein können, so erklärt sich die ungemein große Anzahl der im Handel vorkommenden Gewebe.

Nur wenige davon sind so, wie sie von der Webmaschine kommen, gebrauchsfähig, sie bedürfen noch verschiedener Arbeiten zur Verschönerung und Vollendung, Appretur oder Zurichtungsarbeiten benannt. Diese bestehen in Waschen und Trocknen, herstellung einer gleichmäßigen (Sengen, Scheeren, Rauhen, Bürsten) und einer glänzenden und glatten Oberfläche (Füllen, Stärken, Glätten). Zu den Vollendungsarbeiten gehört auch das Verfilzen der Wollengewebe (Tuche) auf den Walkmaschinen, wodurch die Fäden verdeckt werden, die Oberfläche gleichförmig und das Gewebe fester und dichter wird.

Häufig versteht man unter „Appretur" nur das Füllen, Stärken und Glätten der Gewebe. Ersteres bezweckt die Ausfüllung der Poren mit Füllstoffen, als welche Porzellanerde, Talk, weiße Magnesia, fein geschlemmter Schwerspath, Zinkweiß, Barytweiß u. a. dienen. Da diese Füllstoffe ohne Bindemittel in den Poren des Zeuges nicht haften, so werden sie mit Stärkekleister gemengt, dem oft noch andere Klebemittel (Leim, Gelatine, Harz, Wachs, Paraffin u. a.) zugesetzt werden, welche den Geweben eine größere Steifigkeit und auch Glanz und Geschmeidigkeit geben. Das Füllen und Stärken wird also gleichzeitig vorgenommen. Das Glätten geschieht meist zwischen Walzen (Walzkalander).

Durch die Appretur kann man einem losen oder schlechten Gewebe äußerlich ein gutes Ansehen geben und bewirken, daß es sich „schwerer anfühlt"; der Kunstausdruck lautet, das Gewebe „griffig" machen, d. h. man gibt ihm scheinbar die Güte und das Gewicht von dichten und stoffreichen Zeugen. Wenn die Appretur in einem höheren Maße vorhanden ist als der Gebrauchszweck des Zeuges es erfordert, insbesondere wenn schwere Füllstoffe im Uebermaße zugesetzt sind, so läuft sie auf beabsichtigte Täuschung des Käufers hinaus, welche so weit geht, daß Baumwollstoffe in den Handel kommen, welche bis 50 % ihres Gewichtes aus Appretur bestehen.

Prüfung der Gewebe.

Bei derselben kommt in Betracht:
1. die Natur der Gespinnstfaser,
2. die Fäden im Gewebe,
3. die Appretur des Gewebes,
4. die Haltbarkeit des Gewebes,
5. die Färbung des Gewebes.

1. Die Gespinnstfaser.

Es kommt nicht selten vor, daß einem Gewebe, dessen Benennung schon die Natur der Gespinnstfaser andeutet, z. B. Seide, Leinwand, Wollstoff, oder bei dem man eine bestimmte Gespinnstfaser voraussetzt, eine minderwerthige Faser beigemischt ist, z. B. Seiden-, Wollen- oder Leinenzeugen die billigere Baumwolle. Ein solches Gewebe ist nicht rein, was selbstredend sein muß, wenn es als reines Gewebe angeboten wird.

Die Untersuchung eines Gewebes auf die Art der Gespinnstfaser erfolgt entweder unter dem Mikroskope oder durch Behandlung mit Chemikalien, wobei die verschiedenen Fasern ein anderes Verhalten zeigen. In beiden Fällen muß die Appretur vorher sorgfältig entfernt werden. Die erstere Untersuchung erfordert Uebung und ist nicht einfach. Man muß Gespinnstfasern zur Hand haben, deren Art ganz sicher feststeht, um die zu untersuchende Faser damit vergleichen zu können, weil durch Beschreibung und Abbildung die Erscheinung der Fasern unter dem Mikroskope sich nicht genau wiedergeben läßt.

In den Fig. 101 bis 106 sind die Fasern von Flachs, Hanf, Jute, Baumwolle, Wolle und Seide in 300facher Vergrößerung abgebildet.

Die Flachsfaser erscheint unter dem Vergrößerungsglase als walzenförmige (niemals platte) Gestalt mit schmaler Innenhöhlung. Sie hat eine glatte Oberfläche, oft mit feinen Linien und Anschwellungen versehen. Durchmesser $^1/_{130}$—$^1/_{45}$ mm. Sie ist dickwandiger, steifer und gerader als die biegsamere Baumwollenfaser, die außerdem gedrückt erscheint.

Die Hanffaser hat große Aehnlichkeit mit der Flachsfaser, sie ist ebenfalls rund und glatt, jedoch dicker und starrer als diese, die Höhlung ist gewöhnlich breiter als beim Flachse. Dicke der Faser $^1/_{50}$—$^1/_{33}$mm.

Die Jutefaser hat Aehnlichkeit mit den beiden vorigen, sie ist noch dickwandiger und starrer als Hanf, die Oberfläche ist nicht so genau rund und weniger glatt.

Die Baumwollenfaser ist band= artig zusammengeklappt mit an den Längs=

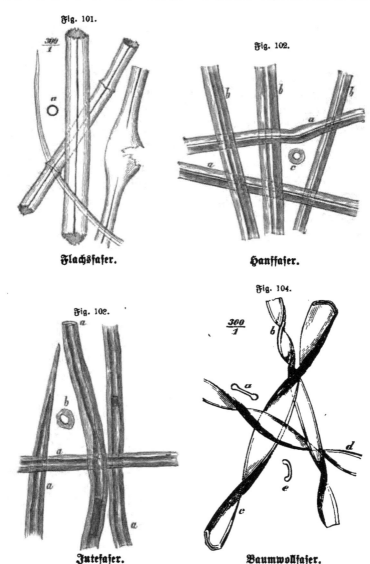

Fig. 101.

Flachsfaser.

Fig. 102.

Hanffaser.

Fig. 103.

Jutefaser.

Fig. 104.

Baumwollfaser.

feiten herumlaufenden Verdickungen, wie dieses die Querschnitte a und e zeigen. Dicke ¹/₂₂ bis ¹/₁₂ mm, Breite ¹/₈ bis ³/₇ mm. Die Faser der Baumwolle läuft in eine feine Spitze aus und erscheint pfropfenzieherartig um sich selbst gewunden.

Die Schafwollfaser ist am leichtesten zu erkennen; sie ist rund und hat eine schuppenartige Oberfläche. Die Schuppen greifen dachziegelartig übereinander und

ben sich dadurch, daß bei kurzer Eintauchung in Salpetersäure die Flachsfaser nicht gefärbt, die Hanffaser hellgelb und die Jutefaser dunkelgelb bis braun wird.

Flachs, Hanf und neuseeländischer Flachs werden durch Eintauchen des Gewebes in concentrirte Salpetersäure (spez. Gew. 1,4) und Waschen in Wasser unterschieden. Der neuseeländische Flachs färbt sich dabei deutlich roth, während

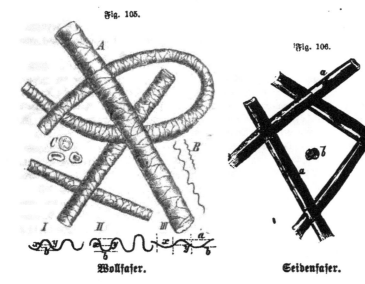

Fig. 105.

Fig. 106.

Wollfaser.

Seidenfaser.

haben unregelmäßige Ränder. Die Wolle ist die dickste der genannten Fasern, Durchmesser ¹/₉₀—¹/₁₂ mm.

Der Seidenfaden, Dicke ¹/₇₇—¹/₃₈ mm, ist glatt und ohne Innenhöhlung. Der Querschnitt ist nicht rund, sondern hat eine aus zwei abgeplatteten Kreisen gebildete Form, Fig. 106 bei b; die Oberfläche ist glatt und glänzend.

Chemische Prüfung. Wie schon bemerkt, muß vor der Untersuchung das Gewebe von der Appretur vollständig befreit werden.

Flachs, Hanf und Jute unterschei=

Hanf und Flachs diese Färbung nicht annehmen.

Flachs und Hanf werden dadurch von einander kenntlich gemacht, daß man die Fasern zuerst mit stark verdünnter Jodlösung (Jod in Jodkalium) und darauf mit stark verdünnter Schwefelsäure behandelt, dabei nimmt die Flachsfaser eine bläuliche, die Hanffaser eine grünliche Färbung an.

Durch Salpetersäure wird Hanf gelb, Flachs nicht gefärbt.

Baumwolle in Leinwand kann auf verschiedene Weise nachgewiesen werden.

a. Ein Streifen der Leinwand wird zur

Hälfte je nach der Stärke ½—2 Minuten lang in englische Schwefelsäure (spez. Gew. 1,83) getaucht, darauf gründlich ausgespült und zwischen den Fingern gerieben, worauf man die Probe in verdünnten Salmiakgeist legt, dann nochmals auswäscht und trocknet. Durch diese Behandlung werden die Fasern der Baumwolle von der Schwefelsäure aufgelöst und durch das Waschen und Reiben entfernt, die Flachs= und Hanffasern werden dagegen nur wenig angegriffen. Es werden daher gemischte Fäden verdünnt und rein baumwollene Fäden ganz entfernt. Zur Vergleichung dient die nicht mit in die Schwefelsäure getauchte Hälfte des Probestreifens.

b. Wird eine Probe von ungefärbter Leinewand in reines Rüböl oder Baumöl getaucht und zwischen Löschpapier bei gelindem Drucke das überschüssige Oel entfernt, so erscheint das gemischte Leinen gestreift, weil die Flachs= oder Hanffäden durchsichtig werden, die Baumwollenfäden dagegen undurchsichtig bleiben. Auf einem dunkelen Untergrunde (schwarzes Papier) erscheinen die durchsichtigen Leinenfasern dunkeler. Unter dem Vergrößerungsglase tritt der Unterschied noch deutlicher hervor.

c. Man taucht eine Probe der Leinwand in eine Lösung von Fuchsin in Weingeist, wodurch dieselbe roth gefärbt wird; alsdann begießt man sie mit Wasser bis dieses klar abläuft. Wird nun die Probe 1—3 Minuten lang in schwachen Salmiakgeist gelegt, so werden die Baumwollfäden entfärbt, während die Leinenfäden rosenroth bleiben.

Flachs, Hanf, Baumwolle (überhaupt Pflanzenfasern) in Wollen= oder Seidenstoffen werden ermittelt:

a. Man kocht eine Probe des Zeuges in Salpetersäure (spez. Gew. 1,25), dabei färben sich Woll= und Seidenfasern gelb, Flachs=, Hanf= und Baumwollfasern bleiben weiß.

b. Ein Probestück wird in concentrirter Natron= oder Kalilauge gekocht, dabei lösen sich Wolle und Seide vollständig auf, wogegen Flachs, Hanf und Baumwolle nicht stark angegriffen werden.

c. Wenn man einzelne Fäden aus dem Gewebe zieht und diese anzündet, so brennen Pflanzenfasern fort, wenn man sie aus der Flamme nimmt, wogegen die Fasern von Wolle und Seide sofort verlöschen. Letztere hinterlassen an dem angebrannten Ende eine aufgeblähte schwarze Kohle, die sich entwickelnden Dämpfe riechen wie verbrannte Haare und bräunen ein darüber gehaltenes (gelbes) feuchtes Curcumapapier. Brennende Pflanzenfasern haben diesen widerlichen Geruch nicht und ihre Dämpfe röthen feuchtes blaues Lakmuspapier.

Baumwolle in Wolle wird entdeckt, indem man eine Probe des Zeuges in eine Lösung von Kupferoxyd = Ammoniak, welches überschüssigen Ammoniak enthält, wirft; Baumwolle wird aufgelöst, Wolle dagegen nicht.

Wolle in Seide wird ermittelt:

a. In derselben Weise wie Baumwolle in Wolle, indem in der Kupferoxyd=Ammoniak=Lösung auch die Seide sich löst.

b. Taucht man eine Probe des Stoffes in eine Lösung von Bleioxyd = Natron in Wasser, so werden die Wollfäden schwarz gefärbt, die Seidenfäden ändern ihre Farbe nicht.

2. Die Fäden.

Diese sind bei vielen Zeugen sowohl in der Kette wie im Schusse einzeln unter sich nicht gleich dick, man verlangt jedoch von einem guten Stoffe, daß die Ketten= und die Schußfäden je unter sich dieselbe Stärke und eine gleichmäßige Beschaffenheit haben. Die Fäden in Kette und Schuß müssen untereinander genau parallel und senkrecht zu einander laufen. Man untersucht die Beschaffenheit der Fäden unter einem sog. Fadenzähler, d. i. ein Vergrößerungsglas mit einer darunter befindlichen Messingplatte, welche eine quadratische Oeffnung von 1 qcm hat. Legt man den Fadenzähler auf das Gewebe und sieht hindurch, so erscheinen die Fäden vergrößert, mit freiem Auge nicht sichtbare Ungleichheiten und fehlerhafte Stellen treten zum Vorschein, außerdem kann man die Anzahl der Fäden auf das qcm in Kette und Schuß zählen.

Bei derselben Flächeneinheit ist das Gewebe um so feiner, je größer die Fadenzahl, und um so dichter, je größer das Gewicht bei der gleichen Anzahl von Fäden ist. Unterschiede in der Dichtigkeit sind auch erkennbar durch Besichtigung des Gewebes bei durchscheinendem Lichte.

3. Die Appretur.

Um zu prüfen, ob ein Gewebe appretirt ist, befeuchtet man ein Stück davon mit Jodtinktur; wird der Stoff blau, so ist Stärke vorhanden, also auch Appretur. Auf einem gefärbten, z. B. blauen Stoffe ist die durch Jod hervorgebrachte blaue Färbung nicht zu erkennen, in diesem Falle wäscht man den Stoff mit heißem Wasser und setzt dem Waschwasser Jod zu, welches bei Anwesenheiten von stärkehaltigen Stoffen ebenfalls sich blau färbt. Zur Bestimmung der Menge der Feuchtigkeit wird ein Streifen von der ganzen Breite des Stückes gewogen und darauf bei etwa 70° getrocknet; der Gewichtsverlust bei einer nochmaligen Wägung ergibt die vorhanden gewesene Feuchtigkeit. Die getrocknete Probe wird in einer Porzellanschale in einer reichlichen Menge Wasser erhitzt und mehrere Stunden lang auf einer Wärme von etwa 50° erhalten, dann der Stoff ausgewaschen, ausgedrückt und in destillirtem Wasser gehörig ausgespült. Der so behandelte Streifen wird bei 70° nochmals getrocknet und dann gewogen. Der sich ergebende Gewichtsverlust drückt die Menge der Appretur und der sonstigen fremden Körper aus, mit welchen der Streifen behaftet gewesen ist. Der Gewichtsverlust darf 2,5% nicht übersteigen.

4. Die Haltbarkeit.

Ein Zeug ist unter sonst gleichen Umständen um so haltbarer, je schwerer es bei derselben Flächeneinheit ist; vor dem Wägen muß die Appretur entfernt und der Stoff bei 70° getrocknet sein. Bei gleicher Fadendicke nimmt die Haltbarkeit mit der Anzahl der Fäden zu.

Die Festigkeit eines Gewebes wird durch Zerreißen von Probestreifen untersucht, wobei es sich empfiehlt, das Zeug mit und ohne Appretur zu prüfen. Da die Ketten- und Schußfäden in den allermeisten Fällen von verschiedener Beschaffenheit sind, so ist es nöthig, Proben nach der Richtung der Kette und des Schusses zu zerreißen. Um gleichzeitig die verschiedenen Ausdehnungen der Zeuge vor dem Reißen zu ermitteln, nimmt man die Streifen zwischen den Spannbacken der Zerreißmaschine von gleicher Länge. Die Probestreifen müssen genau nach dem Faden geschnitten sein, der Schnitt darf nicht zugleich durch Kette und Schuß gehen. Man legt den Streifen zweckmäßig doppelt und zwar so, daß die Längskanten in der Mitte zusammenstoßen. Der Streifen muß gerade eingespannt sein, da andernfalls nicht alle Fäden gleichzeitig angespannt werden. Man kann die Prüfung der Zerreißfestigkeit durch unmittelbare Belastung des zwischen Spannbacken aufgehängten Probestreifens vornehmen, es ist dabei die Belastung allmählich zu vergrößern und bei den verschiedenen Streifen in derselben Weise auszuführen.

In der Regel werden zu den Zerreißversuchen besondere Zerreißmaschinen benutzt, bei welchen die Spannbacken durch Drehen einer Schraubenspindel von einander entfernt werden; den dadurch auf den Probestreifen ausgeübten Druck mißt man durch einen Kraftmesser. Auch hier ist zu beachten, daß die Spannung allmählich und in allen Fällen gleichmäßig erfolgen muß. Die Zerreißmaschine gibt in der Regel auch die Ausdehnung vor dem Reißen an. Da die Feuchtigkeit eines Zeuges von großem Einflusse auf seine Festigkeit ist, so müssen die Probestreifen durch gleichmäßiges Trocknen auf denselben Feuchtigkeitsgehalt gebracht werden. Es ist rathsam, mit jedem Stoffe mehrere Zerreißproben zu machen, um so für die Festigkeit einen Durchschnittswerth zu ermitteln.

Bei den Eisenbahnen begnügt man sich im Allgemeinen mit der Bestimmung der Zerreißfestigkeit eines Gewebes, um daraus auf die Haltbarkeit überhaupt zu schließen, obgleich die Beanspruchung beim Zerreißen eine andere als die ist, welche der Stoff bei seinem Gebrauche, insbesondere bei Kleiderstoffen, zu ertragen hat. Hier treten außer Zugspannungen noch Reibungen, Biegungen, Knickungen u. s. w. auf, welche insgesammt die Abnutzung bewirken. Um bei der Prüfung von Geweben auch diese zur Geltung zu bringen und ihren Einfluß auf die Haltbarkeit zu ermitteln, bedient man sich einer von Professor O. Beilich erfundenen Vorrichtung, Histometer genannt, auf die wir jedoch nicht näher eingehen.

5. Die Färbung.

Die zum Färben der Gewebe dienenden Farbstoffe sind entweder anorganische (z. B. Ultramarin, Berlinerblau, Chromgrün) oder sie entstammen dem Thierreiche (z. B. Kochenille) oder dem Pflanzenreiche (z. B. Krapp, Indigo, Rothholz), oder sie werden auf chemischem Wege aus dem Kohlentheere hergestellt (z. B. Anilin). Wenn der Farbstoff mit der Gespinnstfaser eine unlösliche Verbindung eingegangen ist, welche dem Einflusse der Witterung, dem Lichte, den gewöhnlichen Wasch- und Reinigungsmitteln (Seife, schwache alkalische Laugen, Benzin, Terpentinöl u. a.) und sehr stark verdünnten Säuren widersteht, so nennt man die Farbe ächt, wogegen eine unächte Farbe durch die genannten Einflüsse zerstört wird. Insbesondere tritt bei unächten Farben eine Zersetzung an feuchter Luft unter Einwirkung des Sonnenlichtes ein. Von einem Zeuge, dessen Färbung sich mit der Zeit ändert (verblaßt oder mißfarbig wird), sagt

man, daß es verschießt. Farben, welche sich durch Waschen, im Sonnenlichte und durch die Witterungseinflüsse nicht ändern, bezeichnet man als waschächt, lichtächt und wetterbeständig.

Um die Farbe eines Zeuges auf diese Eigenschaften zu untersuchen, wird ein Probestück mit destillirtem Wasser angefeuchtet, zwischen zwei reine weiße Glasscheiben gelegt und einige Tage lang dem Sonnenlichte ausgesetzt, wobei von Zeit zu Zeit das Probestück von Neuem anzufeuchten ist. Wenn bei einem Vergleiche des an der Luft getrockneten Probestückes mit einem Stücke desselben Gewebes, welches dieser Probe nicht unterzogen ist, die Farbe sich verändert zeigt, so ist dieselbe weder lichtächt noch wasserbeständig.

Wird ein zweites Probestück wiederholt einer Behandlung mit den gewöhnlichen Wasch- und Reinigungsmitteln unterworfen, dann getrocknet und mit einem Stücke desselben Gewebes in Bezug auf die Farbe verglichen, so würde eine Aenderung der Farbe beweisen, daß diese nicht waschächt ist.

Durch Bespritzen mit stark verdünnten Säuren wird untersucht, ob und welchen Einfluß diese auf die Farbe haben. Bei Stoffen zu Beinkleidern kann noch geprüft werden, ob und welchen Einfluß aufgespritzter Urin hat.

Zum Blaufärben ist der Indigo einer der besten Farbstoffe; um zu untersuchen, ob dieser verwendet ist, taucht man einen Probestreifen zur Hälfte etwa 5 Minuten lang in ein Gemisch von 1 Thl. Schwefelsäure (spez. Gew. 1,84) und 1 Thl. destillirtem Wasser, wäscht darauf in reinem Wasser und trocknet. Wenn die blaue Farbe durch diese Behandlung sich nicht geändert hat, so ist sie ein gutes Indigoblau.

Weiteres s. Flachs, Hanf, Jute, Baumwolle, Wolle, Seide, sowie deren Gewebe und Gespinnste.

Gießereiroheisen, s. Eisen. S. 44.
Giftige Farben, s. Farben. S. 86.

Gläser, werden zweckmäßig nach Muster geliefert. Betreffend Güte, Fehler, Unter=
suchung u. s. w., s. Glas und Flaschen.

Glas, ist ein Gemenge von Kiesel=
säure, Alkali und Kalk, welches durch
Schmelzen hergestellt und dann erstarrt ist.
Als Alkali wird Kali oder Natron ver=
wendet, an Stelle von Kalk auch Bleioxyd.
Kali, Natron und Kalk können gleichzeitig
und in gewissen Glassorten auch Thonerde,
Eisen= und Manganoxyd, Magnesia u. a.
vorhanden sein.

Als Rohmaterialien finden hauptsächlich
Verwendung:

Kieselsäure, als Quarz, Sand, Feuer=
stein u. a.;

Kali, als Pottasche, schwefelsaures
Kali u. a.;

Natron, als Soda, Glaubersalz u. a.;

Kalk, als Marmor, Kreide, gebrannt
und ungebrannt;

Bleioxyd, als Mennige.

Zum Färben des Glases dienen Zusätze
und zwar für

Roth: Goldpurpur, Kupferoxyd, Eisen=
oxyd;

Grün: Chromoxyd, Kupferoxyd, Eisen=
oxyd;

Blau: Kobaltoxyd;

Gelb: Antimonsaures Kali.

Entfärbungsmittel für farblose Gläser
sind Braunstein, arsenige Säure, Salpeter,
Mennige, Antimon u. a.

Nach den wesentlichen Bestandtheilen
unterscheidet man: (Siehe Tabelle.)

Die zerkleinerten Rohmaterialien werden
unter Zusatz von Glasscherben in sogen.
Glashäfen (aus Thon und Chamottmehl)
gefüllt und in Schmelzöfen, welche 6—10
Häfen fassen, flüssig gemacht. Der Fassungs=
raum eines Hafens ist in der Regel 100
bis 200 kg.

Das Einschmelzen der Rohmaterialien
bei einer Wärme von 1200⁰ dauert 10—12
Stunden, wobei die nicht in die Masse
gehenden Stoffe an der Oberfläche als Glas=
galle sich absetzen und abgeschöpft wer=
den. Die innige Mischung der Bestand=
theile wird dadurch erreicht, daß man die
geschmolzene Masse 4—6 Stunden auf der
Wärme von 1200⁰ beläßt und dabei um=
rührt (Läutern). Man gibt ihr alsdann
durch Minderung der Ofenwärme auf 700
bis 800⁰ den für die weitere Verarbeitung
nöthigen Grad der Zähflüssigkeit.

Die wichtigsten Werkzeuge des Glas=
machers (Glasbläser) sind:

Die Pfeife (Blasrohr) aus Schmiede=
eisen, etwa 1,6 m lang, 3—4 cm dick und
1 cm weit; dient zum Aufblasen des Glases

Benennung.	Durchschnittliche Zusammensetzung.	Eigenschaften.	Spez. Gewicht.	Verwendung.
Kalikalkglas (böhmisches Krystallglas).	71% Kieselsäure, 17% Kali, 12% Kalk.	Ganz farblos, streng-flüssig, hart und sehr beständig.	2,396	Zu geschliffenen Gegenständen.
Natronkalkglas (französisches Glas oder Tafelglas).	71—78% Kieselsäure, 6—13% Kalk, 0,5—2% Thonerde und Eisenoxyd.	Bläulich-grün, leicht-flüssiger, weniger hart und beständig.	2,642	Zu Fenstern und Spiegeln.
Kalibleiglas (Krystall- oder Klingglas).	50—52% Kieselsäure, 11—13% Kali, 33—38% Blei.	Farblos, leichtflüssig, weich, glänzend, klingend.	2,9—3,255	Zu feinen Hohl-gefäßen.
Thonerdekaliglas.	75% Kieselsäure, 15% Kali (u. Natron), 9% Kalk, 1% Thonerde.	Röthlich-gelb oder dunkelgrün.	2,732	Zu Flaschen und Hohlgefäßen.

und hat zu diesem Zwecke an dem einen Ende ein rundes Mundstück, an dem anderen einen runden Ansatz zum Anheften der zähflüssigen Glasmasse;

der Marbel, ein Stück Holz, Gußeisen oder Messing mit runden Vertiefungen zum Abrunden des an der Pfeife sitzenden Glasballons;

das Heft- oder Nabeleisen 1 bis 1,3 m lang und 1 cm dick, dient zum Anheften der von der Pfeife abgesprengten Glaskörper;

das Abstreichblech, ein bogenförmig ausgeschnittenes Blech, zum Abstreifen des Glasballons von der Pfeife, so daß dieser durch einen Hals mit der Pfeife zusammenhängt;

die Scheere, zum Ausschneiden von Oeffnungen und zum Beschneiden von Hohlgefäßen.

Außerdem kommen zwei- oder mehrtheilige Formen von Holz, Gußeisen oder dergl. zur Anwendung.

Hohlgläser (Flaschen) werden an der Pfeife geblasen, die genaue äußere Begrenzung wird unter Zuhülfenahme einer Form hergestellt, in die man den an der Pfeife hängenden hohlen Glaskörper einsenkt und alsdann kräftig einbläst. Durch gleichzeitiges Anziehen wird der Hals mit dem beabsichtigten Uebergange in den Bauch der Flasche gebildet. Dem zuerst gewölbten Boden gibt man durch Eindrücken mit einem Eisen oder einer federnden Zange die übliche eingestülpte Form. Nachdem die Flasche von der Pfeife mittelst eines Tropfen Wassers abgesprengt ist, wird der Rand des Halses rund geschmolzen und ein flüssiger Glasfaden umgelegt. Das in Arbeit befindliche Stück muß wiederholt ganz oder theilweise angewärmt werden, damit es in einem bildsamen Zustande bleibt; dieses geschieht vor oder in der Oeffnung (Arbeitsloch), durch welches die Glasmasse aus dem Ofen genommen wird.

Bechergläser werden zuerst in Formen geblasen und nachdem sie von der Pfeife abgesprengt sind, zur weiteren Bearbeitung in Zangen mit runden Mäulern genommen. Das abgesprengte Ende wird angewärmt, mit der Scheere abgeschnitten, die entstehende Oeffnung ausgeweitet und umgebogen.

Kelchgläser mit Fuß werden ebenso zuerst geblasen, der gewölbte Boden wird glatt eingedrückt und an demselben ein Stück Glas geheftet, welches unter fortwährendem Drehen der Pfeife mit einer Zange zu dem Fuße ausgearbeitet wird. Dieser wird nun an dem Hefteisen befestigt und das Stück von der Pfeife abgesprengt. Das abgesprengte Ende wird angewärmt, mit dem Auftreibeisen ausgeweitet und die Wandung mit dem Plätteisen geformt. Der obere Rand wird mit der Scheere beschnitten, rund geschmolzen und dann das fertige Glas von dem Hefteisen abgesprengt.

Ballons werden geblasen; wenn dazu die Kraft der Lunge nicht ausreicht, so spritzt der Arbeiter mit dem Munde durch die Pfeife einige Tropfen Wasser ein, das sich in Dampf verwandelt, welcher nun den Ballon auftreibt.

Glasröhren werden hergestellt, indem der Arbeiter zuerst einen kleinen Ballon bläst; ein zweiter Arbeiter heftet sein Nabeleisen an das der Pfeifenmündung entgegengesetzte Ende und entfernen sich alsdann die Arbeiter schnell von einander; bei starken Röhren muß dabei fortwährend Luft eingeblasen werden. Wenn die Röhre die gewünschte Dicke hat, wird mit dem Ausziehen aufgehört. Die gekrümmte Röhre richtet man auf einer ebenen Platte aus und schneidet sie auf gewünschte Längen.

Glasstäbe fertigt man ebenso, es wird jedoch der an der Pfeife hängende Glasballen nicht aufgeblasen.

Tafelglas (Fensterglas). Die Herstellung erfolgt in der Weise, daß zuerst an der Pfeife ein Hohlglas von cylindrischer

Form geblasen wird. In dieses bläst der Arbeiter kräftig hinein, verschließt mit dem Daumen die Oeffnung am Mundstücke und erwärmt vor dem Arbeitsloche den Boden des Cylinders. Die sich ausdehnende Luft durchbricht den Boden, die entstehende Oeffnung wird ausgeweitet und mit der Scheere beschnitten. Nachdem wieder angewärmt, wird das kegelförmige Ende durch schnelles Drehen der herabhängenden Pfeife bis zur Cylinderform ausgeweitet. Nachdem das an der Pfeife geschlossene Ende abgesprengt ist, ist ein gerader Cylinder (Walze genannt) erblasen. Dieser wird der Länge nach mit dem Aufsprengeisen gesprengt, dann in dem Streckofen auf der Streckplatte in glühendem Zustande mit dem Plättholze aufgerollt und geglättet und endlich die so hergestellte Glastafel mit dem Polirholze weiter geebnet.

Nach der Form des Glases heißt es Tafelglas und nach der Herstellungsweise Walzenglas, beide Bezeichnungen bedeuten also dasselbe, doch wird in der Regel ein Unterschied gemacht, indem man das Glas von besserer Güte Tafelglas, die minder gute Sorte Walzenglas nennt.

Spiegelglas. Dieses ist ebenfalls ein Tafelglas und kann geblasen werden, auch seine Bestandtheile sind dieselben, nur von besserer Güte. In den meisten Fällen wird das Spiegelglas gegossen. Es muß ein blasenfreies Natronkalkglas sein, zu welchem die reinsten Stoffe Verwendung finden sollen.

Das in den Häfen (16—18 Stunden) geschmolzene Rohmaterial wird in Läuterungswannen ausgeschöpft, in welchen es bis zur erforderlichen Abkühlung (sechs Stunden) verbleibt. Durch das Ausschöpfen verschwinden die in der Masse befindlichen Blasen. Die Wanne faßt die zu einer Scheibe erforderliche Glasmasse und wird mittelst eines Krahnes zum Gießtische befördert, auf welchem eine genau ebene und polirte Gießplatte von Kupfer, Bronce oder Gußeisen die Form für die Glastafel

bildet. Dieselbe ist so groß, daß Tafeln von 5 × 3 m darauf hergestellt werden können. Die Dicke der Glastafel wird durch kupferne Stäbe bestimmt, die so lang wie die Platte sind und enger oder weiter gestellt werden, je nachdem ein kleinerer oder größerer Spiegel gegossen werden soll. Damit die Glasmasse auf der Platte nicht zu schnell erstarrt, wird diese angewärmt. Zum Ausbreiten der geschmolzenen Masse auf der Gießplatte dient eine 250—300 kg schwere, genau abgedrehte Walze von Bronce oder Gußeisen. Dicht vor dieser entleert man die Wanne ihres Inhaltes, die Walze wird in Bewegung gesetzt und breitet die Glasmasse gleichmäßig aus. Der Gießtisch ist fahrbar und wird vor dem Gusse vor den Kühlofen gefahren, so daß die Glastafel bequem in diesen geschoben werden kann. Gegossene Glastafeln werden an beiden Seiten geschliffen und polirt, was theils durch Maschinen, theils von Hand geschieht.

Spiegelglas ist mindestens 8 mm und bis 50 mm dick. Ungeschliffene Rohglasplatten von 30—50 mm Dicke finden Verwendung für Flur- und Trottoirbelege, dünneres Rohglas wird zu Verglasungen von Werkstätten, Lagerräumen u. a., für Bedachungen von Bahnhofshallen u. a. verwendet. Polirtes Spiegelglas dient zu Schaufenstern und (belegt mit einem Amalgam aus 23 Thl. Zinn und 77% Quecksilber) zu Spiegeln.

Krystallglas ist ein Kalibleiglas, welches überall da Verwendung findet, wo es auf Farblosigkeit, Glanz, starkes Lichtbrechungsvermögen des Glases ankommt. Es wird auf dieselbe Weise, wie anderes Glas, zu Preß- und Hohlglas verarbeitet. Da es nur geringe Härte hat, läßt es sich leicht schleifen, was auf der Schleifbank (ähnlich einer Drehbank) mit gußeiserner Schneidescheibe und geschlemmtem Sande geschieht, worauf auf einer steinernen Glättscheibe das Feinschleifen und schließlich auf der hölzernen mit Filz überzogenen Polirscheibe und auf der Bürstenscheibe unter Anwendung von feinsten Polirmitteln das Poliren erfolgt.

Halbkrystall entsteht wenn ein Theil des Bleioxydes durch Kalk ersetzt wird; hat einen höheren Glanz und geringere Härte als gewöhnliches Glas, es findet zu geringerem Hohl- und Preßglas Verwendung.

Böhmisches Krystallglas ist ein Kalikalkglas ohne Bleioxyd, das man wegen seiner geringen Härte ebenfalls zu geschliffenen Gegenständen verwendet, es hat jedoch nicht die Güte der bleihaltigen Gläser.

Preßglas bezeichnet Glasgegenstände, welche in Messingformen gepreßt sind. Flaschenähnliches Preßglas wird wie gewöhnliches Hohlglas in Formen aufgeblasen, volle Stücke werden gegossen, wobei durch die obere Hälfte der Form oder durch einen Metallkern ein Druck auf das noch flüssige Glas ausgeübt wird, damit dieses die Form gut ausfüllt. Bei gepreßtem Glase werden ebene Flächen gern vermieden, da solche in Formen nicht besonders glatt, gleichmäßig und blank werden, man wählt verzierte Oberflächen oder hilft durch Schleifen nach. Wird Preßglas bis zum Erweichen erhitzt, so nimmt es an der Oberfläche Glanz an. Die gewöhnlichen Hohlgläser und viele kleine volle Glasgegenstände des täglichen Bedarfs sind Preßglas. Seine Zusammensetzung ist verschieden von der anderer Gläser, es hat häufig alle wesentlichen Bestandtheile desselben, z. B.:

Kieselsäure 61,2 %
Bleioxyd 22,4 „
Kalk 1,2 „
Natron 7,8 „
Kali 7,4 „

Preßglas hat Aehnlichkeit mit geschliffenem Glase, jedoch nicht so scharf ausgeprägte Kanten und Ecken.

Milchglas (Beinglas), ist ein milchweißes, schwach röthlich durchscheinendes Glas; entsteht, wenn den Bestandtheilen des gewöhnlichen Glases noch phosphorsaurer Kalk (gebrannte Knochen 10—20%) zugesetzt wird. Nach dem Schmelzen ist das Glas zuerst durchsichtig, es bekommt die milchweiße Farbe und die durchscheinende Beschaffenheit erst durch das Erwärmen bei der Verarbeitung und zwar in so höherem Maße, je öfter die Erwärmung wiederholt wird.

Milchglas wird u. a. zu Scheiben für Signallaternen, zu Lampenglocken u. a. verwendet.

Alabasterglas (Opalglas), ist dem Milchglase ähnlich, jedoch ohne den röthlichen Schein. Es wird nicht aus einer besonderen Glasmischung hergestellt, sondern es ist ein unvollkommen geschmolzenes Bleiglas mit viel Kieselsäure, dessen Undurchsichtigkeit von nicht geschmolzenen, sehr kleinen und äußerst gleichmäßig vertheilten Glastheilchen herrührt. Es wird dargestellt, indem man einen Theil der geschmolzenen Masse aus dem Hafen nimmt, abschreckt und dann wieder zugibt, worauf die Masse bei niedriger Wärme verarbeitet wird. Opalglas findet u. a. zu Kuppeln und Glocken für Lampen Verwendung.

Farbige Gläser (Buntglas), sind entweder durch die ganze Masse gefärbt und ist alsdann der färbende Körper der Glasmasse im Hafen zugesetzt oder ein farbloses Glas ist mit einer Schicht gefärbten Glases überzogen, welches dann Ueberfangglas heißt. Wenn bei einem solchen an einzelnen Stellen die farbige Schicht durch Schleifen oder Sandstrahlgebläse fortgenommen wird, so erhält man die mehrfarbigen Gläser, welche vielfach u. a. auch zu Fensterscheiben Verwendung finden. Bei der Herstellung befindet sich in einem Hafen weißes, in einem zweiten gefärbtes Glas. Wenn eine kleine Menge gefärbtes Glas an die Pfeife genommen und dieses in weißes Glas getaucht wird, so bildet sich beim Blasen an der inneren Seite eine dünne farbige Schicht. Verfährt man umgekehrt, so bildet sich die farbige Haut an der Oberfläche. In beiden

Fällen wird Hohlglas und Tafelglas als Ueberfangglas in der gewöhnlichen Weise hergestellt. Soll die farbige Schicht zwischen zwei weißen Schichten liegen, so wird zunächst weißes Glas an die Pfeife genommen, darüber farbiges und über diesem wieder weißes. Das Ueberfangen der Gläser geschieht bei Metalloxyden, welche so stark färben, daß das damit durchweg gefärbte Glas fast undurchsichtig wird.

Rothes und grünes Glas wird u. a. zu Signalscheiben verwendet.

Kühlen des Glases. Die Haltbarkeit von Glas in allen Formen ist in erster Reihe von einer vorsichtigen Kühlung abhängig. Schlecht gekühltes Glas ist leicht zerbrechlich und wenig widerstandsfähig bei Wärmewechsel. In dem geblasenen oder gegossenen Glase sind ungleiche Spannungen, welche durch Einbringung in entsprechend erhitzte Kühlöfen fortgebracht werden. Die Oefen verschließt man, nachdem sie gefüllt sind, luftdicht und läßt sie mit dem Inhalte ganz allmählig erkalten, was je nach der Größe der Glasstücke bis mehrere Tage dauert.

Matt geschliffenes Glas wird jetzt meist unter Benutzung von Sandgebläsen hergestellt, wobei ein kräftiger Sandstrahl mittelst gepreßter Luft oder Dampf gegen die Oberfläche des Glases geleitet wird. Dabei werden äußerst kleine Glastheilchen abgeschlagen, das Glas wird undurchsichtig, bleibt aber durchscheinend. Bedeckt man das Glas theilweise mit Schablonen, so werden die geschützten Stellen nicht angegriffen und bleiben durchsichtig. Man kann auf diese Weise unter Anwendung passender Schablonen Zeichnungen auf dem Glase hervorbringen.

Fehler des Glases. Wenn bei dem Schmelzen die einzelnen Stoffe nicht vollständig in einander übergehen oder beim Nachlassen der Wärme sich wieder von einander scheiden, so bekommt das Glas

Streifen, welche durch das Glas betrachtete Gegenstände verzerrt erscheinen lassen. Solche Streifen finden sich am häufigsten bei Bleigläsern.

Durch Verglasung des Thones entstehen die Winden oder Fäden, welche eine grünliche Färbung haben und das Glas zerbrechlich machen. Wenn von der Decke des Schmelzofens aus der Glasmasse verflüchtigte Theile in die Schmelzhäfen abtropfen, so bekommt das Glas sog. Rampen, Thränen oder Tropfen, welche ebenfalls aus verglastem Thone bestehen.

Hat die Glasmasse keine gute Läuterung erfahren, so erscheinen im Glase kleine Blasen, größere entstehen durch unvorsichtiges Ausnehmen des Glases mit der Pfeife. Ungelöste Sandkörner oder von dem Ofen oder Hafen abgestoßene Theile bilden im Glase Knoten und Steine. Rückstände von der Glasgalle bilden schneeflockenähnliche Gestalten. Durch theilweise Entglasung tritt das Wolkigwerden des Glases ein.

Eine fehlerhafte Zusammensetzung der Glasmasse, insbesondere ein zu großer Zusatz von Alkali, kann zur Folge haben, daß das fertige Glas mit der Zeit sich zersetzt (entglast), insbesondere in feuchter Luft und bei hoher Wärme; es wird matt (blind) und fängt in Regenbogenfarben zu schillern (irisiren) an.

Prüfung und Abnahme.

Glas darf die vorher bezeichneten Fehler nicht haben. Ob dasselbe blind werden wird, läßt sich nach seinem Aussehen nicht beurtheilen, doch untersuchen, indem man Stücke des Glases mehrere Tage lang in eine sehr starke Lösung von salpetersaurem Zinkoxyd legt, mit Wasser abspült und auf 200° erhitzt; oder, indem man das Glas 24 Stunden lang Salzsäuredämpfen aussetzt. In beiden Fällen darf das Glas sich nicht verändern; schlechtes Glas wird blind, trübe oder bekommt einen Anflug.

Glasballons, s. Midinger-Ballon-Elemente und S. 112.

Glascylinder, s. Lampencylinder.

Glaserkitt, s. Kitte.

Glasgalle, s. Glas S. 111, wird zu Schweißpulvern verwendet.

Glasglocken, sind genau nach den vorgeschriebenen Formen und Abmessungen zu liefern. Sie müssen um die Mittelachse einen vollständigen Umdrehungskörper bilden, dürfen keine von den bei Glas und Milchglas angegebenen Fehlern, müssen überall eine gleiche Wandstärke haben, gut gekühlt sein. Bezüglich der Güte ist Lieferung nach Muster rathsam. Wenn es auf sehr genaue Abmessungen ankommt, z. B. bei Coupélaternen, so sind dieselben mit Lehren zu prüfen. Coupéglocken je nach Größe und Güte 0,60—1,60 Mk. das Stück. Fehler und Untersuchung siehe Glas.

Glaskugeln, zu Kugellaternen 40 Pf. das Stück. Untersuchung wie Glasglocken.

Glaspapier, s. Sandpapier.

Glaspulver, wird zu Härtemassen verwendet.

Glasröhren, s. Glas und Wasserstandsgläser.

Glasscheiben, rothe und grüne, äußere Beschaffenheit wie bei weißen Glasscheiben. Die Färbung muß mit den ausgelegten Mustern genau übereinstimmen, dieselbe darf nicht wolkig sein; bei durchscheinendem Lampenlichte zu untersuchen. Da die farbigen Scheiben zu Nachtsignalen dienen, so werden Proben zweckmäßig auf freier Strecke an den Laternen der Signalmasten bei verschiedenen Witterungsverhältnissen (Mondschein, Dunkelheit, Nebel) darauf untersucht, bis zu welchen Entfernungen die roth und grün geblendeten Signallichter noch deutlich zu sehen und voneinander und von dem weißen Signallichte zu unterscheiden sind.

Für das qm farbiges Glas 7—8 M.

Glasscheiben, weiße, werden in Bezug auf Güte zweckmäßig nach Musterscheiben geliefert. Abweichungen von der verlangten Stärke höchstens bis 1/2 mm zulässig. Sie müssen überall gleich stark, eben und rechtwinkelig beschnitten, die bei Glas angegebenen Fehler dürfen nicht vorhanden sein. Zur Prüfung der Klarheit und Helligkeit hält man gleich breite Streifen mit der hohen Kante gegen das Licht. 2 mm starkes Glas heißt einfaches (Fensterglas II. Güte), 3,5 mm starkes Doppelglas (Fensterglas I. Güte).

Preis für das qm (je nach Güte) einfaches 1,60 bis 1,80 M., Doppelglas 2,75 bis 2,90 M., mattes Glas etwa 3,15 M. Geschliffene Scheiben müssen bestes Spiegelglas sein.

Fehler und Untersuchung s. Glas.

Glauberfalz, s. Soda.

Glob-Oil, s. Mineralöl.

Glockenfeile, s. Uhrketten.

Glycerin, ist ein Bestandtheil der Fette, welche 8—9% davon enthalten. Es fällt bei der Gewinnung des Stearines aus den Fetten als Nebenerzeugniß ab. Ist eine ölartige, farb- und geruchlose Flüssigkeit mit zuckersüßem Geschmacke, siedet bei 290° und gefriert noch nicht bei —40°. An der Luft erleidet es nur in so fern eine Veränderung, als es Feuchtigkeit aus derselben aufnimmt. Findet vielfach Verwendung, u. a. zum Füllen der Gasuhren, weil es im Sommer nicht verdunstet und im Winter nicht gefriert, welche Eigenschaft es auch zum Schmieren sehr feiner Apparate tauglich macht, um so mehr, weil es Metalle nicht angreift. Mit Glycerin angefeuchtete Stoffe trocknen nicht aus, so wird Leder (Treibriemen), wenn es 24 Stunden in Glycerin gelegen hat, nicht mehr brüchig. Mit Bleiglätte gibt es einen schnell erhärtenden Kitt. Je nach seiner Reinheit 0,45—1,50 M. das kg. Für Gasuhren 60 Pf. das kg.

Glycerinkitt, s. Kitte.

Goldbronce, ächte, Metallfarbe, wird aus den Abfällen bei der Herstellung

es Blattgoldes gewonnen. Dieselben wer=
en mit Gummischleim oder Honig auf's
Feinste gerieben, die Beimengung wird
wieder ausgewaschen und das Goldpulver
getrocknet. Dieses kommt als Staub=
tronce oder mit wenig Gummi in Muscheln
gestrichen als Muschelgold zur Verwen=
dung, dient zum Malen bezw. Vergolden. Auf
fremdartige Bestandtheile chemisch zu unter=
suchen. Unächte Goldbronce wird in der=
selben Weise aus unächtem Blattgolde her=
gestellt.

Goldglätte, s. Bleiglätte.

Goldocker, s. Ocker.

Graphit, ist in reinem Zustande eine
besondere Art von Kohlenstoff; kleine Mengen
sind u. a. im grauen Gußeisen. In Ver=
bindung mit verschiedenen Stoffen (Eisen=
oxyd, Thon, Kieselsäure u. a.) findet er sich
in großen Lagern u. a. in England, Oester=
reich, Sibirien. Ist grau bis schwarz,
metallglänzend, abfärbend, fühlt sich fettig
an, unschmelzbar und unlöslich. Wird für
einige Gebrauchszwecke gereinigt (Bleistifte),
im Allgemeinen nur gemahlen und ge=
schlemmt, dient zu Schmelztiegeln, Kitten,
zum Poliren, als schwarze Wasserfarbe;
mit Oel, Weingeist (Schnaps, Bier) oder
besser mit Firniß angerieben, zum Abreiben
und Schwärzen von Eisentheilen (Ofen=
schwärze, Ofenglanz, Potlot), ist
ferner ein Schmiermittel, u. a. für Schrau=
benkupplungen und Weichen. In Verbin=
bung mit Talg dient er zum Einsetzen von
Hahnküken.

Muß auf's Feinste gemahlen und ge=
schlemmt, sandfrei, gut abfärbend sein, An=
striche damit müssen einen schönen Metall=
glanz haben. Praktische Prüfung siehe bei
Farben. In Kisten oder Fässern zu liefern.
Probe 0,5 kg. 100 kg 5—16—32 M.

Graue Farben, s. Bleigrau, Zinkgrau
und Farben (gemischte).

Grüne Farben, s. Chromgrün, Grüner
Zinnober, Kupferfarben.

Grünsiegel, s. Zinkweiß.

Güterwagenlack, s. Firnisse.

Gummi arabicum, ist ara=
bisches Gummi.

Gummidraht, s. Guttaperchadraht.

Gummiwaaren, s. Kautschuk.

Gurte für die Polsterung der Stühle
in I. und II. Classe=Coupé's (4,5 m, bezw.
8,0 m für einen Stuhl) müssen aus reiner
Hanfhede fest und gleichmäßig gewebt sein,
86 mm breit. 12 Pf. das m.

Gurte s. Fensterzüge, 13 cm breit, aus
reinem Hanfe. 65 Pf. das m. 7 cm breit,
für Fensterriemen. 34 Pf. das m.

Gurte sind auf der Zerreißmaschine auf
Festigkeit, im Uebrigen wie Gewebe zu
untersuchen. S. da.

Gußeisen, s. Eisen S. 43 und Eisenguß.

Gußstahl, s. Eisen S. 52.

Gußstahlräder, s. Gußstahlscheibenräder
und Räder.

Gußstahlrohre, werden wie schmiede=
eiserne Rohre angefertigt und gelten für
die Lieferung dieselben Bedingungen wie für
Siederöhren

Gußstahlscheibenräder, (Fluß=
stahl=Scheibenräder, Stahlfaçon=
guß=Scheibenräder), wurden im Jahre
1859 zuerst vom Bochumer Verein (an
Stelle von Speichenräder) hergestellt. Bei
diesen Rädern bilden Nabe, Scheibe und
Radreif ein einziges Gußstück. Bis jetzt
hat genannte Fabrik etwa 150 000 solcher
Räder geliefert. Als Vorzug vor Speichen=
rädern wird hervorgehoben, daß, weil Nabe,
Stern und Reifen nur ein Stück sind,
Fig. 107 und 108, Unfälle und Reparaturen
wie sie bei zusammengesetzten Rädern durch
Beschädigung einzelner Theile, z. B. durch
Reißen des Radreifen, vorkommen, fast ganz
ausgeschlossen sind. Da zu Stahlfaçonguß
etwas härteres Material als zu Reifen ver=
wendet werden kann, so ist bei Gußstahl=
rädern die Abnutzung der Laufflächen ge=
ringer als bei Radreifen. Weiter wird als
Vortheil angeführt, daß diese Räder beim

Umlaufen der Luft geringeren Widerstand bieten und weniger Staub aufwirbeln (welcher die Reisenden beläftigt, die Wagen beschmutzt und in die Achsbüchsen bringend in diesen zerstörend wirkt), als Speichenräder, weshalb die Scheibenräder auch insbesondere für Gegenden mit sandigem, leicht beweglichem Boden empfohlen werden. Die Gußstahlräder behalten endlich besser ihre runde Form als Speichenräder.

Das bis auf das zuläffige Maß abgenutzte Rad dient nach Abdrehen des Spur-

ofen geschoben. Nach dem Trocknen wird mit einer feineren Masse wieder unter Zuhilfenahme von Schablonen die Form genau und sauber fertig gestellt und dann der ganze Kasten unter einem Ofen, aus welchem durch ein Gebläse die heiße Luft senkrecht von oben nach unten getrieben wird, hart gebrannt.

Für den Guß werden die Formkasten in Gießgruben aufgehängt, das Rad wird in lothrechter Richtung gegossen. Der Anguß (Trichter) auf der Lauffläche des Rades

Fig. 107 u. 108.

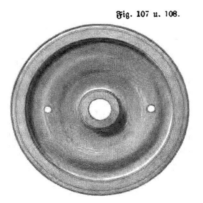

Gußstahl-Scheibenrad.

kranzes als Radkörper für einen aufzuziehenden Radreifen.

Bei der Herstellung der Gußstahl-Räder liegt, wie bei allem Stahlfaçonguß, eine wesentliche Schwierigkeit in der Herstellung einer geeigneten Formmasse. Diese wird aus verschiedenen feuerbeständigen Materialien zusammengesetzt, unter großen Kopffteinen gemahlen und zum Gebrauche angefeuchtet. Das Formen geschieht in genau zusammengesetzten Ober- und Unterkasten mittelst Stangen und Schablonen. Mit der auf einer Unterlage von gröberer Masse aufgetragenen Formmasse wird der Kasten unter Drehen der Schablone angefüllt und dann zum Trocknen in einen stark erhitzten Wärme-

muß solche Querschnittsmaße und eine solche Masse haben, daß der flüssige Stahl leicht und rasch ausfließt und daß aus demselben der Radkörper beim Luntern des Stahles voll und ganz ausgefüllt wird.

Außer der erforderlichen Festigkeit und Härte muß der Guß eine solche Dichtigkeit haben, daß die Laufflächen nach dem Abdrehen möglichft frei von den bei Stahlfaçonguß leicht entstehenden Gußporen find. Vereinzelt find kleine Gußporen unschädlich, wenn sie jedoch schwammartig auftreten, so erregt die Verwendung der betr. Räder Bedenken.

Ist der Guß dem äußeren Ansehen nach gelungen, d. h. ist die Form gut ausge-

füllt, ohne daß Theile der Gußmasse ab=
gesprungen oder Fehlstellen zu bemerken
sind, so wird der Anguß (Trichter) auf be=
sonderen, je zwei Räder aufnehmenden
Bänken unter pendelförmiger Bewegung
kalt abgestochen. Hierauf folgt, gleichzeitig
bei einer gewissen Anzahl von Rädern, in
einem besonders dafür eingerichteten Wärme=
ofen die langsame Erwärmung bis zur
Dunkelroth=Glühhitze und eine oft acht Tage
lang dauernde Abkühlung. Hierdurch wer=
den Spannungen, die nach dem Gießen etwa
vorhanden sein sollten, beseitigt.

Die so geglühten Räder werden zu zweien
auf besondere Kopfbänke gespannt und die
Naben gleichzeitig abgestochen und ausge=
bohrt. Das Abbrehen der Laufflächen und
Spurkränze geschieht in der Regel nach=
dem die Räder auf die Achsen gebracht sind.

Ist der Radkranz auf das zulässige Maß
abgenutzt, so kann die übrig bleibende Scheibe
als Radkörper benutzt und mit einem durch
Sprengring befestigten Radreifen bezogen
werden. Um Normalreife anwenden zu kön=
nen, gibt man den Scheibenrädern in dem
Durchmesser und der Reifenstärke ent=
sprechende Abmessungen. Das zum Aufspan=
nen der Radreifen anzuwendende Schrumpf=
maß soll erfahrungsmäßig nicht mehr als
$^1/_2$ mm auf einen Meter Durchmesser be=
tragen.

Prüfung und Abnahme.

Der Flußstahl zu den Scheibenrädern
muß durchaus zäh, dicht und vollkommen
blasenfrei sein. Die Räder sind genau nach
Zeichnung zu liefern, sie dürfen weder Risse,
Gußporen noch sonstige Fehler haben. Ins=
besondere in den Laufflächen und Spur=
kränzen muß der Stahl eine sehr gleich=
mäßige Dichtigkeit und Härte haben, damit
keine Neigung zur Bildung von flachen
Stellen hervortritt. Die Naben der Räder
müssen gleich weit und glatt (ohne Dreh=
ringe) ausgedreht sein. Jedes Rad erhält
zwei (auch drei) Löcher in der Scheibe (nach

Zeichnung) zum Festspannen auf der Dreh=
bank.

Zur Untersuchung der Festigkeit der
Gußstahlscheibenräder dient folgendes Ver=
fahren: In die Nabe des mit dem Kranze
auf einem Holzringe ruhenden Rades wird
eine am Umfange cylinderische Hülse, deren
äußerer Durchmesser dem inneren Durch=
messer der Nabe gleich und welche durch zur
Mittellinie parallele Schnitte in drei oder
vier gleiche Theile zerlegt ist, gesteckt. In
die mit einer Neigung von 1:20 ausge=
bohrte Hülse wird ein genau passender kegel=
förmiger Dorn gesteckt und auf diesen werden
aus einer Höhe von 2, $2^1/_2$, 3, $3^1/_2$
und 4 m Schläge mit einem 200—250 kg
schweren Fallbären gegeben, welche die
Räder (von je 100 eins) ohne Schaden zu
nehmen, vertragen müssen. Sie dürfen nach
der Probe weder in der Nabe, noch in der
Scheibe Sprünge oder sonstige Beschädigungen
zeigen. Nachdem dieses festgestellt, werden
die Proberäder durch weitere Schläge, er=
forderlichen Falles auch auf die Scheibe,
bis zur Zerstörung weiter geprüft. Die
Anzahl und die Kraft der dazu erforder=
lichen Schläge lassen weiter auf die Güte
des Materials schließen.

An Stelle der früheren Vorschrift des
Durchlaufens einer bestimmten Anzahl von
Kilometern bis zum ersten Abbrehen oder
bis zur völligen Abnutzung der Räder, ist
wegen der schwierigen Ueberwachung zur
Zeit auf fast allen Bahnen Deutschlands
eine gewisse Haftzeit (2—3 Jahre) einge=
führt.

Verschiedene Bahnverwaltungen schließen
Gußstahlscheibenräder für Bremswagen aus,
in der Befürchtung, daß dieselben der unter
Umständen durch das Bremsen herbeige=
führten Erhitzung und der darauf oft plötz=
lich eintretenden Abkühlung nicht so gut wie
Räder mit aufgezogenen Radreifen wider=
stehen vermöchten.

Um die Vortheile der Scheibenräder nicht
aufzugeben und den Anforderungen bezüg=

lich des Bremsens zu genügen, werden seit einigen Jahren geschmiedete und gewalzte flußeiserne Radscheiben angefertigt. S. Fluß=eisen-Scheibenräder, Scheibenräder und Räder.

Guttapercha, ist der eingetrocknete Milchsaft eines vorwiegend auf den Sunda=Inseln heimischen Baumes. Dieselbe hat Aehnlichkeit mit dem Kautschuk und wird wie dieses durch Abzapfen der Bäume ge=wonnen. Die einzelnen Stücke werden nach Erweichen in heißem Wasser zu großen Stücken vereinigt. In rohem Zustande ist die Guttapercha röthlich und marmorirt, in reinem Zustande fast weiß. Die rohe Masse wird in ähnlicher Weise wie der Kautschuk durch Zerkleinern, Waschen, Ein=weichen, Kneten u. s. w. gereinigt. Sie ist bei gewöhnlicher Wärme lederartig zähe, sehr dicht, steif, wenig elastisch und wenig dehnbar, gut schneidbar. Spez. Gew. 0,979. Bei 25° ist die Guttapercha biegsam, bei höherer Wärme wird sie weich und bei 50—60° knetbar und formbar, so daß man dieselbe zu Röhren, Bändern, Fäden, Plat=ten u. s. w. pressen oder walzen kann. Bei 100° wird Guttapercha kleberig und in kochendem Wasser verlieren Guttapercha=Stücke ihre Form.

Bei gleichzeitiger Einwirkung von Luft und Licht zersetzt sich die Guttapercha durch Aufnahme von Sauerstoff und wird da=durch brüchig und schließlich zerreibbar.

Guttapercha ist unempfindlich gegen die meisten Säuren und gegen die Nässe bei gewöhnlicher Wärme, sie ist löslich in Schwefelkohlenstoff, Benzin, Terpentinöl u. a. Die Empfindlichkeit gegen Wärme macht Guttapercha trotz ihrer sonstigen guten Eigenschaften für viele Zwecke un=brauchbar. Sie wird u. a. verwendet zu Treibriemen für feuchte Räume, wo Leder stockt, dann zu Liderungen, Stulpen, Man=schetten, Klappen u. a. bei Pumpen und Wasserkraft=Pressen. Zu Röhren und Ge=fäßen für Säuren und ätzende Flüssigkeiten.

Ihre Eigenschaft, die Electricität sehr schlecht zu leiten und ihre Dichtigkeit und Undurch=bringlichkeit machen die Guttapercha sehr geeignet für die Umhüllung von Telegraphen=Drähten und =Kabeln, zu welchem Zwecke dieselbe theilweise vulcanisirt wird. Rohe Guttapercha 9 M. das kg.

Guttaperchadraht (Gummidraht, Poldraht), für electrische Zimmerleitungen, besteht aus einem Kupferdrahte (Kupfer=seele, Kupferader) mit Umhüllung aus Guttapercha, die ihrerseits mit einer Band=umhüllung umgeben ist. Die Seele muß aus ganz reinem, weichen und ausgeglühten Kupfer gefertigt, ohne Fehlstellen und gleich=mäßig stark sein. Es wird zuweilen eine gewisse Leitungsfähigkeit, z. B. 57 mal besser als Quecksilber, verlangt. Die Stärke ist meistens 1,5 mm, die des Drahtes mit Umhüllung 4,6—4,9 mm. Die Guttapercha darf bei 30° Wärme noch nicht erweichen und das Band von der Guttapercha sich nicht trennen lassen, ohne daß diese zerreißt. Das Band muß die Guttapercha gleich=mäßig und dicht bedecken. Der Draht darf, in Wasser gelegt, keine Isolirfehler zeigen. Anlieferung in Bunden von 4—5 kg. Das m 12 Pf.

Gyps, ein aus schwefelsaurem Kalk und Wasser bestehendes Mineral, welches pulverisirt zum Poliren und Putzen von Metallgegenständen dient. Durch Brennen verliert der Gyps sein Wasser, gebrannter Gyps, welcher jedoch beim Anrühren mit Wasser dieses wieder aufnimmt, erst brei=artig wird und dann zu einer festen Masse erstarrt. Hierauf beruht seine Anwendung u. a. zu Formen, Figuren und zum Ver=gießen von eisernen Haken, Klammern u. s. w. in Stein. Findet ferner Verwendung zu Gypsverbänden bei Knochenbrüchen und be=finden sich davon 25 kg in dicht verschlossenen Blechbüchsen (zusammen 7 M.) in dem großen Rettungskasten der Pr. Stsb. 100 kg ge=wöhnlicher Gyps 5 M.

H.

Haarbesen, im Holze von der Rothbuche, etwa 28 cm lang und 7 cm breit
mit mindestens 15 × 5 Borstenbündeln von
etwa 8 bis 9 cm Länge und angemessener
Stärke, die fest gebunden und dauerhaft eingepicht sein müssen. Nach Muster zu liefern.
1,25 M. das Stück. S. Borstenwaaren.

Häringslake, 5 Pf. das Liter,
f. Beizen S. 17.

Härtepulver, f. Eisen S. 47.

Härtewasser, f. Eisen S. 48.

Hagedorn, f. Weißdorn.

Hakennägel, sind Schienennägel.

Hakenschrauben (Einsteckbolzen),
für den Oberbau. Bezüglich des Materiales
und der Bearbeitung gelten die Anforderungen wie bei Laschenschrauben. Die
Spitzen der Hakenschraube erhalten einen
leicht sichtbaren Einschnitt, dessen Richtung
parallel zur Längenachse des hakenförmigen
Kopfes liegen muß. Stück 0,3 kg. 100 kg
200 M.

Halbkrystall, f. Glas S. 114.

Halbwolle, f. Wolle.

Hammerschlag, ist beim Schmieden
in Form von kleinen Schuppen abfallendes
verbranntes Eisen. Findet Verwendung zu
Kitten.

Hammerstiele, aus Hikory- oder
schlichtem, trockenen, gespaltenen (nicht geschnittenen) Weißbuchenholz; auch aus Knüt-
teln vom Stammende der im Winter gefällten Rüster; müssen gerade, ohne Aeste,
zähe und lufttrocken sein. Prüfung durch
Biegen des an dem einen Ende eingespannten
Stieles. Die aus Hikoryholz müssen aus
jungen Stämmen sein, weil altes Holz leicht
bricht. In Längen von 300, 310, 370,
470, 630, 780 und 940 mm. 40 mm starke,
gewöhnliche 11 Pf. das Stück. Hikory
360 mm lang 16 Pf., 460 mm 24 Pf.,
820 mm 52 Pf. S. Stiele.

Handbäume, aus gesunden, jungen,
rüsternen Stämmen, ohne Fehler. 50 Pf.,
Drehscheibenbaum (Eiche) 3,50 M. das
Stück.

Handelsblech, f. Eisenbleche.

Handfeger, im Holze von der Rothbuche, etwa 21 cm lang und 6 cm breit,
mit mindestens 10 × 4 Borstenbündeln von
8—9 cm Länge und angemessener Stärke,
welche fest gebunden und dauerhaft eingepicht sein müssen. 65—100 Pf. das Stück.
Nach Muster. S. Borstenwaaren.

Handtücher, werden in der Regel
aus mittelfeinem oder grobem Handtuch-
drell (sog. Gerstenkorn) gesäumt und
an zwei gegenüber liegenden Enden mit
Hängen versehen verlangt. Nach Muster
zu liefern, Probe zu verlangen. 60 bis
75 Pf. das Stück. Untersuchung f. Gewebe.

Hanf, ist die Bastfaser der Hanfpflanze.
Die Bearbeitung der Stengel zur Gewinnung des Hanfes ist fast übereinstimmend
mit der beim Flachse. Nachdem die Stengel
gebrochen sind, unterwirft man sie einer
beim Flachse nicht gebräuchlichen Bearbeitung, nämlich dem Reiben, wobei die
Stengel in einer Reibmühle unter schweren
Walzen von Granit oder Eisen gequetscht
und gerieben werden. Der so bearbeitete
und durch Schütteln von den Schäben befreite Hanf heißt Reinhanf, welcher durch
Hecheln weiter gereinigt und in feinere
Fäden zertheilt wird. Der Abfall ist der
Hanfwerg (Hanfhede).

Die Hanffaser, Fig. 109, ist 0,6 bis
1,5 m lang; gröber, härter und fester als
beim Flachse. Ein besonders guter Hanf,
Schleißhanf oder Pellhanf, wird dadurch gewonnen, daß man nach dem Rotten
den Bast mit den Fingern von dem Holze
abzieht, bei welcher Behandlung die Hanffaser weniger leidet, als beim Brechen und
Reiben. Dem badischen Schleißhanfe wird

eine große Festigkeit und Biegsamkeit bei geringer Längenausdehnung durch Belastung nachgerühmt. Die Hanfpflanze ist in ganz Europa heimisch. Besondere Arten von Hanf sind der Manillahanf, welcher von verschiedenen indischen Pflanzenarten stammt, und der Aloehanf aus den gereinigten Fasern der Blätter amerikanischer (Sisalhanf) und indischer Agaveen, ferner der neuseeländische Flachs aus den Fasern der Blätter einer neuseeländischen Pflanze. Letzterer hat nicht die Güte eines guten Flachses oder Hanfes, wenngleich er ziemlich fein, von weißer Farbe und seidenglänzend ist. Guter Hanf muß weißlich oder grau, weich, glänzend, frei von Schäben und kurzen Fasern sein. Minder guter Hanf ist grünlich, den geringsten Werth haben die gelblichen (bräunlichen) Sorten. Ein dumpfiger Geruch läßt darauf schließen, daß ein sonst vielleicht guter Hanf gelitten hat. Er darf höchstens 10 % Feuchtigkeit haben. Durch Wägen einer Probe, Trocknen derselben während mehrerer Stunden bei 70° und nochmaliges Wägen wird der Gehalt an Feuchtigkeit festgestellt. Hanf wird nicht selten durch Beigabe von Fasern der

Fig. 109.

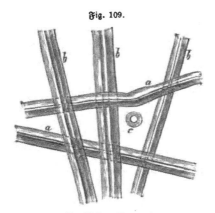

Hanffaser (300 : 1).

Jute und des neuseeländischen Flachses gefälscht. Untersuchung f. Flachs und Gewebe. Der in Ballen gekaufte Hanf muß auseinander genommen und in einem trockenen Raume lose geschichtet werden, da er sonst sich erhitzt und dadurch an Güte verliert, **auch kann er sich von selbst entzünden.**

Hanf wird zum Dichten von Stopfbüchsen gebraucht, ferner zu Gespinnsten und Geweben. 115 Pf. das kg. S. Gewebe.

Hanfgarn, muß aus bestem Hanfe, gleichmäßig stark, ohne Knoten oder sonstige Fehler und trocken sein. Nach Probe. S. Gespinnste.

Hanfgespinnste, f. Gespinnste, ferner Bindfaden, Bindestricke, Bremsleinen, Hanfgarn, Hanfseile, Hanfzwirn, Plombirschnur, Sackband, Signalleinen, Uhrleinen.

Hanfgewebe, f. Gewebe, Band, Behäuteleinen, Drillich, Gurte, Hanfschläuche, Leinewand, Packleinewand, Segeltuch.

Hanfliderung, besteht aus mit Talg, Schmieröl oder Pasta getränkten, schwach gedrehten oder aus drei (vier) Strängen geflochtenen Hanfzöpfen zum Dichten von Stopfbüchsen (Verpackung). Die einzelnen Zöpfe laufen, wie die losen Hanfbündel, nach den Enden spitz aus, was eine gute Dichtung erschwert und zur Folge haben kann, daß die Zopfspitzen in die Stopfbüchse eindringen, wobei die Verpackung zerrissen und undicht wird. Diesen Mißstand zu vermeiden, hat man □förmige Hanfliderung (26—50 mm Stärke) gefertigt, welche betreffend Dauer, Billigkeit und schnelle Anwendung die gewöhnliche Zopfliderung übertreffen soll.

Hanfschläuche (Spritzenschläuche) von 45—100 mm Breite, außen flach gemessen, müssen aus bestem, reinen Hanf, solid und dauerhaft gefertigt sein, einen Probewasserdruck von 15 Atmosphären aushalten. Probe 1 m. Nach dem Gebrauche sofort zu trocknen und an einem trockenen luftigen Orte aufzuhängen, da sie sonst stockig werden. Untersuchung f. Gewebe.

Breite mm	45	58	65	72	78	85	92	100
Preis in Pfennigen für 1 m	50	60	65	71	76	81	86	98

Bei Hanfſchläuchen mit Gummieinlage (bis 30 m lang) muß die Verbindung zwiſchen dem Gewebe und der Einlage ſo feſt ſein, daß bei einer verſuchten Trennung der Gummi reißt. Bei 45 mm lichtem Durch= meſſer 1,90—2,10 M. b. m.

Hanfſeile (Taue), werden aus 3 bis 6 Hanflitzen und dieſe je aus 2—7 Fäden (Garn) gedreht. Das Drehen der Litzen zu Seilen iſt für die Feſtigkeit und Haltbar= keit dieſer nicht günſtig, indem die Drehung, welche eine Verkürzung um $1/5$—$1/3$ der urſprünglichen Länge herbeiführt, eine Span=

Runde Seile.

I. (ungetheert) aus Ia. Bad. Schleißhanf.			II. (getheert) aus Ia. Bad. Schleißhanf.			III. (ungetheert) aus Ia. Ruſſ. Reinhanf.			IV. (getheert) aus Ia. Ruſſ. Reinhanf.		
Durch= meſſer in mm	Gewicht für 1 Meter kg	Arbeits= laſt bei 8 facher Sicher= heit	Durch= meſſer in mm	Gewicht für 1 Meter kg	Arbeits= laſt bei 8 facher Sicher= heit	Durch= meſſer in mm	Gewicht für 1 Meter kg	Arbeits= laſt bei 8 facher Sicher= heit	Durch= meſſer in mm	Gewicht für 1 Meter kg	Arbeits= laſt bei 8 facher Sicher= heit
16	0,21	230	16	0,23	200	16	0,20	200	16	0,22	176
18	0,27	290	20	0,36	314	18	0,26	254	20	0,35	275
20	0,32	350	23	0,43	416	20	0,31	314	23	0,42	363
23	0,37	470	26	0,58	531	23	0,36	416	26	0,56	464
26	0,53	600	29	0,70	660	26	0,51	531	29	0,70	578
29	0,64	740	33	0,90	855	29	0,62	660	33	0,87	748
33	0,80	960	36	1,07	1017	33	0,78	855	36	1,04	890
36	0,96	1145	39	1,18	1194	36	0,93	1017	39	1,15	1044
39	1,06	1340	46	1,73	1661	39	1,03	1194	46	1,68	1453
46	1,55	1870	52	2,24	2122	46	1,50	1661	52	2,18	1857
52	2,03	2390				52	1,97	2122			

Flache Seile (getheert) aus Ia. Bad. Schleißhanf.				Kabelſeile (getheert) aus Ia. Bad. Schleißhanf.			Transmiſſions=Hanfſeile für das laufende Meter.		
Breite mm	Dicke mm	Gewicht für 1 Meter kg	Bruch= be= laſtung kg	Durch= meſſer in mm	Gewicht für 1 Meter kg	Arbeits= laſt bei 6 facher Sicher= heit	Durch= meſſer der Seile mm	Aus Bad. Schleiß= hanf, feine Fäden kg	Aus hellſtem Manilla= Hanf, feine Fäden kg
92	28	2,35	14812	59	2,67	4550	25	0,540	0,480
105	26	3,04	19110	65	3,70	5530	30	0,750	0,610
118	26	3,36	21476	72	4,00	6780	35	0,960	0,780
130	29	4,26	26390	78	4,80	7960	40	1,220	1,030
130	33	4,80	30080	85	5,60	9450	45	1,480	1,290
144	33	5,28	33264	92	6,40	11070	50	1,750	1,600
157	33	5,60	36267	98	7,46	12575	55	2,100	1,820
157	36	6,24	39564	105	8,53	14420			
183	36	7,20	46116						
183	39	7,84	49959						
200	44	9,25	61600						
250	46	12,10	80500						
310	47	15,00	101600						

Dünnere Hanfſeile haben eine Tragkraft:

bei 5 mm von 20 kg   bei 12 mm von 115 kg
" 8 " " 51 "   " 15 " " 180 "
" 10 " " 80 "

(Preiſe für 1 kg ſiehe S. 124.)

nung erzeugt, welche dieselbe Wirkung hat, als wenn das Seil schon dauernd belastet sei. Am stärksten sind bei demselben Durchmesser solche Seile, bei welchen die einzelnen Litzen parallel nebeneinander liegen und mit einer anderen Litze umwunden sind (Bündelseile), welche jedoch nicht gut über Rollen laufen. Um die Drehung zu vermindern, fertigt man Seile, bei denen die einzelnen Litzen schraubenförmig um einen Kern (Seele) laufen, welcher aus einer Hanfsträhne oder auch aus einem dünnen Hanfseile besteht (Patentseile). Man unterscheidet runde und flache Seile (Hanfriemen). Letztere bis 60 cm breit bestehen aus zwei bis sechs runden neben einander liegenden und so zusammengenähten Seilen.

Zum Schutze gegen Fäulniß werden die Hanfseile oft getheert, auch in Gerbsäure oder Firniß oder in besonderer Weise getränkt. Der Theer kann schädliche Stoffe enthalten, welche die Hanffaser vor der Zeit zerstören, also die Haltbarkeit des Seiles beeinträchtigen. Die Theerung erfolgt entweder schon im Garne oder bei dem fertigen Taue, in beiden Fällen wird das Hanfmaterial mit heißem Theere behandelt. Getheerte Seile sind nicht so stark wie ungetheerte unter sonst gleichen Verhältnissen. Die Seile müssen in den einzelnen Litzen und im Ganzen fest und gleichmäßig gedreht sein. Feuchtigkeitsgehalt höchstens 8%.

Felten und Guilleaume geben folgende Angaben über verschiedene Sorten von Hanfseilen.

(Siehe Tabelle S. 123.)

Preise für 1 kg.

Runde Flaschenzugseile (ungetheert) aus	Schleißhanf	1,45 M.
	Russ. Hanf	1,05 „
	Manilla	1,20 „
	Sisal	0,70 „
Flachseile (getheert)	Schleißhanf	1,60 „
	Manilla	1,30 „
	Sisal	0,90 „

Kabelseile (getheert)	Schleißhanf	1,35 M.
	Russ. Hanf	1,06 „
	Manilla	1,15 „
	Sisal	0,65 „
Transmissionsseile	Schleißhanf	1,60 „
	Manilla	1,30 „
	Baumwolle	2,50 „
Schiffstaue aus russ. Hanf (geth.)		0,90 „

Wie in Seilen Beimengungen von Jute und sonstige Verfälschungen entdeckt werden, s. Gespinnste und Gewebe

Hanfzwirn, muß aus bestem Hanfe hergestellt, fest und gleichmäßig gedreht, überall rund und von gleicher Dicke, ohne Knötchen sowie trocken sein, eine genügende Festigkeit haben. Wird grau, schwarz und roth verlangt. Die gefärbten Zwirne müssen farbächt sein. Nach Proben zu liefern.

Je nach der Feinheit das kg 5—20 M. S. Gespinnste.

Hartgummi (Ebonit), ist wie das Weichgummi geschwefeltes Kautschuk, hat jedoch einen größeren Gehalt an Schwefel (bis 50%) und wird länger und bei höherer Wärme gebrannt. Die Maschinen zum Reinigen, Waschen, Mischen mit Schwefel und anderen Stoffen (Magnesia, Zinkweiß, Kreide, Schellack u. a.), wie überhaupt die ganze Verarbeitung ist im Wesentlichen mit der bei Weichgummi übereinstimmend.

Die meisten Gegenstände aus Hartgummi werden aus Platten unter Zuhülfenahme von Werkzeugen (wie bei der Verarbeitung von Holz, Horn u. a.), andere in Formen hergestellt.

Je größer der Gehalt an Schwefel und je länger bezw. bei je höherer Wärme das Hartgummi gebrannt ist, um so härter ist es. Es behält immer eine gewisse Elastizität, so daß es nicht leicht bricht, ist sehr politurfähig. Aus Hartgummi wird eine große Anzahl von Gegenständen gefertigt, u. a. Lineale, Winkelmaße, Löffel, Knöpfe, Einführungshülsen u. s. w.

Durch Reiben wird es stark elektrisch und eignet sich dieserhalb zu Scheiben für

Elektrisirmaschinen. Es ist ein sehr gutes Isolirmittel für telegraphische Leitungen (Isolatorköpfe, Einführungstüllen) und electrische Apparate.

Gegen starke Säuren ist das Hartgummi unempfindlich und findet deßhalb zu Pumpen, Leitungen, Hähne u. a. für diese Flüssigkeiten Verwendung.

Hartguß, s. Eisenguß S. 72.

Hartgußräder, werden für Bahnmeisterwagen verwendet. Lieferungsbedingungen dieselben, wie bei Stahlgußrädern.

Hartriegelholz, stammt von einem 3—5 m hohen Strauche; heimisch in Mittel-Europa. Im Kern röthlich, im Splinte grünlich-gelb. Eins der festesten Hölzer, dicht und feinfaserig, sehr schwer, äußerst schwerspaltig. Findet Verwendung zu Radzähnen, Werkzeugheften, Stielen für Aexte, Hämmer u. a. Knüppel von 1 m Länge je nach Dicke 30—50 Pf. das Stück. Probe: je ein Stück verschiedener Stärke.

Harze. Die ätherischen (flüchtigen) Oele aus dem Pflanzenreiche haben die Eigenschaft, an der Luft oder auch in der Pflanze selbst sich zu verdicken und bei längerer Berührung mit der Luft eine immer festere Beschaffenheit anzunehmen und schließlich in einen neuen harten Körper überzugehen, den man Harz nennt und zwar Hartharz. Eine Mischung von Hartharz und ätherischem Oel ist Weichharz; Schleimharze sind dicke milchige Säfte, welche aus einigen Pflanzen ausfließen, wenn man in die Rinde Einschnitte macht, z. B. Kautschuk und Guttapercha. Schleimharze unterscheiden sich von den eigentlichen Harzen dadurch, daß sie mit Wasser verrieben eine milchige Flüssigkeit geben. Zwei Harze werden in der Erde gefunden, nämlich Asphalt und Bernstein; ein Harz, das Bienenwachs, gehört dem Thierreiche an. Die übrigen dem Pflanzenreiche entstammenden Harze sind als solche in den Pflanzen vorhanden oder sie quellen, gelöst in ätherischen Oelen, aus Einschnitten

in die Rinde dieser Pflanzen. In Europa liefern besonders die Nadelbäume, in außereuropäischen Ländern außerdem noch andere Bäume Harze verschiedener Art. Diese sind in Wasser unlöslich, viele lösen sich in Alkohol, andere nur in ätherischen Oelen, Aether, Benzin u. dgl. Harze finden u. a. Verwendung zu Oelen, Seifen, Lacken, Firnissen, Kitten.

S. Arabisches Gummi, Asphalt, Bernstein, Bienenwachs, Dammaraharz, Elemiharz, Kolophonium, Kopal, Mastix, Schellack.

Hebebäume, müssen aus jungen, gerade gewachsenen, trockenen Stämmen gearbeitet sein, dürfen keine Risse, Aeste und überhaupt nicht solche Fehler haben, welche ein Brechen herbeiführen können. Solche aus gespaltenen Hölzern sind nicht zu empfehlen, ebenso solche mit Zopfenden nicht. Aus Eichen, Eschen, Rüstern und Birken, oft nach Zeichnung. Birkenstämme werden zur Verhütung des Stockens nach dem Fällen entrindet. Preis (Birke) 1,50 M., Drehscheibenbaum (Eiche) 3,50 M. d. Stück.

Hechelhede, s. Flachs.

Hede (Werg), heißen die kurzen Fasern, welche beim Reinigen von Flachs, Hanf und Jute abfallen (Flachs-, Hanf-, Jutehede). Dient zum Reinigen der Hände und zum Putzen von Maschinentheilen (Putzhede, Putzjute), außerdem ist sie Polstermaterial. Zu 1 Stuhl I. Cl. 2,5 kg, II. Cl. 3,5 kg. Muß rein, frei von Schäben, weich, trocken, weder mit Chemikalien bearbeitet, noch mit fremden Stoffen gemengt sein. Eine bessere Hede darf nur aus Hechelhede ohne Beimengung von Schwingheede bestehen. **Hede ist äußerst feuergefährlich!** In trockenen, feuersicheren Räumen zu lagern. Der Feuchtigkeitsgehalt wird durch Wägen einer Probe, Trocknen derselben bei 70° und nochmaliges Wägen bestimmt. Probe 3 kg. 100 kg 40—50 M.

Wie Flachs, Hanf und Jute zu unterscheiden sind, s. Gewebe.

Hedeleinen, ist Packleinen.

Heizmaterial (Heizstoffe), s. Brennmaterial.

Herdguß, s. Eisenguß.

Hikory, amerikanischer Nußbaum in verschiedenen Arten, von welchen einige ein sehr zähes, festes, elastisches und dauerhaftes, insbesondere zu Hammerstielen geeignetes Holz liefern. Je weißer dieses, um so besser ist es. Stäbe von 1 m Länge je nach der Dicke 60—80 Pf. das Stück. Proben einsenden.

Hoffmannstropfen, ein Gemisch von 3 Thl. Weingeist und 1 Thl. Aether; dient als Riechmittel bei Ohnmacht und Schwäche; innerlich, 8—10 Tropfen auf einem Stückchen Zucker. 30 Gramm in einem gut verschlossenen Fläschchen (50 Pf.) befinden sich im Rettungskasten der Pr. Staatsbahnen.

Holz, besteht aus Holzstoff (Holzfaser, Cellulose) und Pflanzensaft. Reine Holzfaser hat bei allen Holzarten fast genau dieselbe Zusammensetzung:

49% Sauerstoff,
45% Kohlenstoff,
6% Wasserstoff.

Pflanzensaft besteht zum allergrößten Theile aus Wasser, in welchem organische Substanzen (Eiweiß, Zucker, Harze, Gummi, Farb- und Gerbstoffe u. a.) aufgelöst sind. Außerdem hat der Saft mineralische Bestandtheile (Kiesel, Schwefel, Kali, Natron, Kalk u. a.).

Durch einen mechanisch-chemischen Prozeß kann der reine Holzstoff aus dem Holze geschieden werden (aus demselben wird u. a. Papier gemacht), in ganzen Hölzern jedoch ist immer Saft, mehr oder weniger eingetrocknet, vorhanden.

Das Gefüge des Holzes. Fig. 110 zeigt drei Schnitte eines Holzstammes: A senkrecht zur Längsachse, B durch die Längsachse, C parallel zur Längsachse. Die Fläche A ist die Hirnfläche (Hirnseite), das auf derselben sichtbare Holz nennt man Hirnholz. In der Mitte des Baumes erscheint das Mark, welches oft ganz verschwindet, so daß nur die Markröhre übrig bleibt. Von dieser laufen strahlenförmig nach dem Umfange als gröbere oder feinere Linien die Markstrahlen. Diese erscheinen auf der Fläche B als schmälere oder breitere Streifen, welche sich oft durch Glanz und Färbung von dem übrigen Holze abzeichnen, woher die Schnittfläche B Spiegelfläche, die Markstrahlen selbst Spiegel und das hier sichtbare Holz Spiegelholz genannt wird.

Zwischen den Markstrahlen um das Mark herum liegt in kreisförmigen Jahrringen die Holzmasse, welche am Umfange von der Rinde begrenzt wird. Auf der Hirnseite sieht man noch die Faserenden, die Poren und die bei einigen Holzarten vorkommenden Markflecken (Markwiederholungen).

Auf der Spiegel- und der Sehnenfläche erscheinen die Fasern und Poren als durchgehende Linien. Das Wachsen des Baumes erfolgt in der Weise, daß in jedem Jahre um die äußere (ältere) Schicht sich eine neue (jüngere) legt; die Zunahme erfolgt zwischen der Rinde und dem jüngsten Jahrringe. Unter der Rinde ist also die jüngste Holzmasse, welche sich in der sog. Kambiumschicht (Bast) stets von Neuem bildet. Hiernach ergibt sich aus der Anzahl der Jahrringe das Alter des Baumes.

Das zunächst unter der Rinde liegende (jüngere) Holz ist meistens von hellerer Färbung und weniger dicht als das ältere mehr der Mitte des Baumes zu; man nennt das mittlere Holz Kernholz, das äußere Splintholz und das, welches den Uebergang zwischen Kern und Splint bildet, junges Holz.

Das Wachsthum der Bäume ist von vielen Verhältnissen abhängig und selten so gleichmäßig, daß die Markstrahlen, Jahrringe, Fasern, Poren, Spiegel u. s. w. in Lage, Gestalt, Größe u. s. w. gleich und überall regelmäßig sind. Die Jahrringe sind bei derselben Holzart bald breiter, bald schmäler und unterscheidet man hiernach grobjähriges und feinjähriges Holz. Auch der einzelne Jahrring ist nicht immer an allen Stellen gleich breit, mitunter gehen die Jahrringe nach außen in wellenförmige Linien über.

Die Fasern betreffend, so unterscheidet man nach der Weite der Poren und den mehr oder minder stark hervortretenden Verschlingungen (eine Folge von Verletzungen u. a.), so entstehen auf dem Schnitte eigenthümliche Zeichnungen (Masern), man nennt solches Holz Maser- oder Fleberholz. Steigen die Fasern in schlanken Schraubenlinien in die Höhe, so ist das Holz drehwüchsig. Man schreibt dem Holze ein feines Gefüge zu, wenn seine

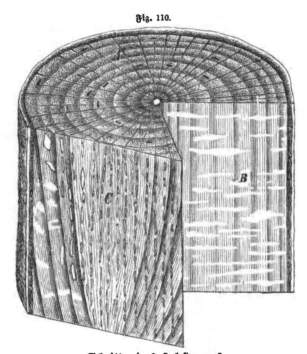

Fig. 110.

Schnitte eines Holzstammes.

Markstrahlen grobfaseriges und feinfaseriges, und nach der Länge der Splitter beim Brechen langfaseriges und kurzfaseriges Holz. Verlaufen die Fasern nicht gerade, sondern krumm und gewunden, so heißt das Holz krummfaserig oder es hat einen wimmerigen Wuchs, welcher einigen Bäumen eigenthümlich ist. Bilden die Fasern verworrene Bestandtheile sehr innig mit einander verbunden sind oder wenn es wenigstens eine glatte gut zu polirende Säge- oder Spaltfläche hat.

Die günstigste Fällzeit der Bäume sind die Wintermonate, insbesondere der December, da in dieser Zeit die Säfte verdickt und die Poren geschlossen sind. In Bezug auf die Dauer, Tragfähigkeit und

Dichtigkeit wird das Winterholz dem in den anderen Jahreszeiten gefällten vorgezogen. Laubhölzer werden nach dem Fällen entrindet, damit das Splintholz schneller erhärtet, Nadelhölzer dagegen nicht, da ohne die Rinde das Harz ausschwitzt. Wenn frisch gefälltes, nicht entrindetes Holz längere Zeit bei warmer Witterung liegen bleibt, so geht der Saft des Splintes in Gährung über, das Holz stockt oder läuft an, es wird je nach seiner Art grünlich=blau, grünlich=braun, braun oder blaugrau.

Der Feuchtigkeits=Gehalt der Hölzer ist sehr verschieden (20—60%) und in demselben Stamme nimmt der Saftgehalt von der Mitte nach der Rinde und von unten nach oben zu. Das Austrocknen erfolgt bei schweren Hölzern langsamer als bei leichten, bei entrindeten Bäumen schneller als bei vorhandener Rinde, bei zerkleinertem Holze in kürzerer Zeit als bei ganzen Stämmen. Holz, welches an der Luft so lange getrocknet ist, daß bei noch längerer Lagerung eine bedeutende Gewichtsverminderung nicht mehr eintritt, nennt man lufttrocken. Ein solches gibt beim Anschlagen mit einem Schlägel einen klirrenden Ton. Das Lufttrocknen dauert bei Scheitholz und etwa 25 cm dicken Stämmen mindestens 1 Jahr, dickere Stämme gebrauchen bis zu 6 und 7 Jahre. Nach dem Fällen darf das Holz weder zu schnell noch zu langsam trocknen, weil es im ersteren Falle leicht Risse bekommt, im anderen fängt es zu stocken an. Lufttrockenes Holz hat immer noch 10—15% Feuchtigkeit, welche nur durch künstliche Trocknung (Dörren) weiter vermindert werden kann.

Beim Austrocknen des Holzes tritt eine Größenverminderung ein, die man das Schwinden nennt (Schwindmaß). Im Allgemeinen ist das Schwinden bei Laubhölzern größer als bei Nadelhölzern. Es ist abhängig von dem Grade des Austrocknens und der Richtung im Holze. Am wenigsten schwindet das Holz in der Längs=

faser (0,1%), am meisten in der Richtung der Jahrringe (10%) und etwa 5% in der des Halbmessers (Durchschnittszahlen). Das Schwinden hat oft eine Gestaltsveränderung, die man das Werfen, Ziehen oder Verwerfen des Holzes nennt, zur Folge; auch können dabei Theile sich trennen, so daß Risse, Sprünge oder Spaltungen entstehen. Alles dieses ist eine Folge davon, daß das Holz wegen seines Baues, wozu noch äußere Umstände kommen (z. B. ungleiche Stärke), nicht überall (Oberfläche, Splint, Kern) und nach allen Richtungen (Markstrahlen, Jahrringe) gleichmäßig schwindet.

Ein ganzer Stamm trocknet zuerst an der Oberfläche und bekommt hier Trockenspalten. Ein Riß, welcher vom Umfange nach innen keilförmig verläuft, heißt

Fig. 111.

Strahlenriß, der sich zu einer Strahlenkluft erweitern kann. Von der Markröhre nach außen zu verlaufende Risse nennt man Kernrisse. Wird ein Baumstamm in Bretter zersägt, Fig. 111, so krümmen sich diese so, daß die gewölbte Seite dem Kerne zuliegt; das Mittelbrett a bleibt gerade, verjüngt sich aber nach den Enden. Trockenes Holz nimmt im Wasser und an der Luft wieder Feuchtigkeit auf, eine Folge der Aufsaugfähigkeit (Capillarität) der Holzfaser und weil ein Theil der eingetrockneten Säfte Feuchtigkeit aus der Luft anzieht. Es tritt dadurch eine Größenvermehrung ein, eine Erscheinung, das Gegen=

theil vom Schwinden, welche man das Quellen des Holzes nennt. Dieses bewirkt in umgekehrter Reihenfolge dieselben Veränderungen wie das Schwinden, z. B. ein krumm gewordenes Holz wird wieder gerade, eine ebene Holzplatte wird windschief u. a. Ein Mittel gegen das Schwinden ist das langsame, vorsichtige und gleichmäßige Austrocknen des Holzes an der Luft oder in Trockenkammern. Um das Quellen unmöglich zu machen, müssen die nach dem Trocknen zurückbleibenden, die Feuchtigkeit anziehenden Saftbestandtheile entfernt werden, was in einzelnen Fällen durch Pressen zwischen Walzen, im Allgemeinen aber durch Auslaugen in kaltem (Flößen der Hölzer) oder warmem Wasser oder durch Dampf geschieht (Dämpfen des Holzes). Werden die leeren Poren alsdann verstopft (Tränken des Holzes), so kann das Holz Feuchtigkeit nicht wieder aufnehmen. In anderer Weise werden die Formveränderungen ganz oder doch genügend durch zweckentsprechende Holzverbindungen verhindert.

Krankheiten und Fehler

an lebenden Bäumen sind u. a. folgende:

Rothfäule, tritt an dem unteren Theile des Stammes (namentlich bei Eiche, Kastanie, Fichte) auf. Das Holz wird braun bis roth, es findet eine Zersetzung statt, durch die das Holz schließlich in eine leicht zerreibliche Masse zerfällt.

Weißfäule, nur bei Laubhölzern, gibt dem Holze eine helle (weiße) leuchtende Farbe, ähnlich wie bei Phosphor. Auch diese Krankheit benimmt dem Holze den Zusammenhang. Nach dem Orte der Fäulniß unterscheidet man Stockfäule, Kernfäule, Splintfäule und Astfäule.

Kernschäle (Ringklüfte, Rindschäle), besteht in dem Getrenntsein zweier Jahrringe, hervorgerufen durch unregelmäßiges Wachsen des Baumes.

Windklüfte, bestehen ebenfalls in ringsum laufenden Abtrennungen der Jahrringe; entstehen bei heftigen Bewegungen der Bäume durch Stürme während der Saftzeit.

Mondringe (Ringfäule), insbesondere bei Eichen, geben der Hirnseite hellere Ringe; das Holz zieht lebhaft Feuchtigkeit an und ist biegsamer als gesundes Holz. Beim Trocknen bekommen ringfäulige Stämme zwischen den Jahrringen verlaufende Risse.

Spiegelklüfte (Waldrisse, Strahlenrisse), trennen das Holz der Länge nach in der Richtung der Markstrahlen.

Frostrisse (Eisklüfte), sind den Spiegelklüften ähnlich, verlaufen jedoch selten mit den Markstrahlen.

Drehwüchsiges Holz (S. 127), wirft sich und reißt, hat geringe Tragkraft, die Rinde zeigt gewundene Längsrisse.

Astknoten (eingewachsene Aeste), geben beim Zersägen der Stämme die Astlöcher.

Brüchiges Holz (morsches, braunsches, sprokes), hat geringe Festigkeit, bröckelt unter dem Hobel statt Späne zu geben; es ist in der Zersetzung begriffenes Holz.

Wipfeldürre entsteht, wenn der Saft nicht bis in die Wipfelzweige steigt, sie ist das Zeichen eines kranken Baumes.

Durch Käfer und Raupen herbeigeführte Krankheiten der Bäume sind der Wurm- und Raupenfraß. Bei ersterem werden die Holzfasern vollständig zernagt, so daß sie zu Pulver (Wurmmehl) zerfallen, beim Raupenfraß werden die Nadeln der Nadelhölzer von Raupen gefressen, in Folge dessen die Bäume kranken und an Werth verlieren.

Eintheilung des Holzes.

Forstwirthschaftlich unterscheidet man Laubhölzer und Nadelhölzer, nach den technischen Zwecken Bauholz (Zimmerholz), Nutzholz (Werkholz), Brennholz und Faschinenholz. Letzteres aus Reisern von Birken, Weiden, Erlen u. a. bestehend, findet in Bündeln

Verwendung, so beim Wasserbau, zum Schutz von Böschungen u. a.

Bauholz dient zur Herstellung von Gebäuden, Brücken u. a., das Nutzholz verwenden die Tischler, Wagner, Stellmacher, Drechsler, Böttcher.

Ein gefällter Baum, mit oder ohne Rinde, aber ohne Wipfel und Aeste, heißt Rundholz oder unbeschlagenes Holz. Wird der Baum der Quere nach durchsägt, so nennt man die einzelnen Stücke (5—8 m lang) Sägeblöcke, wird er im Walde vorläufig mit der Axt vierkantig beschlagen (bewaldrechten genannt), so nennt man solches Holz Kantholz oder beschlagenes Holz. Dieses hat in der Regel nicht scharfe, sondern nach der Rundung des Baumes geformte Kanten, Wald- oder Wahnkanten, auch Baumkanten genannt.

Je nachdem die Bäume zu Land oder zu Wasser in Flößen fortgeschafft sind, heißt das Holz Wald- oder Flößholz. Ganze Baumstämme, mögen sie rund, scharf- oder waldkantig sein, führen den Namen Ganzholz, welches je nach Länge und Zopfstärke wieder verschiedene Benennungen hat.

a) Extrastarkes Bauholz, über 14 m lang, über 34 cm Zopfstärke,
b) Starkbauholz, 12—14 m lang, 29—34 cm Zopfstärke,
c) Mittelbau- oder Riegelholz, 9—12,5 m lang, 21—26 cm Zopfstärke,
d) Kleinbau- oder Sparrholz, 9—11 m lang, 15—21 cm Zopfstärke,
e) Bohlstämme, 7—9 m lang, 13 cm Zopfstärke,
f) Lattstämme, 6—7 m lang, 8 cm Zopfstärke.

Wird ein vierkantiges Ganzholz der Länge nach in zwei gleiche Theile zerschnitten, so erhält man zwei Halbhölzer; theilt man ein solches über's Kreuz in zwei gleiche Theile, so entstehen Kreuzhölzer (vier im Ganzholz); die durch zwei Schnitte über's Kreuz entstehenden 6 gleichen Theile nennt

man Sechstelholz. Kreuzholz und Sechstelholz heißt auch Riegelholz, und Ganzholz, Halbholz und Kreuzholz auch Verbandholz.

Durch Schneiden mit der Säge in der Richtung der Fasern werden außer den oben genannten Kanthölzern die Schnitthölzer, nämlich Bohlen (50—180 mm stark), Bretter oder Dielen (15—50 mm) und aus diesen durch Zerschneiden senkrecht zu ihrer Breite Stollen und Latten hergestellt. Je nach ihrer Stärke und Verwendung haben die Bretter verschiedene Benennungen:

Ganze Spundbretter 45 mm stark,
Halbe   „   40 cm   „
Tischlerbretter . . . 30 cm   „
Schalbretter . . . . 25 cm   „
Kistenbretter . . . 20—6 mm „
Furniere . . . . . 5—2 mm „

Die Breite der Bretter und Bohlen ergibt sich aus der Dicke der Bäume. Stollen (oder Säulenholz) haben gewöhnlich einen quadratischen Querschnitt von 75—150 mm Dicke.

Latten sind bis 90 mm breit und bis 60 mm stark.

In Süddeutschland unterscheidet man die Bretter:

Tafelbretter, 15 mm dick, 360—450 mm breit,
Gemeine Bretter, 22,5 mm dick, 270 bis 360 mm breit,
Falzbretter, 37,5 mm dick, 360—450 mm breit,
Thürbretter, 52,5 mm dick,
Mittelbretter, 30 mm dick.

Bei Eichenholz unterscheidet man noch besonders:

Sägeblöcke, 7,2 m lang, 360—720 mm stark,
Schwelleichen oder Streckeichen, 7,2 m lang, 270—300 mm stark,

Stieleichen oder Riegeleichen, 7,2 bis
9,0 m lang, 330 mm stark,

Pfosteneichen, 2,4—3 m lang, 240 bis
270 mm stark.

Wird ein runder Baum zu Bohlen oder
Brettern zersägt, so fallen zwei kreisabschnitt=
förmige Stücke ab, Schwarten oder
Schellstücke genannt; die übrigen Bretter
sind an den Längskanten bogenförmig be=
grenzt, man nennt sie ungesäumte (rund=
kantige) Bretter oder auch Wahndielen.
Werden die bogenförmigen Kanten fortge=
nommen oder die Bretter aus kantigem
Holze geschnitten, so erhält man gesäumte
Bretter.

Die aus demselben Stamme geschnittenen
Bretter sind nicht alle von demselben Werthe.
Geht ein Sägeschnitt durch die Mitte der
Markröhre, so haben die zwei breitesten
Bretter, die Kernbretter, in der Mitte
ein loses und splitteriges Gefüge; die neben
diesen liegenden zwei Bretter sind die besten,
ihnen folgen die beiden weiteren u. s. w. Je
schmäler die Bretter werden, um so mehr
Splintholz haben sie und um so mehr Holz
fällt an den Längskanten beim winkeligen
Bearbeiten ab. Die Bretter, welche den
Schwarten am nächsten liegen, haben den
geringsten Werth. Hiernach dürfen Bretter
der besten Güte nicht Kernbretter oder sie
müssen ohne Kern sein, andererseits dürfen
sie nicht zu viel Splint haben.

Die Bretter müssen geradfaserig
sein, b. h. die Sägeschnitte sollen mit den
Fasern laufen, ist dieses nicht der Fall,
sondern sind Fasern quer durchschnitten, so
nennt man die Bretter über den Span
geschnitten oder überspänig. Solches
Holz ist für Tischlerarbeiten untauglich.

Außer durch Sägen kann man das Holz
durch Spalten der Länge nach theilen, man
erhält dann Spalthölzer, zu denen Lat=
ten, halbrunde Latten (Bühnen), Staak=
hölzer und Schindeln gehören.

Dauer der Hölzer.

Am dauerhaftesten im Allgemeinen sind
Eiche, Ulme, Kiefer, am wenigsten haltbar
Pappel, Birke, Weide; dazwischen liegen
Fichte, Esche, Buche, Erle. Von Einfluß
auf die Dauer ist die Fällzeit; ferner das
Gefüge, indem poröses, schwammiges und
rissiges Holz dem Eindringen von Feuchtig=
keit und damit dem Verderben mehr ausge=
setzt ist als festes Holz mit feinem Gefüge.
Von den Bestandtheilen des Pflanzensaftes
wirken Gerbstoff, Harze und Oele günstig
auf die Dauer, während die leicht zersetz=
baren stickstoffhaltigen Stoffe (Eiweiß, Pflan=
zenleim u. a.) die Vermoderung oder Fäul=
niß herbeiführen. Holz, welches stets im
Trocknen oder stets in der Nässe ist, hält
sich im Allgemeinen am längsten, abwechselnd
der Nässe ausgesetzt, ist seine Dauer kürzer,
am schädlichsten ist allen Hölzern Feuchtig=
keit bei Mangel an frischer Luft. (Bildung
von Schwamm.)

Um lufttrockenes Holz gegen Anfaulen
von außen zu schützen, gibt man demselben
einen wasserdichten Anstrich von gut decken=
den und haftenden Stoffen, wie Oelfarbe,
Firnisse, Theer, Asphalt, Wasserglas u. a.,
auch kann man das Holz oberflächlich an=
kohlen, indem auch die Kohlenschicht das
Eindringen der Feuchtigkeit und damit die
Fäulniß verhindert.

Da lufttrockenes Holz noch 10—15 %
Wasser und alle Saftbestandtheile hat, so
können äußere Anstriche die Zersetzung des
Saftes, wodurch die Holzfaser in Mitleiden=
schaft gezogen wird, nicht verhindern; außer=
dem lassen sich dauerhafte Anstriche nicht
überall anbringen, z. B. nicht bei Holz,
welches im Erdboden liegt (Bahnschwellen,
Pfosten), außerdem sind die Anstriche theuer
und müssen über der Erde zeitweise erneuert
werden. Da nun Holz um so weniger zur
Fäulniß neigt, je ärmer es an Saft ist, so
entfernt man diesen so viel wie möglich durch
Auslaugen (Dämpfen) des Holzes, jedoch
bleiben auch nach diesem noch Safttheile

zurück und nach dem Trocknen des Holzes bilden sich leere Poren, in welche die Feuchtigkeit sich wieder einsaugt. Das Auslaugen beugt der Fäulniß nicht vollkommen vor. Zu weit höherem Maße erfolgt dieses durch das Tränken des Holzes mit Stoffen, welche die Safttheile chemisch verändern, indem sie mit diesen unlösliche Verbindungen eingehen und gleichzeitig die Poren ausfüllen, ohne auf die Holzfaser selbst einen schädlichen Einfluß auszuüben.

Als fäulnißwidrige Tränkungsmittel haben verschiedene Metallsalze u. a. Quecksilberchlorid, Kupfervitriol und Zinkchlorid, ferner Holzessig, Theer, Karbolsäure, Kreosot, auch Talg, Wachs, Leinöl u. a. Anwendung gefunden und sich mehr oder minder bewährt. Bei den Eisenbahnen werden hauptsächlich Bahnschwellen und Telegraphenstangen mit solchen fäulnißwidrigen Stoffen getränkt und kommen hier meistens die genannten drei Metallsalze und Kreosot zur Anwendung. Bei dem Tränken mit Quecksilberchlorid wird das Holz 8—9 Tage lang in einer Lauge mit etwa $^2/_3$% Quecksilberchlorid getränkt, wozu man Holzbottiche verwendet, da Metallgefäße von der Lauge angegriffen werden. Es kann dieserhalb auch nicht, wie bei den anderen Tränkungsmitteln, die Lauge in das Holz gepreßt werden, da die Bottiche den Druck nicht aushalten. Quecksilberchlorid ist sehr giftig! es muß äußerst vorsichtig mit demselben umgegangen werden. Mit demselben getränkte Hölzer können in Gebäuden keine Verwendung finden.

Kupfervitriol kommt nicht häufig mehr zur Anwendung, da es von kohlensäurehaltigem Wasser aus dem Holze ausgewaschen und außerdem Eisen, welches mit solchem Holze in Berührung kommt (z. B. bei Bahnschwellen, Telegraphenstangen), zerstört wird; das Kupfer wird nämlich aus dem Salze ausgeschieden und die frei werdende Schwefelsäure zerstört Eisen und Holz. Bei Anwendung von Kupfervitriol wird das Holz

in einer 2%o Lauge einem Drucke von 8—10 Atmosphären ausgesetzt.

Die Anwendung einer Zinkchloridlösung (4 Thl. Salz auf 100 Thl. Wasser) steigert sich immer mehr. Die Hölzer werden 1—2 Stunden lang in einem geschlossenen Kessel gedämpft, letzterer wird dann möglichst luftleer gepumpt (1—1½ Stunde), wobei die Luft aus den Poren des Holzes entweicht, darauf wird die Lauge zugelassen und während 1—2 Stunden ein Druck von 6—8 Atmosphären ausgeübt.

Bei Anwendung von Kreosot werden die lufttrockenen Hölzer in einem Trockenofen etwa 6 Stunden lang nachgetrocknet, im Tränkungskessel bleiben sie in der Luftleere etwa 1 Stunde und in der Flüssigkeit unter einem Drucke von 8 Atm. etwa 6 Stunden. Kreosot ist theurer als Zinkchlorid, jedoch auch wirksamer, aber nicht in demselben Verhältnisse und wird deshalb Zinkchlorid häufiger benutzt.

(Ueber die Dauer von getränkten Bahnschwellen und Telegraphenstangen siehe bei diesen.)

Die Eigenschaften der Hölzer.

Die aus der Beschaffenheit der Fasern entspringenden Eigenschaften, nämlich grob- und feinjährig, grob-, fein-, kurz-, lang- und krummfaserig, maserig, feinfügig, drehwüchsig, wurden S. 127 besprochen.

Die Farbe (gelblich-weiß, weiß, gelb, braun, roth, schwarz, grüngelb u. a.) ist gewöhnlich bei Kernholz dunkler als bei Splintholz, ebenso ist das Holz alter Bäume dunkler als das von jungen derselben Art. Häufig dunkelt die Farbe des Holzes nach. Eine lebhafte, frische Farbe ist das Zeichen der Gesundheit, abgestorbene Bäume haben eine fahle Farbe, verstocktes Holz ist je nach seiner Art verschiedenfarbig angelaufen.

Der Geruch der Nadelhölzer ist harzig; Laubhölzer riechen mehr nach Gerberlohe. Ein starker Geruch zeigt den kräftigen, gesunden und saftvollen Baum an.

Die Härte steht im Zusammenhange mit der Schwere, indem die schwersten Hölzer auch die härtesten sind. Man unterscheidet harte, halbharte und weiche Hölzer. Bei langsamem Wachsthume wird das Holz dichter und härter als bei schnellem, üppigen Wuchse. In demselben Stamme ist das alte Kern=) Holz härter als das Splintholz. Alte Stämme haben härteres Holz als junge derselben Art.

Das spezifische Gewicht wächst mit der Dichtigkeit, demnach ist aus demselben Stamme Kernholz schwerer als Splintholz. Von großem Einflusse auf das Gewicht ist der Wassergehalt; frische Hölzer können $\frac{1}{4}$—$\frac{1}{3}$ ihres Gewichtes durch Austrocknen verlieren. Im Allgemeinen sind harte Hölzer schwerer als weiche. Im Winter gefälltes Holz hat ein größeres spez. Gew. als das im Sommer gefällte. Maserholz kann bis $\frac{1}{3}$ schwerer als das gewöhnliche Stammholz sein.

Die Angaben über die spez. Gew. der lufttrocknen Hölzer weichen meistens und oft nicht unbedeutend von einander ab, so daß man sich mit mittleren Werthen zufrieden geben muß.

Die Spaltbarkeit ist der Widerstand, welchen das Holz der Trennung seiner Fasern in der Richtung der Baumachse entgegensetzt. Am leichtesten läßt sich Holz in der Richtung der Spiegel spalten. Trocknes Holz spaltet in der Regel schwerer als grünes. Harte und dichte Hölzer sind zwar im Allgemeinen widerstandsfähiger als weiche, jedoch können diese sehr schwer spaltbar sein, wenn nämlich die Axt (der Keil) in das weiche Holz zwar leicht eindringt, sich aber keine Spalten bilden.

Die Biegsamkeit zeigt sich besonders bei frisch gefälltem und bei jungem saftreichen Holze. Durch Erwärmung, insbesondere mit Wasserdampf, wird die Biegsamkeit der Hölzer erhöht. Splintholz ist biegsamer als Kernholz.

Je später beim Biegen das Zerbrechen

eintritt, um so zäher ist das Holz. Bei sehr geringer Zähigkeit nennt man Holz spröde. Wurzel= und Astholz ist zäher als Stammholz.

Die Elastizität der Hölzer ist sehr verschieden. Biegsames und zähes Holz ist in der Regel auch elastisch, doch gibt es auch zähe Hölzer mit geringer Elastizität. Gewöhnlich ist Holz um so elastischer, je größer sein specifisches Gewicht ist.

Die Festigkeit der Hölzer ist vielfach untersucht, jedoch sind übereinstimmende Ergebnisse auch bei Versuchshölzern derselben Art, welche in Alter, Form, Abmessungen, Gefüge, Dichtigkeit u. s. w. möglichst übereinstimmten, nicht erzielt, selbst einzelne Stücke aus demselben Baumstamme geben von einander abweichende Werthe, so daß man sich auch hier mit Durchschnittszahlen begnügen muß.

Da die Festigkeit der Hölzer mit den Jahren abnimmt, so beansprucht man dieselben in der Regel nur mit $\frac{1}{10}$ und noch weniger derjenigen Last, welche das Holz zum Reißen, Brechen u. s. w. bringen würde. Die Belastung für 1 qcm, bei welcher die Trennung der Fasern bei den verschiedenen Hölzern eintritt, ist in folgender vergleichender Zusammenstellung über die Eigenschaften mehrerer Hölzer angegeben.

(Siehe Tabelle Seite 134.)

Die bei „Festigkeit" eingeklammerten Zahlen geben die zulässige Beanspruchung der betr. Hölzer in kg für 1 qcm an, wie sie bei der Bauabtheilung des Berliner Polizeipräsidiums gebräuchlich sind.

Die Lieferungsbedingungen.

Für Holz bester Güte lassen sich diese im Allgemeinen etwa wie folgt zusammenfassen.

Das Holz muß in der Wabelzeit (Winter 15. November bis 15. Januar) gefällt sein und ist auf Verlangen dieses, wie der Ursprung des Holzes, durch glaubwürdige Bescheinigungen nachzuweisen. Das

Vergleichende Zusammenstellung über Hölzer.

Name des Holzes	Specifisches Gewicht	Hart.	Faserig.	Spalt- bar.	Zähe.	Elastisch.	Festigkeit in kg für 1 qcm — Zug.	Druck.	Bruch.	Dauer in Jahren — Geschätzt.	Im Freien.	Im Wasser.	Im der Erde.	Verhältniß der Preise.	Verhält- niß des Brenn- werthes (Raum- einheit).
Ahorn	0,53—0,79	hart	fein kurz	schwer	sehr	ziemlich	—	—	—	—	—	—	5—8	72	90
Akazie	0,58—0,85	ziemlich	fein	sehr schwer	zähe	sehr	—	—	—	—	—	—	über 10	—	—
Birke	0,51—0,77	wenig	fein lang	sehr schwer	sehr	sehr	—	—	—	70—40	15—40	0	5—8	44	88
Birnbaum	0,64—0,76	etwas	fein kurz	gut	zähe	wenig	—	—	—	—	—	—	—	60	—
Buche (Roth-)	0,59—0,85	etwas	grob kurz	ziemlich leicht	wenig	wenig	950 (120)	480 (66)	720	15—95	10—60	70—100	5	44	84
Buche (Weiß-)	0,62—0,85	hart	fein kurz	schwer	zähe	elastisch	—	—	—	—	—	—	—	72	—
Eiche (Winter-)	0,60—0,86	hart	grob lang	ziemlich schwer	sehr	ziemlich	1000 (120)	500 (66)	750	100	100	100	15	100	100
Erle	0,42—0,70	weich	fein	leicht	wenig	wenig	900 (120)	450 (66)	680	25—40	20—40	100	5	44	—
Esche	0,50—0,95	ziemlich	grob	sehr leicht	sehr	ziemlich	750	380	—	30—95	15—65	0	8	72	—
Fichte (Roth-)	0,35—0,60	ziemlich	ziemlich grob	leicht	zähe	elastisch	900 (80)	450 (60)	560	50—75	40—70	50	10	33	59
Kiefer (Föhre)	0,31—0,81	ziemlich	ziemlich grob	sehr leicht	zähe	elastisch	900 (80)	450 (60)	680	90	40—85	80	10	40	63
Lärche	0,44—0,81	hart	ziemlich grob	leicht	zähe	elastisch	700	350	530	95	40—85	80	über 10	42	—
Linde	0,32—0,68	sehr wenig	fein lang	leicht	zähe	—	—	—	—	—	—	—	5	55	55
Magagoni	0,413—1,04	hart	fein	—	—	elastisch	—	—	—	—	—	—	—	300	—
Nußbaum	0,56—0,81	etwas	fein kurz	ziemlich leicht	zähe	sehr wenig	—	—	—	—	—	—	5	200	—
Pappel	0,36—0,80	weich	grob	sehr leicht	wenig	elastisch	—	—	—	25—90	20—40	0	—	44	64
Rüster (Ulme)	0,56—0,82	hart	fein lang	sehr schwer	sehr	elastisch	—	—	—	80—100	60—90	90	—	55	91
Tanne	0,35—0,75	weich	fein lang	sehr leicht	zähe	wenig	800 (80)	400 (50)	600	40	40	—	10	44	67
Weide	0,32—0,63	sehr weich	fein	leicht	sehr	wenig	—	—	—	—	—	—	—	33	—

Holz muß vollkommen gesund, kräftig, gerade (nicht drehwüchsig) gewachsen, feinjährig, von gesunder Farbe und lufttrocken sein. Es soll keine, oder doch keine schädlichen Aeste, noch faulige oder gespundete Astlöcher haben. Das Holz darf nicht von abgestorbenen oder wipfeldürren, noch von wurm- oder raupenfräßigen Bäumen herrühren; es muß frei von jeder Fäulniß, ohne Eis-, Spiegel- und Windklüfte, es darf nicht stockig, nicht von lockerer oder schwammiger Beschaffenheit, Kern und Splint müssen fest zusammengewachsen sein.

Kantholz und besäumte Bretter (Bohlen, Dielen) müssen genau nach den aufgegebenen Abmessungen, voll und geradkantig (ohne Wahnkante), auch winkelrecht geschnitten, sie dürfen nicht überspänig oder windschief sein und keine schädlichen Aeste, an den Kanten überhaupt nicht, haben, sie müssen ohne Absätze und überall gleich stark geschnitten sein, dürfen nur wenig Splint und auf Verlangen kein „Kern" haben.

Selbstverständlich ist Holz, welches diesen Anforderungen entspricht, auch das theuerste.

Bei Hölzern für minder wichtige Zwecke wird man zu Gunsten der Ersparniß billigeres Material wählen und sind dann auch die Lieferungsbedingungen darnach zu fassen.

Bei ungesäumten Bohlen wird die Breite auf der schmalen Seite ohne Wahnkante gemessen.

Es kann unter Umständen sich empfehlen, Probehölzer liefern zu lassen.

Die Lagerung der Nutzhölzer.

Diese müssen möglichst bald nach Anlieferung in einer Entfernung von mindestens 200 mm vom Fußboden mit Stapelhölzern zwischen je zwei übereinander liegenden Lagen in luftigen aber sonst dichten Schuppen gestapelt werden. Bei Mangel an bedeckten Räumen sind zunächst die eichenen, dann die kiefernen Nutzhölzer und darauf die Rundhölzer von der Rüster im Freien zu lagern, sind jedoch durch Bedeckung (alte Wagendecken, Dachpappen oder

dergl.) gegen Regen, Sonnenstrahlen und unmittelbaren Luftzug möglichst zu schützen. Die übrigen Nutzhölzer vertragen das Lagern im Freien schlecht.

Damit die Hirnseiten der Hölzer in Folge starker Ausdünstung nicht reißen, empfiehlt es sich (insbesondere bei im Freien lagernden Hölzern) dieselben mit Papier zu bekleben oder mit Oelfarbe, Mehlkleister oder Thonbrei anzustreichen. Wenn die Hirnflächen Risse zeigen, so sind diese gegen das Weiterreißen mit Brettstückchen zu benageln oder S-Haken (Fig. 112) einzuschlagen. Zwischen je zwei Lagen ist eine

Fig. 112.

S-Haken.

genügende Anzahl von Stapelhölzern zu legen, damit die Hölzer weder sich durchbiegen noch beim Trocknen sich verziehen. Man legt in den Stapeln die längeren Hölzer nach unten, damit die überstehenden Enden unterstützt werden können, und bei Bohlen und Brettern die Breitseiten abwechselnd nach oben und unten. Damit die Auflagerflächen nicht moderig oder stockig werden, müssen die Hölzer zeitweise umgestapelt werden.

Buchen-, Eschen- und Elsen-Hölzer stocken leicht, sie sind ganz besonders luftig zu stapeln.

Eichenhölzer können nöthigenfalls, nachdem sie mehrere Jahre lang in Stapeln gelegen haben, ohne Zwischenhölzer aufeinander geschichtet werden.

Weiteres über die einzelnen bei den Eisenbahnen zur Verwendung kommenden Hölzer siehe: Ahorn, Akazie, Birke,

Birnbaum, Buche, Eiche, Erle, Esche, Fichte, Hartriegel, Hikory, Kiefer, Kirschbaum, Lärche, Linde, Mahagoni, Nußbaum, Pappel, Rüster, Spanischrohr, Tanne, Teakholz, Weide, Weißdorn; dann: Bahnschwellen, Brennmaterialien, Brennholz, Telegraphenstangen.

Holzessig, eine aus Wasser, Essigsäure, Kreosot, Holzgeist u. a. bestehende braune, brennlich riechende Flüssigkeit, welche durch trockene Erhitzung von Holz gewonnen und u. a. zur Bereitung von Holzbeizen benutzt wird. In Glasgefäßen aufzuheben. 8 Pf. das kg.

Holzkohle, wird gewonnen durch Erhitzen von Holz bei gänzlichem oder theilweisem Luftabschluß. Der Zweck der Verkohlung ist die Entfernung des Wassers und des Sauerstoffes aus dem Holze, welche beide beim Verbrennen nicht nur nicht Wärme entwickeln, sondern selbst solche aufnehmen, also, soweit nur die Heizkraft in Betracht kommt, schädlich sind. Beim Verkohlen des Holzes bleibt der eigentliche Brennstoff zurück und das Gewicht wird vermindert, so daß Holzkohle billiger als Holz zu befördern ist. Außerdem hat das Holz als Brennmaterial für gewisse technische Zwecke nachtheilige Eigenschaften (z. B. Flammbarkeit, Rauchentwickelung), welche der Holzkohle nicht anhaften.

Beim Erhitzen des Holzes entweicht zuerst das Wasser, alsdann werden die organischen Verbindungen zerstört, es verflüchtigen sich Kohlensäure, Kohlenoxyd, Kohlenwasserstoffe, Wasserstoff u. a., welche zum Theil brennbare Gase (Leuchtgas) bilden. Werden die flüchtigen Bestandtheile aufgefangen und verdichtet, so geben sie wässerige und ölige Flüssigkeiten (Holzessig, Theer u. a.). Bei der Verkohlung ist entweder die Gewinnung von Holzkohle oder die von Leuchtgas, Theer und anderen Stoffen der Hauptzweck.

Die Verkohlung erfolgt in Meilern, in Haufen oder in Meileröfen. Unter Meiler versteht man einen aus Holzscheiten zusammengesetzten Haufen (80—300 cbm), der annähernd die Form einer Halbkugel oder eines Kegels hat und mit einer Decke von Rasen, Erde und Kohlenstaub bedeckt ist. Die Scheite stehen entweder fast aufrecht (stehender Meiler) oder sie liegen waagerecht in der Richtung von der Achse nach dem Umfange (liegender Meiler). Zum Aufrichten des Meilers werden in der Mitte starke Pfähle (Quandelpfähle) aufgerichtet, zwischen denen ein Raum frei bleibt, welcher mit Reisig angefüllt wird. Vom Umfange bis zum Quandelschachte führt ein Kanal (Zündgasse) zum Anzünden des Meilers. Nachdem dieses geschehen, wird der Luftzug so geregelt, daß nur die zum Verkohlen des Holzes erforderliche Hitze erreicht und möglichst wenig Holz verbrannt wird. Es dürfen hauptsächlich nur die sich entwickelnden Gase verbrennen und die Verkohlungswärme erzeugen. Die Vollendung der Verkohlung erkennt der Köhler an der Farbe des abziehenden Rauches, sie erfordert je nach der Größe des Meilers (8—16 m Durchmesser) 2—5 Wochen.

Bei der Verkohlung in Haufen schichtet man Holzkloben zu einem länglich viereckigen, von einem zum anderen Ende etwas ansteigenden Haufen und entzündet das Holz an der niedrigsten Seite, von wo die Verkohlung fortschreitet. Abweichend wie bei dem Meiler werden die verkohlten Stücke sofort ausgezogen.

Meileröfen sind festgemauerte (haubenförmige) Meiler mit Rauchöffnungen in der Decke und zwei Oeffnungen (an der Seite und im Scheitel) zum Einbringen des Holzes, letztere werden nach dem Füllen geschlossen. Diese Oefen haben oft auch eine länglich viereckige Form und ein Abzugsrohr für die Gase und einen Rost zur Regelung des Luftzuges.

Den in Meilern gewonnenen Holzkohlen (Meilerkohlen) gibt man im Allgemeinen den Vorzug vor solchen aus Oefen.

Die Ausbeute an Kohle beträgt dem Gewichte nach 20—25 %, dem Rauminhalte nach 50—75 %. Nicht ganz verkohlte Stücke (rohe oder rothe Kohle) nennt man Brände. Je nach dem Grade der Verkohlung erhält man eine vollständig verkohlte Schwarzkohle oder bei unvollkommener Verkohlung die Roth= oder Röstkohle, oder auch ein Zwischenerzeugniß: das Roth= oder Röstholz. Letzteres wird bei der Herstellung von Holzessig, Kreosot u. a. aus dem Buchenholz nebenbei gewonnen. Harte Hölzer geben harte, weiche Hölzer weiche Holzkohle. Wassergehalt der Holzkohle durchschnittlich 8—12 %, der jedoch durch Nässen mit Wasser bis auf 20 % gesteigert werden kann, ohne daß dieses den Kohlen anzusehen ist; mehr wie 10 % Wasser ist nicht zulässig. Untersuchung durch Trocknen einer abgewogenen Menge bei 80 bis 100 ⁰ und nochmalige Wägung.

Die Holzkohlen dürfen nicht aus krankem, kienigen oder ästigen Holze gewonnen sein und keine unverbrannten Stücke enthalten; sie müssen aus festen, großen Stücken bestehen, solche unter Faustgröße und mit einem geringeren Gewichte als 250 Gramm sind zurückzuweisen. Einige Verwaltungen nehmen sie bis zu 10 % der gelieferten Menge. Zu Eisenbahnzwecken empfehlen sich die Holzkohlen aus Buchen=, Tannen= und Kiefernholz.

Holzkohle wird u. a. verwendet zum Heizen (in Füllöfen) von Eisenbahnwagen, zum Löthen in den Klempnereien und Kupferschmieden, zum Schmelzen von Eisen und Legirungen; sie bilden den Hauptbestandtheil der Preßkohlen zum Heizen der Coupé's. 6,5—7,5 M. das cbm.

Holzkohlenpulver (Holzkohlenstaub), insbesondere das von Laubholzkohle wird benutzt zur Bereitung von Härtepulvern und Schwärze. Die Kohle von Esche, Birke und Buche wird am geeignetsten für die letztere gehalten. S. Kohlenstaub.

Holzkohlentheer, s. Theer.

Holzschrauben, eiserne und **messingene,** werden aus Draht auf besonderen Maschinen gefertigt. Sind vom Kopfe nach der Spitze ein wenig verjüngt. Da dieselben in vorgebohrte Löcher geschraubt werden, müssen sie sich selbst einschneiden und deßhalb dünne, tiefe und scharfrandige, dabei weit auseinanderliegende Gänge haben, damit genügend Holz stehen bleibt und so die Schraube nicht leicht ausreißt. Müssen aus bestem, sehr zähem Materiale gefertigt, das Gewinde muß ganz rein ausgeschnitten sein. Der Kopf ist meistens kegelförmig, seltener cylindrisch (versenkte Köpfe), auch kugelig (runder Kopf), selten sechseckig oder viereckig. In allen Fällen muß der Kopf gerade auf dem Schafte sitzen und gesund, der Einschnitt muß scharf und genügend tief sein. Es empfiehlt sich, die Abmessungen und die Formen durch Zeichnungen und die Art der Verpackung anzugeben.

Länge 3—156 mm, Dicke 0,6—16 mm. Die Güte des Materiales durch Biegungen zu untersuchen.

Hornmehl oder **Hornspäne** sind frei von fremden Beimengungen zu liefern. Wird verfälscht mit Knochenmehl oder anderen billigen Stoffen, die chemisch nachgewiesen werden können. Dient zur Bereitung von Zementirpulver für die Oberflächenhärtung. In Säcken anzuliefern; trocken und kühl zu lagern. 100 kg 38 M.

Hutnetze, s. Gepäckhalternetze.

I.

I=Eisen (Doppel=**T**=Eisen), s. bei **T.**

Indigo, ein werthvoller blauer Farb= stoff aus in Amerika, Indien u. a. heimischen Pflanzen. Dient zum Färben von Geweben und zum Blaubeizen von Holz. 15—25 M. das kg.

Infusorienerde ist Kieselguhr.

Insektenpulver besteht aus den ge= pulverten Blüthenkörbchen einiger in Persien, Dalmatien, Kaukasien, Armenien u. a. hei= mischen Pflanzen. Enthält ein Oel, dessen starker und eigenthümlicher Geruch einige Insekten (Motten, Flöhe, Wanzen u. a.) be= täubt und bei längerer Einwirkung tödtet. Es wird zur Vertilgung und Abwehr dieser in die Polsterungen der Coupésitze, in Ma= tratzen u. a. gestreut. Das wirksame Oel der Blüthen kann durch 2 Thl. Weingeist und 2 Thl. Wasser ausgezogen und als Insektentinktur verwendet werden.

Das Pulver ist gelbgrün bis gelbbraun, es muß in gut schließenden Behältern auf= bewahrt werden, da es sonst in Folge Ver= flüchtigung des Oeles seine Wirksamkeit ver= liert, welcher Umstand auch eine dauernde Wirkung in Polstern rc. zweifelhaft er= scheinen läßt. Insektenpulver wird ver= fälscht mit ähnlich aussehenden Materialien, u. a. mit getrockneten und gepulverten Ka= millen. Nur von bewährten Firmen zu be= ziehen. Das kg 2,5—5 M.

Isolatoren (Isolirköpfe) für Telegraphen= und Telephonleitungen haben die verschiedensten Formen und Größen. Sie bestehen aus Porzellan, als ein die Elektrizität nicht leitender Körper. Für Hauptleitungen kommen Doppelglocken, (Fig. 113 im Längsschnitt, Fig. 114 Ansicht) zur Anwendung; für Neben=Leitungen, Stationseinführungen, Zuführungen von Läutewerken u. a. werden kleinere Isolir= köpfe verwendet, die häufig abweichende

Fig. 113.

14 cm

8,6 cm

Isolirkopf.

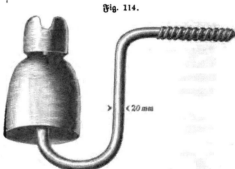

Fig. 114.

20 mm

Isolirkopf mit Stütze.

Fig. 115.

8 cm

7 cm

Isolirkopf.

äußere Formen haben. Einen Kopf mit zwei Knöpfen für einen Telegraphendraht, welcher in einer winkeligen Richtung weitergeht, zeigt Fig. 115. Die Iso=

latoren müssen aus dem besten Porzellanthone genau nach Zeichnung oder Muster hergestellt, tüchtig durchgebrannt sein, eine vollkommene Glasur haben. Der Bruch des Porzellans muß an allen Stellen feinkörnig (glasartig), ganz weiß, ohne Risse oder innere Hohlräume sein. Die Glasur soll die ganze Oberfläche mit Ausnahme des unteren Randes und des Schraubengewindes bedecken, dabei glatt sein und darf keine Sprünge, Risse, Blasen oder schwarze Punkte zeigen. Kleine Unebenheiten in der Glasur sind höchstens bis zu 1 mm zulässig. Fehlerhafte Stellen im Porzellan dürfen durch die Glasur nicht verdeckt, das Schraubengewinde in der K a m m e r des Kopfes muß scharf und rein sein, Ausbröckelungen dürfen sich nicht zeigen, auch nicht einzelne Gänge des Gewindes vorstehen.

In den Maßen werden zuweilen kleine Abweichungen gestattet und zwar für die Stärke und Höhe des Kopfes, für die lichte Weite der inneren Glocke, für die Weite des Loches zur Aufnahme der Stütze bis 5%; für die Abweichung von der kreisrunden Form bei dem unteren Rande der äußeren Glocke bis 8%. Die Größe und Preise der Isolirköpfe liegen etwa: Höhe zwischen 12 cm und 4 cm, Breite zwischen 4 cm und 14,1 cm; je nach der Größe 25—55 Pf. das Stück. Die in den Fig. 112 und 113 abgebildeten kosten 50—42 Pf. das Stück.

Isolator-Stützen (Schraubenstützen, Stützhaken), zur Aufnahme der Isolirköpfe, sind genau nach Zeichnung und Muster aus zähem, sehnigen und fehlerfreien (Schweiß-) Eisen herzustellen; sie dürfen nirgends Sprünge, Risse, unganze Stellen u. dgl. haben. Zum Einschrauben in die Telegraphenstangen erhalten die Stützen an dem hinteren Ende Holzschraubengewinde, dessen Gänge scharf ausgeschnitten und ohne Fehler sein müssen. Das vordere Ende der Stütze ist cylindrisch und aufgehauen. Die etwa 2,5 mm tiefen Kerben werden zweck

mäßig eingedrückt, so lange die Stützen vom Schmieden noch warm sind. Die Befestigung der Doppelglocken auf den Stützen wird durch Aufschrauben auf die mit Hanf umwickelten Enden bewirkt; der Hanf wird vorher mit Leinöl getränkt. Die Köpfe müssen so fest sitzen, daß sie mit der Hand sich nicht drehen lassen. Zwischen Porzellan und Stütze darf an keiner Stelle eine Berührung stattfinden; von dem Hanfe dürfen keine losen Theile aus der Kammer des Isolirkopfes heraushängen. Die obere Einsattelung des Kopfes für das Auflager des Leitungsdrahtes muß senkrecht zum hinteren Ende der Stütze stehen.

Zum Schutze gegen Rost werden die Stützen verzinkt oder gestrichen, z. B. mit einem zweimaligen Diamantfarbenanstrich, oder auch mit Lacküberzug versehen.

Die Stütze der Fig. 114 kostet etwa 30 Pf., kleinere bis 18 Pf. das Stück.

Isolirknöpfe aus Porzellan mit eiserner Holzschraube, Fig. 116, für electrische Leitungen, müssen genau der Zeichnung entsprechen. Für das Material und die äußere Beschaffenheit des Porzellanknopfes gilt das bei Isolatoren Gesagte. Der Stift muß aus sehr zähem Eisen, die Gewinde scharf ausgeschnitten und fehlerlos sein. Der Stift muß so fest im Kopfe sitzen, daß beim Einschrauben in hartes Holz eine Lockerung zwischen Stift und Kopf völlig ausge

Fig. 116.

Isolirknopf.

Fig. 117.

Isolirrolle.

schlossen ist. 100 Stück 8—10 M.

Isolirmittel, s. Wärmeschutzmasse.

Jfolirrollen aus Porzellan für electrische Leitungen, Fig. 117, find genau nach
Zeichnung zu fertigen. Für das Material
und die äußere Beschaffenheit gilt das bei
Jfolatoren Gesagte. Die größten Rollen
find etwa 40 mm hoch und breit mit 15 mm
Lochweite, die kleinsten 7 mm hoch, 13 mm
breit mit 3 mm Lochweite. Je nach der
Größe 100 Stück 2,50—18 M. Es gibt
noch Formen, welche von der gezeichneten
etwas abweichen.

J.
(Mitlaut.)

Juchten- oder **Juftenleder,** ist mit
Weidenrinde gegerbtes, roth oder schwarz
gefärbtes Rindsleder, welches nach dem
Gerben auf der Fleischseite mit Birkentheeröl getränkt ist, welcher diesem Leder
den eigenthümlichen Geruch gibt. Muß die
Eigenschaften eines guten Rindsleders haben.
Wird zu Polsterbezügen verwendet. 6 M.
das kg. S. Leder.

Jute ist die Bastfaser von einigen ostindischen Stengelpflanzen (Gemüselinde)
und wird wie die Faser des Schleißhanfes
gewonnen. Bevor der steife Jutebast ge-
hechelt wird, läßt man ihn schichtenweise,
nachdem er mit Wasser und Oel besprengt
ist, einige Tage lagern, wodurch er aufweicht; alsbann wird er durch Quetsch-
maschinen biegsam und geschmeidig gemacht.
Die Jute hat eine helle, weißlich-gelbe oder
gräulich-weiße Farbe, ziemlich hohen Glanz
und eine große Gleichmäßigkeit. Minder
gute Sorten find bräunlich bis rothbraun
und wenig glänzend. **Feuergefährlich!**

Jute wird zu groben Geweben, wie Sack-
und Packtuch, Fußdecken u. a. verarbeitet.
Zu Tauen und Segelleinwand ist sie wegen
ihrer geringen Festigkeit und weil sie in
der Näße leicht fault, nicht zu benutzen.
70—80 M. 100 kg. Verfälschungen von
Flachs und Hanf mit Jute s. Gewebe.

Jutehede ist Abfall beim Hecheln
der Jute, zum Reinigen und Putzen von
Maschinentheilen zc. weniger gut als Flachs-
und Hanfhede, weil die Fasern der Jute
eine geringe Auffaugefähigkeit haben, deßhalb flüssige und schmierige Unreinigkeiten,
Fette, Oele u. s. w. nur unvollkommen in
sich aufnehmen. Ist trocken zu liefern.
Feuergefährlich! 100 kg 30 M.

K.
Unter K vermißte Artikel bei C nachzuschlagen.

Kälberhaare finden Verwendung zu
Kitten und Wärmeschutzmassen.

Kalbleder ist in ganzen lohgaren, 1 bis
1,5 kg schweren, lufttrockenen Häuten von
mindestens 1 m Länge, nach Verlangen hell,
braun oder schwarz zu liefern. Muß weich,
biegsam, dicht, zäh, durchweg von gleicher
Stärke und ungeschmiert sein, eine feine,
gleichmäßige Narbe haben, sich weich an-
fühlen und gut gewalkt sein, damit es sich
nach allen Richtungen ziehen und ausdehnen
läßt. Auf Etterlinge zu untersuchen. Dient
zu bünnen aber haltbaren Riemen, Gardinen-
haltern, Fensterschleifen; zum Beziehen von
Pultsesseln, als Futter zu Fenstergurten u. a.
6—8,5 M. die Haut. S. Leder.

Kali, blaufaures, s. Blausaures Kali.

Kalk, carbolsaurer, s. Carbolsaurer
Kalk.

Kalkstein ist kohlensaurer Kalk (wie
Kreide, Marmor u. a.), gewöhnlich weißlich
oder grau, bei Anwesenheit von Eisenver-

bindungen auch gelblich oder röthlich. Wird zur Bereitung von Zementirpulvern, in gemahlenem Zustande zur Herstellung des Zementes benutzt. Beim Glühen verliert der Kalkstein die Kohlensäure und wird gebrannter Kalk (Kalk, Aetzkalk), dient als solcher zum Reinigen des Leuchtgases und ist gepulvert ein Polirmittel (Wiener Kalk), wird zu Kitten und Härtepulver verwendet; liefert in Verbindung mit Carbolsäure oder Chlor den carbolsauren Kalk oder Chlorkalk als Desinfectionspulver. Wird gebrannter Kalk mit Wasser besprengt, so zerfällt er zu Kalkpulver (Kalkhydrat) und bei Zusatz von mehr Wasser wird er zu Kalkbrei, den man zur Mörtelbereitung verwendet. Wird der Brei weiter verdünnt, so bildet sich die Kalkmilch, welche zum Weißen von Wänden dient, oft unter Zusatz von Leim und irgend einer anderen Farbe. Der Kalk ist insofern auch als Wasser- und Leimfarbe anzusehen. Gebrannter Kalk 10—15 M. für 1 cbm, welcher lose geschichtet 800 bis 850 kg wiegt. S. Wiener Kalk.

Kalk, Wiener, s. Wiener Kalk.

Kammwolle, s. Wolle.

Kafflerbraun, s. Umbra.

Kastenguß, s. Eisenguß. S. 63.

Kattun, s. Nessel.

Katzenfell, ist verwendet zum Belegen der Klappen in Blasebälgen. Stück 2 M.

Kautschuk, fälschlich oft Gummi genannt, gehört zu den Schleimharzen; ist der eingetrocknete Milchsaft einer Anzahl in Amerika, Asien und Afrika heimischer Bäume, deren eine Art in Indien Coucho oder Cahucha genannt wird, woher der Name Kautschuk rührt.

Wird gewonnen, indem in die Bäume Einschnitte gemacht, der ausfließende zähe Milchsaft aufgefangen und eingetrocknet wird. Letzteres geschieht u. a. in der Weise, daß man mit dem Safte Formen verschiedener Gestalt von Holz, Thon oder anderen Stoffen

wiederholt überzieht und über Feuer eintrocknet. Wenn die Schicht dick genug, wird sie im ganzen oder aufgeschnitten von der Form abgezogen. Bei Verwendung von Thonformen werden diese zerschlagen oder in Wasser aufgeweicht und so aus der Kautschukhülle entfernt. An anderen Stellen scheidet man das Kautschuk durch Zusatz von gewissen Pflanzensäften aus der Milch, welche diese in eine käseartige Masse verwandeln, aus der durch Kneten und Pressen das Kautschuk zurückbleibt. In ähnlicher Weise erfolgt auch die Trennung durch Zusatz von Wasser, wodurch das Kautschuk gerinnt, welches alsdann von der Flüssigkeit getrennt, ausgebreitet und getrocknet wird.

Rohkautschuk kommt in der Form von kugeligen Flaschen, runden Scheiben, Platten, rundlichen Blöcken, bandförmigen Streifen u. a. in den Handel. Im Allgemeinen sind die amerikanischen Kautschuk die besten, diesen folgen die aus Asien, am niedrigsten im Preise stehen einige Arten des afrikanischen. Je nach Abstammung und Gewinnung sind Geruch, Farbe, Elastizität, Verhalten bei wechselnder Wärme u. s. w., wie die Güte überhaupt verschieden. Farbe (schwarz, röthlichbraun, dunkel, grauweiß, marmorirt . . .) und Geruch des Rohkautschuks rühren von fremden Beimengungen her, reines Kautschuk ist geruchlos, ohne bestimmtes Gefüge, in dünnen Schichten durchscheinend und weiß, in dickeren etwas gelblich. Bei gewöhnlicher Wärme ist Kautschuk weich, elastisch und klebrig, so daß zwei frische Schnittflächen durch Aneinanderbrücken sich vollkommen wieder vereinigen; Spez. Gew. 0,925. Im reinen Zustande ist Kautschuk eine Verbindung von 87,5 % Kohlenstoff und 12,5 % Wasserstoff. Unter 12° wird es hart und verliert seine Elastizität, in erwärmtem Zustande hat es die Eigenschaft durch Kneten bildsam (plastisch) zu werden. Es quillt auf in Schwefelkohlenstoff, Benzin und Terpentinöl ohne sich vollständig zu lösen. Vor der weiteren

Verarbeitung wird das Rohkautschuk gereinigt, indem man es in kochendem Wasser aufweicht und dann wiederholt unter Zufluß von kaltem Wasser in Walzen zerreißt, wobei Unreinigkeiten (Sand, Erde, Lehm, Baumrinde) entfernt werden. Alsdann wird es sorgfältig getrocknet. Zur Herstellung von „Patentgummiplatten" wird das getrocknete Kautschuk (Para) in Knetmaschinen zu cylinderischen und darauf in Pressen zu rechteckigen Blöcken geformt, die man monatelang bei wechselnder Wärme liegen läßt, wodurch das Gefüge inniger und gleichmäßiger wird. Aus solchen Blöcken werden dann die sog. Patentkautschukplatten geschnitten. In anderer Weise stellt man das gereinigte Kautschuk zwischen angewärmten Walzen zu Platten her, welche jedoch nicht die Güte der geschnittenen Platten haben. Diese zeigen auf den Schnittflächen feine, von dem Schneiden herrührende Rippchen und wird nun den gewalzten Platten nicht selten durch die Walzen ein streifiges Muster aufgepreßt, welches Verfahren die Täuschung des Publikums bezweckt. Gegenstände aus natürlichem Kautschuke kommen wenig zur Verwendung, weil dieses, wie schon gesagt, unter 0° seine Weichheit und Elastizität verliert, auch bei höherer Wärme sehr weich, kleberig und unelastisch wird. Durch Verbindung des Kautschuks mit einer gewissen Menge Schwefel entsteht ein neuer Körper, das vulcanisirte Kautschuk (oder Weichgummi genannt), welches in der Kälte und Wärme eine gleichmäßige Weichheit und Elastizität beibehält, dabei dem Zusammendrücken in hohem Maße zu widerstehen vermag, ferner nicht kleberig und gegen Lösungsmittel unempfindlich ist. Man kann auf verschiedene Weise die innige Verbindung des Schwefels mit dem Kautschuk herbeiführen, eine der einfachsten ist, den aus Kautschuk gefertigten Gegenstand in eine Mischung von Schwefelkohlenstoff und Chlorschwefel zu tauchen, zu trocknen und die Eintauchung zu wiederholen, worauf

der Gegenstand in schwacher Natronlauge abgewaschen wird. Diese Schwefelung des Kautschuks (Vulcanisation) ist einfach, aber nur bei dünnen und aus Patentplatte gefertigten Kautschukwaaren anwendbar, da der Schwefel nicht tief in die Masse einbringt.

Das gebräuchlichste Verfahren ist, das gereinigte Kautschuk in Knetmaschinen innig mit 9—17% Schwefelblumen zu mengen und die Mischung zwischen erwärmten Walzen zu Platten zu walzen. Die aus diesen hergestellten fertigen Gegenstände werden alsdann in geschlossenen Kesseln (Vulcanisationskessel) je nach ihrer Stärke und Güte bis mehrere Stunden lang einem Dampfbade von 130—140° ausgesetzt, wodurch die eigentliche Schwefelung (das Vulcanisiren) erfolgt. Dabei erweicht die Masse etwas, es müssen deshalb die Gegenstände gegen eine Veränderung ihrer Gestalt geschützt werden, worüber weiter unten noch einiges angeführt ist.

Da Weichgummi nicht die geringste Kleberigkeit besitzt, so sind Ausbesserungen an demselben schwierig, als guter Kitt wird eine Lösung von Guttapercha in Steinkohlentheer empfohlen.

Außer Schwefel setzt man dem Kautschuk gewöhnlich noch andere Stoffe zu, welche entweder zum Färben dienen, z. B. Zinkweiß, Eisenoxyd, Zinnober, Kienruß, oder welche dem Weichgummi für bestimmte Verbrauchszwecke besondere Eigenschaften geben sollen, z. B. größere Härte und Zähigkeit durch Mineralsubstanzen, Unempfindlichkeit gegen Oel durch Bleiglätte. Zusätze von minderwerthigen Stoffen, wie altes, schon gebrauchtes Kautschuk, sog. vulcanisirtes Oel, Theer u. a., ferner von Materialien, welche ohne einen anderen Zweck nur das Gewicht der Waare erhöhen, wie z. B. Schwerspath, Kreide u. a., sind lediglich auf Täuschung des Käufers berechnet. Mineralsubstanzen können durch chemische Untersuchung nach-

getviesen werden, nicht immer aber minder=
werthige organische Stoffe.

Weichgummi, welches nur aus Kautschuk
und Schwefel besteht, ist leichter als Wasser;
schwimmt ein zu untersuchendes Weichgummi
im Wasser nicht, so sind Mineralsubstanzen
vorhanden, welche aber, wie gesagt, nicht
immer schädlich sind, sondern in guter Ab=
sicht zugesetzt sein können. Da andererseits
schwimmendes Kautschuk durch leichte Stoffe
verfälscht sein kann, so bietet das Verhalten
im Wasser überhaupt keinen Anhalt zur Be=
urtheilung der Güte von Kautschukwaaren.
Diese ist außerdem abhängig von dem Werthe
des verwendeten Rohkautschuks, von welchem
über 50 Sorten im Handel vorkommen. Das
aus Brasilien stammende Paragummi ist
das geschätzteste. Es erfordert eine große
Sachkenntniß und Erfahrung, um die Ab=
stammung des Kautschuks, insbesondere in
der fertigen Waare, mit Sicherheit beur=
theilen zu können. Von denselben sind
Proben einzufordern, welche für die Liefe=
rung maßgebend bleiben.

Prüfung und Abnahme.

Es sind insbesondere folgende Punkte
zu beachten:

a. Die Farbe des Weichgummis, wenn
es nur aus Kautschuk und Schwefel besteht,
ist grau. Mineralsubstanzen verändern, je
nach ihrer Natur, die Farbe desselben in
grauweiß, schwarz, roth u. a., auch ver=
ringern sie seine Elastizität.

b. An der Oberfläche dürfen keine Bla=
sen oder aufgetriebene Stellen sich zeigen,
welche von der Verwendung nassen Kaut=
schuks oder unreinen Schwefels oder von
Arbeitsfehlern herrühren; im Innern sollen
weder Blasen noch sichtbare Poren sein.

c. Je höher das spez. Gewicht, um so
größer ist der Zusatz an mineralischen Be=
standtheilen, mit diesen steigt der Aschen=
gehalt. Ein geringes spez. Gewicht schließt
nicht aus, daß minderwerthige Körper zu=
gesetzt sind.

d. Das Kautschuk muß gut und voll=
ständig geschwefelt (gar) sein; ist dieses der
Fall, so verschwinden Eindrücke durch Pres=
sung mit den Zähnen, Nägeln u. dgl. sofort
wieder. wiederholte Biegungen und Knick=
ungen dürfen keine Merkmale hinterlassen.
In dunkelen, kühlen und feuchten Räumen,
sowie unter Wasser darf gares Kautschuk
nach Verlauf von einem Jahre noch nicht
brüchig werden.

e. Zwischen — 10º und + 150º muß
Weichgummi unverändert bleiben, insbeson=
dere seine Elastizität behalten. Wird es je=
doch eine längere Zeit einer hohen Wärme
(120—150º) ausgesetzt, so wird es hart und
brüchig, weil eine Nachvulcanisation statt=
findet und das Weichgummi zersetzt wird;
je mehr Mineralsubstanzen beigemengt sind,
um so rascher geht dies vor sich. Zur Unter=
suchung hängt man eine Probe etwa 48
Stunden lang in einen Dampfkessel bei etwa
5 Atmosphären Spannung (150º) oder kocht
sie mehrere Stunden lang in einer gesättig=
ten Kochsalzlösung (120º). Kautschukplatten
zu Dichtungen können zwischen Flantschen
gepreßt auf ihr Verhalten bei großer
Wärme geprüft werden.

f. Das Verhalten bei Einwirkung von
Oelen und Fetten wird durch 16—20 stün=
diges Kochen in dem betreffenden Oele (Fette)
untersucht. Die Probestücke dürfen dabei
nicht stark aufquellen oder sich zum Theil
auflösen; es giebt jedoch kein Gummi, wel=
ches der Einwirkung von Fetten oder Oelen
vollständig widersteht.

g. Einem starken, gleichmäßigen Drucke
während mehrerer Stunden muß gutes, tadel=
loses Kautschuk widerstehen, ohne daß nach
Aufhören des Druckes eine Formveränderung
sich zeigt. Die Belastung muß der Dicke
des zu prüfenden Gegenstandes angepaßt
werden. Je größer die Belastung ist, bei
welcher erst eine bleibende Formveränderung
eintritt, um so besser ist die Waare. Kaut=
schukschläuche müssen, ohne durchlässig zu
werden oder Blasen zu bekommen, dem $1\frac{1}{2}$=

fachen Drucke widerstehen, welchem sie beim Gebrauche ausgesetzt werden sollen.

h. Je größer die Zerreißfestigkeit ist, um so besser ist das Kautschuk, es empfiehlt sich daher, Zerreißversuche anzustellen. Die zu fordernde Belastung, welche das Weichgummi bis zum Reißen aushalten muß, ist den Abmessungen und der Form des Gegenstandes (Ringe, Schnüre, Schläuche u. a.) anzupassen.

Wenn eine gelieferte Waare den Proben nicht entspricht, so kann noch eine chemische Untersuchung erfolgen, um die den Werth vermindernden Bestandtheile nachzuweisen.

Geschwefeltes Kautschuk leidet an der Luft und unter Einwirkung der Sonnenstrahlen, es wird zunächst an der Oberfläche und mit der Zeit durchweg hart und brüchig, es sind deshalb Kautschukwaaren aller Art in kühlen, feuchten und dunkelen Räumen aufzubewahren. Rohkautschuk (bestes) das kg 10 M. S. Hartgummi.

Kautschukplatten (Gummileinen, Gummipackung), dienen zum Dichten von Flantschen u. a. Stärke etwa 1,5—12 mm. Dickere Platten werden durch Aufeinanderwalzen von mehreren dünnen, diese durch Walzen aus der mit Schwefel gemischten Kautschukmasse hergestellt. Gummipackung mit Leinwandeinlage, wie man sie gewöhnlich zum Dichten gebraucht, wird in der Weise hergestellt, daß auf die mit Kautschuklösung bestrichene eine Seite der Leinwand eine Kautschukplatte gelegt und zwischen Walzen mit derselben innig verbunden wird, worauf man auf die andere Seite eine Gummischicht durch Walzen aufträgt. Bei mehreren Lagen von Leinwand, die stets durch Gummischichten getrennt sind, wird in derselben Weise fortgefahren. Außer Schwefel enthalten Kautschukplatten meistens noch Mineralstoffe (s. Kautschuk), welche, so lange sie die Elastizität nicht wesentlich beeinträchtigen, nicht schädlich, und zu manchen Zwecken (Dampfdichtungen) sogar Erforderniß sind.

Gummipackung muß zwischen Platten gepreßt auch in der Hitze sich gut halten.

Um Kautschukplatten zu bulcanisiren, werden sie zwischen Leinwand auf Walzen aufgerollt und so in den Bulcanisirkessel gebracht.

Gummiplatten 1 mm stark ohne Einlage das kg 3 M., 2—5 mm stark mit 1—2 Einlagen das kg 2 M.

Kautschukriemen (Treibriemen), mit Einlage aus bestem Baumwollenstoffe oder Leinen werden wie die Platten mit Einlagen hergestellt. Die Bulcanisation erfolgt je nach Breite und Dicke in entsprechenden Formen auf sog. Bulcanisirdampfpressen, deren Preßplatten hohl sind und mittelst Dampf erhitzt werden. Da die Presse und Formen nicht die Länge von Treibriemen haben können, so erfolgt die Bulcanisation der Länge der Form entsprechend stückweise. Die Form ist an beiden Enden offen und kann durch allmähliches Nachrücken ein Riemen von beliebiger Länge hergestellt werden.

Kautschukringe dienen zum Dichten von Flantschen, Wasserstandsgläsern, Muffenröhren u. s. w., als Stoßbuffer für die Thüren und als Federn für die Stoß- und Zugapparate der Eisenbahnfahrzeuge. Nach Zeichnung zu liefern. Ringe für Wasserstandsgläser müssen weich sein, dürfen keinen Zusatz von Mineralstoffen, müssen ein möglichst geringes spez. Gewicht haben und bei hohem Dampfdrucke und großer Wärme sich gut halten.

Dichtungsringe haben meist einen quadratischen oder rechteckigen Querschnitt. Aeußerer und innerer Durchmesser richten sich nach der Größe der Dichtungsfläche und dieser entsprechend wird den Ringen eine passende Stärke (Höhe) gegeben. Dünnere Ringe können aus Platten ausgeschnitten, höhere von Röhren abgeschnitten werden.

Um eine innige Verbindung zwischen dem Dichtungsringe und den zu dichtenden Flächen herzustellen, empfiehlt es sich, diese mit der schleimartigen Lösung von Schellack in der 10fachen Gewichtsmenge von Salmiak= geist zu bestreichen. Die Schellacklösung weicht das Kautschuk an der Oberfläche auf und erhärtet mit demselben und den Dich= tungsflächen zu einer für Flüssigkeiten und Gase undurchdringlichen Schicht.

Die Herstellung von Ringen zu Buffern und Zugapparaten und deren Vulcanisation erfolgt in eisernen Formen.

Der Ring muß sich um 350—400 mm recken lassen, ohne zu reißen. Wenn er reißt, so muß er die runde Form wieder annehmen, andernfalls die Elastizität nicht genügt.

Gummiringe zu Zug= und Buffer= vorrichtungen und Nothketten haben einen äuß. Durchm. von 80—190 mm, inneren Durchm. 25—80 mm, Höhe 20—95 mm; 4—5,75 M. das kg.

Bufferringe: ä. D. 115—160 mm, i. D. 55—80 mm, Höhe 26—46 mm; 3,50 bis 7 M. das kg.

Thürbuffer: ä. D. 30—80 mm, i. D. 13—25 mm, Höhe 25—60 mm; 3,50 bis 7,50 M. das kg.

Wasserstandsringe: ä. D. 25 bis 30 mm, i. D. 13—16 mm, Höhe 13 bis 23 mm; 4—4,65 M. das kg.

Kautschukschläuche, glatte ohne Einlage mit kleinerem oder mittlerem Durch= messer werden wie die Kautschukschnüre ge= preßt und zwar mit derselben Maschine, indem in die runden Oeffnungen des Preß= cylinders Dorne eingesetzt werden, deren Stärke gleich dem inneren Durchmesser des herzustellenden Schlauches ist, während die ganze Oeffnung dem äußeren Durchmesser entspricht. Glatte Schläuche ohne Einlage dienen für Gasleitungen (Gasschläuche) und für Leitungen von Wasser und Luft, wenn diese unter keinem hohen Drucke stehen. Schläuche, welche einen inneren Druck auszuhalten haben (Spritzen= schläuche für Feuerspritzen, Ausspritz= schläuche [Auswaschschläuche] für die Reinigung von Dampfkesseln, Kupp=

lungsschläuche für Luftdruckbremsen), werden durch Einlagen von Leinwand oder Baumwolle verstärkt. Uebersteigt der innere Druck mehrere Atmosphären, wie bei Ten= derschläuchen, welche außerdem heißes Wasser und Dampf vertragen müssen, so tritt noch eine weitere Verstärkung durch Einlage einer Spirale von Messing= oder Eisendraht ein (Spiralschläuche).

Schläuche mit Einlage werden über eiserne Dornen oder Röhren, deren äußerer Durchmesser gleich dem inneren der zu fertigenden Schläuche ist, angefertigt und zwar so, daß schmale Kautschukstreifen ab= wechselnd mit gummirten Einlagen um das Rohr gewickelt werden, bis die Wandstärke und die Anzahl der Einlagen dem Zwecke entsprechen. Die so hergestellten Schläuche werden in der Regel auf dem Rohre selbst vulcanisirt. Vorher umwickelt man den Schlauch fest mit Leinwand oder dergl., um eine Veränderung der Form beim Vulcani= siren zu verhüten. Nimmt man später die Umhüllung fort, so zeigt die Oberfläche eine gewebeartige Zeichnung, welche bei flüchtiger Besichtigung für wirkliche Stoffumlage ge= halten werden kann.

Soll der Schlauch eine Drahtspirale enthalten, so wird zunächst, wie vor ange= geben, um das Rohr eine mehr oder minder starke Kautschukschicht mit einer entsprechen= den Anzahl von Einlagen gelegt und um diese die Messing= oder Drahtspirale von rundem Drahte gewunden, um die alsdann weitere Schichten von Kautschuk und Ein= lage gelegt werden. Vulcanisation wie vorher.

Spritzenschläuche erhalten etwa eine vierfache Hanfeinlage. Die Verbindung zwischen Kautschuk und Einlage darf sich durch heißes Wasser oder Dampf nicht lösen. Sie müssen einen Druck von 10 Atmosphären mit kochendem Wasser vertragen, ohne schad= haft zu werden. Wärmewechsel darf die Elastizität nicht ändern.

Kupplungsschläuche für Luftdruck-Bremsen bekommen eine fünffache Einlage von passendem Zeuge. Sie müssen einen Probedruck von 12 Atmosphären aushalten, ohne undicht zu werden. Wenn sie zwischen den Wagen hängen, so dürfen sie bei Zu- und Abnahme des Luftdruckes in denselben nicht „schlagen". Bewegen dieselben sich bei den Luftdruckschwankungen, so sind die Schläuche nicht kunstgerecht gewickelt oder das Gewebe ist untauglich.

Tenderschläuche sind nach den Preuß. Normalien 820 mm lang, 50 mm lichter Durchmesser, 10 mm Wandstärke, Spirale 4,5 mm stark. Wärmewechsel darf auf ihre Elastizität und heißes Wasser oder Dampf auf die Dichtigkeit und die feste Verbindung zwischen Kautschuk und Einlage keinen Einfluß haben. Tenderschläuche müssen einen inneren Probedruck von 15 Atmosphären vertragen.

Die Verbindung zwischen Gummi und Geweben muß in allen Fällen bei Schläuchen so innig und fest sein, daß sie sich weder bei kaltem noch bei heißem Wasser, noch bei Dampf löst; blasige Stellen dürfen sich nicht zeigen.

Ausspritzschläuche in den Locomotivschuppen und Werkstätten sind manchen äußeren Verletzungen ausgesetzt; zum Schutz gegen solche hat sich eine äußere Umwickelung mit einer Stahldrahtspirale sehr gut bewährt, welche auch starke Knicke, wodurch Brüche entstehen, verhindert. Man kann auch die Schläuche mit getheerter Hanfkorbel umwickeln.

(Siehe untenstehende Tabelle.)

Kautschukschnüre (Fäden), werden bei viereckigem Querschnitte aus Kautschukbändern und diese aus Kautschukplatten geschnitten. Runde Fäden und Schnüre fertigt man aus durch Schwefelkohlenstoff und Alkohol teigartig gemachter Kautschukmasse. Diese wird in Preßcylinder gebracht, welche im Boden Oeffnungen gleich der Dicke der Schnüre haben, aus welchen diese beim Pressen der Masse mittelst eines Stempels austreten. Gibt man den Oeffnungen schmale viereckige Formen, so bildet sich die Kautschukmasse beim Austreten zu gepreßten Kautschukbändern.

Natürliche Kautschukfäden finden Verwendung bei der Herstellung elastischer Gewebe, stärkere vulcanisirte Schnüre werden zum Dichten benutzt, solche mit ⊏-förmigem Querschnitte (Fenstergummi), ebenfalls durch Pressen hergestellt, dienen zum Einfassen der Fenster in den Eisenbahncoupé's, um das störende Klappern zu verhüten. Runde Schnüre mit Einlage werden aus gummirten Geweben und Kautschukplatten gerollt, viereckige Schnüre mit Einlage

Preise von Kautschukwaaren:

Gegenstand.	Länge m	Innerer Durchmesser mm	Wandstärke mm	Einlagen.	Für 1 kg Mark	Bemerkungen.
Wasserschläuche	8—12	7—50	3—8	1—3	3	
Spritzenschläuche . . .	nach Bedarf	20—50	5—8	2—4	3—4	
Füllschläuche (Locomotiv-Kessel)	3—15	45—65	5—16	2—6	3,25	
Tenderschläuche	8—15	35—70	6,5	4—6	3	
Tenderschläuche	0,560—0,930	45—75	10—30	4	3	mit Spirale 2,65 das kg.
Füllschläuche (Saugschläuche)	12	16	10	8	11,25	
Desinfectionsschläuche .	5—8	36—40	8—10	mit Spirale	2,65	
Auswaschschläuche . .	nach Bedarf	30—50	4—10	3—6	3	auch mit freiliegender Spirale.
Heizwagenschläuche . .	versch. Länge	40	10	4 und Umlage.	3	
Gasleitungsschläuche . .	desgl.	6—8	2,5—5	—	2,70—5,75	
Schläuche für Luftdruck-Bremsen	0,610	26	7	4	4,50	das Stück.

u ck ſchnu r) um einen viereckigen Gummi-
kern gewickelt und dann gepreßt.

Gummiſchnüre 5—25 mm Durchm., 2,50
bis 4 M. das kg. Fenſtergummi bis
5 mm ſtark 2,80—3,50 M. das kg.

Kernleder, bezeichnet den Haupttheil
einer Lederhaut ohne Kopf-, Bein- und
Bauchtheile. Stücke daraus nennt man
„aus dem Kern geſchnitten". S. Leder.

Kernſeife, ſ. Seife.

Keſſelbraun, ſ. Umbra.

Keſſelbleche, ſ. Eiſenbleche.

Keſſelſpeiſewaſſer. Ein geeignetes
Waſſer zur Erzeugung von Dampf in den
Dampfkeſſeln und insbeſondere in den Locomotiven iſt von der allergrößten Bedeutung
im Eiſenbahnbetriebe. Die in allen Wäſſern
vorhandenen fremden Beſtandtheile (chemiſch
reines Waſſer beſteht aus 11,11% Waſſerſtoff
u. 88,89% Sauerſtoff), haben auch in geringer
Menge immer Nachtheile im Gefolge; größere
Mengen ſind von äußerſt ſchädlichem Ein-
fluſſe auf den guten Zuſtand der Dampfkeſſel, ſowie auf den Dampfmaſchinen- und
Locomotivbetrieb. Solche fremde Beimengungen können unter Umſtänden ein Waſſer
überhaupt unbrauchbar für Dampfkeſſel-
ſpeiſung machen.

Die fremden Stoffe ſind dem Waſſer
entweder beigemengt, wie z. B. Sand, Thon
u. a., oder in demſelben (dem Auge nicht
ſichtbar) aufgelöſt. Während die erſteren
durch Filtriren oder dadurch dem Waſſer
entzogen werden können, daß man ſie in
Klärungsgefäßen ſich abſetzen läßt, ſind die
aufgelöſten Beimengungen nur durch chemiſche
Mittel oder durch Verdampfung des Waſſers
und nachheriges Condenſiren zu entfernen.
Da bei dem großen Verbrauche an Waſſer
im Eiſenbahnbetriebe eine beſondere chemiſche
Behandlung deſſelben nicht durchführbar iſt,
ſo bleiben die Beimengungen beim Verdampfen des Waſſers im Keſſel zurück und
zwar als Schlamm oder als zuſammen-
hängende ſteinartige Maſſe (Keſſelſtein,
Pfannenſtein), welche feſt an den Wandungen des Keſſels und der Siederöhren
haftet.

Dieſe Rückſtände aus Speiſewäſſern beſtehen vorwiegend aus kohlenſaurem Kalke
und Gyps (ſchwefelſaurer Kalk), ferner enthalten ſie in größeren oder geringeren Mengen
Magneſia, Eiſen- und Chlorverbindungen,
Kieſelſäure, Thon u. a., ſowie auch organiſche Stoffe.

Alle dieſe fremden Beſtandtheile hat das
Regenwaſſer auf ſeinem Wege, den es in
der Erdrinde bis zum Wiedererſcheinen an
einem tiefer gelegenen Punkte der Erdoberfläche zurückgelegt hat, vermöge der ihm
innewohnenden auflöſenden Kraft in ſich
aufgenommen.

Außer den feſten finden ſich in dem
Waſſer auch zuweilen flüſſige und gas-
förmige Beſtandtheile, wie Säuren, Schwefelwaſſerſtoff u. a.

Die Menge der fremden Stoffe iſt verſchieden, eine Folge des Umſtandes, daß das
eine Waſſer unter der Erdoberfläche mehr
lösliche Mineralſubſtanzen angetroffen hat,
oder daß es längere Zeit damit in Berührung war, als das andere. Die chemiſche
Zuſammenſetzung betreffend, ſo iſt dieſe abhängig von der Natur der Erdſchichten,
welche das Waſſer auf ſeinem Wege nach
der Quelle, dem Fluſſe, dem Brunnen u. ſ. w.
durchſickerte.

Die Nachtheile der im Dampfkeſſel zurückbleibenden Theile ſind verſchiedener Art.
Das Waſſer greift in Folge ſeiner chemiſchen
Beſchaffenheit die Keſſelwände unmittelbar
an, wenn es Schwefelwaſſerſtoff und freie
Säuren, z. B. Schwefelſäure, Salzſäure v. a.
enthält, oder ſolche Salze, welche im Keſſel
ſich zerlegen und dabei freie Säuren bilden,
dahin gehört u. a. Chlormagneſium. Alle
anderen Chlorverbindungen (Chlorbarium,
Chlornatrium, Chlorcalcium), ferner verſchiedene organiſche Körper, wie dieſelben
z. B. in Wäſſern aus Torfmooren enthalten
ſind, begünſtigen die Roſtbildung, wirken
alſo mittelbar zerſtörend auf die Keſſelwände.

10*

Schlammartige Rückstände machen das Wasser im Kessel unruhig, bei lebhafter Dampfentwickelung wird der Schmutz mit fortgerissen und schädigt Dampfcylinder, Kolben, Schieber, Ventile u. a. Ferner arbeitet die Maschine mit nassem Dampfe, indem dieser Wasser aus dem Kessel mit sich führt, was einem Verluste an Brennmaterial gleichkommt, abgesehen von anderen Unzuträglichkeiten, welche damit verknüpft sind.

Nachtheiliger, wenn gleich äußerlich weniger bemerkbar, als der Schlamm ist der feste Kesselstein. Indem dieser fest an die Kesselwandungen sich setzt, vermindert er das Wärmeleitungsvermögen dieser ganz bedeutend, was einen Mehrverbrauch an Brennmaterial nach sich zieht. Ferner werden die Kesselbleche durch die Hitze eher abgenutzt, weil sie die Wärme viel rascher und leichter aufnehmen, als sie dieselbe an den sehr schlecht leitenden Kesselstein wieder abgeben können, so daß eine mit Kesselstein bedeckte Wand bedeutend heißer wird, als wenn sie rein ist. Ein stark mit Kesselstein belegtes Kesselblech kann sogar Glühhitze annehmen und dadurch bald zerstört werden.

Wenn von einer glühend gewordenen Stelle die Kesselsteinkruste sich ablöst, so kommt das Wasser mit der glühenden Wand in Berührung, es tritt plötzlich und stoßweise eine so übermäßige Dampfentwickelung ein, daß das Bersten des Kessels eintreten kann, und dieses um so eher, weil das glühende Blech viel weniger widerstandsfähig als bei gewöhnlicher Wärme ist. Die Ausbauchung der Kesselwand, der Anfang der gänzlichen Zerstörung, bleibt in einem solchen Falle in der Regel nicht aus.

Eine unangenehme, oft zu Betriebsstörungen Veranlassung gebende Erscheinung ist das Rinnen der Siederöhren in den Locomotiven, auch dieses ist in vielen Fällen dem ungeeigneten Speisewasser zur Last zu legen. Die Entfernung und Reinigung dieser Röhren muß um so häufiger erfolgen, je mehr feste Bestandtheile aus dem Kesselwasser

sich an dieselben niederschlagen. Schlechtes Speisewasser macht hiernach die baldige und wiederholte Auswechselung von Feuerkisten und Röhren nöthig, verursacht also die Außerbetriebstellung von Locomotiven und kostspielige Reparaturen.

Gutes Speisewasser für Locomotiven wird durch kein Opfer (lange Wasserleitungen, tiefe Brunnen o. dgl.) zu theuer erkauft.

Man pflegt ein Wasser zur Speisung von Dampfkesseln als „gut" zu bezeichnen, wenn in einem Kubikmeter höchstens 150 Gramm Beimengungen enthalten sind, welche Kesselstein-Ablagerungen und Schlamm bilden, bis zu 250 Gramm Kesselsteinbildner in 1 cbm wird das Wasser als „ziemlich gut", bis zu 350 Gramm als „mittelmäßig" und über 350 Gramm in 1 cbm als „schlecht" bezeichnet.

Die Untersuchung von Wässern auf ihren Gehalt an Kesselsteinbildnern und auf solche Bestandtheile, welche unmittelbar oder mittelbar zerstörend auf die Kesselwände einwirken, ist Sache des mit der Untersuchung von Wässern vertrauten Chemikers.

Betreffend die für diesen bestimmten Wasserproben, welche also chemisch untersucht werden sollen, ist Folgendes zu bemerken. Es ist darauf zu achten, daß nicht zufällige Verunreinigungen in das Probewasser kommen, zunächst muß also das Gefäß ganz rein sein. Bei Flüssen, Brunnen ꝛc. darf das Wasser nicht unmittelbar an der Oberfläche entnommen werden, weil hier Unreinigkeiten (Staub, Fett, organische Stoffe) vorhanden sein können, welche dem Wasser nicht eigenthümlich sind. Ferner ist das Wasser nicht bei ungewöhnlichem Wasserstande zu entnehmen, da bei außergewöhnlichem Zuflusse eine starke Verdünnung des Wassers eintritt und die Untersuchung ein zu günstiges Ergebniß ergeben würde; bei Hochwasser sind andererseits in Folge der stärkeren Strömung dem Wasser mehr feste Bestandtheile mechanisch beigemischt und würde dadurch die Untersuchung ungünstig ausfallen.

In der Regel genügt ein Liter Probe=
waſſer für die Unterſuchung. Das gefüllte
Gefäß muß feſt verſchloſſen und unter Um=
ſtänden verſiegelt dem Chemiker übergeben
werden.

An derſelben Stelle entnommenes Speiſe=
waſſer kann mit der Zeit eine andere chemiſche
Beſchaffenheit bekommen; will man alſo un=
terrichtet bleiben, ſo müſſen die Unterſuchun=
gen im Laufe der Jahre wiederholt werden.

Unter den verſchiedenſten Namen, wie
Keſſelſteinpulver, Keſſelſteinſpiri=
tus, Steinſpiritus, Keſſelſtein=
löſung, Discortante (Kruſtenreini=
ger), Discrustante Marseillais,
Desincrustante „Ragosine“, Al=
kaliſirte Celluloſe, Lepidolib, Ka=
ſtanienextract, Univerſalmittel ge=
gen Keſſelſtein, Antikeſſelſteincom=
poſition, Keſſelſteingegenmittel, Pa=
ralithikon=Mineral, Weber'ſche Pul=
ver u. ſ. w., werden immer noch Mittel
gegen die Bildung von feſtem Keſſelſteine
angeprieſen, gekauft und gebraucht. Alle
haben das gemein, daß ihre Beſtandtheile
Geheimniß der Fabrik ſein ſollen und daß
ſie insgeſammt nichts taugen, im Gegentheile
viele davon ſchädlich ſind, indem ſie die
Menge des Keſſelſteines im Keſſel vermehren,
das Keſſelwaſſer verunreinigen oder ſogar
die Keſſelwandungen angreifen, ſowie end=
lich, daß ſie bis 500 % und mehr über den
wirklichen Werth koſten, wenn von einem
Werthe überhaupt die Rede ſein kann. Auf
die Beſtandtheile dieſer Antikeſſelſteinmittel
näher einzugehen, hat keinen Zweck, es mag
nur bemerkt werden, daß in den meiſten
Soda, Kochſalz und organiſche Stoffe (Ka=
techu, Sägeſpäne, Gerbſäure u. a.) ſich be=
finden.

Es kann ſich niemals empfehlen, irgend
ein Mittel mit dem Speiſewaſſer in den
Dampfkeſſel zu bringen; will man die Keſſel=
ſteinbildner des Speiſewaſſers unſchädlich
machen, ſo müſſen dieſelben in beſonderen
Reinigungsgefäßen vorher entfernt wer=

den. Ein in allen Fällen gleich wirkſames
Mittel hierzu kann es nicht geben, da die
fremden Beſtandtheile in den Wäſſern nach
Menge und Art an jedem anderen Orte an=
dere ſind. Für den Locomotivbetrieb läßt
ſich dieſes Verfahren überhaupt nicht durch=
führen, da die zur Verwendung kommenden
Waſſermengen viel zu groß ſind und jede
Waſſerſtation ein anderes Verfahren und
andere Mittel bedingen würde. Die für
ſolche Reinigungsverfahren aufzuwendenden
Gelder für Anlage, Mittel und Betrieb
würden hinreichen, mehrere neue Locomotiv=
keſſel zu beſchaffen.

Für ſtehende Dampfkeſſel kann ſich unter
Umſtänden die Reinigung des Speiſewaſſers
durch chemiſche Mittel empfehlen. Enthält
das Speiſewaſſer hauptſächlich kohlenſauren
Kalk, ſo kann dieſer durch einen entſprechen=
den Zuſatz von Kalkmilch ausgeſchieden wer=
den; iſt vorwiegend ſchwefelſaurer Kalk (Gyps)
vorhanden, ſo wird dieſer durch Chlorbarium
oder Soda beſeitigt; ſind ſowohl kohlenſaure,
wie ſchwefelſaure Verbindungen in dem
Speiſewaſſer, ſo iſt dieſes mit Kalkmilch und
Soda oder mit Kalkmilch und Chlorbarium
zu behandeln. Soda iſt inſofern vorzu=
ziehen, als bei Anwendung von Chlorbarium
ſich lösliches, alſo im Waſſer verbleibendes
Chlorcalium bildet, welches das Roſten
der Keſſelwandungen befördert,
wie überhaupt alle Chlorverbin=
dungen. Welche Mittel in jedem Falle
am zweckmäßigſten anzuwenden ſind und in
welcher Menge, darüber entſcheidet die durch
chemiſche Unterſuchung feſtgeſtellte Beſchaffen=
heit des Speiſewaſſers. Die Reinigungs=
mittel ſind ebenfalls chemiſch zu prüfen.
Chlorbarium muß mindeſtens 80 % chemiſch
reines, waſſerfreies Chlorbarium und die
Soda (calcinirt) mindeſtens 95 % kohlen=
ſaures Natron enthalten.

Keſſelſteingegenmittel, ſ. Keſſelſpeiſe=
waſſer.

Ketteneiſen, zur Anfertigung von

Kettengliedern, muß die Eigenschaften von Stehbolzeneisen haben.

Kiefer (Föhre), Nadelholz. Die gemeine Kiefer (pinus sylvestris), heimisch in ganz Europa, wird in 100—150 Jahren 20—30 m hoch und 90—120 cm dick, Holz gelblich bis röthlich weiß, im Splinte heller, an den Rändern der Jahrringe rothbraun; grobfaseriger, schwerer, härter und harzreicher als Fichten= und Tannenholz, spez. Gew. 0,31—0,81; elastisch, leichtspaltig, nicht gut zu bearbeiten, reißt leicht. Auch im Witterungswechsel sehr dauerhaft. Kiefernholz ist um so besser, je feinfaseriger es ist. Dient zu Bauholz aller Art, jedoch weniger im Innern von Gebäuden, da es stark Harz ausschwitzt; zu Bahnschwellen, zu den Fußböden, Decken= und Verschalungsbrettern der bedeckten und offenen Wagen; zu Geräthen, Werkbänken u. s. w. Der Ursprung ist nachzuweisen, da das Kiefernholz je nach der Gegend, wo es gewachsen ist, eine sehr verschiedene Güte hat. Geschätzt ist das Holz der galizischen, verschiedener russischen, der schwedischen und norwegischen Kiefern. In Schnitthölzern 36—40 M. d. cbm. Probestück etwa 1 m. S. Holz und Brennholz.

Kienöl, s. Terpentinöl.

Kienruß, schwarze Rußfarbe, ist fein zertheilter Kohlenstoff aus bei der Verbrennung von kohlenstoffreichen Körpern bei ungenügendem Luftzutritte sich bildendem Rauche, aus welchem man den nicht verbrannten Kohlenstoff in geeigneten Vorrichtungen sich absetzen läßt. Wurde früher aus der harzreichen Kienföhre und Harzen, jetzt auch aus Torf, Braunkohle, Steinkohle und Steinkohlengas hergestellt. Von den Rußschwärzen sind die Lampenruße aus flüchtigen Oelen die werthvollsten. Kienruß kann mit einer billigeren schwarzen Farbe gefälscht sein; chemisch zu prüfen. Die praktische Prüfung auf Färbekraft, Deckvermögen und Farbenreinheit ist durch Verreiben mit Oel und Zusatz von Bleiweiß auszuführen.

Je mehr Bleiweiß gleichen Theilen der Rußproben zugesetzt werden muß, um Mischfarben von gleich grauer Farbe zu bekommen, um so besser ist die Färbe= und Deckkraft der betreffenden Kienrußprobe. Wenn die Mischfarbe einen bräunlichen oder fuchsigen Farbenton zeigt, so ist der Kienruß nicht farbenrein. Je mehr Oel zum Verreiben erforderlich und je geringer das spez. Gewicht ist, um so feiner ist das Farbenkorn.

Der Kienruß muß in tief schwarzer Farbe, gut deckend und trocknend und 1 Liter nicht über 60 Gramm schwer geliefert werden; mit weißen Farben soll er ein reines, nicht fuchsiges Grau geben. In kleinen Fässern oder Kisten zu liefern, welche im Innern mit einem dichten Stoffe verklebt sein müssen; trocken zu lagern.

Kienruß ist unter Umständen selbstentzündlich! Daher in einem feuersicheren Raume aufzubewahren.

Probe 0,5 Liter. 100 kg 40 M. Sehr feines bis 100 M. S. Farben.

Kieselguhr (Infusorienerde) besteht aus den kieselreichen Panzern von ausgestorbenen Thierchen der kleinsten Art. Eine farblose oder gefärbte Masse, an vielen Stellen (Lüneburger Heide) in mächtigen Lagern verbreitet. Findet vielfach Verwendung, u. a. als Polirmittel und Formsand, als schlechter Wärmeleiter zu Wärmeschutzmassen und bei feuerfesten Behältern, zu Kitten.

Kirschbaum, heimisch in ganz Europa. Das Holz ist ziemlich dicht und hart, spez. Gew. 0,55—0,78; leicht zu bearbeiten, wenngleich schwerspaltig; röthliche bis gelbbraune Farbe. Das Holz nimmt die Schellackpolitur gut an, durch Beizen kann es dem Mahagoniholz sehr ähnlich gemacht werden. Dient zu Tischlerarbeiten, zu Sitzgestellen in I. und II. Cl., zu Leisten und Stäben für Decken und Wände.

70—80 M. das cbm.

Kitte, sind brei= oder teigartige Mischungen, welche zwischen die Flächen zweier gleichartigen oder ungleichartigen Körper gebracht mehr oder weniger rasch erhärten, dabei fest an den Flächen haften und die Körper verbinden. Je widerstandsfähiger und dicht der hart gewordene Kitt selbst ist und je dichter und fester er an den Flächen haftet, um so besser ist er. Es werden oft noch die besonderen Anforderungen an Kitte gestellt, daß sie Einflüssen, wie Nässe, Wärme, Hitze o. dgl. widerstehen oder eine bestimmte Farbe haben sollen. Diese Anforderungen und die Natur der zu verbindenden Körper bestimmen die Stoffe, aus welchen man den Kitt zusammensetzt. Es gibt eine sehr große Anzahl, von welchen einige hier folgen.

I. Oelkitte.

1. **Glaserkitt (Fensterkitt)**, besteht aus 12% Leinölfirniß und 88% feinst geschlemmter, reiner, trockner Kreide, welche so lange zusammengerührt und gestoßen werden, bis sie eine gleichmäßige teigartige, nicht bröckelnde Masse bilden. Rother Glaserkitt wird ebenso unter Zusatz von 3—5% reiner Eisenmennige bereitet. In Blasen oder in Oel getränkten Tüchern aufzubewahren.

2. Eine zu einem steifen Teige zusammengerührte und mit dem Hammer zusammengeklopfte Mischung von 3 Thl. Bleiweiß, 6 Thl. Mennige und wenig Leinöl bildet den **Mennigekitt** zu Dampfdichtungen, z. B. bei Schieberkastendeckel, Röhrenflantschen u. a.

3. Zwei Thl. Bleiglätte, 1 Thl. zerfallener Kalk und 1 Thl. feiner Sand mit heißem Leinöle in derselben Weise zusammengearbeitet, geben einen ebenso guten Kitt für dieselben Zwecke.

4. Gleiche Theile von gebranntem Kalke, römischem Cemente, Töpferthon und Lehm mit ⅛ des Gesammtgewichtes an Leinöl zusammengearbeitet bilden einen wasserdichten Kitt für gußeiserne Röhren.

5. Für Wasserleitungsröhren: 12 Thl. römischer Cement, 4 Thl. Bleiweiß, 1 Thl.

Bleiglätte, ½ Thl. Kolophonium, fein gepulvert und mit heißem Leinöle zu Kitt verarbeitet.

6. Zwei Thl. Mennige, 5 Thl. Bleiweiß, 4 Thl. fein geriebenen Pfeifenthon mit Leinölfirniß zu einem Teige verarbeitet geben einen Kitt, welcher der Nässe und Wärme (nicht dem unmittelbaren Feuer) widersteht.

7. Ein Theil Leim in 14 Thl. heißen Wassers gelöst und mit 1 Thl. feinster Sägespäne innig gemischt und alsdann 1 Thl. geschlemmte Kreide zugesetzt, geben einen guten **Holzkitt** zum Ausfugen.

II. Glycerinkitt.

Ein Gemisch von Glycerin und Bleiglätte ist geeignet zum Dichten von Eisen auf Eisen, zum Verkitten von Steinarbeiten und von Eisen in Stein.

III. Eisenkitt.

1. Sechszig Thl. gepulverte Gußeisenfeilspäne, 2 Thl. Salmiak, 10 Thl. Schwefelblumen mit Wasser zu einem Brei angerührt und ⅙ Essig oder etwas Schwefelsäure zugesetzt geben Kitt zum Verstopfen von undichten Stellen in Eisenbehältern und zum Verdichten von Fugen zwischen Eisenflächen; diese sind vorher blank zu machen.

2. Trockenes Gemisch von 20 Thl. Eisenfeilspänen, 12 Thl. Hammerschlag, 30 Thl. gebrannten Gyps, 10 Thl. Kochsalz werden mit Wasserglas oder mit frischem Thierblute zu einem steifen Brei gemischt.

3. Vier Thl. Eisenfeile, 2 Thl. Thon, 1 Thl. Chamottemasse (oder 1 Thl. zerstoßene hessische Schmelztiegel) mit gesättigter Kochsalzlösung zu einem Brei gemengt, geben Kitt zum Dichten von Eisenröhren, die im Feuer liegen.

4. Zehn Thl. Eisenfeilspäne, 5 Thl. Salmiak und 1 Thl. Schwefelblumen mit Wasser zu einem dicken Brei gerührt.

Die Kitte, welche Eisen enthalten, werden auch **Rostkitte** genannt.

Unter dem Namen **Metallkitt** kommen die beiden folgenden Gemenge zum

Dichten und zur Verhinderung des Weiter-rostens von Eisen (eiserne Rohrwände u. a.) vor:

1. 265 gr Schmiedeschlacke,
  133 gr Hammerschlag,
   67 gr gußeif. Bohrspäne,
   67 gr Silberglätte,
  100 gr Minium.
2. 215 gr ungelöschter Kalk,
  100 gr gestoßenes Glas,
  136 gr Ziegelmehl,
  136 gr Bolus,
  136 gr Schlemmkreide.

Das Gemenge wird fein gestoßen und gesiebt, sodann mit Firniß durchgearbeitet.

Kolophonium dienen zum Verkitten von Fugen in Holzgefäßen (Holzkitt).

V. Thonkitte.

1. Lehm und Salzwasser,
2. Fein gesiebte Holzasche mit gleichen Theilen feinen Lehm, etwas Salz und Wasser zu einem streichbaren Teig verarbeitet,
3. Fünf Thl. Glaspulver, 5 Thl. Chamottemehl, 1 Thl. Borax,
4. Vier Thl. Lehm., 2 Thl. rostfreie feingesiebte Eisenfeile, 1 Thl. Braunstein, 0,5 Thl. Borax und 0,5 Thl. Kochsalz mit Wasser zu einem Brei gerührt (sofort nach der Bereitung zu benutzen),

Fig. 118.

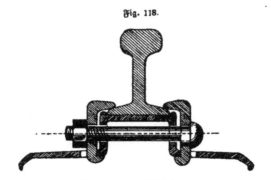

Klammern mit Bolzen.

IV. Harzkitte.

Diese sind wie die Oelkitte wasserdicht, vertragen aber keine große Wärme.

1. Vier Thl. schwarzes Pech, 1 Thl. Wachs, 1 Thl. geschlemmte Kreide (oder Ziegelmehl) geben einen Kitt, um Metalle an Holz oder Stein zu befestigen; dünn aufzustreichen, nachdem die Gegenstände etwas erwärmt sind.
2. Acht Thl. Kolophonium, 2 Thl. weißes Wachs, 4 Thl. Englischroth, 1 Thl. venetianischer Terpentin bilden einen Kitt zum Befestigen von Glas in Metallhülsen.
3. Ein Thl. Ziegelmehl und 2 Thl.

geben sogen. Ofenkitt zum Dichten von Fugen in eisernen Oefen.

5. Zehn Thl. Thon, 15 Thl. Ziegelmehl, 4 Thl. Hammerschlag, 1 Thl. Kochsalz, 1/4 Thl. Kälberhaare in Wasser angerührt, bilden einen Kitt zum Dichten von Gasretorten, Ofenfugen 2c.

Klammern, dienen beim Haarmann'schen Langschwellen-Oberbau zum Befestigen der Schienen auf der Langschwelle, Fig. 118. Dieselben umfassen Schienenfuß und Schwellendecke und werden durch einen Schraubenbolzen angepreßt. Das Material ist Flußeisen, welches denselben Anforderungen wie das der Langschwellen entsprechen muß. Klammern werden in mehrfachen Längen gewalzt, kalt geschnitten, gelocht und rothglühend in Gesenke geschlagen. Sie müssen in jeder Beziehung fehlerlos, insbesondere in den Biegungen ohne Risse und Anbrüche sein.

schwellen. Fig. 119—122. Man verwendet dieselben mit und ohne Ansatz a, durch dessen Vergrößerung oder Verkleinerung man es in der Hand hat, die Spurweite beliebig zu verändern. Die Unterlagsscheiben für die Muttern bilden quadratische etwa 2 mm starke Blechplatten (Fixirungsplättchen) mit

Fig. 119—122.

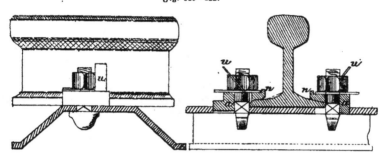

Klemmplatten.

Fig. 123.

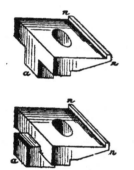

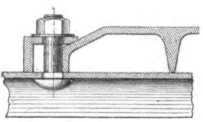

Klemmplatten.

1 Paar kurze Klammern 1,44 kg, 1 Paar lange 1,64 kg. 1000 kg 195 M. Ein **Klammerbolzen** 0,63 kg, 1000 kg 170 M. Lieferungsbedingungen für diese wie bei Laschenschrauben.

Klauenöl, s. Uhröl.

Klemmplatten, dienen in Verbindung mit den Hakenschrauben zum Befestigen der Schienen auf eisernen Quer-

einem Schlitz, so daß sich ein Lappen u bildet, welcher, nachdem die Mutter fest angezogen ist, aufgebogen wird und so das selbstthätige Lösen der Mutter verhindert. Damit das Fixirungsplättchen selbst sich nicht drehen kann, liegt es mit einer Kante gegen die erhöhte Nase n der Klemmplatte. Diese müssen genau nach Zeichnung angefertigt und ohne Risse und sonstige Fehler, sie dürfen weder krumm noch windschief, sondern müssen ganz gerade gerichtet sein und ebene, saubere, rechtwinkelig zu einander stehende Flächen und Kanten ohne Grate haben. Die Neigung des über den Schienenfuß fassenden Theiles muß insbesondere der Zeichnung genau entsprechen, an der Unterfläche glatt und gerade sein. Die Löcher müssen rechtwinkelig zur oberen Fläche stehen. Das Material soll ein gleichmäßiges, zähes, vollkommen fehlerfreies Eisen sein.

Durchschnittliches Gewicht 0,39 kg (bei Haarmann's Oberbau), 1000 kg 225 M.

Eine andere Art von Klemm(platten)vorrichtungen findet Verwendung zur Befestigung von eisernen Langschwellen mit den Querschwellen Fig. 123. Dieselbe besteht aus einem Winkelbleche von 78 mm Länge und 60 mm Breite, welches mit einem Schraubenbolzen an die Langschwelle gepreßt wird. Solche Winkelbleche verhindern nicht das Wandern der Langschwellen und werden deßhalb besser sogen. Deckwinkel (s. da) angewandt.

Die Winkelbleche müssen in Material und äußerer Beschaffenheit den Anforderungen wie bei Langschwellen entsprechen.

Klemmschrauben, s. Verbindungsschrauben.

Knabbelkohle, s. Steinkohle.

Knochen, gebrannte, (Knochenasche), dient zum Poliren.

Knochenschwarz ist Beinschwarz.

Knöpfe, rothseidene u. grauseidene, für die Ausstattung der Coupé's I. u. II. Cl., 32 Stck. für einen Stuhl. Müssen ächt gefärbt sein. Nach Muster. 100 Stck. 1,50—2 M. Messingene 1,85 M., aus Steinnuß 1,20 M. 100 Stck.

Knorpelkohle, s. Steinkohle.

Kochenille ist eine in Mittelamerika, Mexiko, Algier u. a. heimisches kleines Insekt (Schildlaus), welches getrocknet eine ächte, in der Seide- und Wollefärberei gebrauchte rothe Farbe zur Zeugfärberei und eine rothe Holzbeize liefert. 100 gr 50 Pf.

Kochsalz (Chlornatrium), findet sich in Lagern als feste steinartige Massen (Steinsalz), im Meerwasser (Seesalz) und in Quellen. Wird gewonnen durch Abdampfen des Meerwassers, der Salzsoolen oder durch Auflösen von Steinsalz mit nachfolgendem Versieden. Wird benutzt zu Schweißpulvern, Kitten, Härtepulvern, zur Darstellung von Chlordämpfen u. a., als Lösung in Wasser zum Reinigen von Kupfer. kg 18 Pf.

Kölnische Erde, s. Umbra.

Köper, s. Gewebe.

Körbe, aus Rohr oder Weidenruthen werden durch Flechten mit der Hand hergestellt; müssen aus gesundem Materiale bestehen, gleichmäßig aus nicht zu ungleich dicken Stäben und fest geflochten, die Henkel dauerhaft angebracht sein. Zur Verstärkung erhalten die Körbe unter dem Boden ein Holzkreuz und bringt man oft zwei gegenüberliegende Bandeisen an, welche von den Henkeln bis zu dem Kreuze reichen. In Größen von $1/16$—$1/20$ cbm gebräuchlich. Nach Muster zu liefern. Aus Rohr 2,50 bis 3,20 M. das Stück.

Kohlen, s. Steinkohlen, Koks, Holzkohlen, Schmiedekohlen, Ofenkohlen, Locomotivkohlen, Torfkohlen, Preßkohlen.

Kohlenblende, ist Anthrazit.

Kohlengrus,
Kohlenklein, } s. Steinkohlen.

Kohlen, präparirte, s. Preßkohlen.

Kohlensaurer Baryt, s. Baryt.

Kohlenschwarz wird erhalten durch Feinreiben auf Naßmühlen und Schlämmen von in geschlossenen Gefäßen hergestellter Holzkohle. Buchenholz liefert ein schönes Kohlenschwarz. S. Frankfurter Schwarz und Farben.

Kohlenstaub von Steinkohlen, Holzkohlen, Koks, sowie Graphit werden in der Formerei als Zusatz zu dem Formsand benutzt und zwar Koks- und Holzkohlenstaub, um die Durchlässigkeit des Formsandes zu erhöhen; vorzugsweise Staub von gasreicher Steinkohle, um das Zusammenfritten des Sandes durch die Hitze zu verhindern. In anderer Weise wird der Kohlenstaub als Ueberzug für die inneren Formwände verwendet, um das Zusammenschmelzen von Metall und Form zu verhüten. Er wird entweder in trockenem Zustande aus Staubbeuteln a u f g e p u d e r t (bei Sandguß, Laubholzkohlenstaub) oder mit Wasser zu einem Brei (S c h w ä r z e) angerührt und mit Pinseln aufgetragen, (bei Masse- und Lehmguß, am geeignetsten Staub von Holzkohlen oder Graphit oder ein Gemenge).

Das Rohmaterial für Kohlenstaub muß durchaus sandfrei, die Steinkohle auch schiefer- und thonfrei, die Holzkohlen aus Buchen- oder Birkenholz gut durchgeschwehlt sein.

100 kg kosten: Steinkohlenstaub 5 M., Koksstaub 9 Mk, Holzkohlenstaub 13 bis 20 M.; Kernschwärze 13 M., gemahlener und geschlemmter Graphit 12 M.

Kohlenziegel, s. Preßkohlen.

Kokosbürstenmatten (F u ß - decken) aus Kokosfasern. Diese werden aus der schwammig-faserigen Schale der Kokosnuß (Frucht der Kokospalme) gewonnen, indem man die Fasern durch Einweichen der Schalen in Wasser, Klopfen mit Schlegeln und Auskämmen von dem Zellengewebe frei macht. Die feinen Fasern werden in Verbindung mit anderem Stopfmaterial (Pferdehaaren) zum Polstern, die stärkeren zu Matten (Stricken u. a.), die dicksten Fasern zu Bürstenmatten (Bürsten, Besen) verwendet. Diese Matten müssen aus reinen Kokosfasern (nicht vermischt mit minderwerthigen andern Fasern pflanzlichen Ursprungs), gleichmäßig und dicht geflochten sein. Die Bürstenmatten haben über dem Grundgeflechte aufrechtstehende Fasern, wie die sammtartige Gewebe (frz. velours) und werden daher diese Fußdecken auch Kokosvelourdecken genannt. Die Fasern müssen dicht stehen und gleichmäßig geschnitten sein.

Diese Decken werden im Winter als Fußbodenbelag für die Coupés I. u. II. Cl. benutzt und in abgepaßten Größen (u. a. 2250 mm × 690 mm), oft mit schwarzer

Kante (50 mm) verlangt. Das Eigenthumsmerkmal der Bahn kann entweder auf der unteren Seite mit Oelfarbe aufgemalt oder auf der oberen Seite eingeflochten werden.

Preis je nach Größe und Güte 2,75 bis 8,5 Mark. Probe einzureichen

Kokosmatten (F u ß m a t t e n) bestehen aus demselben Materiale wie die vorigen, haben jedoch keine aufrechtstehenden Fasern. Müssen fest und dicht geflochten sein und dürfen ebenfalls minderwerthige Fasern nicht enthalten. Werden für Coupés III. Cl. benutzt. Gebräuchliche Größe: 2200 mm × 600 mm und 900 mm × 600 mm. 1,20—3 M. für das Stück, je nach Größe.

Kokosvelourdecken, s. Kokosbürstenmatten.

Koks, werden durch Zersetzung von Steinkohlen in ähnlicher Weise wie die Holzkohle aus dem Holze gebildet. Der Zweck der Verkohlung ist:

a. Durch Entfernung von Wasser, Theer und Gasen den Kohlenstoffgehalt zu vergrößern, um mit demselben Gewichtstheile eine höhere Hitze als mit Steinkohlen erreichen zu können;

b. Die Entfernung der unangenehm riechenden Bestandtheile (für Hausbrand);

c. Den Steinkohlen die Eigenschaft zu benehmen, in der Hitze teigig zu werden, (für Metallgewinnung);

d. Die theilweise Entschwefelung (desgl.).

Bei der Verkokung bleibt Antrazitkohle fast unverändert, Sandkohle behält ihre Gestalt ohne aneinander zu haften, Sinterkohle backt zusammen, (fette) Backkohle wird durch die ganze Masse teigig, so daß die vollkommenste Vereinigung stattfindet.

Die Verkokung der Steinkohle erfolgt in Meilern oder Haufen und in Oefen oder Retorten, letztere finden Anwendung, wenn Leuchtgas (Theer) dargestellt werden soll, wobei man Koks (Gaskoks genannt) nebenbei gewinnt.

Die Bereitung von Koks in Meilern und Haufen ist ähnlich wie die der Holzkohlen, am verbreitetsten ist die Verkokung in Oefen. Die Einrichtung und Größe dieser sind sehr verschieden, sie unterscheiden sich u. a. darin, daß bei einigen die sich bildenden Gase unbenutzt entweichen, bei anderen dagegen zum Heizen der Oefen selbst dienen, welches sonst besonderes Brennmaterial erfordert; bei noch anderen Oefen werden die brennbaren Gase zum Heizen von Dampfkesseln u. a. benutzt. Meistens liegen mehrere Oefen unmittelbar über- oder nebeneinander.

Zum Verkoken eignen sich am besten die fetten backenden Sinter- und Backkohlen. Da die unverbrennlichen Theile in den Koks zurückbleiben, so werden die Steinkohlen, aus welchen Koks der besten Güte gewonnen werden sollen, vorher einer besonderen Aufbereitung (Sortiren, Waschen, Schlemmen) unterworfen, um das schwere, unverbrennliche Gestein zu entfernen, wodurch der Aschengehalt der Koks bis auf 5% vermindert werden kann. Da Koks um so besser (dichter, schwerer, fester) sind, je feiner die verwendeten Kohlen waren, so zerkleinert (mahlt) man diese vorher auf Mühlen, Walzen oder Schleudermühlen.

Je nach Einrichtung und Größe fassen die Oefen 15—100 Ctr. Steinkohlen und die Verkokung dauert 24—48 Stunden. (In Stabelöfen mehrere Tage, in zweietagigen Oefen 4 Stunden.) Es gibt Oefen, die täglich bis 240 Ctr. Koks liefern. Durchschnittlich bilden sich bei der Verkokung 70—75% Koks und 30—25% Gase, Theer, Ammoniakwasser u. a.

Die aus den Oefen gezogenen glühenden Koks werden in der Regel mit Wasser abgelöscht, seltener mit Asche gedämpft. Durch die Zuführung von Wasser in solcher Menge, daß damit eben nur das Löschen bewirkt wird, tritt eine Gewichtsvermehrung der Koks um etwa 6% ein.

Gute Koks aus gemahlenen und gewaschenen Fettkohlen bilden eine gleichartige, dichte, feste und schwer zerbrechliche Masse ohne allzugroße Blasenräume, Farbe schwarzgrau bis helleisengrau mit Metallglanz. Schwefel darf nur in geringer Menge vorhanden sein; durch die Verkokung wird sein Gehalt auf $1/3$—$1/4$ vermindert und zur weiteren Verminderung trägt das Löschen der glühenden Koks mit Wasser bei.

Die mittlere Zusammensetzung von Koks ist:

Kohlenstoff	85—92%
Asche	3— 5%
Wasser	5—10%.

Koks können bis 20% Wasser aufnehmen; bei nassen Koks muß die Gewichtsermittelung nach dem Trocknen erfolgen.

Koks müssen aus festen, großen, beim Anschlagen klingenden Stücken, geringstes Gewicht etwa 0,25 kg, bestehen, welche durch quadratische Oeffnungen von 6 cm Seitenmaß nicht hindurchfallen; sollen aus gemahlenen und gewaschenen Fettkohlen hergestellt, frei von Staub, Schmutz, Steinen und lufttrocken sein.

Die Größe der Stücke betreffend, so wird auch vorgeschrieben, daß dieselben durch quadratische Oeffnungen von unter 80 und nicht über 150 mm Seitenmaß so eben hindurch gehen müssen und daß dabei dem Rauminhalte nach höchstens 5% kleinere Stücke sich befinden dürfen, unter diesen solche verstanden, welche durch quadratische Oeffnungen von nicht unter 50 mm und nicht über 80 mm Seitenmaß so eben hindurchgehen. 1000 kg 8 M.

Koks finden noch vereinzelt Anwendung zum Heizen von Locomotiven, wo es darauf ankommt, den Rauch zu vermeiden (Perronhallen, Tunnels); dann für offenes Feuer (z. B. in Körben), bei Radreifenfeuern; zum Umschmelzen von Roheisen in Cupolöfen (Schmelzkoks), der Legirungen in Tiegeln u. a. Koks müssen trocken lagern.

Koksstaub, s. Kohlenstaub.

Kolbenkörper für Dampfkolben, aus Flußstahl oder Schweißeisen, werden nach Zeichnung geliefert und zwar roh so vorgearbeitet, daß sich nach Wegnahme eines m starken Drehspans keine rohen Stellen r zeigen. Die Rillen für die Kolben= ge werden meistens in der eigenen Werk= te eingedreht. Der Körper erhält Firma) Jahr der Lieferung deutlich eingestem= t. Das Material muß je nach Anforde= rg ein weicher, durchweg gleichmäßig ter und besonders zäher Flußstahl ohne en Fehler oder bestes Schweißeisen sein.

Letzterem Falle muß das Paquet aus tem Schroteisen gebildet und in drei hen ausgeschweißt werden. Bei der Her= llung des Kolbenkörpers wird aus dem aquete oder dem Stahlblocke unter einem —100 Ctr. Dampfhammer eine Scheibe

16 M.) abgestochen und dann aufgeschnitten Das Modell liefert gewöhnlich die Werkstätte. Bei Lehmguß werden die Maße der Cylinder angegeben. Das Material muß gleichmäßig dicht und fest sein, darf keine harten Stellen (Adern) haben; muß sich auf der Drehbank leicht bearbeiten lassen.

Kolbenstangen, müssen aus bestem, gleichmäßigen Flußstahle hergestellt werden; Zerreißfestigkeit mindestens 50 kg für das qmm bei 30% Zusammenziehung. Die beiden Zahlen zusammen müssen mindestens 90 ausmachen. Nach Zeichnung zu liefern, gewöhnlich in vorgedrehtem Zustande ver= langt. Bei Abnahme sind die Abmessungen

Fig. 124.

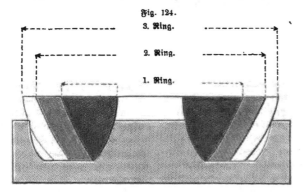

3. Ring.

2. Ring.

1. Ring.

ebildet, deren Dicke gleich der Höhe des ohen Kolbenkörpers ist, Fig. 124, dann werden unter dem Dampfhammer verschieden weite Ringe eingetrieben, um die ringförmige höhlung herzustellen; zuletzt wird der Kol= en im weiß=warmen Zustande unter dem Dampfhammer in ein Gesenk geschlagen, welches, unter Berücksichtigung des Schwind= maßes für den warmen Kolben die Form es roh geschmiedeten Kolbens hat.

Bei Schweißeisen ist darauf zu halten, aß das Schmiedestück aus einem Paquete, also ohne späteres Schweißen hergestellt wird. 40—50 M. 100 kg.

Kolbenringe, aus Gußeisen werden von Cylindern aus Masseguß (100 kg

und nöthigenfalls die Güte des Materiales durch Zerreißversuche zu prüfen; die fertigen Stangen auf Haarrisse und sonstige Fehler zu untersuchen. 100 kg 40—45 M.

Kolkothar, ist caput mortuum.

Kolophonium (Amerikanisches Harz, Geigenharz, Fichtenharz), wird durch anhaltendes Kochen von Terpen= tin, ohne Zusatz von Wasser, gewonnen oder auch bei der Darstellung des Terpentinöls aus Terpentin, wobei es den Rückstand bildet. Ganz rein bildet es feste, glasglänzende, durchsichtige Stücke von lichtbrauner Farbe mit schwach terpentinartigem Geruche. Spez. Gew. 1,07. Schmelzpkt. 130—150°. Spröde, löslich in Alkohol und ätherischen Oelen.

Dient zur Bereitung von Firniffen, Laden, Kitten, zum Löthen, zu Schweißpulver; zum Ausgießen von Röhren, welche gebogen werden follen, damit diefe dabei nicht einknicken; zum Befeftigen von Ifolatorköpfen auf ihren Stützen. Trocken und kühl zu lagern. 100 kg 12—20 M.

Kompofition, f. Weißmetall.

Kopal, ein Harz. Der afrikanifche ftammt, wie der Bernftein, von ausgeftorbenen Bäumen; hat eine rauhe, ftaubige Rinde, kommt in kugelförmigen Stücken vor.

Man unterfcheidet im Allgemeinen harte (oftindifche) Kopale, welche geruch= und gefchmacklos find, und weiche (weftindifche) mit aromatifchem Geruche und Gefchmacke. Sie find härter, fpröder, fchwerer fchmelzbar, (180—340°) und weniger leicht löslich als die übrigen Harze, mit Ausnahme des Bernfteins. Neben diefem ift der Kopal das wichtigfte Harz für die Bereitung der Lacke und Firniffe. Je nach ihrem Urfprunge find die Kopale faft farblos oder weiß, hellgelb bis dunkelgelb und dunkelrothbraun, dabei in der Regel durchfichtig. Die hellen, klaren, durchfichtigen und fleckenreinen Kopale, welche leicht zerbrechen und fchmelzen, ohne einen unangenehmen, harzähnlichen Geruch zu haben, find die beften, da die damit hergeftellten Lackfirniffe durchfichtig und farblos find.

Kopal löft fich am leichteften in Chloroform auf, ferner in ganz reinem Alkohol, jedoch muß er zuvor in Aether aufgequellt werden. In den Löfungsmitteln der übrigen Harze, wie Benzol, Terpentinöl und Petroleumäther ift Kopal nur fchwer löslich. Der Kauria=Kopal aus Auftralien ift weicher, von ftärkerem Geruche und Gefchmacke, billiger und weniger gut als die übrigen Kopale, er ähnelt in manchen Eigenfchaften dem Dammaraharze und kann nur zu weicheren Lacken verwendet werden. 3 M. das kg.

Kopallacke, f. Firniffe.

Kork, nennt man die Rinde der in Süd=Europa und in Nord=Afrika heimifchen Korkeiche. Findet hauptfächlich Verwendung zu Korkpfropfen.

Korkpfropfen, werden von Hand oder mit Mafchine gefchnitten, haben eine cylindrifche oder fchwach kegelförmige Form. Sie müffen fenkrecht zur Achfe abgefchnitten fein, überall einen kreisrunden Querfchnitt und eine glatte Oberfläche ohne fchlechte Stellen, das Material darf nicht zu viele Poren haben.

Proben einfordern. Je nach der Größe (25 mm Höhe u. 20 mm D. bis 80 mm D. und 40 mm Höhe) und Feinheit 1—13 M. f. 100 Stück.

Die Abfälle der Korkfchneidereien werden zu Korkteppichen und Wärmefchutzmaffen benutzt.

Korkpfropfen, gebohrte, zu Wagenachslagern, aus gutem Korke, glatt und fauber. Durchmeffer an den Enden 21 und 13 mm, im Lichten 8 mm, Länge 27 mm.

Korkpfropfen mit Glasröhrchen, zu Meidinger Ballon=Elementen (f. d.) find genau nach Zeichnung und Probe zu liefern. Der Stopfen muß kreisrund, glatt dicht, weich, ohne Fehlftellen und mit Stearin (Wachs, Parafin) getränkt fein. Die Glasröhre von etwa 4 mm lichtem Durchmeffer ragt etwas über die Endflächen des Korkes hervor. 3—4 Pf. das Stück.

Korkteppiche, f. Linoleum.

Krapp, ift die Wurzel der Färberröthe, einer im Orient, Frankreich, Schlefien a. a. heimifchen Pflanze. Enthält einen fehr fchön rothen und haltbaren Farbftoff, welcher in der Baumwollenfärberei (Türkifchroth) und zur Herftellung einer rothen Holzbeize Anwendung findet.

250 gr 30 Pf.

Kreide (kohlenfaurer Kalk), fehr verbreitet. Enthält gewöhnlich fremdartige Mineralien, welche aus den gebrochenen, durch Lagern verwitterten und zerfallenen Kreidefteinen entfernt werden. Darauf wird die Kreide unter Waffer geftampft oder gemahlen; das feine Kreidepulver wird durch Waffer nach Sammelgefäßen fortgefchlemmt.

bei härtere und schwerere Theile zurück=
eiben. Die abgesetzte Masse wird ausge=
jöpft, getrocknet und in Fässer gestampft.
n diesem Zustande (Schlemmkreide)
uß sie von feinstem Korne, rein weißer
arbe, ohne fremdartige Bestandtheile (Sand,
hon, Feuerstein) sein. Wird als Farbe
Erdfarbe, Wasserfarbe), dann als Putz= und
Folirmittel, zu Glaserkitt u. s. w. benutzt.
zu Stangen oder Tafeln mit oder ohne
Bindemittel (Leim, Stärkegummi) gepreßt,
eißt sie Tafel= oder Schreibkreide.
Nuß als solche scharf geschnitten sein, etwa
? mm im Quadrat. Schlemmkreide in Fäs=
ern zu liefern, trocken zu lagern. Proben
),5 kg. In großen Stücken (Berg=
reide) 4,50 M., geschlemmt 5,50 M.,
Stangenkreide 14 M. für 100 kg. Rothe
Kreide für Schmiede 40 Pf. das kg.

Kremplaschen, s. Laschen.

Kremser Weiß, ist eines der besten
und theuersten Bleiweiße. In Würfeln oder
als Pulver 1—1,50 das kg.

Krenzblech, s. Weißblech.

Kreuzköpfe, sind nach Zeichnung und
den angegebenen Maßen derart roh vorgear=
beitet zu liefern, daß nach Wegnahme eines
1 mm starken Spanes nirgends rohe Stellen
sich zeigen. Das Material muß bestes, fehler=
freies, vollständig durchgeschweißtes Schweiß=
eisen sein. Man bestellt dieselben zweckmäßig
ohne Keilloch, damit sie beliebig für die
rechte oder linke Seite der Locomotive bear=
beitet werden können. Jedes Stück ist mit
der Firma des Lieferanten und dem Liefe=
rungsjahr zu bestempeln. 100 kg 50—60 M.

Krüllhaar (Krollhaar), sind in
Zöpfe gewickelte und dann gesottene Pferde=
haare. Beim Aufwickeln der Zöpfe nach dem
Sotten behalten die Haare die Kräuselung
bei. S. Roßhaare.

Krystallglas, s. Glas.

Kuhhaare, dienen als Bindemittel bei
Wärmeschutzmassen und sind Bestandtheile
einiger Kitte. Finden sich häufig in Woll=
filzen.

Kuhmist, wird zuweilen dem Form=
sande zugesetzt.

Kunstwolle, s. Wolle.

Kupfer, Metall, kommt gediegen vor,
wird jedoch meist aus geschwefelten Kupfer=
erzen gewonnen, welche zunächst in Haufen
oder Oefen geröstet, d. h. durch Hitze auf=
gelockert werden, wobei ein Theil der Bei=
mengungen sich verflüchtigt. Es folgt die
Schmelzung in Oefen mit Kohlen und Zu=
schlägen (Kalk, Thonerde, Kieselsäure u. a.).
Das Erzeugniß ist ein unreines Kupfer
(Rohstein), das abermals geröstet und ge=
schmolzen Schwarzkupfer liefert. Dieses
in Herden mit Holzkohlen niedergeschmolzen
gibt das im Handel vorkommende Rosetten=
kupfer, welches bei wiederholtem Ein=
schmelzen mit Holzkohle immer reiner
(hammergar) wird.

Kupfer hat eine rothe Farbe, ist ziemlich
hart, doch weicher als Eisen, eines der ge=
schmeidigsten und dehnbarsten Metalle, wel=
ches sich zu den dünnsten Drähten (0,22 mm)
und Blättchen (0,5 mm und weniger) ziehen
bezw. walzen und schlagen läßt; ist schweiß=
bar. Spez. Gew. 8,93; Handelskupfer
8,2—8,5. Schmelzpunkt 1300°. Ist dick=
flüssig, deßhalb ohne Beimengung eines
anderen Metalles (Zink, Zinn, Blei u. a.),
zu Gußwaaren nicht geeignet, da diese blasig
werden.

Reines Kupfer hat einen körnigen bis
zackigen Bruch. Stark gehämmert ist es
hart und muß vor der weiteren Verarbeitung
geglüht werden, um es wieder weich und
zäh zu machen.

Fremde Bestandtheile, insbesondere An=
timon, Arsen, Schwefel, Kupferoxydul u. a.
machen das Kupfer warm= oder kaltbrüchig,
oder hart. Zu Legirungen muß es ganz
besonders rein sein, überhaupt darf Kupfer
höchstens $\frac{1}{2}$ % fremdartige Stoffe enthalten.
Die chemische Untersuchung erfordert ein
blankes abgemeißeltes Stück, Dreh= und Feil=
späne sind nicht dazu geeignet, weil die=

elben Eisen= und Fetttheile enthalten können. 100 kg 125 M.

Kupferblech, soll rein, glatt und ohne Fehler, wie Blasen, Löcher, schieferige Stellen, Rothbruch, Warmbruch, auch nicht doppelt= oder langriffig, dabei überall von gleichmäßiger Stärke, die Tafeln müssen gerade gerichtet und rechtwinkelig beschnitten sein. Muß kalt sich gut verarbeiten lassen und so dehnbar sein, daß beim Treiben Brüche nicht entstehen. Dem Bleche entnommene Streifen müssen kalt und warm sich zusammenbiegen lassen, ohne daß Risse oder Einbrüche eintreten. Gutes Kupferblech (u. a. zu Feuerkisten) muß eine Zerreißfestigkeit von 20—22 kg für 1 qmm, eine Dehnung von 38% und eine Zusammenziehung an der Bruchstelle von 45% bis 50% haben. Die Zahlen der Festigkeit und der Zusammenschnürung müssen zusammen mindestens 70 ausmachen. Bis 4 mm Stärke muß Kupferblech im rechten Winkel mit einer Rundung von der Dicke des Bleches sich biegen und zurückbiegen lassen, ohne zu brechen.

Das dünnste Blech von 0,6 mm abwärts heißt Roll= oder Flickkupfer. Die gewöhnlichen Bleche haben eine Stärke von 0,3—3 mm, bei einer Länge und Breite von 0.75 × 1,5 m bis 0,9 × 1,8 m. Die Dachbleche sind 0,5 bis 2 mm, die Rinnenbleche 0,75 mm stark. Außergewöhnliche Bleche (darunter Feuerkistenplatten) bis zu 26 mm Dicke haben eine Länge von 2—4 m bei einer Breite von 1—2,4 m. Bearbeitete Feuerkistenplatten sind insbesondere in den Biegungen und Kümpelungen sauber, glatt, ohne Risse und sonstige Fehler herzustellen. Der Thürausschnitt in der Hinterwand wird zweckmäßig zu Materialproben benutzt.

1—16 mm dick 100 kg 135 M. Zu Feuerkisten (Rohr= und Thürwände), 15 bis 26 mm stark, je nachdem abgepaßt und glatt, oder abgesetzt und aufgebogen, 100 kg 150 bis 170 M. (Siehe untenstehende Tabelle.)

Kupferbronce, Metallfarbe, besteht aus reinem Kupfer oder sehr kupferreichem Messing (bis 17% Zink bei der hellsten Kupferbronce), auf's Feinste pulverisirt.

In Verbindung mit gewissen Firnissen dient es dazu, Flächen ein kupferfarbenes oder ähnliches Aussehen zu geben (Bronciren). Mit einem fetten Oele gibt Kupferpulver einen schönen, grünen Anstrich.

Wird hergestellt, indem man zunächst das Kupfer zu feinsten Blättern schlägt (f. Blattgold) und dann auf Reibmaschinen in feines Pulver verwandelt.

Zu untersuchen auf Feinheit des Kornes, Farbe und Glanz. Nach Probe zu liefern; wenn von dieser abweichend, chemisch zu prüfen. 9—16 M. das kg.

Kupferdraht, wird durch Ziehen aus gegossenen und übergeschmiedeten Stäben oder geschnittenen Streifen hergestellt. Muß glatt gezogen, kreisrund, ohne schieferige und doppelte Stellen, weich, leicht zu ver-

1 qm Kupferblech wiegt:

Blechdicke mm	1	2	3	4	5	6	7	8	9	10
Gewicht kg	8,90	17,80	26,70	35,60	44,50	53,40	62,30	71,20	80,10	89,00
Blechdicke mm	11	12	13	14	15	16	17	18	19	20
Gewicht kg	97,90	106,80	115,70	124,60	133,50	142,40	151,30	160,20	169,10	178,00

arbeiten fein. Festigkeit wie bei Kupferblech; auch wird verlangt: 23 kg Festigkeit für 1 qmm und 60% Zusammenziehung des ursprünglichen Querschnitts. Proben einzureichen. (Siehe untenstehende Tabelle.)

Kupferdraht, umsponnener. Der Draht ist 1—2 mm stark, muß bester Güte sein. Erhält in der Länge eine Lage von Baumwollenfäden und dann eine Umspinnung von Baumwollengarn. Diese muß so dicht sein, daß nirgends blanke Stellen zum Vorschein kommen und so fest, daß sie ohne besondere Instrumente sich nicht verschieben läßt. Der umsponnene Draht wird in heißes Wachs getaucht, dann getrocknet, worauf das Wachs (Wachsdraht) kräftig in die Umspinnung eingerieben wird; letztere muß eine völlig glatte Oberfläche haben. 1 kg 3,50—4,50 M.

Kupferfarben, sind Verbindungen von Kupferoxyd und arsenige Säure, sehr schöne, lebhafte und feurige grüne Farben, welche in Folge ihres Arsengehaltes sehr giftig sind. Die bekanntesten sind das Schweinfurtergrün und das Scheel'sche Grün. Mit Schwerspath, Gyps oder dergl. versetzt, kommen sie unter vielerlei Namen in den Handel. Beim Schütteln mit Salmiak löst die reine Farbe sich vollständig auf, während Beimengungen ungelöst bleiben. Schweinfurter Grün (rein) das kg 2—3,5 M.

Kupferpole (Kupferelement, Kupferfahne), Fig. 125 u. 126, für Meidinger Elemente (f. da) müssen aus bestem, chemisch möglichst reinem, gleichmäßig stark und glatt gewalztem Kupferbleche hergestellt sein. Die Höhe ist etwa 45—50 mm, der

Durchmesser 50—57 mm, Wandstärke 0,5 bis 0,8 mm. Die Länge des Poldrahtes 240—300 mm, die Stärke dieses 1,5 bis

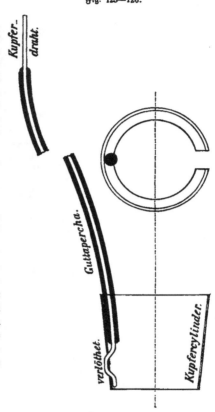

Fig. 125—126.

Kupferelement.

2 mm, mit Guttaperchaumhüllung etwa 5 mm. Gewicht des Elementes mit Draht

1 m gezogener Kupferdraht wiegt:

Drahtdicke mm	0,5	0,8	1	1,4	2	2,5	3,1	4,2	4,6	5	5,5	6	6,5	7	7,6	8,2	8,8	9,4	10
Gewicht in Gramm	1,8	4,5	7	14	28	44	67	123	148	175	211	252	295	342	404	470	541	618	700

140 M. für 100 kg bei 3—13 mm Dicke.

40—60 Gramm. Der unten von der Umhüllung befreite Draht ist im Kupfercylinder durch zwei Durchbohrungen der Wandung gesteckt und muß hier außen verlöthet und verlackt werden. Am oberen Ende ist der Kupferdraht auf etwa 30 mm frei gelegt. Nach Muster zu liefern. Je nach Größe 12—20 Pf. das Stück.

Kupferröhren, werden entweder aus Kupferblech gebogen, die Kanten übereinander gelöthet und dann zur Herstellung der kreisrunden Form und einer glatten Oberfläche über einen Dorn gezogen, oder sie werden aus einem hohlen Gußcylinder gewalzt oder gezogen. Die Kupferröhren ohne Löthnaht sind im Allgemeinen vorzuziehen. Sie müssen aus bestem, zähem Kupfer und kreisrund sein, dabei eine glatte, metallisch reine Oberfläche ohne schieferige Stellen und sonstige Fehler, ferner überall die gleiche Wandstärke haben. Die Röhren müssen an den Enden rechtwinkelig zur Achse abgeschnitten und darf der Querschnitt dabei nicht verbogen sein. Beim Flachdrücken oder Biegen um den halben Umfang eines Rundstabes von dem dreifachen Durchmesser ihres äußeren Durchmessers dürfen die Röhren keine Risse bekommen. Solche für Wasser- und Dampfleitungen werden mit Wasserdruck probirt, dessen Höhe vorzuschreiben ist.

(Siehe untenstehende Tabelle.)

Bei 20—50 mm äußerem D., 1—6 mm Wandstärke (gelöthet) 100 kg 170 M.

Kupferstützen 100 kg 200 M. Kupferrohr ohne Naht für Siederöhren 100 kg 200 M.

Kupferstäbe (Stangenkupfer), nach dem Querschnitte entweder Rundkupfer oder Quadratkupfer. Müssen die bei Kupferblech angegebene Güte, Festigkeit, Dehnung und Zusammenziehung haben, genau kreisrund oder quadratisch, gerade und rechtwinkelig zur Längenachse abgeschnitten sein. Rundkupfer zu Stehbolzen (Stehbolzenkupfer) soll durchweg ganz rund sein; eine Schraube daraus von 25 mm

Gewichte von Kupferröhren mit Naht für 1m in kg.

Innerer Durchmesser in mm	Wandstärke in Millimetern													
	1	1,2	1,4	1,6	1,8	2	2,2	2,4	2,5	2,6	2,8	3	3,5	4
	Gewicht in Kilogrammen für 1 Meter.													
5	0,25	0,27	0,29	0,30	0,35	0,39	0,50	0,59	0,64	0,75	0,86	0,97	1,10	1,20
10	0,32	0,36	0,49	0,52	0,56	0,70	0,80	0,89	0,98	1,06	1,15	1,26	1,45	1,65
15	0,55	0,60	0,69	0,79	0,88	0,97	1,00	1,10	1,11	1,29	1,39	1,49	2,00	2,50
20	0,65	0,87	0,90	0,92	0,94	1,30	1,45	1,50	1,58	1,63	1,84	1,99	2,50	3,00
25	0,80	0,95	1,20	1,30	1,44	1,71	1,80	1,89	1,97	2,00	2,20	2,43	3,00	3,50
30	0,99	1,07	1,34	1,36	1,66	1,96	2,00	2,10	2,20	2,30	2,60	2,90	3,40	4,00
35	1,20	1,25	1,56	1,80	1,82	2,25	2,35	2,55	2,55	2,60	2,85	3,05	3,80	4,50
40	1,42	1,66	1,75	1,90	2,10	2,45	2,60	2,80	2,90	3,00	3,11	3,22	4,15	5,10
45	1,50	1,74	2,00	2,20	2,40	2,70	3,00	3,23	3,30	3,40	3,51	4,00	4,80	5,55
50	1,56	1,99	2,30	2,50	2,70	2,70	3,35	3,64	3,65	3,80	3,90	4,40	5,34	5,85
55	1,72	2,05	2,50	2,70	2,85	3,01	3,55	3,80	3,90	4,25	4,70	5,00	5,85	6,40
60	1,88	2,19	2,75	2,93	3,02	3,42	3,80	3,92	4,10	4,30	4,75	5,00	6,50	6,90
65	1,91	2,35	2,85	3,23	3,41	3,70	4,00	4,36	4,60	4,80	5,40	6,15	7,00	7,88
70	2,17	2,50	3,00	3,25	3,68	4,20	4,50	4,70	5,00	5,30	5,90	6,25	7,40	8,50
75	2,27	2,80	3,15	3,50	3,82	4,51	4,75	5,00	5,30	5,60	6,20	6,75	7,80	9,20
80	2,48	3,00	3,30	3,60	3,90	4,66	5,10	5,60	5,60	6,00	6,50	7,25	8,25	9,90
85	2,60	3,10	3,45	3,80	4,25	4,80	5,20	5,61	5,90	6,25	6,90	7,55	8,65	10,60
90	2,72	3,20	3,60	4,10	4,60	5,10	5,40	5,75	6,30	6,80	7,80	8,00	9,05	11,8
95	2,85	3,30	3,70	4,31	4,82	5,58	5,80	6,25	6,70	7,20	8,10	8,50	9,50	12,00
100	2,99	3,40	3,83	4,58	5,25	5,95	6,41	6,70	7,10	7,50	8,33	8,70	10,20	12,25

Durchmesser und 180—200 mm Länge muß sich kalt so zusammenbiegen lassen, daß bei einer Krümmung von 6 mm die Enden sich berühren, ohne daß in der Biegung Einbrüche sich zeigen. Bei der Bildung von Nietköpfen darf das Kupfer nicht reißen, abbröckeln oder unter dem Kopfe an Zähigkeit verlieren. Ein Stück von 100 mm Länge muß sich auf 25 mm zusammenstauchen lassen, ohne daß am Umfange Risse erscheinen. Rundkupfer unter 10 mm wird zu den Drähten gerechnet. 100 kg 130 M.

Kupfervitriol (blauer Vitriol, schwefelsaures Kupferoxyd) findet sich in der Natur u. a. in den sog. Zementwässern, das sind Lösungen von Kupfervitriol in Wasser, welche in den Kupfergruben aus den Kupfererzen sich bilden. Aus diesen wird der feste Kupfervitriol durch Abdampfen gewonnen. Wird sonst noch hergestellt durch Rösten von Schwefelkupfererzen, Auflösen derselben und Abdampfen der Lösung. Chemisch reinen Kupfervitriol bereitet man durch Erhitzen von reinem Kupfer mit Schwefelsäure, wobei schweflige Säure entweicht. Aus der Lösung läßt man den Kupfervitriol durch Abdampfen auskrystallisiren. Dieser muß in trockenen, klaren, unverwitterten, lasurblauen Krystallen ohne Staub und ohne Stückchen unter Haselnußgröße geliefert werden. Er darf keine blattartigen Krystalle unter 5 mm Dicke, höchstens 0,5 % Eisen und sonst, außer vielleicht einer Spur freier Schwefelsäure, keine fremden Beimengungen enthalten. Aufgelöst darf sich kein Bodensatz bilden. Chemisch zu untersuchen. Findet Anwendung zu Batterien in der Telegraphie, zum Tränken von Hölzern, zur Untersuchung der Stärke einer Zinkschicht auf Eisen.

Kupfervitriol ist giftig! Muß in geschlossenen Gefäßen aufbewahrt werden, weil er an der Luft sich verändert.

100 kg 30—40 M. je nach Reinheit.

Kupferwasser (Putzwasser), ist sehr verdünnte Schwefelsäure; 2—3 Thl.

Säure auf 100 Thl. Wasser. Beim Mischen muß die Schwefelsäure allmählig in das Wasser geschüttet und dabei fortwährend umgerührt werden, **nicht umgekehrt darf man das Wasser in die Schwefelsäure gießen,** weil dabei die Säure umhergespritzt wird. Dient zum Reinigen von Messing und Broncegegenständen, z. B. beim Reinigen der Wagen.

Kuppel- und Kurbelstangen sind entweder aus Schweißeisen oder Flußstahl. In ersterem Falle soll das Eisen bestes Hammereisen sein. Das aus bestem Schroteisen hergestellte Paquet wird in drei Hitzen gut ausgeschweißt (3000—5000 kg Bärgewicht), wobei besonders darauf zu sehen ist, daß das Schmiedestück aus einem Paquete, also ohne späteres Schweißen hergestellt wird. Bei Stahl tritt an die Stelle des Paquetes ein Flußstahlblock. In beiden Fällen wird das Stück unter dem Dampfhammer ausgestreckt und nach vorgeschriebener Form ausgeschmiedet. Die Stangen sind genau nach Zeichnung in den angegebenen Abmessungen sauber und tadellos, fertig bearbeitet zu liefern. Das Material muß erster Güte und ohne jeden Fehler sein, es ist eine Zerreißfestigkeit von mindestens 40 kg für 1 qmm und eine Zusammenziehung von 40 % (zusammen mindestens 90) zu verlangen.

100 kg 55—65 M. (roh).

Kuppelungen (Schraubenkuppelungen, Sicherheitskuppelungen), zur Verbindung der Eisenbahnfahrzeuge müssen aus bestem Schweißeisen hergestellt werden, dessen Güte in jeder Beziehung der des Stehbolzeneisens gleichkommt. Die Bolzen müssen aus bestem Stahle bestehen, dessen Zerreißfestigkeit mindestens 40 kg für das qmm, dessen Zusammenziehung mindestens 40 % sein soll (es werden auch 60 kg und 25 % verlangt), die beiden Zahlen zusammen müssen mindestens 90 ergeben. Die Kuppelung muß eine Belastung von mindestens 30 000 kg vertragen.

11*

Dieselben sind genau nach Zeichnung, in allen Theilen sauber und sorgfältig zu fertigen, eine Schweißung darf bei keinem Theile vorkommen. Die Bügel und Stangen müssen leicht beweglich, die Bolzen sollen gedreht, die Bolzenlöcher genau rechtwinkelig zu den Seitenflächen und an den Kanten abgerundet sein. Die Schraubenspindeln müssen genau gedreht, die Gewinde rein ausgeschnitten, die Muttern in den Zapfen und deren Flächen ebenso gedreht und rechtwinkelig zur Achse der Zapfen gebohrt werden, worauf das Muttergewinde rein auszuschneiden ist. Die Muttern müssen sich auf den Spindeln ohne zu schlottern bewegen.

Der Hebel der Spindel ist warm auf diese aufzuziehen und nicht mit derselben zu verschweißen. Das Gewicht des Hebels ist von Gußeisen.

Es empfiehlt sich, dem Fabrikanten Musterstücke zu geben und zwar Probegewinde für die Schraubenspindel, Probedorne für die Löcher, Lehrringe für die Bolzen und Normalmutter für die Spindel. Normalschraubenkupplung (22 kg) 9 M., Normalsicherheitskupplung (41 kg) 11 M. das Stück.

Kuppelungsschläuche, s. Kautschukschläuche.

Kuppel- u. Kurbelzapfen müssen aus bestem, gleichmäßigen Flußstahl genau nach Zeichnung und den angegebenen Abmessungen sauber hergestellt sein. Die Zerreißfestigkeit des Stahles soll mindestens 50 kg für 1 qmm und die Zusammenziehung mindestens 30 % betragen, beide Zahlen müssen zusammen mindestens 90 ergeben. Werden gewöhnlich in vorgedrehtem Zustande verlangt. 100 kg 40—50 M. (roh).

Kutschenlack, s. Firnisse.

L.

Lacke, s. Firnisse.

Lackmus, ist ein blauer Farbstoff, welcher aus verschiedenen Flechten gewonnen wird. Mit demselben gefärbtes Filtrirpapier ist das blaue Lackmuspapier, welches sehr empfindlich gegen Säuren ist, indem es dadurch roth gefärbt wird. Das so roth gefärbte rothe Lackmuspapier wird von Alkalien in geringster Menge wieder blau gefärbt. Wenn blaues Lackmus-Papier in eine Flüssigkeit getaucht roth wird, so ist eine Säure vorhanden, wenn rothes Lackmuspapier in der Flüssigkeit blau wird, so enthält diese ein Alkali. Wenn weder Säure noch Alkali vorhanden, so ändert das Lackmuspapier seine Farbe nicht; man kann es also benutzen, um eine Flüssigkeit auf die Anwesenheit von Säuren und Alkalien zu untersuchen, ebenso Dämpfe, indem man diese auf mit Wasser angefeuchtetes Lackmuspapier einwirken läßt. 12 Bogen 1 M.

Lackschwarz (Lackirschwarz), sind schwarze Rußfarben der besten Güte zu feinen Lackirarbeiten. Müssen in jeder Beziehung den höchsten Anforderungen entsprechen. Untersuchung wie bei Kienruß. Verfälschung mit schwarzen Erdfarben, die chemisch nachzuweisen sind. S. Farben und Kienruß.

Lärche, Nadelholz, wird in etwa 60 Jahren 20—35 m hoch, bis 120 cm dick. Heimisch in ganz Deutschland. Gelbröthliches Holz, Splint weißgelblich, bei altem Holze glänzend und zuweilen dunkel geflammt. Sehr dichtfaserig, hart, fest, zähe und elastisch, reißt und wirft sich nicht leicht; sehr harzreich, wird nicht leicht vom Wurme angegriffen, hat unter allen Verhältnissen eine ganz bedeutende Dauer. Spez.

Gew. 0,44—0,81. Wird verwendet als Bauholz, zu vielen Tischlerarbeiten 2c., Thüren, Fenstern u. a. Die Lärche liefert Terpentin. 38—42 M. das cbm.

Lagermetalle, sind Legirungen zur Herstellung von Lagern für Achsschenkel, Zapfen, Excentrics u. a. Die vorwiegend zur Anwendung kommenden Metalle sind Kupfer, Zink, Zinn, Antimon und Blei. Zusammensetzung und Mischungsverhältnisse sind sehr verschieden. Kupfer und Zink geben die Messing=, Kupfer und Zinn die Broncelager. Man pflegt beide Rothguß=lager zu benennen, wenngleich Rothguß eigentlich nur die kupferreiche Legirung von Kupfer und Zink, also Messing, ist. Dem Rothguß wird zuweilen noch Antimon oder Blei und auch beide gleichzeitig zugesetzt, wie sich denn auch Zink und Zinn zusammen vorfinden. Wenn Zinn und Antimon in der Legirung vorherrschend sind, so nennt man diese Weißmetall (Weiß=guß).

Bronce (Kupfer und Zinn) und sehr wenig Phosphor (0,5—1%) bilden die sogen. Phosphorbronce. Wenn Blei den Hauptbestandtheil ausmacht und demselben Antimon zugesetzt ist, so entsteht das sogen. Antimonblei. Legirungen aus vorwiegend Zinn oder Blei mit geringeren Mengen von Kupfer und Antimon, oder von Zinn und Antimon (siehe in der Zusammenstellung) nennt man wohl auch Antifrictionsmetall.

Lager, welche Stöße, Erschütterungen und großen Druck auszuhalten haben, welche also sehr widerstandsfähig sein müssen, werden aus Legirungen mit vorwiegendem Kupfergehalte gefertigt, wenn hauptsächlich auf geringe Reibung und schnelle Herstellung Gewicht gelegt wird, so kommen die Zinn= und Bleilegirungen zur Anwendung. S. Legirungen.

Einige Legirungen für Lager, wie sie in der Praxis vorkommen, gibt folgende

Zusammensetzung von Lagermetallen.

Verwendung für:	Bestandtheile:					Bemerkungen.
	Kupfer	Zink	Zinn	Blei	Antimon	
Gewöhnliche Lager . . .	83	4	9	4	—	Rothguß.
	83	1,5	15	0,5	—	
	83,5	—	16,5	—	—	
	8	—	80	—	12	
	5,8	—	82,2	—	11,2	
	80	—	16	4	—	
	5	—	30	—	10	Weißguß.
			+45			
	9,5	—	59	—	13	
Locomotiv= und Tender=achslager			+88,5			
	30	3	3	1,5	—	Bei Weißgußeinlage.
	11	—	118	—	13	Weißguß.
	9	—	79,4	—	12,6	
Wagenachslager	100	5	15	12,5	—	Rothguß.
	100	5	12	5	—	
	100	5	10	5	—	
	6,4	—	85	—	8,6	Weißguß.
	5,5	—	83,4	—	11,1	
	5,6	—	86,8	—	7,6	
	5,25	—	84,25	—	10,5	
	—	—	—	80	20	Antimonblei.
	—	—	10	70	20	

Lama, iſt ein tuchartiges Gewebe aus Streichgarn glatt oder geköpert, wenig gerauht und geſchoren, ſehr ſchwach gewalkt. Unterſcheidet von dem Flanell ſich dadurch, daß bei dieſem die Kette von Kammwolle iſt. Schwarzer Lama zu Unterfutter bei Winterſchutzkleider benutzt. Bei 134 cm Breite für das lfd. M. mindeſtens 400 gr ohne Eggen. Bei 9 cm Breite, doppelt gelegt, auf 30 cm eingeſpannt 15 kg Feſtigkeit und 5 cm Dehnung.

Lampencylinder, werden zweckmäßig nach Muſter geliefert, die bezüglich der Güte, Formen und Abmeſſungen für die Lieferung maßgebend ſind. Die Maße am ſicherſten mit Schablonen zu prüfen. Die Cylinder müſſen gut gekühlt, die Wandſtärke überall gleich, der Querſchnitt an allen Stellen kreisrund und die Ränder verſchmolzen oder glatt geſchliffen ſein. Im Allgemeinen ſind dünnwandige Glascylinder (etwa 2 mm) am widerſtandsfähigſten gegen ungleichmäßige Erwärmung und plötzlichen Wärmewechſel. Fehler und Unterſuchung ſiehe bei Glas. Je nach Größe und Form 3—5 M., mit verſchmolzenen Rändern bis 6,50 M. für 100 Stück.

Lampenglocken, ſ. Glasglocken.

Langſchwellen, für eiſernen Oberbau, ſind Walzeiſen (Façoneiſen) aus Flußeiſen oder Schweißeiſen. Im Allgemeinen gibt man dem Flußeiſen den Vorzug, da bei dieſem Schweißfehler nicht vorkommen. Die gebräuchlichſten Querſchnittsformen von Langſchwellen (mit den zugehörigen Schienen und Laſchen) zeigen die Fig. 127 bis 130 unter Angaben von Gewichten und Längen. (Siehe untenſtehende Tabelle.)

Die Langſchwellen aus Flußeiſen werden aus gegoſſenen Flußeiſenblöcken, die ſchweißeiſernen aus durch Zuſammenſchweißen von einzelnen ſchmiedeeiſernen Stäben (Paquete) hergeſtellten Schweißeiſenblöcken gewalzt (ſ. Eiſen Seite 46 und 48). Die Herſtellung iſt bei beiden Materialien vom Walzen an dieſelbe. Die verſchiedenen Querſchnittsformen bedingen nur eine andere Form der Walzen. Die an das Material zu ſtellenden Anforderungen, die äußere Beſchaffenheit der Schwellen u. ſ. w. ſind im Allgemeinen überall gleich.

Langſchwellen können in doppelter Länge in zwei Hitzen gewalzt werden. Eine Haarmann'ſche Schwelle vorausgeſetzt, ſo iſt das

Langſchwellen-Querſchnitte.

Hilf.	Rhein. Bahn.	Haarmann.	Hohenegger.
Fig. 127.	Fig. 128.	Fig. 129.	Fig. 130.

	Hilf.	Rhein. Bahn.	Haarmann.	Hohenegger.
Gewicht d. Schwelle für 1 m	29,4 kg	23 kg	25,4 kg	29,25 kg
Länge	8,92 m	8,9 m	8,991 m	8,975 m
Gewicht d. Schiene für 1 m	29,4 kg	29 kg	29,4 kg	29,5 kg
Länge	9 m	9 m	9 m	9,75 m
Geſammtgewicht des Oberbaues für 1 m	129 kg	115	135	148
Materialkoſten für 1 m Gleis	M. 23.	21	25	26

Gewicht bei doppelter Länge 456,6 kg. Für Abfall an beiden Enden 1,5 m gerechnet, gibt ein Fertiggewicht von 494,7 kg; wenn 5 % Abbrand für zwei Hitzen gerechnet werden, so muß der Rohblock rund 520 kg schwer sein. Derselbe bekommt in der ersten Hitze beim Vorwalzen vier und in der zweiten beim Fertigwalzen 9 Stiche (f. Schienen). Nachdem die Doppelschwellen an der Warmsäge auf einfache Länge geschnitten sind, kommen sie auf ein gerundetes Warmbett, dessen Rundung nach praktischen Erfahrungen so bemessen ist, daß die Schwellen nach dem Erkalten annähernd gerade sind. Sie werden alsbann oberflächlich gerichtet und an dem einen Ende genau nach Maß geschnitten, dagegen wird der andere Warmschnitt verputzt. Das Schneiden geschieht in der Regel mit der Schere, bei großem Querschnitte der Schwellen meistens in rotwarmem Zustande. In den Lieferungsbedingungen wird häufig das Schneiden mit der Schere nicht zugegeben, sondern Sägen oder Fräsen vorgeschrieben.

Nach dem Schneiden werden auf der Lochmaschine die Löcher für Laschen, Klammern, Bolzen u. f. w. nacheinander gestanzt. Um Einsprengungen in den Ecken der kantigen Löcher und alle Spannungen, welche durch das Lochen entstehen können, zu vermeiden, werden die Schwellen vor dem Lochen häufig etwas angewärmt und nach demselben, insbesondere an den gelochten Stellen, nochmals ausgeglüht.

Dem Lochen folgt das genaue Richten der fertigen Schwellen und das Biegen der für Krümmungen bestimmten. Dieses geschieht auf ähnlichen Maschinen, wie sie bei Schienen benutzt werden. Die Schwellen für Krümmungen, deren Pfeilhöhe auf Schwellenlänge (9 m) 3 mm und darüber beträgt, müssen gebogen werden.

Die Langschwellen erhalten bei der Walzung die Firma der Fabrik, die Jahreszahl der Lieferung und die sonst noch vorgeschriebenen Zeichen.

Prüfung und Abnahme.

Die Querschnittsform, die Länge der Schwellen, die Anordnung und Größe der Lochung u. f. w. müssen dem Fabrikanten durch Zeichnung mit eingeschriebenen Maßen und durch Lehren genau und jeden Zweifel ausschließend angegeben sein, ebenso das Gewicht der Schwellen, ferner die erlaubten höchsten Abweichungen von den Abmessungen, Gewichten u. f. w. Die Länge betreffend, so wird oft noch zugefügt, daß dieselbe bei einer Wärme von 15° zu verstehen ist und werden Abweichungen bis zu höchstens 3 mm und bei dem Gewichte bis zu 2 % unter und bis zu 3 % über dem vorgeschriebenen Gewichte zugestanden.

Die Schwellen sollen aus vollkommen fehlerfreien, gleichmäßig festen und dichten vorgeschmiedeten oder vorgewalzten Blöcken hergestellt werden. Die Querschnittsform muß überall gleich und rechtwinkelig und gleichgestaltet zur Grund- und Mittellinie, die Schnittflächen müssen genau rechtwinkelig zur Längenachse und ohne Grat, die Schwellen überall rein, glatt und mit parallelen Kanten ausgewalzt, dabei ohne Schweißfehler, Lang- und Querrisse sein. Die Schwellen sollen eine glatte Oberfläche ohne Walznähte, Abblätterungen, Brandlöcher oder sonstige Fehler haben, dabei müssen sie genau gerade gerichtet und dürfen nicht windschief sein. Bei Schwellen für Krümmungen ist die vorgeschriebene Pfeilhöhe nachzumessen.

Während der Herstellung der Schwellen hat der Abnehmer darauf zu achten, daß von den Arbeitern Fehler an den Schwellen nicht durch Nacharbeiten, Ausbesserungen, Verkitten oder dergl. vertuscht werden, ebenso, daß das Richten der Schwellen sofort nach dem Walzen in rotwarmem Zustande so genau erfolgt, daß ein Nachrichten unter der Richtpresse in kaltem Zustande nur in geringem Maße erforderlich wird. Es dürfen Spuren davon an den Langschwellen nicht zurückbleiben. Die Größe und Lage der

Löcher muß genau mit der Zeichnung über=
einstimmen. Es ist zu beachten, welche

Fig. 131 u. 132.

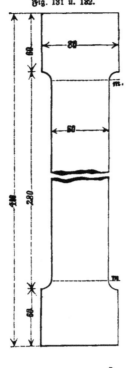

Probestab für Zerreißversuche.

Löcher unabhängig von der zulässigen Längen=
abweichung der Schwellen eine gleichbleibende
Entfernung von den Enden haben, sowie

bei welchen die Entfernungen von der
Schwellenmitte aus sich gleich bleiben müssen.
Die Lochungen werden zweckmäßig mit eigens
dazu angefertigten Maßstäben geprüft.

Durch das Stanzen der Löcher dürfen
keine Einsprengungen, Verbrückungen, Aus=
bauchungen oder Vertiefungen entstanden,
der Grat muß vollständig entfernt sein, so
daß die aneinander stoßenden Theile gleich=
mäßig zur Anlage kommen.

Das Material der Schwellen soll
ein vollkommen gleichmäßiges, festes, dichtes
Fluß= oder Schweißeisen (je nach Vorschrift)
ohne Blasen, unganze Stellen oder sonstige
Fehler sein. Das Flußeisen, dessen Her=
stellungsweise dem Fabrikanten gewöhnlich
frei gestellt wird, darf sich nicht härten lassen.

Zerreißproben. Zur Prüfung der
Festigkeit und Zähigkeit auf der Zerreiß=
maschine werden aus den Schwellen flache
Versuchsstäbe von der Form und den Ab=
messungen, wie Fig. 131—132 sie zeigen,
kalt herausgearbeitet. Die flachen Seiten
a b und c d sollen roh bleiben und nur so
weit bearbeitet werden, wie es zur Her=
stellung einer gleichmäßigen Stärke noth=
wendig ist. In dem mittleren Theile m m
müssen die schmalen Flächen a c und b d
genau parallel sein.

Die Anforderung an die Zerreißfestig=
keit, Zusammenziehung und Dehnung sind
nicht überall dieselben. Die folgende Zu=
sammenstellung gibt unter I bis V für
Flußeisen, unter VI und VII für Schweiß=
eisen die Werthe an, wie sie von einigen
Verwaltungen verlangt werden.

		a. Zerreißfestigkeit. kg für 1 qmm.	b. Zusammenziehung. %	c. Dehnung. %	Bemerkungen.
Fluß= eisen	I . . .	45	—	15	b nicht vorgeschrieben.
	II . . .	45	35	—	a + b = 85.
	III . . .	45	(30)	15	c ob. b vorgeschrieben.
	IV . . .	38	38	—	a + b = 80.
	V . . .	40	20	—	a + b = 70.
Schweiß= eisen	VI . . .	34	—	10	
	VII . . .	34	16	—	a + b = 60.

Biegeproben. Bei diesen soll die Langschwelle, nachdem die Mittelrippe, wenn solche vorhanden, weggenommen ist, unter dem Dampfhammer bei mäßig starken Schlägen in kaltem Zustande sich platt schlagen und dann über einen Dorn von 75 mm Halbmesser zu einer Schleife sich zusammenbiegen lassen, ohne daß Brüche eintreten. Bei einer Freilage von 1 m und einer mehrstündigen Belastung mit 3000 kg in der Mitte, darf die Schwelle keine bleibende Durchbiegung zeigen.

Bei Schwellen aus Schweißeisen besteht wohl noch die Vorschrift, daß Probestücke von 30—50 mm Breite mit abgerundeten Kanten Knickproben über einen Dorn von 26 mm Durchmesser aushalten müssen und zwar in kaltem Zustande bei

8—10 mm Dicke um 50°,
12—15 mm „   „ 35°,

ohne daß Einbrüche entstehen.

Die Zähigkeit des Materiales betreffend, so findet sich noch die Anforderung, daß beim kalten Stanzen eines Loches von 16 mm Durchmesser in einer Entfernung von 16 mm von der Kante das Eisen weder ein- noch ausreißen darf.

Je nach Uebereinkommen wird von 200 bis 500 Schwellen eine beliebig zu den Proben ausgesucht, welche, wenn sie nicht bedingungsgemäß ausfallen, an einer zweiten wiederholt werden. Genügt auch diese zweite Schwelle in Bezug auf das Material den Lieferungsbedingungen nicht, so kann die Annahme der übrigen zu derselben Partei gehörenden verweigert werden. Das Verwiegen, Stempeln u. s. w. erfolgt wie bei den „Schienen".

Der Lieferant hat in der Regel für die Güte und Dauerhaftigkeit der Schwellen ein Jahr, gerechnet vom 1. Januar des auf die Lieferung folgenden Jahres, Haftpflicht zu leisten. 130 bis 135 die Tonne.

Laschen. a) Schienenlaschen, zur Verbindung zweier von einander stoßenden Schienen, werden meist aus demselben Materiale wie die Schienen, also aus Flußstahl gewalzt, jedoch lassen einige Verwaltungen auch Feinkorneisen und Puddelstahl zu. In allen Fällen muß das Material durchweg von gleichmäßigem guten Gefüge, fest, dicht, ohne Risse, Blasen und sonstige Fehler sein. In Bezug hierauf gelten im Allgemeinen die Vorschriften wie bei Schienen. Die Laschen müssen tadellos ausgewalzt sein, genau der Zeichnung entsprechen, die vorgeschriebene Querschnittsform muß überall inne gehalten, die Endflächen müssen sauber, glatt und rechtwinkelig zu den Seitenflächen, die ganze Lasche muß gratfrei und gut ausgerichtet sein. Insbesondere sollen die der Schienenform entsprechenden Anlageflächen an Kopf und Fuß sehr eben, gut ausgerichtet und genau die vorgeschriebene Neigung haben. Die Lochung der Laschen muß genau der Zeichnung entsprechen, sauber und ohne Grat sein und dürfen sich keine von den Löchern ausgehenden Risse zeigen, welche jedoch meist nur bei viereckigen Löchern vorkommen.

Schienenlaschen werden in mehrfachen Längen aus Rohblöcken von 200—300 mm im Quadrat je nach dem Gewichte der Laschen in 13—18 Stichen in einer Hitze fertig gewalzt, warm auf Länge geschnitten, gelocht und alsdann gerichtet.

Die Form der Laschen ist verschieden. Einfache Flachlaschen werden wegen ihrer geringen Stärke selten mehr gefertigt. Eine einfache Lasche mit Verstärkungsrippen, welche gleichzeitig das Drehen der Laschenbolzen verhindern, zeigt Fig. 133 bei LL; in Fig. 134 sind die Laschen (Winkellaschen) verstärkt und dienen gleichzeitig dazu, das sogen. Wandern der Schienen zu verhüten, indem man die Schienennägel in Einklinkungen der Laschen greifen läßt. Die Außenlasche (rechts) hat eine andere Form wie die Innenlasche, bei dieser fehlt der Kopf, welcher das Passiren des Spurkranzes der Räder hindern würde. In Fig. 135 treten die Laschen (Z- oder Kremp-

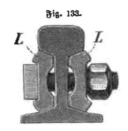

Fig. 133.

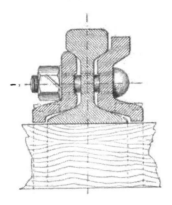

Fig. 134.

Fig. 135.

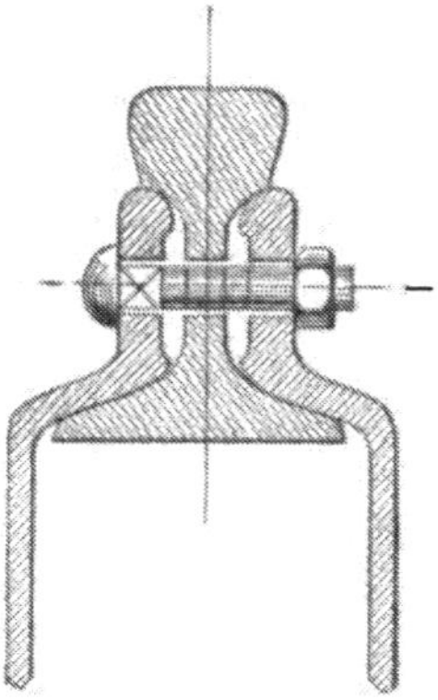

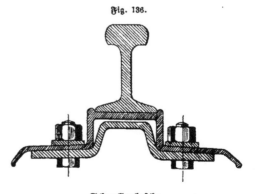

laſchen) nach unten vor und ſtützen ſich mit ihren Endflächen gegen die zunächſt liegende Schwelle und verhindern dadurch das Wandern der Schienen. Weitere Formen von Außen= und Innenlaſchen zeigen die Fig. 127 bis 130.

Hinſichtlich der Proben finden ſich die Anforderungen, daß bei Flußſtahllaſchen die Zerreißfeſtigkeit mindeſtens 50 kg für 1 qmm und die Dehnung 12%; oder auch, daß die Zerreißfeſtigkeit mindeſtens 45 kg (50 kg) für 1 qmm und die Zuſammenziehung 35% (20%) und beide Zahlen zuſammen mindeſtens 80 betragen ſollen.

Wie die Form, ſind auch die Längen und damit die Gewichte ſehr verſchieden.

	Länge mm	Gewicht kg	Preis für 1 Tonne M.
Einfache Laſchen . .	450—520	3,5— 5,5	
Winkellaſchen . .	450—720	6,5—11,75	120—150
Z-Laſchen	600	12,5—13,5	

b) Schwellenlaſchen, zur Verbindung zweier voreinander ſtoßenden eiſernen Langſchwellen, beſtehen aus dem Materiale wie dieſe, alſo aus Flußeiſen oder Schweißeiſen. An das Material werden dieſelben Anforderungen geſtellt wie an das der Langſchwellen. Die äußere Beſchaffenheit betreffend, ſo gilt das bei den Schienen=

Schienenlaſchen.

Fig. 136.

Schwellenlaſche.

laschen Gesagte. Es ist noch besonders darauf zu sehen, daß die Auflageflächen für die Langschwellen sauber und gut gerichtet, sowie, daß Gräte nicht vorhanden sind, wo sie die feste Anlage hindern.

Fig. 136 zeigt die Schwellenlasche des Haarmann'schen Oberbaues. Dieselben werden aus Flußeisenblöcken von etwa 500 kg Gewicht in zwei Hitzen mit annähernd gleicher Stichzahl in mehrfachen Längen gewalzt, dann in der Walzwärme (blauwarm) an der Scheere auf einfache Länge geschnitten und handwarm gelocht. Aus obigem Blocke fallen etwa 15 Stück. Das Richten erfolgt bei den sonst fertigen Laschen. 1 Tonne 160 M.

in kaltem Zustande mit einem schlanken Dorne, die Löcher müssen dabei um $^1/_{10}$ ihres Durchmessers sich aufweiten, ohne daß die Mutter Risse bekommt, ebenso dürfen diese nicht entstehen, wenn man die Mutter senkrecht zur Längenachse zusammenstaucht.

Bolzen und Mutter müssen in Form und Abmessungen genau der Zeichnung entsprechen, der Bolzen muß aus einem Stücke geschmiedet oder gepreßt, der Kopf, viereckig oder rund, darf also nicht angeschweißt sein. Alle Gräte sind zu entfernen; die Unterfläche des Kopfes (Anlagefläche) muß völlig eben und rechtwinkelig zum Bolzen sein, damit der Kopf sich fest

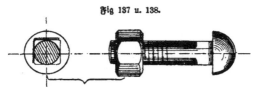

Fig 137 u. 138.

Laschenbolzen mit Mutter.

Laschenschraube mit Mutter, zur Verbindung der Schienen mit den Laschen (Fig. 133—135), meistens 4, seltener 6 und 3 Stück für ein Laschenpaar. Das Material muß ein vollkommen gleichmäßiges, fehlerfreies Schmiedeeisen bester Güte, sehnig und zähe, insbesondere darf es nicht warm- oder kaltbrüchig sein. Zerreißfestigkeit mindestens 35 kg für 1 qmm, Dehnung mindestens 12%.

Für die Muttern wird auch feinkörniges Eisen vorgeschrieben. Das Material muß bei Biegungsproben in kaltem Zustande zu einer Schleife von einem lichten Durchmesser gleich der doppelten Stärke des Eisens und im warmen Zustande sich vollständig zusammenbiegen lassen, ohne Einbrüche zu bekommen. Gebrochen muß das Material sehniges Gefüge zeigen und rein ohne Schlacken, unganze Stellen und sonstige Fehler sein. Die Muttern probt man durch Auftreiben

und dicht gegen die Lasche legt. Die Gewinde müssen scharf und voll ausgeschnitten und ohne Schnittgräte und ausgebrochene Stellen sein. Der Schaft ist vorn abzurunden.

Die Lochung der Mutter muß genau in der Mitte, das Gewinde rein ausgeschnitten sein und die Muttern müssen durcheinander zu sämmtlichen Schraubenbolzen passen und zwar so, daß sie nicht schlottern und sich nach eben von Hand anbrehen lassen.

Im Aeußeren sollen die sechseckigen Muttern sauber bearbeitet, alle von derselben Größe, die Endflächen senkrecht zur Achse und das Sechskant gleichmäßig sein, so daß dieses nach allen Seiten in den Schraubenschlüssel paßt.

Wenn die Bolzen Nasen, ovale Ansätze oder dergl. gegen das selbstthätige Drehen haben, so sind diese genau nach Zeichnung herzustellen, üblicher ist es, dem Bolzen unter dem Kopfe, soweit er in der Lasche steckt, eine viereckige Form zu geben (Fig. 135, 137 u. 138), in welchem Falle die Lasche dazu paſſende Löcher hat.

Außer wie oben angegeben, kann ein Laschenbolzen noch dadurch geprüft werden, daß man ihn an einer Schienenſtoß-Verbindung anbringt, die Mutter mit einem langen (1 m) Schlüſſel feſt anzieht und gleichzeitig gegen den Schraubenkopf Schläge ausführt; dabei darf weder der Kopf abſpringen, noch der Bolzen brechen, noch eine andere Beſchädigung eintreten.

Von der Lieferung werden $1/2$—2% den Prüfungen unterworfen, genügen dieſelben den Lieferungsbedingungen nicht, ſo werden die Prüfungen fortgeſetzt, wenn 10% den Vorſchriften nicht entſprechen, ſo werden alle zur Prüfung vorgelegten Schraubenbolzen verworfen.

Der Kopf des Bolzens muß die Firma des Lieferanten, aufgepreßt oder eingeſchlagen, tragen. Vor der Ablieferung ſind Bolzen und Muttern zu reinigen und mit gutem Maſchinenöl ſo einzufetten, daß ſie auch bei längerem Lagern nicht roſten.

Die Anlieferung erfolgt meiſtens in Fäſſern, welche mit Plomben geſchloſſen werden, welche den Stempel der Bahnverwaltung erhalten.

Probe 5—6 Stück. Bolzenſtärke 20 bis 55 mm. Gewicht 0,4—0,8 kg das Stück. 160—185 M. die Tonne.

Laſting, iſt ein dichter Wollatlas aus hartem Kammgarne, meiſtens ſchwarz. Dient in feinerer oder gröberer Waare zu den Halsbinden der Beamten. S. Tuche u. Gewebe.

Leder, wird vorzugsweiſe aus den Häuten von größeren Säugethieren (Ochſen, Kühen, Rindern, Kälbern, Pferden, Eſeln, Schafen, Ziegen, Lämmern, Hirſchen, Rehen, Gemſen u. ſ. w.) hergeſtellt.

Diejenige Seite einer abgezognen Thierhaut, an welcher die Haare ſich befinden, nennt man die Haarſeite (Narbenſeite). Von den Haaren abgeſehen, beſteht die Haut aus drei Hauptſchichten: **Oberhaut,** (mittlere) **Lederhaut** und (untere) **Fetthaut.** An der letzteren haften bei der unveränderten Haut noch Fleiſchtheile, woher dieſe Seite auch **Fleiſchſeite** oder **Aasſeite** benannt wird.

Vor der weiteren Zubereitung werden von der Thierhaut die Haare, Oberhaut und Fetthaut entfernt, ſo daß nur die Lederhaut übrig bleibt, und dieſe wird auf verſchiedene Weiſe unter Anwendung gewiſſer Stoffe (Gerbematerialien) durch das Gerben zu Leder gemacht.

Leder unterſcheidet ſich dadurch von der enthaarten Haut, daß es der Fäulniß widerſteht und beim Kochen in Waſſer entweder nicht oder nur nach langer Zeit in Leim übergeht; ferner dadurch, daß die unveränderte Haut nach dem Trocknen ſteif und hornig wird, auch unter äußeren Einflüſſen leidet, während Leder bei großer Widerſtandsfähigkeit unburchſichtig, faſerig und geſchmeidig iſt.

In der Roth- oder Lohgerberei benutzt man zum Gerben der Häute gerbſtoffhaltige Körper, wie die Rinde von Eichen, Fichten, Weiden u. a., oder Galläpfel, Katechu u. a. Das Erzeugniß wird **rothgares** oder **lohgares** Leder genannt.

In der Alaun- oder Weißgerberei dienen zum Gerben hauptſächlich Thonerdeſalze, das damit hergeſtellte Leder heißt **alaungares** oder **weißgares.**

In der Sämiſch- oder Oelgerberei wird als Gerbſtoff Fett oder Thran verwendet, ſie liefert das **ſämiſchgare** oder **ölgare** Leder (Sämiſchleder).

Lohgerberei.

Dieſe verarbeitet faſt alle zu Leder überhaupt geeigneten Häute. Letztere werden friſch oder getrocknet, zuweilen auch geräuchert oder geſalzen, in fließendem Waſſer aufgeweicht, um ſie biegſam und ſtreckbar zu machen, außerdem bezweckt dieſes Einweichen der Häute (Wäſſern) die Entrnung von Blut, Fleischtheilen und chmutz. Dem Wässern folgt das Reinigen it dem Schabemesser auf dem Schabeaume, wobei gleichzeitig das Wasser ausepreßt und die Haut gereckt wird. Die ntfernung der Haare und der Oberhaut aß Abhaaren) ist nicht ohne Weiteres usführbar, weil die Haare mit ihren Wurzeln ft in den Haarbälgen sitzen, welche an er Oberhaut festhaften und in die Lederaut hineinragen; die Oberhaut muß gelockert werden, damit sie mit den Haarälgen von der Lederhaut losläßt. Dieses irb bei dicken Häuten durch das Schwitzen Gähren) der Häute in geschlossenen und euchi gehaltenen Räumen bewirkt, bei Leichieren Häuten durch Behandlung in Kalkuilch (Kalken) und bei ganz dünnen Häuen durch Anwendung von Rusma (eine albenartige Verbindung von 1 Thl. Schwefelarsen und 2—3 Thl. gelöschtem Kalk), Gaskalk (ist Kalk, welcher zur Reinigung des Steinkohlenleuchtgases gedient hat), Schwefelnatrium u. a.

Das Enthaaren selbst (Abpälen) geschieht auf dem Schabebaum, indem der Arbeiter mit dem Schabemesser den Haaren entgegen arbeitet und diese von der Narbe abstößt. Die so bearbeitete Haut nennt man die Blöße.

Durch das Ausreißen der Haarbälge entstehen in der Lederhaut Vertiefungen (Narben) und nennt man hiernach die Haarseite der Häute auch Narbenseite.

Durch das Schwellen oder Treiben in der Schwellbeize (u. a. Gerstenschrot oder Weizenkleie mit Sauerteig und Wasser) und nachfolgendes Waschen werden die Blößen von dem etwa noch anhaftenden Kalke befreit, außerdem aber gelockert, auf die doppelte Dicke aufgeschwellt und dadurch zur Aufnahme des Gerbstoffes geeignet gemacht.

Das Gerben der geschwellten Blößen findet in Loh= oder Versatzgruben statt, das sind wasserdichte, in den Erdboben versenkte Kästen, in welchen die Häute abwechselnd mit Lagen von Lohe (zerkleinerte Eichenrinde) aufgeschichtet werden, worauf Wasser zugegeben und die Grube geschlossen wird. Diese Behandlung mit Lohe wird nach einigen Wochen und später jedesmal nach Verlauf von einigen Monaten mehrere Mal (4—5) wiederholt, so daß das Gerben in Gruben bis 2 Jahre in Anspruch nehmen kann. Die vollständige Gare ist erreicht, wenn die Schnittfläche des Leders keine hornigen oder fleischigen Streifen mehr zeigt und wenn beim langsamen Biegen die Narbe nicht platzt oder bricht; das Leder darf nicht narbenbrüchig sein. Das Gerben in der Lohbrühe erfordert weniger Zeit, es findet meistens nur bei bünneren Häuten Anwendung. Die Lohbrühe wird durch Auslaugen des Gerbstoffes mit kaltem Wasser hergestellt. Das Gerben beginnt mit schwacher Brühe und wird mit stärkerer fortgesetzt. Durch Auspressen und Walken der Häute befördert man das Eindringen neuer Brühe. Dieses Gerbverfahren dauert je nach der Dicke der Häute nur 7—13 Wochen.

In der Schnellgerberei werden zur Beschleunigung des Gerbens verschiedene Verfahren in Anwendung gebracht, u. a. hält man die Häute und die Brühe in Bewegung, um das Eindringen des Gerbstoffes zu beschleunigen, was auch noch dadurch erreicht wird, daß man die eingetauchten Häute wiederholt zwischen Walzen preßt. Ferner bringt man die Häute in geschlossene Gefäße, macht diese luftleer, läßt die Brühe zutreten und setzt die Häute in Bewegung, was bei einer stärkeren Brühe wiederholt wird. Nach einem anderen Verfahren bringt man Häute und Brühe in einen Kessel, preßt die Luft in demselben und setzt alsbann den Kessel in eine brehende Bewegung. Endlich ist bei der Schnellgerberei auch noch Wasserdruck zur Anwendung gekommen.

Nach dem Gerben wird das lohgare Leder dem Zurichten unterworfen, und zwar das dicke Leder dem Hämmern, um demselben eine größere Dichte zu geben; feinere Leder: dem Falzen mit dem Falz- oder Dollirmesser zur Entfernung der rauhen Fasern, der Knoten und Schorfen auf der Fleischseite. Das Leder bekommt dadurch eine gleichmäßige Stärke und Ge- schmeidigkeit; dem Schlichten mit dem Schlichtmonde, wenn stärkere Schichten fortgenommen werden müssen; dem Kris- peln mit dem gekerbten Krispelholze, um die natürliche Narbe des Leders zu heben und Weichheit und Milde hervorzu- bringen. Die weitere Bearbeitung des Leders, nämlich das Ponciren oder Bimsen (Abschleifen mit Bimstein), das Pantoffeln (Reiben mit dem Pantoffelholze), das Plattstoßen mit der Plattstoßkugel, das Reiben mit der Blankstoßkugel oder dem Blankstoßchlinder, bezweckt die Herstellung einer blanken und glatten Ober- fläche. Durch das Pressen unter Walzen mit stumpfen Erhöhungen wird eine künst- liche Narbe erzeugt. Durch das Ausseßen wird das Leder gleichmäßig ausgedehnt und schafft man dadurch Falten und Uneben- heiten fort. Wenn das Leder eine gewisse Geschmeidigkeit haben soll, wird es mit Gerberfett eingefettet.

Alaun- oder Weißgerberei.

Bei dieser unterscheidet man drei ver- schiedene Verfahren, nämlich die gemeine, die ungarische und die französische (Erlanger) Weißgerberei.

Die gemeine Weißgerberei verarbeitet hauptsächlich Schaf- und Ziegenfelle, welche vor dem Gerben wie bei der Lohgerberei verarbeitet, dann mit Kalkmilch behandelt, gut ausgewaschen und gewalkt und darauf in Kleienbeize geschwellt werden. Nach noch- maligem Auswaschen zieht man die Blößen einige Mal durch die aus Wasser, Alaun und Kochsalz bestehende Gerberbrühe und schichtet sie einige Tage lang aufeinander, wodurch sie die Gare bekommen. Das durch Trocknen eingeschrumpfte und steif gewordene Leder wird durch Dehnen, Recken, Stollen 2c.

geschmeidig gemacht. Dieses Leder findet als leichte Waare (Futterleder 2c.) unter dem Namen Weißleder vielfach Verwen- dung.

Die ungarische Weißgerberei verarbeitet dicke Häute von Rindvieh, Pferden u. a. Die rohen Häute werden nur eingeweicht (nicht gekalkt) und dann mittelst eines scharfen Messers enthaart, worauf sie sofort in die Alaunbrühe kommen. Nach dem Trocknen wird das Leder gereckt, angewärmt und auf beiden Seiten mit geschmolzenem Talg eingerieben. Nach nochmaligem An- wärmen, damit das Fett die Häute besser durchdringt, werden diese getrocknet. Kein anderes Leder läßt sich so rasch und billig herstellen. Es ist stark und zähe, wird zu gewöhnlichen Riemen, Pferdegeschirren u. a. verwendet.

Die französische Weißgerberei bearbeitet die Felle junger Ziegen zu Glacehandschuhen und die junger Kälber (Kalbkid) zu feinen Schuhwerken. Die Felle werden in der ge- wöhnlichen Weise zubereitet, das Gerben jedoch erfolgt in einem aus Weizenmehl, Eidotter, Alaun, Kochsalz und Wasser be- stehendem Gerberbrei. Das Färben des Leders erfolgt durch Eintauchen oder An- strich.

Sämisch- oder Oelgerberei.

Diese bereitet die Felle von Hirschen, Rehen, Schafen, Ziegen, Kälbern, Ochsen u. a. Die Behandlung vor dem Gerben ist wie bei der Weißgerberei, es wird jedoch bei dickeren Häuten mit den Haaren auch die Narbenseite abgestoßen, so daß bei Oelleder zwischen Narben- und Fleischseite kein Unter- schied besteht. Durch Fortfall der Narbe erhält das Sämischleder eine große Weich- heit und wollige Beschaffenheit. Das Gerben erfolgt durch wiederholtes Einreiben mit Thran oder Oel und Walken der zu Knäueln zusammengewickelten Blößen. Dabei ver- dunstet das in dem Felle befindliche Wasser, an dessen Stelle Fett tritt. Die Felle wer- den alsdann in der Wärmekammer in Haufen

er Art Gährung unterworfen, worauf
nicht mit der Haut in Verbindung ge=
tene Oel in einer warmen Pottaschelösung
fernt wird. Aus der ablaufenden Brühe
eidet sich eine Fettmasse ab, Gerber=
tt oder Dégras genannt, welche als
erschmiere benutzt wird.

Die schweren Oelleder finden zu Riemen
a., die leichteren zu Handschuhen und
s Putzleder Verwendung. Oelgares Leder
ßt sich waschen, ohne die Gerbung zu ver=
ren und heißt hiervon auch Waschleder.

Prüfung und Abnahme.

Die Häute sind nicht an allen Stellen
n gleichmäßiger Beschaffenheit, insbeson=
re ist die Dicke und Festigkeit in der
Mitte des Rückens größer als nach dem
Bauche hin; die Hals=, Bein= und Schwanz=
theile sind als zu dünn für viele Zwecke
icht verwendbar. Aus den dickeren Rücken=
theilen geschnittene Lederstücke nennt man
aus dem Kern geschnitten*. Die Festig=
eit der Haut ist bei derselben Art von
Thieren von dessen Lebensweise abhängig,
. a. ist Leder von wildem Rindvieh (Büffel)
m Allgemeinen fester als das von zahmem,
und bei diesem ist die Haut von Weidevieh
wieder fester als die von Stallvieh. Wo
es hauptsächlich auf Festigkeit ankommt
(Treibriemen, Pumpenklappen, Sohlleder
u. a.) wird das Leder aus frischen Häuten
dem aus gesalzenen und getrockneten (ge=
räucherten) vorgezogen, weil die Haut durch
das Einsalzen oder Trocknen an Festigkeit
verliert. Langsam gegerbtes lohgares Leder
ist von besserer Güte als das der Schnell=
gerberei. Leder ist in manchen Beziehungen
ein Vertrauensartikel. Demselben kann ledig=
lich zum Zwecke der Gewichtsvermehrung
ein Ueberfluß an Fett und starken Gerb=
stoffen einverleibt werden, wie denn auch
der Wassergehalt zu groß sein kann. Als
fremdartige Stoffe werden in dem Leder
Rückstände aus der Gerberei, wie Soda,
Kalk, Schwefelnatrium, Schwefelcalcium,

Alaun, Kochsalz u. a. vorgefunden. Einige
Ledersorten können auch noch durch Trauben=
zucker, Bleioxyd, Kitte v. a. beschwert wer=
den. Ein großes Gewicht des Leders spricht
also nicht ohne Weiteres für seine Güte.
Lufttrocknes Leder hat durchschnittlich fol=
gende Bestandtheile:

Wasser	15—20 %
Fett (Oel)	10—15 „
Asche	5 „
Leder	70—65 „

Der Wassergehalt wird durch gänzliches
Austrocknen einer lufttrockenen Lederprobe
bei 100°, der Gehalt an Fett durch Behand=
lung mit Schwefelkohlenstoff, der Aschen=
gehalt durch Veraschung bestimmt. Die
Untersuchung auf diese, wie auf fremde Be=
standtheile ist dem Chemiker zu überlassen.
Im Uebrigen ist bei Prüfung und Abnahme
von Leder noch Folgendes zu beachten:

Das Leder soll eine möglichst gleich=
mäßige Stärke und die Schnittfläche nach
Verlauf einiger Zeit ein gleichmäßiges Aus=
sehen haben. Ist letzteres nicht der Fall,
insbesondere wenn sich fleischige oder hornige
Streifen zeigen, so ist das Leder nicht voll=
ständig durchgegerbt. Dasselbe muß völlig
lufttrocken, dicht und fest, frei von Etter=
lingen, Narben und Schnitten und darf
nicht narbenbrüchig sein. Etterlinge sind
kleine, hauptsächlich am hinteren (Schwanz)
Ende der Häute befindliche Löcher, welche
durch Insekten, welche ihre Eier in die Haut
der lebenden Thiere ablagern, erzeugt wer=
den. Die Maden durchlöchern die Haut des
Thieres und die Löcher wachsen nicht wieder
zu. Narben im Leder rühren von Verwun=
dungen des Thieres, Schnitte von unvor=
sichtiger Behandlung der Haut her.

Man bezieht Leder zweckmäßig in ganzen
oder halben Häuten ohne Kopf und Bauch
(nur Kern) und nach Probe (ganze oder
halbe Haut). Es empfiehlt sich, das ge=
ringste Gewicht der Häute angeben zu lassen.
Bei Prüfung von Leder auf Festigkeit zer=
reißt man eine größere Anzahl Streifen von

gleicher Breite aus derselben Probe, um die durchschnittliche Festigkeit zu ermitteln. Diese und die Dicke des Leders sind nicht allein für seine Güte maßgebend, indem z. B. halbgares Leder eine größere Zerreißfestigkeit als gares hat, jedoch ist es weniger dauerhaft und widerstandsfähig gegen Einflüsse der Witterung, dagegen wiederum geschmeidiger und zäher.

Lagerung des Leders. Leder und Lederwaaren müssen in trockenen, kühlen Räumen, z. B. in luftigen Kellern, gelagert werden. Abwechselnde Feuchtigkeit und Trockenheit sind denselben schädlich, Feuchtigkeit schadet insbesondere den gefärbten Ledern. Gefettetes Leder wird leicht schimmlich und muß von Zeit zu Zeit ordentlich abgerieben und neu gefettet werden.

Bei den Eisenbahnen, insbesondere in den Wagenwerkstätten, kommen hauptsächlich folgende Ledersorten zur Verwendung:

Blankleder (Rindsblankleder, Geschirr-, Zaum-, Riemenleder), Fahlleder (Schmalleder), Juchten- oder Juftenleder, Kalbleder, Maschinen-Riemenleder, Nährriemenleder, Riemenleder, Rindleder, Rindverdeckleder, Roßleder, Schafleder, Sohlleder (Pfundleder), Vacheleder, Waschleder (Putzleder), Ziegenleder. S. da.

Lederschmiere, dient zum Einfetten von Leder, welches geschmeidig bleiben soll. Reiner Thran, oder ein Gemisch von Thran und Talg genügt in vielen Fällen. Besser ist das Gerberfett oder Dégras, welches bei der Sämischgerberei abfällt. S. 175. Dasselbe wird auch besonders hergestellt und besteht dann bei guter Beschaffenheit aus:

64,58 Thl. Fettsubstanz,
18,75 „ Kali und fremde Salze,
16,67 „ Wasser,
100 Thl.
1 M. das kg.

Ledertuch. Der Grundstoff desselben ist ein Leinen- oder Baumwollenstoff, welcher wiederholt mit zäh eingekochtem Oel-Firniß gestrichen ist. Nach Fertigstellung giebt man dem Stoffe durch Pressen unter Druckplatten oder Walzen, welchen entsprechende Vertiefungen eingravirt sind, ein der Narbenseite des Leders ähnliches Ansehen, woher der Name rührt.

Der Ueberzug muß vollkommen gleichmäßig aufgetragen und trocken sein. Beim Zusammenpressen zweier Stücke mit der überzogenen Seite dürfen dieselben nicht aneinanderkleben, der Ueberzug darf dabei nicht leiden oder sich verändern. Das Ledertuch muß einen gleichmäßigen Glanz und eine solche Geschmeidigkeit haben, daß es eine doppelte Knickung verträgt, ohne Risse oder bleibende Merkmale zu zeigen. Diese Probe halten jedoch auch gute Ledertuche nur aus, nachdem sie mehrere Stunden lang der gewöhnlichen Zimmerwärme ausgesetzt gewesen sind; bei geringerer Wärme werden die Ueberzüge solcher Stoffe spröde und brüchig. Durch Zerreißproben untersucht man die Festigkeit.

Ein Ledertuch, das bei der Abnahme als gut und bedingungsgemäß erscheint, kann mit der Zeit seinen Glanz verlieren, beschlagen und blind werden, eine Folge von schlechten zu dem Ueberzuge verwendeten Materialien. Ledertuch ist ein Vertrauensartikel; in enger Verbindung zu beschaffen. Bei 130 cm Breite 1,90 M. das m. Wird zum Ueberziehen von gepolsterten Möbeln, Coupésitzen u. dergl. verwendet.

Legirungen. Es gibt Metalle, welche bei sonst vorzüglichen Eigenschaften doch irgend einer Anforderung nicht genügen, z. B. Kupfer eignet sich nicht zu Gußwaaren, weil es beim Erstarren blasig (löcherig) wird, also einen undichten Guß gibt; im Uebrigen ist Gußkupfer zähe und widerstandsfähig. Das Zink dagegen gibt feine und dichte, jedoch sehr spröde und zerbrechliche Güsse. Wenn man nun Kupfer und Zink zu gepiſſen Theilen innig zuſammenſchmelzt, ſo entſteht ein neuer metalliſcher Körper (das Meſſing), welcher ſich in ſeinen Eigenſchaften von denen ſeiner Beſtandtheile weſentlich unterſcheidet, u. a. gibt die Miſchung einen guten, dichten Guß, im Gegenſatze zu reinem Kupfer, und der Guß iſt feſt, widerſteht Stößen 2c., welche Eigenſchaften dem reinen Zink=Guß fehlen.

Eine Miſchung (Verbindung, Vereinigung) von zwei oder mehreren Metallen zu einem neuen Körper, in welchem das einzelne Metall nicht mehr ſelbſtſtändig zu unterſcheiden iſt und aus welchem ein einzelnes Metall auf rein mechaniſchem Wege nicht wieder ausgeſchieden werden kann, nennt man eine Legirung.

Durch Verbindung eines Metalles mit einem oder mehreren anderen kann man demſelben unter Berückſichtigung des Verbrauchszweckes wünſchenswerthe Eigenſchaften geben, welche dem Metalle in reinem Zuſtande fehlen, und ebenſo können ſchädliche Eigenſchaften fortgeſchafft oder doch herabgemindert werden. Die Eigenſchaften einer Legirung ſind nicht nur allein von den Beſtandtheilen dieſer und deren Gewichtsverhältniſſen abhängig, ſondern es kommt auch die Herſtellungsweiſe in Betracht, z. B. in welcher Reihenfolge die Miſchung erfolgte, wie lange man die Beſtandtheile in flüſſigem Zuſtande erhielt, ob die Abkühlung raſch oder langſam erfolgte u. ſ. w., ſo daß die Kenntniß der Zuſammenſetzung einer Legirung allein nicht immer genügt, um dieſe auch herſtellen zu können.

Ueber die Eigenſchaften der Legirungen im Allgemeinen iſt zu bemerken:

1. Das ſpez. Gewicht der Legirung (die Dichtigkeit) ſtimmt nicht genau mit demjenigen überein, welches ſich durch Berechnung aus den ſpez. Gewichten der Einzelmetalle und dem Miſchungsverhältniſſe ergibt; es iſt entweder größer oder kleiner; im erſteren Falle hat eine Verdichtung, im zweiten eine Ausdehnung ſtattgefunden. Das ſpez. Gewicht der Legirung iſt jedoch immer geringer als das des ſchwerſten Metalles in derſelben.

2. Die Feſtigkeit der Legirung entſpricht nicht immer dem Mittel aus den Feſtigkeiten der Einzelmetalle, ſondern iſt bald größer, bald kleiner, jedoch größer als die des feſteſten Metalles in der Legirung.

3. Die Härte der Legirung iſt in den allermeiſten Fällen größer als die durchſchnittliche Härte der Einzelmetalle; verhältnißmäßig weiche Metalle können eine bedeutend härtere Legirung geben.

4. Die Politurfähigkeit der Legirung iſt bei gleichmäßiger Dichtigkeit in der Regel ziemlich bedeutend.

5. Die Dehnbarkeit der Legirung (Streckbarkeit) iſt regelmäßig geringer als die des dehnbarſten Metalles in derſelben.

6. Der Schmelzpunkt der Legirung liegt in der Regel niedriger als das Mittel aus den Schmelzwärmen der Einzelmetalle, in einzelnen Fällen ſchmilzt die Legirung bei einer geringeren Wärme als das leichteſt ſchmelzbare Metall in derſelben.

7. Die Gußfähigkeit der Legirung, b. i. die Eigenſchaften, die Gußform gut auszufüllen, feine und dichte Güſſe zu liefern, iſt gewöhnlich beſſer als bei den Einzelmetallen.

8. Die Leitungsfähigkeit der Metalle für Wärme und Electricität wird durch Legirung abgeſchwächt.

9. Die Farbe der Legirung iſt ſehr wechſelnd und hängt von der Färbekraft der Einzelmetalle und dem Miſchungsverhältniſſe dieſer ab. Zinn, Nickel und Aluminium ſind in Legirungen ſtark färbend, minder färbend wirken Mangan, Eiſen, Kupfer und ſchwach Blei und Zink.

Die Eigenſchaften der Legirungen ſind außer von ihren einzelnen Metallen noch

in hohem Maße von den Mischungsverhältnissen abhängig und die Herstellung erfordert in vielen Fällen große Umsicht, Sorgfalt, Uebung, Erfahrung und manche Kunstgriffe um eine gleichmäßige Mischung der
Einzelmetalle und die gewünschten Eigenschaften der Legirung zu erzielen. Die
Hauptsache ist, daß die zu mischenden Metalle möglichst rein sind; ein kleiner zu-
fälliger Zusatz eines fremden Metalles kann
unter Umständen die Eigenschaften einer
Legirung sehr beeinflussen, so daß ein Material entsteht, welches dem beabsichtigten
Zwecke nicht entspricht.

Die Gleichmäßigkeit der Legirung wird
befördert durch längeres Flüssighalten,
starkes Rühren und erforderlichen Falls
durch wiederholtes Umschmelzen der Legirung, es ist jedoch zu bemerken, daß dadurch das Mischungsverhältniß sich ändern
kann, wenn nämlich Theile von Metallen
sich verflüchtigen oder verbrennen. Metalle
mit nicht zu weit auseinanderliegenden
Schmelzwärmen können durcheinander gemengt gleichzeitig eingeschmolzen und so
legirt werden.

Soll ein schwer schmelzbares Metall einen
kleinen Zusatz eines leicht schmelzbaren bekommen, so wird das erstere zunächst allein
geschmolzen und dann das leicht schmelzbare
Metall, nachdem dieses vorher angewärmt ist, zugesetzt. Wird letzteres unterlassen, so kann beim Einwerfen der kalten
Metallstücke in die geschmolzene
Masse eine Explosion eintreten.

Wenn das leichtflüssige Metall (z. B.
Zink) bei der Schmelzwärme des schwerflüssigen (z. B. Kupfer) sich verflüchtigt,
so kann es zweckmäßig werden, doch gleichzeitig beide Metalle in demselben Tiegel zu
schmelzen, um die Verflüchtigung des betreffenden Metalles zu erschweren.

Wenn ein leichtflüssiges Metall einen
kleinen Zusatz eines schwerflüssigen erhalten

soll, (z. B. viel Zinn und wenig Kupfer)
so schmelzt man zunächst das schwerflüssige
Metall mit einem Theil des leichtflüssigen
und die so erhaltene Legirung wird mit
dem anderen Theile des leichtflüssigen Metalles in einer zweiten Schmelzung vereinigt.

Sollen drei Metalle von hohem (Nickel)
mittlerem (Kupfer) und niederem Schmelz-
punkte (Zink) legirt werden, so schmelzt
man zunächst die Hälfte des Kupfers mit
dem Nickel und die andere Hälfte mit dem
Zink zusammen; es entstehen dadurch zwei
Legirungen, deren Schmelzwärmen näher
beieinander liegen; in einer zweiten Schmelzung werden nun diese vereinigt.

Wenn eine höhere Hitze, als zum Schmelzen erforderlich ist, angewandt wird, so
tritt eine Ueberhitzung ein, welche die Verflüchtigung oder das Verbrennen von Metallen herbeiführt, auch kann in Folge dessen
beim Erstarren das Ausscheiden einzelner
Metalle eintreten. In beiden Fällen ändert
sich das Mischungsverhältniß, wie denn
auch die Ueberhitzung an sich die Eigenschaften einer Legirung schädlich beeinflussen,
andererseits aber unter Umständen auch eine
gleichmäßigen Vermischung der Metalle
förderlich sein kann.

Bei dem Schmelzen muß die Luft möglichst abgehalten werden, um die Verbrennung der Metalle zu vermeiden, welche einen
Verlust an Metall und ein anderes Mischungsverhältniß herbeiführt. Wenn dieselbe bei
dem einen oder anderen Metalle nicht zu
vermeiden ist, so muß von dem betreffenden
Metalle (Zink, Blei u. a.) von vornherein
etwas mehr zugesetzt werden.

Die gebräuchlichsten Metalle für Legirungen zu den verschiedensten Zwecken sind:
Kupfer, Zink, Zinn, Blei, Antimon, Nickel
und Wismut und Phosphor. Je nach dem
Hauptbestandtheile oder nach dem Verwendungszwecke führen die Legirungen verschiedene Namen, die wichtigsten sind:

Legirungen.

Namen.	Bestandtheile.	Bemerkungen.
Messing (Rothguß oder Gelbguß) .	Kupfer und Zink.	Enthält häufig Blei, auch Zinn.
Tombac	Kupfer und Zink.	Enthält mehr Kupfer als Messing.
Bronce. . . . . {	Kupfer und Zinn.	Enthält häufig Zink, Blei, Antimon oder Nickel, auch mehrere zugleich.
	Kupfer, Zinn und Phosphor.	Phosphorbronce.
Neusilber	Kupfer, Zinn und Nickel.	
Weißmetall . . . . {	Zinn, Antimon und Kupfer.	Enthält auch Zink oder Blei oder beide.
(Composition, auch Antifrictionsmetall)	Blei, Zinn und Antimon.	
	Kupfer, Zinn, Zink und Blei.	Rothguß.
Lagermetall . . . . {	Zinn, Antimon und Kupfer.	Weißmetall.
	Kupfer und Zinn.	Bronce.
	Blei und Antimon.	Antimonblei.
	Zinn und Blei.	Löthzinn, Schnellloth.
Lothe . . . . {	Zinn, Blei und Wismut.	Wismutloth.
	Zink und Kupfer.	} Schlaglothe.
	Zinn, Zink und Messing.	
Glockenmetall	Kupfer und Zinn.	Ist Bronce, enthält oft noch andere Metalle.

Das Nähere siehe bei den einzelnen Legirungen.

Lehmguß, s. Eisenguß S. 62.

Leim (Thierleim), wird durch anhaltendes Kochen in offenen oder durch Behandlung mit Hochdruckdampf in geschlossenen Gefäßen von vorher in Kalkmilch geweichten und in fließendem Wasser gereinigten thierischen Abfällen der Gerbereien (Häuteabfälle), von Fellen verschiedener Thiere, Ochsenfüßen, Flechsen, Gedärmen u. a. hergestellt. Die erhaltene Leimlösung wird durch Stroh gegossen, worauf man sie in Gefäßen sich absetzen läßt, oft unter Zusatz von etwa 1% Alaun, welcher noch vorhandenen Kalk und organische Stoffe abscheidet. Der reine Leim wird in Formen, die innen mit Fett bestrichen sind, abgegossen, in denen er zu Blöcken von gallertartiger Beschaffenheit erstarrt. Die Blöcke werden mit Draht zu Tafeln zerschnitten und diese an der Luft oder in Trockenräumen getrocknet.

Guter Leim muß eine gleichmäßige, hellbraune oder bräunlich-gelbe Färbung haben, keine Flecken zeigen, glänzend, klar, durchscheinend, spröde und hart sein und einen glasartig glänzenden und kurzen Bruch haben. Ein splitteriger Bruch rührt von nicht vollständig zu Leim gewordenen Sehnen her. Der Leim muß an der Luft trocken bleiben, in Wasser darf er nach Verlauf von 48 Stunden nur aufgeschwollen, aber nicht zerflossen sein.

Der sog. Kölner Leim wird aus denselben Rohmaterialien gemacht, nur werden dieselben nach dem Kalken in ein Chlorkalkbad gebracht und dadurch gebleicht. Dieser Leim ist deshalb von hellerer Farbe, er hat eine sehr gute Klebekraft.

Dem Leim werden nicht selten, angeblich um die Bindekraft und Zähigkeit zu erhöhen, Bleiweiß, Zinkweiß, Kreide, Barytweiß u. a. zugesetzt, über deren Nutzen im Leim die Ansichten getheilt sind. Wenn ein solcher Zusatz, welcher den Leim undurchsichtig macht, 8% des Gewichtes überschreitet, so ist der Leim von der Lieferung auszuschließen.

Die Prüfung des Leimes auf chemischem Wege führt zu keinem Ergebniß, weil sie die Bindekraft, auf welche es ankommt, nicht ermittelt. Diese wird dadurch untersucht, daß man von den verschiedenen Leimproben gleiche Gewichtstheile in gleichen Mengen heißen Wassers auflöst und damit je zwei gleich große und gleich bearbeitete Stücke von Rothbuchenholz aneinanderleimt und drei Stunden trocknen läßt. Man sucht dann mittelst Stemmeisen und Hammer die Hölzer in der Leimfuge zu trennen; wenn dieses möglich ist, ohne daß Holztheile sich mit ablösen und an dem Leime haften bleiben, so ist der verwendete Leim unbrauchbar. Je mehr Holztheile mit abgetrennt werden, um so besser ist der Leim, bei solchem bester Güte erfolgt die Trennung überhaupt nicht in der Leimfuge, sondern im Holze selbst.

Fig. 189.

Leimprobe.

Ein anderes Prüfungsverfahren ist folgendes. Man löst 5 Thl. Leim in 45 Thl. heißem Wasser und läßt die Lösung bei 18⁰ zwölf Stunden lang stehen. In dieser Zeit muß die Lösung zu Gallerte geworden sein, andernfalls hat der Leim keine Bindekraft. Je dickflüssiger die Leimlösung ist, um so größer ist ihre Bindekraft. Die Dickflüssigkeit wird wie folgt untersucht, Fig. 139. Die Leimlösungen befinden sich in offenen

Gläsern von gleicher Weite; auf den Rand wird ein mit einem Bügel versehenes Bänkchen b gelegt, welches dem Drahte d zur Führung dient. An den Draht ist unten ein napfförmiges Blech mit der gewölbten Fläche nach unten gelöthet. Draht und Blech wiegen zusammen 5 Gramm und eben so viel der oben aufzusetzende Trichter t, welcher bis 50 Gramm Schrotkörner aufnehmen kann. Je mehr von diesen nöthig sind, um die Blechnäpfchen bis zur gleichen Tiefe in die Leimlösung einsinken zu machen, um so dickflüssiger ist diese und um so größere Bindekraft hat der Leim.

Die Verwendung des Leimes ist bekannt, er wird auch zur Bereitung von Kitten benutzt.

Flüssigen Leim erhält man, indem Kölner Leim im Wasserbade mit einer gleichen Gewichtsmenge starken Essigs und einem Viertheil Alkohol unter Zusatz einer kleinen Menge Alaun aufgelöst wird. Der Essig hält diesen Leim auch in kaltem Zustande flüssig.

Die Leimtafeln werden in Tonnen, Fässern oder Körben geliefert, in einem kühlen, trockenen Raume zu lagern.

Der Leim darf nicht bei einer Wärme, welche über der Kochhitze des Wassers liegt, geschmolzen werden, weil er dadurch an Klebekraft verliert, man nimmt deshalb das Erwärmen nicht über freiem Feuer vor, sondern setzt das Leimgefäß in ein zweites, das mit kochend gehaltenem Wasser gefüllt ist. Man nennt dieses: „im Wasserbade erhitzen".

Guter Leim 1,15—1,20 M. das kg.

Leinwand (Leinen), ist ein glattes, geköpertes oder gemustertes Flachs- oder Hanfgewebe. Gute Leinwand muß ausschließlich aus Flachs oder ausschließlich aus Hanf bestehen, weil ein Leinen, welches beide Fasern enthält, in Folge der ungleichen Beschaffenheit dieser, nicht dauerhaft ist. Grobe Leinewand fertigt man auch aus Hede. Sie kommt ungebleicht, gebleicht

ober gefärbt in den Handel. Die Untersuchung auf Feinheit, Dichtigkeit, Festigkeit,
Echtheit der Farben, Beimischung von Baumwolle und Jute, Appretur u. a. s. Gewebe. Ungebleichtes graues Leinen dient
zu Gardinen in III. Classe-Coupés. Gröbere
Sorten dienen zu Polsterarbeiten und Futte-
rungen, mittelfeine zu Handtüchern, Bett-
wäsche u. a. Weiteres s. Gewebe, Behäuteleinen, Segeltuch, Packleinen,
Drell, Façonleinen, Federleinen,
Gurte. 75 cm breit mit eingewebter Eigenthumsbezeichnung, das m 75—85 Pfg.

Leinöl, wird gewonnen aus dem
völlig reifen Samen der Leinpflanze (deren
Stengel den Flachs liefern) durch Pressen
bei gewöhnlicher Wärme; Ausbeute 20 bis
28 %. Durch Pressen des erwärmten
Samens wird eine größere Ausbeute an
Oel erzielt, welches jedoch dem kalt gepreßten an Güte nachsteht, insbesondere
wird das warm gepreßte Leinöl leichter
ranzig und bleibt nach dem Trocknen kleberig, schlechte Eigenschaften bei der Bereitung
des Leinölfirnisses. Gutes kalt gepreßtes
Leinöl ist ganz hellgelb und klar, von geringem eigenthümlichen Geschmacke und Geruch; das warm gepreßte hat eine bräunlich-
gelbe Farbe und einen stärkeren unangenehmen Geschmack und Geruch. Da das
Alter des Leinöles seine Eigenschaften sehr
beeinflußt, so gehört eine gute Erfahrung
dazu, um kalt und warm gepreßtes Leinöl
unterscheiden zu können. Dasselbe muß ganz
frei von Schleim und fremden Bestandtheilen sein, auch bei längerem Lagern darf
Bodensatz sich nicht zeigen. Spec. Gewicht
0,93 bis 0,94. Gefrierpunkt —27°.

In dünner Schicht auf eine Glasplatte
aufgetragen, muß Leinöl, welches zu den
sog. trocknenden Oelen gehört, bei 15°
Wärme spätestens nach Verlauf von fünf
Tagen einen trockenen, klebfreien, festen,
harzartigen und möglichst farblosen Ueberzug bilden.

Leinöl wird nicht selten durch minderwerthe Oele (Rüböl, Sonnenblumen-, Baum-
wollensamenöl u. a.) oder durch Harzöle
verfälscht. Der Chemiker ist im Stande,
festzustellen, ob ein Leinöl rein ist; fremdartige Oele in demselben können nicht immer
nach Menge und Art bestimmt werden.
Leinöl wird zur Firniß- und Kittbereitung
verwendet. Es kommt in Fässern zur Anlieferung, welche zweckmäßig nicht über
350 kg schwer sind.

**Leinöl ist sehr feuergefährlich! Es
muß in abgesonderten (kühlen) Räumen gelagert werden. Mit Leinöl
getränkte Putzwolle, Heede, Lumpen u. a.
sind selbstentzündlich! Dieselben müssen
in feuersicheren, verschließbaren
Behältern aufbewahrt werden,** wenn
nicht vorgezogen wird, sie sofort zu verbrennen. Probe 0,5 Liter, welche für die
Lieferung maßgebend bleibt. Für die chemische
Untersuchung müssen Proben mittelst eines
Glasrohres aus dem unteren Theile des
Fasses genommen werden, da sich hier etwa
vorhandene Unreinigkeiten, Schleim u. s. w.
absetzen. 100 kg 49—54 M.

Leitungsdraht, s. Telegraphendraht u.
Kupferdraht.

Leuchtfarbe von Balmain, gelblichweiße Oel- und Wasserfarbe, besitzt die Eigenschaft, das Tageslicht oder irgend ein anderes
starkes Licht in sich aufzunehmen und im
Dunkeln wieder auszustrahlen. Die Leuchtkraft ist von der Stärke des zugeführten
Lichtes und der Menge der aufgetragenen
Farbe abhängig. Die Leuchtfarbe hat als
Oelfarbe Anwendung gefunden für die
Innenflächen der Decken in Eisenbahnwagen,
um diese am Tage während der Fahrt durch
Tunnels zu erleuchten, zu schwarzen In-
schriften auf der weißen Leuchtfarbe, zum Anstreichen von Telegraphenstangen, Neigungs-
zeigern, Signalstangen, Weichen u. a.; als
Wasserfarbe für Anstriche von Gegenständen,
welche der Witterung nicht ausgesetzt sind,
wie Gänge, Vorplätze, Treppenhäuser u. a.

Die Leuchtfarbe darf nur unvermischt und muß mit ganz reinen Pinseln aufgetragen, sowie vor und beim Gebrauche tüchtig geschüttelt und mit dem Pinsel aufgerührt werden.

Die Oelfarbe kostet für das Pfd. engl. 5 M., genügend für den dreimaligen Anstrich von 12 Quadratfuß. Die Wasserfarbe in Pulverform 9 M. für 1 Pfd. engl., genügend, nachdem sie aufgelöst in 1½ Liter lauwarmen Wassers, für den dreimaligen Anstrich von 70 Quadratfuß.

Bestandtheile und Bereitungsweise der Leuchtfarbe betrachtet der Erfinder als sein Geheimniß; für die Herstellung wird von anderer Seite folgende Vorschrift gegeben: Gereinigte Austernschalen werden ½ Stunde lang im Feuer geglüht, dann zerschlagen und die weißesten Stücke sehr fein pulverifirt. Dieses Pulver wird mit abwechselnden Schichten von Schwefel in einem Schmelztiegel, dessen Deckel mit Zement luftdicht geschlossen ist, eine Stunde lang im Feuer geglüht. Nach der Abkühlung siebt man die feinsten Theile ab und mischt sie mit Gelatinwasser.

Liberung mit Talk (Liberungsschnur, Seifenstein-Packung), zum Dichten von Stopfbüchsen, muß aus gut versponnenem, reinen Baumwollengarn bestehen, fest und dicht gewebt; der Talk muß fein gemahlen sein und darf keine fremden Beimengungen (z. B. Stearin) enthalten. Dicke 7—30 mm. Probe 0,5 kg von jeder Sorte. 100 kg 60—65 M.

Linde, Laubholz. Die Sommerlinde erreicht in 160 Jahren 25—30 m Höhe und 60—90 cm Stärke. Die Winterlinde ist häufiger, wird in 100—150 Jahren 20—25 m hoch und bis 1,7 m stark. Heimisch in ganz Europa.

Das Holz hat zahlreiche Markstrahlen, ist schön weiß, fein, gleichförmig dichtfaserig, weich, geschmeidig, biegsam, zähe, leichtspaltig und leicht. Spez. Gew. 0,32—0,68. Das Holz der Winterlinde ist weniger weiß, grobfaseriger, fester, zäher und schwerer. Lindenholz läßt sich gut bearbeiten (schneiden); dem Wurmfraße ausgesetzt, im Freien nicht dauerhaft. Zu feinen Modellen, die scharfe Ecken und Kanten haben müssen, zu Reißbrettern und zu Deckenplafonds in Personenwagen geeignet. Durch Beizen kann Lindenholz äußerlich dem Ebenholze sehr ähnlich gemacht werden. Das cbm 50—60 M.

Linoleum (Korkteppich), ist ein starkes Gewebe (u. a. Segeltuch), welches mit einem Gemisch, vorwiegend aus Leinölfirniß und Korkpulver bestehend, belegt ist. Letzteres wird mit dem Firnisse auf Walzen innig geknetet und dann auf das Gewebe aufgetragen. Nach einem anderen Verfahren wird das straff eingespannte Gewebe mit Firniß bestrichen, dann feines Korkmehl aufgesiebt und getrocknet, was so oft wiederholt wird, bis der Teppich die gewünschte Dicke hat.

Ein guter Korkteppich widersteht allen Witterungseinflüssen, ist wasserdicht, dauerhaft, geräuschlos beim Begehen, leicht zu reinigen, somit ein sehr praktischer Bodenbelag, welcher in einfachen (schlichten) und sehr geschmackvollen Mustern gefertigt wird. Abgepaßte Teppiche werden bis zu etwa 3,7 m geliefert.

Zum Befestigen auf Holzunterlage dient gewöhnlicher Terpentinkleister, auf Stein und Cement ein von den Linoleumfabriken mitgelieferter Cementkitt. Bei kaltem Wetter muß der Korkteppich vor dem Aufrollen und Legen einige Stunden der Zimmerwärme ausgesetzt werden.

Zum Reinigen durch Waschen benutzt man lauwarmes Wasser, Seife und Bürste; der Teppich muß gut abgetrocknet werden. Es wird empfohlen, denselben nach dem Reinigen mit einer fettigen Masse (Linoleum Reviver), welche von der Fabrik geliefert wird, einzureiben.

Korkteppiche dürfen beim Rollen nicht

brechen oder rissig werden. Zwei Stücke mit den überzogenen Seiten aufeinandergepreßt, dürfen nicht aneinanderkleben und der Ueberzug darf dadurch nicht leiden. Dieser muß so fest auf dem Gewebe haften und so hart sein, daß man ihn mit dem Fingernagel nicht abkratzen kann. Da die Dauerhaftigkeit des Linoleums, wie überhaupt seine Güte, auch von der Art und Stärke des Gewebes abhängig ist, so sind mit Proben Zerreißversuche anzustellen und ist unter Umständen die Natur der Gespinnstfaser zu untersuchen. S. Gewebe. Nach Probe zu liefern.

In Stücken, einfach oder mit Teppich-, auch Parquetmustern etwa 5 M., in abgepaßten Teppichen etwa 5—6 M. für 1 qm.

Lithophonweiß (Neuweiß), eine schöne weiße Zinkfarbe aus Schwefelzink und schwefelsaurem Baryt bestehend, deren Deckkraft fast der von Bleiweiß gleichkommt und wetterbeständiger als dieses ist, zu untersuchen wie Zinkweiß. S. Farben.

Litze, ist ein schmales, aus mindestens drei, in der Regel jedoch aus mehreren Fäden bestehendes Geflecht, welches von einem schmalen Gewebe (Band) sich dadurch unterscheidet, daß zu seiner Bildung nicht Ketten- und Schußfäden, sondern nur Längsfäden erforderlich sind, welche sich schräg kreuzen. Werden auf besonderen Maschinen aus Seide, Wolle, Baumwolle u. a. gefertigt. Sie sind meistens loser und biegsamer als Bänder. Bezüglich des Materiales, der Breite (Anzahl der Fäden), der Farbe u. s. w. nach Probe zu liefern. Finden Verwendung zum Einfassen und Besetzen von Zeugen. Wollene 5 Pf., seidene 10 Pf. das m. Im Allgemeinen zu untersuchen wie Gewebe.

Locomotivkohlen, s. Steinkohlen.

Locomotivlack, s. Firnisse.

Löthpaste, Löthsalz, Löthwasser, Löthzinn, s. Loth.

Loth, ist eine Legirung (seltener ein einzelnes Metall), welche dazu dient, zwei gleichartige oder ungleichartige Metallstücke zu verbinden. Das Loth wird zu diesem Zwecke in flüssigem Zustande in die Fugen der zu verbindenden Stücke gebracht, wo es erstarrt und dann die beiden Metallstücke zusammenhält. Man nennt dieses Verfahren löthen. „Loth" und „löthen" bei Metallen entspricht dem „Leim" und „leimen" bei Hölzern. Durch Aufbringen und Verschmelzen eines geeigneten Lothes auf kleine unganze Stellen in Metallen oder in Fugen bei anderweitig (z. B. durch Niete) verbundenen Metallstücken, kann man dieselben dichten und entspricht in diesem Falle „Loth" und „verlöthen" dem „Kitt" und „verkitten" bei Holz, Stein u. a. Ebenso wie es Leime von verschiedener Klebekraft gibt, so haben auch die Lothe eine ungleiche Bindekraft. Diese ist um so größer, je fester das Löthmaterial (die Legirung) ist und um so inniger es an den zu löthenden Metallen haftet.

Das Loth muß leichter schmelzbar sein, als die zu verbindenden Metalle, die Auswahl richtet sich im Uebrigen nach der Anforderung an die Festigkeit der Löthung und den Widerstand gegen Hitze; auch kommt häufig die Farbe in Betracht, wenn diese des guten Aussehens wegen von der des Metalles möglichst wenig abstechen soll.

Man unterscheidet Weich- (Schnellloth) und Hartlothe (Strengloth, Schlagloth). Erstere bestehen aus leicht schmelzbaren und weniger festen Metallen, wie Zinn, Blei, Wismut; Hartlothe sind Legirungen aus dem festeren und schwerer schmelzbaren Kupfer mit Zinn, Zink, Blei u. a. Die Weichlothe sind fast überall zu gebrauchen, es läßt sich leicht mit denselben arbeiten, jedoch sind Löthungen mit solchen nur wenig widerstandsfähig gegen Stöße, Schläge, Biegungen, Hitze u. s. w.

Zusammenstellung verschiedener Lothe.

Lothe für:	Zinn.	Zink.	Blei.	Wismut.	Bemerkungen.
A. Weichlothe.	Gewichtstheile.				Schmelzpunkt:
	17	—	10	—	170° C.
1. Blei, Zinn, Zink, Weißblech; auch für Kupfer u. Messing, wenn keine große Festigkeit verlangt wird	3	—	2	—	135° R.
	2	—	1	—	137° „
	3	—	1	—	144° „ — Schnelllothe oder Zinnlothe.
	4	—	1	—	149° „
	1	—	1	—	151° „
	6	—	1	—	155° „
	6	—	2	—	183° „
	1	—	4	—	207° „
2. Reines Zinn	1	—	—	—	
	3	—	5	8	77° R.
3. Leichtflüssige Zinn-Bleilegirungen	4	—	4	1	128° „
	3	—	3	1	124° „ — Wismutlothe.
	2	—	2	1	116° „
	1	—	1	1	99° „

Lothe für:	Zinn.	Zink.	Blei.	Messing.	Kupfer.	Bemerkungen.
B. Hartlothe.	Gewichtstheile.					
4. Eisen	—	—	—	—	1	
5. Eisen und Kupfer	—	—	—	1	—	
6. Kupfer	—	1	—	2	—	
	—	20	—	—	20	
7. Messing, Bronce, auch Kupfer, Stahl und Eisen	—	1	—	7	—	Streng-flüssig u. zähe. } Gelbes
	—	1	—	3–4	—	Streng-flüssig. } Schlag-
	—	2–5	—	5	—	Leichtflüssiger. } loth.
	—	30	—	—	20	} Halbweißes Schlagloth.
	1	12	—	12	—	
	1	16	—	16	—	} Härter wegen des Zinngehaltes.
	4	1	—	20	—	
	1	1	—	3	—	} Weißes Schlagloth.
8. Neusilber	4 + 5 Neusilber.					
	2 + 8 Neusilber.					

Bevor zwei Metallstücke gelöthet werden, müssen die zu verbindenden Flächen sauber gereinigt (abfeilen, beizen u. a.) und bei der Erwärmung vor Luftzutritt geschützt werden. Dieses geschieht beim Weichlöthen durch eine schützende Decke von Kolophonium, Stearin oder Salmiak. Durch Bestreichen mit Salzsäure werden die Löthflächen rein gebeizt, besser ist eine Lösung von Zink in Salzsäure (Löthwasser), welches außerdem das Loth leichtflüssig macht. Ein anderes Löthwasser wird hergestellt durch Auf-lösen von 1 Thl. Zink in starker Salzsäure und Zusatz von 1 Thl. Salmiak. Wird diese Lösung zum Trocknen eingedampft, so erhält man Löthsalz. Setzt man dem Löthwasser Stärke zu und macht es dadurch dickflüssig, so entsteht die Löthpasta, welche besser als Löthwasser haftet. Beim Hart-löthen sind die genannten Mittel nicht zu benutzen, da sie bei der dazu erforderlichen größeren Hitze sich verflüchtigen; hier wendet man Borax oder Glas an, und zwar in Pulverform oder mit Wasser gemengt als

Brei. Ferner kommt auch phosphorsaures Natron u. a. zur Verwendung.

Low-moor Blech, nach der Handelsmarke der Low-moor Gesellschaft in England benannt, ist im Allgemeinen als ein gutes Eisenblech bekannt.

Lubricating-Oil, s. Mineralöl.

Lumpen, weiße, müssen aus ungefärbtem Leinen, sauber gereinigt und gewaschen, nicht zu grobfäbig, trocken, weich, ohne Nähte und Säume, frei von Sand, Staub, Knöpfen, Schnallen, Haken, Oesen, Nadeln u. bergl. sein. Größe anzugeben. Untersuchung siehe Gewebe und Putzlappen. 100 kg 75—85 M.

Lycopodium (Bärlappsamen), ist der Blüthenstaub einer im nördlichen Europa heimischen Pflanze. Bildet ein ungemein zartes, feines, hellgelbes, leichtes, geruch- und geschmackloses Pulver (Mehl), fühlt sich etwas fettig an, schwimmt auf Wasser. Wird an Stelle von Holzkohlenstaub zum Pudern der Formen in Messinggießereien benutzt. Macht nicht, wie der Kohlenstaub, den Formsand immer magerer. Wird verfälscht mit dem Blüthenstaub von Nadelhölzern und Haselnuß, mit Stärke, Erbsenmehl, Schwefel u. bergl. Zu untersuchen durch Schütteln mit Chloroform, auf welchem Lycopodium schwimmt, während die Beimengungen sich absetzen. Mehle bilden beim Kochen mit Wasser Kleister, Schwefel verräth sich durch den Geruch beim Verbrennen. 3,50—4 M. das kg.

M.

Magnesia, schwefelsaure, ist Bittersalz.

Mahagonibaum, in Mittelamerika und Westindien heimisch; zählt zu den stärksten und größten Bäumen. Das Holz hat eine bald hellere bald dunkelere braunrothe Farbe, bei alten Bäumen sehr dunkel, schön gewässert, auch marmorirt, seltener gemasert oder mit dunkleren Adern. Schmale wenig vortretende Jahrringe, seidenartig glänzende Spiegel, fein gestricheltes Aussehen. Dem Wurmfraße und dem Werfen nicht ausgesetzt; nimmt die schönste Politur an, überhaupt eines der schönsten und theuersten Hölzer. Je nach seinem Ursprunge von sehr verschiedener Güte und bezüglich Härte, Festigkeit, Dauerhaftigkeit, Schwere u. s. w. sehr wechselnd. Spez. Gew. 0,413—1,040. Die werthvollsten Mahagoni-Hölzer kommen von Haiti und St. Domingo, welchen die von Jamaika und Cuba folgen. Wird zu den Decken und der sonstigen inneren Ausstattung, wie Zwischenthüren, Fenster u. a. in feinen Personenwagen benutzt; zu Furniren.

Proben anzufordern. In Brettern 265 M. das cbm, in Furniren 2—4 M. das qm.

Mahagonibraun, s. Terra de Siena.

Manchester, s. Gewebe S. 104.

Manganborat, ist borsaures Manganoxydul.

Manganeisen (Ferromangan), nennt man Eisen mit mehr als 20% Mangan.

Manganoxydhydrat, dient zur Bereitung des Leinölfirnisses (s. Braunstein). Dasselbe muß rein sein, insbesondere darf es nicht Kalk oder Eisen enthalten; muß aus einem trockenen, sandfreien Pulver bestehen. Chemisch zu prüfen. Anlieferung in Fässern, trocken zu lagern. Probe 0,2 kg. 100 kg 60—70 M.

Manganoxydul, borsaures, s. Borsaures Manganoxydul.

Mangansuperoxyd, s. Braunstein.

Martinstahl, s. Eisen S. 48.

Maschinenriemenleder, zu Treibriemen, muß ein sehr starkes eichenlohgares, aus frischen Häuten gut durchgegerbtes und aus dem Kern geschnittenes Ochsenleder sein. Die Haut ohne Kopf-, Bauch- und Schwanztheile wiegt je nach der Stärke (5—9 mm) 13—20 kg. Die Zugfestigkeit soll mindestens 3 kg für 1 qmm betragen. Wenn

Fig. 140.

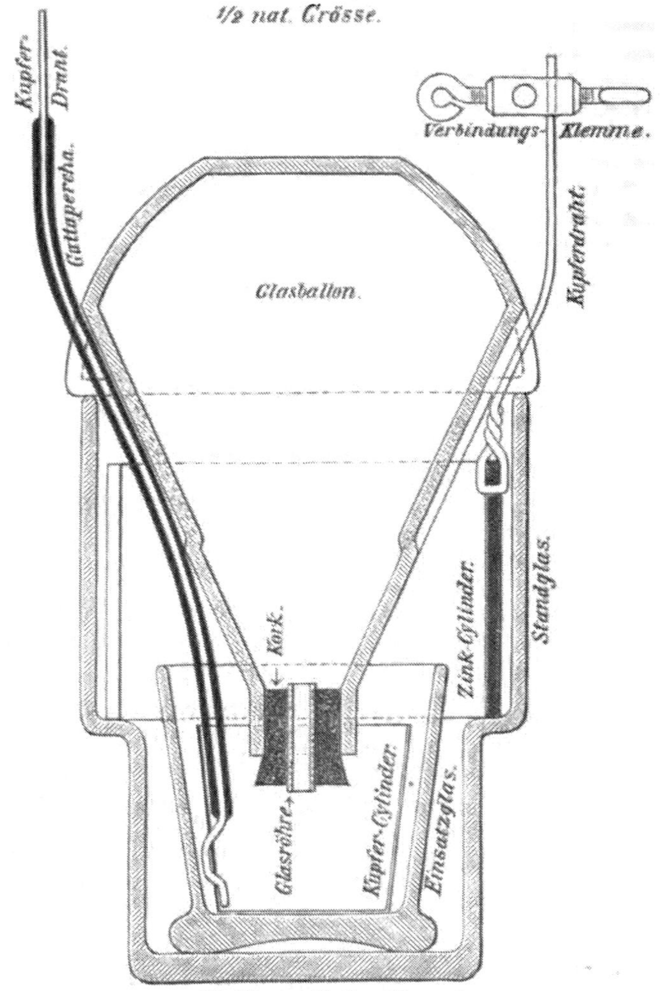

½ nat. Grösse.

Meidinger Ballon-Element.

zu Treibriemen in Streifen angefordert wird, so müssen diese genau rechtwinkelig und scharf geschnitten sein. Darf nicht mehr Fett enthalten, als zur erforderlichen Geschmeidigkeit nöthig ist. Probe einfordern. 4—5 M. das kg. S. Leder.

Masseguß, s. Eisenguß S. 69.

Mastikot, s. Bleimennige.

Mastix, ist ein Harz von der Insel Chios, kommt in farblosen oder gelblichen erbsengroßen Stücken in den Handel. Schmeckt aromatisch, riecht beim Erhitzen angenehm, löst sich in kochendem Alkohol, dient zu Kitten und Lacken. Das kg 3 M.

Mattbleche, s. Weißbleche.

Matt geschliffenes Glas, s. Glas.

Meidinger Ballon-Element, Fig. 140, besteht aus Standglas, Einsatzglas und Glasballon, zusammen Batteriegläser genannt. Im Standglas steht der Zinkpol und im Einsatzglas der Kupferpol. Batteriegläser müssen genau nach Zeichnung, aus reinem, weißen, zähen, blasenfreien und überhaupt fehlerfreien Glase hergestellt und vorsichtig gekühlt sein; eine vollkommen glatte Oberfläche und genau die vorgeschriebenen Abmessungen in Höhe, Weite, Wandstärke u. s. w. haben. Stand- und Einsatzgläser müssen einen völlig ebenen inneren und äußeren Boden haben, so daß das Einsatzglas im Standglase und dieses auf einer ebenen Unterlage, ohne bei einer Bewegung zu zittern, ganz fest steht. Bei beiden Gläsern muß der obere Rand rund geschmolzen, oder, wie es auch verlangt wird, gut und eben abgeschliffen sein. Bei dem Standglase müssen die beiden cylinderischen Theile durch einen genau waagerechten in einander übergeführt sein.

Der Glasballon hat einen oberen halbkugelförmigen, oben abgeplatteten Theil, welcher sich mittelst eines waagerechten Randes an einen trichterförmigen Theil schließt,

dieser läuft in einen cylinderischen Hals aus, welcher mit einem in Wachs und Paraffin getränkten Kork mit Glasröhre geschlossen ist. Vielfach wird verlangt, daß der Hals schwach conisch und genau kreisrund ausgeschliffen, sowie, daß der untere Rand ebengeschliffen ist. Der halbkugelförmige Theil muß an zwei genau gegenüberliegenden Stellen Kerbe haben, durch welche die Poldrähte bequem austreten können.

Standglas 20—22 M.)
Einsatzglas 8— 9 M. } für 100 Stück.
Ballon 16—18 M.)

S. Kupferpole, Zinkpole, Guttaperchadraht.

Mennige, s. Blei- und Eisenmennige.

Merino, ist ein Köper und zwar Wollzeug, dessen Kette und Schuß aus Kammgarn bestehen, oder Baumwollzeug, oder halbwollener Stoff, dessen Kette Baumwolle ist. Dient in blauer oder grauer Farbe zu Gardinen und Lichtschirmen. Untersuchung s. Gewebe.

Messing, ist eine Legirung von Kupfer und Zink. Diese beiden Metalle mischen sich in allen Verhältnissen, jedoch haben die verschiedenen Legirungen nur zum allergeringsten Theile einen technischen Werth. Der Einfluß des Zinks auf das Kupfer bezüglich Härte, Festigkeit, Dehnbarkeit, Schmelzwärme, Gußfähigkeit und Farbe ist wie folgt:

Die Härte der Legirung nimmt bis 50% Zink zu, bei einem größeren Gehalte an Zink ist die Sprödigkeit des Messings so groß, daß es nicht mehr zu bearbeiten ist. Die Festigkeit nimmt bis etwa 30% Zink zu, über diesem Gehalte wieder ab, bei mehr als 60% Zink ist die Legirung im Allgemeinen nicht mehr zu gebrauchen. Die größte Festigkeit des Messings ist geringer als die der Bronce bei 20% Zinn. Die Dehnbarkeit des Messings wächst mit dem Kupfergehalte, also um so mehr Zink je geringer die Dehnbarkeit.

Bis 35% Zinkgehalt ist Messing in der Glühhitze spröde, im kalten Zustande läßt es sich hämmern, walzen, strecken und zu Draht ziehen. Bei 40% Zink läßt Messing sich auch in der Glühhitze hämmern und walzen.

Die Schmelzwärme des Messings fällt und steigt mit dem Gehalte an Kupfer. Bei gleichen Theilen an Kupfer und Zink liegt der Schmelzpunkt bei etwa 912°. Ein Zusatz von Zink macht das Kupfer guß= fähiger. Während dieses allein einen blasigen Guß gibt, liefert Messing sehr dichte, harte und politurfähige Güsse.

Die Farbe des Messings ist bei einem Zinkgehalte

von　5 % — fast kupferfarben,
　„　10 % — gelblich=rothbräunlich,
　„　25—35 % — reingelb (messinggelb),
　„　38—50 % — goldgelb,
über 60 % — grau.

Blei (1—2%) vermindert die Dehnbarkeit des Messings, es ist also für Messingbleche und =Drähte schädlich, dagegen macht Blei das Messing geeigneter zur Bearbeitung mit Dreh= und Bohrstählen und Feilen.

Ein Zusatz von Zinn macht die Kupfer= zinklegirung fester, härter, dichter, dehnbarer und elastischer.

Eisen erhöht die Festigkeit und ver= mindert die Dehnbarkeit des Messings.

Eine Kupferzinklegirung von etwa 85% Kupfer und 15% Zink nennt man Tom= bac, der sich ebenfalls zu Blechen und Drähten verarbeiten läßt. Aus demselben wird das unechte Blattgold (Gold= schaum) hergestellt, dessen einzelne Blätter nur eine Dicke von $1/1500$ mm haben.

Mit Rothguß bezeichnet man ein kupferreicheres, mit Gelbguß (Gelb= kupfer) ein kupferärmeres Messing. Den Kupferzinklegirungen gibt man in der Regel einen Zusatz von Zinn, der oft gleich dem des Zinkes ist, so daß man eine solche Le= girung dann ebenso richtig auch Bronce nennen kann.

Messing findet die vielfachste Anwen= dung. Außer zu Blech und Drähten noch zu Schiebern, Hähnen, Ventilen und deren Gehäusen, zu Lagern aller Art, zu Stopf= büchsenfuttern, Grundringen, zu den ver= schiedensten Armaturen und Apparaten, zu Thürgriffen, Leitstangen u. s. w.

(Siehe Tabelle.)

Zusammensetzungen von Messing.

Verwendung für:	Kupfer.	Zink	Zinn	Bemerkungen:
	Theile			
1. Locomotivarmaturen	30	2	2	Zu der sehr dichten Legirung 8 setzt man
2. Hähne	70	4	8	noch 20 Theile der bei 7 angegebenen. Die
3. Schieber . . . . {	82	9	9	Legirungen 1—4 können auch Bronce ge=
4.	80	8	12	nannt werden.
5. Große Stücke	60	40	—	Die Legirung 8 allein ist reine Phosphor=
6. Kleine Sachen . . . . {	70	30	—	bronce.
7. Gasapparate (sehr dicht) . {	60	40	0,2	+1 Thl.Phosphorkupfer mit 10% Phosphor.
8.	63	—	7,5	+1,5 Thl.　　„　　„　15%　„
9. . . . . {	56	42	2	} Die festesten Kupfer=Zink=Zinn=Legirungen.
10.	57	42	1	

S. Bronce, Lagermetalle, Phosphorbronce.

Messingblech, wird aus gegossenen Platten in kaltem Zustande gehämmert oder gewalzt, wobei es einige Mal ausgeglüht werden muß. Es bedeckt sich dabei mit einer schwarzen Oxydschicht, welche sitzen bleibt (schwarzes Messing) oder mit Schwefelsäure abgebeizt (lichtes Messing) oder durch Schaber oder Schmirgel entfernt wird (blankes Messing). Messingblech kommt in Stärken von 1/90 bis 17 mm vor. Von 2—12 mm heißt es Tafelmessing, von 0,3—2 mm Bugmessing, weil es zum Versenden umgebogen und zusammengelegt wird, von 0,4—0,1 mm Rollmessing, weil es in diesen Dicken gerollt wird.

Stücken= oder Beckenmessing sind quadratische Stücke. Das dünnste Blech von 1/60 —1/90 mm heißt Rausch= oder Knittergold, wegen seines Geräusches, das es in Folge seiner großen Härte macht, wenn es bewegt wird.

Messingblech soll weich und dehnbar, frei von schädlichen Beimengungen sein; Bleigehalt höchstens 2%, Farbe goldgelb.

Die Oberfläche muß glatt und dicht, die Stärke überall gleichmäßig, die Tafeln scharf und rechtwinkelig geschnitten sein. Die Bleche müssen sich gut hämmern und zu einer Halbkugel von 60 mm bearbeiten lassen, ohne Einbrüche zu bekommen.

Messingblech besteht durchschnittlich aus 70% Kupfer und 30% Zink. Sehr dehnbares aus 64,8% Kupfer, 32,8% Zink, 2% Blei und 0,4% Zinn. Ein Zusatz von Antimon macht Messingblech hart und brüchig. (Siehe Tabelle [Messingblech]).

Messingdraht, wird aus gegossenen Stäben oder geschnittenen Streifen gezogen. (S. Eisendraht.) Muß frei von schädlichen Beimengungen, vollkommen kreisrund, glatt und zähe sein. An derselben Stelle einige Mal hin= und hergebogen, darf der Draht nicht brechen. Stärken von 0,14 bis 10 mm.

Rundmessing von 6—25 mm Stärke wird oft auf genauen Durchmesser blank gezogen. (Siehe Tabelle [Messingdraht]).

1 qm Messingblech wiegt:

Blechdicke mm	1	2	3	4	5	6	7	8	9	10
Gewicht kg	8,55	17,10	25,65	34,20	42,75	51,30	59,85	68,40	76,95	85,50
Blechdicke mm	11	12	13	14	15	16	17	18	19	20
Gewicht kg	94,05	102,60	111,15	119,70	128,25	136,80	145,35	153,90	162,45	171,00

Bei 0,5—8 mm Stärke 1,30—1,50 M. das kg.

1000 m gezogener Messingdraht wiegen:

Drahtdicke mm	0,15	0,2	0,31	0,4	0,5	0,6	0,7	0,8	0,9	1	1,4	2	2,5
Gewicht kg	0,152	0,270	0,648	1,078	1,685	2,426	3,303	4,314	5,459	6,740	13,21	26,96	42,13
Drahtdicke mm	3,1	4,2	4,6	5	5,5	6	6,5	7	7,6	8,2	8,8	9,4	10
Gewicht kg	64,39	118,19	141,77	167,5	202,68	241,2	283,08	328,3	386,99	450,51	518,85	292,00	670,00

Von 0,7—6 mm Stärke 1,30—1,40 M. das kg.

Metallkitt, s. Kitte.

Milchglas, s. Glas.

Milchglasglocken, müssen eine rein weiße Farbe ohne Flecken und Trübung haben. S. Glasglocken und Glas.

Milchglasscheiben, bezüglich der Güte wie bei Milchglasglocken und Glasscheiben angegeben. Bei 3 mm Stärke in den gebräuchlichen Größen zwischen 132 × 360 mm und 840 × 170 mm 25 bis 80 Pf. das Stück.

Mineralfarben, s. Farben.

Mineralöl, wird aus den Theeren von Torf, Braunkohlen, Steinkohlen, Schiefer u. a. gewonnen. Erhitzt man Theer in einem geschlossenen Gefäße, so bilden sich Theerdämpfe, welche aufgefangen und verdichtet Theeröle geben. Diese werden zunächst durch innige Vermischung mit Aetznatron und Abscheidung des sich bildenden carbolsauren Natrons und nachfolgendem Waschen mit Wasser gereinigt. Diesem folgt eine Behandlung mit Schwefelsäure, welche sich mit den fremdartigen Bestandtheilen verbindet und damit absetzt. Das oben schwimmende Oel wird abgelassen, wiederum erst mit Wasser und dann, um die Schwefelsäurereste zu entfernen, mit Natronlauge gewaschen. Durch nochmalige Erhitzung und Verdichtung der Oeldämpfe wird das gewonnene Oel weiter gereinigt und kommt so als Schmieröl in den Handel. Die amerikanischen Mineral = Schmieröle, wie Globe Oil, Eclipse Oil, Lubricating Oil, Valvoline Oil, Cranes Oil, Vulcanöl, Phönixöl u. a., werden entweder aus zu Beleuchtungszwecken nicht verwendbaren Erdölen, oder aus den bei der Reinigung des Petroleums sich bildenden Rückständen gewonnen.

Das zu liefernde Mineralöl muß rein, ohne Schleim, Wasser, säurefrei, nicht zu dünnflüssig, in Benzin vollkommen löslich sein; es darf auch in einer dünnen Lage und bei längerer Einwirkung der Luft nicht verharzen oder zu einer zähen, firnißartigen Schicht eintrocknen. Es soll bei 15° ein spez. Gewicht nicht unter 0,872 (0,9) und nicht über 0,92 haben, unter 160° nicht entflammbare Dämpfe liefern und bei starker Erhitzung nicht schäumen; feste Absonderungen dürfen sich erst bei —5°, sonst darf sich auch nach längerem Lagern kein Bodensatz bilden. Das Mineralöl muß sich mit fetten Oelen in jedem Verhältnisse mischen lassen.

Außer diesen finden sich noch folgende Lieferungsbedingungen: Die Farbe des dickflüssigen Mineralöles soll im auffallenden Lichte meergrün, im durchfallenden Lichte braun sein. Bei einer Wärme unter 155° soll es keine entzündlichen und unter 180° keine andauernd brennbaren Dämpfe entwickeln. Natronlauge von 1,40 spez. Gew. darf weder in der Kälte noch bei 100° in irgend einer Weise auf das Oel einwirken. Mit Schwefelsäure von 1,53 spez. Gew. behandelt, darf dieses sowohl in der Kälte wie bei 100° höchstens schwach gelb gefärbt werden. Mit Salpetersäure von 1,45 spez. Gewicht behandelt, darf eine Wärmeerhöhung von höchstens 20° eintreten. Bei —4° soll das Oel durch eine 5 mm weite Röhre bei einer Druckhöhe von 30 mm noch durchfließen. Für dünnflüssiges Mineralöl gelten dieselben Vorschriften, jedoch werden die Wärmegrade, bei denen das Oel keine entzündlichen bezw. andauernd brennbaren Gase entwickeln darf, auf 145° bezw. 160° ermäßigt, und bei —10° muß das Oel noch durch eine 5 mm weite Röhre bei 30 mm Druckhöhe fließen.

In dichten Fässern anzuliefern. Bezüglich der Entnahme von Proben, der Lagerung und der Vorsichtsmaßregeln ist wie bei Leinöl zu verfahren. **Mineralöl ist feuergefährlich!**

Probe 1 kg. 100 kg 23—27 Mk. S. Schmiermaterialien.

Minium, s. Bleimennige.

Mohairwolle, ist das Haar der in Asien heimischen Kämelziege oder Angoraziege; feiner als Schafwolle. Wird häufig für die besseren Plüsche vorgeschrieben. Bei halbseidenen Geweben bildet sie oft den Einschlag. S. Gewebe und Wolle.

Moleskin, ist ein feiner, dichter Baumwollenköper, auf der einen Seite geraucht und geschoren, also ein feiner Barchent.

Darf nicht zu stark geleimt sein. Untersuchung s. Gewebe. 1,60 M. das m.

Morsefarbe, s. Telegraphenfarbe.

Morsepapier, s. Telegraphenpapier.

Mungo, s. Kunstwolle und Wolle.

Muscheltrichter, aus Porzellan, für electrische Leitungen, müssen genau nach Muster (Zeichnung) angefertigt sein, Fig. 141. Das

Fig. 141.

Muscheltrichter.

Material und die äußere Beschaffenheit betreffend, so gilt das bei Isolatoren Gesagte. Je nach der Größe 100 Stück 20—40 M.

Muttereisen, zur Anfertigung von Schraubenmuttern muß aus bestem, zähen Feinkorneisen bestehen u. unmittelbar aus dem Luppenstücke und nicht aus Paqueten gewalzt sein. Für sechskantige Muttern soll es einen genau regelmäßigen sechseckigen Querschnitt von den vorgeschriebenen Abmessungen haben, für vierkantige Muttern nimmt man in der Regel einen Querschnitt, dessen Seiten im Verhältnisse von 1:2 oder 1:2,5 stehen. Muttereisen muß die Eigenschaften eines guten Stabeisens, insbesondere ein dichtes Gefüge, glatte Oberfläche und eine Zerreißfestigkeit von 36 kg für 1 qmm und 12% Dehnung haben; an Stelle dieser werden auch 35% Zusammenziehung vorgeschrieben.

Man untersucht Muttereisen durch probeweises Schneiden von Muttern bei kleiner Bohrung und durch Auftreiben derselben mittelst schlanker Dorne, wobei die Muttern erst bei Anwendung großer Gewalt aufreißen dürfen.

Probe ein 500 mm langes Stück von mittlerem Querschnitte. 100 kg 15—18 M.

N.

Nägel, geschmiedete, haben gewöhnlich einen im Querschnitte quadratischen (seltener runden) Schaft; werden aus sogen. Nageleisen aus freier Hand geschmiedet. Der Kopf ist meistens pyramidenförmig mit 4—8 Flächen. Die gewöhnlichen Nägel haben folgende Benennungen, Größen u. s. w.:

Schiffsnägel 120—300 mm lang, 10 bis 20 mm dick;

Bodennägel 90—110 mm lang, 4—5 mm dick;

Lattennägel 84—90 mm lang, 3,5—4 mm dick;

Halbe Lattennägel 70 mm lang, 3,5 mm dick;

Brettnägel 66—70 mm lang, 3 mm dick;

Halbe Brettnägel 50 mm lang, 3 mm dick;

Schindelnägel 50—75 mm lang, 3 mm dick;

Schloßnägel 36—42 mm lang, 2—2,5 mm dick;

Halbe Schloßnägel 25 mm lang, 2 mm dick.

Das Material der Nägel muß bestes zähes Schmiedeisen, die Schmiedung eine saubere, Köpfe und Spitzen müssen gesund sein, erstere gerade auf dem Schafte sitzen. Die Größe und Form der Nägel muß genau der Zeichnung entsprechen. Beim Umbiegen um 180° darf der Nagel nicht brechen. S. auch Drahtstifte.

Nähriemenleder, ist weißgares Kalboder Rindsleder, führt seinen Namen von der Benutzung dieses Leders zu Nähriemen (Binderiemen) bei den Sattlerarbeiten u. a. zum Verbinden der Treibriemen. Die Binderiemen werden bis 6 mm stark für leichtere

Arbeit aus Kalbleder, für schwerere aus Rindsleder geschnitten. Nähriemen das kg bis 6,50 M. Das Leder bis 4,50 M. das kg.

Nähseide, wird aus 2, 4 oder 6 Fäden, deren jeder von 3—24 Kokons abgehaspelt ist, zusammengezwirnt. Sie muß überall rund, gleichmäßig gezwirnt und gleich stark, auch trocken sein. Ist letzteres nicht zweifellos, so bestimmt man durch Wägen einer Probe, Trocknen derselben und abermaliges Wägen den Gehalt an Feuchtigkeit. Die Nähseide kann Beschwerungsmittel (Farbe, Salze) enthalten, welche durch chemische und mikroskopische Prüfung nachzuweisen sind.

Eine sehr stark gedrehte (bralle), feste und sehr gleichmäßig runde Nähseide ist die Cordonnirte Seide, auch Drehseide genannt, welche u. a. zur Herstellung von Knopflöchern verwendet wird. Das kg Nähseide 50—80 M. Nach Probe zu liefern. S. Seide.

Nagelschnur und Nahtschnur, s. Borde.

Natronhydrat,
Natronlauge, } s. Soda.

Nessel, ist ein glattes Baumwollengewebe, gebleicht oder ungebleicht, ohne Appretur. Gebleicht und mit Appretur nennt man ihn Shirting und gefärbt oder bedruckt Kattun; letzterer kann auch geköpert sein (Köperkattun). Nach Probe zu liefern. Werden als Unterfutter beim Beziehen von Möbeln und Coupésitzen benutzt. Für einen Stuhl in I. Cl. werden 5 m, in II. Cl. 6 m Nessel gebraucht, in einer Breite von 750 mm, das Meter 27 bis 30 Pfg. Kattun wird in verschiedenen Farben ebenfalls zu Polsterzwecken verwendet.

Futternessel für Uniformen soll bei 9 cm Breite, doppelt gelegt und auf 30 cm eingespannt, eine Zerreißfestigkeit von 60 kg und eine Dehnung von 3 cm haben. S. Gewebe.

Netzrauken, s. Gepäckhalternetze.

Neuseeländischer Flachs, s. Hanf.

Neusilber, ist eine Legirung von Kupfer und Zink (also Messing) und Nickel. Die Mischungsverhältnisse sind sehr wechselnd, je nachdem die weiße Farbe (durch Nickel), die Dehnbarkeit (durch Kupfer) oder die Leichtschmelzbarkeit und Billigkeit (durch Zink) vorwiegen soll. Bestes Neusilber mit bläulich weißer Farbe enthält 52% Kupfer, 26% Nickel und 22% Zink.

Neusilber ist fester, aber wegen seines Nickelgehaltes nicht ganz so dehnbar wie Messing; es ist sehr politurfähig, läuft nicht so leicht wie Silber an. Es führt noch die Namen Alfenide, Alpacca, Packfong und versilbert Chinasilber und Christofle (Name eines Fabrikanten).

Der Preis richtet sich nach dem der Bestandtheile und den Mischungsverhältnissen.

Neusilberblech, muß beinahe silberweiß, weich und dehnbar sein, eine glatte, fehlerfreie Oberfläche und überall eine gleichmäßige Stärke haben. Beim Zusammenbiegen dürfen Brüche sich nicht zeigen. Wird u. a. zu Spiegelschirmen bei Laternen verwendet. 1 mm dick, 4 M. b. kg.

Neusilberdraht, wird aus gegossenen oder geschmiedeten Stäben gezogen. Für die äußere Beschaffenheit gilt das für Messingdraht Gesagte.

Nickel, Metall, kommt in Verbindung mit Kobalt, Kupfer, Eisen, Antimon, Arsen, Schwefel u. a. in verschiedenen Nickelerzen vor. Aus diesen stellt man zunächst durch wiederholtes Rösten und Concentrationsschmelzen mit Zuschlägen (u. a. Quarz) eine nickelreichere Verbindung her, welche je nach den Bestandtheilen Nickelstein, (Schwefel, Nickel, Kobalt, Kupfer), Nickelspeise (Arsen, Nickel), oder Nickelschwarzkupfer (Nickelkupfer) genannt wird. Durch wiederholtes Rösten mit Holzkohlenpulver und Sägespänen oder durch Erhitzen mit Schwefel und nachfolgendes Rösten des ge-

...lbeten Schwefelnickels wird aus dieser ...erbindung Nickeloxyd hergestellt. Dieses ...t auch dadurch zu gewinnen, daß man die ...orhin genannten Erzeugnisse röstet, dann ...n Schwefelsäure oder Salzsäure auflöst ...nd das Nickeloxyd aus der Lösung auf ...hemischem Wege durch geeignete Zusätze ...Kalkmilch, Natron u. a.) ausscheidet. Aus ...em Nickeloxyd wird durch Glühen mit Holzkohlenpulver in Thontiegeln das metallische Nickel ausgeschieden. Nickel ist fast silberweiß, glänzend, ziemlich hart, sehr dehnbar; läßt sich walzen, schmieden, schweißen, zu Draht ziehen. Läßt sich mit Eisen zusammenschweißen und zu nickelplattirtem Eisenblech auswalzen, das schon vielfach Verwendung findet. Wird außerdem zur galvanischen Vernickelung und sehr viel zu Legirungen benutzt (Neusilber, Scheidemünze). Spec. Gew. 8,9 kg. Je nach seiner Reinheit das kg 8—10 M.

Niete, eiserne, müssen aus Nieteisen (s. da) hergestellt werden. Der Schaft muß vollkommen kreisrund und rechtwinkelig zur Achse abgeschnitten, der Kopf sauber geschmiedet oder gepreßt, ohne Grat sein und concentrisch zum Schafte und gerade sitzen, auch vollkommen ausgeprägt sein. Niete bis zu 13 mm Dicke müssen sich in kaltem Zustande ganz zusammenbiegen lassen ohne Einbrüche zu bekommen, bei mäßigem Stauchen in kaltem Zustande darf der Nietschaft nicht aufreißen. Warme Stauchprobe wie bei Stehbolzeneisen. Die Niete müssen genau die vorgeschriebenen Abmessungen haben. Zweckmäßig werden dem Lieferanten Zeichnungen gegeben.

Nieteisen, ist Rundeisen zur Herstellung von Nieten, muß die Güte des Stehbolzeneisens haben. 100 kg 15 M.

Nußbaum, gemeine Wallnuß, wird 20—30 m hoch und sehr stark. Das Holz der jungen Bäume ist röthlich-gelb bis weiß, bei ausgewachsenen bräunlich bis dunkelbraun; fein-, dicht- und kurzfaserig, Spiegel kaum bemerkbar; oft schön geflammt, gewässert, geadert oder gemasert, ziemlich hart, zähe, schwer, spec. Gew. 0,58—0,81; außerordentlich dauerhaft, dem Werfen und Reißen wenig, aber dem Wurmfraße ausgesetzt, läßt sich gut bearbeiten und ist sehr politurfähig. Wird zu feinen Möbeln, Decken und innerer Ausstattung von Personenwagen, zu Modellen u. a. benutzt. Dem Nußbaumholze kann durch Beizen ein dem Mahagoniholze sehr ähnliches Aussehen gegeben werden.

Besser als die deutschen sind die amerikanischen Nußbaumhölzer, welchen an Güte die aus Spanien und Italien folgen. Diese Hölzer sind dunkeler als die einheimischen. Das cbm 160—300 M. Fourniere 2 bis 5 M. das qm. Proben einfordern.

Nußbraun, s. Umbra.

Nußkohlen, s. Steinkohlen.

Nußholz, s. Holz S. 129.

O.

Oberreifen, nennt man die Radreifen (Bandagen) im Gegensatze zu den Unterreifen (Felgenkranz) der Eisenbahnräder.

Ocker, Erdfarben, Oel- und Wasserfarben, sind verwitterte eisenoxydhaltige Gesteine, enthalten hauptsächlich natürliches Eisenoxydhydrat in Verbindung mit Thon oder kalk- und mergelhaltigem Eisenoxyd. Thonige Ocker (meist auch etwas Kalk enthaltend) sind wegen ihres größeren Deckvermögens den kalkigen vorzuziehen; sie sind in der Regel rein gelb oder braun-gelb, fühlen sich fettig an. Kalkige Ocker sind meist gelbbraun oder orange, dabei mehlartig und mager. Je nach dem größeren oder geringeren Gehalte an Eisenoxyd sind Ocker dunkler oder heller gefärbt. Sie werden, bevor sie in den Handel kommen, getrocknet, gemahlen, gesiebt und bei Vorhandensein fremder Bestandtheile auch geschlemmt. Durch Erhitzen kann man denselben schönere (feuerigere) Farbentöne geben, indem dadurch das Wasser des Eisenoxydhydrates immer mehr ausgetrieben wird und sich schließlich rothes Eisenoxyd bildet. Je nach Farbenton und sonstiger Beschaffenheit führen die Ocker außerdem die Namen Goldocker, Satinober, Schöngelb u. a.

Von den helleren sind die französischen im Allgemeinen den deutschen vorzuziehen, weil jene im Laufe der Zeit ihren Farbenton beibehalten, wogegen die deutschen nicht selten nachdunkeln und schließlich braun werden; eine Folge davon, daß das vorhandene Eisenoxydul sich in das dunkelere Eisenoxyd umwandelt, oder daß vorhandenes Eisenoxydhydrat sein Wasser verliert.

Unter dem Namen Ocker kommt im Handel eine schöne hellgelbe Farbe vor, welche unter der Einwirkung der Sonnenstrahlen mit der Zeit sich entfärbt, weil dieselbe neben Eisenoxydhydrat organische Stoffe enthält. Ein solcher Ocker hat wenig Werth. Guter Ocker (Satinober) darf höchstens 1% Kalk und keine sonstigen fremden Bestandtheile haben; er muß frei von Sand, auf's Feinste gemahlen und geschlemmt, gut deckend und trocknend sein. Rein oder mit Weiß gemischt und mit Oel aufgetragen, darf die Farbe nicht nachbräunen. Chemisch zu untersuchen. Deckvermögen, Farbenreichthum u. s. w. siehe bei Farben. Als Oelfarbe prüft man sie mit Bleiweiß, als Wasserfarbe mit Kreide. In Fässern zu liefern, trocken zu lagern.

Probe 1 kg. Je nach der Güte und Farbe 100 kg 15—35 M.

Oele, s. Fette.

Oelschwarz, wird aus gutem Schieferschwarz hergestellt, indem man dieses mit roher Salzsäure anrührt, den Brei erhitzt und dann auslaugt. Der vorhandene Thon wird dadurch in Bestandtheile zersetzt, welche sich in Wasser lösen, so daß beim Auslaugen fast nur reine Kohle in feinstem Zustande zurückbleibt, welche ein sehr gutes Schwarz von tiefem Farbentone gibt. Untersuchung wie Kienruß. 25 Pf. das kg. S. Farben.

Oelsteine, s. Schleifsteine.

Ofenkohlen, s. Steinkohlen.

Ofenschwarz, ist Graphit.

Olivenöl, ist Baumöl

Opalglas, ist Alabasterglas.

Opiumtinctur, ist eine Lösung von Opium in Alkohol. Ein beruhigendes und schmerzstillendes Heilmittel, wird tropfenweise auf einem Stückchen Zucker innerlich verwendet. 15 Gramm davon in einem dicht verschlossenen Fläschchen befinden sich in dem Rettungskasten der Pr. Staatsbahnen. Darf nur vom Arzte selbst verabreicht werden. 15 Gramm 50 Pf.

P.

Packleinen, ein aus Flachs- oder Hanfhede oder Jutegarn, je nach dem Verwendungszwecke loseres oder festeres schlichtes Gewebe. Muß ohne größere Knoten und möglichst frei von Schäben sein, darf nicht aus zu ungleichförmigen Fäden bestehen. Das Packleinen aus Jutegarn ist gewöhnlich gleichmäßiger und von besserem Ausſehen als das Hebeleinen, jedoch weniger dauerhaft, insbeſondere in der Näſſe. Dient zum Verpacken und zu Scheuertüchern. Nach Probe zu liefern. 1 qm etwa 35—50 Pf. S. Gewebe.

Packſchnur, iſt Bindfaden von etwa 5 mm Stärke, muß die Eigenſchaften eines guten Bindfadens haben. In Bunden von 500 Gramm zu liefern. S. Seilerwaaren.

Stelle der Speichen oder der Metallſcheibe eine Scheibe von gepreßtem Papiere, Fig. 142 u. 143. Ein ſolches Rad beſteht aus der Papierſcheibe P, der ſchmiedeeiſernen Nabe N mit der feſten Scheibe s, der loſen Ringſcheibe r, den Klammerringen d d, dem Flußſtahlreifen R und im Ganzen zwanzig Schraubenbolzen. Dieſe Räder ſind noch nicht ſehr verbreitet, man erwartet von ben=

Fig. 142 u. 143.

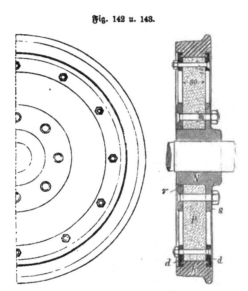

Papierſcheibenrad.

Papiermaché, wird aus altem Papier gemacht, welches man durch Kochen in Waſſer zu einem Brei verarbeitet, dieſen durch Preſſen von dem Waſſer befreit und dann mit Leimlöſung, Stärkekleiſter oder dgl. verſetzt. Dieſe Maſſe kann in Formen zu Figuren, Verzierungen, Zellen zu Batterien u. a. gepreßt werden. Als Pappe wird es zu Verdichtungen benutzt und dann meiſt in beſtimmten Formen nach Zeichnung angefordert.

Papierſcheiben=Räder, haben an

ſelben einen ſanften Gang in Folge der Elaſtizität der Papierſcheibe, ſowie, daß die Reifen bei der Kälte ſeltener als bei anderen Rädern brechen werden.

Die Papierſcheibe wird unter ſehr hohem Drucke (bis 150,000 kg) aus Papiermaché zu einem Ringe zuſammengepreßt. Die Maſſe hat eine braune Farbe und die Härte des Teakholzes. Die Scheibe muß ein vollſtändig gleichmäßiges Ganze bilden, ſie darf auch in der Feuchtigkeit ſich nicht auflöſen oder abblättern. Am Umfange und im

13*

Loche muß die Scheibe sauber und genau auf Maß gedreht sein. Sie wird auf die Nabe mit Druck aufgepreßt nnd mit derselben durch die Nabenscheibe s und die warm aufgesetzte lose Ringscheibe r mittelst acht 26—30 mm starken Schraubenbolzen befestigt.

Der Reifen wird auf die etwas schräg abgedrehte Papierscheibe mit einem Schrumpfmaß von etwa 3:1000 aufgezogen und mit derselben durch Mansell'sche Klammerringe, welche beim Reißen des Reifens die Stücke festhalten sollen, und 12 Bolzenschrauben von 16—20 mm Stärke befestigt.

Nabe, Scheibe, Ringe und Bolzen müssen aus Schweißeisen I. Güte bestehen und gelten für diese und die Radreifen die gewöhnlichen Bedingungen. Die Herstellung der Räder muß mit größter Sorgfalt erfolgen. Die Schraubenmuttern müssen gleichmäßig fest angezogen und gegen das Lösen durch Umnieten der Bolzenenden gesichert werden. Die Klammerringe müssen in die Nuthen des Radreifens genau passen, die Nuthen dürfen keine scharfen Ecken haben.

Das Gewicht einer Satzachse mit Papierscheibenrädern ist etwa so groß wie das einer solchen mit schmiedeeisernen Speichenrädern (980 kg), der Satz etwa 450 M.

Papierstreifen, s. Telegraphenpapier.

Pappe (Pappdeckel) sind starke Blätter aus Papiermasse, welche man entweder in der ganzen Dicke und Größe durch Schöpfen der Masse in Formen hergestellt (geschöpfte Pappe) oder durch Aufeinanderpressen von mehreren dünnen geschöpften Bogen bildet (gekautschte Pappe). Eine dicke Sorte fertigt man durch Aufeinanderleimen und Pressen von mehreren dünnen fertigen Blättern (geleimte Pappe). Letztere ist die reinste, härteste und gleichmäßigste. Die geschöpfte Pappe ist weich, schwammig, rauh und ungleichmäßig dick, die gekautschte Pappe steht in ihren Eigenschaften zwischen beiden.

Die Güte ist außer von der Herstellungsweise auch von der Natur der verwendeten Papiermasse abhängig. Pappen aus Leinenlumpen sind die theuersten. Sie können gefälscht sein mit Schwerspath, Thon, Kreide, Gyps u. dgl. Da man sie nach Gewicht kauft, so ist auch dieses außer der Größe und Stärke der Bogen zu vereinbaren.

Dient zu Sattlerarbeiten, Schablonen, zum Dichten von Flantschen u. a. Je nach dem Gebrauchszwecke ist eine losere oder festere Pappe vorzuziehen. Trocken zu lagern. Probe von jeder Sorte 2 Bogen. 100 kg 27—35 M. 62 × 76 cm × 4 mm, 6 Bogen 1 kg.

Pappel, Laubholz, ist in verschiedenen Arten, Weiß-, Schwarz-, Zitterpappel, in ganz Europa heimisch. Meist hohe, starke Bäume, deren Holz weiß oder gelblich, weich, grobfaserig, porig bis schwammig und leicht ist. Spez. Gew. 0,35—0,60. Wirft sich, wenig rissig. Nicht gut zu bearbeiten, da es fasert. Zu Bauholz nicht verwendbar; zu Mulden, Trögen, Schaufeln, Bremsklötzen, Achsbuchsringen, das cbm 35—40 M. S. Brennholz und Holz.

Paraffinöl, wird aus dem Braunkohltheer dargestellt und dient zum Putzen von Maschinentheilen. (Putzöl.) Muß von heller Farbe, vollkommen klar, harz-, fett- und säurefrei sein, darf keine Verunreinigungen aus dem Rohmaterial oder von den zur Reinigung desselben benutzten Stoffen haben. Das spez. Gew. soll in der Nähe von 0,85 liegen; bei 0° muß das Paraffinöl noch flüssig bleiben. Es soll die Eigenschaft besitzen, die an Maschinen vorkommenden Verharzungen leicht aufzulösen. Probe 1/3 Liter. 100 kg 18—22 M.

Paragummi, s. Kautschuk S. 148.

Pariser Blau (Berliner Blau), blaue Mineral-, Wasser- und Oelfarbe; besteht aus Eisen und Chan (Ferro-Cyaneisen) in sehr wechselnden Mengenverhältnissen. Entsteht bei Einwirkung von Blutlaugensalz auf Eisensalze als ein tiefblauer Niederschlag, welcher ausgewaschen und getrocknet in Pulverform oder zu Stücken gepreßt in den Handel kommt. Pariser Blau und Berliner Blau sind beide Eisencyanverbindungen, jedoch bezüglich ihrer chemischen Zusammensetzung zwei verschiedene, wenn auch ähnliche blaue Mineralfarben. Im Handelsverkehre haben die Bezeichnungen „Pariser Blau" und „Berliner Blau" eine andere Bedeutung. Hier versteht man unter Pariser Blau allgemein die aus reinen Eisencyanverbindungen bestehenden blauen Farben, wogegen mit Berliner Blau diejenigen blauen Eisencyanverbindungen bezeichnet werden, welche nicht chemisch rein sind, sondern frembartige Beimengungen haben. Berliner Blau ist, lediglich als Handelswaare betrachtet, ein versetztes Pariser Blau. Zum Versetzen dienen Schwerspath, Stärke, Gyps, Thon u. a. In diesen versetzten Blaufarben ist nur der Gehalt an reinem Blau für ihren Werth maßgebend.

Pariser Blau ist chemisch rein, ohne frembartige Bestandtheile, in schöner, feueriger, tiefblauer, kupferfarbig schimmernder Färbung zu liefern. Die Farbe wird bei Zusatz von Stärke kaum verändert, so daß das Aussehen des Pariser Blau einen Anhalt zur Beurtheilung der Reinheit nicht gibt. Stärkehaltiges Pariser Blau ist leicht und im Bruche nicht glatt; zu Pulver verrieben und mit kochendem Wasser behandelt, wird es nach dem Erkalten kleisterartig; Schwerspath ändert schon mehr die Färbung und macht den Farbstoff schwerer. Gyps und Thon ändern weniger das spez. Gewicht als die Farbe; durch Gyps wird der Bruch hart und rauh, durch Thon erdig.

Berliner Blau ist in schöner, feueriger Färbung zu liefern. Da diese Farbe, wie gesagt, frembartige Bestandtheile hat, so muß bezüglich dieser und der sonstigen Eigenschaften eine bei der Untersuchung als gut befundene Probe für die Lieferung maßgebend bleiben. Die Feststellung der frembartigen Stoffe nach Menge und Art, ferner ob die unter dem Namen „Pariser Blau" angebotene Farbe wirklich chemisch rein ist, muß die chemische Prüfung nachweisen. Die praktische Untersuchung auf Deckkraft, Färbevermögen, Farbenschönheit u. s. w. siehe bei Farben; die beiden letzten Eigenschaften werden unter Anwendung von Bleiweiß und Chromgelb geprüft. Probe 0,25 kg. Das kg 4—6 M. (Pariserblau).

Pariserroth, ist eine besondere Sorte Mennige, die durch Glühen von Bleiweiß hergestellt wird. Sehr schöne Orangefarbe. Zu untersuchen wie Mennige. 40 Pf. das kg.

Paspeltuch, s. Tuch.

Pasta. Unter diesem Namen kommt eine honigdicke Masse von

      66 Thl. Talk,
      30 Thl. Rüböl II. Güte,
       4 Thl. Talg

zum Einfetten der Hanfzöpfe, zum Dichten von Stopfbüchsen zur Verwendung; hat sich gut bewährt. S. auch Löthpasta.

Patentpackung, s. Liderung.

Pech, wird aus Holztheer bereitet, indem man durch Erhitzen in einem offenen Gefäße die flüchtigen Bestandtheile austreibt. Das Pech bleibt als schwarze, bei gewöhnlicher Wärme knetbare Masse zurück, welche in der Kälte spröde ist und einen muscheligen glänzenden Bruch hat.

Wird u. a. benutzt zum Beschmieren (Steifen) des Hanfgarnes, das zum Nähen von Leder und wasserdichten Stoffen dienen soll; ferner zu Kitten und zu Pechfackeln. Das kg 20—30 Pf.

Pechfackeln, s. Fackeln.

Pechkohle, s. Braunkohle.

Pelz-Räder, sind die nach dem Erfinder Pelz benannten Wickelräder. S. Schmiedeeisen-Scheibenräder.

Petroleum (Erdöl), findet sich an verschiedenen Orten der Erde, namentlich in Amerika, Rußland und auch in einigen Gegenden Deutschlands (Hannover, Elsaß). Seine Entstehung im Erdinnern ist noch nicht aufgeklärt. Es wird aus 10—70 m tiefen Bohrlöchern gewonnen, welche das Petroleum entweder freiwillig ausfließen lassen oder aus denen es gepumpt wird. Seiner chemischen Beschaffenheit nach besteht Petroleum wesentlich aus leichten und schweren Kohlenwasserstoffen, von welchen die ersteren sehr leicht sieden (einige schon bei 40—60°) und **deren Dämpfe mit Luft explosive Gase bilden.**

Rohpetroleum, wie es aus der Erde kommt, ist in Farbe, Geruch, Flüssigkeitsgrad, spez. Gewicht, Siedepunkt und Entzündlichkeit nicht immer von derselben Beschaffenheit. Im rohen Zustande darf Petroleum, weil es äußerst feuergefährlich ist, nicht versandt und verwandt, sondern es muß vorher von den leicht flüchtigen und entzündlichen Kohlenwasserstoffen durch Abdampfen getrennt werden. In Amerika ist Petroleum vom Handel ausgeschlossen, welches unter 38° C. brennbare Dämpfe entwickelt; ein ähnliches Gesetz besteht in England. In Deutschland darf ein in den Handel gebrachtes Petroleum bei 760 mm Barometerstand unter 21° C. entflammbare Gase nicht entweichen lassen. Die Untersuchung auf die Entflammbarkeit durch den Abel'schen Petroleumprober ist gesetzlich geregelt. Das Abdampfen des Rohpetroleums erfolgt durch Erhitzen in geschlossenen eisernen Blasen oder Kesseln. Zunächst verflüchtigen sich bei einer Wärme von 40 bis 170° die leichtesten und leichten Oele, welche getrennt aufgefangen, verdichtet und für sich auf Petroleumäther, Naphta, Benzin, Ligroin, Putzöl (Petroleumsprit) verarbeitet werden. In der Blase bleiben die schweren Kohlenwasserstoffe zurück und bei weiterem Erhitzen geht das gereinigte, für den Handel

geeignete und als Beleuchtungsmaterial gefahrlose Petroleum über, das gleichfalls aufgefangen und verdichtet wird. Zur weiteren Läuterung kann es noch mit Schwefelsäure und darauf mit Natronlauge behandelt werden.

Nach Uebergang des reinen Petroleums bildet sich ein noch schwerer flüchtiges Oel, das Paraffinöl, und in der Blase bleibt ein theerartiger Rückstand, oder wenn die Erhitzung noch weiter getrieben wird, Koks zurück.

Das zu liefernde Petroleum (Standart White) soll bestgereinigt, klar und wasserhell sein, eine weiße oder gelblichweiße, bläulich schimmernde Farbe und bei 15° ein spez. Gewicht von 0,795—0,81 haben. Es darf nicht nach Rohnaphta oder Rohpetroleum (widerlich) riechen.

Betreffend die Entflammbarkeit siehe oben.

Die Entzündungswärme des Petroleums zu prüfen, ist auch deshalb erforderlich, weil aus Oelen, die leichter und schwerer sind als ein tadelloses Petroleum, ein Leuchtöl von dem spez. Gewichte des guten Petroleums gemischt werden kann, welches sich also nicht ohne Weiteres von einem guten Petroleum unterscheiden läßt. **Ein solches Gemisch ist äußerst feuergefährlich,** weil die leichten Oele schon bei geringer Erhöhung der Wärme Gase entwickeln, welche, mit Luft gemischt, explodiren; es kann schon die Wärme, welche das Oel in dem Lampengefäße annimmt, eine solche explosive Gasmischung erzeugen.

Stark gelb gefärbtes oder widerlich riechendes Petroleum ist schlecht gereinigt oder mit Oelen aus Schiefer, Torf, Braunkohlen, Harzen u. a. verfälscht. Ein spez. Gewicht höher als 0,81 bei 15° läßt auf Beimischung von Schwerölen oder Paraffinöl schließen, welche Petroleum schlecht und düster brennend machen.

Gutes Petroleum darf gemiſcht und ge=
ſchüttelt mit einem gleichen Raumtheile
Schwefelſäure von 1,53 ſpez. Gewichte dieſe
nur hellgelb färben. Schlechtes Petroleum
färbt die Schwefelſäure braun oder ſchwarz
und es ſelbſt wird dunkeler.

Für die Unterſuchung ſind Proben aus
jedem einzelnen Faſſe zu nehmen und zwar
mittelſt einer Glasröhre unten aus dem=
ſelben, weil ſich hier Unreinigkeiten ab=
ſetzen. Ein Gemiſch aus verſchiedenen Fäſ=
ſern kann ſelbſtverſtändlich nicht dazu dienen,
über die Beſchaffenheit des Petroleums der
einzelnen Gebinde Auskunft zu geben.

**Petroleum iſt in hohem Maße feuerge=
fährlich! Der Lagerraum darf nicht mit
Licht betreten werden.** Bezüglich der Lage=
rung, Verausgabung u. ſ. w. ſind dieſelben
Vorſichtsmaßregeln zu beobachten, wie ſie
bei Terpentinöl angegeben ſind.

Petroleum wird in Fäſſern geliefert, die
etwa 142 Liter faſſen. Probe 0,5 Liter.
Preis ſehr ſchwankend, 100 kg 20—25 M.

Petroleumſpiritus, wird aus Pe=
troleum gewonnen. Iſt in reinem Zuſtande
eine klare, farbloſe Flüſſigkeit von 0,71 bis
0,73 ſpec. Gewicht bei 15°. Siedet bei
80°—120°. Darf nicht nach Naphta oder
Rohpetroleum riechen. **Petroleumſpiritus
iſt äußerſt feuergefährlich! Muß in küh=
len, abgeſonderten Kellerräumen, welche nicht
mit Licht zu betreten ſind,** gelagert wer=
den. 100 kg 40 M.

Pfeifenerde, ſ. Bolus.

Pferdefett, muß unverfälſcht, von
beſter Güte und nicht zu dunkeler Farbe
ſein, eine gleichmäßige dichte, nicht flüſſige
Beſchaffenheit haben. Verfälſchungen wie
Talg. Wird benutzt zum Einfetten von
Leder.

Pferdehaare, ſ. Roßhaare.

Pferdemiſt, wird zuweilen dem Form=
ſande zugeſetzt.

Pfundleder, iſt Sohlleder.

Phosphorbronce, ſ. Bronce, Lagerme=
tall v. Legirungen.

Phosphorbroncedraht, ſ. Telegra=
phendraht.

Phosphorkupfer, iſt Kupfer mit
bis 16% Phosphor. Dient zur Herſtellung
der Phosphorbronce. Der Zuſatz von Phos=
phorkupfer zu 100 kg der Legirung ſtellt ſich
zu 0,5—3 M.

Piaſſavabeſen, beſtehen aus den
Rippen der Blätter einer in Braſilien hei=
miſchen Palme. Theurer aber auch bedeutend
dauerhafter als Reiſerbeſen. Die Puppen
müſſen mit Draht (Meſſing) eingebunden
und nicht nur verpicht ſein. Haben paſſend
6 × 13 Reihen. Nach Probe zu liefern.
In Bürſtenform 75—90 Pf., Beſen in Blech
gefaßt mit Stiel 90—100 Pf. das Stück.

Plattſchnur, ſ. Borde.

Plomben, müſſen aus gutem Weich=
blei nach Muſter, ſauber, ohne Gußnähte
und gleichmäßig angefertigt ſein. Sind mit
deutlichen Controlziffern von … bis … zu
verſehen und nach den Ziffern getrennt in
Beuteln zu liefern. Die Durchlochung muß
hinlänglich groß ſein. Etwa 7600—8000
Plomben=Stück haben ein Gewicht von 100 kg.
Es werden auch ſolche von 12 Gramm das
Stück verlangt. Probe 10 Stück. Für die ge=
brauchten Plomben mit den anhaftenden
Bindfadenenden wird zuweilen ein Preis
vereinbart, für welchen der Lieferant die=
ſelben zurücknehmen muß. Sie können auch
in den eigenen Werkſtätten zu Dichtungs=
ringen u. a. (nicht zu Legirungen) ver=
ſchmolzen werden. 100 kg 25—28 M.

Plombirleinen, werden in verſchie=
benen Längen, 10 mm ſtark aus Hanf beſter
Güte, vierdrähtig, getränkt mit Holzkohlen=
theer, bei 25 m Länge etwa 1,2 kg ſchwer,
verlangt. Die Enden haben 65 mm lange
Weißblechhülſen, welche vorn geſchloſſen und
hinten durch einen verzinkten Eiſendraht mit
der Leine verbunden ſind, damit ſie nicht

von der Leine abstreifen. Bei 25 m Länge ist 600 mm vom Ende eine Oese und 2580 mm davon eine zweite; am anderen Ende der Leine sind die Entfernungen der Oesen vom Ende bezw. von der ersten Oese 850 mm und 2240 mm. Die Oesen haben ausgezogen im Lichten eine Länge von 50 mm. Nach Muster zu liefern. S. Gespinnste.

Plombirschnur, ist Bindfaden von 2 mm Stärke, 4 oder 6 drähtig; muß aus gutem, gesunden Hanfe gleichmäßig und fest gesponnen, hart und trocken sein. Nach Probe in Stücken von 200 (300) Gramm zu liefern. 1,20—1,40 M. das kg. S. Gespinnste.

Plüsch, ist ein sammtartiger Stoff, dessen Grundgewebe Baumwolle und dessen Flor bei gewöhnlichem Wollplüsch Schafwolle, bei besserem haltbareren Wollplüsch Mohairwolle und bei Seidenplüsch Seide ist. Letzterer unterscheidet sich von dem eigentlichen Sammet nur durch die längeren Polfäden.

Der Wollplüsch dient zum Beziehen von Polstermöbeln, der Coupésitze und zum Bekleiden der Thüren und Seitenwände in I. und II. Classe-Wagen. Für diese wird weißgrauer und gestreifter aus Schafwolle (II. Cl.) und rother aus Mohairwolle (I. Cl.) benutzt. Die Oberfläche muß sowohl in den Polfäden wie in der Farbe durchaus gleichmäßig, ohne Schattirungen oder sogar Flecken, der Flor muß gleichmäßig geschoren und so dicht sein, daß beim Umlegen des Stoffes über den Finger das Grundgewebe nicht sichtbar wird. Für den Mohairplüsch findet sich die Vorschrift, daß derselbe auf 1 qcm mindestens 14 Ketten- und 14 Schußfäden haben muß. Für die rothe Farbe wird meistens Kochenille vorgeschrieben. Jede Plüschfarbe muß wasch- und lichtecht sein. Mit Rücksicht auf das Nachdunkeln ist der Farbenton zweckmäßig hell zu wählen. Dem Waschwasser setzt man 2% besten Salmiakgeist zu. Bei dem gestreiften Plüsche dürfen die Streifen

nicht ausbleichen und beim Waschen nicht ineinanderlaufen.

Bei der Bestellung ist die Breite ohne Eggen vorzuschreiben. Probe von jeder Sorte 0,25 m.

Für ein I. Classe-Coupé mit 6 Sitzen sind 27 m Plüsch in einer Breite von 900 mm (1 m 6,30 M.), und für ein II. Classe-Coupé mit vier zweisitzigen Stühlen sind 18 m 1370 mm breiter Plüsch (1 m 5,70 M.) erforderlich. Die abfallenden Stücke sind für Bekleidung der Thüren und Seitenwände ausreichend.

Gemusterter Plüsch wird in der Weise hergestellt, daß der Flor an einzelnen Stellen zwischen heißen Walzen zu einer glänzenden Fläche niedergedrückt wird.

Plüschteppich, (Fußdeckenplüsch, Teppichstoff), soll aus bester Schafwolle bestehen. Der Flor ist länger als bei gewöhnlichem Plüsch. Der Grund ist gewöhnlich roth oder braun mit dem sog. Moosmuster und der eingewirkten Eigenthumsbezeichnung der Eisenbahnverwaltung. Zum Belegen der Coupé's wird der Teppichstoff 680 mm breit genommen, erforderlich für ein Coupé 2,5 m, der Teppich erhält an den Abschnitten eine Einfassung von schwarzer Borde. 1 m 5--6 M.

Bei den ächten Smyrna-Teppichen wird der Flor nicht wie bei dem Plüsch auf Webstühlen durch eine besondere Polkette hergestellt, sondern die Noppen werden einzeln und von Hand über Nadeln an die Kettenfäden angeknüpft und dann, wie bei sammtartigen Geweben, aufgeschnitten. Die Kette besteht aus gezwirntem Kammgarn, der Flor aus lockerem Kammgarn und der Schuß, welcher auf der rechten Seite nicht sichtbar ist, aus Hanf- oder Leinenzwirn.

Die Herstellungsweise der Smyrna-Teppiche läßt eine unbeschränkte Freiheit in der Wahl der Farben der einzenen Polfäden zu und kann man so die größte Farbenabwechselung und beliebige Zeichnungen auf dem

Teppiche herstellen, dafür sind aber diese Teppiche die theuersten. Sie werden in abgepaßten Mustern gefertigt.

Untersuchung des Plüsches auf Verfälschungen, Festigkeit u. s. w. wie bei anderen Wollzeugen. S. Gewebe.

Polbraht, s. Meidinger Ballonelemente u. Kupferbraht.

Polirlappen, sind weiße, reine, leinene Lappen. Das kg 1 M. s. Gewebe.

Polirmittel, sind Materialien, welche dazu dienen, durch Schleifmittel bereits geglätteten Flächen eine noch höhere Glätte und Politur zu geben. Sie dürfen selbstverständlich keine Ritzen hinterlassen und müssen dieserhalb, da sie die glatte Oberfläche nur zart angreifen sollen, sehr fein sein. Sie kommen in Pulverform (Polirpulver) zur Anwendung. Die gebräuchlichsten sind: Bor, englische Erde, Eisenoxyd, gebrannte Knochen, Graphit, Wiener Kalk, Kreide, Polirroth, Tripel.

Polirroth, ist natürliches oder künstlich dargestelltes Eisenoxyd. Dient zum Poliren von Metallen, denen es eine tief dunkele Politur gibt, während andere Polirmittel, z. B. Kalk, eine helle Politur erzeugen. Das künstlich erzeugte Polirroth ist besser als das natürliche Eisenoxyd. Kann u. a. dargestellt werden, indem man kochend heißem Eisenvitriol Kleesalz zusetzt und den sich bildenden Niederschlag auswäscht, trocknet und bei etwa 200° erhitzt. 25 Pf. das kg.

Politur, ist Schellackpolitur.

Polsterwaaren, s. Sattlermaterialien.

Polsterwerg, soll nur aus Flachswerg bestehen, welches weich und langfaserig, ohne Schäben und Beimischung von Jute- oder Hanfwerg sein muß. S. Werg.

Pontonblech, s. Weißblech.

Porzellanhülsen, s. Einführungshülsen.

Porzellan-Isolatoren, s. Isolatoren.

Porzellanringe, dienen als Führungsringe für die Zugschnur bei schweren Roll- und Sonnenvorhängen oder dergl., auch als Führung für Telegraphendrähte bei Zimmerleitungen. Müssen innen, außen und im Querschnitte kreisförmig, aus gutem Porzellanthon hergestellt, die Glasur muß vollkommen sein. Bei 25 mm innerem und 45 mm äußerem Durchmesser das Dutzend 30 Pf. Nach Proben.

Posamentirwaaren (Posamente), sind kleinere Gespinnst- und Gewebewaaren aus Flachs, Hanf, Jute, Wolle, Baumwolle, Seide u. a., die theils von Hand, theils auf besonderen Maschinen gefertigt werden. Sie finden Anwendung bei der inneren Ausstattung und Verzierung der Personenwagen I und II. Classe. Es gehören dahin: Band, Borde, Kordeln, Schnüre, Trodeln, Quäste, Fransen, Knöpfe, Litzen, übersponnene Knöpfe, Eicheln und Ringe, Polsterpuscheln, Rosetten, Gardinenringe, Netze u. a. Fälschungen u. s. w. s. Gespinnste und Gewebe.

Pottasche, wird hauptsächlich gewonnen durch Auslaugen von Holzasche oder Kalisalzen und Abdampfen der Lauge. Ist vorwiegend kohlensaures Kali. Eine krümlige, bröckliche Masse, von scharfem Geschmacke, welche begierig Feuchtigkeit aus der Luft anzieht und dadurch zerfließt. Je schneller dieses geschieht, und je weißer die Pottasche ist, um so besser ist dieselbe. Wird benutzt zum Waschen, Auflösen von alten Firnißanstrichen, zu Schweißpulvern, zum Desinfiziren der Viehwagen. Das kg 40 bis 50 Pf., je nach d. Gehalte an kohlens. Kali.

Potlot, ist Graphit.

Präparationslack, ist Schleiflack.

Preßkohlen (präparirte Kohle, Kohlenziegel), bestehen wesentlich aus fein gemahlener Holzkohle (auch Torfkohle), welche gemischt mit einem Bindemittel und einem Zuſatz von Salpeter zu Ziegelform gepreßt ſind. Als Bindemittel dient Stärke=kleiſter, Dextrin, Mehl, isländiſches Moos o. a. Der Salpeterzuſatz (Natron=, Kali= oder Barytſalpeter) beträgt bis 5%. Die Preß=kohlen, welche zur Coupéheizung dienen, müſſen nach den angegebenen Abmeſſungen ge=liefert werden; Abweichungen bis zu ± 3 mm zuläſſig. Der Aſchengehalt darf höchſtens 10% (12%) betragen. Die Heizkraft wird durch Verdampfen von Waſſer unter Ver=brennung einer beſtimmten Menge der Preß=kohlen und Wägen des Waſſers vor und nach dem Verſuche beſtimmt. Dieſelbe darf höchſtens um 5% niedriger ſein als die der Probekohle. Die Kohlenziegel müſſen aus fein gemahlener Holzkohle beſter Güte, unter Ausſchluß von anderen Kohlen, Koke, Kohlenlöſche u. dgl. und bei der Anlieferung ganz trocken (es werden auch 6% Feuchtig=keit zugeſtanden), ohne Lufttriſſe und ſo feſt ſein, daß ſie nicht abbröckeln und nur ſchwierig mit freier Hand ſich zerbrechen laſſen. Ein Zeichen der Feſtigkeit iſt, wenn die Ziegel beim Aneinanderſchlagen klingen.

Holzkohlen haben die Eigenſchaft, Feuch=tigkeit aus der Luft anzuziehen und eben dasſelbe iſt auch bei Salpeter der Fall, es müſſen dieſerhalb die Preßkohlen ſehr trocken gelagert werden. Von den genannten Sal=petern hat der Natronſalpeter die größte Neigung, Feuchtigkeit anzuziehen, er wird dieſerhalb von einigen Verwaltungen für Preßkohlen als unzuläſſig erklärt, und Kali=ſalpeter vorgeſchrieben. Wenn einige Ziegel nach der Anlieferung mehrere Tage lang in einem feuchten Raume gelagert werden, nach=dem deren Gewicht vorher genau beſtimmt iſt, ſo wird durch eine zweite Wägung feſt=geſtellt, in wie hohem Grade die Feuchtig=keit angezogen wird. Iſt derſelbe Verſuch mit einigen Probeziegeln gemacht, ſo ergiebt ſich, ob auch in dieſer Hinſicht probemäßig geliefert iſt.

Jeder Kohlenziegel erhält zweckmäßig eine Papierumhüllung und ſie ſind verpackt in Kiſten zu etwa 50 kg zu beziehen, beides um die Feuchtigkeit abzuhalten und wei bei loſer Verpackung viel Bruch und Kohlen=klein entſteht.

Die Preßkohlen müſſen ſich leicht ent=zünden laſſen und bei genügendem Luftzuge gleichmäßig fortbrennen, ſie dürfen keine Funken ſprühen, nicht qualmen, keine übel=riechenden Gaſe oder Dampf erzeugen.

Bei Kohlenziegel von 90 mm und 60 mm Höhe wird bei einem Gewichte von etwa:

900—920 gr eine 16 ſtündige Brennbauer,
450—470 „ „ 8 „ „
340—360 „ „ 6 „ „

verlangt, an anderen Stellen bei etwa

500 gr eine 12 ſtündige Brennbauer,
450 „ „ 11 „ „
375 „ „ 9 „ „

In dem Heizkaſten dürfen an Aſche und ſonſtigen Rückſtänden höchſtens 15% ver=bleiben.

Probe 10 Stück von jeder Sorte. Es kann ſich auch empfehlen, die Rohmaterialien auf dem Werke des Fabrikanten zu unter=ſuchen. 13—15 M. für 100 kg.

Profileiſen, iſt Façoneiſen.

Puddeleiſen, ſ. Eiſen S. 45.

Puddelſtahl, ſ. Eiſen S. 48.

Pumpenventilleder, zu Pumpen=klappen, iſt ein gutes Sohlleder.

Pußhede, ſoll gut gereinigte Flachs=hede, weich, locker, nicht zu kurzfaſerig, ohne Schäben, Knoten, ferner auch ohne Beimiſchung von Hanf= und Jutehede ſein, da dieſe beim Reinigen von Maſchinentheilen weniger gut als Flachsfaſer Oel und Fette aufſaugen. Entdeckung von Jute und Hanf in Flachs ſiehe Gewebe. **Pußhede iſt in höchſtem Grade feuergefährlich!** Probe 3 kg. 100 kg 45 M.

Pußjute, iſt Jutefaſer, muß rein, weich, trocken, nicht zu kurzfaſerig, darf nicht mit Chemikalien behandelt oder mit anderen Fasern und Stoffen gemengt sein. Sie besitzt wenig Auffaugefähigkeit und ist deshalb kein gutes Putzmaterial. **Sehr feuergefährlich!** Probe 3 kg. 100 kg 18 M.

Putzlappen, dürfen einzeln nicht unter 400 qcm groß, müssen völlig trocken, gut gereinigt und gewaschen, insbesondere frei von Sand, Staub, Kalk, Knöpfen, Schnallen, Oefen, Nadeln, Haken u. s. w. und ohne Beimengungen von dicknähtigen und wattigen Stücken sein und vorzugsweise aus baumwollenen oder weichen Flachs= oder Hanfgeweben bestehen; weiche wollene oder halbwollene Stoffe werden bis zu 10—15% angenommen. Harte Stoffe dürfen sich nicht in der Lieferung befinden. Untersuchung s. Gewebe. 100 kg 70 bis 90 M.

Putzlappen, leinene, zum Reinigen der Telegraphenapparate müssen ausschließlich aus Flachs oder Hanf bestehen, insbesondere dürfen sie keine Wolle oder Baumwolle enthalten. Passende Größe mindestens 1 m im Quadrate. Sollen nicht zu grobfädig und ohne Nähte und Säume, sauber ohne Anwendung von ätzenden Mitteln gewaschen, nicht gefärbt und wenig abgenutzt sein. In Säcken zu liefern. Untersuchung s. Gewebe. Probe 6 Stück. 100 kg 90 M.

Putzleder, ist Waschleder.

Putzöl, ist entweder Paraffinöl oder aus Petroleum hergestellt. Muß in letzterem Falle klar und hell sein, darf nicht nach Rohpetroleum riechen, muß zwischen 120—150° sieden. Soll die Eigenschaft besitzen, die an Maschinen vorkommenden Verharzungen leicht aufzulösen. Probe 1/8 Liter. 100 kg 30 M.

Putzpulver, zum Putzen von Metalltheilen, muß auf's Feinste gemahlen und trocken sein, sich mit Wasser zum Gebrauche zubereiten lassen, darf Kalk, Kreide o. dgl. nicht enthalten. Probe 0,5 kg. 100 kg 15—24 M.

Putztücher, sind entweder aus Seidenabfall oder aus Baumwollengarn (ungebleichtes) bestehende Filetgewebe, oder auch ungebleichter Nessel. Müssen an den fasernden Kanten gesäumt sein und je mindestens 50 Gramm wiegen. Werden auch in bestimmten Größen (48 × 52 und 60 × 61 cm) angefordert. Probe von jeder Sorte 6 Stück. 100 Stück 12—20 M.

Das Waschen der gebrauchten Putztücher kostet in eigens dazu eingerichteten Waschanstalten einschließlich der Generalkosten etwa 1¼ Pf. für das Stück.

Putzwasser, ist Kupferwasser.

Putzwolle (richtiger Putzbaumwolle), muß aus reinen Baumwollenabfällen bestehen, weich und locker sein, soll wenig gezwirnte Fäden haben, da diese Fette und Oele weniger gut aufsaugen. Dasselbe ist der Fall mit gefärbten Fäden, deshalb ist weiße Putzwolle die beste. Sie darf keine fremden Bestandtheile, wie Spulen, Sand, Staub o. dgl., auch nicht kurze Verschnitte oder Scheerenden, ferner keine rohe Baumwolle und endlich nicht angefettete, gewebte oder verknotete Fäden enthalten. Der Feuchtigkeitsgehalt höchstens 6%; wird untersucht durch Wägen einer Probe, Trocknen derselben und nochmaliges Wägen. Gebrauchte Putzwolle kann gewaschen werden, verliert jedoch dadurch an Werth.

Mit fetten Oelen getränkte Putzwolle ist selbstentzündlich! Sie wird am besten in eisernen Kästen, welche im Freien stehen, aufbewahrt. Die nicht zum Waschen bestimmte kann zum Anzünden des Brennmateriales in den Locomotiven Verwendung finden, auch zur Oberflächenhärtung. Probe je 3 kg.

Weiß gebleichte Putzwolle 75 M. für 100 kg

Bunte	" 45 " " 100 "
Gewaschene	" 35 " " 100 "

Q.

Quadranteiſen, iſt ein Walz=
eiſen mit dem Querſchnitte der Fig. 144.
Zu vier aneinander genietet bilden ſie eine
hohle Säule und finden Quadranteiſen
zu ſolchen vielfach Verwendung. Anforde=
rungen an Feſtigkeit und ſonſtige Eigen=
ſchaften wie bei Façoneiſen.

Gewichts=Zuſammenſtellung.
Fig. 144.

R innerer Halbmeſſer,

b Breite der Lappen,

t Stärke derſelben,

d Wandſtärke.

Prof. Nr.	Abmeſſungen in mm.				Querſchnitt der vollen Röhre.	Gewicht für 1 m der vollen Röhre.	Preis für 1000 kg
	R	b	d	t	r	qcm	kg	M.
5	50	35	4	6	6	29,8	23,4	
5	50	35	8	8	6	48,0	37,5	
7¹/₂	75	40	8	9	9	54,9	42,9	170
7¹/₂	75	40	10	10	9	80,2	62,8	
10	100	45	8	10	12	88,1	68,9	
10	100	45	12	12	12	120,4	94,0	
12¹/₂	125	50	10	12	15	129,3	101,0	
12¹/₂	125	50	14	14	15	168,8	131,6	160
15	150	55	12	14	18	178,9	139,6	
15	150	55	18	17	18	248,6	194,0	

Quadrateiſen, iſt ein Stabeiſen mit
quadratiſchem Querſchnitte. Anforderungen
an Feſtigkeit und ſonſtige Eigenſchaften wie
bei Stangeneiſen.

(Hierzu Tabelle Seite 205.)

Quadratkupfer, iſt Stangenkupfer
von quadratiſchem Querſchnitte. Anforde=
rungen an Feſtigkeit und ſonſtige Eigen=

ſchaften wie bei Kupferſtäben. Bei 50
bis 80 mm Stärke 126 M. für 100 kg.

Quäſte, für Gardinen, Rollvorhänge
und Fenſterzüge, wollene und ſeidene, ſind
in Form, Farbe, Abmeſſungen und Güte
nach Muſtern zu liefern. Gehören zu den
Poſamentirwaaren, werden bei der inneren
Ausſtattung der Perſonenwagen gebraucht.
Rothſeidener Fenſterzugquaſt 1,40 M., grau=
wollener 1 M. Gardinenquäſte, ſeidene
35 Pf., wollene 17 Pf. b. Stck. Proben
anfordern. Unterſuchung ſ. Geſpinnſte.

Queckſilber, ein bei gewöhnlicher
Wärme flüſſiges Metall; ſpez. Gewicht 13,5,
metallglänzend, zinnweiß, wird bei — 39,9⁰
feſt, ſiedet bei 360⁰. Kommt in Verbindung
mit Schwefel als Zinnober vor, aus wel=
chem das Queckſilber durch Erhitzen und Ver=
dichten der ſich bildenden Queckſilberdämpfe
gewonnen wird. Findet Verwendung zur
Füllung von Thermometern, Barometern
und Manometern; zur Darſtellung von Zin=
nober, Queckſilberſublimat. Es bildet mit
vielen anderen Metallen Legirungen, Amal=
game genannt. Mit einem ſolchen aus
Queckſilber und Zinn werden die Spiegel
belegt. Queckſilber enthält oft andere Me=
talle (Blei, Wismut), welche beim Verdam=
pfen in einer Porzellanſchale zurückbleiben.
Queckſilberdämpfe ſind giftig! An=
lieferung in eiſernen Behältern. Das kg
3,75—4,50 M.

Queckſilberſublimat (Queckſilber=
chlorid), iſt in reinem Zuſtande ein weißes
kryſtalliniſches Pulver, das ſich ohne Rück=
ſtand verflüchtigt und in Waſſer auflöſt.
Wird verfälſcht mit Salmiak und arſeniger
Säure. Chemiſch zu unterſuchen. Subli=
mat iſt äußerſt giftig!! Den Arbei=
tern mitzutheilen. Jedes Stäuben

1 m Quadrateisen wiegt:

Dicke mm	5	6	7	8	9	10	11	12
Gewicht für d. lfd. Meter kg	0,194	0,280	0,381	0,498	0,630	0,778	0,941	1,120
Dicke mm	13	14	15	16	17	18	19	20
Gewicht für d. lfd. Meter kg	1,315	1,525	1,751	1,991	2,248	2,521	2,809	3,112
Dicke mm	21	22	23	24	25	26	27	28
Gewicht für d. lfd. Meter kg	3,431	3,766	4,116	4,481	4,863	5,259	5,672	6,100
Dicke mm	29	30	32	34	36	38	40	42
Gewicht ür d. lfd. Meter kg	6,543	7,002	7,967	8,994	10,083	11,234	12,448	13,724
Dicke mm	44	46	48	50	52	54	56	58
Gewicht für d. lfd. Meter kg	15,062	16,462	17,925	19,450	21,037	22,686	24,389	26,172
Dicke mm	60	62	64	66	68	70	72	74
Gewicht für d. lfd. Meter kg	28,008	29,906	31,867	33,890	35,975	38,122	40,332	42,603
Dicke mm	76	78	80	85	90	95	100	105
Gewicht für d. lfd. Meter kg	44,937	47,334	49,792	50,210	63,018	70,214	77,800	85,775
Dicke mm	110	115	120	125	130	135	140	145
Gewicht für d. lfd. Meter kg	94,138	102,891	112,032	121,563	131,482	141,791	152,488	163,575
Dicke mm	150	155	160	165	170	175	180	185
Gewicht für d. lfd. Meter kg	175,050	186,915	199,168	211,811	224,842	238,263	252,072	266,271
Dicke mm	190	195	200					
Gewicht für d. lfd. Meter kg	280,858	295,835	311,200					

Bei 12—100 mm Stärke 13,60 M., bei 6—12 mm 15,60 M., bei 100—150 mm 16,70 M. für 100 kg. Auf bestimmte Längen geschnitten für je 100 kg 1 M. mehr.

zu vermeiden! Vorsicht bei der Ver=
ausgabung und dem Gebrauche! Wird
als Lösung in Wasser zum Tränken von
Bahnschwellen und Telegraphenstangen (Kya=
nisiren) benutzt.

Je nach dem Preise des Quecksilbers etwa
4,50 M. das kg.

Querschwellen, eiserne, für eiser=
nen Oberbau, werden in derselben Weise wie
die Langschwellen aus Flußeisen oder Schweiß=
eisen gewalzt. Bei dem geringeren Gewichte
und der Kürze der Querschwellen können 6,
8, 10 und mehrfache Längen aus einem
Blocke gewalzt werden, welcher je nach seinem
Gewichte ein oder zwei Hitzen bekommt. Beim
Vorwalzen erhält der Block etwa 6 und beim
Fertigwalzen etwa 9 Stiche. Die Schwelle
von mehrfacher Länge wird an der Warm=
säge nicht auf einfache, sondern auf 3 oder
4 fache Länge geschnitten und diese Stücke
werden zunächst gerichtet, und dann an der
Scheere kalt auf einfache Länge geschnitten.
Das Lochen und Richten geschieht in der
bei Langschwellen angegebenen Weise und
unter Beobachtung derselben Vorsichtsmaß=
regeln.

Bei schweißeisernen Schwellen wird zu=
weilen verlangt, daß der Fabrikant die Art
der Paquetirung angibt und durch Zeich=
nungen erläutert, wobei die Verwaltung
sich die Genehmigung vorbehält. Eine be=
zügliche Vorschrift lautet:

„Das Paquet soll aus Flachstäben, welche
sämmtlich die Länge des Paquetes haben,

hergestellt werden, und die Höhe des vier=
kantigen Paquetes mindestens 230 mm sein;
die parallel zur oberen Fläche der Schwelle
flach liegenden Stäbe sollen mit entsprechend
versetzten Fugen gelegt werden.“

Das erste Schweißen, ob unter dem Ham=
mer oder unter der Walze, bleibt dem Fa=
brikanten überlassen, das Fertigwalzen der
Querschwellen soll in zwei Hitzen erfolgen.
Der Abnehmer hat die Befolgung dieser Lie=
ferungsbedingungen zu überwachen.

Die Querschnittsformen der Querschwel=
len, Fig. 145 bis 148, sind ähnlich den
Langschwellen. Dieselben, sowie Länge, Loch=
ung, Neigung (siehe weiter) sind dem Fabri=
kanten durch genaue Zeichnungen, Lehren
u. s. w. anzugeben, ebenso sind Gewichts=
angaben zu machen.

(Siehe untenstehende Tabelle.)

Bei Querschwellen, welche an den Enden
für die Neigung der Schienen aufgebogen
werden, muß das Biegen in rothwarmem
Zustande erfolgen. Das Material darf dabei
nicht leiden, insbesondere dürfen in der Bie=
gung weder Risse noch Brüche sich zeigen.
Die Auflagerflächen für den Schienenfuß
müssen ganz glatt und eben (nicht wind=
schief) sein.

Damit die Querschwellen fest in der Bet=
tung liegen und seitlich sich nicht verschieben
können, werden sie an beiden Enden kasten=
artig geschlossen und zwar durch besonders
eingenietete Winkeleisen (Verschlußwinkel)
etwa wie in Fig. 149 u. 150 oder durch

Querschwellen=Profile.
(Fig. 145—148.)

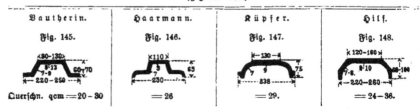

Vautherin.	Haarmann.	Küpfer.	Hilf.
Fig. 145.	Fig. 146.	Fig. 147.	Fig. 148.
Querschn. qcm = 20—30	= 26	= 29.	= 24—36.

Umflappen der Enden. Bei dem ersteren Verschlusse ist darauf zu achten, daß die Niete und der Winkel durchaus fest fitzen. Um die Schwellen durch Umklappen der Enden zu schließen, werden diese gut roth-

dürfen Risse oder Brüche nicht vorhanden sein.

Hinsichtlich des Materiales der Quer-schwellen, der Festigkeit, der Zerreiß- und Biegeproben, Ueberwachung der Herstellung,

Fig. 149 u. 150.

Verschlußwinkel.

warm gemacht, in einer Hitze ausgestanzt und umgelegt. Die Umbiegung soll nicht zu scharf erfolgen, jedoch muß der umge-klappte Theil sich fest gegen die Endflächen der Schwellen legen. In den Biegestellen

Untersuchung der äußeren Beschaffenheit, der Lochungen, Verwiegung, Stempelung u. s. w. kann lediglich auf das bei Langschwellen Gesagte verwiesen werden.

130 M. die Tonne.

N.

Radgerippe (Radgestelle), nennt man einzelne Räder ohne Radreifen. Ein solches Gerippe besteht bei einem Speichen-rade aus Rabe, Speichen und Unterreif (Felgenkranz); bei einem Scheibenrade tritt an Stelle der Speichen die Radscheibe. Die Radgerippe sind bei den einzelnen Rädern besprochen.

Radreifen (Bandagen, Oberreif), für die Räder der Eisenbahnfahrzeuge wer-den fast ausschließlich aus Flußstahl in unge-schweißten Ringen durch Schmieden und Wal-zen gefertigt. Ihre Herstellung ist eine wesent-lich andere als die der Schienen und eisernen Schwellen, weil der Reif während der ganzen Dauer der Walzung die Walze nicht ver-lassen kann, und der Umstand, daß er aus einem ungeschweißten Ringe gefertigt wird,

erfordert eine andere Einrichtung des Walz-werkes. (Reifenwalzwerk.)

Um die Herstellung zu erläutern, werde angenommen, daß ein Reifen mit einem lichten Durchmesser von 800 mm und dem Fertiggewicht von 240 kg anzufertigen sei.

Es werden in derselben Weise, wie dieses bei Eisen S. 48 beschrieben, Flußstahlblöcke gegossen und zwar entweder so lang, daß man aus einem Blocke 4—5 Reifen erhält, oder man gießt für jeden Reifen einen (kleinen) Gußblock. Im ersteren Falle wird der 1350 bis 1400 kg schwere Block unter einem 300 Ctr.-Hammer vorgeschmiedet und in so viel kleinere Blöcke (4—5) zerhauen, wie man Reifen daraus erhält. Das Gewicht des kleinen Blockes, mag er nun für sich gegossen oder durch Theilung entstanden sein,

wird so bemessen, daß für je eine Schmiede-
und eine Walzhitze $2^1/2\%=5\%$ und für
das zur Herstellung des Ringes herauszu-
schlagende Stück etwa 8 kg abfallen können,
er wird rund 260 kg schwer. Dieser 300
bis 400 mm hohe runde oder achtkantige
Rohblock wird unter einem 200—300 Ctr.
Hammer gerollt, d. h. auf den Untersattel
des Hammers so aufgelegt, daß seine beim
Guß senkrecht gewesenen Seiten waagerecht
liegen, in welcher Lage er Hammerschläge
erhält, wobei man ihn mit Zangen hin-

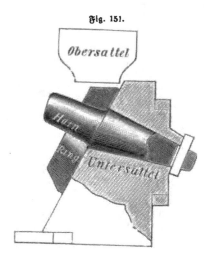

Fig. 151.

und herwendet. Darauf wird der Block
hochkantig gestellt und auf $2/3$—$1/2$ seiner
Länge zusammengestaucht. Diesem folgt das
„Lochen", indem man unter dem Hammer
einen eisernen Dorn durch den platt ge-
schlagenen Block treibt.

Der so hergestellte ungeschweißte Ring
wird unter einem 100—150 Ctr. Hammer
geweitet. In der in Fig. 151 gezeichneten
Weise ist im Untersattel des Dampfhammers
ein Horn angebracht, an welchem der Ring,
auf der geneigten Sattelfläche n aufliegend,

hängt und mit einem Hebel fortwährend
gedreht wird, während der Obersattel ihn
bearbeitet. Der Ring erhält auf diesem
Dorne eine Lochweite von 300—400 mm,
und man kann ihm durch eine entsprechende
Form des Obersattels auch die rohe Gestalt
des Radreifens geben. Wird mit einem
geformten Obersattel gearbeitet, so erhält der Ring auf dem Horn die Höhe des
fertigen Radreifens; kommt der einfache
sog. offene Sattel zur Anwendung, so
muß der Ring noch unter einem anderen
Sattel beigehalten, d. h. flach aufliegend
durch leichte Schläge auf die Höhe herab-
gestaucht werden, welche der Breite des
fertigen Radreifens entspricht.

Diese Schmiedearbeiten führt man in
der Regel in einer Hitze aus. Die fertigen
Ringe werden nachgesehen und verputzt,
d. h. alle sich zeigenden Risse und Schalen
werden aus- und abgehauen, worauf man
die Ringe in Rollöfen bis zur Walzhitze
bringt.

Die Radreifenwalzwerke haben waage-
rechte oder senkrechte, 2, 3 oder 4 Walzen.
Wir können die verschiedenen Einrichtungen
hier nicht näher besprechen, es sei nur hervorgehoben, daß bei den waagerechten Reifen-
walzen diese nicht, wie bei den Schienen-
walzwerken, zwischen den Ständern liegen,
da alsdann der Ring nicht über die Walzen
gebracht werden könnte, sondern daß dieselben sich topfartig an den Enden der
Wellen außerhalb der Ständer befinden
(Kopfwalzwerk).

Bei der häufiger vorkommenden Einrichtung mit senkrechten Walzen ist die mit
zweien (Vorderwalze und Hinterwalze) die einfachste, Skizze 152 und 153.
Die Vorderwalze ist dabei so niedrig, daß
der Ring über sie hinweggehoben werden
kann, oder sie läßt sich durch maschinelle
Vorrichtung heben und wird dann von
oben durch den Ring gesteckt. Ist dieser in
die richtige Lage gebracht, so beginnt die

Walzung, wobei in der Regel nur die Hinterwalze getrieben und durch maschinelle Kraft gegen die Vorderwalze gedrückt wird, so daß der zwischen den beiden Walzen eingepreßte Ring selbst sich dreht und durch die Reibung die Vorderwalze mitnimmt.

Während des Walzens weitet sich der Ring und wird dabei in das in die Hinterwalze eingeschnittene Profil (Skizze 153) gepreßt. Zeigervorrichtungen geben an,

langsam erkalten gelassen. Nach der Abkühlung werden beim Walzen etwa gebildete Grate auf der Drehbank fortgenommen. Die aus derselben Schmelzung (Charge) hervorgegangenen Reifen müssen durch dieselbe Stempelung kenntlich gemacht und von solchen der anderen Schmelzungen getrennt gehalten werden.

Ueberwachung der Fabrikation. Es gilt das bei Achsen Gesagte.

Fig. 152 u. 153.

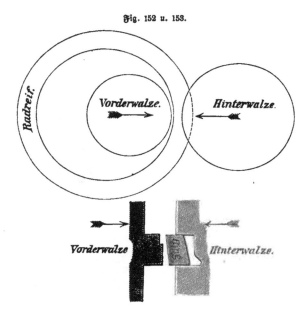

wann der vorgeschriebene Durchmesser erreicht ist, worauf man die angedrückte Walze zurücklaufen läßt. Der Ring wird von der Walze genommen und auf der Centrirpresse mittelst Wasserdruckes genau rund gemacht (rondirt).

Die Reifen müssen sehr langsam abkühlen; sie werden noch warm von der Centrirpresse genommen und bis zu 15 Stück zusammen in Gruben unter Luftabschluß oder unter Asche während einiger Tage

Prüfung und Abnahme.

Die Querschnittsform und der lichte Durchmesser der Radreifen müssen dem Fabrikanten durch Zeichnungen oder Lehren und Stichmaße oder Maßangaben vorgeschrieben werden, und ist mittelst genauer Maßstäbe und Lehren zu untersuchen, ob dieselben genau stimmen. Bei dem inneren Durchmesser wird häufig eine Abweichung von höchstens ±1 mm als zulässig erachtet. Der Reifen muß innen und außen ganz rund und die innere Fläche genau cylindrisch sein. In Bezug hierauf wird in der Regel verlangt, daß die Reifen so glatt und innen und außen so genau rund gewalzt sein müssen, daß ein Schnitt von höchstens je 1,5 mm Dicke für das Ausdrehen und Abdrehen genügt, um die Querschnittsform rein herzustellen. Sowohl vor wie nach dem Abdrehen müssen die Reifen auf Fehlstellen, wie Brüche, Risse, Schalen, Abblätterungen, Löcher, Verdrückungen u. s. w. untersucht werden. Schuppen, welche beim treibenden Stahle durch Gasblasen entstehen, sind meistens von keiner Bedeutung, insbesondere nicht an den Spurkränzen, da sie bei dem nachherigen Abdrehen wegfallen; wenn dieses nicht der Fall ist, so sind sie nicht zu übersehen.

Das Material der Rabreifen muß bester, durchweg gleichmäßiger, fehlerfreier Flußstahl, das Gefüge durchaus gleichförmig sein und die Bruchfläche das feine stahlartige Korn zeigen. Bei dem Abdrehen oder der Abnutzung dürfen ungleich harte Stellen nicht hervortreten.

Die Zerreißproben werden wie bei Achsen angegeben ausgeführt. Die Probestäbe in den daselbst angegebenen Abmessungen werden kalt aus der Mitte des Querschnittes der Rabreifen herausgearbeitet. Es wird dazu ein Stück des Reifens vorher bei möglichst milder Erwärmung gerade gerichtet, wobei dasselbe vor zu rascher Abkühlung geschützt werden muß.

Der Flußstahl zu Locomotiv-Rabreifen muß eine Zerreißfestigkeit von mindestens 60 kg für 1 qmm des ursprünglichen Querschnittes haben und die Zusammenziehung mindestens 25% des ursprünglichen Querschnittes betragen; bei Tender- und Wagenrabreifen sollen diese Werthe mindestens 45 kg und 35% sein, und für alle Rabreifen diese beiden Zahlen zusammen mindestens 90 ausmachen.

Beim Aufziehen müssen die Reifen das Schwindemaß von 1 mm für einen Meter

lichten Durchmesser aushalten, ohne zu reißen oder Fehlstellen zu zeigen.

Schlagproben werden in der Weise ausgeführt, daß man den Reifen senkrecht auf eine feste (gußeiserne) Unterlage F stellt (Fig. 154) und durch zwei Keile cc in dieser Stellung festhält. Im höchsten Punkte bringt man die Auflage a a an, von der Stärke des Spurkranzes, damit das Gewicht P (der Schlag) nicht den Spurkranz allein trifft.

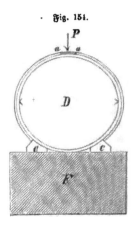

· Fig. 154.

Bei einem Fallgewichte von 600 kg müssen die Reifen drei Schläge aus einer Höhe von 5 m aushalten, ohne irgend welche Anbrüche zu zeigen. Wenn besonders zähes Material zu verlangen ist, z. B. für Rabreifen zu Laufachsen von Personenzugmaschinen, so werden bei 600 kg Fallgewicht und 5 m Fallhöhe sechs Schläge vorgeschrieben.

Von einigen Verwaltungen wird bei Locomotivrabreifen die Fallhöhe nach dem lichten Durchmesser bemessen, z. B. (600 kg Fallgewicht):

unter 1400 mm 5 m Fallhöhe,
bei 1400 mm 4,4 m „
„ 1570 mm 4 m „
„ 1740 mm 3,8 m „

Bei dieſen Schlagproben iſt nach jedem Schlage zu meſſen, um wie viel der Durchmeſſer des Reifens in ſenkrechter Richtung abgenommen und in waagerechter zugenommen hat.

Um das Gefüge des Materiales zu beurtheilen, muß der Reifen bis zum Bruche zerſchlagen oder wenn dieſes nicht möglich iſt, unter dem Dampfhammer gebrochen werden.

In der Regel wird aus 50 Reifen einer für die Proben ausgewählt und das Verhalten dieſes entſcheidet über die Annahme oder Verwerfung der übrigen 49, jedoch iſt zu berückſichtigen, daß bei einem einzelnen Radreifen in Folge zu raſchen Abkühlens oder durch irgend einen Umſtand verurſachtes kaltes Walzen o. dergl. Spannungen veranlaßt ſein können, welche auch beim zäheſten Materiale einen Bruch herbeiführen, ſich aber in den übrigen Reifen nicht befinden. Man muß bei ungenügenden Ergebniſſen bei einem Reifen, um ſicher zu gehen, noch mit einem anderen derſelben Schmelzung die Verſuche wiederholen.

Zu den Proben nimmt man zweckmäßig Reifen derjenigen Schmelzung, von welcher am meiſten vorhanden ſind. Jeder einzelne Reif erhält auf der äußeren Ringfläche nahe der Innenkante eine Stempelung, etwa 5 mm tief und 10 mm hoch, mit dem Zeichen der Fabrik, der Jahreszahl und der laufenden Nummer, damit jederzeit der Urſprung des Reifens außer allem Zweifel iſt. Vielfach wird auch das Eigenthumsmerkmal, z. B. K. P. E. V. und ein L bei Locomotiv- und ein W für Wagenradreifen, ferner auch noch auf der inneren Reifenfläche die Chargennummer eingeſtempelt.

Bei der Ablieferung werden zweckmäßig der Durchmeſſer und das Gewicht des Reifens mit Oelfarbe in die Innenfläche geſchrieben.

Probe, ein etwa 300 mm langes, aus einem Reifen geſchnittenes Stück.

100 kg für Locomotivradreifen (Tiegelgußſtahl) 25 M., ſonſtige (Beſſemerſtahl) 22—23 M.

Radſatz (Satzachſe, Räderpaar), bezeichnet zwei vollſtändige Eiſenbahnräder mit der zugehörigen Achswelle, fertig zum Unterbringen unter das Fahrzeug. S. Satzachſe.

Räder, bei den Eiſenbahnfahrzeugen ſitzen auf der zugehörigen Achswelle feſt, ohne jedoch mit dieſer ein unzertrennliches Ganze zu bilden. Zwei zuſammengehörende Räder mit der zugehörigen Achswelle bilden eine Satzachſe oder einen Radſatz (ſ. da). Ein einzelnes Rad beſteht, wenn es Speichenrad iſt, aus Nabe, Speichen, Unterreif (Felgenkranz) und Radreif (Oberreif). Bei den Scheibenrädern tritt an Stelle der Speichen ein volles Stück, die Radſcheibe, zwiſchen Nabe und Unterreif.

Bei den Gußſtahl-, Hartguß- und Stahlguß-Scheibenrädern machen Nabe, Scheibe, Unter- und Oberreif, alſo das ganze Rad nur ein Stück aus. In den meiſten Fällen iſt der Radreif (Oberreif) ein Theil für ſich und das zweite Stück wird aus Nabe, Scheibe (Speichen) und Unterreif gebildet, welche drei Theile zuſammen dann Radgerippe oder Radgeſtell genannt werden. Zur Befeſtigung des Oberreifens auf dem Radgerippe dienen dann noch beſondere Theile (Bolzen, Schrauben, Klammerringe, Sprengringe u. a.).

Bei Scheibenrädern beſteht die Scheibe nicht immer mit Nabe und Unterreif aus einem Stücke, ſondern iſt beſonders eingeſetzt, ſo bei Blechſcheiben-, Papierſcheiben- und Holzſcheiben-Räder, bei welchen dann noch weitere Theile zum Befeſtigen der Scheibe mit Nabe und Unterreif hinzutreten.

S. Flußeiſen-Scheibenräder, Gußſtahl-Scheibenräder, Hartgußräder, Holzſcheiben-Räder, Papierſcheiben-Räder, Schmiedeeiſen-Scheibenräder, Speichenräder, Stahlgußräder.

Raſeneiſenſtein, iſt ein Eiſenerz, welches aus Eiſenoxydhydraten und Mangan= und Phosphorverbindungen besteht, außerdem Sand und organische Stoffe enthält. Findet Verwendung in Leuchtgasfabriken zur Reinigung des Gases.

Rehbraun, s. Umbra.

Reiserbesen (Strauchbesen), sind entweder platt (Stubenbesen) oder rund (Stallbesen) gebunden. Müssen aus frischen, jungen, biegsamen, kräftigen, nicht vertrockneten, im Frühjahre vor Ausbruch des Laubes geschnittenen Birkenreisern bestehen, fest und dauerhaft gebunden sein. In der Regel wird eine dreifache Bindung aus gedrehten oder gespaltenen Weiden verlangt; Länge etwa 650 mm, Gewicht nicht unter 750 Gramm. Proben anfordern. 100 Stück 11—13 M.

Reiserwellen (Schanzen), sind Bunde von Knüppeln und Reisern aus Nadel= oder Laubhölzern, auch aus beiden bestehend. Haben zweckmäßig ein Gewicht von 5—7,5 kg (lufttrocken), eine Länge von 1 m. Die Knüppel in einer Welle müssen mindestens 50 % des Gewichtes dieser ausmachen.

Einige Verwaltungen schließen Tannen=, Fichten= und Erlenholz von den Schanzen aus, andere verlangen ausschließlich Buchen= und Eichenholz. Das Holz zu den Wellen muß im Winter vor der Belaubung und mindestens 4 Monate vor der Anlieferung geschlagen, nach Lagerung von mindestens 2 Monaten gebunden und laubfrei sein. In den Bunden darf kein faules, angegangenes oder stockiges Holz, noch Eis oder Schnee sich befinden. Jedes Bund muß zweimal, etwa 15 cm von den Enden, am besten mit ausgeglühtem Eisendrahte oder mit Weidenruthen gebunden sein. Lose Wellen werden bei der Abnahme nicht mitgezählt. Zur Probe sind bei der Abnahme einige Bunde zu wägen. Ein Mehrgewicht kommt in der Regel nicht zur Berechnung, ein Mindergewicht dagegen in Abzug.

Zum Anheizen einer Locomotive gehören 3—5 Wellen, je nach ihrem Gewichte und der Größe der Feuerkiste.

Reiserwellen sind trocken zu lagern; feucht bereiten sie beim Anheizen die widerlichsten Schwierigkeiten. Im trockenen Zustande sind **die Schanzen sehr feuergefährlich und müssen deßhalb abseits von geheizten Räumen gelagert werden. Dürfen niemals in der Nähe der Dampfkessel oder sogar auf denselben (zum Trocknen) geduldet werden.** 1000 Stück, je 7,5 kg 42 bis 55 M.

Ressortschnur, ist grauseidene Schnur, dient zu Schleifen für die seitlichen und zur Führung der Gardinen der Thürfenster in Coupé's I. und II. Cl. (Ressorts sind die Aufrollfedern der Gardinen.) Nach Probe. 100 m 11 M.

Riemenleder, ist entweder weißgares Nähriemenleder oder Lohgares Maschinenriemenleder oder Lohgares Blankleder, s. da.

Rindblankleder, s. Blankleder.

Rinderklauen, werden, wie die Hornabfälle, zur Oberflächenhärtung des Eisens benutzt. Müssen rein und ohne fremdartige Beimengungen sein. 20 Pf. das kg.

Rindertalg, s. Talg.

Rindleder, weißgares, zu Nähriemen, Binderiemen und Sattlerarbeiten, welche der Feuchtigkeit nicht ausgesetzt sind. Muß ein kräftiges, recht zähes Leder von überall gleicher Stärke sein. Wird in ganzen (10 kg) oder halben Häuten bezogen. 2,50—3 M. das kg.

Wird es in der Wärme auf beiden Seiten mit Fett (Talg) getränkt, so nimmt es eine gelbliche Farbe an und heißt dann weißgares oder alaungares Fettleder, welches zu Riemen aller Art verwendet wird. 2,45 M. das kg. S. Leder.

Rindvachettleder, s. Vachetleder.

Rindverdeckleder, ist ein mittel-
starkes lohgares Rindleder. Muß gleichmäßig stark, ohne Fehler, sehr geschmeidig
sein. Wird auch durch Spalten von dickem
Leder auf der Spaltmaschine hergestellt.
Wird zu Kutschenverdecken gebraucht, woher
der Name, außerdem zu Ueberzügen von
Matratzen, Sitzen u. a. Schwarz gefärbt,
auch lackirt. Eine ganze Haut etwa 7 kg.
4,50 M. das kg. S. Leder.

Rinnenblech, s. Kupferblech.

Rippenblech, s. Eisenblech.

Rips, ist ein glattes Gewebe (also
ohne Muster), dessen Kettenfäden gegen die
Schußfäden sehr dick sind und bei welchem
die feinen Schußfäden so dicht liegen, daß
die Kettenfäden davon ganz bedeckt sind.
Diese treten als der Länge nach laufende
Rippen stark hervor, woher der Name rührt.
Der Rips kann ein reines Gewebe (Seiden-
und Wollrips) oder ein gemischtes sein.
Bei diesem nimmt man zu den Schußfäden,
als sichtbar liegend, die feinere Gespinnst-
faser, z. B. baumwollene Kette und wollener
Schuß. Rips wird benutzt zu den Wand-
bekleidungen der Coupé's, zu Vorhängen,
Möbelbezügen u. a. Untersuchung siehe
Gewebe.

Röhren, s. Eisenröhren, Siederöhren, Gasröhren, Kupferröhren, Bleiröhren.

Röthel, ist Bolus.

Roggenmehl, dient zur Bereitung
von Kleister und wird zuweilen dem Formsande zugesetzt. Wird verfälscht mit dem
minderwerthigen Kartoffelmehl, Schwerspath o. dergl. 18 Pf. das kg.

Roheisen, s. Eisen S. 43. 7,20 M.
für 100 kg.

Rohr, s. Spanisch Rohr.

Rohrbesen, sind Bündel aus ge-
spaltenem spanischen Rohre für die Bahn-
räumer der Locomotiven (Schneebesen).
Länge bis 540 mm, bis 90 mm Durchmesser.
Nach Muster zu liefern. Das Rohr muß

gesund sein. 100 kg 70 M., das Stück
35—50 Pf.

Rohrkörbe, s. Körbe.

Rohrwände, eiserne, sollen aus
bestem Eisen sein und gelten die bei Eisenblech I. Güte angegebenen Bedingungen.
Für jede einzelne Rohrwand ist dem
Fabrikanten Zeichnung mit Maßangaben zu
geben, die genau innezuhalten sind. Die
Rohrwände sind mit fertigen Bördeln zu
liefern. Untersuchung siehe Eisenblech.
100 kg 65 M.

Rohrwände, kupferne, s. Feuerkisten.

Rosmarinöl, wird aus dem Ros-
marinkraut gewonnen. Farblos oder schwach
gelblich, wegen seines scharfen Geschmackes
ungenießbar. Wird dem Rüböl zugesetzt,
um dieses für häusliche Zwecke untauglich
(ungenießbar) zu machen (denaturiren)
und so vor Entwendung zu schützen. 5—7 M.
das kg.

Roßhaare (Pferdehaare), zum
Polstern von Möbeln, Coupésitzen u. a.
sind um so besser, je länger sie sind. Es sind
nur Schweif- und Mähnenhaare zu verlangen; die ersteren sind vorzuziehen, in der
Regel besteht jedoch die Lieferung aus beiden.
Werden nach der Reinigung zu festen Zöpfen
gesponnen, dann in Wasser gekocht und getrocknet. Die Haare behalten alsdann auch
nach Aufdrehen der Zöpfe ihre Kräuselung
bei, man nennt sie in dieser Form Krull-
haare.

Den Pferdehaaren können Schweineborsten, Kuhhaare und Pflanzenfasern (u. a.
Kokosfasern) beigemengt sein. Die beiden
ersteren erkennt man an der geringeren
Länge, Kuhhaare sind im Allgemeinen auch
feiner als Roßhaare; Schweineborsten haben
eine gespaltene Spitze; Pflanzenfasern erkennt man daran, daß sie ohne Geruch mit
Flamme verbrennen, wogegen Pferdehaare
nur versengen, eine aufgeblähte Kohle bilden und dabei den bekannten widerlichen

Geruch entwickeln. Ein befeuchtetes Curcumapapier über sengende Haare gehalten bräunt sich. Die natürliche Farbe der Pferdehaare ist ohne Einfluß auf ihre Güte. Sie werden oft künstlich gleichmäßig gefärbt, damit Beimengungen weniger kenntlich sind. Probe 0,5 kg. 4—5 M. das kg. Für einen Stuhl in I. Cl. etwa 4,5 kg, in II. Cl. etwa 5 kg.

Roßleder, braunes, ist in großen Häuten von 2,5—3 qm (nur Kern) in mittlerer Stärke zu liefern; muß gut gegerbt, fest und haltbar sein. Auf Etterlinge zu untersuchen. Dient zum Einfassen von Cocosmatten u. a. Eine Haut 35 M. S. Leder.

Rostkitt, s. Kitte.

Roststabeisen, ist meistens ein Façoneisen von trapezförmigem Querschnitte u. a. 90 × 26 × 14 mm, 90 × 28 × 8 mm, 105 × 23 × 8 mm; wird in bestimmten Längen angefordert. Es braucht im Allgemeinen nicht so gut wie Stabeisen zu sein (etwa 34 kg Festigkeit und 15 % Zusammenziehung), muß jedoch eine glatte Oberfläche ohne Kantenrisse, Schweißnähte und sonstige Fehlstellen haben; darf weder roth- noch kaltbrüchig sein; muß sich gut schweißen und mäßig stauchen lassen. Die Stäbe sollen gerade und genau auf Länge geschnitten sein und den verlangten Querschnitt haben. Probe je ein Stab von 600 mm Länge. 100 kg 13 M.

Roststäbe, gußeiserne, müssen aus gutem grauen Gußeisen, sauber, gerade, mit ebenen und glatten Oberflächen, ohne Kantenrisse, Blasen oder sonstige Fehler gegossen sein. Die obere Fläche soll besonders eben und glatt (in der Form polirt) sein, damit dieselbe vom Feuer möglichst wenig angegriffen wird. Dem Fabrikanten Probestäbe zu übergeben. Schwefel ist bei Roststäben ganz besonders schädlich. Man prüft hieselben am besten durch Verwendung unter dem Kessel oder in der Feuerkiste. Sie erhalten zweckmäßig auf der unteren Fläche

in erhabener Schrift die Modellnummer. 100 kg 11 M.

Rothbuche, s. Buche.

Rothe und violette Farben, s. Anilinroth, Bleimennige, Bolus, Carmin, Caput mortuum, Drachenblut, Eisenmennige, Englischroth, Krapp, Kochenille, Zinnober.

Rothguß, s. Messing.

Rothholz (Brasilienholz, Fernambukholz), das Holz eines in Asien und Amerika heimischen Baumes, dient zur Herstellung von rother und violetter Holzbeize. 50 Pf. das kg.

Rothsiegel, s. Zinkweiß.

Rüböl, wird aus dem gemahlenen Samen der Sommerrübse (Raps) durch Auspressen oder durch Ausziehen mit Schwefelkohlenstoff gewonnen. Ausbeute 30 bis 40 %. Gehört zu den fetten, nicht trocknenden Oelen. Frisch ist es fast geruch- und geschmacklos, nach längerem Lagern bekommt es einen scharfen unangenehmen Geschmack. Hell- bis dunkelgelb. Spec. Gew. 0,912—0,927. Wird dickflüssig bei —4° bis —5°, erstarrt bei —7° bis —10°.

Rohes Rüböl, wie es aus dem Samen gewonnen wird, hat eiweißartige und schleimige Bestandtheile, welche auf Farbe, Geschmack, Geruch, Flüssigkeitsgrad und auf die Tauglichkeit als Schmiermittel den größten Einfluß haben. Die schleimigen Theile bilden harzartige Rückstände, welche die Saugfähigkeit der Schmierdochte beeinträchtigen, sowie die Schmierlöcher und Schmiernuthen verstopfen. Durch einen Zusatz von Petroleum werden die Harzabsätze aufgelöst und die Schmierleitungen gereinigt. außerdem hält Petroleum das Rüböl im Winter länger flüssig, ohne daß es bei 5 bis 50 % die Schmierfähigkeit bedeutend vermindert. Rüböl wird an der Luft nicht so leicht ranzig wie das ebenfalls zum Schmieren verwendete Baumöl.

Rohes Rüböl zum Schmieren muß gut abgelagert, klar, frei von Säuren, Schleim-, Harz- und sonstigen fremdartigen Bestand-

theilen sein, es darf auch nach längerem
Lagern keinen Bodensatz bilden.

Durch Behandlung des rohen Rüböles
mit Schwefelsäure werden die Schleimtheile
zerstört. Durch wiederholtes Auswaschen
mit Wasser unter beständigem Umrühren
sucht man auch die letzten Spuren der Säure
zu entfernen und klärt dann das Oel durch
Filtration. Das so erhaltene Oel ist das
gereinigte (raffinirte) Rüböl (Brennöl).
Dieses dient meistens Beleuchtungszwecken,
wird aber auch zum Schmieren verwendet.
Es bildet keine Harzabsätze, ist dagegen als
Schmiermittel reichlich dünnflüssig und selbst
ganz kleine Mengen von zurückgebliebener
Schwefelsäure greifen die Metalle an.

Brennöl darf Säuren höchstens in Spuren
enthalten, muß ganz frei von vorher genannten fremden Beimengungen, hell und
klar sein, mit heller, weißer Flamme brennen,
ohne zu rußen und Geruch zu verbreiten.
Der Gehalt an freier Fettsäure darf 0,3%
nicht übersteigen. Gemischt mit Lösungen
von Harzen in Harzöl oder von Guttapercha in Petroleum kommt das Rüböl
unter dem Namen Cohäsionsöl in den
Handel, welches jedoch in der Regel einen
dem Werthe als Schmiermaterial nicht entsprechenden hohen Preis hat.

In dichten und festen Fässern anzuliefern, zweckmäßig nicht über 350 kg schwer.
Bei der Lagerung, Entnahme von Proben
und Verausgabung sind dieselben Vorsichtsmaßregeln wie bei Leinöl zu beachten.
Rohes Rüböl 46 M., gereinigtes 48 M.
für 100 kg. S. Schmiermaterialien und Fette.

Rüster (Ulme), Laubholz, erreicht in
etwa 70 Jahren eine Höhe bis 20—30 m,
Stärke bis 95 cm; heimisch in ganz Europa.

Das Holz ist bei alten Bäumen gelblich-
bis röthlichbraun, im Splint und bei jungem
Holze gelblich-weiß. Geflecktes, geadertes
und geflammtes Aussehen. Aeußerst zähe,
elastisch, ziemlich hart, langfaserig, fest,
schwer spaltbar, schwer; spez. Gewicht 0,56
bis 0,82. Läßt sich spiegelglatt bearbeiten.
Eins der dauerhaftesten Hölzer, wirft sich

nicht leicht, vom Wurmfraße sehr wenig
angegriffen, widerstandsfähig bei wechselnder
Witterung und unter Wasser.

Wird beim Wasserbau zu Pfählen verwendet, zu Pumpenröhren, Maschinentheilen,
Wasserrädern, Achsen, zu dem inneren Rahm-
werk bei Personenwagen, zu Bremsklötzen.
Junge Bäume und starke Zweige zu Dreh-
scheiben-, Hand- und Kuppelbäumen, Bremsknüppeln, Hammerstielen. Altem Ulmenholz
kann man durch Beizen ein dem Mahagoniholz sehr ähnliches Aussehen geben. Das
cbm 75—85 M., in Stämmen 30 M.

Rundeisen, ist Stabeisen mit kreis-
förmigem Querschnitte. Anforderungen an
Festigkeit u. s. w. wie bei Stabeisen.
Verwendung zu Nieten, Schrauben, Bolzen,
Gehängen, Gestängen u. a. Von 6 mm ab-
wärts zählt es zu den Eisendrähten.

1 m Rundeisen wiegt:

Durch-messer mm	Gewicht für 1 lfd. m kg	Durch-messer mm	Gewicht für 1 lfd. m kg	Durch-messer mm	Gewicht für 1 lfd. m kg
5	0,153	30	5,499	75	34,37
6	0,220	31	5,872	80	39,11
7	0,299	32	6,257	85	44,15
8	0,391	33	6,654	90	49,49
9	0,495	34	7,064	95	55,15
10	0,611	35	7,485	100	61,10
11	0,739	36	7,919	105	67,37
12	0,880	37	8,365	110	73,94
13	1,032	38	8,823	115	80,81
14	1,197	39	9,294	120	88,00
15	1,375	40	9,776	125	95,48
16	1,564	41	10,27	130	103,3
17	1,766	42	10,78	135	111,4
18	1,980	43	11,30	140	119,8
19	2,206	44	11,83	145	128,5
20	2,444	45	12,37	150	137,5
21	2,695	46	12,93	155	146,8
22	2,957	47	13,50	160	156,4
23	3,232	48	14,08	165	166,4
24	3,520	49	14,67	170	176,6
25	3,819	50	15,28	175	187,1
26	4,131	55	18,48	180	198,0
27	4,455	60	22,00	185	209,1
28	4,791	65	25,82	190	220,6
29	5,139	70	29,94	195	232,3
				200	244,4

Bei 6—100 mm Stärke 13.70, bei 6 bis 12 mm 15.60, bei 100—150 mm 16.70 M. für 100 kg. Auf bestimmte Länge geschnitten für je 100 kg 1 M. mehr.

Rundkupfer, ist ein Kupferstab mit kreisförmigem Querschnitte. Anforderungen an Festigkeit u. s. w. wie bei **Kupferstäben.** Wird u. a. benutzt zu Stehbolzen in den Feuerkisten der Locomotiven. Von 20—50 mm Stärke 122 M. für 100 kg.

Rundschnur, wollene oder seidene, etwa 4 mm stark; nach Mustern zu liefern. Findet bei der inneren Ausstattung der Personenwagen Verwendung. Untersuchung s. Gespinnste. Wollene 5 Pf., blauseidene schwache 20 Pf., starke 1 M. das m.

S.

Sackband, ein etwa 5 mm starker Bindfaden aus Hanf- oder Flachshede; muß glatt und gleichmäßig gesponnen und gedreht, ganz trocken sein. In Rollen von 2 kg. 60 Pf. das kg. s. Seilerwaren.

Salicyl-Watte, ist besonders gereinigte und entfettete Watte, welche mit 10prozentiger Salicylsäure getränkt und dann getrocknet ist, so daß die Säure in der Watte zurückgeblieben. Dient zum Bedecken von Wunden, um Fäulniß zu verhindern. Je 5 kg (zu je 8 M.) davon befinden sich in den Rettungskästen der Pr. Staatsbahnen.

Salmiak (salzsaures Ammoniak), wird zum größten Theile aus dem ammoniakhaltigen Wasser (Gaswasser), welches bei der Leuchtgasbereitung abfällt, durch Mischen mit Salzsäure hergestellt. Der beim Abdampfen der Lösung zurückbleibende Rohsalmiak wird durch Erhitzen in geschlossenen Gefäßen und Verdichten der sich bildenden Salmiakdämpfe gereinigt.

In dichten, farblosen, halbdurchsichtigen, eisglänzenden Stücken von faserigstrahligem Gefüge, frei von fremden Beimengungen zu liefern. Chemisch zu untersuchen. Wird benutzt beim Verzinnen und Verzinken, indem Salmiak von Metallen Unreinigkeiten und Oxyde fortnimmt, also eine reine Oberfläche herstellt; ferner beim Löthen und zur Bereitung von Härtemassen, Kitten und Holzbeizen. In Fässern zu liefern, trocken, in kühlen Räumen zu lagern. 80—100 Pf. das kg.

Salmiakgeist, ist eine Lösung von Ammoniak in Wasser, s. Ammoniak. Bei 0,920 spez. Gew. 40 Pf. das kg.

Salpetersäure, wird dargestellt aus Natronsalpeter (salpetersaures Natron), indem man diesen in gußeisernen Kesseln mit Schwefelsäure mischt und erhitzt. Es bilden sich Salpetersäure-Dämpfe, welche, in geschlossene Gefäße geleitet, sich zu flüssiger roher Salpetersäure verdichten. Die in den Handel gebrachte hat etwa 34% wasserfreie Salpetersäure mit einem spez. Gewichte von 1,25; sie wird als einfaches Scheidewasser bezeichnet. Bei etwa 56% reiner Säure mit einem spez. Gewichte von etwa 1,4 nennt man sie doppeltes Scheidewasser. Die schwächere genügt für Eisenbahnzwecke. Ist eine farblose, durchsichtige Flüssigkeit, welche höchstens 2% Schwefelsäure enthalten darf. Chemisch zu prüfen. **Salpetersäure ist sehr stark ätzend,** zerstört die Haut! Deshalb Vorsicht bei der Verausgabung und dem Gebrauche! **Starke Salpetersäure kann Wolle, Stroh, Werg u. dergl. zur Selbstentzündung bringen!** Anzuliefern in Glasballons oder Flaschen; gut verschlossen zu halten, da sonst Verflüchtigung eintritt.

Salpetersäure-Dämpfe greifen Metalle an. Zu lagern in kühlen Räumen.

Wird gebraucht zum Aetzen von Metallen, Beizen von Holz, Gelbbrennen (Aufsieden) von Messing und Bronce u. a., Handgriffen, Ringen, Verzierungen der Personenwagen; zur Untersuchung von Farben, Geweben u. a., zu Härtewässern. Probe 0,5 kg. Bei 34 % Säure das kg 45 Pf. Sehr rein und stärker, bis 1,50 M.

Salzsäure, wird dargestellt durch Behandlung von Kochsalz (Chlornatrium)

mehreren anderen Materialien. Probe 0,5 kg. Bei 30—35 % Säure 12 Pf. das kg.

Sammt, ist ein Gewebe, dessen Grundstoff Baumwolle und dessen Flor Seide ist. S. Gewebe.

Sammt-Braun, f. Umbra.

Sandguß, f. Eisenguß S. 62.

Sandkohlen, f. Steinkohlen.

Sandpapier (Glas-, Flintstein-, Feuersteinpapier), finden dieselbe Verwendung und werden hergestellt wie Schmirgelpapier, nur wird an Stelle von Schmirgel

Fig. 156 u. 157.

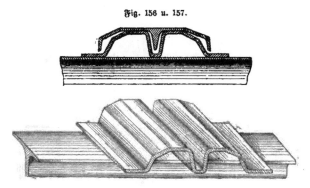

Sattelstücke.

mit Schwefelsäure, wobei sich ein Gas (Chlorwasserstoff) entwickelt, welches in Wasser geleitet mit diesem die Salzsäure mit etwa 30—35 % des Gases bildet. Soll ein spez. Gewicht von 1,15 bei 15° haben. Ist eine farblose oder etwas gelblich gefärbte Flüssigkeit von stechendem Geruche. **Wirkt ätzend!** Deshalb vorsichtig zu behandeln! In Glasballons zu liefern, gut geschlossen zu halten, da sonst Verflüchtigung eintritt. Salzsäuredämpfe greifen Metalle an. In kühlen Räumen zu lagern.

Wird benutzt zur Bereitung von Löth- und Härtewasser, zum Beizen von Metallen und Holz, zur Prüfung von Farben und

Sand, Flintstein oder Feuerstein in gepulvertem Zustande benutzt. Sandsteinpapier wird seltener gebraucht, häufiger ein Gemenge von Sand und Glas. Sand läßt sich, nachdem Papier und Leim in warmem Wasser entfernt sind, unter der Lupe erkennen.

Anlieferung und Lagerung wie Schmirgelpapier. 1,60 M. für 100 Bogen zu 24×28 cm.

Satinober, f. Ocker.

Sattelstücke (Futterstücke, Sättel), sind Façoneisen, welche beim Hilf'schen Langschwellen-Oberbau Verwendung finden. Dieselben liegen zwischen Langschwelle und Querschwelle, Fig. 156 und 157, und haben den Zweck, das Einarbeiten der Rippen der Langschwelle in die Ober= fläche der Querschwellen zu verhindern, wel= ches eintritt, wenn die Langschwelle un= mittelbar auf den Querschwellen liegt. Die Sättel sind mit der Querschwelle vernietet und so lang, daß sie an beiden Enden gegen die Köpfe der nächsten Schienenbefestigungs= bolzen stoßen und so gleichzeitig das Wan= dern der Langschwellen verhindern.

Die Sattelstücke müssen genau nach der vorgeschriebenen Querschnittsform sauber ausgewalzt, gratfrei und gut gerichtet, die= selben dürfen nicht windschief, und die Auf= lageflächen müssen besonders glatt und ge= rade sein, damit das Sattelstück auf der Querschwelle und die Langschwelle auf dem Sattelstück guten Anschluß hat. Im Uebrigen gelten für das Material und die äußere Beschaffenheit die Anforderungen wie bei den Langschwellen.

An Stelle des gezeichneten Sattelstückes wendet man auch zwei ⊏ ähnliche Façon= eisen an, welche die Mittelrippe der Lang= schwelle zwischen sich nehmen.

Sattlermaterialien sind folgende: a) Zum Polstern und Beziehen der Coupé= sitze: Roßhaare, Waldwolle, Seegras, Alpen= gras, Hanfgurte, Sprungfedern, Leinewand, Behäuteleinen, Hedeleinen, Kattun, Nessel, Shirting, Tuche, Plüsche, Ledertuche, Leder, Insektenpulver. b) Zum Belegen der Fuß= böden und Wände: Wachstuch, Linoleum, Teppichstoffe, Cocosmatten, Pappdeckel, Ta= peten. c) Zur Ausstattung und Verzierung: Gardinenstoffe, wie Tibet, Coteline, Moles= kin, Drell; Kordeln, Borde, Knöpfe, Pu= scheln, Rosetten, Ringe, Fransen, Litzen, Naht= und Nagelschnur, Fenstergurte, Ge= päckhalternetze, Fensterzugquäste, Gardinen= und Rollenquäste u. a.

Zu den Arbeiten sind noch erforderlich: Bindfaden, verschiedene Garne, Zwirne, Näh= seide, Schuhmachergarn, Schweineborsten,

Wachs, Pech, Kupferdraht, Nägel, Kleister u. a. Siehe bei den genannten Materialien.

Satzachsen. Zwei vollständige Räder mit der zugehörigen Achswelle, fertig zum Unterbringen unter das Fahrzeug, nennt man Satzachse, auch Radsatz und Rä= derpaar, Fig. 158. Je nachdem das ein= zelne Rad aus einem Stücke besteht oder einen aufgezogenen Radreifen hat, besteht eine Satzachse aus 3 (Achswelle und zwei

Fig. 158.

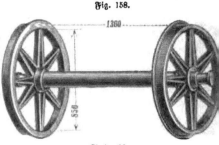

1360

850

Satzachse.

Räder) oder aus 5 Haupttheilen (Achswelle, zwei Radgestelle, 2 Radreifen). Für diese einzelnen Theile gelten die an anderen Stellen angegebenen Lieferungsbedingungen. Vorausgesetzt, daß diese erfüllt sind, ist bei der Ueberwachung der Herstellung, Prüfung und Abnahme der Satzachsen noch Folgen= des zu beachten.

Für die Satzachsen dürfen nur Achswellen, Radgestelle und Rad= reifen zur Verwendung kommen, welche als bedingungsgemäß ab= genommen sind.

Die Radnaben und Unterreifen müssen sauber, der Zeichnung und den Maßangaben genau entsprechend ausgebohrt bezw. ab= gedreht sein und die Radgestelle einzeln auf die Achswelle gepreßt werden. Bei Wagen= und Tenderrädern geschieht dieses ohne, bei den für Locomotivtreib= und Kuppelräder mit Keil, welcher die vorgeschriebenen Abmessungen haben und an der in der Zeichnung angegebenen Stelle sitzen muß. Das Aufpressen der Räder erfolgt mittelst Wasserdruckpressen, der auszuübende Druck wird für Wagen- und Tenderräder zu 50 000 bis 75 000 kg, für Locomotivräder zu 75 000 bis 95 000 kg vorgeschrieben. Zur Untersuchung, ob dieser Druck wirklich angewendet ist, kann der Abnahmebeamte einige Räder abpressen lassen, wobei der eben genannte Druck erreicht werden muß. Damit die Achsschenkel beim Aufpressen nicht leiden (verbiegen, verpressen), darf der Preßstempel nicht unmittelbar gegen die Stirnfläche des Schenkels drücken, sondern um diesen muß eine Hülse gelegt werden, welche den Druck auf den inneren Bund des Achsschenkels überträgt. Die Radgestelle dürfen nach dem Aufpressen nicht schief auf der Achse sitzen und müssen von den Schenkelmitten die genau gleiche und vorgeschriebene Entfernung haben.

Bei Treib- und Kuppelachsen müssen die Mittellinien der Bohrungen für die beiden Zapfen genau senkrecht zu einander und die Stellung der Räder soll so sein, daß die rechte Kurbel voreilt.

Nach dem Aufpressen der Räder werden die unter Berücksichtigung des Schwindmaßes (1 : 1000) genau und sauber ausgedrehten Radreifen aufgezogen, wobei darauf zu achten ist, daß die Reifen die richtige Wärme haben, daß die Befestigung nach Zeichnung erfolgt und die dazu erforderlichen Theile (Sprengring, Schrauben, Klammerringe o. dergl.) den Lieferungsbedingungen entsprechen.

Nach dem Aufbringen der Radreifen werden diese abgedreht, was genau nach der verlangten Querschnittsform zu geschehen hat.

Die so fertig gestellten Satzachsen werden nun noch mit der Spurlehre darauf untersucht, ob die Räder den richtigen Abstand von einander haben.

Nach der Abnahme kann das Streichen der Räder nach Vorschrift erfolgen. Die Schenkel müssen gegen Rost durch einen dicken Anstrich mit Talgfarbe und gegen Beschädigungen durch Umwickelung mit festem Packleinen und Strohseilen geschützt werden.

Schafleder, wird als lohgares Leder verwendet, u. a. zum Beziehen von Fuß- und Kopfkissen in den I. und II. Classe- und Schlafwagen, zu welchem Zwecke man demselben die Farbe der Polsterbezüge gibt. Dient ferner als Futter- und Besatzleder. Es muß in lufttrocknen Häuten, weich und ohne Fehlstellen, mit glatter Narbenseite geliefert werden. Aus jeder Haut muß sich ein Stück von 780 mm × 580 mm herausschneiden lassen. Nach Probe-Haut zu liefern. 2,75 M. das kg. S. Leder.

Schafwolle, s. Wolle.

Schafwollgarn, muß von weißer, weicher, reiner Wolle sein. Wird zu Schmierdochten benutzt, dazu besser als Baumwollengarn, da dieses eher zusammenballt, verharzt, sich zersetzt u. s. w., überhaupt eher die Saugfähigkeit als Wollgarn verliert. Probe 0,1 kg. Das kg 2,80 Mk. Verfälschungen s. Wolle.

Schalenguß, s. Eisenguß. S. 71.

Schanzen, sind Reiserwellen.

Schaufeln (Schippen), für Schnee, Sand, Kies u. a. sind selten noch von Holz mit Eisen beschlagen. Meist ganz aus Eisen oder Stahl geschmiedet oder aus Stahlblech, mit der Tülle aus einem Stücke. Die aus Stahlblech sind etwa 225 mm breit, 335 mm hoch, Tülle mit Schlitz für den Keil 100 mm vorstehend. 1,4 kg schwer; 0,9—1 M. das Stück, Stiel aus Weiden- oder Birkenholz 20—25 Pf.

Scheibenräder, s. Räder.

Scheidewasser, s. Salpetersäure.

Schellack (Tafellack, Plattenlack), ein Harz, wird durch Ausschmelzen des Gummilackes gewonnen; dieses fließt in

Folge des Stiches der Lackschildlaus aus den Aesten einiger ostindischen Bäume. Der Gummilack hat einen rothen Farbstoff eingeschlossen, den sog. Lack=dye oder Färbe= lack. Von diesem gereinigt ist der Schel= lack hellgelb, orangefarben oder braun bis rothbraun. Der orangefarbene ist für Schel= lackpolitur der beste. Guter Schellack ist durchscheinend, leicht schmelzbar und hinter= läßt beim Auflösen in Alkohol nur uner= hebliche Rückstände. Die chemische Prüfung kann feststellen, ob fremdartige billigere Harze beigemengt sind. Zur Verfälschung werden ebenfalls in Alkohol lösliche Harze benutzt, man kann deshalb aus der Löslichkeit nicht auf die Reinheit schließen. Durch Behand= lung der Lösung mit Knochenkohle oder Chlorkalk wird der Schellack zu einer weißen Masse gebleicht. Dient u. a. zur Bereitung von Lacken, Holzpolitur, Kitten und in Ver= bindung mit Schmirgel zu Schleifsteinen. Je nach Güte 2—5 M. das kg.

Schellackfirniß, Schellackpolitur, s. Firnisse.

Scherwolle, s. Wolle.

Scheuerbürsten, nach Probe zu lie= fern. Müssen sehr harte Borsten haben. In Mittelgröße 30 Pf. das Stück. Siehe Borstenwaaren.

Scheuerleinen, aus einem groben, losen Leinengewebe, nach Probe zu liefern. Passende Größe 70—75 cm breit. 30—40 Pf. das qm. S. Gewebe.

Schieferschwarz (Naturalschwarz), schwarze Erdfarbe, ist eine mit Kohle und häufig auch Schwefelkies durchdrungene Thonart, von sehr verschiedener Güte. Gut deckende Wasser= und Oelfarbe. Dient als Mischfarbe mit Weiß zu grauen und mit chromgelb zu olivengrünen Farben. Muß auf's Feinste gemahlen und geschlemmt, sand= frei, ohne fremdartige Bestandtheile, gut trocknend sein. Praktische Prüfung auf Deck= und Färbevermögen u. a. s. Farben. In

Kisten zu liefern, trocken zu lagern. Probe 0,5 kg. 100 kg 20—25 M. Aus Schiefer= schwarz wird das Oelschwarz bereitet.

Schieferweiß, ist eine sehr gute Sorte Bleiweiß.

Schienen, Material. Die Eisen= bahnschienen werden zur Zeit ausschließlich aus Flußstahl hergestellt. Die Herstellungs= weise dieses Stahles (Bessemer=, Martin=, Tiegelgußstahl) bleibt dem Lieferanten über= lassen, ist jedoch im Angebote anzugeben. Die Schienen sollen aus fehlerfreien, voll= kommen gleichmäßigen, festen, dichten Guß= stahlblöcken gefertigt werden, die nach Wahl des Fabrikanten vorzuschmieden oder vorzu= walzen sind. Der Stahl muß von Phos= phor, Silicium und anderen Verunreini= gungen möglichst frei sein; Kohlenstoffgehalt bis 0,5 %, Mangangehalt bis 0,4 %. Ver= unreinigungen höchstens 0,1 %.

Querschnittsform der Schienen. Die Schienen, breitbasige Vignolschienen, Fig. 159, müssen genau nach gegebener Zeichnung und nach der hiernach gefertigten

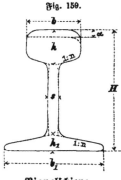

Fig. 159.

Vignolschiene.

Schablone hergestellt werden. In der Höhe der Schienen sind Abweichungen bis zu 0,25 mm und in der Breite des Fußes bis 1 mm zulässig.

Abmessungen von Schienen.

Bahn.	Schiene			Kopf		Stegstärke s	Fuß		Neigung 1 : n	Querschnitt	Zulässige Abnützung a	Schwellen-Entfernung
	Gewicht für 1 m	Höhe H	Länge	Breite b	Höhe h		Breite b₁	Höhe h₁				
	kg	mm	m	mm	mm	mm	mm	mm		qcm	mm	m
Preuß. Staatsbahn	31,3	130,5	9	58	36,5	11	105	18	1:4	40,1	10	0,95
Würtemb. „	33	130	9	58	40	11	104	21	1:3	42	10	1,00
Oesterr. „	35,4	125	7,5	58	44	12	112	25	1:2,5	45,4	10	0,9
Italienische „	36	130	9	60	44	14	100	28	1:2	46,3	10	0,9
Gotthardbahn . . . (Bergstraße.)	36,6	130	8	60	45	13	110	27	1:2	47	10	0,83

Länge und Gewicht. Die Abweichung von der vorgeschriebenen Länge (9 m) darf höchstens ± 2 mm betragen. Auf Verlangen muß der Fabrikant bis zu 5 % kürzere oder längere Schienen liefern. Bei einem Normalgewichte von 31,3 kg für 1 m werden Schienen bis zu 2 % unter und bis 3 % über diesem Gewichte noch angenommen. Bei 9 m Länge darf die Schiene hiernach rund 270 bis 290 kg wiegen.

Ueberwachung der Herstellung. Für diese gilt das bei Achsen Gesagte.

Herstellung der Stahlblöcke. S. Eisen, S. 48.

Das Walzen der Schienen. Dieses erfolgt je nach der Schwere der Blöcke in ein oder· zwei Hitzen, d. h. man walzt die Schiene entweder in der ersten Hitze, mit welcher die Blöcke aus dem Ofen oder der Durchweichungsgrube kommen, sofort fertig. oder man bringt den Block, nachdem er eine bestimmte Anzahl mal durch die Walze gegangen ist, zur nochmaligen Erwärmung in den Ofen zurück, da bei großem Gewichte das Stück sonst zu kalt wird. Bei dem letzteren Verfahren, also bei zwei Hitzen, nennt man die erste Walzung das Vorblocken oder Vorwalzen, die zweite das Fertigwalzen. Statt des Vorblockens war früher allgemein das Vorschmieden üblich; man brachte die rohen Blöcke in der ersten Hitze unter 200—300 Ctr.-Dampfhämmer und schmiedete sie bis zu solchen Abmessungen herab, daß sie nach nochmaliger Erwärmung in einer Hitze fertig gewalzt werden konnten. Man hielt das Vorschmieden für besser, indem angenommen wurde, daß das Material tüchtiger durchgearbeitet werde. Nachdem die Erfahrung gelehrt, daß das Vorwalzen eben so gut ist, kommt das Vorschmieden wenig mehr zur Anwendung.

Als Beispiel möge die Herstellung einer Schiene der Preußischen Staatsbahnen in zweifacher Länge dienen.

Zunächst ist das Gewicht des Gußblockes festzustellen. 1 m fertiger Schiene = 31,3 kg, Länge 9 m, d. i. bei doppelter Länge 563,4 kg. Die beiden Blockenden sind immer unbrauchbar, man rechnet 1—1,5 m Abfallenden bei der Schiene, so daß noch $1,5 \times 31,3 = 46,59$ kg hinzuzurechnen sind, ergiebt 610,35 kg. Dieses Gewicht ist so groß, daß der Block zweimal gewärmt werden muß, wobei er erfahrungsmäßig bei der ersten Hitze etwa 3,5 % und bei der zweiten 1,5 %, zusammen 5 % an Abbrand verliert, das macht bei 610,35 kg Gewicht 31,31 kg, es muß demnach der Rohblock $610,35 + 31,31 =$ rund 640 kg schwer sein, welches Gewicht also beim Gießen innezuhalten ist.

Die Abfallenden bleiben dieselben, man mag 1, 2 oder mehrfache Längen walzen und liegt darin ein Hauptvortheil des Walzens in mehrfachen Längen, während bei einfacher Länge der Abbrand der zweiten Hitze erspart wird. Es kommt noch in Betracht, daß mehrfache Längen einen größeren Querschnitt der Blöcke bedingen, es muß also bei gleichem Schienenquerschnitt das Material mehr durchgearbeitet werden als bei Blöcken für nur eine Schiene, was günstig für die Zähigkeit des Materiales ist.

In den Schienenfabriken unterscheidet man Trio= und Reverfirwalzwerke. Bei dem Triowalzwerk liegen drei Walzen übereinander, Fig. 160, von welchen die oberste und unterste in gleichem Sinne umlaufen, die dritte (mittlere) dreht sich in

Fig. 160.

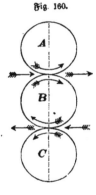

entgegengesetztem Sinne. Der Block geht zuerst in der Richtung der unteren Pfeile durch die beiden unteren Walzen, wird dann gehoben (meist durch mit Wasserdruck betriebene Hebetische) und in der Richtung der oberen Pfeile durch die beiden oberen Walzen zurück geleitet, um dann wieder durch die unteren Walzen zu gehen u. s. w. Die treibende Dampfmaschine arbeitet mit Schwungrad und läuft ununterbrochen fort.

Das Reverfirwalzwerk (Fig. 161) hat nur zwei Walzen mit entgegengesetzter Umdrehung, welche jedoch nach jedem Durchgange des Blockes die Umdrehungsrichtung

ändern, so daß sie einmal im Sinne der ⟶ Pfeile und dann im Sinne der ▬ ‑ ‑ ➔ Pfeile umlaufen, wobei sie den Block in der Richtung der Pfeile mitnehmen.

Fig. 161.

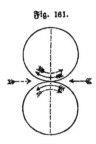

Die Dampfmaschine arbeitet bei dem Reverfir= walzwerke ohne Schwungrad, sie muß nach jedem Durchgange des Blockes umgesteuert werden.

In die Walzen sind die Querschnitts= formen (Profile) eingedreht, welche man dem Blocke nach der Reihe gibt, um ihn von der vierkantigen Form allmählig in die der fertigen Schiene überzuführen. Die einzelnen in die Walzen eingedrehten Querschnitts= formen, welche der Block passiren muß, nennt man Kaliber, auf deren richtige Ausführung mit zum größten Theile die Güte der Schiene beruht. Die Kaliber sind in der Regel ungefähr je zur Hälfte in die Ober= und in die Unterwalze eingedreht, woraus sich ergibt, daß beim Triowerke die Mittelwalze B einmal den oberen Theil des unteren Kalibers der Walze C, das andere Mal den unteren des Kalibers der Walze A bilden muß.

Um aus einem Blocke von 640 kg Gewicht mit quadratischem Querschnitte von 300 mm Seite eine Doppelschiene zu erzeugen, läßt man denselben beim Vorwalzen 8 Mal und nach der zweiten Erwärmung noch 15 Mal durch die Walzen gehen, um beim letzten Durchgange als fertige Schiene das letzte Kaliber zu verlassen. Jeden ein=

zelnen Durchgang nennt man einen Stich, die Schiene wird also in 23 Stichen fertig gewalzt.

Von der Einrichtung des Walzwerkes und dem Querschnitte der Schiene ist es abhängig, ob das Vor= und Fertigwalzen in einigen Kalibern weniger erfolgen kann oder ob es deren noch mehrere bedarf. Das Walzen von Schienen in einfacher Länge erfolgt in 11—15 Stichen, je nach der Dicke des Blockes und der Walzen.

Schneiden, Richten, Lochen u. a. Nach dem Verlassen der Walze läuft die Schiene in der Regel auf einem Rollengange bis zur Warmsäge, wo zunächst die schlechten Enden ab= und dann die Doppelschienen auf einfache Länge geschnitten werden. Das Schneiden darf nicht mit der Schere erfolgen.

Da der Kopf der Schiene ungleich mehr Masse als der Fuß hat, so würde die Schiene beim Erkalten sich krumm ziehen, man gibt ihr deshalb, um dieses zu vermeiden, durch Anlegen an eine Schablone beim Schneiden absichtlich eine entgegengesetzte Krümmung; in Folge der Massenvertheilung, welche das Krummziehen der geraden Schiene zur Folge haben würde, wird alsbann die gekrümmte Schiene beim Erkalten annähernd gerade.

Die geschnittenen Schienen kommen auf ein aus Gleitschienen gebildetes Lager, sog. Warmbett, wo sie erkalten. Nach dem Walzen dürfen die Schienen nicht wieder erwärmt werden. Das Gerabrichten derselben muß hauptsächlich noch im rothwarmen Zustande erfolgen. Ein geringes Nachrichten in kaltem Zustande läßt sich nicht vermeiden und ist zulässig, muß aber in vorsichtiger Weise unter der Richtpresse mittelst ruhigen Druckes erfolgen. Die Schiene wird dabei auf einem Rollengange hin= und hergeschoben und auf die gebogenen Stellen wird durch Aufsetzen eines Druckstückes (Stempel) mittelst Excenter und Kniehebel ein Druck

ausgeübt, was so oft wiederholt wird, bis die Schiene in jeder Richtung genau gerade ist. Von dem Ausrichten dürfen weder vom Auflager noch von dem Stempel Spuren an der Schiene zurückbleiben.

Da die in kaltem Zustande erforderliche Länge der Schienen an der Warmsäge nicht ganz genau hergestellt werden kann, die Schnitte auch nicht glatt und genau senkrecht zur Längenachse werden, so wird mit einem geringen Uebermaße (10 mm) geschnitten und zur Herstellung der genauen Länge und von glatten und zur Längenachse senkrechten Endflächen werden diese nachträglich gefräst. Hierbei werden die Schienenköpfe an der Oberkante etwa 3 mm lang unter einem Winkel von 45° mit der Feile abgefast.

Von der Fräsmaschine gelangen die Schienen nach der Bohrmaschine, auf welcher an jedem Ende die Löcher für die Verlaschung gebohrt werden und zwar genau nach Maßgabe der Zeichnung; die Löcher müssen glatt und frei von Gräten sein. Das Ausstoßen der Löcher (Lochen) ist nicht zulässig.

Von der Bohrmaschine verlassen die Schienen den Abjustageraum und werden auf dem Lager aufgestapelt.

Fig. 162.

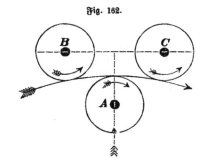

Bei Schienen für Krümmungen von weniger als 1000 m Halbmesser kommt bei den Normalschienen und bei anderen an=

nähernd gleich schweren, noch das Biegen hinzu. Man benutzt hierzu eine etwa nach Fig. 162 eingerichtete Biegemaschine, bei welcher die Schiene zwischen drei sich drehenden Rollen (in der Richtung des großen Pfeiles) durchgeht. Die beiden Rollen B und C laufen in fest stehenden Lagern, die Rolle A wird vor dem jedesmaligen Durchgange, je nach der beabsichtigten Pfeilhöhe der Schiene, um ein bestimmtes, nach der Erfahrung festzustellendes Maß in der Richtung des ⟶⟶ Pfeiles angedrückt.

Jede Schiene erhält auf dem Stege in erhabenen Zeichen die Bezeichnung (Stempel) der Fabrik, die Jahreszahl und sonstige vorgeschriebene Angaben, z. B. die Haftpflichtzeit in Jahren.

Prüfung und Abnahme.

Der Lieferant hat zwei Schienenstücke mit frischer Bruchfläche einzusenden, von welchen das eine in gehärtetem, das andere in ungehärtetem Zustande durch ruhige und allmählige Belastung gebrochen ist. Diese Probestücke bleiben bezüglich Gefüge, Härte u. s. w. für den zu den Schienen zu verwendenden Flußstahl maßgebend.

Die Güte des Stahles wird durch Zerreiß-, Schlag- und Biegeproben untersucht. Die Prüfung erfolgt nach Wahl der Eisenbahnverwaltung auf dem Werke des Fabrikanten, in der eigenen Werkstätte oder in einer öffentlichen Versuchsanstalt. Nach vertragsmäßiger Uebereinkunft wird von je einer bestimmten Anzahl (100) von Schienen eine ausgewählt und den in Nachfolgendem beschriebenen Proben unterworfen. Genügt diese Schiene den Lieferungsbedingungen nicht, so wird aus derselben Anzahl (von den 99) eine zweite genommen und in derselben Weise geprüft; ist auch diese zweite Schiene mangelhaft (also von 100 zwei Stück), so wird die Annahme der anderen (98) zu dieser Menge gehörenden Schienen verweigert. Aus irgend welchen Gründen zurückgewiesene Schienen müssen dauernd kenntlich gemacht werden, indem man z. B. die Jahreszahl auf dem Stege wegmeißelt oder der Stirnfläche ein besonderes Zeichen einstempelt, damit diese Schienen nicht noch einmal zur Abnahme (vielleicht einem anderen Abnahmebeamten) vorgelegt werden können.

Für die Zerreißproben genügen oft die abgefallenen Enden der Schiene, so daß hierzu nicht eine ganze Schiene braucht zerstört zu werden, was auch dadurch zu vermeiden ist, daß man die Versuchsstäbe aus Schienen nimmt, die irgend einen äußerlichen Fehler haben, welcher die Güte des Materiales nicht beeinflußt.

a. Zerreißproben. Zu diesen werden aus dem Kopfe der Schienen Versuchsstäbe von der Form und den Abmessungen der Fig. 163 u. 164 (s. S. 225) kalt herausgearbeitet, in der vorgeschriebenen Länge (240 mm) genau cylindrisch auf einen Durchmesser von nicht unter 20 mm (thunlichst 25 mm) gedreht und dann auf einer Zerreißmaschine bis zum Reißen geprüft.

Die geringste zulässige Zerreißfestigkeit (absolute Festigkeit) soll 50 kg für 1 qmm, die geringste zulässige Zusammenziehung (Contraction, Zähigkeitsmaß) 20 % des ursprünglichen Querschnittes betragen. Zur Bestimmung der Güte sind beide Eigenschaften nöthig und zwar werden die beiden sich ergebenden Zahlen (Kilogramme der Festigkeit und Prozente der Zusammenziehung) für jeden Versuchsstab zusammengezählt und müssen mindestens die Zahl 85 ergeben. Schienen, bei welchen diese Summe weniger als 85 ausmacht, werden unter Umständen, vorausgesetzt, daß die geringsten Werthe 50 und 20 erreicht sind und die Schienen sonst den Bedingungen genügen, nach freier Uebereinkunft zu einem ermäßigten Preise übernommen. Die Bruchflächen der Schienen müssen genau dasselbe Gefüge haben, wie das eingereichte Probestück. Das Material muß durchweg ein reines Korn zeigen, überall gleich hart sein und denselben Härtegrad annehmen wie das Probestück.

Zu den Zerreißproben ist noch zu bemerken, daß gerade in einem Probestab sich zufällig ein nur kleiner Fehler befinden kann, welcher bei dem kleinen Querschnitte des Stabes ein ungünstiges Ergebniß herbeilagert bei freiem Auflager von 1 m zwei Schläge eines 600 kg schweren Fallgewichtes auf die Mitte aus einer Fallhöhe von 5 m aushalten, ohne Brüche zu zeigen. Bei Schienen von geringerem als dem Normalgewichte werden die Fallhöhen entsprechend vermindert.

Außer diesem wird zuweilen noch ver=

Fig. 163 u. 164.

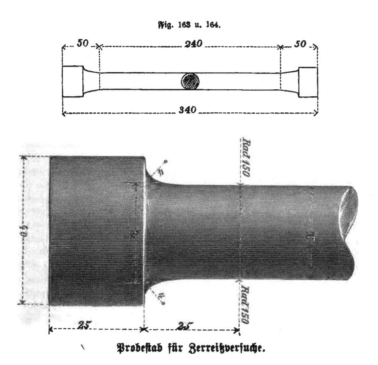

Probestab für Zerreißversuche.

führt, während dieser Fehler in der ganzen Schiene ohne bemerkbaren Einfluß sein würde. Insbesondere wenn sich in einem solchen Falle der Fehler auf der Bruchfläche des Stabes bemerkbar macht, müssen aus derselben Schiene noch andere Versuchsstäbe entnommen und geprobt werden.

   b. Schlagproben. Die Schienen müssen auf dem Fuße oder dem Kopfe ge=langt, daß die Schienen, wenn man sie von einer 2,5 m betragenden Höhe herabwirft, keinerlei Schaden nehmen. Bei den Schlag=proben ist darauf zu achten, daß die Schiene mit dem vollen Fuße auf dem Unterlager aufliegt; ist dieselbe nach dem ersten Schlage vielleicht windschief geworden und liegt beim zweiten Schlage nur an einer Kante auf, Fig. 165, so kann bei weiteren Schlägen bei a ein Stück aus dem Fuße springen, in welchem Falle die Schiene als gebrochen eigentlich nicht zu betrachten ist.

c. **Biegeproben.** Bei freiem Auflager von 1 m müssen die Schienen eine Stunde lang eine Belastung von 20000 kg, welche in der Mitte zwischen den beiden

Fig. 165.

Stützpunkten anzubringen ist, tragen und dürfen nach der Entlastung eine bleibende Durchbiegung von höchstens 0,25 mm zeigen. Die Schiene muß bei einem Freilager von 1 m sowohl über Kopf als über Fuß sich mindestens um 50 mm durchbiegen lassen, ohne Risse zu zeigen. Bei leichteren Schienen muß die Belastung entsprechend vermindert werden.

Bei der weiteren Prüfung der Schienen ist noch Folgendes zu beachten.

Die Arbeiter sind genau im Auge zu behalten, damit dieselben nicht schlechte Stellen in den Schienen ausarbeiten und Stücke einsetzen oder solche schlechte Stellen verkitten oder verschmieren, was durchaus unzulässig ist. Gekittete Stellen streicht man zur Täuschung mit Graphit, sie sind jedoch bei klarem Wetter an dem eigenthümlichen Graphitglanze zu erkennen; bei angerosteten Schienen ist es schon schwieriger, wie überhaupt bei diesen das Auffinden von Fehlern weniger leicht ist, weshalb mit Rost bedeckte Schienen um so sorgsamer nachzusehen sind.

Biegungen und Knicke sind mit bloßen Augen, wenn man die Schienen entlang sieht und diese umkanten läßt, zu erkennen,

ebenso, ob eine Schiene windschief ist. Die Länge der Schienen wird mit einem eigens dazu angefertigten Maßstabe nachgemessen.

Die richtige Lage und Größe der Laschenlöcher, sowie die Richtigkeit des Querschnittes werden mittelst Schablonen nochmals festgestellt. Der Querschnitt muß überall ganz gleich, rechtwinkelig und gleichgestaltet zur Grund- und Mittellinie der Schiene ausgewalzt sein; die Stirnflächen müssen rechtwinkelig zur Längenachse der Schiene stehen. Der durch das Fräsen entstandene Grat muß vollständig und sauber entfernt und die Abfasung der Kanten nach Vorschrift erfolgt sein.

Die Schienen dürfen keinerlei Langrisse, Querrisse, Brandlöcher, Blasen oder sonstige Fehler zeigen. Langrisse finden sich hauptsächlich am Kopfe der Schienen, Querrisse an den Kanten des Fußes. Die Letzteren sind leicht zu entdecken, die Langrisse erscheinen selten ganz deutlich an der Oberfläche, sie müssen erforderlichen Falles mit dem Meißel insbesondere auch darauf untersucht werden, wie tief sie gehen. Selbstverständlich darf durch die Untersuchung selbst die Schiene nicht untauglich werden. Blasen zeigen sich meistens im Stege, sie sind häufig nicht weiter schädlich und können mit dem Hammer zusammengetrieben werden, worauf sie sich von der Schiene ablösen. Die Arbeiter können versuchen, solche Stellen durch Schmiere oder andere Mittel zu verdecken. Kleine Rißchen und Schälchen am Fuße und Kopfe der Schienen sind sehr häufig weiter nicht schädlich. Sie rühren meistens davon her, daß die bei treibendem Stahle unter der erstarrten Oberfläche sich bildenden Bläschen durch Abschmelzen der äußeren dünnen Schale bloß gelegt sind. Auch können dieselben dadurch entstehen, daß beim Beginn des Gießens der Blöcke einzelne Tropfen Stahl an die Wandungen der Form spritzen, hier erkalten und mit dem hernach aufsteigenden Stahle nur unvollkommen zusammenschweißen. Solche kleine Fehlerchen werden mittelst Hammer, Meißel und Feile beseitigt, so daß keine oder nur ganz kleine Vertiefungen entstehen, welche, da sie nur oberflächlich sind, für die Verwendung der Schiene von keiner Bedeutung sind.

Fehler der Schienen, welche in dem Materiale selbst liegen, z. B. ungleichmäßiges Gefüge, ungenügende Festigkeit, Gehalt an fremden schädlichen Stoffen u. a. nennt man Materialfehler. Fehler, welche nicht dem Materiale als solchem anhaften, z. B. Abweichungen von der vorgeschriebenen Querschnittsform oder der geforderten Länge, unrichtige Lochung u. a. sofern die zulässigen Grenzen überschritten werden, ferner grobe Risse, welche vom unvorsichtigen Wärmen oder Verbrennen des Blockes herrühren o. a. bezeichnet man als Fabrikationsfehler. Kleine äußerliche Fehler und Unvollkommenheiten, welche allerdings dem Ansehen der Schienen etwas schaden, sonst aber ohne Nachtheile sind, pflegt man Schönheitsfehler zu nennen.

Die Schienen, welche den Lieferungsbedingungen entsprechend befunden sind, werden von dem Abnahmebeamten auf beiden Stirnflächen mit dem nur in seinem Besitze befindlichen Stempel der betr. Eisenbahnverwaltung gestempelt und damit vorläufig als abgenommen und zur Ablieferung geeignet bezeichnet. Nicht gestempelte Schienen dürfen nicht zur Absendung gelangen. Bis diese erfolgt, müssen die Schienen möglichst gegen Rost geschützt werden.

Die Gewichtsermittelung der Schienen erfolgt in der Regel in der Weise, daß von jeder Sendung oder einer gewissen Menge (200) eine bestimmte Anzahl (5—10) einzeln verwogen werden und so ein Durchschnittsgewicht festgestellt wird, nach welchem man dann das Gewicht der ganzen Sendung oder der ganzen Menge berechnet.

Eine zweite Untersuchung der Schienen und die letzte Abnahme erfolgt auf dem Lagerplatze der Eisenbahnverwaltung. Hier wird zunächst nachgesehen, ob jede Schiene den Stempel des Abnahmebeamten trägt; auch wenn dieses der Fall ist und es werden nachträglich Fehler gefunden, so können die mangelhaften Schienen noch zurückgewiesen und dem Lieferanten zur Verfügung gestellt werden.

Nach endgültiger Abnahme muß der Lieferant gewöhnlich noch 5 Jahre für die Güte der Schienen haften, so daß er für alle Schienen, welche während dieser Zeit in Folge fehlerhaften Materiales oder mangelhafter Herstellung schadhaft werden, entweder mit neuen Schienen oder in Baar Ersatz leisten muß, wogegen er die zurückgewiesenen Schienen zurückerhält.

Für die Schienen, welche durch Unfälle oder durch gewöhnlichen Verschleiß unbrauchbar werden, hat der Lieferant nicht zu haften, ebenso ist die Haftpflicht ausgeschlossen bei Schienen, welche eine weitere Verarbeitung zu Weichen, Herzstücken o. dergl. erfahren haben, es sei denn, daß die Fehler schon bei der Bearbeitung gefunden werden. 133—141 M. d. Tonne.

Schienenlaschen, s. Laschen.

Schienennägel (Hakennägel), zur Befestigung der Schienen auf Holzschwellen haben die Form der Fig. 166 und 167, seltener die der Fig. 168 und 169. Der Schaft a ist meist quadratisch oder länglich rechteckig, seltener achtkantig. Die Schneide c ist keilförmig. Der Kopf a hat zur Festhaltung des Schienenfußes einen um 10—16 mm vorstehenden Haken n (Nase) und seitwärts zum Ausziehen des Nagels zwei 5 mm vorstehende Ansätze oo (Ohren) oder an Stelle dieser auch eine Verlängerung des Hakens um 6—12 mm nach Rückwärts (Achsel). Bei Anwendung der Nagelzange beim Ausziehen der Nägel genügt eine Verdickung des Kopfes wie in Fig. 168 u. 169.

Die Nägel müssen genau nach Zeichnung aus gutem, fehlerfreien, sehnigen und zähen

Eisen sauber ausgeschmiedet, die Köpfe mit voll ausgebildeten Ohren und Haken in Gesenken geschmiedet oder gepreßt sein. Die Schneide muß rein und scharf, darf nicht gespalten sein oder andere Fehler zeigen. Der Uebergang vom Schaft zum Kopfe muß durchaus ganz sein.

Bei der Prüfung von Nägeln im kalten Zustande müssen dieselben sich hin- und herbiegen lassen, ohne zu brechen; um einen

Schiffstaue, werden gebraucht als:
1. getheerter Kabelschlag, 176 mm Umfang,
2.   „   „   150 mm   „
3. getheerter Rundschlag, dreischäftig, 135 mm Umfang,
4. ungetheerter Rundschlag, drei- und vierschäftig, 60, 80 und 110 mm Umfang.

Sind aus bestem badischen Schleißhanfe oder aus russischem Reinhanf anzufertigen. Nach Probe. S. Gespinnste u. Hanfseile.

Fig. 166.   Fig. 167.   Fig. 168.   Fig. 169.

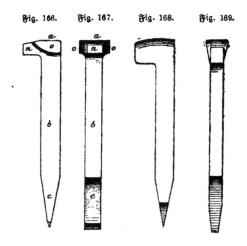

Schienen-Nägel.

Dorn von 80 mm gebogen, müssen die Nägel sich wieder gerade strecken lassen, ohne brüchig oder rissig zu werden, was auch nicht eintreten darf, wenn man die Schneide bis zum Kopfe aufbiegt. Die Köpfe sollen sich soweit herumschlagen lassen, daß sie mit dem Schafte in einer Linie stehen, ohne daß ein Bruch eintritt. In den Ast von Eichenholz eingetrieben dürfen die Nägel nicht krumm werden. Im Uebrigen sind die Anforderung an Festigkeit u. s. w. wie bei Stabeisen. Länge 100—170 mm, Stärke 15—18 mm, Gewicht 0,29—0,46 kg. Für Vollbahnen 160—180 M. die Tonne.

Schildgold, s. Blattgold.

Schirting, s. Nessel.

Schlackenwolle, wird aus Hochofenschlacke hergestellt, indem in einen flüssigen Strahl derselben gespannter Wasserdampf geblasen wird. Eine sehr feinfaserige glasige Masse. Wird als schlechter Wärmeleiter benutzt. 100 kg 7,50 M.

Schlaggold, ist unechtes Blattgold (s. da). Für den Schlag à 20 Blatt à 220 × 140 mm 6,5 Pf.

Schleiffilz, s. Filz.

Schleiflack, s. Firnisse.

Schleifmittel, dienen dazu, rauhen Oberflächen von Metall, Holz, Horn u. a. Glätte und Glanz zu geben. Die meisten sind Mineralien und kommen in Stücken oder in Pulverform zur Anwendung. Die gebräuchlichsten sind: Bimstein, Sand=stein, Schmirgel, Schmirgelpapier, Schmirgelleinwand, Sandpapier. Materialien zur Hervorbringung von Glanz und Politur in höchster Vollkommenheit sind die Polirmittel.

Schleifsteine, sind entweder scheiben=förmig, Drehsteine oder Umlauf=steine genannt, welche beim Gebrauche in eine drehende Bewegung gesetzt, oder pris=matisch (plattenförmig), die sog. Hand=schleifsteine (Abziehsteine, Streich=steine), welche festliegen oder mit freier Hand gebraucht werden. Zu Drehsteinen findet vorzugsweise der Sandstein unter An=wendung von Wasser zum Nässen (Wasser=steine) Verwendung. Diese haben einen Durchmesser von 50—3000 mm bei einer Breite von 6—300 mm und zur Aufnahme der Welle ein viereckiges Loch, welches sich genau in der Mitte des Steines befinden und gebrochene Kanten haben muß.

Das Material soll durchweg ein gleich=mäßig feinkörniger, nicht zu harter Sand=stein sein, welcher nicht zu viel Thon ent=halten darf, da dieser dem Schleifstein die schlechte Eigenschaft des „Schmierens" gibt. Der Stein darf härtere oder weichere Stellen, harte Adern, Risse o. dergl. nicht haben, da er sonst beim Schleifen nicht nur un=gleich angreift, sondern auch ungleich abge=nutzt und dadurch unrund und höckerig wird, welche Fehler dann zeitweise beseitigt werden müssen.

Bei Hand= oder Fußbetrieb nutzt jeder Schleifstein sich ungleich ab, man muß des=halb die Kurbel von Zeit zu Zeit versetzen.

Die Abziehsteine werden in der Regel mit Oel genetzt (Oelsteine). Sie bestehen meist aus Thonschiefer, oft in Verbindung mit Quarz (Wetzschiefer). Der blaue Schleifstein ist ein weicher, der grüne Wetzschiefer ein harter Schleifstein. Der türkische Oelstein ist ein kieseliger Dolo=mit, sehr fein= und dichtkörnig und hart. Diese Oelsteine sind 80—200 mm lang, 3—50 mm breit und bis 25 mm dick. Auch diese Steine müssen gleichmäßig bezüglich der Härte und des Kornes und ohne harte Adern, Risse o. dergl. sein. Nach Probe zu liefern und durch versuchsweise Verwendung zu prüfen.

1850 mm Durchm., 200 mm Breite, 50 M.

1600 " "	130 " "	36 "
1200 " "	150 " "	20 "
1020 " "	180 " "	17 "
800 " "	150 " "	9 "
700 " "	130 " "	6 "

Spez. Gewicht von Sandstein 2,3.

Oelsteine 55 × 200 × (25 — 30) mm 65 Pf. Streichsteine Stück 45 Pf.

Schlemmkreide, s. Kreide.

Schmalleder, s. Fahlleder.

Schmelzkoks, s. Koks.

Schmelztiegel. Anfertigung siehe Tiegelgußstahl. Werden in den Werk=stätten zum Schmelzen von Kupfer, Anti=mon, Zinn, Zink, Blei u. a. bei der Her=stellung von Messing, Bronce u. a. verwen=det und dazu zweckmäßig aus einem Gemisch von feuerfestem Thone und Graphit ge=fertigt. Sie müssen die höchsten Schmelz=hitzen aushalten ohne selbst zu schmelzen, dürfen bei plötzlichem Wärmewechsel nicht rissig werden und sollen bei leicht flüssigen Metallen bis 25, bei schwer flüssigen bis 12 Schmelzungen aushalten. Die erste Er=hitzung hat langsam zu erfolgen. Die Tiegel müssen insbesondere im Inneren glatt sein, damit das flüssige Metall nicht haften bleibt oder abspringende Theile unreinen Guß liefern.

Werden angefordert nach dem Inhalte des Metalles (Legirung) in kg, wobei zu berücksichtigen ist, daß die Füllung einige cm

vom Rande abbleiben muß, damit beim
Steigen derselben der Tiegel nicht überläuft.
Bei der Lagerung vor Feuchtigkeit zu schützen.
Für 1 kg Inhalt 9—12 Pf.

Schmiedbarer Eisenguß, s. Eisenguß S. 74.

Schmiedeeisen, s. Eisen S. 45.

Schmiedeeisen-Scheibenräder,
auch Wickelräder, oder nach dem Erfinder Pelz-Räder genannt (Patent Krupp)
werden in folgender Weise angefertigt.

Zur Herstellung des Rades wird die
Nabe mit einem kreisförmigen Theile der
Scheibe daran aus einem Stücke in einem
Gesenke geschmiedet. Der andere Theil der

Fig. 170 u. 171.

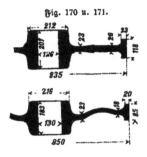

Scheibe und der Unterreif werden durch
Aufwickeln eines Bandes aus Schmiedeeisen
gebildet, welches aus zwei Stücken zusammengeschweißt ist, von denen das eine schmälere
von V förmigem Querschnitte die Scheibe
und das andere breitere den Unterreifen giebt.
Nach dem Aufwickeln hat das Rad den
Querschnitt der Fig. 170. Hierauf wird
das Ganze unter einem Dampfhammer
(3000 kg) in einem Gesenk, welches die genaue Form des fertigen (gewellten) Rades
hat, zusammengeschweißt, so daß es die Form
der Fig. 171 bekommt.

Dieses Rad hat, wie das Flußeisen- und
Gußstahl-Scheibenrad, den Vortheil, daß
es aus nur einem Stücke besteht; es wird
demselben neben außerordentlicher Festigkeit

eine hohe Elastizität, genügend, um die Gewalt der Stöße gegen den Radreifen zu
schwächen, nachgerühmt. Die Faser der
Scheibe liegt in Folge der Herstellungsweise
des Rades in der Richtung des Nabumfanges, also günstig hinsichtlich der Gefahr
des Bruches der Scheibe.

Da das Rad ganz aus Schmiedeeisen
besteht, kann es verhältnißmäßig leicht hergestellt werden.

Die Befestigung des Radreifens auf dem
Rade kann auf jede bekannte Weise erfolgen.
Prüfung und Abnahme wie bei Flußeisen-
Scheibenräder. Gewicht und Preis wie diese.

Im Jahre 1883 waren von diesen Rädern
etwa 50000 im Betriebe.

Der Erfinder Pelz soll durch das Aufwickeln
eines ledernen Treibriemens zu einer Rolle auf den
Gedanken der Wickelräder gekommen sein.

Schmiedekohle, muß eine kurzflammige, fette, backende Kohle sein, damit die
Hitze innerhalb des Feuers bleibt. Nach
Verlöschen dieses müssen harte Koks zurückbleiben. Sie muß frei von fremden Beimengungen, wie Schiefer, Steine, Bergart
und insbesondere möglichst schwefelfrei sein.
Schwefel greift beim Erhitzen das Eisen an
und bildet beim Schweißen eine Schlacke,
welche sich fest auf die Schweißflächen setzt
und das Schweißen verhindert oder doch
erschwert. Während bei Stückkohlen der
Schwefel leicht zu erkennen ist, bietet dieses
bei feinen Kohlen Schwierigkeit, beim
Schweißen ist er am Geruche zu erkennen, er
macht die Schlacke gelbroth und diese haftet
beim Schweißen am Eisen fest. Schmiedekohle wird auch als gewaschene und gesiebte
Nußkohle verlangt. S. Steinkohlen.

Schmierkissen (Schmierpolsterkissen, Oelsaugepolster), für die Unterlagerkasten der Wagen, sind ein plüschartiges
Gewebe aus Baumwolle. Breite und Länge
richten sich nach den Abmessungen des Unterlagerkastens; die Plüschhöhe (Bürstenlänge)
ist 16—30 mm. Die Kissen müssen vollständig trocken angeliefert werden, nach

Proben. Werden nach Stück und nach Gewicht gekauft. 6—14 Pf. das Stück je nach Größe und Bürstenlänge.

Schmiermaterialien, haben im Maschinenwesen den Zweck, die Reibung zwischen aufeinander gleitenden Flächen möglichst herabzumindern. Man verlangt von denselben eine gute Schmierfähigkeit (hohes Antifrictionsvermögen) und dieses setzt voraus, daß das Schmiermaterial einen bestimmten Flüssigkeitsgrad hat, da es die unmittelbare Berührung der aufeinander gleitenden Flächen verhindern soll. Es darf weder zu dünnflüssig noch zu zähe sein; im ersteren Falle hält es sich nicht auf den Flächen, es läuft zu schnell ab und bei starkem Drucke wird es weggequetscht, oder bei schwingenden Theilen fortgeschleudert; ist dagegen die Schmiere zu zähflüssig, so fließt sie aus den Schmiergefäßen zu langsam nach.

Die Eigenschaft des Schmiermateriales, die Reibung zu vermindern, muß eine dauernde sein, d. h. es darf weder im Verlaufe seines Gebrauches, noch durch Einwirkung der Luft oder beim Wechsel der Wärme u. s. w. seine Schmierfähigkeit verlieren. Hiernach darf das Schmiermaterial erst bei hoher Wärme verdampfen, erst bei großer Kälte erstarren und bei Aenderung der Wärme seinen ursprünglichen Flüssigkeitsgrad nicht wesentlich verändern.

Eine weitere Anforderung an ein gutes Schmiermittel ist die, daß es Metalle nicht angreift, es darf deshalb keine von der Reinigung zurückgebliebenen Säuren, z. B. Schwefel- oder Salzsäure enthalten, noch dürfen sich unter irgend welcher Einwirkung Oel- oder Fettsäuren bilden, welche ebenso schädlich auf Metalle einwirken. Das Schmiermaterial soll endlich keinen sehr unangenehmen Geruch haben und nicht schädlich für Augen, Hände u. s. w. sein.

Es gibt kein Schmiermaterial, welches allen diesen Anforderungen voll genügt. Die Fette und Oele aus dem Thierreiche (Talg, Knochenöl, Thran) und dem Pflanzenreiche (Rüböl, Baumöl) bilden bei großer Wärme unter hohem Drucke bei gleichzeitiger Anwesenheit von Wasserdampf freie Fett- und Oelsäuren, welche mit Eisen feste Fettseifen bilden und zu Rostbildungen Veranlassung geben. Diese Fette sind demnach für Dampfcylinderschmierung nicht besonders gut. Ein weiterer Uebelstand bei denselben ist der, daß sie mit der Zeit verharzen, dadurch die Schmierfähigkeit der Saugdochte vermindern und die Schmieröffnungen verstopfen. Bei gereinigtem Rüböl ist letzteres allerdings weniger der Fall, jedoch enthält dieses nicht selten von seiner Läuterung noch Spuren von freier Säure, außerdem ist es reichlich dünnflüssig.

Talg kann wegen seiner starren Beschaffenheit nicht überall verwendet werden und zum Rüböl ist noch zu bemerken, daß es schon bei —2° bis —7° vollständig gefriert.

Mineralöle und Petroleum erleiden an der Luft keine chemische Veränderungen, insbesondere verharzen dieselben nicht und bilden auch wegen der Abwesenheit von Sauerstoff keine Säuren, ferner bleiben sie bei großer Kälte flüssig, endlich sind sie weniger der Entwindung als die fetten Oele ausgesetzt. Dagegen sind die Mineralöle zum Schmieren von heißen Flächen, z. B. Dampfcylinder, Schieber, Kolbenstangen, nicht besonders geeignet, weil sie in der Hitze theilweise verdampfen, ferner hat Mineralöl auch nicht immer den geeigneten Flüssigkeitsgrad.

Wenn Mineralöle mit Theer- oder Harzölen verfälscht sind oder Paraffin enthalten, so können Unzuträglichkeiten der verschiedensten Art eintreten.

Bislang hat Rüböl vielleicht noch den Vorrang unter allen Schmiermaterialien behauptet, doch kommen auch Mineralöl und Petroleum, und zwar mit und ohne Zusatz von fetten Oelen, immer mehr in Aufnahme, insbesondere weil sie billiger sind und dabei für Eisenbahnzwecke im

Allgemeinen eine genügende Schmierfähigkeit
haben, mit Ausnahme bei unter Dampf
gehenden heißen Maſchinentheilen.

Zur Unterſuchung der Schmierfähigkeit
eines Materiales und um feſtzuſtellen, ob es
bei wechſelnder Wärme ſich nicht ändert, ferner
bei welchen Wärmegraden es erſtarrt, ſiedet
und zu verdampfen beginnt, dienen verſchiedene Apparate (Oel- und Talgprobirmaſchi-
nen, Flüſſigkeits-Probirapparate, Verdam-
pfungsgrabmeſſer u. a.), welche mehr oder
minder geeignet zu vergleichenden Verſuchen
ſind, eine gute Uebung und Erfahrungen
in ſolchen Unterſuchungen vorausgeſetzt.

Ob ein Schmiermaterial mit der ein-
gereichten Probe übereinſtimmt, ob demſelben
minderwerthe Fette oder Oele, ferner Harzöle, Mineralöle und bei feſten Fetten gepulverte Mineralien, Mehl o. a. zugeſetzt
ſind, iſt durch chemiſche Prüfung feſtzuſtellen;
ebenſo, ob geſundheitsſchädliche Wirkungen
bei dem dauernden Gebrauche zu befürchten
ſind.

Zur Prüfung, ob Säure vorhanden iſt,
übergießt man Kupferoxydul oder Kupfer-
aſche in einem Gläschen mit einer kleinen
Menge des zu prüfenden Oeles und erwärmt
etwas; bei Anweſenheit von freier Säure
färbt ſich das Oel bald grün. Feſte Fette
ſind vorher flüſſig zu machen. Ein anderes
Verfahren beſteht darin, daß man auf ein
blankes Zinkblech von jeder Probe einen
Tropfen bringt und das Blech 1 1/2 Stunde
lang auf einen Topf mit ſiedendem Waſſer
legt und dann das Blech (1/2 Stb.) langſam
erkalten läßt. Man beobachtet das Zinkblech und das Oel; bei gutem Schmier-
materiale bleibt das Zink völlig blank und
das Oel ſelbſt unverändert. Wenn wenig
Säure vorhanden iſt, ſo verliert das Zink
unter dem Oele den Glanz und iſt mit
einem dünnen dunkelen Staub bedeckt; bei
größerem Säuregehalte bekommt der Oel-
tropfen eine trübe fettige Haut und auf
dem Zinke bildet ſich eine undurchſichtige,
weiße, kleiſterartige Schicht. Bei Talg u. a.

iſt dieſer erſt zu entfernen und dann die
Beſchaffenheit des Zinkes zu unterſuchen.

Schmieröl für Locomotiven und Tender,
welches thieriſchen oder pflanzlichen Urſprungs
iſt, muß flüſſig, durchaus klar und gut abgelagert ſein. Es darf keine Säuren und
Oel anderer Art von Harzen, Theeren, Mineralien o. a. enthalten, auch bei längerem
Lagern keinen Bodenſatz bilden. Oele, welche
verharzen, d. h. in dünnen Schichten an
der Luft einen harten oder zähflüſſigen,
firnißartigen Ueberzug bilden, müſſen von
der Annahme ausgeſchloſſen werden. s.
Rüböl, Uhröl, Talg, Mineralöl, Petroleum u. Fette.

Schmierſeife, ſ. Seife.

Schmirgel, iſt ein vorwiegend aus
reiner Thonerde beſtehendes Mineral (Ko-
rund), deſſen Härte faſt die des Diamantes
erreicht. Kommt in beſter Güte auf der
Inſel Naxos (Naxosſchmirgel) vor, eine
etwas weniger gute (harte) Sorte in Klein-
aſien und an einigen anderen Stellen. Der
Schmirgel iſt graublau bis blau, feinkörnig,
durchſcheinend und wenig glänzend. Der
blaue Schmirgel iſt der beſte; ſein gepulvert
iſt er braungrau. In Folge ſeiner großen
Härte iſt der Schmirgel in fein pulveriſirtem
Zuſtande ein ausgezeichnetes Schleifmittel
(ſ. da.) für die härteſten Metalle. Er kommt
ſelten rein in den Handel, wird gefälſcht
mit zerſtoßenen Schlacken oder Feuerſteinen,
oder man verkauft unter dem Namen
Schmirgel ein Gemiſch von Granaten, Quarz
und Eiſenſchlacke, nicht ſelten auch nur gepulverte Blei- oder Eiſenſchlacke.

Reiner unverfälſchter Schmirgel bleibt
unverändert, wenn man ihn in einem feuer-
feſten Tiegel der größten Hitze ausſetzt, wogegen Schlacke ganz oder theilweiſe ſchmilzt
und ein Gemenge von beiden zuſammenſintert.
Wenn der Schmirgel mehr als 10 % Kieſelſäure enthält, ſo iſt er verfälſcht mit Schlacke
oder Feuerſtein. Praktiſch wird die Härte
und das Schleifvermögen unterſucht, indem
man mit einer Probe glasharten Stahl
ſchleift. Je nach dem Verbrauchszwecke

wird Schmirgel feiner oder gröber, bis zu 20 Feinheitsnummern, gekörnt (pulverisirt). Wird in Fässern oder für die Verausgabung bequemer in Paketen zu 2,5 bis 5 kg geliefert. Chemisch zu prüfen. 35 bis 45 Pf. das kg.

Schmirgelleinen, dient zum Schleifen von Metall, Holz, Horn u. a.

Schmirgel, Leim und Leimung wie bei Schmirgelpapier zu untersuchen. Das Schmirgelleinen ist in der Regel ein Baumwollengewebe. Nachdem dieses von Schmirgel und Leim durch warmes Wasser befreit und durch wiederholtes Waschen mit Wasser und Soda die etwa vorhandene Appretur entfernt ist, wird das Gewebe bezüglich seiner Güte, insbesondere der Festigkeit, wie Gewebe überhaupt geprüft. Weitere Untersuchung, Anlieferung, Proben und Lagerung wie bei Schmirgelpapier. 100 Bogen zu 28 × 24 cm 4,50 M.

Schmirgelpapier, dient denselben Zwecken wie Schmirgelleinen. Wird hergestellt, indem man starkes, zähes Papier mit einer Lösung von gutem Leim bestreicht und dann mit Schmirgel in mehr oder weniger fein gepulvertem Zustande besiebt.

Wenn Schmirgelpapier mit warmem Wasser behandelt wird, so löst sich der Schmirgel ab; zur Untersuchung ob dieser ächt ist, wird er gewaschen, getrocknet und dann geprüft wie bei Schmirgel angegeben. Die daselbst aufgeführten Fälschungsmittel können zur weiteren Täuschung künstlich gefärbt sein, um ihnen das Aussehen des Schmirgels zu geben.

Durch Wägung des von dem Papier getrennten und getrockneten Schmirgels wird festgestellt, wie viel Schmirgel auf die Flächeneinheit oder den Bogen zur Verwendung gekommen ist. Es genügt nicht, das Schmirgelpapier gegen das Licht zu halten, um die Dicke der Schmirgelschicht zu beurtheilen, da das Papier unter dem Schmirgel mit einem dunkelen Farbüberzuge versehen

sein kann. Ob starkes und zähes Papier benutzt ist, wird durch Zerreißproben untersucht. Ob der Leim gut und die Leimung sorgfältig ausgeführt ist, wird geprüft, indem man zwei Bogen aufeinander reibt, wobei der Schmirgel nicht leicht abfallen darf. Die Schmirgelschicht darf durch Spaltung mit einem Messer von dem Papiere nicht getrennt werden können, ohne daß dieses selbst sich trennt.

Schmirgelpapier wird in Ballen zwischen Holzrahmen und Eisenband geliefert; in trockenen Räumen, entfernt vom Boden, in Holzgestellen zu lagern. 1000 Bogen zu 31,5 × 24 cm Größe 30—36 M. Probe 5 Blatt von jeder Sorte.

Schraubenkuppelungen, s. Kuppelungen.

Schraubenmuttern, müssen aus gutem, zähen Eisen scharfkantig angefertigt sein (s. Muttereisen), und die Abmessungen der Normalschrauben-Tabelle haben. Bei unbearbeiteten Muttern ist für die Bearbeitung entsprechend zuzugeben. Die Lochung muß genau in der Mitte und senkrecht zu den Endflächen sein. Die Löcher sollen mit einem schlanken Dorne um $^1/_{10}$ ihres Durchmessers kalt sich auftreiben lassen, ohne daß die Mutter platzt. Man läßt die Art der Herstellung angeben.

Schraubennägel, s. Schwellenschrauben.

Schraubenstützen, s. Isolatorstützen.

Schrot, s. Bleischrot.

Schrubber, nach Muster zu liefern. Die Puppen aus Schweineborsten müssen gut gebunden und dauerhaft eingepicht sein. 1,25 M. das Stück. S. Borstenwaaren.

Schrubbtücher, am zweckmäßigsten ein grobes Gewebe aus Flachs- oder Hanfhede, da Jute und Baumwolle die Feuchtigkeit weniger aufnehmen; Jutefaser fault außerdem leichter. Passende Größe 770 mm × 950 mm, gesäumt zu liefern nach Probe. 25—30 Pf. b. Stück. S. Scheuerleinen.

Schwämme, (Meerschwamm, Waschschwamm, Badeschwamm), gehören den Seethieren an. Man gewinnt sie hauptsächlich im Adriatischen und Mittelmeere. Durch Kneten von ihrer gallertartigen Masse befreit, werden sie durch Wasser mit einem Zusatz von Salzsäure gereinigt und dann mit schwefeliger Säure gebleicht. Gute Schwämme müssen eine ziemlich regelmäßige Form und mittelgroße nicht zu ungleichmäßige Poren haben, ohne röthliche Faulstellen, elastisch, sandfrei, trocken und von gelber Farbe sein. Die hellgelben bis weißen sind mit schwefeliger Säure gebleicht. Die größeren, groben und durchlöcherten Schwämme bezeichnet man als Pferde- oder Fensterschwämme. Der Gehalt an fremden festen Bestandtheilen und Feuchtigkeit wird untersucht, indem man die Schwämme wägt, sie alsdann ausklopft, sorgfältig trocknet und wieder wägt. Die besten Schwämme sind die Shrischen. Die Benutzung ist bekannt. Unrein gewordene und verschmierte Schwämme werden in kochendem Wasser, dem etwas Soda zugesetzt ist, gereinigt. Proben einzuliefern.

Präparirte oder desinficirte Schwämme zum Auswaschen von Wunden sind vorher sehr gut gereinigte und mit heißem Wasser ausgewaschene, dann mit einer heißen 10prozentigen Salicylsäurelösung getränkte und so getrocknete Schwämme, in welchen also die Säure zurückgeblieben ist. 6 bezw. 2 Stück (je 30 Pf.) davon befinden sich in den Rettungskästen der Pr. Staatsbahnen.

Große Fensterschwämme, das Stück 12 bis 200 gr schwer, 4—16 M. das kg. Feinere Badeschwämme 12—200 gr schwer 8—40 M. das kg.

Schwämme aller Art sind in sehr trocenen Räumen zu lagern.

Schwärze, s. Eisenguß S. 64 und Kohlenstaub.

Schwarzblech, s. Eisenblech.

Schwarze Farben, s. Antimonschwärze, Beinschwarz, Eisenschwarz, Elfenbeinschwarz, Frankfurter Schwarz, Graphit, Lackschwarz, Kohlenschwarz, Kienruß, Oelschwarz, Rebenschwarz, Schieferschwarz.

Schwefel, ist in Verbindung mit Gesteinen verschiedener Art sehr verbreitet, insbesondere in Sicilien. Wird durch Ausschmelzen in Meilern oder Schachtöfen gewonnen, oder auch dadurch, daß man das Gestein in geschlossenen Gefäßen erhitzt und die sich bildenden Schwefeldämpfe zu flüssigem Schwefel verdichtet, welcher in Gefäße geleitet wird, worin er erstarrt.

Schwefel kommt in Form von Stangen als Stangenschwefel, fein gepulvert als Schwefelblume (Schwefelblüthe), außerdem in Stücken in den Handel. Muß frei von fremdartigen Bestandtheilen sein; wird verfälscht mit Thon, Gyps oder Schwerspath, welche durch Verbrennen einer Probe entdeckt werden, indem sie als unverbrennlich zurückbleiben.

Reiner Schwefel ist gelb, geschmack- und geruchlos; in Stangen harzglänzend und sehr spröde. Spez. Gewicht 2,05, Schmelzpunkt 115°. Verbrennt an der Luft bei 266° mit schwacher blauer Flamme zu schwefeliger Säure, welche zum Desinfiziren der Eisenbahncoupé's benutzt wird. Siehe Seite 8c.

Schwefelblumen werden zweckmäßig in Fässern angefordert, da sie in Säcken sich zusammenklumpen. In trockenen Räumen aufzubewahren.

Wird benutzt zu Kitten, zum Vergießen von Isolatorköpfen mit ihren Stützen.

Stangenschwefel 20 Pf., Schwefelblume 25 Pf. das kg.

Schwefeläther, s. Aether.

Schwefelblume (Schwefelblüthe), s. Schwefel.

Schwefelige Säure, s. Schwefel und Desinfectionsmittel S. 39.

Schwefelsäure, wird dargestellt aus Schwefel oder Schwefelerzen, indem man durch Verbrennen oder Rösten zunächst schwefelige Säure erzeugt; diese leitet man in mit Bleiplatten bekleidete Räume (Bleikammern) und bringt sie in innige Verbindung mit Salpetersäure und Wasserdampf. Die schwefelige Säure nimmt aus der Salpetersäure Sauerstoff auf und geht dadurch in Schwefelsäure über, welche man am Boden der Kammer abfließen läßt; sie wird alsdann noch gereinigt und durch Abdampfen eingedickt. Sie muß klar und farblos sein, ein spez. Gewicht von 1,8 haben. Anzuliefern in Glasballons, welche in trocknen, kühlen Räumen zu lagern und vor Frost zu schützen sind, weil sich sonst Schwefelsäurehydrat in Krystallen abscheidet.

Schwefelsäure ist von einer äußerst stark ätzenden Wirkung! Deßhalb größte Vorsicht bei der Verausgabung und dem Gebrauche! Wenn Schwefelsäure mit Wasser verdünnt werden soll, so muß man nach und nach die Säure in das Wasser gießen, wobei fortwährend umzurühren ist; **auf keinen Fall darf man umgekehrt Wasser in Schwefelsäure gießen!** weil dadurch ein Umherspritzen der Säure eintritt. Wenn Schwefelsäure umgefüllt werden muß, so ist darauf zu achten, daß in dem Gefäße sich nicht Wasser befindet, da anderenfalls eine starke Wärmeentwickelung eintritt, die ebenfalls das Umherspritzen der Säure zur Folge hat.

Schwefelsäure wird benutzt zum Reinigen und Beizen von Metallen, in stark verdünntem Zustande zum Putzen von Messing und Bronce (Kupferwasser), ferner zur Untersuchung von vielen Materialien, auch zu Kitten. 12—18 Pf., chemisch rein (zu Untersuchungen) 30 Pf. das kg.

Schweineborsten, s. Borstenwaaren.

Schweinfurter Grün, s. Kupferfarben.

Schweißeisen, s. Eisen S. 45.

Schweißpulver. Auf der Oberfläche von Metallstücken, welche auf Schweißhitze gebracht sind, bildet sich eine Oxydschicht

(Hammerschlag), welche das Schweißen erschwert. Die Entfernung auf mechanischem Wege durch Abschaben o. dergl. ist nicht ausführbar, weil sofort eine neue Oxydschicht sich bildet. Da der Hammerschlag dickflüssig ist, so wird er beim Schweißen nur unvollkommen aus den Fugen weggequetscht. Man bestreut die zu schweißenden Theile mit Stoffen — Schweißpulver genannt —, welche mit dem Hammerschlag eine dünnflüssige Schlacke bilden, welche beim Schweißen leicht aus den Fugen quillt. Die Natur eines Schweißpulvers muß sich nach den zu schweißenden Metallen richten. Ein einfaches Schweißpulver für Schmiedeeisen ist feiner Quarzsand, welchem man jedoch in der Regel, um ihn leichter schmelzbar zu machen, noch einen oder mehrere andere Stoffe, wie Borax, Glaspulver, Kochsalz, calcinirte Soda u. a. zusetzt. Wenn Stahl, also ein kohlenstoffreicheres Eisen, geschweißt werden soll, so wendet man als Schweißpulver kohlenstoffreiche Körper an, z. B. Blutlaugensalz, um die Entkohlung des Stahles und damit die Ueberführung in Schmiedeeisen zu verhindern.

Schweißpulver.

Für Schmiedeeisen: 8 Thl. Schwerspath, 1 Thl. Braunstein, 1 Thl. Glasgalle. Oder: 12 Thl. Lehm, 3 Thl. calcinirte Soda, 2 Thl. Pottasche.

Für Schmiedeeisen und Stahl: 36 Thl. Borsäure, 30 Thl. trocknes Salz, 26 Thl. Blutlaugensalz, 8 Thl. Kolophonium.

Für Stahl: 42 Thl. Borsäure, 35 Thl. trocknes Salz, 15 Thl. Blutlaugensalz, 8 Thl. calcinirte Soda.

Für Kupfer: 1 Thl. phosphorsaures Natron, 2 Thl. Borax; oder: Borsäure.

Die Schweißpulver werden in der Weise angewendet, daß man die im Feuer liegenden glühenden Metalltheile damit bestreut, ober diese in glühendem Zustande darin umwendet.

Schweißstahl (Puddelstahl, deutscher Stahl), dient zum Verstählen eiserner Gegenstände und muß zu diesem Zwecke leicht und gut, ohne Anwendung von Schweißmitteln mit Eisen sich schweißen und ohne Formveränderung bis zur Glashärte sich härten lassen, ohne Brüche zu bekommen oder spröde zu werden. Kohlenstoffgehalt etwa 0,68—0,7%. Die Stäbe müssen eine glatte Oberfläche ohne Risse haben und gerade sein. Die Schweißbarkeit untersucht man durch Probeschweißen zweier Stücke bei matter Weißglühhitze und Härten der geschweißten Stelle in Wasser bei Hellrothhitze; wird an der Schweißstelle abgeschlagen, so muß der Stab glatt abbrechen und eine gleichförmige Bruchfläche ohne unganze Stellen zeigen. Wird hauptsächlich als Flach- und Quadratstahl benutzt. Jeder Stab wird zweckmäßig mit „Schweißstahl" bezeichnet.

Probe: 300 mm langer Stab von mittelgroßem Querschnitte. 10—26 mm stark, 26—130 mm breit oder 26—50 qmm, für 100 kg 25 M. S. Eisen.

Schwellen-Bezeichnungsnägel, tragen im Kopfe die Jahreszahl der Verlegung der Schwellen, sie werden in diese eingetrieben und geben so stets Auskunft darüber, seit wie lange die Schwelle verlegt ist.

Die Nägel müssen aus gutem, zähen Nageleisen sauber und genau nach Zeichnung geschmiedet sein; eine mehrmalige Hin- und Herbiegung vertragen, ohne zu brechen, sich leicht in Eichenholz eintreiben lassen. Unganze Stellen im Kopfe oder im Schafte dürfen nicht vorhanden, die Spitze darf nicht gespalten sein. Der Kopf von etwa 17 mm Durchmesser ist rund, der Schaft von etwa 80 mm Länge quadratisch oder rund und oben etwa 5—6 mm stark. Der Uebergang von Schaft zu Kopf darf nicht scharf, sondern muß durch ein kegel- oder keilförmiges Stück hergestellt sein. Der Schaft verjüngt sich nach der Spitze zu stärker als im übrigen Theile. Die Jahreszahl im Kopfe muß mindestens 1 mm tief und scharf eingeprägt sein. Zum Schutze gegen Rost sollen die fertigen Nägel, nachdem sie in verdünnter Schwefelsäure rein gebeizt sind, mit einem starken Zinküberzuge (es wird auch Zinn vorgeschrieben) versehen werden. Die verzinkten Nägel müssen eine glatte Oberfläche haben. Wie untersucht wird, welche Stärke der Zinküberzug hat, siehe Zink.

Gewicht eines Nagels etwa 28 Gramm, 1000 Stück 25—30 M.

Schwellen, eiserne, s. Langschwellen u. Querschwellen.

Schwellen, hölzerne, liefern hauptsächlich folgende Bäume und haben jene im rohen und im getränkten Zustande die dabei angegebene Dauer:

	Roh.	Getränkt.
Eiche (quercus robur)	14—16 Jahre.	20—25 Jahre.
Lärche	9—10 „	15 „
Kiefer (Föhre) (pinus sylvestris)	7—8 „	12—15 „
Tanne	4—5 „	10 „
Fichte	4—5 „	8—12 „
Buche (fagus sylvatica)	2½—3 „	12—15 (18) „

Am gebräuchlichsten zum Tränken der Eisenbahnschwellen sind Zinkchlorid und kreosothaltiges Theeröl, auch ein Gemisch von beiden. Eine Schwelle von 0,11 cbm nimmt an Zinkchlorid auf:

bei Eichenholz . . . 0,011 cbm.
bei Kiefernholz . . . 0,022 „
bei Buchenholz . . . 0,02 „

Von kreosothaltigem Theeröl dringen 15—18 kg in eine Schwelle ein.

Nach dem Verfahren von Rütgers werden die Schwellen mindestens 4 Stunden lang einer allmählig bis 130° C. sich steigernden Hitze ausgesetzt (bis kein Wasserdampf mehr entweicht). Sie werden dann im luftleeren Tränkungskessel 30 Minuten belassen, worauf das Kreosotöl mit 8 Atm. Druck eingepreßt wird. S. Holz, S. 182. Die Buchenschwelle nimmt davon in einer Stunde bis 18 kg auf. Da Buchenholz sehr leicht die Trockenfäule bekommt, so müssen Buchenschwellen aus möglichst frischem Holze bearbeitet und sofort angeliefert werden, damit sie, bevor die Gährung der Säfte eintritt, zur Tränkung kommen. Die Schwellen werden unter hoher Wärme sofort getrocknet, oder, da dieses leicht das Reißen zur Folge hat, mit Dampf von 100° ausgelaugt und läßt man sie dann im Frühjahr oder Sommer 2—3 Monate lang austrocknen.

Die Kosten der Tränkung betragen für eine Schwelle etwa

bei Zinkchlorid: 40—80 Pf.,
bei Kreosotöl: 60—150 Pf.

Da die Dauer der mit Kreosotöl getränkten Schwellen nicht so wesentlich länger als die mit Zinkchlorid behandelten ist, so kommt meistens letzteres zur Anwendung.

Die Abmessungen der Schwellen richten sich darnach, wo diese zur Verwendung kommen sollen (Haupt= oder Nebenbahnen; Mittel=, Stoß= oder Weichenschwellen), die üblichen Maße sind:

Länge 2,14—2,7 m, meist 2,5 m,
Höhe 0,14—0,20 m, „ 0,15—0,16 m,
untere Breite 0,20—0,35 m, meist 0,26 bis 0,32 m.

Im Querschnitte sind die Schwellen rechteckig mit scharfen oder abgerundeten Kanten, auch trapezförmig, je nach der Art, wie sie aus den Baumstämmen geschnitten sind. Die Fig. 172 bis 176 zeigen, wie dieses bei verschieden starken Bäumen erfolgen kann.

Bei allen Schwellen muß die untere Fläche, welche in der Bettung liegt, vollkantig sein, an der oberen Fläche werden gewöhnlich Wahnkanten zugestanden und zwar in der Breite der Schwellen gemessen bei:

Weichenschwellen von etwa je 30—55 mm, gewöhnlichen Schwellen von etwa je 50 bis 70 mm.

Von der unteren vollen Breite bleibt demnach an der oberen Fläche eine um 60 bis 110, bezw. um 100—140 mm schmälere Auflagerfläche (Deckmaß) für den Schienenfuß oder die Unterlagsplatte. Die zulässige Breite der Wahnkante in obigen

Fig. 172—176.

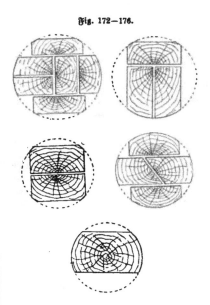

Grenzen richtet sich nach der Art des Holzes und der Breite und Verwendung der Schwelle. Gewöhnlich wird ein geringstes Deckmaß festgesetzt und zwar bei Weichenschwellen etwa 20 cm, bei Bahnschwellen von Eichen bis 10,5 cm, von anderen Hölzern 13 bis 16 cm; außerdem wird ein Maß in der Höhe festgesetzt, bis wohin von der Unterfläche ab die Schwellen den vollen Querschnitt haben müssen. Weichenschwellen, insbesondere wenn sie nicht von Eichenholz sind, werden oft ganz vollkantig verlangt.

Um Irrthümer zu vermeiden, empfiehlt es sich, den Lieferungsbedingungen genaue Zeichnungen mit Maßangaben beizugeben. Größere Abmessungen als die vorgeschriebenen sind zwar zulässig, jedoch wird eine besondere Vergütung dafür in der Regel nicht bewilligt.

Die Weichenschwellen müssen an der oberen und unteren Fläche mit der Säge geschnitten, die Seitenflächen gerade beschlagen, die Endflächen mit der Säge rechtwinkelig beschnitten sein. Einige Verwaltungen geben zu, auch bei Weichenschwellen die unteren und oberen Flächen zu beilen. Die Bahnschwellen müssen an allen Seiten rechtwinkelig geschnitten oder gebeilt, an den Köpfen mit der Säge rechtwinkelig beschnitten sein. Ober- und Unterflächen müssen eben (nicht windschief) und parallel, die Seitenflächen rechtwinkelig zur Unterfläche und dabei müssen die Schwellen nach der Richtung der Fasern (nicht überspänig) (S. 131.) geschnitten sein. Von oben gesehen, sollen die Schwellen im Allgemeinen gerade sein, bei einem Theile (10%) wird in der Regel eine Krümmung zugelassen, jedoch darf die Pfeilhöhe 8—10 cm nicht überschreiten.

Die Schwellen müssen frei von Schmutz, erdigen und anderen Bestandtheilen, geflößte Schwellen vor der Ablieferung rein ausgewaschen sein.

Das Holz der Schwellen soll möglichst trocken, durchweg gesund, fehlerfrei und aus gerade gewachsenen (nicht drehwüchsigen), nicht von abgestorbenen (wipfeldürren, raupenfräßigen) Bäumen entnommen, es darf nicht windrissig, rindschälig, locker oder schwammig, auch nicht blau, endlich muß es frei von jeder Art Fäulniß u. Wurmfraß sein; es darf weder lose Jahrringe, noch Eisklüfte oder Mondringe haben; Kern und Splint sollen fest zusammengewachsen sein und gesunde Farben zeigen. Etwa vorhandene Aeste müssen fest, ohne schwarzen Rand und ohne jede Spur von Fäulniß, glatt gearbeitet (nicht gespundet) sein.

Die Borke der Waldkante betreffend, so verlangen einige Verwaltungen, daß sie durchweg abgearbeitet ist, andere schreiben die Beibehaltung, insbesondere bei Eichenschwellen vor.

Das Holz zu den Schwellen muß in der Wabelzeit gefällt und hat der Lieferant dieses, wie auch den in dem Angebote anzugebenden Ursprung des Holzes durch glaubwürdige Zeugnisse nachzuweisen.

Es wird wohl noch verlangt, daß das Holz für die Schwellen thunlichst unmittelbar vor dem Ablieferungstermine dieser gefällt, keinesfalls aber bei eichenen und kiefernen Schwellen länger als 18 Monate und das für Buchenschwellen länger als 6 Monate vor der Anlieferung geschlagen sein soll.

Eichenschwellen für Vollbahnen, 2,5 m lang, 4—4,5 Mk., buchene 2,25 Mk. das Stück.

Schwellenlaschen, s. Laschen.

Schwellenschrauben (Schraubennägel, Tire fonds), Fig. 177 und 178, zur Befestigung der Schienen und Unterlagsplatten auf Holzschwellen

Fig. 177 u. 178.

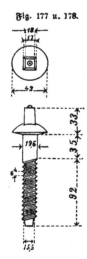

Schwellenschraube.

an Stelle der Schienennägel. Das Material soll ein gutes, fehlerfreies, sehniges, zähes, insbesondere weder kalt= noch warmbrüchisches Eisen sein; genau nach Zeichnung herzustellen. Anforderung an Festigkeit u. a. wie bei Stabeisen. Die Köpfe müssen aus der Masse selbst gepreßt und dürfen nicht angeschweißt sein. Der Hals unter dem Kopfe muß für die Auflage auf dem Schienenfuße genau die vorgeschriebene Neigung haben. Das Gewinde muß rein und voll geschnitten und darf an keiner Stelle ausgebrochen sein. Für das Vierkant des Kopfes wird dem Lieferanten zuweilen ein Schraubenschlüssel gegeben, in den dasselbe genau passen muß. Die fertigen Schrauben sind auf der ganzen Oberfläche zum Schutze gegen Rost zu verzinken; die Zinkschicht muß überall gleich sein und fest haften, sie darf beim Biegen der Schraube nicht reißen oder sogar abblättern. Wie die Stärke der Zinkschicht untersucht wird, siehe **Zink**.

Länge der Schraube 150—160 mm, Schraubenspindel 13—15 mm stark, Gewinde 6—12 mm entfernt und 3—5 mm breit. Quadratischer Kopf 18—20 mm stark, 20—25 mm hoch. Gewicht 0,3—0,4 kg. 240—280 M. für die Tonne.

Schwerspath (schwefelsaures Baryt), ist ein farbloses oder weißes, sehr schweres Mineral, spez. Gewicht 4,5; fein gemahlen ein blendend weißes Pulver, welches zur Fälschung der verschiedensten Materialien, wie Farben, Mehl und mehlartige Stoffe, Seilerwaaren, Zeugen, Kautschuk, festen Fetten u. s. w. dient, ferner zur Bereitung von Schweißpulver.

100 kg 7—8 M., sehr weiß und sehr fein gemahlen bis 13 M.

Seegras, eine Pflanzengattung der Nord= und Ostsee; hat schmale dünne, lange Blätter. Dient zum Polstern; ist wenig elastisch und dauerhaft. Demselben wird die Eigenschaft zugeschrieben, durch seinen Geruch die Motten abzuhalten. 100 kg 10—20 M. Probe 1 kg.

Segeltuch (Segelleinen), ist ein schlichtes, starkes, meist etwas grobfädiges Hanf= oder Flachsgewebe, welches hauptsächlich zu festen, aufgenagelten Eisenbahnwagenbedeckungen (Verdeckleinen) und zu losen Wagendecken (Wagenplänen) benutzt wird. Darf weder Baumwolle noch Jute enthalten; letztere fault in der Nässe leicht und ist überhaupt weniger dauerhaft. Es kommen Segeltuche in den Handel, deren Schuß ganz aus Jutegarn oder aus sog. aus Flachs= oder Hanfwerg mit Jute versponnenem Mixed=Garn besteht. Ganz= oder Halbjute=Gewebe fallen bei den Zerreißversuchen an der geringeren Festigkeit auf. Segeltuch darf auch nicht aus einem Gemisch von Flachs und Hanf bestehen, da solche gemischte Leinenzeuge weniger haltbar als reine Flachs= oder Hanfgewebe sind. Von Segeltuchen wird dem Flachssegeltuche unter sonst gleichen Umständen der Vorzug gegeben, man schreibt ihm eine um 20% längere Dauer gegenüber dem Hanfgewebe zu.

Die besten, also auch die theuersten Segeltuche, bestehen in Kette und Schuß gleichmäßig aus reinem Langhanf oder Langflachs (Kernflachs), doch kommen auch solche mit Langhanf= oder Langflachskette und gewöhnlichem Hanf= oder Flachsschuß, sog. Tow-Garn, zur Verwendung.

Das Garn zu dem Segeltuche muß vor dem Verweben in mit calcinirter Soda versetztem Wasser ausgekocht werden, um die den Fasern anhaftenden, zur Fäulniß neigenden Stoffe zu zerstören oder zu entfernen. Das Garn verliert dadurch 7—13% an Gewicht und wird um 15—20% theurer, Grund genug, um unzuverlässige Handlungshäuser zu veranlassen, das Kochen zu unterlassen.

Segeltuch muß nach Proben geliefert und bei dem Angebote angegeben werden, ob dasselbe aus Hanf= oder Flachsgarn gefertigt ist; ferner muß es so zur Ablieferung kommen, wie es von dem Webstuhle kommt,

darf also weder Appretur haben noch gepreßt (gemangelt, kalandert) sein.

Zu festen Wagendecken wird auch Drillich
aus reinem Flachsgarn verlangt, welcher auf
100 mm im Quadrate 110—115 Doppelfäden in der Kette und 100—105 im Schusse
hat, dabei 0,825 kg auf 1 qm wiegt. Feines
Segeltuch muß in Kette und Schuß bei
40 mm Breite des Probestreifens mindestens
150 kg, und grobes mindestens 200 kg
Festigkeit haben. Für Verdeckleinen (Drell-
oder Atlasgewebe) wird·u. a. auch vorgeschrieben, daß ein 40 mm breiter Streifen
in der Kette mindestens 120 und im Schusse
mindestens 200 kg Zerreißfestigkeit haben
muß. Bei Leinen für Lose Pläne wird bei
40 mm Breite in der Kette mindestens 80,
im Schusse mindestens 150 kg Festigkeit
verlangt.

Zuweilen wird die Anzahl der Fäden
vorgeschrieben; z. B. auf 100 mm im Quadrate 105·—110 Doppelfäden in der Kette
und 75—80 im Schusse; dabei soll dann
das Gewicht für das qm mindestens 0,65 kg
betragen. Ueber Verfälschungen von Leinwand und Untersuchung derselben s. Gewebe. Probe 0,5 qm. Für das m bei
3000 mm Breite 3,20; bei 3300 mm Breite
3,55 (Verdeckleinen); für Wagenpläne bei
3000 mm Breite 3,55 M. das m.

Seide, entstammt dem Thierreiche und
zwar einem Schmetterlinge (Maulbeer-
spinner, Seidenspinner) aus dessen
Eiern (3—400) die Seidenraupen sich
bilden, welchen in den Seidenzüchtereien die
Blätter des Maulbeerbaumes als Nahrung
gegeben werden. Die Raupe erreicht in
etwa 30 Tagen eine Länge von 75—90 mm
und nimmt an Gewicht in dieser Zeit um
das 4—8000fache zu. Während ihres
Wachsthumes bilden sich in der Raupe zwei
längliche Blasen, welche mit einem honig-
dicken Safte gefüllt sind. Zur Zeit der
Verpuppung treibt die Raupe diesen Saft
aus zwei unter dem Munde liegenden sehr
engen Oeffnungen in Gestalt von zwei dünnen

Fäden aus, welche sich zu einem Faden
von $1/77$—$1/38$ mm Dicke vereinigen und dann
erhärten. Aus diesem Faden entsteht die
Verpuppungshülle, indem die Raupe in denselben sich einspinnt und so nun sich ein
Gehäuse bildet, Kokon genannt. Dieser
ist eiförmig, 33—36 mm lang mit einem
Durchmesser von 20—25 mm. Es gehen
von den Kokons 400—1000 auf 1 kg. Der
Faden des Kokons, über 3000 m lang, bildet die Seide (Rohseide). Aus dem
Kokon, sich selbst überlassen, entwickelt sich
wieder ein Schmetterling, welcher, um zu
entschlüpfen, den Kokon durchbeißt. Dieses
wird nun bei den zur Fortpflanzung bestimmten Kokons erwartet, wogegen man
die zur Gewinnung der Seide ausgesuchten
der Ofenwärme oder Wasserdämpfen aussetzt, um die Raupen zu tödten.

Die Farbe der Kokons, also die Naturfarbe der Seide, ist verschieden: glänzend
weiß, gelblich, bläulich, grünlich, auch gelb,
grün, röthlich u. a. Um den Faden zu
gewinnen, müssen die Kokons abgewickelt
werden; man bringt sie, da die einzelnen
Fadenlagen aneinander kleben, vor dem Abhaspeln in warmes Wasser, wodurch der
Klebstoff aufweicht. Weil der einzelne Faden
zu zart ist, werden beim Haspeln gleich
mehrere Fäden (3—20) zusammengelegt und
von ebenso vielen Kokons abgewickelt. Diese
Fäden vereinigen sich wieder zu einem
Faden und zwar ohne Drehung, indem der
aufgeweichte Klebstoff wieder erhärtet und
so die Fäden vereinigt.

Es ist nicht möglich, den Faden eines
Kokons in seiner ganzen Länge zu gewinnen,
weil die inneren Theile so fest aneinander
kleben, daß sie sich nicht abhaspeln lassen,
außerdem besteht das Aeußere des Kokons
aus einem lockeren Gewebe von abgerissenen
Fäden, welche vorher abgenommen und für
sich allein die Flockseide abgeben. Der
Gesammtabfall der Kokons wird, wie die
Seide selbst, zu Gespinnsten verarbeitet und
mit Florettseide bezeichnet, zu welcher

ie von den Raupen durchbissenen und schabhaften Kokons verarbeitet werden.

e Seide wird zu Gespinnsten (Rund=
r, Näh=, Strick=, Stickseide) und
en (Tafft, Sammt, Atlas) ver=
et.

ie sie in Geweben und Gespinnsten
Wolle, Baumwolle u. a. unterschieden
siehe Gewebe.

Seidenborde, s. Borde.

Seidencoteline, s. Coteline.

Seidenzwirn, s. Nähseide.

Seife, entsteht durch Einwirkung von
Natron oder Aetzkali auf Thier= oder
Pflanzenfette, wie Talg, Schmalz, Thran,
Nöl, Baumöl, Cocosnußöl, Leinöl, Hanf=
. a. Aetznatron oder Aetzkali kommt
t in Wasser als Lauge zur Anwendung.
ben Fette mit Kalilauge „verseift", so
en sich in allen Fällen weiche Seifen
Schmierseifen). Die Herstellung der
n Seife aus Talg (Talgseife) erfolgt
er Weise, daß dieser mit einem Theile
Natronlauge in einem eisernen Siede=
l erhitzt und dann allmählich und so
ze weitere Natronlauge zugesetzt wird,
ein wasserheller Leim (Seifenleim)
bildet. Diesem wird eine Lösung von
hsalz zugesetzt, wodurch er zu weißen
ocken gerinnt und eine Trennung der Seife
t dem überschüssigen Natron, dem Wasser
b den am Talge ausgeschiedenen
Unreinigkeiten eintritt; diese zusammen setzen
) unten im Siedekessel als eine dunkele
uge ab, welche abgelassen wird. Es folgt
n das „Klarsieden" der Seife bis das
bäumen aufhört und eine gleichmäßig
schmolzene, blasenfreie Masse sich bildet,
elche man in Formen füllt, worin sie zu
eife erstarrt.

Die so hergestellte Seife nennt man
ernseife, welche allein als reine Seife
zeichnet werden kann, indem alle Unreinig=
iten, ferner das Glycerin, sowie der Ueber=
huß an Lauge und Wasser durch das regel=

rechte „Aussalzen" entfernt sind. Wenn
dieses Aussalzen nicht so weit getrieben
wird, daß die dunkele Lauge sich im Siede=
kessel unten abscheidet, sondern man läßt
den ganzen Inhalt (also mit Wasser, Salz=
lösung, Glycerin, überschüssige Lauge) vor=
her erkalten, so entsteht ebenfalls eine feste,
die sog. gefüllte Seife, welche von der
Kernseife im Aeußeren wesentlich sich nicht
unterscheidet, jedoch alle die genannten Stoffe,
darunter eine große Menge Wasser enthält.
Während 100 kg Fett etwa 160 kg gute
Kernseife geben, bildet dieselbe Menge
Fett bis 300 kg gefüllte Seife. Unter Zu=
hülfenahme von Wasserglas, Talk, Salz=
wasser u. a. lassen sich aus 100 kg Fett so=
gar 1000 kg Seife herstellen, bei wel=
cher die werthlosen Bestandtheile nicht so ohne
Weiteres in die Augen fallen. Es ist hiernach
eine chemische Untersuchung der Seifen durch=
aus nöthig, insbesondere weil auch noch
Verfälschungen mit Kieselsäure, kieselsauren
Salzen, Thon, Kartoffel= und Stärkemehl
nicht selten sind. Die letzt genannten Be=
standtheile bleiben bei Auflösung der Seife
in Alkohol zurück.

Die zu liefernde weiße Seife (Stangen=
seife) muß eine feste (nicht schmierige) reine
(ungefüllte) Kernseife, von nicht zu dunkeler
Farbe, ohne fremdartige Bestandtheile, mit
mindestens 60 % Fettgehalt sein. Sie darf
auch von der Bereitung her nicht freies
Natron, freie Fettsäure oder Kochsalz ent=
halten. Auswitterungen in der Seife dürfen
nicht vorkommen. Sie braucht zwar nicht
aus Talg, darf aber nicht aus übelriechenden
Fetten bereitet sein. Bei einer Wärme von
22° C. darf sie in einem trockenen Raume
innerhalb 5 Tagen nicht mehr als 5 % an
Gewicht verlieren. Für die Untersuchung
auf Fettgehalt ꝛc. müssen aus der ganzen
Lieferung mehrere Stücke beliebig heraus=
gegriffen werden. Probe 1 kg.

Bei der Bereitung von Schmierseifen ist
das Siedeverfahren nicht wesentlich anders.
Die Fette, von welchen bei guter Schmier=

seife Thran und übelriechende Fette auszuschließen sind, werden mit Lauge aus Aetzkali gesiedet; ein Aussalzen findet nicht statt. Aus 100 kg Fett können 260 kg noch guter Schmierseife hergestellt werden, man kann jedoch auch dieser große Mengen von fremden Bestandtheilen, wie Wasserglas, Kartoffelmehl, Stärke und die vorher genannten Stoffe einverleiben; die Ausbeute an (schlechter) Schmierseife aus 100 kg Fett wird nicht selten bis auf 800 und 1000 kg gesteigert.

Die zu liefernde Schmierseife muß aus Leinöl, Hanföl, Olein oder einem Gemisch von diesen hergestellt sein; sie darf fremdartige Bestandtheile (außer vielleicht bis 5 % Harz) nicht enthalten, muß klar, durchsichtig und geruchlos sein, darf nicht auseinander laufen oder flüssige Ausscheidungen bilden. Gehalt an Fett mindestens 40 %.

Feste Seife wird in Kisten, Schmierseife in Fässern angeliefert; in kühlen trocknen Kellern zu lagern.

Bei der Entnahme von Proben der Schmierseife aus Fässern für die Untersuchung ist zu beachten, daß Schichten von schlechter Seife zwischen solchen von guten liegen können.

Die Verwendung der Seifen ist bekannt. Schmierseife wird auch zur Bereitung einer Härtemasse benutzt.

Schmierseife 25—35 M., weiße Talgseife 45—55 M. für 100 kg.

Seifensteinpackung, s. Liderung. Bei einfachem Ueberzug 60 Pf., bei doppeltem 70 Pf. das kg.

Seile, s. Hanfseile.

Seilerwaaren, dahin gehören: Bindfaden, Bindestricke, Bindetaue, Bremsleinen, Glockenleinen, Hanfseile, Packschnur, Plombirschnur, Plombirleinen, Sackband, Schiffstaue, Seile, Signalleinen, Stricke, Taue, Telegraphenschnur, Uhrleinen, Zugleinen. Verfälschungen s. Gespinnste.

S-Haken (**S-Klammern**), sind aus sog. Messereisen (trapezförmiger Querschnitt von 2,8 × 19 × 1,15 mm) zur S-Form gebogene Klammern, in gestrecktem Zustande etwa 40 mm lang; dienen zum

Fig. 179.

S-Haken.

Einschlagen in die Stirnflächen von Bahnschwellen, insbesondere Buchenschwellen, um das Reißen zu verhüten. Fig. 179. $\frac{1}{8}$ bis $\frac{1}{7}$ kg schwer 2—3 Pf., kleine 1 Pf. das Stück.

Shirting, s. Nessel.

Shoddy, s. Kunstwolle.

Siccativ (Siccativpulver), das kg 1—1,50 M., s. Firnisse.

Sicherheitskuppelungen, s. Kuppelungen.

Sicherheitsplättchen, s. Fixirungsplättchen.

Siederöhren, eiserne (**Heizröhren**), für Locomotiven fertigt man aus an den Längskanten schräg abgehobelten Eisenblechstreifen, welche in rothwarmem Zustande mittelst Ziehen durch ein Ziehloch vorgerundet, d. h. auf die annähernde Form des zu bildenden Rohres gebracht werden. Die abgeschrägten Längskanten greifen 10—13 mm übereinander, kommen jedoch bei dem Vorrunden noch nicht zum Schweißen. Das Rohr wird in den Wärmeofen gegeben und nach erlangter Schweißhitze in die nahe dem Ofen stehende Walze gesteckt. Diese führt das Rohr mit der

Innenfläche über einen zwischen den Walzen liegenden gußeisernen Dorn und bewirkt so durch den inneren Druck gegen diesen und durch den äußeren der Walze die Schweißung der übereinander liegenden Kanten. Man läßt das Rohr noch 2 bis 3 Mal bei einer milderen Hitze durch die Walze und über den Dorn gehen, um die Schweißung ganz vollkommen zu machen und das Rohr von allen Unebenheiten u. dergl. zu befreien. Nach der letzten Walzung wird das Rohr in derselben Hitze 3 bis 4 Mal durch einen geschliffenen Hartgußring gezogen, wodurch dasselbe die äußere Glätte und den genauen äußeren Durchmesser bekommt. Nach dem Erkalten wird das Rohr gerichtet und an beiden Enden auf bestimmtes Maß abgeschnitten.

Das Material der Siederöhren muß bestes, zähestes Schweißeisen oder bestes, sehr gleichmäßiges, gut schweißbares Flußeisen sein; bei Homogenröhren kommt weicher (nicht härtbarer) Stahl zur Anwendung. Die Röhren müssen innen und außen genau cylindrisch, ganz gerade und senkrecht zur Längsachse sauber abgeschnitten sein, überall die gleiche Wandstärke und die vorgeschriebenen Abmessungen haben. Sie sollen in kaltem Zustande durch Hämmern über einen Dorn um 3 mm sich aufweiten und an den Enden umbörteln lassen, ohne Risse zu bekommen und einen inneren Wasserdruck von 25 Atm. aushalten, ohne Undichtheiten zu zeigen oder unrund zu werden. Ein der Länge nach aufgeschnittenes Rohrstück muß sich vollständig platten und dann im rechten Winkel biegen lassen, ohne daß Einbrüche sich einstellen. Eine weitere Prüfung wird in der Weise vorgenommen, daß man Rohrstücke in gebohrte Eisenbleche von der Dicke der Rohrwände zieht und dieselben, wie beim Einziehen der Siederöhren, aufdornt oder aufwalzt, umbörtelt und verstemmt; dabei ergibt sich die Zähigkeit des Materiales; Risse dürfen sich bei dieser Behandlung nicht einstellen.

Gewicht für das lfb. m in kg.

Aeußerer Durchmesser in mm	Wandstärke in mm				
	2	2,25	2,5	2,75	3
38	1,76	1,96	2,17	2,37	2,57
39	1,81	2,01	2,23	2,44	2,64
40	1,86	2,07	2,29	2,50	2,71
41	1,91	2,13	2,35	2,57	2,78
42	1,95	2,18	2,41	2,63	2,84
43	2,00	2,23	2,47	2,70	2,91
44	2,05	2,28	2,53	2,77	2,99
45	2,10	2,34	2,60	2,84	3,07
46	2,15	2,40	2,66	2,91	3,15
47	2,20	2,45	2,72	2,97	3,23
48	2,25	2,50	2,78	3,03	3,30
49	2,30	2,56	2,84	3,10	3,37
50	2,35	2,62	2,91	3,17	3,45
51	2,40	2,68	2,97	3,24	3,53
52	2,45	2,74	3,03	3,31	3,61

Für das lfbe. m: bei 38 mm ä. D. und 2 mm Wandstärke 1,09 M.; ä. D. 46 mm, Wandst. 3 mm 1,39 M.; ä. D. 49—51 mm, Wandst. 3 mm 1,44 M.

Siemens-Martin-Stahl, s. Eisen.

Signalleine (Zugleine), müssen aus sehr gutem reinen Hanfe gefertigt sein; in der Regel sind sie aus drei Strähnen, jede zu drei Litzen, zusammengedreht, 7 bis 10 mm stark. Es wird auch vorgeschrieben, daß jede Litze eingesponnen einen feinen verzinkten Eisendraht erhält. Werden zweckmäßig getheert. Erhalten an beiden Enden Ledereinfassung und Karabinerhaken. 100 bis 250 m lang. Nach Muster zu liefern. S. Gespinnste, Seilerwaaren u. Hanfseile.

Silberbronce, Metallfarbe, wird aus Blattsilber in derselben Weise wie Goldbronce aus Blattgold hergestellt. Dient zum Malen und Versilbern. Chemisch zu prüfen. Das kg 7,50 M.

Silberglätte, s. Bleiglätte.

Siliciumbronce, von Weiller, besteht aus Kupfer, Zinn und Silicium (Kiesel). Letzteres hat denselben Einfluß, wie der Phosphor in der Phosphorbronce, es hindert die Bildung von Metalloxyden,

16*

welche die Festigkeit der Bronce beeinträchtigen. Findet u. a. Verwendung zu oberirdischen Telegraphen= und Telephondrähten.

Siliciumbroncedraht, s. Telegraphendraht.

Sinterkohlen, s. Steinkohlen.

Smirgel, s. Schmirgel.

Smyrnateppich, s. Plüsch.

Soda (kohlensaures Natron), findet sich in vielen Quellen und Seen, aus deren Wasser durch Abdampfen, ferner in Seepflanzen, aus deren Asche sie gewonnen wird.

Meistens stellt man dieselbe dar durch Zersetzen des Kochsalzes mittelst Schwefelsäure oder schwefeliger Säure in Verbindung mit Luft und Wasserdampf. Es bildet sich dabei schwefelsaures Natron (Glaubersalz) und Salzsäure. Das Glaubersalz wird mit Steinkohle und Kreide (oder Kalkstein) in einem Flammofen erhitzt und erhält man dadurch die Rohsoda, welche in Wasser gelöst durch Abdampfen der Lauge das Rohsalz gibt. Dieses wird in Flammöfen getrocknet und allmählig geglüht (calcinirt). Die so gewonnene calcinirte Soda ist weiß, kommt gemahlen und in Fässern verpackt in den Handel, welche gut verschlossen zu halten und in trockenen Räumen zu lagern sind, weil die calcinirte Soda Feuchtigkeit aufnimmt und zu harten Klumpen sich ballt.

Nach einem anderen, dem sog. Ammoniakverfahren, wird Soda erzeugt, indem man aus einer gesättigten Kochsalzlösung und doppeltkohlensaurem Ammoniak einen Niederschlag von doppeltkohlensaurem Natron und eine Lösung von Salmiak bildet. Nachdem beide getrennt sind, wird das doppeltkohlensaure Natron ausgewaschen, getrocknet und geglüht, wodurch es die Hälfte der Kohlensäure verliert und in Soda übergeführt wird.

Diese wird als Lösung in heißem Wasser (Natronlauge) zum Reinigen (Desinfi-

ziren) der Viehwagen und der mit Fett und Schmutz behafteten Maschinentheile (Achslagerkasten u. a.) benutzt; sie braucht dazu nicht ganz rein zu sein, muß jedoch mindestens 90% Soda enthalten; dient ferner zur Bereitung von Härtemassen und Schweißpulvern, auch wird sie dem Wasser zum Waschen von Zeugen u. a. zugesetzt.

Zur Darstellung von Sodakrystallen löst man calcinirte Soda in heißem Wasser, läßt die Lösung sich klären und die Krystalle durch Abdampfen sich ausscheiden. Diese sind in trockenem, unverwitterten Zustande zu liefern, sollen mindestens 35% wasserfreies kohlensaures Natron und höchstens 2% fremdartige Bestandtheile enthalten. Wird in Fässern geliefert, in kühlen Räumen zu lagern.

Kaustische Soda (Natronhydrat, Aetznatron) wird gewonnen, indem man dem kohlensauren Natron die Kohlensäure entzieht, sie wird jedoch auch noch in anderer Weise hergestellt. Die Lösung von kaustischer Soda gibt durch Abdampfen festes Aetznatron (Soda= oder Seifenstein). Dieses bildet eine weiße steinartige Masse, welche am besten in Blechtrommeln zur Anlieferung kommt, da es begierig aus der Luft Feuchtigkeit aufnimmt. Wenn das Gefäß geöffnet und der Inhalt zerschlagen wird, so löst man zweckmäßig den ganzen Vorrath in Wasser und bewahrt die Lauge in Ballons auf. Die **kaustische Soda ist sehr stark ätzend!** Es ist deßhalb mit der äußersten Vorsicht zu verfahren! Beim Zerkleinern muß der Arbeiter eine Schutzbrille tragen und die Stücke mit der Zange anfassen, da Aetznatron die Haut zerstört; **ein Splitter Aetznatron, welcher in's Auge fliegt, kann den Verlust dieses herbeiführen!**

Kaustische Soda soll mindestens 70% reines Natronhydrat enthalten. Soda jeglicher Art ist chemisch zu prüfen.

Calcinirte Soda 15 M., krystallisirte 8 M., kaustische 36 M. für 100 kg.

Sohlleder (Pfundleder), ist lohgares Rindleder aus schweren Ochsenhäuten. Muß äußerst stark, fest und dicht, vollständig eichenlohgar durchgegerbt und völlig lufttrocken sein; darf einzelne harte Stellen (Hornstellen) und sonstige Fehler nicht haben. Ohne Kopf-, Schwanz- und Bauchtheile (nur Kern) zu liefern. Ganze Haut 15—25 kg. Dient zu Manchetten, Pumpenklappen u. a. Nach Probe. In ganzen Häuten 5 M. das kg. S. Leder.

Spachtelfarbe (Spachtelgrund, Filling Appretur, Filling up.)

bei mehreren Proben die Auswahl nach dem Ergebniß von Probeanstrichen trifft. Ist auf's Feinste geschlemmt und gerieben zu liefern, muß sich leicht auftragen lassen, zu einer harten, festen Schicht eintrocknen, welche nicht riffig und beim Abschleifen nicht schmierig wird.

In Fässern zu liefern, welche gut geschlossen zu halten sind, da sonst der Firniß an der Oberfläche verharzt; in kühlen Räumen zu lagern. Die trockene Farbe (ohne Firniß), sog. Spachtelpulver, wie andere Farben zu behandeln. Probe 0,5 kg.

Fig. 180 u. 181.   Fig. 182 u. 183.

Fig. 184 u. 185.   Fig. 186.

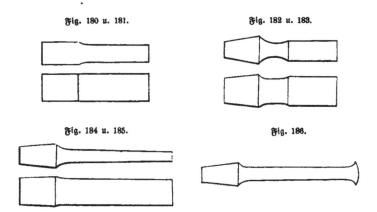

ist eine streichfertige Anstrichmasse zur Herstellung des sog. Schleifgrundes (erster Anstrich) bei Flächen, die fein gestrichen und polirt werden sollen. Zusammensetzung: fein geriebene Ocker, fein geriebene Umbra, Leinöl, Terpentinöl und Kopallack, oder Bleiweiß (auch Schiefermasse), Firniß, Terpentin und Siccativ. Die Bestandtheile müssen sehr innig zu einer so steifen Masse verarbeitet sein, daß diese sich nicht mit dem Pinsel, sondern nur mit dem Spachtelmesser auftragen läßt. Die Zusammensetzung ist bei gleicher Güte sehr verschieden, so daß man dieselbe besser nicht vorschreibt, sondern

Spachtelfarbe, fertig zubereitet, 65 Pf. das kg.

Spanisch-Rohr, stammt von ostindischen Palmenarten. Die dünneren Triebe, gelblich, 1,5—2,5 m lang geschnitten, kommen einmal umgebogen in Bündeln von 100 Stück in den Handel (Stuhl-, Bind- oder Bundrohr). Gespalten oder in dünnen Streifen gehobelt dient es zu Geflechten für Stühle u. s. w. (Sesselrohr). In runden Stäben zu Körben und zu Bahnräumerbesen (Schneebesen). Das Rohr muß gesund und nicht von zu verschiedenen Dicken sein. 100 kg 44 M.

Speichenräder. Zur Herstellung

derselben wird theils gutes, sehniges Walz=
eisen, theils aus gutem gereinigten Schrot=
eisen hergestelltes Hammereisen verwendet.
Ersteres meist zu den Speichen und Felgen,
letzteres zu den Rabnaben und zu den Kurbel=
naben bei Triebrädern. Die für die Speichen=
stücke vorbereiteten Eisenstäbe werden im
Schweißofen ausgeglüht und unter dem
Dampfhammer (600—750 kg) roh ausge=
schmiedet, Fig. 180 u. 181. In einer zweiten
Hitze werden diese Stücke mit Köpfen ver=
sehen, Fig. 182 u. 183, welche demnächst
die Rabe bilden. Nach abermaligem Hitze=
machen erhalten die Stücke die Form der
Fig. 184 u. 185 und wird dann das untere

Felgentheile werden nach dem Halbmesser
des Rades gebogen, Fig. 189, dann zu dem
Rabe zusammengelegt und in einen aus zwei
Hälften bestehenden Ring (Schablonen=
ring) gebracht, wie dieses in Fig. 191 im
Querschnitte angegeben ist. In diesem Zu=
stande wird das Rad so auf ein in der
Nähe eines Dampfhammers (1500 kg) befind=
liches Rundfeuer (Fig. 190 u. 191) gelegt, daß
nur die Rabe der Stichflamme des Feuers
ausgesetzt ist. Dieses wird dadurch erreicht,
daß man die Rabe mit einem Lehmring a a
umgibt, welcher die Speichen vor starker
Erhitzung schützt. Ein auf das Rad gelegter
Blechring in annähernder Form der Rab=

Fig. 187.   Fig. 188.   Fig. 189.

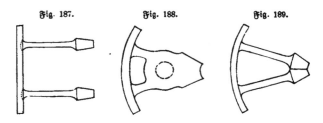

Speichenende angestaucht, Fig. 186. Diese
Arbeiten führt man in der Regel mit meh=
reren Dampfhämmern und möglichst mit
Hilfe von Gesenken aus. Mittlerweile wer=
den die Felgenstücke vorgerichtet und zwar
in der Länge für zwei Speichen passend.
Nachdem das aufgestauchte Ende der einen
Speiche und die Stelle der Felge, welche
mit der Speiche in Verbindung gebracht
werden soll, zur Schweißhitze gebracht wor=
den sind, werden beide Theile zusammenge=
schweißt, was hierauf in gleicher Weise mit
einer zweiten Speiche geschieht, es entstehen
Rabtheile von der Form der Fig. 187.
Inzwischen werden die Kurbelnabentheile
aus Hammereisen unter dem Dampfhammer
(3000 kg) hergestellt. (Fig. 188.) Die zu
einem Rabe erforderlichen Speichen= und

und Kurbelnabe dient zur Aufnahme von
Koks.

Zu gleicher Zeit wird eine der beiden
Rabenscheiben, welche zur Verstärkung der
Kurbel= und Rabnabe dienen sollen, auf dem
Rabenfeuer erhitzt.

Nachdem Rabnabe und Scheibe bis zur
Weißgluth erhitzt sind, wird das Rad mit=
telst eines Drehkrahnes vom Rundfeuer ab=
gehoben, mit Hilfe von am Schablonenring
befindlichen Handhaben unter den Dampf=
hammer (1500 kg) gebracht, die erhitzte
Rabenscheibe aufgelegt, und durch Hammer=
schläge mit dem Rabe zusammengeschweißt.
Nach abermaligem Hitzemachen wird die
zweite Rabenscheibe an der anderen Seite
aufgeschweißt.

Das Schweißen der Felgen geschieht mit Hülfe von kleinen Rundfeuern, welche je mit einem kleinen Balancierdrehkrahn bedient werden. (Fig. 192 u. 193.) Nachdem die zusammenstoßenden Enden zweier Felgentheile erhitzt und das Rad auf das über

Der Verlust an Abbrand während der ganzen Arbeit des Schmiedens und Schweißens beträgt 15—18%, der noch brauchbare Abfall (Schrott) 12—15%.

Die Herstellung von Speichenrädern für Locomotivlauf-, Tender- und Wagenachsen

Fig. 190 u. 191.

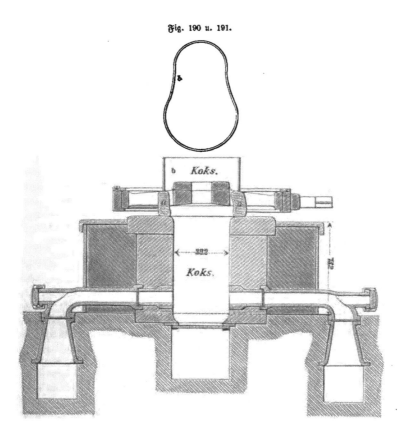

einer Vertiefung stehende Horn des Amboſſes gehängt iſt, wird ein weißglühendes Keilstück k, Fig. 194, eingesetzt und das Ganze zusammengeschweißt. In gleicher Weise wird mit den anderen offenen Felgenberührungsstellen verfahren.

erfolgt in derselben Weise, nur fällt die Kurbelnabe fort. Unter Umständen können die beiden runden Nabenscheiben in einer Hitze auf die Achsnabe geschweißt werden, es wird dann die eine Scheibe auf der Nabe liegend zugleich mit erhitzt, während die

Fig. 192 u. 193.

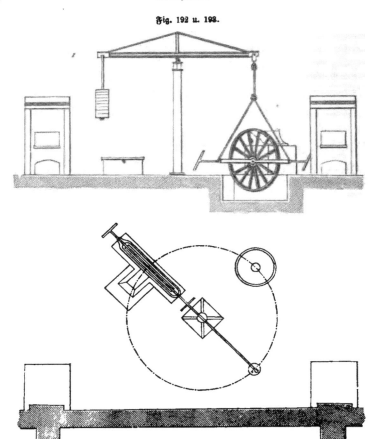

Fig. 194.

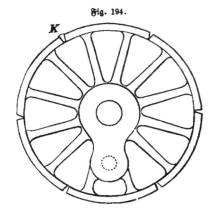

K

andere gleichzeitig auf dem Nabenfeuer zur Schweißhitze gebracht und dann aufgelegt wird.

Aus der Schmiede gelangen die Räder in die Räderbearbeitungswerkstatt, wo sie gedreht, ausgebohrt und bestoßen werden.

Prüfung und Abnahme.

Das Material der Gerippe von Speichenrädern muß durchweg bestes Schweißeisen sein und den bei Stabeisen angegebenen Anforderungen genügen; durch Zerreiß- und Biegeproben zu untersuchen.

Die Schweißung muß überall eine vollkommene, Fehler, wie verbrannte und unganze Stellen, Anbrüche, Risse o. dergl. dürfen nicht vorhanden sein. Die Räder müssen genau der Zeichnung und den vorgeschriebenen Maßen entsprechen. Der Felgenkranz soll genau kreisrund, überall von gleicher Stärke und Breite, an den Stirnseiten, sowie an der Auflagerfläche des Radreifens sauber abgedreht, die Nabe an beiden Stirnflächen abgedreht und genau cylindrisch auf den vorgeschriebenen Durchmesser ausgebohrt und geschlichtet sein, Drehringe dürfen sich nicht zeigen. Die Nabenbohrung wird an der inneren Seite, an dem äußersten Ende, etwas erweitert, damit die innere Kante der Nabe die Achse nicht berührt. Die Speichen müssen genau unter sich gleich, gleichmäßig verjüngt und die Mittellinien derselben nach dem Mittelpunkte gerichtet sein. Bei Speichenrädern ohne Kurbelnabe muß der Schwerpunkt genau mit dem Mittelpunkte zusammenfallen, bei Kuppel- und Treibrädern muß derselbe diejenige Lage haben, welche der Massenvertheilung entspricht. Die Gegengewichte dieser Räder, wenn sie nicht eingeschweißt sind, müssen fest und durchaus unverrückbar zwischen den Speichen eingepaßt und außerdem der Zeichnung entsprechend ganz sicher befestigt sein.

Die Mittellinie der Bohrung für den Kurbelzapfen muß genau parallel der der Nabenbohrung sein. Häufig läßt man beide Bohrungen in einem etwa 3 mm kleineren Durchmesser herstellen und wird dann die genaue Bohrung in der Werkstätte der Bahn vorgenommen.

Die Untersuchung der Widerstandsfähigkeit der Speichenräder durch Fallproben erfolgt wie bei Gußstahlrädern.

Die vordere Fläche der Nabe erhält hinlänglich tief und deutlich eingestempelt (16 mm hoch) die Firma des Fabrikanten, das Eigenthumsmerkmal der Bahn und Jahr und Monat der Lieferung.

Ein Radgerippe (ohne Reifen) von 845 mm ä. D. wiegt 156 kg.

Spezialstahl, s. Tiegelgußstahl u. Werkzeugstahl.

Spiegeleisen, s. Eisen S. 43.

Spiegelglas, s. Glas 113.

Spiralfedern, für Polsterungen, s. Sprungfedern.

Spiralfedern (Kegelfedern), für Stoß- und Zugapparate, werden aus Tiegelgußstahl gefertigt. Die Herstellung der Blätter erfolgt wie bei Tragfedern. Nachdem dieselben ausgewalzt und auf Maß abgehauen sind, folgen nachstehende Arbeiten:

1. Das Zuschärfen der Enden in der Dicke durch zwei excentrische Walzen.

2. In einer weiteren Wärme das Abspitzen in der Länge der kleinsten Windung an einer mit dem Walzwerke verbundenen Stoßmaschine, sowie das der vorgeschriebenen Neigung entsprechende Abschrägen unter der Scheere und das Eindrücken des Mitnehmerloches zum Festhalten auf dem Wickeldorn. In ähnlicher Weise wird darauf das andere Ende behandelt.

3. Auf das äußere Ende des Federblattes werden nach vorherigem Anwärmen im Schmiedefeuer die vorgeschriebenen Zeichen eingeschlagen.

4. Die so hergerichteten Federblätter werden im Wärmeofen rothwarm gemacht und auf einen der Form der Feder entsprechenden Dorn gewickelt.

Bei dem Bochumer Verein dient dazu die **Biket'**sche Winkelmaschine, mit der täglich bis 400 Stück Spiralfedern fertig gestellt werden können.

In derselben Wärme werden die Federn je nach Vorschrift in Wasser oder Oel gehärtet.

5. Das **Ablassen** der Spiralfedern geschieht wie bei **Tragfedern**.

6. Nach dem Ablassen werden die Federn in Oel getaucht, um die Oberfläche zwischen den Windungen gegen Rost zu schützen. Die Federn werden vorher soweit abgekühlt, wie es zum raschen Antrocknen des Oeles nöthig ist.

7. Die Federn werden mehrere Mal unter Auflagerflächen der unteren und oberen Windung müssen genau parallel und senkrecht zur Federachse liegen. Nach einer wiederholten Belastung von kürzerer Dauer und bei einer ununterbrochenen Belastung von 24 Stunden, durch welche die Federn vollständig zusammengedrückt werden, so daß die oberen und unteren Endflächen aller Windungen je in einer Ebene liegen, dürfen sie keinerlei Beschädigungen zeigen, auch nicht mehr als 2 mm bleibend sich setzen. Das Spiel der Windungen muß leicht und unbehindert sein, es darf deßhalb eine Berührung derselben untereinander nicht stattfinden. In der Regel wird den Abmessungen

Fig. 195.   Fig. 196.

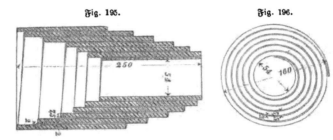

Spiralfeder.

der Dampfpresse zusammengedrückt. Beim ersten Drücken geht ein Theil der Höhe verloren, worauf beim Wickeln Rücksicht genommen wird.

8. Die Flächen der größten und kleinsten Windung werden durch Schlosser nachgearbeitet.

9. Die Belastungsprobe unter der Hebelpresse.

Das **Material** zu den Spiralfedern muß bester Tiegelgußstahl ohne Fehler sein, mit Eigenschaften, wie sie bei **Federstahl** verlangt werden.

Die Federn sind genau nach Zeichnung anzufertigen und sorgfältig zu härten. Die der Spiralfedern entsprechend die größte Belastung vorgeschrieben, bei welcher die Federn erst ganz zusammengedrückt werden, so daß das Spiel aufhört. Ebenso wird häufig die größte schwingende Belastung festgesetzt, bei welcher die Federn noch ein vorgeschriebenes Spiel (10 mm) haben müssen.

Fig 195 und 196 zeigen eine Normal-Spiralfeder für Locomotiven, Tender und Wagen. Tragfähigkeit 3500—3900 kg, 15,2 kg schwer, 5 M. das Stück.

Spinnabgang, ist Putzwolle.

Spiralschläuche, s. Kautschukschläuche.

Spiritus, 75% —90% Alkohol.

Splintbraht, ist halbrunder Eisenbraht, aus dem die Splinte gefertigt werden.

Splinte, müssen aus sehnigem, sehr zähen Eisen gefertigt, vollkommen rund sein. Form und Abmessungen durch Zeichnungen mit Maßangaben vorzuschreiben. Die Schenkel müssen einzeln sich um 180° biegen lassen, ohne daß sich in der Biegung Einbrüche zeigen. Gewöhnlich in Packeten zu 100 Stück geliefert. Proben einzureichen.

Sprengringeisen, ein Façoneisen, dient zur Herstellung von Sprengringen für die Befestigung der Oberreifen auf den Radgerippen. Der Querschnitt ist noch verschieden, einen gebräuchlichen zeigt

Fig. 197.

Sprengring.

Fig. 197. Das Material ist je nach Anforderung weicher, zäher Flußstahl, Schweißeisen oder Flußeisen; es muß in allen Fällen von bester Güte und durchaus fehlerfrei sein.

Zerreißfestigkeit:	Zusammenziehung:
Flußstahl 45 kg,	35 %,
Schweißeisen 26 kg,	25 % — 30 %,
Flußeisen 40 kg.	45 %.

Ein Stab muß kalt zu einem Kreise von 800 mm sich biegen lassen, ohne Risse oder sonstige Fehler zu bekommen. Probestab von 0,5 m. 100 kg 15 — 17 M.

Sprit, ist 90 — 95 % Alkohol.

Spritzenschläuche, s. Kautschuk- und Hanfschläuche.

Sprungfedern, sind doppelt kegelförmige Spiralfedern aus blank gezogenem und verkupferten Stahldrahte, mit oder ohne Endösen. Finden Verwendung für die Sitze in I. und II. Cl.-Wagen, andere Polsterwaaren und Sprungfedermatratzen. Werden auf besonderen Maschinen gewickelt, welche bis 15 Stück in der Minute liefern. Dicke des Drahtes 2,5—4,5 mm. Die Stärke dieses, die Anzahl der Windungen und die Höhe sind anzugeben. Der Draht muß vollkommen fehlerfrei, die Windungen müssen gleichmäßig und die Federn gut gerichtet sein. Für die Form der Feder ist Zeichnung oder Muster maßgebend. Durch mehrstündige Belastung dürfen die Federn nichts von der ursprünglichen Höhe verlieren. Für einen Stuhl I. und II. Cl. je 30 bezw. 45 Stück. Das Stück 5—7 Pf.

Stabeisen, sind Eisenstäbe von rechteckigem, quadratischem oder rundem Querschnitte; hiernach die Benennungen: Vierkant- oder Flacheisen, Quadrateisen, Rundeisen. Stabeisen bis etwa 7 qcm Querschnitt wird Dünneisen, darüber Grobeisen genannt. Es darf weder rothnoch kaltbrüchig, noch langrissig sein; muß eine glatte Oberfläche ohne fehlerhafte Stellen, wie Kantenrisse, Schweißnähte, Langrisse oder dergl. haben, dabei sich gut schweißen und stauchen lassen. Die Bruchfläche soll je nach Bestellung ein feines Korn oder ein sehniges Gefüge mit silbergrauer Farbe zeigen. Flacheisen und Quadrateisen müssen genau rechtwinkelig und scharfkantig, Rundeisen genau kreisrund, die einzelnen Stäbe gerade gerichtet und rechtwinkelig zur Längenachse abgeschnitten sein. Festigkeit im Allgemeinen 36 kg für 1 mm bei 12 % Dehnung; an Stelle dieser wird auch eine Zusammenziehung von 35 % des ursprünglichen Querschnittes verlangt. Auf 13 mm Dicke ausgestreckt, muß Stabeisen im warmen Zustande sich umbiegen und zusammenlegen, im kalten Zustande bis 13 mm sich um einen Dorn von der dreifachen Stärke biegen lassen, ohne daß Einbrüche oder Schweißnähte hervortreten. Flacheisen von 30 bis 50 mm Breite und bis 16 mm Stärke, sowie Quadrat- und Rundeisen bis 30 mm Dicke sollen zu kaltem Zustande zu einer Schleife mit einem lichten Durchmesser gleich der doppelten Stärke des Eisens, dagegen in warmem Zustande zu einer Schleife mit einem lichten Durchmesser gleich der Stärke des Eisens sich biegen lassen, ohne in der Biegung rissig zu werden. Ein aus dem vollen Materiale genommenes Probestück von etwa 15 mm Durchmesser und 50 mm Länge muß in kaltem Zustande sich ganz zusammenbiegen lassen, ohne Einbrüche zu bekommen.

Probe: je ein Flach-, Quadrat- und Rundstab von 500 mm Länge.

Siehe Stehbolzen-, Riet-, Ketten-, Mutter-, Roststab-, Façon-, Flach-, Band-, Rund-, Quadrat-, Sechskant-Eisen.

Stachel- oder Stachelzaundraht, find zweidrähtige Litzen aus verzinkten, 2,5 mm starken Stahldrähten, welche in Abständen von 125 mm (1 km 106 kg) oder 162 mm (1 km 100 kg) zweispitzige Stacheln haben. Eine andere Sorte hat auf 150 mm vierspitzige Stacheln (1 km 110 kg). Sind zur Einfriedigung von Bahnkörpern, Bahnhöfen, Werkstättenplätzen u. a. zur Anwendung gekommen.

Stärkgummi (Dextrin, Fruchtgummi), entsteht durch gelindes Rösten von Getreide- oder Kartoffelstärke, was unter beständigem Umrühren so lange fortgesetzt wird, bis die Stärke eine gelbliche Farbe annimmt. In anderer Weise erfolgt die Darstellung durch Mischen von Stärkemehl mit ganz verdünnter Salpetersäure (2 kg in 300 kg Wasser) zu einem Brei, aus dem man Kuchen formt, diese an freier Luft trocknet und dann in Trockenapparaten langsam bis zu 80° erhitzt, wobei sich die Säure verflüchtigt. Die Kuchen werden fein gemahlen, gesiebt und nochmals auf 100 bis 110° erwärmt; in 1—1½ Stunden ist die Stärke in Stärkgummi übergeführt. Wird an Stelle des theueren arabischen Gummi's verwendet, insbesondere zum Bekleben der Güterwagen und Gepäckstücke.

Fruchtgummi muß feinkörnig, in heißem Wasser vollständig löslich und von guter Klebkraft sein. Wird verfälscht mit Gypsoder Schwerspathpulver, Kochsalz und zerfallenem Glaubersalz, auch kann ein zu großer Wassergehalt (über 12%) und nicht in Stärkgummi übergegangene Stärke vorhanden sein; letzteres erkennbar an der mehr weißen Farbe. Chemisch zu prüfen. Nimmt Feuchtigkeit aus der Luft auf und klumpt sich, deßhalb in trockenen Räumen zu lagern. Wird zweckmäßig in 2,5 kg Paqueten und in Fässern verpackt geliefert.

100 kg 40 M. (weißes).

Stahl, s. Eisen S. 48 und Federstahl, Puddelstahl, Schweißstahl, Tiegelgußstahl, Werkzeugstahl, Zementstahl.

Stahlblech (Flußstahlblech), wird in derselben Weise wie Eisenblech hergestellt aus Martin-, Bessemer- oder Tiegelgußstahl. Zu guten Federn und feinen Werkzeugen wird meist Tiegelstahlblech, zu Kesseln und anderen Gefäßen Bessemerstahlblech verwendet, doch hat zu Dampfkesseln Stahl noch wenig Anwendung gefunden. Es muß ein feinkörniges, gleichmäßiges Gefüge haben und alle Härtegrade bis Glashärte annehmen, ohne Risse zu bekommen. Im Aeußeren muß es dieselben Eigenschaften wie ein gutes Eisenblech haben. Bei den besten Tiegelgußstahlblechen wird eine Festigkeit von 65 kg für 1 qmm und eine Zusammenziehung von mindestens 20% (zusammen 90) verlangt. 1 mm dick, kg 90 Pf.

Stahl, deutscher, ist Schweißstahl (Puddelstahl).

Stahldraht. Die Herstellung aus Martin-, Bessemer- und Tiegelgußstahl wie Eisendraht. Derselbe muß ganz fehlerfrei, überall von gleicher Stärke, völlig kreisrund, zähe sein, eine glatte Oberfläche und gute Federkraft haben, sich kalt und warm gut verarbeiten, sich auch härten lassen, ohne spröde oder rissig zu werden. Findet Verwendung zu Spiral- und Sprungfedern, Telephonleitungen, Stahldrahtseilen und Litzen, als Zugdrähte für Barrièren, Weichen und Signale. Je nach seiner Verwendung wird er auch verzinkt oder verkupfert. Zu Telephonanlagen dient meist der Tiegelgußstahldraht. Für Zugbarrièren, Distanzesignale u. a. eignet sich der Stahldraht besser als Eisendraht, weil er bei derselben Festigkeit dünner, also leichter sein kann; er längt sich weniger als Eisendraht, nämlich nur 4—6% bis zum Bruche gegen 10—20% bei Eisendraht. Dieser bedarf öfter des Nachspannens bei wechselnder Wärme. Folgende Zusammenstellung gibt einige Angaben über Stahldrähte und Stahllitzen. (Siehe untenstehende Tabelle.)

Stahlfaçonguß. Im Jahre 1851 gelang es zuerst dem damaligen technischen Director der Bochumer Gußstahlfabrik, Herrn Jakob Meyer, Flußstahl nach Modellen in Formmasse zu gießen. Im Jahre 1852 war in Düsseldorf eine Glocke, 1855 auf der Pariser Ausstellung ein Dreiklang-Geläute aus Gußstahl ausgestellt. Man nennt die aus Gußstahl in Formen hergestellte Gußstücke Stahlfaçonguß. Es werden jetzt die verschiedensten Gegenstände, u. a. Eisenbahnräder, aus Stahlfaçonguß hergestellt. Eine wesentliche Schwierigkeit liegt in der Herstellung einer geeigneten Formmasse, welche aus verschiedenen feuer-

Material der Drähte.	Dicke der Drähte mm	Bruchlast für 1 qmm kg	Bruchlast für Draht kg	Gewicht für 1 km kg
Gegl. verz. Bessemerstahl	3,8	40	454	95
Blk. Bessemerstahl	3,8	55	624	95—100
Gegl. „	4	40	503	100
Blk. „	4	55	691	160
Gegl. „	5	40	786	160
Blk. „	5	55	1080	160
Verz. Pat. Tiegelgußstahldraht . . {	2,8	120	739	47
	3,1	120	906	58
	3,4	120	1090	75
	3,8	120	1361	95

Material der Litze.	Anzahl und Dicke der Drähte mm	Bruchlast für 1 qmm kg	Bruchlast der Litze kg	Gewicht für 1 km kg
Verz. Pat. Tiegelgußstahldraht . . {	3 zu 1,4	120	555	40
	3 „ 1,6	120	733	52
	3 „ 1,8	120	916	66

Von 1—10 mm Stärke das kg etwa 50 Pf. S. Stacheldraht.

beständigen Materialien zusammengesetzt und unter schweren Kopfsteinen gemahlen, dann zur Anfertigung der Form angefeuchtet wird. Die fertige Form wird in Oefen getrocknet, dann sauber verputzt und nochmals getrocknet. S. Gußstahlscheibenräder.

Stahlfaçonguß-Scheibenräder, s. Gußstahlscheibenräder.

Stahlguß. Um dem Gußeisen eine größere Festigkeit und Zähigkeit zu geben, hat man in neuerer Zeit demselben im geschmolzenen Zustande Schmiedeeisen- oder Stahlspäne zugesetzt und die Mischung S t a h l g u ß genannt, welcher hauptsächlich zu Bremsklötzen, zu Rädern für Bahnmeisterwagen u. a. verwendet wird.

Stahlgußräder, werden für Bahnmeisterwagen verwendet. Das Material muß bester Güte, gleichmäßig, vollkommen dicht, ohne Löcher und Blasen, in der Nabe weich sein, damit das Ausbohren keine Schwierigkeit macht; die Lauffläche ist hart herzustellen. Die Räder müssen vollkommen kreisförmig sein, eine Abweichung von mehr als 2 mm bedingt die Verwerfung. Dieselben müssen sauber geputzt, ohne Gußköpfe, Grate, Gußnähte und dürfen nicht windschief sein. Beim Aufpressen auf die Wellen sollen sie einen Druck von 10000 kg aushalten, ohne irgend welchen Schaden zu nehmen. Die Räder müssen eine Tragfähigkeit von 2000 kg haben.

Für Räder aus Hartguß für Bahnmeisterwagen gelten die gleichen Lieferungsbedingungen.

Stallbesen, s. Reiserbesen.

Standgläser, s. Meidinger Ballon-Element.

Standart White, s. Petroleum.

Staniol, s. Zinn.

Staubkohlen, s. Steinkohlen.

Stearinkerzen (Wagenlichte und Zimmerlichte), müssen aus reinem Stearin bestehen, frei von Oelsäure, Talg, Paraffin o. a. sein (chemisch zu prüfen), eine reine, weiße Farbe und glatte, glänzende, nicht flockige oder schuppige Oberfläche haben. Beim Reiben mit der Hand darf der Glanz nicht verschwinden und beim Ritzen mit dem Fingernagel muß das Material sich möglichst hart erweisen. Beim Aneinanderschlagen sollen die Kerzen einen hellen und harten Klang geben, ohne dabei leicht zu zerbrechen. Der Docht muß der Stärke der Kerze angepaßt, gleichmäßig stark und so fest sein, daß er beim Brechen der Kerze nicht leicht reißt.

Die Kerzen sollen mit heller, ruhig stehender und nicht rußender Flamme brennen, wobei der Docht sich krümmen muß. An der glühenden Spitze darf keine Asche oder Kohle hängen bleiben. Bei ruhigem Brennen darf die Kerze nicht abtropfen und beim Auslöschen der Docht nur einige Sekunden nachglimmen.

Bei den Anforderungen sind die Abmessungen, insbesondere bei den Wagenlichten, genau anzugeben. Von jeder Sorte 6 Stück als Probe. 1,50 M. das kg.

Stearinöl, wird als Nebenerzeugniß bei der Darstellung des Stearins aus Talg, Palmöl u. a. gewonnen. Dient als Putzöl und muß als solches die Eigenschaft haben, Verharzungen an Maschinentheilen leicht aufzulösen. Soll wasserhell, farb-, geruch- und geschmacklos, frei von fremden Beimischungen sein. Darf blaues Lackmuspapier nicht röthen. Der Luft ausgesetzt, nimmt es Sauerstoff auf, bekommt einen bittern Geschmack, gelbe Farbe und röthet dann blaues Lackmuspapier. 1 kg 1,10 M.

Stehbolzeneisen, zu Verankerungen in Dampfkesseln, muß die Eigenschaften eines sehr guten Stabeisens haben. Querschnitt genau rund, Oberfläche ganz glatt, die einzelnen Stäbe müssen ganz gerade gerichtet sein. Festigkeit mindestens 38 kg für 1 qm, 15%—18% Dehnung. Ein Stück, doppelt so lang wie sein Durchmesser, muß sich auf $^1/_3$ seiner Länge zusammenstauchen lassen ohne Riſſe zu bekommen. Eine geſchnittene Schraube von 25 mm Durchmeſſer und 180 mm Länge muß man in kaltem Zuſtande ſo biegen können, daß die Enden ſich berühren und in der Mitte eine Krümmung von 15 mm Halbmeſſer iſt, ohne daß Einbrüche entſtehen. Im kalten Zuſtande dürfen bei der Biegung zu einer Schleife mit einem lichten Durchmeſſer gleich dem des Eiſens, im warmen Zuſtande beim Biegen bis zum Aufeinanderliegen Einriſſe ſich nicht zeigen. Dieſelben Anforderungen werden an Nieteiſen geſtellt. 100 kg 17—19 M.

Stehbolzenkupfer, ſ. Kupferſtäbe.

Steinkohlen, ſind die Ueberreſte von vorweltlichen durch Erdumwälzungen verſchütteten Pflanzen, deren Maſſe unter gleichzeitiger Einwirkung der damaligen höheren Erdwärme und des bedeutenden Druckes der auf ihr laſtenden Erdſchichten eine allmählige Umänderung (Zerſetzung) erlitten hat, indem ein Theil des Holzſtoffes in Gasform ſich verflüchtigte, während der bei weitem größte Theil als kohlenſtoffreichere Steinkohle zurückgeblieben iſt. Dieſe bilden im Erdinnern (in den Kohlengebirgen) weit ausgedehnte Lagerſtätten, Flöze genannt (bis 4 m dick), welche durch Schichten von Sandſtein, Thonſchiefer u. a. von einander getrennt ſind. Die Gegenden, wo wiederholt ſolche Kohlenbildungen vor ſich gegangen ſind, nennt man Kohlenbecken.

Die Steinkohle beſteht, abgeſehen von Waſſer und Aſche, wie die Pflanzenfaſer aus Kohlenſtoff, Sauerſtoff, Waſſerſtoff und Stickſtoff. Bei ihrer Bildung haben ſich hauptſächlich Sauerſtoff und Waſſerſtoff verflüchtigt und zwar bei älteren Steinkohlen mehr als bei den jüngeren und bei dieſen wieder in größerer Menge als bei Braunkohle und Torf. Die beiden letzteren ſind in ähnlicher Weiſe wie die Steinkohlen aus Pflanzen entſtanden, gehören jedoch einem jüngeren Zeitalter an.

In Folgendem ſind die Durchſchnittsſätze der Beſtandtheile der Brennmaterialien angegeben, wobei dieſe waſſer= und aſchefrei gedacht ſind.

	Kohlen-ſtoff %	Sauer-ſtoff %	Waſſer-ſtoff %	Stick-ſtoff %
1. Holzfaſer .	50	43	6	1
2. Torf	59	33	6	2
3. Braunkohle	69	25	5,5	0,8
4. Steinkohle .	82	13	5	0,8
5. Anthrazit .	95	2,5	2,5	Spur.

Es iſt hiernach in der Steinkohle und insbeſondere in dem Anthrazite, der älteſten Art derſelben, die Zerſetzung des Holzes am weiteſten vorgeſchritten, wogegen der Torf in ſeiner Zuſammenſetzung dem lebenden Holze am nächſten kommt, zwiſchen beiden, auch hinſichtlich des Alters, ſteht die Braunkohle.

Die Zuſammenſetzung der Steinkohlen ſelbſt iſt wiederum verſchieden und zwar beträgt in 100 Theilen:

der Kohlenſtoff 75—95%,
der Waſſerſtoff 2—5,8%,
der Sauerſtoff 3—19,5%.

Von dem geringen Gehalte an Stickſtoff kann hier abgeſehen werden.

Dieſe Beſtandtheile befinden ſich in der Steinkohle nicht nebeneinander, ſo daß jeder einzelne für ſich beſteht, ſondern Steinkohle iſt ein Gemenge von verſchiedenen Verbindungen von Kohlenſtoff, Waſſerſtoff und Sauerſtoff; freier Kohlenſtoff iſt in der Steinkohle nicht vorhanden. Außer den genannten Stoffen haben die Steinkohlen etwa 5% Waſſer (Grubenfeuchtigkeit) und noch fremdartige Stoffe, welche beim Verbrennen entweder ganz oder theilweiſe ſich verflüchtigen (z. B Schwefel) oder als unverbrennlich (Aſche, Schlacke) zurückbleiben. Dieſe unverbrennlichen Theile, je nach dem Fundorte der Steinkohlen verſchieden, finden ſich in der Aſche als Kieſelſäure, Thonerde, Eiſenoxyd, Kalk, Magneſia, Schwefelſäure, Gyps u. a.

Nach dem Verhalten von gepulverter Steinkohle beim Erhitzen in einem Tiegel unterscheidet man drei Hauptgattungen, nämlich:

1. Sandkohlen,
2. Sinterkohlen,
3. Backkohlen,

welche jedoch nicht scharf von einander getrennt sind. Nach dem Erhitzen hinterläßt die Sandkohle einen schwarzen, feinsandigen Rückstand ohne Zusammenhang, die Sinterkohle eine zu einer festen Masse vereinigtes (gesintertes), aber nicht geschmolzenes Pulver, die Backkohle eine glatte, metallglänzende und feste (geschmolzene) Masse.

Im Allgemeinen eignen sich Sand- und Sinterkohlen hauptsächlich zu Flammofen- und Dampfkesselfeuerung, sowie zu Hausbrand, dagegen die Backkohlen zur Gewinnung von Koks und Leuchtgas, sowie zur Schmiedefeuerung.

Nach ihrer Verwendung führen Steinkohlen die technischen Bezeichnungen: Flammkohlen, Dampfkohlen, Hauskohlen, Kokskohlen, Gaskohlen, Schmiedekohlen.

Nach der beim Brennen erzeugten Flamme, welche mehr oder weniger leuchtend oder rauchig ist, bezeichnet man Steinkohlen als langflammig, mittelflammig oder kurzflammig. Kohlen mit wenig Wasserstoff nennt man magere, im Gegensatz zu fetten mit einem größeren Gehalte an Wasserstoff. Die Bezeichnung trocken gilt für Kohlen mit vielem Sauerstoffe.

In folgender Zusammenstellung sind die Bestandtheile, das spez. Gewicht, die Verdampfungskraft, die Ausbeute an Koks u. a. von 6 Gattungen Steinkohlen ohne Rücksicht auf ihre Herkunft zusammengestellt.

(Siehe Tabelle Seite 257.)

Im Allgemeinen ist das mittlere spez. Gew.
der Backkohlen   1,25, sinkt bis 1,1
  „   Sinterkohlen 1,3
  „   Sandkohlen   1,35
  „   Anthrazite   1,5, steigt bis 1,75.
Ein Cubikmeter Steinkohlen wiegt 720 bis 1000 kg, durchschnittlich 900—940 kg.

Aufgestürzte Steinkohlen haben etwa ²/₅ leere Zwischenräume.

Die Anthrazite sind tief schwarz, spröde, von muscheligem oder unebenem Bruche; verwittern nicht. Sie erfordern beim Verbrennen einen sehr starken Luftzug.

Die Backkohlen haben eine dunkelschwarze Farbe. Sind für sich allein zu Kesselfeuerungen nicht geeignet, weil sie in Folge ihres Zusammenbackens und Aufblähens den Rost verstopfen und den Luftzug hindern. Sie geben eine gute Schmiedekohle ab, weil sie während des Brennens zusammenbacken, die Gebläseluft zusammenhalten und dann eine große Hitze entwickeln. Die backenden Kohlen mit dem geringsten Sauerstoff- und dem größten Kohlenstoffgehalte dienen hauptsächlich zur Koksbereitung.

Die Sandkohlen, sehr sauerstoffreich, sind die geringwerthigsten Kohlen, schwinden stark beim Verbrennen, haben die geringste Heizkraft u. werden da verwendet, wo es weder auf schnelle noch anhaltende Hitze ankommt.

Die Sinterkohlen sind die eigentlichen Dampfkesselkohlen, sowohl für sich allein, als auch mit anderen gemischt. Sie sind schwerer entzündlich als Backkohle, geben aber eine schnelle und anhaltende Hitze. Sie haben den Nachtheil der starken Rauchbildung, sind im Uebrigen zu fast allen Heizzwecken verwendbar. Die Farbe der Sinterkohlen geht in's Eisengraue, Oberfläche und Bruch sind oft sehr glänzend. Enthalten häufig viel Schwefelkies, welcher den Werth dieser Kohle, insbesondere für Locomotivfeuerung sehr herabmindert.

In den Jahren 1874—1878 wurden auf der Kaiserlichen Werft zu Wilhelmshafen umfassende Versuche mit Steinkohlen verschiedener Länder angestellt, soweit sie als Dampfkohle in Betracht kommen. Die Ergebnisse dieser Versuche mit deutschen Steinkohlen sind hinsichtlich Gewicht, Festigkeit, Gehalt an Asche, Schlacke und Flugasche, Heizkraft und Rauchbildung in folgender Uebersicht zusammengestellt.

(Hierzu die Tabellen von Seite 258—261.)

Bezeichnung der Kohle.	Zusammensetzung in %			Specif. Gewicht	1 kg verdampft Wasser kg	Wärme-Einheiten für 1 kg	Koks-ausbeute %	Verhalten beim Erhitzen	Bemerkungen.
	Kohlen-stoff	Sauer-stoff	Wasser-stoff						
1. Trockene Kohle mit langer, rauchender Flamme. Sandkohle	75—80	19,5—15	5,5—4,5	1,25	6,7—7,5	8000—8500	50—60	Werden rissig oder zerfallen ohne zu backen.	Für Hausbrand. Die Uebergänge zwischen 1 und 2 bilden die Sinterkohlen.
2. Fette Kohle mit langer, rauchender Flamme. Gaskohle . .	80—85	14,2—10	5,8—5	1,28—3	7,6—8,3	8500—8800	60—68	Erweichen und fritten zusammen.	Für Leuchtgas, Reflesseurung; leicht entzündlich.
3. Mittelflammige fette Kohle, weniger rauchend als 1 und 2. Backkohle oder Schmiedekohle	84—89	5,5—11	5,5—5	1,3	8,4—9,2	8800—8800	68—74	Schmelzen und backen zusammen, mehr oder weniger aufgebläht.	Für Schmiedefeuer, Koksgewinnung; leicht entzündlich.
4. Fette Kohle mit kurzer, wenig rauchender, stark leuchtender Flamme. Kokskohle . . .	88—91	6,5—4,5	5,5—4,5	1,3—1,35	9,2—10	9300—9600	74—82	Backend; Koks geschmolzen und fest zusammenhängend.	Für Koksgewinnung; Schmiedefeuer; schwerer entzündlich.
5. Magere anthracitische Kohle; kurze, bald verschwindende, kaum rauchende Flamme	90—93	5,5—3	4,5—4	1,35—4	9—9,5	9200—9500	88—90	Wenig backend oder zerfallend.	Für Hausbrand, Reflesfeuerung; schwer entzündlich.
6. Anthracit, wenig leuchtende, rauchlose Flamme	93—95	3	4—2	1,5—1,75	9,5	9000	90—92	Nicht backend; zerfallen u. zerspringen in Stücke.	Für Hausbrand, Ziegel- und Kalkbrennerei; sehr schwer entzündlich und verbrennlich.

Ergebnisse der Versuche über die Heizkraft ꝛc. verschiedener Steinkohlen auf der kaiserlichen Werft zu Wilhelmshaven.

Bezeichnung der Zeche.	Gew. 1 cbm zerschlag. Kohlen. kg	Kohäsion in %	Schlacke %	Asche %	Flugasche und Ruß %	in Summa %	1 kg Kohle verdampft Wasser von 0° kg	Stärke des Rauches	Bemerkungen.

A. Westfälische Kohlen.

1. Gaskohlen.

Bezeichnung der Zeche.	Gew. 1 cbm kg	Kohäsion %	Schlacke %	Asche %	Flugasche u. Ruß %	in Summa %	verd. Wasser kg	Stärke des Rauches	
Rhein-Elbe	728,70	61,22	4,01	4,60	0,41	9,02	6,652	a	
Dieselbe	731,60	65,32	2,61	4,16	0,38	7,15	7,196	„	
Hansa	710,80	67,98	2,46	3,99	0,35	6,80	7,241	„	
Dorstfeld . . .	727,50	75,00	3,75	3,73	0,39	7,87	6,778	„	
Mont Cenis . . .	740,00	72,30	6,42	6,53	0,32	13,27	7,212	„	
Dieselbe	734,60	76,40	1,82	4,14	0,32	6,28	7,443	„	
Königsgrube Fl. .	731,50	67,80	3,11	4,73	0,34	8,18	6,663	„	
Dieselbe Gs. . .	735,00	71,40	4,35	2,83	0,34	7,52	6,602	„	
Hibernia	702,00	78,90	0,33	3,87	0,46	4,66	7,745	„	
Zollverein . . .	754,80	68,12	6,08	6,57	0,36	13,01	7,218	„	
Dieselbe	711,10	68,00	1,00	3,01	0,28	4,29	7,930	„	
Mathias Stinnes .	707,32	71,16	1,09	2,50	0,23	3,82	7,114	„	
Hannover . . .	710,50	75,70	2,04	1,32	0,36	3,72	7,112	„	
Nordstern . . .	749,25	79,68	4,32	8,45	0,29	13,06	6,199	„	
Dieselbe	739,00	85,10	3,06	3,35	0,32	6,73	7,251	„	
Dahlbusch Fr. . .	—	—	1,68	6,26	0,42	8,36	7,441	„	
Hannibal Fr. . .	—	67,98	4,01	4,35	0,45	8,81	7,376	a—b	
Consolidation . .	709,05	85,90	0,22	2,83	0,23	3,28	7,931	a	
Graf Bismarck . .	706,50	80,40	1,21	3,63	0,31	5,15	7,126	„	
Ewald	718,40	79,87	0,39	2,62	0,28	3,29	7,367	„	
Wilhelm Victoria	722,85	77,74	1,60	3,02	0,25	4,87	7,746	„	
Hugo	656,40	80,13	0,23	3,15	0,40	3,78	7,736	„	
Jakob Fl. . . .	—	52,26	2,76	3,69	0,51	6,96	8,065	b—c	
Deimelsberg Fr. .	—	53,06	5,88	13,15	0,59	19,62	6,819	„	

Bemerkungen:

Es bedeutet:
Fl. = Flammkohle,
Gs. = Gaskohle,
Fr. = Förderkohle.

Die Stärke des Rauches ist mit
a
a—b
b
b—c
c
bezeichnet, wobei a die stärkste Rauchbildung bedeutet.

Die Gaskohle zeichnet sich vor den übrigen westfälischen Kohlensorten durch eine größere Härte und Festigkeit und eine schieferige Form der einzelnen Stücke aus. Sie ist leicht entzündlich und verbrennt sehr lebhaft mit langer, meist etwas röthlicher Flamme und starker Rauchentwickelung. Sie eignet sich aus dem Grunde weniger für Dampfkessel, besonders nicht für solche mit engen Feuerröhren.

2. Fettkohlen.

Bezeichnung der Zeche.	Gew. 1 cbm kg	Kohäsion %	Schlacke %	Asche %	Flugasche u. Ruß %	in Summa %	verd. Wasser kg	Stärke des Rauches	
Providence	750,30	36,64	2,70	4,02	0,40	7,12	8,510	b	
Dieselbe	754,70	44,16	4,86	3,72	0,31	8,89	8,077	„	
Julia (Barillon) . .	766,40	42,79	4,88	3,57	0,41	8,86	7,944	a—b	
„ (Clerget) . .	726,32	44,73	0,98	6,28	0,33	7,59	8,343	b	
Dieselbe m. 50% Grus	—	—	2,00	6,56	0,44	9,00	8,198	„	
„ 50%	—	43,70	0,80	2,78	0,27	8,80	8,751	„	
Constantin der Große	760,00	39,40	3,27	1,97	0,29	5,53	8,491	„	

Bemerkungen:

Die westfälischen Fettkohlen sind leicht entzündlich und verbrennen mit langer, heller Flamme und meist geringer Rauchentwickelung. Sie backen auf dem Roste mehr oder we-

Bezeichnung der Zeche.	Gew. 1 cbm zerschlag. Kohlen kg	Kohäsion in %	Schlacke %	Asche %	Flugasche und Ruß %	in Summa %	1 kg Kohle verdampft Wasser von 0° kg	Stärke des Rauches	Bemerkungen.
Constantin d. Große mit 50% Grus .	756,50	—	3,44	5,36	0,51	9,31	8,153	c	niger und geben meist sehr hohen Heizeffect. Ein Gehalt von Grus drückt die Heizkraft der reinen Fettkohlensorten nur wenig im Vergleich zu abgesiebten Stücken herab, vermindert indessen die Lebhaftigkeit der Verbrennung.
Centrum m.50%Grus	—	—	3,89	5,28	0,52	9,69	7,980	b	
Ver. Präsident . .	762,00	40,03	4,25	4,41	0,36	9,02	8,029	"	
Dieselbe m. 50% Grus	—	—	5,39	7,23	0,45	13,07	8,008	c	
Dieselbe	754,00	47,40	3,08	4,16	0,28	7,52	8,371	b	
Rosenblümendelle . .	779,60	42,30	3,48	9,22	0,41	13,11	7,683	c	
Schamrod	762,50	42,88	3,89	4,37	0,43	8,69	8,155	b	
Dieselbe	756,00	50,40	1,10	3,73	0,34	5,17	8,556	"	
Zollern Flöz I . .	745,80	40,56	3,82	3,25	0,27	7,34	8,502	"	
" II u. III	724,20	35,90	0,14	2,80	0,31	3,25	8,594	c	
Heinrich Gustav . .	734,95	40,50	2,11	3,54	0,30	5,95	8,542	b	
Bonifacius . . .	725,50	46,50	2,80	5,80	0,29	8,89	7,932	"	
Dannenbaum . . .	756,80	39,78	3,24	4,10	0,31	7,65	8,233	"	
Eintracht Tiefbau .	764,20	40,84	9,10	9,63	0,25	18,98	7,414	"	
Borussia	762,30	41,54	5,03	7,08	0,26	12,37	7,812	"	
Dieselbe	749,10	46,38	1,57	4,56	0,24	6,37	8,254	"	
Dieselbe m. 50% Grus	—	42,73	3,25	4,11	0,36	7,72	7,898	"	
Königin Elisabeth .	768,00	42,80	5,80	5,52	0,29	11,61	7,764	"	
Vollmond	741,20	42,68	3,11	3,28	0,36	6,75	8,209	"	
Prinz von Preußen .	750,00	44,32	3,08	5,43	0,29	8,80	8,119	"	
Friederike	802,00	35,00	6,87	5,87	0,22	12,96	7,390	"	
Victoria Mathias .	772,50	49,40	5,61	4,45	0,26	10,32	8,034	"	
Joachim	754,00	46,34	4,00	4,37	0,39	8,76	7,812	"	
Erin (Albert) . . .	761,48	34,66	2,01	3,97	0,40	6,38	8,423	"	
" (Wellington) .	737,90	33,52	2,00	3,79	0,37	6,16	8,507	"	
" (Tom) . . .	752,50	28,04	0,75	4,03	0,32	5,10	8,499	"	
Pluto	745,10	53,36	1,52	3,20	0,30	5,02	8,497	"	
Hasenwinkel . . .	765,50	36,24	2,33	6,08	0,20	8,61	8,434	"	
Anna (Flöz 3) . .	774,40	54,84	0,37	2,89	0,32	3,58	8,449	"	
General-Erbstollen, Station Weitmar .	750,00	43,60	2,92	2,63	0,40	5,95	8,662	"	
Dieselbe, Stat. Dahlhausen.	764,00	41,60	2,36	2,79	0,35	5,50	8,588	"	
Prosper I	742,50	45,50	2,82	3,01	0,33	6,16	8,661	"	
" II . . .	763,00	57,60	1,32	4,86	0,34	6,52	8,050	"	
Wolfsbank	746,00	48,00	0,40	3,34	0,24	3,98	8,662	"	
Prinzregent, Stückkohle	759,00	49,48	0,42	5,59	0,35	6,36	8,629	"	
Dieselbe, Nußkohle .	745,00	50,16	2,80	2,95	0,36	6,11	8,611	"	
" Stückkohle .	745,64	63,12	1,88	4,06	0,27	6,21	8,445	"	
Friedr. Wilhelm, 20% Grus	812,90	42,46	1,40	7,33	0,40	9,13	7,920	b—c	
Consolidation . . .	741,90	52,70	0,45	6,16	0,28	6,89	8,170	b	
Graf Schwerin . .	754,65	49,33	1,42	7,51	0,27	6,20	8,199	a—b	

Bezeichnung der Zeche.	Gew. 1 cbm zerschlag. Kohlen kg	Kohäsion in %	Schlacke %	Asche %	Flugasche und Ruß %	in Summa %	1 kg Kohle verdampft Wasser von 0° kg	Stärke des Rauchs	Bemerkungen.
8. Eßkohlen und magere Kohlen (Sinter- und Sandkohlen).									
Nachtigall	780,50	44,82	3,08	6,36	0,28	9,72	8,517		Die Eßkohlen bilden den
Ringeltaube . . .	767,70	39,44	4,13	5,13	0,27	9,53	8,235	c	Uebergang von Fettkohlen
Altstaden	774,46	39,26	4,95	10,63	0,48	16,06	7,029		zu mageren Kohlen. Sie
Ver. Hamburg . .	762,80	39,16	3,98	6,27	0,34	10,59	8,258	c	sind noch leicht entzündlich
Crone	778,00	37,36	3,79	4,49	0,35	8,63	8,287	,	und brennen mit heller
Germania	740,00	44,38	3,89	4,95	0,31	9,15	8,090	b	Flamme, backen aber nicht
Franziska	767,00	47,28	3,74	4,38	0,25	8,37	8,403	c	in gleicher Weise, sondern
Louisenglück . . .	826,00		4,72	5,31	0,63	10,66	8,161	,	sintern nur, und auch diese
Bickefeld	720,20	47,56	2,98	3,94	0,24	7,16	8,412	,	Eigenschaft verliert sich beim
Caroline	762,00	51,64	1,93	5,89	0,36	8,18	8,333	,	Uebergange in die ganz
Margaretha . . .	782,00	49,40	5,70	4,37	0,26	10,33	7,933	c	mageren Kohlen.
Hierzu können noch gerechnet werden:									
Fiskalisches Werk bei Ibbenbüren . .	753,90	35,35	1,76	5,37	0,41	7,54	8,872	c	Kann zu den Eßkohlen gerechnet werden.
Dasselbe, Glücksburger Flöz . . .	—	49,63	2,53	3,90	0,27	6,70	7,903		Anthracitisch, schwer ent-
Piesberg b. Osnabrück	918,00	73,66	7,62	13,19	0,35	21,16	7,057		zündlich, große Gluth ge-
Caroline b. Osnabrück	802,10	83,80	3,36	6,27	0,28	9,91	7,702		bend, kurze Kohlenoxyd- flamme.
B. Kohlen aus dem Wurmrevier. **Gruben der Vereinigungsgesellschaft für Steinkohlenbau zu Kohlscheid.**									
Aachen Fl.	766,00	58,20	1,07	2,64	0,44	4,15	8,776	c	Die mageren Kohlen ver-
Magere Kohle . . .	776,00	64,00	1,60	6,47	0,60	8,67	8,582		brennen sehr langsam und
Briquettes I . . .	682,00	61,60	3,63	4,57	0,43	8,63	8,342		sind vollkommen anthraci-
Desgl. II . . .	696,00	26,30	2,69	12,60	0,59	15,88	7,630		tisch. 1 cbm Briquettes wiegt 1040 kg.
C. Oberschlesische Kohlen.									
Königsgrube, Würfelkohle	716,00	84,32	1,20	3,50	0,30	5,00	6,727	a	Die oberschlesischen Koh-
Dieselbe, Stückkohle .	736,00	80,32	0,92	3,21	0,24	4,37	6,988	,	len verbrennen sehr rapide
Königin Louisengrube	722,00	69,74	1,30	3,15	0,27	4,72	7,079	,	mit langer Flamme, geben
Flöz Veronica . .	717,40	84,16	0,59	3,40	0,25	4,24	7,779	,	schnell Dampf, aber mehr
Dieselbe	710,10	84,50	0,66	2,12	0,20	2,98	7,078	,	Rauch und einen geringeren
Flöz Georg . . .	731,80	85,73	0,86	4,38	0,34	5,58	7,180	,	Heizeffect als die Westfäli-
Wildensteinsegengrube	718,05	83,80	0,74	3,91	0,17	4,82	6,841	,	schen Fettkohlen, stehen über- haupt den Westfälischen Gas- kohlen nach.

Bezeichnung der Zeche.	Gew. 1 cbm zerschlag. Kohlen kg	Kohäsion in %	Schlacke %	Asche %	Flugasche und Ruß %	in Summa %	1 kg Kohle verdampft Wasser von 0° kg	Stärke des Rauches	Bemerkungen.
D. Niederschlesische Kohlen.									
Schlesische Kohlenwerks-Actiengesellschaft, Gustav-Grube	768,90	60,96	1,80	8,27	0,31	10,38	7,988	a—b	Die niederschlesischen Kohlen nähern sich in ihren Eigenschaften theils den Gas-, theils den Fettkohlen; sie verbrennen mit langer Flamme und ziemlich starker Rauchentwickelung. Einige dieser Kohlen backen, andere nicht.
Dieselbe, Victor-Grube	747,25	57,95	2,26	2,01	0,24	4,51	8,449	b	
v. Kramsta'sche Bergwerke. Morgen- und Abendstern-Grube	725,95	82,33	2,10	3,57	0,24	5,91	7,089	a	
Dieselbe	718,80	87,60	0,91	3,36	0,36	4,63	7,552	a	
Vereinigte Glückhilf .	738,30	78,47	1,22	2,00	0,18	3,40	8,239	a—b	
Dieselbe	729,65	74,80	1,70	2,90	0,22	4,82	8,769	a—b	
Friedenshoffnungs-Grube	726,00	81,58	1,73	3,09	0,17	4,99	8,457	„	
Dieselbe	723,60	80,07	1,27	2,49	0,21	3,97	8,365	„	
Johann-Grube . . .	732,70	77,60	3,05	5,69	0,30	9,04	7,062	a	
Dieselbe	706,80	80,17	1,32	3,47	0,29	5,08	7,499	„	
Consol. Abendröthe-Grube	753,00	67,03	1,28	3,70	0,24	4,82	7,857	a—b	
Dieselbe	758,10	64,87	1,85	3,60	0,24	5,69	7,738	b	
Segen-Gottes-Grube .	712,50	86,50	0,28	3,20	0,27	3,75	7,520	a	
Dieselbe	725,25	90,30	0,34	2,80	0,27	3,41	7,362	„	
Weißstein-Gruben . .	715,20	78,00	0,50	2,26	0,27	3,03	7,355	„	
Dieselben	787,70	76,36	1,85	2,19	0,27	3,81	7,438	„	

Das Gewicht von 1 cbm Kohlen (mit den Hohlräumen) wurde in der Weise festgestellt, daß man die Kohlen zerschlug und so absiebte, daß die einzelnen Stücke ungefähr 0,5 kg schwer waren und von solchen wurde 1 cbm gewogen.

In den meisten Fällen ist das Gewicht von 1 cbm bei:

Gaskohlen . . . 710—740 kg
Fett- und Eßkohlen 740—780 „
Oberschlesischen Kohlen 720 kg
Niederschlesischen „ 730 „

Die Festigkeit wurde in der Weise untersucht, daß Stücke von ungefähr 0,5 kg Gewicht in eisernen Trommeln 50 Mal langsam umgedreht und dann durch Absieben ermittelt wurde, wie viel Prozente dem Gewichte nach eine Größe von 9 qcm behalten hatten. Das Verhältniß an solchen Stücken ist in der Zusammenstellung durch „Kohäsion in %" ausgedrückt. Von den westfälischen Gaskohlen verblieben immer mehr als 50% an solchen Stücken, bei den meisten zwischen 60% und 70%, in zwei Fällen über 80%.

Die Fettkohlen sind weicher, indem viele nur unter 40% solcher Stücke behielten; im Allgemeinen liegt die Festigkeit der Fettkohlen zwischen 40% und 50%. Die Eßkohle hat etwa dieselbe Festigkeit, ist also auch weicher als die Gaskohle. Die Oberschlesische Kohle ist bedeutend fester, nämlich über 80% und auch die Niederschlesische, indem das Mittel etwa 75% ergibt.

Die Verdampfungskraft ist bei einigen Gaskohlen weniger als 6 kg, bei einer über 8 kg, im Allgemeinen zwischen 7 und 8 kg, im Mittel 7,665.

Von den Fettkohlen verdampfen mehr über als unter 8 kg, im Mittel 8,212 kg; sie haben also eine höhere Verdampfungskraft als die Gaskohlen.

Die Eßkohlen verdampfen meist alle über 8 kg; im Mittel 8,169 kg, sie erreichen die Fettkohlen nicht ganz, übertreffen aber die Gaskohlen.

Die Oberschlesischen Kohlen erreichen in der Verdampfungskraft die Westfälischen im Allgemeinen nicht, einige bleiben unter 7 kg, im Mittel 7,017 kg, keine über 8 kg.

Die Niederschlesischen Kohlen kommen in einigen Fällen über 8 kg, im Mittel 7,788 kg, sie stehen also etwas über der westfälischen Gaskohle.

Der Aschengehalt ist bei Gaskohlen (abgesehen von 4 Fällen über 13 % — 19 % und 5 unter 4 %) im Mittel 6,80 %; bei Fettkohlen (außer 4 unter 4 % und 5 über 12 — 18 %) im Mittel 7,39 %; bei Eßkohlen (außer 1 über 16 % und 1 mit 7,54 %) im Mittel 9,08 %; bei den Oberschlesischen (1 unter 3 %) im Mittel 4,69 % und bei den Niederschlesischen (1 über 10 %) im Mittel 4,72 %.

Hiernach ergibt sich folgende Zusammenstellung der mittleren Werthe wenn die niedrigsten und höchsten Grenzwerthe nicht berücksichtigt werden.

Locomotiv- und Dampfkessel-kohlen. Außer einer guten Verdampfungskraft ist insbesondere bei den Kohlen für Locomotivfeuerung große Festigkeit eine sehr erwünschte Eigenschaft, indem die Stücke weniger leicht zerfallen als bei weichen Kohlen und harte Kohlen die Beförderung und Lagerung besser vertragen. Ein großer Gehalt an Asche ist bei allen Dampfkesseln sehr störend, weil die Roste sich verstopfen und häufig gereinigt werden müssen. Im Locomotivbetriebe kann die Pünktlichkeit der Fahrt in Frage gestellt werden, wenn in Folge großen Aschen- und Schlackengehaltes der Rost sich vor der Zeit verstopft und dadurch der Luftzutritt behindert wird. Mit aschen- und schlackenarmen Kohlen lassen sich im Allgemeinen längere Locomotivfahrten machen und das Feuern ist für den Heizer weniger anstrengend. Die schlesische Kohle ist bei den Locomotivführern wegen ihrer Härte und ihres geringen Gehaltes an Asche und Schlacke ein beliebtes Brennmaterial, wenngleich ihre Verdampfungskraft gegen die bessere westfälische Kohle zurücksteht. Im Locomotivkessel verdampft 1 kg der besten Steinkohle höchstens bis 7,8 kg Wasser; minderwerthe Locomotivkohlen, wie sie noch verwendet werden, verdampfen mit 1 kg nur 6 bis 6,5 kg.

Aschen- und Schlackengehalt. Man bezeichnet eine Steinkohle als „best" bei 4 % — 8 %, als „gut" bei 8 % — 12 %, als „mittelmäßig" bei 12 % — 18 %, als „schlecht"

Kohlen:	Gewicht von 1 cbm kg	Festigkeit %	Verdampfungskraft kg	Aschengehalt %	Rauchentwickelung
Gaskohlen	710—740	60—70	7,665	6,80	stark.
Westfälische Fettkohlen	740—780	40—50	8,212	7,39	gering.
Eßkohlen	740—780	40—50	8,169	9,08	sehr gering.
Oberschlesische Kohlen . .	720	80	7,017	4,69	sehr stark.
Niederschlesische „ . . .	730	75	7,788	4,72	ziemlich stark.

bei über 18%—30% an Asche und Schlacken. Durch mechanische Aufbereitung (Zerkleinern, Waschen) läßt sich der Aschengehalt auf 2%—10% herabmindern. Locomotivkohle sollte nicht über 8% enthalten.

Steinkohlen welche eine glasige, harte, zwischen die Roststäbe fließende Schlacke bilden, sind für Locomotivfeuerung nicht und für Dampfkesselheizung schlecht geeignet, insbesondere wenn die Schlacke an den Roststäben sich festsetzt oder diese angreift. Letzteres ist insbesondere dann der Fall, wenn die Kohle viel Schwefel enthält, weil dieser mit Eisen leicht schmelzbares Schwefeleisen bildet. Bei schwefelreichen Kohlen können die Roststäbe vollständig aneinanderbacken, sodaß sie ohne besondere Werkzeuge nicht wieder von einander zu trennen sind und auf einer Fahrt unbrauchbar werden. Nicht selten veranlassen schwefelreiche Kohlen Störungen in der Fahrt, indem in Folge ungenügenden Luftzutrittes durch die mit Schlacke zugesetzten Rostspalten der erforderliche Dampf nicht erzeugt wird und der Feuermann, weil die Roststäbe aneinander geschmolzen sind, die Rostspalten nicht frei machen kann.

Der Schwefel ist noch in anderer Weise schädlich, indem ein Theil zu schwefliger Säure verbrennt, welcher die Kesselwandungen angreift und vor der Zeit zerstört.

Flugkohle. Feine und leichte Kohlen bilden bei der Locomotive, deren Feuerung durch künstlichen Zug angefacht wird, mehr oder weniger **Flugkohle**, das sind Kohlentheilchen, welche durch die Gewalt des Luftzuges mit fortgerissen werden und in der Rauchkammer sich absetzen oder durch den Schornstein in's Freie gelangen. Wenn sie dabei brennen, so werden die Wandungen der Rauchkammer zerstört oder sie geben einen Funkenauswurf, der nicht selten Brandschäden in der Nähe des Bahnkörpers veranlaßt. Auch Flugkohle ist ein Verlust an Brennmaterial. Sie bildet sich

um so weniger, je stückreicher und härter die Steinkohle ist.

Schmiedekohlen. Nicht minder als bei Dampfkesseln ist der Schwefel beim Schmieden ein schädlicher Bestandtheil der Steinkohlen, indem beim Schweißen das Eisen von demselben angegriffen wird und die Schlacke sich fest auf die Schweißflächen setzt, so daß das Schweißen verhindert oder doch erschwert wird. Der Schwefelkies ist in Stückkohlen leicht zu erkennen, indem er den Kohlen ein Aussehen gibt, als ob sie mit Messingtheilchen besprengt seien, bei feinen Kohlen fehlt dieses Merkmal und kann bei diesen nur eine praktische Untersuchung Aufschluß geben. Schwefelhaltige Kohlen geben eine gelb-rothe Schlacke.

Das Rußen der Kohlen in mehr oder minder hohem Grade hängt von der Menge der beim Brennen sich entwickelnden flüchtigen Bestandtheile ab. Die wasserstoffreichen Gas- und Flammkohlen entzünden sich leicht und brennen mit lang anhaltender, mehr oder weniger rußender Flamme. Die wasserstoffärmeren Koks- und Schmiedekohlen gerathen schwieriger in Brand, verzehren sich langsamer, geben eine kürzere Flamme und rußen weniger. Mit der Rauchbildung ist ein Verlust an Brennmaterial verbunden, außerdem ist der Kohlenrauch überall widerlich; er macht zu seiner Verminderung besondere Vorrichtungen bei den Feuerungsanlagen erforderlich, welche sich jedoch bei Locomotiven weniger bewährt haben.

Bezeichnung der Steinkohlen. Die aus den Flötzen zu Tage geförderten Steinkohlen, Stücke und Grus durcheinander, nennt man **Förderkohlen.** Werden diese abgesiebt, so erhält man getrennt **Stückkohlen** und **Kohlengrus,** letzterer auch **Kohlenklein** oder **Feinkohlen** genannt. Steinkohlen in der größten Zerkleinerung heißen **Staubkohlen.** Wenn die einzelnen Stücke der Kohlen annähernd gleiche und Faustgröße haben, nennt man sie auch Knabbelkohle oder Knorpelkohle. Wenn die Kohlen zur Abscheidung von Gestein, Schiefer u. a. (Bergart) gewaschen sind, heißen sie Waschkohlen. Diese haben oft Nußgröße und führen dann die Bezeichnung gewaschene Nußkohle.

Als Heizmaterial haben die Stückkohlen, insbesondere für Locomotiven, den größten Werth, sind jedoch auch die theuersten. Förderkohlen bei sonst guten Eigenschaften werden als Dampfkohle, auch bei Locomotiven, benutzt, wogegen Kohlenklein und Staubkohlen das Material für Kots (bei fetten Kohlen) und Briquettes (bei mageren Kohlen) abgeben.

Außer als Heizmaterial finden die Steinkohlen Verwendung bei den Hüttenprozessen zur Abscheidung der Metalle aus den Erzen, ferner zur Bereitung von Kots und Leuchtgas.

Die Hauptfundorte in Deutschland sind: Das Pfälzer- oder Saar-Becken, das Aachener Becken, das Westfälische oder Ruhrbecken, die beiden Schlesischen Becken, das Zwickauer und Chemnitzer Becken, das Plauensche Becken (bei Dresden). Reich an Kohlen sind außerdem England, Frankreich, Belgien, Oesterreich, Nordamerika und China.

Die Steinkohlengewinnung betrug im Jahre 1880 in:

England . . 149 Millionen Tonnen,
Deutschland. 59 „ „
Europa . . 265 „ „
allen übrigen Ländern 78 Mill. Tonnen, auf der ganzen Erde 343 „ „

Die Art der Verwendung betreffend, rechnet man in England auf 100 Tonnen:

Für Eisen- u. Stahlindustrie 30 Tonnen,
„ Haushaltung . . . . 17 „
„ Dampfmaschinen . . 12 „
„ Export . . . . . 10 „
69 Tonnen.

Für Bergwesen . . . . 7 „
„ Gasbereitung . . . 6 „
„ Glas- u. Thonindustrie 4 „
„ Dampfschiffe . . . . 3 „
„ Eisenbahnen . . . . 2 „
„ sonstige Verwendung (chemische Fabriken, Brennereien ꝛc.) . . . . 9 „
100 Tonnen.

Preise der Steinkohlen: Ofenkohlen 53 bis 70 M., Locomotivkohlen 55—70 M., Schmiedekohlen 60—90 M. für 10 000 kg. S. noch Schmiedekohlen.

Steinkohlenstaub, wird dem Formsande zugesetzt. S. Eisenguß u. Kohlenstaub.

Stempelfarbe, für Metall- und Hartgummistempel, ist in schöner blauer Farbe in Flaschen zu liefern. Auf das Stempelkissen gebracht, darf sie nicht zu rasch vertrocknen. Probeflasche einzureichen, welche für die Lieferung maßgebend bleibt. Das Fläschchen 25 Pf.

Sterblingswolle, s. Wolle.

Stiele, für Besen, Hacken, Hämmer, Schaufeln, Spaten u. s. w. müssen trocken, gerade, rissefrei, astrein, wenn verlangt besonders zähe sein, den ausgelegten Mustern entsprechen. Es empfiehlt sich, den Bedingungen Zeichnungen beizugeben.

Es werden verlangt:
Beilstiele aus Eschenholz;
Besenstiele aus Tannenholz, 1,26 m lang, 30 mm stark;
Böschungsspatenstiele aus Eschenholz, 1,55 m lang, 30 und 45 mm Endburchmesser;
Dexelstiele aus Eschenholz;
Hackenstiele aus Eschenholz;
Hammerstiele und zwar für Handhämmer, Nagelhämmer und Possekel aus Eschenholz; für Setzhämmer (900 mm lang, 30—40 mm stark) aus besonders zähem Holze; für Zuschlaghämmer 920 mm,

Schmiedehämmer 760 mm, Schlosserhand=
hämmer 350 mm lang aus Hikory= oder
Eschenholz. Hammerstiele werden auch aus
den unteren Enden der im Winter gefällten
Weißdorn= und Weißbuchenstämme und aus
Hartriegel, die Stiele aus Hikoryholz in
der Regel sauber, glatt und fertig bearbeitet
verlangt;

Rauhkopfstiele, 3,15 m lang, 28 und
33 mm Endburchmesser, aus Tannenholz;

Schienenträgerstiele aus Eschen=
holz;

Schlammkrätzerstiele aus Tannen=
holz;

Schneeschaufelstiele aus Eschen=,
Weiden= und Birkenholz;

Signalscheibenstiele aus Buchen=
holz;

Stechspatenstiele aus Eschenholz.

Die Stiele werden auf Zähigkeit durch
Biegen geprüft, wobei dieselben mit dem
einen Ende in den Schraubstock gespannt
werden, dabei dürfen sich Brüche oder Risse
nicht zeigen.

Von den einzelnen Sorten der Stiele sind
Proben einzureichen.

Streichstein, s. Schleifstein.

Streichwolle, s. Wolle.

Stroh, wird an einigen Bahnen zum
Anzünden der Brennmaterialien in den Feuer=
kisten der Locomotiven benutzt. Für eine
Anheizung 0,5 kg und dazu das sonstige
Anheizmaterial. Wird außerdem verwendet
in den Eisengießereien zur Anfertigung von
großen Kernen; zum Auslegen von Doppel=
fußböden bei Personenwagen (Roggenstroh).
Klein geschnitten als Häcksel zum Mischen
mit Lehm zu Lehmguß. Ferner auf den
Güterböden beim Verladen der Güter und
als Strohseile zum Umwickeln von Wasser=
krähnen, Dampf= und Wasserleitungen, Pum=
pen u. a. gegen das Einfrieren im Winter.
In 10 kg Bunden, lang, glatt und voll=
kommen trocken zu liefern. 100 kg 60 Pf.

Stubenbesen, s. Reiserbesen.

Stückkohlen, s. Steinkohlen, S. 263.

Stuhlrohr, muß gesund, frisch, bieg=
sam und zur Anfertigung von Körben ge=
eignet sein. Stärke nach ausliegenden
Mustern. S. Spanisch Rohr.

Sturzblech, s. Eisenblech S. 54.

Sublimat, s. Quecksilbersublimat.

Syrup, wird wegen seiner kleberigen
Beschaffenheit zuweilen dem Formsand in
Messinggießereien zugesetzt, um denselben
plastischer (bildsamer) zu machen. Ist außer=
dem ein Bestandtheil von einigen Wärme=
schutzmassen. 100 kg 15 M.

T.

Tafelglas, s. Glas S. 112.

Talg (Unschlitt), wird aus dem in
der Bauchhöhle, im Netz und in der Um=
gebung der Nieren angesammelten Fette des
Rindviehes und der Schafe durch Ausschmel=
zen oder dadurch gewonnen, daß man die
Zellen=, Fleisch= und Hauttheile durch che=
mische Mittel (Schwefelsäure, Salzsäure,
Natronlauge) zerstört. Der so gewonnene

Talg ist nicht rein und muß geläutert wer=
den, darin bestehend, daß man ihn unter
Zusatz von Wasser in kupfernen Kesseln
über einem offenen Feuer unter tüchtigem
Umrühren, oder in geschlossenen Schmelz=
tiegeln durch Dampf nochmals umschmilzt.
Der reine Talg scheidet sich bei dem Erkalten
von den Beimengungen und setzt sich über
dem Wasser ab. In neuerer Zeit wird der
Talg, dem man 1 % Schwefelsäure zusetzt

auch in Bleigefäßen durch Dampf umge=
schmolzen.

Reiner Talg ist fast geruchlos. Hammel=
talg nimmt bei längerem Lagern an der
Luft einen eigenthümlichen, unangenehmen
Geruch an. Schmelzpunkt des Talges im
Allgemeinen bei 37°; wenn er höher liegt,
so ist ein Gehalt an fremden Fetten wahr=
scheinlich. Die Härte des Talges ist ab=
hängig von der Fütterungsweise des Thieres;
die größte Härte erreicht er bei Trocken=
fütterung und da diese in Rußland am
meisten üblich, so ist der russische Rindstalg
härter als der deutsche.

Guter Rindstalg ist hell weißgelb, an
der Luft wird er ganz weiß, doch auch leicht
ranzig in Folge der Bildung von Fettsäuren,
welche beim Schmieren den Maschinentheilen
schädlich sind. Säuren, auch Schwefelsäure
von der Reinigung, werden entfernt, indem
man den Talg auf 100° erwärmt und mit
10% zwanziggrädiger Lauge von Natron=
hydrat durchrührt. Nachdem der entsäuerte
Talg abgelassen, wird er noch mehrere Mal
mit Wasser ausgewaschen. So behandelt,
ist der Talg rein, riecht nur wenig und
wird nicht leicht ranzig. Rindstalg ist nicht
selten durch Hammeltalg verunreinigt, außer=
dem mit pulverisirten Mineralstoffen, wie
Schwerspath, ferner mit Mehl, Kartoffel=
mehl u. a., endlich auch noch mit Wasser
in Verbindung mit kleinen Mengen von
kohlensaurem Natron, Borax, Wasserglas
o. dergl. verfälscht. In einem Gemische
von Talg und Palmöl wurden 75% Wasser
gefunden. Die chemische Untersuchung des
Talges ist sehr zu empfehlen. Bei Entnahme
der Probe ist mit Umsicht zu verfahren, es
können nämlich in demselben Fasse Schich=
ten von gutem und schlechtem Talge ab=
wechselnd übereinander liegen.

Zum Schmieren wird meistens Rindstalg
verwendet, welcher rein, frei von Säuren
und fremdartigen Beimengungen, im ge=
schmolzenen Zustande klar sein muß; er darf
Zellenstoffe, Haut= oder Fleischtheile nicht

enthalten; muß eine nur wenig in's Gelb=
liche spielende Farbe, einen frischen, nicht
ranzigen Geruch haben. In Aether ist reiner
Talg vollkommen klar und ohne jeden Rück=
stand löslich. Die Anlieferung erfolgt in
Fässern, in trockenen, kühlen Räumen zu
lagern. Vorsichtsmaßregeln wie beim Lein=
öl. 100 kg 60—70 M.

Talgfarbe, ist eine Mischung von
Talg und Bleiweiß. Dient zum Anstrich
von blanken und polirten Eisentheilen (z. B.
Achsschenkel) zum Schutze gegen Rosten.

Talk, ist ein weiches, in Pulverform
sich milde und fettig anfühlendes Mineral,
weiß oder grünlichweiß. Wird benutzt zur
Herstellung der Seifensteinpackung und als
Polirmittel; in Verbindung mit Talg und
Oel als schmierige breiartige Masse, Pasta
genannt, zum Einfetten der Hanfzöpfe zum
Dichten von Stopfbüchsen. 100 kg 11 M.

Tanne (Weißtanne, Edeltanne),
Nadelholz, wird in 100—150 Jahren 30
bis 50 m hoch und 90 cm dick. Heimisch
in ganz Europa. Das Holz ist weiß, fein=
und langfaserig, wenig fest, leichtspaltig;
weicher, zäher und elastischer als Fichtenholz,
hat weniger Harz als dieses, ist in Folge
dessen leichter und im Witterungswechsel
weniger dauerhaft. Spez. Gew. 0,35—0,75.
Liefert schöne, weiße Bretter ohne starke
Astbildungen. Tannenholz findet Verwen=
dung zu inneren Verschalungen bei Personen=
wagen, zu Inventarstücken der Werkstätten,
zu Bremsklötzen und als Brennholz. 30
bis 35 M. das cbm. S. Holz u. Brennholz.

Tannenzapfen, werden vereinzelt
in nadelholzreichen Gegenden zum Anheizen
der Locomotiven benutzt. Müssen trocken
sein. **Feuergefährlich!**

Taue, s. Hanfseile.

Teakholz, von der indischen Eiche,
hat Aehnlichkeit mit dem heimischen Eichen=
holze. Eins der festesten, zähesten, in Folge
seiner öligen Bestandtheile gegen Fäulniß
und Wurmfraß geschütztes, unter allen Ver=

hältnissen äußerst dauerhaftes Holz; biegsam und elastisch. Frisch geschnitten hellgelb= braun, dunkelt nach bis zu Roth= und Schwarzbraun. Spez. Gewicht 0,513 bis 0,860. Findet Verwendung zu Kasten= und Deckenrahmen, Wagen=Langschwellen, zu Fußböden und Füllungen bei Personen= wagen; zu hölzernen Scheibenrädern. Proben anfordern. 210 M. das cbm. S. Holz.

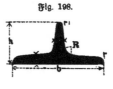

Fig. 198.

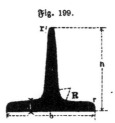

Fig. 199.

T=Eisen (einfach T=Eisen), ein Façoneisen, ist breitfüßig (Fig. 198) oder hochstegig (Fig. 199). Findet weniger Ver= wendung als die I=, ⊔=, und L=Eisen. Anforderungen an Festigkeit, äußere Be= schaffenheit und sonstige Eigenschaften siehe Façoneisen.

Normalprofile für breitfüßige T-Eisen.
Neigung im Fuß durchweg 2%, auf jeder Seite des Stegs 4%.

No. des Profils	Breite b	Höhe h	Stegstärke d	Abrundungen			Querschnitt	Gewicht für 1 m
				R	r	r'		
	mm	mm	mm	mm	mm	mm	qcm	kg
6/3	60	30	5,5	5,5	3	1,5	4,64	3,6
7/3½	70	35	6	6	3	1,5	5,94	4,6
8/4	80	40	7	7	3,5	2	7,91	6,2
9/4½	90	45	8	8	4	2	10,16	7,9
10/5	100	50	8,5	8,5	4	2	12,02	9,4
12/6	120	60	10	10	5	2,5	17,00	13,3
14/7	140	70	11,5	11,5	6	3	22,82	17,8
16/8	160	80	13	13	6,5	3,5	29,51	23,0
18/9	180	90	14,5	14,5	7,5	3,5	37,04	28,9
20/10	200	100	16	16	8	4	45,44	35,4

Normalprofile für hochstegige T-Eisen.
Neigung im Fuß durchweg 2%, auf jeder Seite des Stegs 2%.

No. des Profils	Breite b	Höhe h	Stegstärke d	R	r	r'	Querschnitt	Gewicht für 1 m
2/2	20	20	3	3	1,5	1	1,11	0,9
2½/2½	25	25	3,5	3,5	2	1	1,63	1,3
3/3	30	30	4	4	2	1	2,24	1,7
3½/3½	35	35	4,5	4,5	2	1	2,95	2,3
4/4	40	40	5	5	2,5	1	3,75	2,9
4½/4½	45	45	5,5	5,5	3	1,5	4,65	3,6
5/5	50	50	6	6	3	1,5	5,64	4,4
6/6	60	60	7	7	3,5	2	7,91	6,2
7/7	70	70	8	8	4	2	10,56	8,2
8/8	80	80	9	9	4,5	2	13,59	10,6
9/9	90	90	10	10	5	2,5	17,00	13,3
10/10	100	100	11	11	5,5	3	20,79	16,2
12/12	120	120	13	13	6,5	3	29,51	23,0
14/14	140	140	15	15	7,5	4	39,75	31,0

Von den hochstegigen T=Eisen wird Profil 8/8 für Seitenwandbrüstungen bei offenen Güterwagen benutzt. 1000 kg 150—180 M.

I=Eisen (Doppel=I=Eisen), Fig. 200, ein viel verwendetes Façoneisen, insbesondere als Trägereisen bei Bauwerken

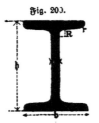

Fig. 200.

und im Wagenbau. Anforderungen an Festigkeit, äußere Beschaffenheit und sonstige Eigenschaften siehe Façoneisen.

Telegraphendraht (Leitungs=draht), für oberirdische Telegraphenlei=tungen, ist meistens verzinkter Eisendraht. Die üblichen Stärken, Gewichte u. s. w. find:

Stärke mm	5	4	3	2	1,7
Gewicht für 1000 m. kg	150	100	55	38	18
100 kg M.	18	19	22	40	45

Normal=Profile für I=Eisen.

Neigung im Flantsch 14 %.

No. des Profils.	Höhe h mm	Breite b mm	Stärke im		Rundungen		Querschnitt qcm	Gewicht für 1 m kg
			Steg d mm	Flantsch t mm	R mm	r mm		
8	80	42	3,9	5,9	3,9	2,3	7,61	6,0
9	90	46	4,2	6,3	4,2	2,5	9,05	7,1
10	100	50	4,5	6,8	4,5	2,7	10,69	8,3
11	110	54	4,8	7,2	4,8	2,9	12,86	9,6
12	120	58	5,1	7,7	5,1	3,1	14,27	11,1
13	130	62	5,4	8,1	5,4	3,2	16,19	12,6
14	140	66	5,7	8,6	5,7	3,4	18,35	14,3
15	150	70	6,0	9,0	6,0	3,6	20,52	16,0
16	160	74	6,3	9,5	6,3	3,8	22,94	17,9
17	170	78	6,6	9,9	6,6	4,0	25,36	19,8
18	180	82	6,9	10,4	6,9	4,1	28,04	21,9
19	190	86	7,2	10,8	7,2	4,3	30,70	24,0
20	200	90	7,5	11,3	7,5	4,5	33,65	26,2
21	210	94	7,8	11,7	7,8	4,7	36,55	28,5
22	220	98	8,1	12,2	8,1	4,9	39,76	31,0
23	230	102	8,4	12,6	8,4	5,0	42,91	33,5
24	240	106	8,7	13,1	8,7	5,2	46,37	36,2
26	260	113	9,4	14,1	9,4	5,6	53,66	41,9
28	280	119	10,1	15,2	10,1	6,1	61,39	47,9
30	300	125	10,8	16,2	10,8	6,5	69,40	54,1
32	320	131	11,5	17,3	11,5	6,9	78,15	61,0
34	340	137	12,2	18,3	12,2	7,3	87,16	68,0
36	360	143	13,0	19,5	13,0	7,8	97,50	76,1
38	380	149	13,7	20,5	13,7	8,2	107,58	88,9
40	400	155	14,4	21,6	14,4	8,6	118,34	92,3
42¹/₂	425	163	15,3	23,0	15,3	9,2	132,97	103,7
45	450	170	16,2	24,3	16,2	9,7	147,65	115,2
47¹/₂	475	178	17,1	25,6	17,1	10,3	163,61	127,6
50	500	185	18,0	27,0	18,0	10,8	180,18	140,5

Von den Profilen finden im Wagenbau No. 28 als Hauptquerträger im Druck=gestell der achtträberigen Plateauwagen und No. 30 als Langträger bei denselben Wagen Verwendung. 1000 kg 150—180.

Der Draht von 5 mm dient für directe (längere) Leitungen, der von 4 mm für Localleitungen, der von 3 (und 2,5) mm für Zuführungen, der von 2 und 1,7 (auch 1) mm zum Befestigen des Leitungsdrahtes an den Isolatorköpfen (Bindedraht) und zum Verbinden der einzelnen Drahtadern (Wickeldraht).

An guten verzinkten Telegraphendraht werden folgende Anforderungen gestellt:

Er darf höchstens 0,1 mm dicker oder dünner als verlangt sein, z. B. bei 3 mm Stärke muß die wirkliche Dicke in den Grenzen von 2,9 bis 3,1 mm liegen. Der Draht soll überall eine glatte Oberfläche haben, nirgends Furchen, Risse oder Splitter besitzen, im Inneren von gleichförmiger Masse sein, auf dem Bruche eine gleichmäßig matte, hellgraue Farbe ohne schwarze Punkte und ohne lichte Stellen, dabei ein faseriges Gefüge zeigen. Der 5 und 4 mm Draht muß nach dem Walzen mindestens zwei Mal gezogen und die Enden der Drahtadern sollen nach dem Ziehen auf 1 m Länge abgeschnitten sein. Der Draht muß eine solche Biegsamkeit und Zähigkeit haben, daß er sich an derselben Stelle drei Mal zusammenziehen läßt, ohne zu brechen oder zu spalten. Bei diesem Versuche wird der Draht bei 15 cm freier Länge in zwei Handgriffe gespannt, zu einer Oese zusammengezogen und wieder ausgereckt, was drei Mal wiederholt wird.

Auf einer freien Länge von 15 cm muß der Telegraphendraht folgende Anzahl von Drehungen um sich selbst aushalten, ohne zu brechen:

Der 5 mm Draht 13 Drehungen.

"	4	"	"	14 "
"	3	"	"	14 "
"	2,5	"	"	20 "
"	2	"	"	20 "
"	1,7	"	"	22 "
"	1	"	"	18 "

Die Umdrehungen des Drahtstückes um seine Längsachse werden dabei mit einer Geschwindigkeit von 15 Drehungen in 10 Sekunden bewirkt, wobei dasselbe in eine Drehvorrichtung einzuspannen ist. Die Anzahl der Umdrehungen wird dadurch kenntlich gemacht, daß man auf dem Drahtstücke mittelst Farbe eine gerade Linie zieht, welche nach den Drehungen als Spirale sichtbar bleibt.

Die Zerreißfestigkeit soll 40 kg (auch 43 kg verlangt) für das qmm betragen, das macht für:

den 5 mm Draht 785 kg,

"	4	"	" 502 "
"	3	"	" 282 "
"	2,5	"	" 196 "
"	2	"	" 125 "
"	1,7	"	" 90 "
"	1	"	" 31 "

Die Untersuchung wird durch Belastung mit Gewichten bewirkt, wobei man das zu prüfende Drahtstück bei 15 cm freier Länge zwischen Klemmbacken aufhängt. Die Belastung muß allmählig und nicht ruckweise erfolgen. Die Ausdehnung bis zum Bruche ist 10—15 %.

Der Zinküberzug muß eine glatte Oberfläche haben, den Draht überall zusammenhängend bedecken und so fest haften, daß ein Drahtstück von 15 cm Länge

bei 5 mm Dicke eine 5 spiral. Umwickelg.,

"	4	"	" 6	" "
"	3	"	" 7	" "
"	2,5	"	" 8	" "
"	2	"	" 10	" "
"	1,7	"	" 10	" "

um einen Draht von gleicher Stärke aushält, ohne daß der Zinküberzug Risse bekommt oder sogar abblättert. Derselbe muß so dick sein, daß der Draht

von 5 mm Dicke 8 Eintauchungen,

"	4	"	
"	3	"	} 7 "
"	2,5	"	
"	2	"	} 6 "
"	1,7	"	

von je einer Minute Dauer in eine Lösung von 1 Gewichtstheil Kupfervitriol in 5 Ge= wichtstheilen Wasser verträgt, ohne sich mit einer zusammenhängenden Kupferhaut zu bedecken. (Siehe Verzinken bei Zink.)

Eiserner Telegraphendraht ist in Bunden von 50—75 kg zu liefern. Die einzelnen Drahtadern dürfen bei einem durchschnitt= lichen Gewichte

von 17 kg bei 5 mm Drahtdicke,
„ 15 „ „ 4 „ „
„ 10 „ „ 3 „ „
„ 9 „ „ 2,5 „ „

in sich weder Löth= noch Schweißstellen haben.

Wickel= und Bindedraht sind in Adern ohne Löth= und Schweißstellen in Längen zu liefern, wie sie in der Fabrik im All= gemeinen üblich sind. Die Drahtadern von obigem Gewichte dürfen höchstens um 12% leichter sein. Preise s. S. 268. S. Eisen= draht.

Nicht verzinkter eiserner Telegraphen= draht muß geölt, d. h. mit einem nicht klebenden dicken Ueberzuge von Leinöl ohne jede bloße Stelle oder Einrostung geliefert werden.

Telegraphendraht aus Phosphor= bronce ist vereinzelt zur Anwendung ge= kommen. Bei der großen Zerreißfestigkeit des Phosphorbronce=Drahtes können mit demselben Weiten von 300—400 m über= spannt werden, wozu Eisen= und Stahl= draht nicht mehr ausreichen. Dieser Bronce= draht ist hart und doch elastisch, so daß dauernde Längenausdehnungen weniger zu befürchten sind. Im Uebrigen hat der Draht von Phosphorbronce gegenüber Eisen= draht noch dieselben Vortheile wie der

Telegraphendraht aus Silicium= bronce. Diesem gibt man den Vorzug vor anderen Drähten. Gegen die Phos= phorbronce wird angeführt, daß Phosphor in der Legirung zurückbleiben kann und

diese brüchig und die Elektrizität weniger gut leitend macht. Silicium soll die Elek= trizität selbst gut fortpflanzen und bei ge= ringer Menge die Festigkeit der Legirung erhöhen. Diese ist so groß, daß bei Sili= ciumbronce=Drähten Spannweiten von 300 bis 350 m möglich sind und dadurch we= niger Telegraphenmasten und leichtere ge= nügen. Bei derselben Leitungsfähigkeit ist der Siliciumbroncedraht 2 mm dick, mit einem Gewichte von etwa 28 kg für 1 km, der Eisendraht dagegen ist 5 mm stark und hat für 1 km 150 kg, also das 5—6fache Gewicht des Broncedrahtes. Dieser kostet das kg 3,20 M. Als Altmaterial hat er einen größeren Werth als verbrauchter Eisendraht.

Unter Berücksichtigung der kleineren An= zahl von Telegraphenmasten, ihres geringeren Preises, weil sie schwächer sein können, der Ersparung an Transportkosten bei dem leichteren Broncedraht und an Arbeitslohn sollen die Anlagekosten einer Telegraphen= leitung mit Siliciumbronce=Draht 30% weniger betragen als bei Verwendung von Eisendraht.

Telegraphenfarbe (Morséfarbe, Apparatfarbe), zum Schreiben auf den Papierstreifen der Morséapparate, muß dünnflüssig sein, darf jedoch nicht auslaufen, eine schöne dunkelblaue Farbe und die Eigenschaft haben, bei Anwendung auf dem zur Prüfung ausliegenden Telegraphen= papiere in der Zeit von höchstens 12 Se= kunden vollständig einzutrocknen. Darf auch nach längerem Lagern keinen Bodensatz bil= ben. In Fläschchen zu liefern. 100 Stück zu je etwa 65 gr Inhalt 38 M. Probe 3 Stück.

Telegraphenmaterialien. Zu denselben gehören und sind daselbst nachzu= sehen: Apparatfarbe (Telegraphen= farbe, Morséfarbe), Batteriegläser, Bittersalz, Braunstein, Einfüh= rungshülsen, Einführungspfeifen, Glockenseile, Guttaperchadraht, Jso=

latoren, Isolatorstützen (Telegraphenseitenstützen), Isolirknöpfe, Iso-
lirrollen, Korke mit Glasröhrchen,
Kupferpole, Kupfervitriol, Meidinger Ballon-Elemente, Muscheltrichter, Telegraphendraht (Leitungsdraht, Bindedraht, Wickeldraht), Telegraphenpapier (Morsé-
papier, Papierstreifen), Telegraphenstangen, Thoncylinder, Uhrleinen
(Telegraphenschnur), Uhröl, Verbindungsklemmen, Zinkpole, Zwillingstrichter.

Telegraphenpapier (Morsépa-
pier, Papierstreifen), zu den Morsé-
schen Telegraphenapparaten, wird verschieden
breit in Rollen mit Holzkern geliefert. Gebräuchliche Abmessungen u. a. sind folgende:
(Siehe untenstehende Tabelle.)

Der Papierstreifen muß so fest gewickelt
sein, daß die Rollen bei gewöhnlicher Behandlung ihre Form nicht ändern und den
Holzkern nicht verlieren, dieser soll sich jedoch leicht herausnehmen lassen. Der Schnitt
der Papierstreifen muß überall scharf, parallel,
glatt und ohne Fasern, die Schnittflächen
der Rollen müssen glatt und blank sein. Der
Streifen einer Rolle muß aus einem
Stücke bestehen, darf also nicht stückweise
zusammengeklebt sein. Die Farbe wird gewöhnlich weiß, vereinzelt auch eine sanft
abgetönte grünliche Färbung verlangt. Das
Papier muß aus Lumpen hergestellt, weich,
zähe, ohne Knoten und Rauheiten an den
Rändern, ohne Unreinigkeiten und mineralische Beimengungen, nur mäßig geleimt,
ungeglättet, überhaupt auf seiner ganzen
Länge von derselben tabellosen Beschaffenheit
sein. Es muß die Fähigkeit besitzen, die
Apparatfarbe in längstens 12 Sekunden
vollkommen eintrocknen zu lassen. Bei der
Ablieferung muß das Papier ganz trocken
sein; ist dieses nicht unzweifelhaft, so sind
die Rollen vor dem Verwiegen einer fünf-
tägigen Trocknung in einem luftigen Raume
bei etwa 22⁰ zu unterwerfen.

Falls die Kerne aus weichem, trockenem
Holze bestehen, werden sie meistens als Papiermasse mitberechnet, doch kommt auch für
die Kerne und Verpackung ein gewisser Prozentsatz (9%) vom Gesammtgewicht in Abzug. Jede einzelne Rolle muß mit starkem
Papier umhüllt und eingeschnürt und 50
solcher Rollen sollen zu einem Paquete verpackt und mit starker Schnur gebunden sein.
Proben einzureichen. 85 Pf. das kg.

Telegraphenschnur, s. Uhrleinen.

Telegraphenseitenstützen, s. Isolatorstützen.

Telegraphenstangen, 6,5, 7,5, 8,
8,5 und 9,5 m lang, werden meistens mit
15 cm Zopfstärke verlangt; müssen eine durch'
den natürlichen Wuchs bedingte Stärke am
Stammende haben. In der Zopfstärke sind
10 mm mehr oder weniger, in der Länge

Breite des Streifens mm	Aeußerer Durch- messer der Rolle mm	Holzkern- Durchmesser mm	Gewicht kg	Länge für 1 kg Papier m	Zerreißfestigkeit des Papierstreifens kg
10 . . . . . {	180—200	55—60	—	1500	1,9
	140	23	1,10	—	—
11	135 ,	30	0,90	1800	2
12	187	56	2,00	1600	2,5
	100	33	—	1600	2,5
	135	24	—	1600	2,5
13 . . . . {	160	55	—	—	2
	190	55	—	1600	2,5
	190	55	2,00	1600	2,5

10 cm mehr zulässig. Die Stangen müssen in der Wadelzeit gefällt und eine jede muß das wirkliche Stammende des Baumes sein. Meistens werden die Telegraphenstangen von der Kiefer (pinus silvestris), jedoch auch von der Lärche (pinus larix) sowie noch der Fichte, Tanne und Kastanie entnommen. Dieselben müssen sauber und glatt abgeschält, die Aststellen glatt behobelt sein, sodaß jede Stange einen geraden, abgekürzten Kegel bildet; sie dürfen weder aufgerissen noch gespalten, auch nicht schief oder verdreht sein, keine Astlöcher oder sonstige fehlerhafte Stellen haben. Je nach Vorschrift werden die Stangen am Zopfende rechtwinkelig zur Längsachse oder von zwei Seiten abgeschärft so abgeschnitten, daß die entstehende Kante gleich dem Durchmesser des Zopfendes ist. Die Schnitte müssen glatt sein. Am Stammende werden die Stangen so zugespitzt, daß der zugespitzte Theil einen graden Kegel bildet, dessen Höhe gleich dem Durchmesser des Stammendes ist. Wenn die Stangen getränkt (imprägnirt) verlangt werden, so muß in dem Angebote angegeben und genau beschrieben sein, mit welchem Stoffe und auf welche Weise die Stangen getränkt werden sollen. Oft wird beides bestimmt vorgeschrieben. Die Stangen sind sowohl vor wie nach der Tränkung zu untersuchen, die bedingungsgemäß gelieferten werden gestempelt. Das Aufstapeln muß auf Unterlagehölzern derartig erfolgen, daß die Stangen verschiedener Längen getrennt und die Zopfenden in einer Linie liegen.

Je nach der Länge und Güte 4—6 M. das Stück einschließlich der Kosten der Tränkung.

Tenderschläuche, s. Kautschukschläuche.

Teppiche, Teppichstoff, s. Plüsche.

Terebine, ist ein flüssiges Siccativ. Muß klar, durchsichtig, frei von schädlichen Beimengungen sein und ein rasches Trocknen des Firnisses bewirken. S. Firnisse.

Terpentin, ist ein Gemenge von Terpentinöl und Fichtenharz, wird aus den Nadelbäumen (Kiefern) gewonnen. Ist gelblichweiß, mehr oder minder zähflüssig, riecht nach Terpentinöl. Löslich in Alkohol und ätherischen Oelen. Der bessere venitianische Terpentin, hellgelb und sehr zähflüssig, stammt von der Lärche. Terpentin wird benützt zu Firnissen, Lacken, Kitten und zur Darstellung von Terpentinöl und Kolophonium. 1,50—2,50 M. das kg.

Terpentinöl, wird aus dem Terpentin durch Erhitzen mit Wasser in geschlossenen Gefäßen und Verdichten der Dämpfe gewonnen. Durch Wiederholung der Destillation über Kalk und Chlorcalcium wird alles Wasser entfernt. Gutes Terpentinöl muß rein, klar, wasserhell, frei von Wasser und sonstigen fremden Bestandtheilen sein; bei 15° ein spez. Gew. von 0,86—0,89 und den Siedepunkt bei 152°—160° haben. Es darf bei Verflüchtigung höchstens 0,5% harzigen Rückstand hinterlassen. Befeuchtet man Löschpapier mit Terpentinöl, so muß dieses allmählig verschwinden, ohne einen Fleck zu hinterlassen, andernfalls ist das Oel unrein bezw. harzreich. Am besten ist das französische und amerikanische Terpentinöl. Das deutsche und polnische wird aus Holztheeröl (Kienöl) hergestellt, enthält meistens brenzliche Stoffe von äußerst unangenehmem brandigen Geruche, welcher in geschlossenen Räumen nicht zu ertragen ist.

Terpentinöl löst Harze und Kautschuk, findet daher bei der Firniß- und Lackbereitung Verwendung, ferner als Zusatz zu Oelfarben, die es dünnflüssiger macht. Selbst ist es löslich in 10—12 Thl. Alkohol. In Berührung mit der Luft nimmt das Terpentinöl Sauerstoff auf, wird immer dickflüssiger und verharzt schließlich, es muß deßhalb in gut verschlossenen Gefäßen aufbewahrt werden.

In größerer Menge eingenommen ist **Terpentinöl giftig!** und das Einathmen der Dämpfe schädlich; die längere Einwirkung des Oeles auf die Haut verursacht Schmerz und Bläschen. Terpentinöl ist sehr flüchtig und leicht entzündlich! Bei dem Lagern und der Verausgabung ist dieselbe Vorsicht wie beim Spiritus zu beobachten. Wird angeliefert in Fässern. Chemisch zu prüfen. Auf Verlangen ist der Ursprung des Terpentinöls glaubwürdig nachzuweisen. Probe ½ kg. 100 kg 60 bis 80 M., Kienöl 40 M.

Terra de Siena (Siena=Erde), Erdfarbe, wesentlich aus Eisenoxydhydrat und basisch schwefelsaurem Eisenoxyd bestehend; erdartig, muscheliger Bruch, gelbbraun mit verschiedenen Farbentönen je nach der Menge der fremdartigen Bestandtheile. Liefert fein gepulvert und geschlemmt und mit Oel aufgetragen eine schöne, feurige, sehr geschätzte Lasurfarbe. Beim Glühen (Brennen) entweichen etwa 30% Wasser und Schwefelsäure, es entsteht eine schöne, dunkelbraune Lasurfarbe (gebrannte Siena=Erde), das Mahagonibraun, welches dazu dient, anderem Holze durch Anstrich damit das Aussehen von Mahagoniholz zu geben.

Beide Farben müssen aufs Feinste gemahlen und geschlemmt, ohne fremde Beimengungen, sandfrei, in schöner, feuriger und gut durchscheinender Waare geliefert werden. Für den gewünschten Farbenton und die Feinheit des Kornes sind ausgelegte Proben maßgebend. Praktische Prüfung siehe bei Farben. Verschiedene Proben nebeneinander auf eine Glasscheibe gestrichen lassen den Unterschied in der Färbung u. s. w. deutlich erkennen. Auf geglättetes Holz gestrichen, ist zu beurtheilen, in welchem Grade die natürliche Aderung des Holzes durchscheint.

Siena=Erde wird mit Schwerspath verfälscht, welcher bei Behandlung der Farbe mit Schwefelsäure ungelöst zurückbleibt; chemisch zu prüfen. In Fässern zu liefern, trocken zu lagern. Proben je 0,5 kg. Rohe

Siena=Erde 45—60, gebrannt und gemahlen 60—90 Pf. das kg.

Theer, wird meist als Nebenerzeugniß bei der Holzkohlen=, Koks= und Leuchtgasbereitung gewonnen, jedoch auch aus Torf, Braunkohlen, Schiefer u. a. durch trockene Erhitzung in geschlossenen Gefäßen dargestellt. Man unterscheidet nach dem Stoffe, aus dem er gewonnen, Holzkohlen=, Steinkohlen=, Braunkohlentheer u. a. Der bei der Herstellung des Leuchtgases abfallende heißt Gastheer. Im Allgemeinen ist der Holzkohlentheer der beste.

Theer ist eine braune oder schwarze, ölartige, dicke Flüssigkeit von brenzlichem, unangenehmen Geruche. Wird benutzt zum Anstreichen von Holz, Eisen (Steinkohlentheer), Tauen, Schläuchen (Holzkohlentheer) u. a. Holzkohlentheer ist geschmeidiger als Steinkohlentheer, trocknet langsamer als dieser. In Folge seines Gehaltes an Kreosot wirkt Theer bei organischen Körpern fäulnißwidrig. Aus den Theeren werden Oele, Farben, Leuchtstoffe, Kreosot, Carbolsäure, Pech, deutscher Asphalt u. a. hergestellt.

Holzkohlentheer 100 kg 22 M., Steinkohlentheer 5—8 M.

Thierblut, wird zu Kitten benutzt.

Thoncylinder, zu Daniell'schen Elementen, werden nach ausgelegten Mustern geliefert. Uebliche Abmessungen:

Aeußerer Durchmesser	91 mm und	52 mm
Innerer "	82 mm "	45 mm
Länge	178 mm "	115 mm
Bodenstärke	14 mm "	4 mm

Müssen aus porösem, eisenfreien, nicht zu hart gebrannten Thon bestehen, dürfen weder Risse noch Löcher haben. Proben einzureichen. 15—18 M. je nach der Größe.

Thran (Fischthran), ist ein fettes Oel aus dem Specke verschiedener Seethiere (Wale, Robben, Wallfisch u. a.); hellgelb bis dunkelbraun, je nachdem er aus frischem oder angefaultem Specke ausgeschmolzen ist.

Spez. Gew. 0,87 bis 0,93. Gefriert in der
Kälte nicht. Muß klar sein, darf keinen
Bodensaß bilden. Wird u. a. benußt zum
Einschmieren von Leder, um dieses geschmeidig
zu erhalten und gegen Bruch zu bewahren.
Vorsichtig wie andere Oele zu lagern!
70—100 Pf. das kg. S. Fette.

Tibet, ist ein geköperter, weicher Stoff
aus Kammwolle ohne glänzende Appretur.
In blauer und grauer Farbe zu Lichtschirmen und Gardinen, diese mit eingewebtem Eigenthumsmerkmale in Coupés I.
und II. Cl. verwendet. Passende Breite
1,20 m; 1 m etwa 4,30 M., giebt 4 Schirme.
S. Gewebe.

Tiegel, s. Schmelztiegel u. Tiegelgußftahl.

Tiegelgußftahl. Die Herstellung
des Gußstahles aus Rohstahl durch das
dünnflüssige Einschmelzen in Tiegeln und
zwar zu dem Zwecke, einen Stahl von
möglichster Gleichmäßigkeit und mit einem bestimmten Kohlenstoffgehalte zu erzeugen, ist
eine Erfindung des Engländers Huntsman.
Derselbe benußte zum Schmelzen den aus
bestem schwedischen Eisen hergestellten Zementstahl, also ein schon an für sich gutes Material, und da die besten schwedischen Eisen
jahrelang fast ausschließlich nach England
verkauft wurden, so hatte dieses Land während
einiger Jahrzehnte einen Vorsprung in der
Herstellung des Tiegelgußstahls, sowie der
aus diesem gefertigten Stahlfabrikate. Begünstigt wurde die Herstellung noch durch
den Umstand, daß in der Umgegend von
Sheffield Lager von natürlichem, sehr feuerbeständigem Thone, wie er zur Herstellung
der Schmelztiegel und der Steine für die
Schmelzöfen erforderlich ist, vorhanden sind.

In Deutschland waren es zuerst Meyer
in Bochum und Krupp in Essen, welche
erfolgreich mit der Herstellung von Gußstahl
sich beschäftigten und ein dem englischen
ebenbürtiges Material lieferten und zwar
unter Anwendung von bestem westfälischen
Holzkohlenfrischeisen.

Seitdem durch das Bessemer= und
Martinverfahren der billigere Flußstahl hergestellt wird, hat dieser den Tiegelgußftahl
zu Massenverwendungen immer mehr verdrängt. Letzterer wird hauptsächlich noch
in feineren und namentlich härteren Sorten
verwendet, u. a. zu Werkzeugen (Werkzeugstahl) und Federn (Federstahl)
und werden diese Stahle in vielen Eisenwerken Deutschlands und Oesterreichs jetzt
in derselben Vollkommenheit wie in England
hergestellt.

Die Schmelztiegel zur Gußstahlbereitung
müssen äußerst feuerbeständig sein. Sie
werden aus einem Gemenge von gemahlenem
Thone, Chamotte und Koke oder Graphit
gefertigt, welches mit Wasser zu einem
steifen Teige auf Thonschneidern verarbeitet
und in Stücke von passendem Gewichte geschnitten und dann mittelst Pressen in die
Form von Tiegeln gebracht wird. Diese
müssen zunächst monatelang bei einer gleichmäßigen Wärme von etwa 20° langsam getrocknet, dann einer solchen von 50° und
zuletzt in besonderen Glühofen der Rothglühhitze ausgesetzt werden.

Die Schmelzöfen sind entweder mit Koks
geheizte Schachtöfen oder mit Gasen betriebene Flammöfen. Letztere ermöglichen
einen geregelteren Betrieb. Entweder sind
es offene sog. Kammeröfen mit drei Abtheilungen zu je 6 Tiegeln und in eisernen
Bändern eingewölbten abhebbaren Gewölbestücken oder es sind sog. geschlossene Oefen
mit festem Gewölbe, die 18—40 Tiegel
fassen. Bei ersteren erfolgt das Ein= und
Ausseßen der Tiegel und das Einfüllen der
Beschickung von oben, bei den geschlossenen
Oefen werden die vorher gefüllten Tiegel
durch seitliche Thüren ein= und ausgebracht.
Die Tiegel werden in besonderen Oefen mit der
Beschickung vorgewärmt, was die nachherige
Schmelzdauer abkürzt.

Bei den offenen Oefen sind die Schmelztiegel 5—6 mal zu gebrauchen, da sie nach
dem Ausgusse sofort wieder in den Schmelz

raum zurückkehren, geschlossene Oefen erfordern zu jeder Schmelzung frische Tiegel. Die Größe dieser wird so bemessen, daß sie etwa 15, oder 20—25, oder 30—40 kg Rohmaterial fassen. Die Dauer jeder Schmelzung ist 4—6 Stunden, je nach dem größeren oder geringeren Kohlenstoffgehalte des Rohmaterials, indem das kohlenstoffreichere leichter schmelzbar ist; ferner ist die Schmelzdauer abhängig von dem Kohlenstoffgehalte und überhaupt von den Eigenschaften, welche der fertige Tiegelstahl haben soll.

Der Rohstahl wird vor dem Einschmelzen ausgeschmiedet, in Stücke zerbrochen und nach der Beschaffenheit des Bruches gesondert, um schon von vornherein ein gleichmäßiges Material zu haben. Dem Rohstahl werden zuweilen Zuschläge zugesetzt, so Holzkohlenstückchen behufs höherer, Schmiedeeisenbrocken behufs geringerer Kohlung; Braunstein um die Schlacke dünnflüssiger, Manganeisen um den Stahl dichter, Mangan und Wolfram um denselben härter zu machen.

Nachdem die Beschickung flüssig geworden ist, finden chemische Einwirkungen der Bestandtheile auf einander statt, die mit Blasenbildung durch Gasentwickelung verbunden sind. Wenn der Stahl nicht heiß genug und zu früh ausgegossen wird, so findet noch während des Erstarrens eine reichliche Bildung von Blasen statt, welche zum Theil von dem erstarrenden Materiale eingeschlossen werden, es entstehen mit Blasenräumen angefüllte Blöcke, welche nach dem Ausschmieden langrissig und unbrauchbar sind.

Wird der geschmolzene Stahl zu heiß ausgegossen, so findet eine bedeutende Zusammenziehung statt, es bildet sich der sog. Lunker, bestehend in einem Hohlraum, welcher sich von der Oberfläche in den Block hineinerstreckt. Derselbe kommt insbesondere bei sehr harten, leicht und heiß einschmelzenden Stahlen vor und macht den Block ebenfalls unbrauchbar.

Die Regelung der Wärme und deren Dauer sind somit bei dem Stahlschmelzen von großer Wichtigkeit. Im Uebrigen ist die Güte des Tiegelstahles in erster Reihe abhängig von der Zusammensetzung des Rohstahles und insbesondere von seinem Gehalte an Phosphor, Silicium, Schwefel und Kupfer, die schon in sehr kleinen Mengen, insbesondere Schwefel und Kupfer, bei dem härtbaren Gußstahle durchaus schädlich sind. Der Gußstahl ist um so empfindlicher gegen diese Beimischungen, um so härter er, also um so größer sein Gehalt an Kohlenstoff ist. Je mehr Kohlenstoff ein Gußstahl hat, um so weniger „gutartig" ist er, d. h. um so schwieriger ist er zu verarbeiten und um so leichter verbrennt er im Feuer.

Ein Gehalt an Mangan bis zu einer gewissen Höhe scheint das Verhalten des Gußstahles günstig zu beeinflussen. Wolfram erhöht die Härte des Stahles, aber auch seine Empfindlichkeit gegen Feuer. Durch Zusatz von Wolfram in Verbindung mit Mangan kann man Stahle von größter Härte, die sog. naturharten Spezialstahle erzielen, welche schon im kalten Luftstrome die höchste Härte annehmen, dagegen auch nur bei rothbrauner Hitze mit Schwierigkeit bearbeitet werden können.

Im Allgemeinen ist eine möglichst reine Verbindung von Eisen und Kohle dasjenige Stahlmaterial, welches bei leichter Verarbeitung und hoher Leistung der Fabrikate in der Praxis die besten Dienste leistet. Man nimmt vielfach an, daß bei einem Gehalte von etwa 0,85 % Kohle die Summe der Festigkeits- und Dehnungsziffer die größte Höhe erreicht; die Zerreißfestigkeit ist alsdann etwa 90 kg für 1 qmm bei stärkeren Stangen, bei Draht bei geringer Härtung 180 kg. Bei abnehmendem Kohlenstoffgehalte fällt die Festigkeitsziffer auf 60—70 kg bei etwa 0,6 % Kohle, sie steigt wenig bei größerer Härte dieses Stahles, während die Dehnung schon bei 1,0 % Kohle äußerst gering ist.

Bei der Bestellung von Tiegelgußstahl ist dem Lieferanten anzugeben, welchem Zwecke derselbe dienen soll, da es einen für alle Zwecke gleich tauglichen Stahl nicht gibt. Der beste Stahl kann durch falsche oder auch nur unvorsichtige Behandlung beim Erhitzen, Abkühlen oder Anlassen verdorben werden. Die Prüfung des Tiegelgußstahles erfolgt am zweckmäßigsten durch praktische Proben auf Festigkeit, Schweißbarkeit, Härtbarkeit, Elastizität u. s. w., die übrigens eine gute Geschicklichkeit und Erfahrung bedingen. S. Federstahl, Werkzeugstahl, Trag- und Spiralfedern.

Tire fonds, Fremdwort für Schwellenschrauben o. Schraubennägel.

Todtenkopf, s. Caput mortuum.

Tombac, ist ein sehr kupferreiches Messing. Im Mittel 85% Kupfer, 15% Zink.

Torf, ist eine aus vermoderten Sumpfpflanzen bestehende gelbe bis braune oder schwarzbraune bis schwarze, meist mit Sand, Lehm, Thon, Kalk u. dergl. gemischte Masse, deren verschiedene Eigenschaften zum Theil von den Pflanzen (Binsen, Moose, Heidekräuter), aus denen der Torf entstand, zum Theil von dem Grade der Zersetzung dieser, ferner noch von der Natur der Beimengungen herrühren. Die Dichtigkeit des Torfes ist abhängig von dem Drucke, unter welchem er sich bildete. Unter den Brennmaterialien (Torf, Braunkohle, Steinkohle) ist Torf das jüngste Gebilde. Nach den Pflanzen, welche den Torf erzeugten, wird dieser Moor-, Haide-, Wiesen-, Wald- oder Holz- und Meertorf benannt. Nach der Gewinnungsweise unterscheidet man:

Stechtorf, wird aus den Torfmooren unmittelbar in Form von Ziegeln ausgestochen; die aus den oberen Schichten heißen Rasen- oder Fasertorf, die tiefer liegenden Moortorf.

Bagger- oder Sumpftorf, wird aus weichem Moor als breiförmige Masse aus-

geschöpft (gebaggert), zu Ziegeln geformt und getrocknet.

Preß- oder Maschinentorf, ist durch Pressen gedichteter Torf, welcher dadurch gleichzeitig zum Theil entwässert wird, was man auch durch Trocknen an der Luft oder in Oefen bewirkt. Aus dem Preßtorfe wird die Torfkohle hergestellt.

Pechtorf ist eine schwarzbraune bis schwarze, erdige und ziemlich dichte Masse, deren Zersetzung so weit vorgeschritten ist, daß Pflanzenreste in derselben nicht mehr zu erkennen sind.

Gewöhnlicher lufttrockener Torf enthält noch 20—30%, lufttrockener Preßtorf 10 bis 20% Wasser; es kommt Torf mit bis 40% Wasser in den Handel. Aschengehalt bis 50%, bei mehr als 30% ist der Torf schlecht. In Folge des großen Aschen- und Wassergehaltes sind Brennbarkeit und Flammbarkeit des Torfes geringer als die des Holzes. Die Verdampfungsfähigkeit für 1 kg ist:

Lufttrockener Fasertorf mit 10% Wasser etwa 5,5 kg;

Preßtorf mit 10—15% Wasser etwa 5,5—6 kg.

In einigen Gegenden Deutschlands wird der Torf noch zum Heizen von Wohnräumen, Dampfkesseln, Locomotiven u. a. benutzt, im Allgemeinen dient er nur zum Anheizen; 35 kg für das einmalige Anheizen einer Locomotive. S. Brennmaterialien.

Torfkohle (Koks), wird aus gepreßtem Torfe hergestellt. Sie soll großstückig, fest, frei von Staub, Grus und fremden Beimengungen geliefert werden. Probe einzureichen. 55 M. für 10 000 kg.

Tragfedern für Eisenbahnfahrzeuge, werden aus Gußstahl gefertigt. Zur Herstellung derselben werden 200 bis 220 kg schwere Blöcke von quadratischer Form mit etwa 200 mm Seite gegossen und zu 50 bis 60 in Rollöfen allmählig und gleichmäßig bis zur schwachen Gelbglühhitze an-

gewärmt. Die Blöcke werden an der dem
Roste entgegengesetzten Seite, also an der
kältesten Stelle, eingesetzt und nach und
nach bis in die Walzwärme vor der Feuerbrücke weiter gerollt. In zwei Walzen-
paaren mit 11 Kalibern (150 Pferdekräfte)
werden die erhitzten Blöcke auf das Maß
von 50 × 80 mm vorgewalzt und die so
hergestellten Stäbe erhalten nach dem Zerschneiden in Stücke von 40—45 kg in einer
Hitze durch zwei Walzenpaare (50 Pferdekräfte) die Querschnittsform des fertigen
Federnblattes.

Man walzt die Blätter theils in ge-
schlossenen glatten Kalibern, theils auf der
Stufenwalze. Gerippter Stahl erfordert
ein Vor- und Fertigwalzen. Die Stufen-
walze dient vorwiegend zur Herstellung von
Spiralfederstahl. Dem Vorwalzen in der
Stufenwalze folgt behufs Herstellung des
Stahles in der gewünschten Breite das
Fertigwalzen in der Hochkantwalze.

Die gewalzten Blätter werden kalt auf
das den einzelnen Lagen entsprechende Maß
abgehauen und folgen dann als weitere
Arbeiten:

1. Das Bohren der durch die Mitte
sämmtlicher Blätter gehenden etwa 7 mm
weiten Löcher, oder das Eintreiben einer
Warze an dieser Stelle.

2. Das Abspitzen der Blätter an den
Enden mittelst einer Stoßmaschine nach vor-
hergehendem Anwärmen im Blasfeuer.

3. Das Bearbeiten der Blätter und
das Rollen der Oberblätter-Enden im
Schmiedefeuer, mit Ausnahme derjenigen
für Locomotiv-Tragfedern, bei welchen das
gewöhnlich stattfindende Ausfräsen erst nach
dem Richten geschieht.

4. Die mechanische Bearbeitung durch
den Schlosser und auf Bohr- und Fräsmaschine.

5. Das Biegen der Blätter nach der
Form des vorgeschriebenen Kreissegmentes.
Die in gewöhnlichen Wärmeöfen bis zur
Rothwärme erhitzten Blätter werden ent-
weber mittelst einer Dampfpresse zwischen
zwei der Federform nachgebildeten gußeisernen Böcken gepreßt oder auch zwischen
drei Walzen gebogen.

6. Das darauf folgende Härten der
Blätter ist eine Uebung und genaue Kenntniß des Stahles erfordernde Arbeit, deren
gutes Gelingen wesentlich von der Geschicklichkeit des Arbeiters abhängt. Die den
Blättern zu gebende Wärme darf die Kirschrothhitze nicht übersteigen. Man härtet jetzt
meistens in warmem Wasser von etwa 30° C.
Den zu härtenden bis zur Kirschrothhitze
erwärmten Stahl läßt man, wenn er aus
dem Wärmeofen kommt, bevor er in das
Härtewasser getaucht wird, etwa eine Minute oder auch etwas länger vor dem Ofen
liegen, damit er äußerlich etwas abkühlt.

7. Durch das Ablassen wird die Härte
der Blätter, welche bei der vorhergehenden
Behandlung etwa zu groß wurde, auf das
richtige und gleichförmige Maß gebracht.
Die Blätter werden in Oefen von der
gleichen Einrichtung wie die Härteöfen erwärmt, jedoch nur bis zu einem bedeutend
niedrigeren Grade als in diesen. Zur Kenn-
zeichnung dieser Wärme dient, daß der
Stahl im dunkelen Raume einen schwachen
rothen Schein hat, und daß auf den Stahl
tropfendes Oel sich entflammt, oder ein
über den Stahl hin und her geriebener
trockener Weidenstab Funken gibt.

Durch das Härten und Ablassen wird
die gebogene Form der Blätter mehr oder
weniger verändert und müssen deßhalb die
einzelnen Lagen der Federn wieder genau
aufeinander passend gemacht werden. Dieses
geschieht durch

8. Das Richten in der Ablaßwärme
durch Schläge von Hämmern mit schwach
gewölbter Bahn.

9. Die so gut zusammengepaßten Blätter
kommen nach dem Reinigen und Verputzen
unter eine Dampfpresse, woselbst sie durch
Hin- und Herbewegen des Dampfkolbens
mittelst eines an der verlängerten Kolben-

stange befindlichen Stempels oftmals hinter=
einander einem Drucke ausgesetzt werden,
welcher einer Spannung der äußeren Faser von
etwa 100 kg auf 1 qmm entspricht.

Da jede Feder nach der ersten Durch=
biegung einen Verlust an Pfeilhöhe erleidet,
so wird sie von vornherein um das etwa
7 °/o der rechnungsmäßigen Durchbiegung
betragende Maß höher aufgebogen. Etwa
fehlerhafte Blätter brechen bei dieser Probe.

Das Material zu den Tragfedern soll
bester Tiegelgußstahl sein, mit Eigenschaften,
wie dieselben bei Federstahl angegeben
sind. Bei Versuchen mit einzelnen Blättern

geschriebenen Krümmung so gerichtet sein,
daß sie ohne Spannung in sich dicht schließend
sich aufeinander legen, da andernfalls ein=
zelne Blätter von vornherein eine stärkere
Spannung bekommen würden.

Der durch die Mitte aller Blätter gehende,
etwa 7 mm starke Stahlstift muß festsitzen,
von bestem Materiale und an beiden Enden
versenkt vernietet sein, so daß ohne Ent=
fernung desselben der Federbund aufgezogen
werden kann.

Werden die Federn mit Bund geliefert,
so muß dieser aus bestem, zähen Schweiß=
eisen, ohne Fehler, insbesondere ohne Schweiß=

Fig. 201 u. 202.

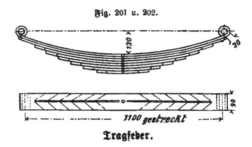

Tragfeder.

muß das Material den dort angegebenen
Anforderungen entsprechen.

Die Feder muß hinsichtlich ihrer Thei=
lung, Querschnittsform und Anzahl der
Blätter, Augen, Pfeilhöhe (Aufbiegung)
u. s. w. genau nach Zeichnung hergestellt,
insbesondere müssen die gerollten oder an=
geschmiedeten Augen rechtwinkelig zu den
Längsseiten der Feder sein, damit die Feder=
bolzen eine genau parallele Lage zu einander
haben.

Die Aufbiegung der Feder wird gemessen
von der Oberkante der obersten Federlage
bis zur Mittellinie durch die Mittelpunkte
der Augen.

Die einzelnen Federblätter müssen unter
Innehaltung der für die oberste Lage vor=

fehler und genau nach Zeichnung hergestellt
sein.

Die fertigen Federn werden einer Probe=
belastung unterworfen und zu dem Zwecke
an den Enden unterstützt. Bei einer ruhen=
den Belastung in der Mitte, welche eine
Faserbeanspruchung von 76 kg auf 1 qmm
hervorbringt, darf die Feder keinerlei Be=
schädigung und nach der Entlastung keine
bleibende Durchbiegung erleiden.

(Siehe Tabelle Seite 279.)

Treibriemenleder, muß die Eigen=
schaften eines sehr guten eichenlohgaren
Sohlleders haben, gefettet zu liefern. Das=
selbe soll aus frisch gegerbten, also nicht
aus vorher gesalzenen oder getrockneten
Häuten und nicht durch Schnellgerberei

Normal-Tragfedern.

Bezeichnung der Feder.	Länge mm	Pfeilhöhe mm	Zahl der Lagen.	Bemerkungen.	
Treib- und Kuppelachsfeder für Personen - Locomotiven und hintere Kuppelachsfeder für Güterzug-Locomotiven . .	950	10	10 *)	Querschnitt des Federstahles überall 90 × 13 mm. Länge in gestreckt. Zustande von Mitte zu Mitte Loch ob. Auflage. *) 63,5 kg.	
Treib- und andere Kuppelachsfeder für Güterzug-Locomotiven .	950	10	10 *)		
Laufachsfeder für Pers.-Locomot.	950	10	11		
Tenderachsfeder	950	60	8		
				Gewicht kg	Preis M.
Personenwagen-Tragfeder . . . {	2000	bis 800 {	9	94	29,5
			10	106	32
			11	118	35
Gepäckwagen-Tragfeder . . . . {	1500	bis 200 {	8	70,5	22
			9	82	25
			10	—	—
Güterwagen-Tragfeder . . . . {	1100	130 {	8	52	15
			9	—	—
			10	—	—

Fig. 201 u. 202 zeigen eine 8lagige Tragfeder für Güterwagen.

hergestellt sein. Ist 5—9 mm stark. Wenn es in Streifen angefordert wird, so sollen diese überall gleich breit und stark, scharf und nur aus dem Kerne geschnitten, dabei lufttrocken sein. Probe: 1 m langer, 75 bis 100 mm breiter Streifen. 4,50—5,50 M. das kg. S. Leder.

Tripel, besteht aus den Panzern abgestorbener Thierchen; enthält hauptsächlich Kieselerde und wenig Thon und Eisenoxyd. Verschieden gefärbt: weiß, gelblich, roth. Leicht zerreiblich, weich. Ist ein Polirmittel. (S. dc.) 35 Pf. das kg.

Trottoirblech, s. Eisenblech.

Tuch, ist ein schlichtes oder geköpertes, verfilztes Wollengewebe aus Streichgarn, welches in derselben Weise wie Leinwand gewebt wird. In dem Zustande wie das Tuch den Webstuhl verläßt, nennt man es Loden. Bei diesem liegen die Ketten= und Schußfäden noch bloß und sichtbar, er hat Unreinigkeiten vom Spinnen des Garnes (Fett, Leim u. a.), dann zufällig hineingerathene Körper (Holzsplitter, Strohtheilchen), endlich Knötchen, Garnendchen u. dergl.

Durch das sog. Noppen mittelst Zangen werden letztere, durch Waschen erstere entfernt. Durch das Walken auf Walkmaschinen werden die Loden verfilzt (s. Filz) und die bloßliegenden Fäden verdeckt, die Oberfläche wird gleichförmig, das Gewebe fester und dichter. Durch das Walken werden die Loden erst zu eigentlichem Tuche, welches man, um es nadelfertig zu machen, noch dem Rauhen, Scheeren, Bürsten, Pressen und Decatiren unterwirft.

Nachdem durch das Rauhen die oben liegenden Fasern aufgelockert und emporgehoben sind, werden durch das Scheeren die Wollhärchen auf gleiche Länge geschnitten, das Tuch erhält dadurch eine gleichförmig haarige, sowie schöne und glatte Oberfläche. Die abgeschnittenen Haare nennt man Scheerwolle. Durch das Bürsten und Pressen gibt man dem geschorenen Tuche einen noch höheren Glanz (Preßglanz), welcher jedoch nicht dauerhaft ist und u. a. bei Feuchtigkeit verschwindet. Durch Behandlung mit Wasserdampf oder durch Einsprengen mit Waſſer, Decatiren genannt, benimmt man dem Tuche den Preßglanz, es bekommt aber dafür den der Wolle eigenthümlichen und dauerhafteren Glanz. Das Decatiren hat außerdem den Zweck, das nachträgliche Einlaufen des Tuches durch Feuchtigkeit (u. a. Regen), das ſog. Krimpen, während des Gebrauches zu verhindern, indem dieſes beim Decatiren (auch Krimpen genannt) bereits eintritt.

Die Tuche ſind weiß oder gefärbt. Iſt die Wolle ſchon vor dem Verſpinnen gefärbt, ſo nennt man das daraus gefertigte Tuch in der Wolle gefärbt oder wollfarbig; iſt das Tuch vor dem Walken gefärbt, alſo als Loden, ſo bezeichnet man es in dem Loden gefärbt oder lodenfarbig; iſt das Tuch als ſolches (alſo nach dem Walken) gefärbt, ſo heißt es in dem Tuche gefärbt oder tuchfarbig. Die in der Wolle gefärbten Tücher ſind meiſtens farbenechter, weil nur dauerhafte Farben die ſpätere Behandlung des Tuches vertragen. Wenn bei einem Tuche die Eggen anders als es ſelbſt gefärbt ſind, ſo darf man in der Regel annehmen, daß das Tuch in der Wolle gefärbt iſt; ausgeſchloſſen iſt allerdings nicht, daß man den Eggen nachträglich, z. B. durch Behandlung mit Säuren, eine andere Farbe gegeben hat.

Die Güte eines Tuches iſt in erſter Reihe von der Güte der verwendeten Wolle bedingt. Beſtes Tuch ſoll nur aus reiner Schurwolle beſtehen, es darf weder Sterblings= noch Raufwolle und ebenſowenig Kunſtwolle enthalten. Während dieſe mit der Schurwolle verſponnen und ſo in das Tuch gebracht werden, kann dieſem Scheerwolle (Scheerhaare) in der Weiſe einverleibt werden, daß man dieſelbe auf die linke Seite des Tuches bringt und durch Walken oberflächlich mit dieſem verfilzt. Die Scheerhaare machen das Tuch dicker und ſchwerer aber nichts weniger als beſſer, da ſie leicht vom Tuche loslaſſen, insbeſondere beim Bürſten und Klopfen, wodurch dann die

Erſcheinung des Haarens des Tuches eintritt.

Da Sterblings=, Rauf=, Kunſt= und Scheerwolle wirkliche Wollfaſern ſind, ſo iſt die Verfälſchung der Wolle mit dieſen ſchwierig zu entdecken.

Reines Wollzeug darf ſelbſtredend nicht Beimengungen von Baumwolle oder anderen minderwerthigen Faſern haben.

Stoffe aus Wolle und Baumwolle, z. B. Baumwoll=Kette und Streichwoll=Schuß, nennt man Halbwolle oder Halbtuch.

Tuche in verſchiedenen Farben und Stärken finden Verwendung zum Beziehen von Polſtermöbeln und vorwiegend zu den Uniformen und Winterſchutzkleidern der Beamten. Alle Tuche ohne Ausnahme müſſen aus reiner, geſunder, feiner Schurwolle ohne Beimengung von fremden Faſern (Baumwolle u. a.) oder von Sterblings=, Gerber=, Kunſt= oder Scheerwolle, und in der Wolle gefärbt ſein. Die Farbe muß echt und wetterbeſtändig ſein, ſie darf alſo an der Luft ſich nicht verändern; dabei muß das Tuch gleichmäßig ausgefärbt ſein, es darf nicht wolkig oder fleckig erſcheinen. Blaue Tuche ſollen nur Indigofarbe (nicht Anilin) haben. Zum Beweiſe muß die blaue Farbe unverändert bleiben, wenn man eine Zeugprobe in verdünnte Salzſäure oder Schwefelſäure (1 : 3) legt, 2 Minuten darin beläßt und dann mit kaltem Waſſer ausſpült.

Orangefarbenes Tuch (Paſpeltuch) darf bei derſelben Probe nur den Farbenglanz etwas verlieren.

Graues Tuch wird auf Farbenechtheit unterſucht, indem man 1 Thl. Alaun in 3 Thl. kochendem Waſſer auflöſt, die Löſung auf 60⁰ erkalten läßt und in dieſe eine Probe des Tuches 5 Minuten lang legt. Nach Ausſpülen mit kaltem Waſſer und Trocknen darf die Farbe ſich nicht verändert zeigen.

Fehler, wie ungleicher Glanz, kahle Stellen, Flecke, dicke vorſtehende Fäden, Knoten, Riſſe u. a. dürfen in den Tuchen fich nicht zeigen. Wenn diese troß der Fehler brauchbar find, werden fie häufig für einen ermäßigten Preis abgenommen.

Das Gewicht der Tuche ist bedingt durch deffen Feinheit; Beschwerungsmittel dürfen auf keinen Fall vorhanden fein. Bezüglich des Gewichtes für die Flächeneinheit, der Zerreißfestigkeit, Dehnung, fowie überhaupt in allen Beziehungen müffen die Tuche mit den Proben (von jeder Sorte $\frac{1}{4}$—$\frac{1}{2}$ qm) übereinftimmen. Es empfiehlt fich, Proben von gekrumpenen und nicht gekrumpenen Tuchen anzufordern. Für graues und blaues (fog. Commistuch) und orangenes Tuch (Paspeltuch für die Paffepoils) für die Uniformen finden fich folgende Anforderungen:

Zerreißfestigkeit und Dehnung follen in Kette und Schuß gleich fein. Eine auffallend geringe Festigkeit bei vorgeschriebenem Gewichte laffen vermuthen, daß Kunst- oder Scheerwolle vorhanden ist.

Die Tuche find vollständig nadelfertig, also becatirt (gekrumpen) anzuliefern.

Weiteres f. Gewebe.

Tuchschnur, f. Kautschukschnur.

Tucheggen u. Tuchenden, werden zum Dichten der Fenster und Thüren der Eisenbahnwagen benutzt.

Breite cm	Gewicht für 1 m gr	Zerreißfestigkeit kg	Dehnung cm	Bemerkungen.
Graues Tuch ... { 125	750	56	7	Breite ohne Eggen.
117	670	—	--	Probestreifen 9 cm breit,
Blaues Tuch 125	700	56	7	doppelt gelegt, auf
Orangenes Tuch (Paspeltuch) 134	550	40	6	30 cm eingespannt.

U.

Ueberfangglas, f. Glas S. 114.

Uebermanganfaures Kali, fehr dunkelrothe Krystalle; färbt schon in geringer Menge Waffer fehr stark violett. Dient als braune Holzbeize. 200 gr 1 M.

Fig. 203.

⊔-**Eisen,** Fig. 203, ist ein gebräuchliches Façoneisen, fowohl als Trägereisen wie im Wagenbau. Die Anforderungen an

Festigkeit, äußere Beschaffenheit und fonstige Eigenschaften f. Façoneifen.
(Hierzu Tabelle Seite 282.)

Bei den Normalwagen der Pr. Staatsbahnen kommen folgende Profile zur Anwendung:

Profil 5 als Plattformträger bei Intercommunicationswagen;

Profil 10 als Stirnwandrunge bei bedeckten Güterwagen;

Profil 12 als Querträger für Personen- und Güterwagen und als Diagonalstreben in den Truckgestellen der achträderigen Plateauwagen;

Profil 14½ als Diagonalstrebe bei Personen- und Güterwagen, als Zugprofileisen bei Personenwagen mit Bremse, als Quer- und Diagonalträger bei achträderigen Plateauwagen;

Profil 18 als Kopfstück der Druckgestelle bei achträderigen Plateauwagen;

Profil 23½ als Kopfstück für Personenwagen, als Langträger für Personen- und Güterwagen;

Profil 26 als Kopfstück für bedeckte Güterwagen;

Profil 30* wie Profil 26;

Profil 30 als Kopfstück bei achträderigen Plateauwagen.

Außerdem kommt ein zwischen den Profilen 6½ und 8 liegendes Profil als Seitenwandrunge für bedeckte Güterwagen und als Stirnwandrunge auf der Bremserhausseite der offenen Güterwagen zur Anwendung.

Uhrleinen u. Glockenseile (Telegraphenschnur), für Telegraphenschreibapparate, electrische Läutewerke und Uhrwerke müssen aus bestem italienischen, gut gereinigtem Hanfe, ganz frei von Knötchen, Stengelchen, frei liegenden Fasern o. dergl. gefertigt sein, eine durchweg glatte Oberfläche, einen möglichst kreisrunden, nicht platt gedrückten, überall gleichen Querschnitt haben. Werden verschieden verlangt.

Uhrleinen:
1. { 4 Litzen zu je 4 Fäden, Durchm. 5 mm,
2. { 3 „ „ 3 „ „ 4 „

Glockenseile:
3. { 7 Litzen zu je 3 Fäden, Durchm. 5 mm,
4. { 3 „ „ 4 „ „ 6 „

Normalprofile für ⌐-Eisen.

No. des Profils	Höhe h mm	Breite b mm	Stegdicke d mm	Flantschen-dicke t mm	R mm	r mm	Querschnitt qcm	Gewicht für 1 m kg
3	30	33	5	7	7	3,5	5,42	4,2
4	40	35	5	7	7	3,5	6,20	4,8
5	50	38	5	7	7	3,5	7,12	5,6
6½	65	42	5,5	7,5	7,5	4	9,05	7,1
	75	35	8					
8	80	45	6	8	8	4	11,04	8,6
10	100	50	6	8,5	8,5	4,5	13,48	10,5
12	120	55	7	9	9	4,5	17,04	13,3
14	140	60	7	10	10	5	20,40	15,9
16	160	65	7,5	10,5	10,5	5,5	24,08	18,8
18	180	70	8	11	11	5,5	28,04	21,9
20	200	75	8,5	11,5	11,5	6	32,30	25,2
22	220	80	9	12,5	12,5	6,5	37,55	29,3
26	260	90	10	14	14	7	48,40	37,8
30	300	100	10	16	16	8	58,80	45,9

Waggon-Eisen.
Die Stegdicken d und Flantschdicken t sind bei den verschiedenen Eisenbahnen verschieden.

No. des Profils	Höhe h mm	Breite b mm	Stegdicke d mm	Flantschen-dicke t mm	R mm	r mm	Querschnitt qcm	Gewicht für 1 m kg
10½	105	65	8	8	8	4	17,52	13,7
11¾	117,5	65	10	10	10	5	22,75	17,8
14½	145	60	8	8	8	4	19,92	15,5
23½	235	90	10	12	12	6	42,70	33,3
26	260	90	10	10	10	5	42,00	32,8
30*	300	75	10	10	10	5	43,00	33,5

1000 kg von 180 M. (kleinere Abmessungen), bis 150 M. (größere Abmessungen).

In abgepaßten Längen von 5 und 7,5 m oder in Längen von 30, 40 und 50 m.

Leinen dieser Art müssen besonders fest gedreht sein und wird als Beweis dafür verlangt, daß 10 Stück zu je 40 m lang von der unter 1 aufgeführten Sorte in lufttrockenem Zustande mindestens 8 kg wiegen. Die Leinen dürfen beim Auseinanderlegen sich nicht in sich selbst verdrehen, sondern müssen sich leicht und glatt auseinander und wieder zusammenlegen lassen. Nach Muster zu liefern; werden nach Gewicht bezahlt. 1,50 M. das kg. Fälschungen u. a. s. Gespinnste u. Hanfseile.

Uhröl (**Apparatöl**), ist ein sehr feines, aus Klauenfett bereitetes **Klauenöl**. Klauenfett wird gewonnen durch Kochen von Ochsen- und Hammelfüßen. Das beim Erkalten sich bildende Oel setzt beim ruhigen Stehen ein halbflüssiges Fett ab, von welchem das ganz flüssige Oel durch Abgießen getrennt wird. Zur weiteren Reinigung und Abscheidung von minder leichtflüssigen Fetten läßt man dieses Oel unter 0° erkalten und preßt den flüssig gebliebenen Theil von den erstarrten Fetten ab.

Das Uhröl muß ganz hell und klar sein, der Luft ausgesetzt darf es nicht verharzen, bei 0° noch nicht gerinnen oder einen Bodensatz bilden. Es muß vollständig säurefrei sein, was untersucht wird, indem man es mit Messingspänen Tage lang der Luft aussetzt; ist Säure vorhanden, so nimmt das Oel eine grünliche Färbung an, herrührend von dem in der Säure aufgelösten Kupfer.

Klauenöl dient zum Einfetten und Schmieren von den feinsten Theilen bei Uhren, telegraphischen Apparaten u. a., daher auch Apparatöl genannt. Wird häufig in zwei Sorten beschafft, von denen die bessere in den Telegraphenwerkstätten und von den Telegraphenaufsehern, die minder gute von den Stationen, Bahnmeistern u. a. angewendet wird. Ein Fläschchen zu etwa 10 cbcm 65 Pf. S. Schmiermaterialien u. Fette.

Ulme, s. **Rüster.**

Ultramarin, heißt der färbende Bestandtheil in dem schönen, blauen Lasursteine, aus welchem früher der Farbstoff **Ultramarinblau** gewonnen wurde. Dieses wird jetzt künstlich hergestellt aus kieselsaurer Thonerde (Pfeifenerde, Kaolin), schwefelsaurem Natron (Glaubersalz), kohlensaurem Natron, Schwefel und Kohle, welche innig gemengt in Muffeln geglüht werden. Die gebrannte Masse liefert gemahlen, ausgewaschen und getrocknet das **Ultramaringrün**, eine wenig Werth besitzende Farbe, u. a. zum Tünchen benutzt. Ultramaringrün wird durch Rösten mit Schwefel in Ultramarinblau übergeführt, welches nochmals ausgelaugt, dann getrocknet und gesiebt wird. Außer den genannten gibt es noch violette und rothe Ultramarine.

Ultramarinblau (Wasser- und Oelfarbe, Mineralfarbe) wird verfälscht mit Schwerspath, Gyps, Thon u. a. und erhält dadurch einen helleren Farbenton. Es ist in feinstem Korne, schöner, feueriger Farbe, ohne fremde Bestandtheile und gut deckend zu liefern. Chemisch zu prüfen. Für den Farbenton ist Probe auszulegen. Praktische Prüfung auf Deckkraft, Färbevermögen, Farbenschönheit u. a. wie bei **Pariser Blau** und **Farben** angegeben. In Fässern oder Kisten zu liefern, trocken zu lagern. Probe 0,25 kg. Das kg 0,50—1,20 M., die feinste Waare bis 2,80 M.

Umbra (**Umbra-Braun**), Erdfarbe, nach den Hauptfundorten auch **türkische** oder **cyprische Umbra** genannt, ist verwitterter Brauneisenstein, aus Eisen- und Manganoxyd, Eisenoxydhydrat, Eisenoxydul, Kalk, Thon und Sand in sehr wechselnden Mengenverhältnissen bestehend. Eine leberbraune bis kastanienbraune Deck- und Lasurfarbe, Wasser- und Oelfarbe. Kommt ungebrannt und gebrannt, je nach dem Farbentone unter verschiedenen Namen, wie **Rehbraun, Kastanienbraun, Nuß**

braun (auch Mahagonibraun, s. Terra de Siena), Eichenholzbraun, Sammtbraun, Flohbraun u. a. in den Handel.

Muß frei von fremden Bestandtheilen, auf's Feinste gemahlen und geschlemmt, von schöner, feuriger Farbe sein. Für den Farbenton Probe auszulegen. Praktische Prüfung s. Farben. In Fässern zu liefern, trocken zu lagern. Probe 0,5 kg.

Unter dem Namen Kölnische Umbra oder Kasseler Braun (auch Kesselbraun, Spanischbraun u. a.) kommt eine Farbe in den Handel, die äußere Aehnlichkeit mit der echten Umbra, aber einen geringeren Werth und eine andere chemische Zusammensetzung hat. Sie besteht aus einem leicht zerreiblichen Braunkohlenmulm von dunkelbrauner Farbe, sie ist also organischen Ursprungs. Von der echten Umbra an dem geringeren spez. Gewichte und dadurch zu unterscheiden, daß sie unter Hinterlassung von Asche beim Glühen verbrennt. Kasselerbraun 20 Pf., Rehbraun 24 Pf., Mahagonibraun 30 Pf., Umbra 14—20 Pf. das kg.

Universaleisen, s. Flacheisen.

Unschlitt, ist Talg.

Unterlagsplatten für Schienen auf Holzschwellen, dienen zur Vertheilung des Schienendruckes auf eine größere Schwellenfläche, zur Sicherung der Schienenstöße, gegen Abnutzung der Schwellen u. s. w. Müssen aus einem guten, gleichmäßigen und zähen Eisen genau nach Zeichnung hergestellt sein. Vielfach wird Flußeisen verwendet. Werden in mehrfachen Längen gewalzt und warm auf einfache Länge geschnitten. Die Platten müssen rein und voll, mit glatter Oberfläche, ohne Fehlstellen, frei von Rissen, rechtwinkelig geschnitten und genau ausgerichtet, insbesondere müssen die Ansätze der Platten scharf und gerade gewalzt sein. Bezüglich der Länge wird häufig eine Abweichung von ±3 mm gegen die Zeichnung nachgesehen. Die Lochweite und die Lochtheilung müssen genau innegehalten und, wie auch die Querschnittsform, mittelst Lehren nachgemessen werden. Die Lochungen dürfen keinen Grat haben, die Auflagerflächen müssen ganz eben sein. Wenn die Löcher nicht gebohrt, sondern gestoßen sind, so wird wohl vorgeschrieben, daß die Platten nochmals wieder ausgeglüht werden müssen, und dürfen sie dann nur ganz langsam erkalten.

Bei schweißeisernen Unterlagsplatten sind die Anforderungen an Festigkeit u. s. w. wie bei Stabeisen, bei flußeisernen muß die Zerreißfestigkeit mindestens 50 kg für 1 qmm und die Dehnung mindestens 12% sein. Beim Zusammenbiegen einer Platte dürfen in der Biegestelle und an den Löchern, wenn diese mittelst eines conischen Dorns aufgetrieben werden, Einrisse sich nicht zeigen. Je nach der Länge (110—190 mm), Breite (150—190 mm) und Stärke (8—13 mm) ist das Gewicht einer Unterlagsplatte 1,25 bis 4 kg. Abweichungen bis höchstens ±3% zulässig. 110—140 M. die Tonne.

Urin, wird benutzt zur Bereitung der Schwärze. S. Formerei S. 64 u. Kohlenstaub.

B.

Bachleder (Rindbachettleder), ist lohgares Kuhleder; nicht so dicht und fest wie das aus Ochsenhäuten hergestellte Sohlleder. Zu Schuhwerk und Sattlerarbeiten verwendet. Eine ganze Haut wiegt 10 bis 12 kg. 1 kg etwa 4,50 M. S. Leder.

Valvoline-Oil, s. Mineralöl.

Verbandholz, s. Holz S. 130.

Verbandwatte, s. Watte.

Verbindungsklemmen (Klemm-schrauben, Leitungsklemmen), für elektrische Batterien (Fig. 140 S. 186), sind aus gutem, runden (auch vierkantigen), fehler-freien, harten Messing, mit zwei rechtwin-kelig zu einander gebohrten Löchern zur Aufnahme der Drähte (nach Zeichnung) zu fertigen. Die beiden Klemmschrauben an den Enden aus gezogenem Messingdrahte müssen ein tief und scharf ausgeschnittenes Gewinde haben, gut passen, also nicht schlot-tern, und am Ende halbkugelförmig abge-rundet sein. 15—30 Pf. das Stück.

Verdeckleinen, ist ein schlichtes oder auch Drell- und Atlasgewebe aus Flachs oder Hanf zum Ueberziehen der Wagen-decken. S. Segeltuch u. Gewebe.

Verpackungsgaze, s. Drahtgaze.

Verzinktes Blech, Verzinkter Eisendraht, s. Zink.

Verzinntes Eisenblech, ist Weiß-blech.

Vierkanteisen, s. Stabeisen u. Flach-eisen.

Vogelaugen-Ahorn, ist amerika-nischer Ahorn, nach seiner Maserung so ge-nannt. S. Ahorn.

Vulcan-Oil, s. Mineralöl u. Petroleum.

W.

Wachs, s. Bienenwachs.

Wachspolitur, ist eine Lösung von 1 Thl. Wachs in ½ Raumtheil Terpentinöl, werden zusammen erhitzt und fleißig um-gerührt. Dient wie Schellackpolitur zum Poliren von Holz.

Wachstuch (Wachstwill), ist ein Gewebe aus Flachs, Hanf, Jute oder Baum-wolle mit einem Ueberzuge von Leinölfirniß, dem vorher die gewünschte Farbe zugesetzt ist. Es wird in der Weise angefertigt, daß man das Gewebe gleichmäßig fest in einen Rahmen spannt und demselben zunächst zur Ausfüllung der Poren auf der einen Seite einen Grundanstrich aus einem Gemische von Kleister und Leim gibt.

Nachdem der Grund getrocknet, wird mit Bimstein abgerieben, um eine gleichmäßige Fläche zu erhalten, alsdann mit dem Streich-messer eine Schicht des zähen Oelfirnisses, dem man häufig Kreide zusetzt, gleichmäßig aufgetragen. Nach dem Trocknen wird wieder mit Bimstein geglättet und eine zweite Fir-nißlage aufgetragen, was man so oft (6 bis 7 Mal) wiederholt, bis das Wachstuch die gewünschte Stärke hat. Soll dasselbe schwarz werden, so wird der letzten Schicht Kienruß zugesetzt. Bei gemusterten Wachstuchen werden die Muster durch Druckplatten oder Walzen aufgedruckt. Zur völligen Fertig-stellung überzieht man das Wachstuch mit einem durchsichtigen und elastischen Lacke.

Es dient zum Belegen der Fußböden (Fußteppiche) und zum Bekleiden der Decken (Plafondsdecken) und Wände (Wachstuchtapeten) in den Coupés der I. und II. Classe-Wagen, ferner zum Be-ziehen von Möbeln.

Zu Teppichen wird ein dickeres und festeres Gewebe aus Hanf oder Jute ge-wählt, dem man einen starken Ueberzug gibt und dessen Rückseite häufig einen Oel-farbenanstrich bekommt. Zu Plafondsdecken und Tapeten wird ein feineres Gewebe von Baumwolle (Barchent, Wachsbarchent) ge-nommen und gibt man diesem, damit es eine größere Weichheit und Geschmeidigkeit erhält, an Stelle des Gemisches von Kleister und Leim einen Grundanstrich von Lein-samenschleim.

Wachstuch ist nach ausgelegten Mustern und in vorgeschriebenen Abmessungen zu liefern. Die einzelnen Stücke müssen in Farbenton und Muster ganz gleichartig und so abgepaßt sein, daß die Stücke aneinandergesetzt werden können (wie Tapeten), ohne daß ein Verschneiden nöthig ist.

Die Festigkeit wird wie bei anderen Geweben geprüft. Wachstuch muß so geschmeidig sein, daß es bei Zimmerwärme beim Umbiegen nicht einbricht, der Ueberzug völlig trocken.

Beim Aufeinanderpressen von zwei Stücken mit der überzogenen Seite dürfen dieselben nicht festkleben und der Ueberzug darf dadurch sich nicht verändern oder sogar leiden. Dieser muß dauerhaft sein und auch nach längerem Lagern Farbe und Glanz behalten, darf also nicht beschlagen oder blind werden.

Wachstuch wird auf Stöcke gerollt und in Kisten verpackt angeliefert. Die Rollen sind in trockenen, kühlen Räumen und zwar stehend zu lagern, weil bei liegenden Rollen die Ueberzüge in Folge des Druckes leiden. Vor starker Kälte zu schützen, weil diese die Ueberzüge brüchig macht.

Zur Bekleidung der Decke eines Coupés I. Classe sind 2,5 m in einer Breite von 2 m erforderlich; 1 m etwa 2,50 M. Für die Wandbekleidung eines Coupés II. Classe gehören 5,5 m in einer Breite von 1800 mm, 1 m etwa 2,20 M. Zum Beziehen des Fußbodens eines Coupés I. oder II. Classe sind 2,5 m in einer Breite von 1,25 m erforderlich. 1 m etwa 2,10 M.

Wärmeschutzmasse (Isolirmittel), besteht aus einem oder mehreren, die Wärme schlecht leitenden Körpern, z. B. Kieselguhr (Infusorienerde), Kork, Asbest, Seideabfällen, Sägespänen, Papierabfällen u. a. und einem oder mehreren Bindemitteln, z. B. Leinöl, Kuhhaaren, Thon, Rübenmelasse, Stärkekleister, Syrup u. a. Die Wärmeschutzmasse dient zum Umhüllen von frei liegenden Dampfkesseltheilen, Dampf-, Heißwasser-, Heißwindleitungen u. f. w., um die Ausstrahlung von Wärme, und von Kaltwasserleitungen, um das Einfrieren zu verhindern.

Die Eigenschaften, welche eine Wärmeschutzmasse, außer dem geringen Wärmeleitungsvermögen, haben muß, sind folgende: sie muß dauerhaft (wetterfest) sein; darf mit dem Materiale der Leitung keine chemische Verbindung eingehen, dasselbe nicht angreifen, Eisen muß rostfrei bleiben; Undichtheiten in der Leitung müssen sich bemerkbar machen; die Umhüllung soll in einfacher Weise angebracht und (wenn erforderlich) entfernt, sowie erneuert werden können; dabei muß die Masse überall, auch an senkrechten, geneigten und Erschütterungen ausgesetzten Flächen festhaften, endlich darf die Wärmeschutzmasse nicht so schwer sein, daß freiliegende Leitungen u. a. ihretwegen einer besonderen Unterstützung bedürfen.

Zur Zeit scheinen die vorwiegend aus Kieselguhr und geeigneten Verbindungsmaterialien bestehenden Schutzmassen diesen Anforderungen am meisten zu entsprechen. Dieselben werden in breiartigem Zustande etwa 15 mm stark aufgetragen. 1 qm Fläche erfordert etwa 20 kg der Masse, welche nach dem Austrocknen etwa 6 kg wiegt. 10 M. für 100 kg.

Nach Schieffer kommt die Selbstherstellung billiger, da die Nebenmaterialien überall zu haben sind; derselbe gibt für die Bereitung folgende Vorschrift:

80 kg Kieselguhr und 10 kg fein geschlemmter Graphit werden mit 100 Liter Wasser gemengt und eingeweicht; dem Brei wird eine Mischung aus 50 kg sandfreiem Thon und 50 kg Wasser zugesetzt. Hierzu kommen 15 kg auseinandergerupfte Haare (oder ein anderer Faserstoff), 7 kg Leinöl, 5 kg Rübenmelasse oder, wo diese nicht zu haben ist, 2 kg Tischlerleim. Das Ganze wird in einem Troge zu einem leicht knetbaren Teig durchgearbeitet. Von diesem werden dünne Schichten aufgetragen, wobei zu beachten ist, daß vor Auflegen einer frischen Schicht die untere völlig trocken sein muß. Um diese Masse billiger zu machen, können

Waggon-Eisen.

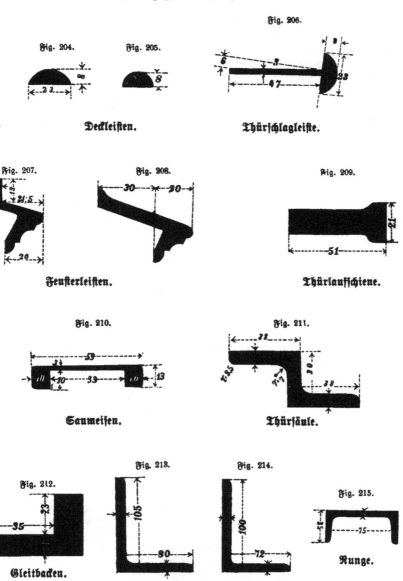

Fig. 206.

Fig. 204. Fig. 205.

Deckleisten. **Thürschlagleiste.**

Fig. 207. Fig. 208. Fig. 209.

Fensterleisten. **Thürlaufschiene.**

Fig. 210. Fig. 211.

Saumeisen. **Thürsäule.**

Fig. 213. Fig. 214.

Fig. 212. Fig. 215.

Gleitbacken. **Runge.**

Anschlußwinkel. **Eckrunge.**

noch Sägespäne (40—50 kg) von weichem Holze beigemengt werden.

Nach einer anderen Vorschrift arbeitet man breiartig zusammen: 300 Thl. kochen= des Wasser, 1 Thl. Stärkekleister, 1 Thl. gesiebtes Roggenmehl, 1 Thl. Kuhhaare, 1 Thl. Syrup und 80—100 Thl. Kieselguhr.

Unter dem Namen Korkstein oder Korkformstücke kommt eine Wärmeschutz= masse in den Handel, welche aus fein zerklei= nerten Korkabfällen, Luftkalk und Thon be= steht. Die Bestandtheile werden innig zu einem Brei gemengt und durch Pressen in die gewünschte Form (z. B. von Ziegeln) gebracht und bei 120°—150° getrocknet. In der Form von halben Cylindern findet diese Masse bei Dampfleitungen Anwendung und werden zu diesem Zwecke an Stelle von Kalk und Thon Kartoffel= und Stärkekleister benutzt.

Waggon=Eisen, nennt man die= jenigen Façoneisen, welche bei dem Bau der Eisenbahnwagen Verwendung finden. Bei den L=, T=, I=, ⌐= und Z=Eisen sind schon eine Anzahl aufgeführt. Die Fig. 204 bis 215 zeigen die Querschnitte von noch anderen Waggon=Eisen und zwar: (S. 287.)

Fig. 204 u. 205 Deckleisten f. Pers.=Wagen
Fig. 206 Thürschlagleiste „ „ „
Fig. 207 obere Fensterleiste „ „ „
Fig. 208 untere Fensterleiste „ „ „
Fig. 209 Thürlaufschiene f. bed. Güter= Wagen,
Fig. 210 Saumeisen f. off. Güt.=Wagen,
Fig. 211 Thürsäule f. bed. „ „
Fig. 212 Gleitbacken f. Pers.= u. Güter= Wagen,
Fig. 213 Aeußerer Anschlußwinkel von Kopfstück u. Querträger f. Pers.= u. Güterwagen,
Fig. 214 Eckrunge f. bed. u. off. Güter= Wagen,
Fig. 215 { Seitenrunge f. bed. Güter= Wagen,
Stirnrunge auf d. Bremserhaus= seite d. off. Güterwagen.

Für die Prüfung und Abnahme gilt das bei den Façoneisen Gesagte.

Waldwolle, ist ein aus frischen Kie= fernnadeln durch Kochen und maschinelle Behandlung hergestelltes Polstermaterial, welches den Roßhaaren beigemengt wird. Man rühmt derselben nach, daß sie keine Feuchtigkeit, Ansteckungsstoffe und Ungeziefer aufnimmt, dabei lange elastisch bleibt und dauerhaft ist bei verhältnißmäßig niedrigem Preise. Probe einzureichen. 100 kg 60 M.

Walzscheibenrad, s. Flußeisen=Schei= benrad.

Waschkohle, s. Steinkohle S. 264.

Waschleder, ist sämischgares Leder aus Hirsch=, Reh=, Gemsen=, Schaf= oder Ziegenhaut. Muß weich, ohne Narbe, Schnitte und Etterlinge sein, die vorge= schriebene Größe (passend 50 × 50 cm) haben. Dient zum Putzen, daher auch der Name Putz= leder. Das Stück 1—1,25 M. S. Leder.

Wasser, s. Kesselspeisewasser.

Wasserglas, ist kieselsaures Natron (Natriumwasserglas) oder kieselsaures Kali (Kaliumwasserglas) oder auch ein Gemenge von beiden (Doppelwasserglas). Wird bereitet durch Schmelzen von 100 Thl. Kieselsäure (Quarzsand, Feuersteinpulver, Kieselguhr u. dergl.) mit etwa 70 Thl. Soda oder Pottasche unter Zusatz von 2—6 Thl. Holzkohlenpulver. Unterscheidet sich von dem gewöhnlichen Glase durch seine Löslichkeit in Wasser. Kommt in Stücken oder Pulver oder gelöst in Wasser in den Handel. Wird zum Tränken von Geweben, als Anstrichmasse für Holz (zum Schutze gegen Feuersgefahr), Steine und Mörtelwände, ferner zu Kitten benutzt. In Verbindung mit Kreide, Knochenerde u. a. bildet es eine sehr harte Masse, so daß es auch zu künstlichen Steinen und Zement Verwendung findet. Das im Handel vor= kommende präparirte Wasserglas ist eine 33 oder 66 grädige Lösung mit 33% bezw. 66% Wasserglas in Wasser.

Natronwasserglas in Stücken 28 M. für 100 kg, Kaliumwasserglas 68 M.; die 33 grädige Lösung von ersterem 15 M., von letzterem 26 M. für 100 kg.

Wasserstandsgläser, müssen durchweg innen und außen genau rund und cylinderisch sein, an jeder Stelle die gleiche Wandstärke haben; das Material muß ein reines, gut gekühltes Krystallglas, frei von Blasen, Schlackenresten, Rissen u. s. w., die Gläser müssen an den Enden sauber und senkrecht zur Längsachse abgeschnitten und verschmolzen sein. Vor dem Gebrauche kann man das Wasserstandsglas zur besseren Haltbarkeit in kochendem Oele erhitzen und mit dem Bade erkalten lassen. Wasserstandsgläser werden zweckmäßig in kleineren Mengen freihändig beschafft, um zu jeder Zeit, wenn zu viele Gläser springen sollten, eine bessere Lieferungsquelle aufsuchen zu können. 1,50—2 M. das kg.

Waterproof-Firniß, besteht aus Leinölfirniß, Kautschuk oder Guttapercha und je nach der Güte einem theueren oder billigerem Harze (Kopal, Damara, Kolophonium), gelöst in Terpentinöl, Benzin oder Theerölen. Ein Zusatz von Kopalharz soll dem Waterproof-Firniß eine besonders gute Haltbarkeit geben. Er wird benutzt zum Ueberziehen von festen und losen Wagendecken um dieselben wasserdicht zu machen, auch zum Anstrich von Güterwagen. Derselbe muß sich leicht und gleichmäßig auftragen lassen, gut trocknen, elastisch sein, darf weder spröde noch rissig werden und muß dauernd wasserdichte Ueberzüge geben.

Waterproof-Firniß ist äußerst feuergefährlich! Anlieferung, Lagerung, Sicherheitsmaßregeln bei der Verausgabung u. s. w. wie bei Schleiflack!

Probe 0,5 kg.

Einen ganz brauchbaren Waterproof-Firniß kann man in der Werkstätte auf folgende Weise herstellen:

Kautschukabfälle ohne Hanf- oder sonstige Einlage (u. a. unbrauchbare Pufferringe) werden behufs Reinigung in kochendem Wasser gespült, mit Bürsten weiter gereinigt, dann in Stücke zerschnitten. Von diesen bringt man 50 Thl. mit 50 Thl. Kienöl zusammen und läßt sie darin einige Tage lang aufweichen, worauf die Masse (100 Thl.) mit 40 weiteren Theilen Kienöl in einem geschlossenen Kessel bei einer Wärme von etwa 120° 40—48 Stunden lang gekocht wird, wodurch der Kautschuk sich auflöst. Man läßt die Lösung sich abklären, schöpft sie von dem Bodensatze ab und bringt sie zur weiteren Klärung in ein anderes Gefäß.

Der zu dem Waterproof-Firniß zu benutzende Leinölfirniß wird in der gewöhnlichen Weise mit Manganborat oder Silberglätte oder einem Gemisch von beiden gekocht; man steigert die Hitze auf 280—300°, damit der Firniß recht dickflüssig und zähe wird. Man läßt diesen auf 150° sich abkühlen und setzt dann auf 100 Thl. 15 bis 20 Thl. von der kalten Kautschuklösung zu, wobei mit einem Rührwerk kräftig umgerührt wird. Die Mischung wird in Klärungsbehälter gepumpt, in welchen sie in 6—8 Wochen sich abklärt.

Watte, ist eine dickere oder dünnere Schicht von gereinigter, weißer und gekratzter Baumwolle, an beiden Seiten dünn mit Leim oder Gummi bestrichen, um der Baumwolle Zusammenhang zu geben. Wird zur Unterfütterung des Ausschlags in den Coupés benutzt. Tafeln von etwa 1 qm 40—60 Pf.

12 Tafeln Watte befinden sich in dem Rettungskasten der Pr. Staatsbahnen; finden Verwendung bei der Behandlung von Knochenbrüchen.

In besonders gereinigtem und entfetteten Zustande, getränkt mit blutstillenden oder desinficirenden Substanzen (Karbolsäure, Salicylsäure, Eisenchlorid) bildet Watte die Verbandwatte und ist als solche ein

Bestandtheil der Rettungskasten der Pr. Staatsbahnen. **S. Salicylwatte.**

Weichenbleche, f. **Eisenblech S. 56.**

Weichenfroschschrauben u. **Weichenwurzelschrauben,** es gelten sowohl hinsichtlich des Materiales wie der Bearbeitung dieselben Vorschriften und Anforderungen wie bei Laschenschrauben. Gewicht (etwa) der ersteren 0,30 kg, der zweiten 0,75 kg.

Weichenschwellen, eiserne, sind von Flußeisen oder Schweißeisen. Bezüglich Material, Herstellung, Abnahme u. s. w. gilt das bei Querschwellen Gesagte.

Weichenschwellen, hölzerne, f. **Schwellen.**

Weichgummi, f. **Kautschuk.**

Weide, Laubholz, in sehr vielen Arten als Strauch und Baum in ganz Europa heimisch. Dient als lebendes Holz zum Schutze der Ufer und Eisenbahnböschungen. Das Holz ist leicht, spez. Gew. 0,32—0,63, weich, leicht spaltbar, geglättet seidenartig glänzend; von geringer Dauer, dem Wurmfraße sehr stark ausgesetzt. Wird u. a. verwendet zu Sieben, Stielen für Schaufeln und Besen, zu Handwerkszeugen; die jungen Triebe zu Faßdauben und Geflechten, wie Fußabtreter, Läufer, Kohlenkörbe, Korbscheiben, Signalballons. **S. Holz und Brennholz.**

Weidenkörbe, f. **Körbe.**

Weingeist, f. **Alkohol.**

Weißblech, ist verzinntes Eisenblech. Vor dem Verzinnen werden die Bleche mit verdünnter Schwefelsäure oder Salzsäure abgebeizt, dann in Wasser abgespült und nach dem Trocknen in luftdicht geschlossenen Flammöfen 12—24 Stunden der Rothglühhitze ausgesetzt, worauf man sie in kaltem Zustande unter polirten Walzen glättet und blank macht. Nach nochmaligem gelinden Glühen werden sie in Kleienbeize und nochmals in verdünnter Schwefelsäure gebeizt, schließlich mit Werg und feinem Sande gescheuert. Nach dieser Behandlung

kommen die Bleche der Reihe nach in sechs verschiedene Töpfe und zwar:

a. In den Vortopf, gefüllt mit geschmolzenem Talg, um die Feuchtigkeit von den Blechen zu entfernen.

b. In den Zinntopf, gefüllt mit geschmolzenem Zinn, welcher mit einer Talgschicht bedeckt ist, um die Luft abzuhalten, 1½—2 Stunden lang.

c. In den Waschtopf, gefüllt mit ganz reinem, weniger heißem Zinn.

Nachdem die Bleche hierauf mit fettigem Werg abgerieben, bringt man sie zum zweiten Male in den Waschtopf, um die beim Abwischen etwa entstandenen Streifen zu entfernen.

d. In den Fetttopf, gefüllt mit bis zur Schmelzwärme des Zinns erhitztem Palmöl oder einem Gemisch von diesem und Talg, in welchem das Zinn nochmals schmelzt, sich gleichmäßig ausbreitet und eine blanke Oberfläche bekommt.

e. In den Kalttopf, in welchem die Bleche sich abkühlen; sie werden senkrecht aufgestellt, so daß das Fett ablaufen kann, wobei etwas flüssiges Zinn nachfließt, welches am unteren Rande einen Wulst (Tropfkante) bildet.

f. In den Saumtopf, welcher einige Millimeter hoch mit flüssigem Talg oder Zinn gefüllt ist, in welches die Bleche eingetaucht werden; dabei schmelzt der Wulst und wird durch Klopfen auf den oberen Rand des Bleches abgeschleudert, so daß nur ein schmaler Streifen (Saum) zurückbleibt.

Nach dem Verzinnen werden die Bleche mit Kleie abgerieben und mit Flanell abgewischt.

Die Zinnschicht beträgt an Gewicht 3—5% des fertigen Bleches. Die Weißbleche haben eine Stärke von 0,15—1,20 mm und kommen in Kisten in folgenden Stärken, Tafelgrößen und Gewichten (ohne Kiste) zur Anlieferung.

Anzahl der Sorten.	Stärke mm	Größe (ungefähr) mm	Anzahl der Tafeln.	Gewicht (ungefähr) kg	Gewicht einer Tafel kg	Bezeichnung.
13	0,15—0,61	265 × 380	225	29—112	0,129—0,5	} Kreuzblech.
9	0,17—0,61	380 × 580	112	51—112	0,455—1	} Kreuzblech.
9	0,27—0,61	265 × 760	112	51—112	0,455—1	}
7	0,32—0,61	530 × 760	56	58—112	1,036—2	Doppel-Pontonblech.
10	0,42—1,20	325 × 435	100	47—131	0,47—1,31	} Ponton-Blech.
10	0,42—1,20	435 × 650	50	47—131	0,94—2,62	} Ponton-Blech.

Weißblech muß die Eigenschaften eines guten Eisenbleches haben, gleichmäßig stark verzinnt und ohne starken oder breiten Saum sein. Bei der Eisenbahn kommen Weißbleche hauptsächlich in folgenden Stärken zu Laternen und Gefäßen aller Art zur Verwendung

Größe mm	Dicke mm	Anzahl der Tafeln.	Handelsbezeichnung.	Preis für die Kiste . M.
265 × 380	0,37	225	J x	31
325 × 435	0,58	100	SSS	32
530 × 760	0,51	56	DJ⁴/xDB	39

Eisenbleche, welche mit einer Legirung von 85% Blei und 15% Zinn (oder 75% und 25%) überzogen sind, stellen sich billiger im Preise, sind aber auch von geringerem Werthe, sie werden Tern=Bleche und wegen ihres geringen Glanzes auch Mattbleche genannt.

Weißbuche, s. Buche.

Weißdorn (Hagedorn), ist eine in ganz Europa heimische Strauchart, hat weißes, hartes, äußerst zähes, festes, schwer spaltbares Holz. Spez. Gew. 0,73—0,88. Wird zu kleinen Maschinentheilen und Werkzeugen, zu Hammer= und Beilstielen u. a. benutzt. Sehr politurfähig. Probe anfordern.

Weiße Farben, s. Bleiweiß, Galmeiweiß, Kalk, Kreide, Lithophonweiß, Schwerspath, Zinkweiß.

Weißleder, ist alaungares leichtes Schaf= oder Ziegenleder. S. Leder S. 174.

Weißmessing, ist Messing mit hohem (bis 80%) Zinkgehalt, weißgelbe Farbe.

Weißmetall (Weißguß, Composition), nennt man eine Anzahl von Legirungen, deren Bestandtheile vorwiegend Zinn, Antimon und Kupfer sind. An Stelle des letzteren tritt auch Blei oder Zink, außerdem haben viele Weißmetalle neben Kupfer noch Zink oder Blei oder beide Metalle gleichzeitig. Die Mischungsverhältnisse dieser Legirungen sind sehr verschieden, doch ist das leichtschmelzbare Zinn (seltener Zink) in denselben vorherrschend und sind die Weißmetalle deshalb im Allgemeinen leichtschmelzbar. Sie werden zu Lagerschalen verwendet, welche unmittelbar um den Schenkel (Zapfen) gegossen werden können und ein weiteres Ausdrehen nicht bedürfen, was von Wichtigkeit ist, wenn eine Drehbank nicht zur Stelle ist. Ferner wird Weißmetall als Einlage für Achslager, Zapfenlager, Excenterringe, Stopfbüchsen u. a. verwendet.

Bei der Herstellung wird dem geschmolzenen Kupfer das Antimon und diesen beiden etwa $\frac{1}{8}$—$\frac{2}{5}$ des Zinnes zugesetzt. Aus der so erhaltenen Legirung werden dünne Stäbe gegossen, diese zerschlagen und wieder eingeschmolzen, worauf man den Rest ($\frac{2}{3}$ bis $\frac{3}{5}$) an Zinn zusetzt.

Folgende Uebersicht gibt die Zusammensetzung und Verwendung von einigen Weißmetallen.

19*

Weißmetalle.

Verwendung für:	Kupfer	Zink	Zinn	Blei	Antimon
Achs-, Kuppel- und Pleuelstangenlager, Excenterringe	9,5	—	59	—	13
	5	—	+ 88,5 / 30	—	10
Stopfbüchsen	—	—	+ 45 / 14	76	10
	—	—	45	45	10
Broncefchieber	11,7	—	72,3	—	16
*Wagenachslager	—	—	10	70	20
*Locomotivachslager	5	—	30	—	10
*Antifrictionsmetall	5	85	+ 45 / —	—	10
Antimonblei	—	—	—	80	20

Weißmetalle, welche wenig oder kein Kupfer, sondern vorwiegend Zinn, Zink oder Blei und daneben Antimon enthalten, wie die mit * bezeichneten, werden auch Antifrictionsmetall genannt. Eine Legirung aus etwa 80% Blei und 20% Antimon, sog. Antimonblei, findet ebenfalls zu Wagenachslagern Verwendung. Preise nach den Bestandtheilen und den Mischungsverhältnissen.

Wellbleche, s. Eisenbleche S. 58.

Werg, s. Flachs u. Heede.

Werkzeugstahl, ist Tiegelgußstahl. Je nach dem Werkzeuge, welches aus demselben gefertigt werden soll, gibt man dem Stahle einen anderen Kohlengehalt, welcher ja die Härte, Härtbarkeit, Schmiedbarkeit, Schweißbarkeit . u. a. bedingt. Der Gehalt an Kohlenstoff liegt beim Werkzeugstahl im Allgemeinen zwischen 0,5 und 1,3%. Bei diesem letzteren größten Gehalte an Kohlenstoff hört im Allgemeinen die Dehnbarkeit und Schmiedbarkeit des Gußstahles auf. Der Kohlenstoffgehalt ist bei dem Stahl für verschiedene Werkzeuge etwa:

für Döpper und Schellhämmer: 0,6 bis 0,8%,

für Kalt- u. Schrotmeißel (für Schmiede): 0,8—0,9%,

für Handmeißel und Stemmer (für Schlosser): 1%,

für Fräser, Reibahle, Gewindebohrer: 1,1—1,2%,

für Dreh- und Hobelstahle, Lochbohrer: 1,2—1,3%.

Die Gußblöcke für Werkzeugstahl werden in Gewichten von 30—200 kg mit einem Querschnitte von 100—240 qcm gegossen und unter Hämmern ausgeschmiedet, deren Gewicht mindestens das 8fache des Stahlblockes ist. Das Schmieden der Blöcke wird für besser als das Strecken unter Walzen gehalten; sie werden zu Stangen ausgereckt, und zwar für:

Dreh- und Hobelstahle: quadratisch, mit 10—50 mm Seite,

Bohrer, Reibahle, Fräser: rund, mit 3—50 mm Durchmesser,

Döpper: rund und achtkantig, mit 30 bis 50 mm Durchmesser,

Handmeißel und Stemmer: flach mit abgerundeten Seitenflächen, 13—15 mm dick, 26—35 mm breit,

Kalt- und Schrotmeißel: quadratisch mit gebrochenen Kanten, 30—55 mm Seite.

Besondere Sorten Drehstähle haben auch einen quadratischen Querschnitt von 30 bis 45 mm Seite mit zwei gegenüberliegenden gebrochenen Kanten.

Bei der Bestellung von Werkzeugstahl ist die Querschnittsform und der Zweck dem Lieferanten anzugeben und dieser hat auf Verlangen Vorschriften über die Erwärmung und Härtung einer jeden Stahlsorte mitzutheilen.

Bei der Verarbeitung des Tiegelstahles zu Werkzeugen ist mit größter Sorgfalt zu verfahren. Die Erwärmung darf nicht zu rasch und muß möglichst geschützt vor dem Zutritte frischer Luft erfolgen, damit sie innen und außen gleichmäßig eintritt und damit der Kohlenstoff des Stahles und der Stahl selbst nicht Gelegenheit finden, Sauerstoff aus der Luft aufzunehmen, wodurch das „Verbrennen" des Stahles herbeigeführt wird. Der Arbeitsraum des Schmiedes muß deshalb vor Zugluft geschützt sein, und wird sogar empfohlen, denselben dunkel zu halten. Das Gebläse darf, während der Stahl im Feuer ist, nicht scharf blasen und die Düsen müssen tief liegen, damit nicht unverbrannte Gebläseluft den Stahl trifft. Dieser soll nicht in einer Wärme übergeschmiedet werden, welche unter dunkelkirschroth geht, weil andernfalls der Stahl leidet, was insbesondere, wie überhaupt die Folgen aller nachtheiligen Einflüsse, beim Härten hervortritt.

Die Härtung soll, abgesehen von besonderen Fällen, aus dunkelkirschroth in nicht ganz kaltem frischem Brunnenwasser erfolgen. Bei Werkzeugen, welche starke Schläge und Erschütterungen auszuhalten haben, folgt die Anlauffarbe auf „Blau", bei anderen kann sie theils ganz fehlen oder nur zu „Gelb" gehen, wie bei Dreh- und Hobelstählen, Feilen u. a.

Die bei der Ablöschung zu erzielende Härte hängt wesentlich von der Höhe des Kohlenstoffgehaltes ab, und eben dieserhalb werden die verschiedenen Stahlsorten unter Berücksichtigung des besonderen Verwendungszweckes verschieden hoch gekohlt.

Englische Firmen führen häufig nur zwei Sorten Stahl: mehr oder minder hart.

Um die angelieferten Werkzeugstahle nicht zu verwechseln, empfiehlt es sich, die Stäbe an dem einen Ende mit einem dauerhaft befestigten, für jede Sorte anders gefärbten Papierstreifen mit aufgedrucktem Verwendungszwecke versehen zu lassen, welcher Streifen außerdem die Firma des Lieferanten, etwa besondere Vorschriften für die Härtung u. a. angibt.

Die Bruchfläche aller Werkzeugstahle muß ein gleichmäßiges Korn zeigen, welches bei weichem Stahle gröber als bei härterem ist. Der Stahl soll ohne Blasen sein und Glashärte annehmen, ohne Risse zu bekommen oder Formveränderungen zu zeigen.

Probe: von jeder Sorte ein Stab von 300 mm Länge in mittlerer Stärke. 100 kg 70—90 M. Sogenannter Spezialstahl (s. Tiegelgußstahl) 100 kg bis 150 M.

Wickeldraht, ist bis 2 mm starker, geglühter und deshalb weicher Eisendraht. Muß sich fünfmal stark zusammen- und wieder aufdrehen lassen, ohne zu brechen. U. a. bei Telegraphenleitungen zum Verbinden der einzelnen Drahtadern benutzt. S. Telegraphendraht S. 269.

Wickelräder, s. Schmiedeeisen-Scheibenräder

Wiener Kalk (Polirkalk), ist sehr reiner, insbesondere sandfreier gebrannter Kalkstein (gebrannter Kalk), ein sehr gebräuchliches Polirmittel. In harten, beim Aneinanderschlagen klingenden Stücken ohne kleine Brocken und Pulver zu liefern. Verwittert an der Luft und wird dadurch unbrauchbar, deshalb in gut schließenden Gefäßen und in trockenen Räumen aufzubewahren. Er ist immer nur in solchen Mengen zu verausgaben, welche für den augenblicklichen Gebrauch ausreichen. 100 kg 35—50 M. S. Polirmittel.

Winkeleisen (Eckeisen), ist ein bei Bauwerken und im Wagenbau sehr gebräuchliches Façoneisen, gleichschenkelig (Fig. 216) oder ungleichschenkelig (Fig. 217). Die Anforderungen an Festigkeit und sonstige Eigenschaften s. Façoneisen.

Die beiden folgenden Zusammenstellungen geben die vereinbarten deutschen Normalprofile.

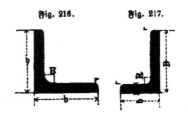

Fig. 216. Fig. 217.

Gleichschenkeliges Winkeleisen.

No. des Profils	Schenkellänge b	Schenkeldicke d	Rundung R	Abrundung r	Querschnitt	Gew. für 1 m
	mm	mm	mm	mm	qcm	kg
1½	15	3	3,5	2	0,81	0,63
		4			1,04	0,81
2	20	3	3,5	2	1,11	0,87
		4			1,44	1,12
2½	25	3	3,5	2	1,41	1,10
		4			1,84	1,44
3	30	4	5	2,5	2,24	1,75
		6			3,24	2,58
3½	35	4	5	2,5	2,64	2,06
		5				
		6			3,84	3,00
4	40	4	6	3	3,04	2,37
		5				
		6			4,44	3,46
		8			5,76	4,49
4½	45	5	7	3,5	4,25	3,32
		7			5,81	4,53
		9			7,29	5,69
5	50	5	7	3,5	4,75	3,7
		6				
		7			6,51	5,1
		9			8,19	6,4
		10				
5½	55	6	8	4	6,24	4,9
		8			8,16	6,4
		10			10,00	7,8
6	60	6	8	4	6,84	5,3
		8			8,96	7,0
		10			11,00	8,6
6½	65	7	9	4,5	8,61	6,7
		9			10,89	8,5
		10				
		11			13,09	10,2

No. des Profils	Schenkellänge b	Schenkeldicke d	Rundung R	Abrundung r	Querschnitt	Gew. für 1 m
	mm	mm	mm	mm	qcm	kg
7	70	7	9	4,5	9,31	7,3
		9			11,79	9,2
		11			14,19	11,1
7½	75	8	10	5	11,36	8,9
		10			14,00	10,9
		12			16,56	12,9
8	80	8	10	5	12,16	9,5
		10			15,00	11,7
		12			17,76	13,9
9	90	9	11	5,5	15,39	12,0
		11			18,59	14,5
		13			21,71	16,9
10	100	10	12	6	19,00	14,8
		12			22,56	17,6
		14			26,04	20,3
11	110	10	12	6	21,00	16,4
		12			24,96	19,5
		14			28,84	22,5
12	120	11	13	6,5	25,19	19,7
		13			29,51	23,0
		15			33,75	26,3
13	130	12	14	7	29,76	23,2
		14			34,44	26,9
		16			39,04	30,5
14	140	13	15	7,5	34,71	27,1
		15			39,75	31,0
		17			44,71	34,9
15	150	14	16	8	40,04	31,2
		16			45,44	35,4
		18			50,76	39,6
16	160	15	17	8,5	45,75	35,7
		17			51,51	40,2
		19			57,19	44,6

1000 kg 120—170 M.

Davon werden im Wagenbau als Waggoneisen benutzt:

Profil 2½, als Saumeisen der Bremserhausthür.

Profil 3½, als Eckwinkel an Personenwagenkasten.

Profil 4, als Eckwinkel der Bremserhäuser und Rahmenwinkel der Thüren bei offenen Güterwagen.

Profil 5 (6 mm), als senkrechter Anschlußwinkel des Bremserhauses bei Personenwagen und als Abschluß= und Saumwinkel der beweglichen Stirnwandthür bei offenen Güterwagen.

Profil 5 (10 mm), als oberer und senkrechter Winkel der beweglichen Stirnwandthüren bei offenen Güterwagen.

Profil 6, als Saumeisen zum Bodenbelag der 8 räderigen Plateauwagen.

Profil 6½, als Zugwinkel und Anschlußwinkel der Querträger und Achsgabeln und als Kastenrahmenwinkel bei offenen Güterwagen.

Profil 6½, als waagerechter Anschlußwinkel des Bremserhauses bei Personen- und bedeckten Güterwagen; als unterer Kastenrahmen= und Anschlußwinkel von Wagenkasten am Untergestell bei bedeckten Güterwagen.

Profil 7½, als Eck= und Anschlußwinkeleisen bei 8 räderigen Plateauwagen.

Profil 8, als Winkel zum Zugapparat, sowie als Eckrunge bei offenen Güterwagen.

Profil 9, als Thürsäule bei bedeckten Güterwagen.

Von den ungleichschenkeligen Winkeleisen werden im Wagenbau verwendet:

Profil 4/6, als Saumeisen für den Bodenbelag bei 8 räderigen Plateauwagen.

Profil 6½/10 (9 mm), als Saumeisen bei Truckgestellrahmen und beim unteren Theil der Kopfschwellen bei 8 räderigen Plateauwagen.

Ungleichschenkelige Winkeleisen.

No. des Profils	Schenkellänge b	B	Schenkeldicke d	Rundung R	Abrundung r	Querschnitt	Gewicht für 1 m
	mm	mm	mm	mm	mm	qcm	kg
2/8	20	30	3 / 4	3,5	2	1,41 / 1,84	1,10 / 1,44
2/4	20	40	3 / 4	3,5	2	1,71 / 2,24	1,33 / 1,75
3/4½	30	45	4 / 5	4,5	2	2,84 / 3,50	2,22 / 2,73
3/6	30	60	5 / 7	6	3	4,25 / 5,81	3,32 / 4,53
4/6	40	60	5 / 7	6	3	4,75 / 6,51	3,71 / 5,08
4/8	40	80	6 / 8	7	3,5	6,84 / 8,96	5,34 / 7,00
5/7½	50	75	7 / 9	8	4	8,26 / 10,44	6,4 / 8,1
5/10	50	100	8 / 10	9	4,5	11,36 / 14,00	8,9 / 10,9
6½/10	65	100	9 / 8 / 11	10	5	14,04 / 16,94	11,0 / 13,2
6½/13	65 / 72	130 / 100	10 / 12 / 8	11	5,5	18,50 / 21,96	14,4 / 17,1
8/12	80 / 80	120 / 105	10 / 12 / 10	11	5,5	19,00 / 22,56	14,8 / 17,6
8/16	80	160	12 / 14	13	6,5	27,36 / 21,64	21,3 / 24,7
10/15	100	150	12 / 14	13	6,5	28,56 / 33,04	22,3 / 25,8
10/20	100	200	14 / 16	15	7,5	40,04 / 45,44	31,2 / 35,4

1000 kg 130—180 M.

Profil 6½/10 (8 mm), als oberer Kastenrahmenwinkel bei bedeckten Güterwagen.

Profil 8½, als Winkel zur Aufhängung der Tragfedern bei 8 räderigen Plateauwagen.

Außerdem finden Verwendung Winkeleisen mit den Schenkellängen und Schenkeldicken 72, 100, 8 mm als Eckrungen für

Güterwagen und mit den Maßen 80, 105, 110 mm als äußere Anschlußwinkel für Kopfstück und Querträger bei Personen- und Güterwagen.

Winkellaschen, s. Laschen.

Wismut, Metall, kommt gebogen in Wismuterzen vor; wird durch Ausschmelzen aus diesen gewonnen. Ist röthlichweiß, stark glänzend, hart, spröde, pulverisirbar. Spez. Gewicht 7,8, Schmelzpunkt 265⁰. Wird benutzt zu Legirungen, macht im Allgemeinen andere Metalle leichtflüssiger. Das kg 20 M.

Wismutlothe, sind leichtflüssige Lothe aus Zinn, Blei und Wismut zum Löthen von Zinn- und Bleilegirungen. S. Lothe.

Woll-Atlas, in der Regel ein 5 bindiges Atlasgewebe, dessen Schußfäden auf der rechten Seite flott liegen. Oft mit eingewirkter Eigenthumsbezeichnung. 130 cm breit, 3,50 M. b. m. Muß aus reiner Kammwolle gleichmäßig gewebt sein, den ausgelegten Mustern entsprechen. Dient zu Fenstervorhängen und mit Seide als Wandbekleidung bei I. und II. Cl.-Coupé's. 4,50 M. das m. Untersuchung s. Gewebe.

Wolle, ist das Haar der Schafe, welches von dem der anderen Thiere sich dadurch unterscheidet, daß es feiner und gekräuselt ist und weniger Farbstoff enthält. Je deutlicher diese Unterschiede hervortreten, also je mehr die Wolle von der Natur der Haare sich entfernt, um so besser ist sie im Allgemeinen, jedoch sind auch Gleichförmigkeit, Elastizität, Weichheit, Sanftheit, Biegsamkeit, Dehnbarkeit, Festigkeit und Glanz der Fasern für ihren Werth bestimmend; ferner noch die Beschaffenheit der Kräuselung, ob nämlich die Bögen x b y kreisförmig (I), hochbogig (II) oder flachbogig (III) sind. Das Wollhaar, in Fig. 218 in 300facher

Vergrößerung gezeichnet (A Ansicht, C Durchschnitte, B Kräuselung), hat eine Stärke von $^{1}/_{90}$—$^{1}/_{12}$ mm, Länge 25—500 mm. Die Anzahl der Windungen oder Bögen der Kräuselung auf 26 mm ist 10—36, so daß das ausgereckte Haar 1,2—2 mal so lang wie das gekräuselte ist. Das Wollhaar ist auf seiner Oberfläche nicht glatt, sondern schuppenartig (Fig. 218 A) u fühlt sich, da die Schuppen dachziegelartig übereinanderliegen,

Fig. 218.

Wollfaser.

rauh an. In Folge dieser Beschaffenheit arbeiten die Wollhaare bei einem schiebenden und knetenden Drucke, insbesondere unter Mitwirkung von heißen Wasserdämpfen, welche die Haare weich und geschmeidig machen, sich so durcheinander, daß sie eine wirre, feste Masse bilden, welche man Filz (S. 89) nennt; aus diesem lassen die einzelnen Haare, ohne zu zerreißen, sich nicht entfernen. Von dieser Eigenschaft der Wolle, sich zu verfilzen, wird, außer bei der Bereitung des Filzes, auch bei der Herstellung von Wollengeweben (Tuchen) Gebrauch gemacht, um diesen ein festes Gefüge zu geben. S. 279.

Zur Gewinnung der Wolle werden die Schafe gewaschen und dann so geschoren, daß die ganze Wollmasse (das Vließ) zusammenhängend bleibt. Die Güte der Wolle bei dem einzelnen Thiere ist je nach dem Körpertheile, auf welchem sie sich befindet, verschieden. Aus den einzelnen Vließen werden die gleichwerthigen Wollsorten heraussortirt, welche dann je nach ihrer Güte unter verschiedenen Benennungen (Superfein, fein, ordinair, o. a.) in den Handel gebracht werden.

Schurwolle heißt die von lebenden Schafen genommene Wolle.

Sterblingswolle oder Fellwolle ist von verendeten Thieren entnommen.

Gerberwolle oder Raufwolle entstammt den Schaffellen der Gerbereien.

Streichwolle (Tuchwolle) bezeichnet die kurze und stark gekräuselte Wolle, welche hauptsächlich zu (verfilzten) Tuchen und tuchartigen Stoffen,

Kammwolle ist die längere Wolle, welche zu (nicht verfilzten) Wollenzeugen verarbeitet wird.

Scheerwolle (Scheerhaare) nennt man die bei der Herstellung von Tuchen (bei dem Scheeren) abfallenden Wollfasern; werden zum Fälschen von Tuchen benutzt.

Kunstwolle, ist aus Wolllumpen und altem Wollgarn wiedergewonnene Wolle. Die kurzfaserige Kunstwolle aus alten Tuchen und sonstigen gewalkten Zeugen heißt Mungo, die langfaserige aus alten Kammwollstoffen und Strickgarnen nennt man Shoddy. Sie werden beide wieder gemischt und mit guter Wolle versponnen, auch zu Geweben verwandt. Wollgarne und Wollzeuge werden mit Kunstwolle verfälscht und ist diese schwierig in denselben zu erkennen und nachzuweisen.

Halbwolle bezeichnet ein Zeug, dessen Kette aus Baumwolle und dessen Schuß aus Wolle besteht.

Wie Wolle von anderen Gespinnstfasern (Baumwolle, Flachs u. s. w.) in fertigen Waaren unterschieden wird, s. Gewebe. S. Tuche.

Wollgarn, s. Schafwollgarn.

Wollschnur, graue, zu Gardinenschleifen (1,2 m) in I. und II. Cl.=Coupé's. Nach Muster zu liefern. 1 m 5. Pf. S. Gespinnste.

3.

Zaumleder, s. Blankleder.

Z=Eisen, Fig. 219, ist ein gebräuchliches Façoneisen; hat gleiche und parallele zum Stege senkrechte Flantschen. Anforde-

rungen an Festigkeiten und sonstige Eigenschaften s. Façoneisen.

Im Wagenbau findet als Waggoneisen ein Z=Eisen von 38 mm Höhe und Breite und 7 mm Stegdicke als Thürsäuleneisen für bedeckte Güterwagen Verwendung. 150—180 M. die Tonne.

Fig. 219.

Normalprofile für Z-Eisen.

No. des Profils	Höhe h	Flanschenbreite b	Stegdicke d	Flanschendicke t	R	r	Querschnitt	Gewicht für 1 m
	mm	mm	mm	mm	mm	mm	qcm	kg
3	30	38	4	4,5	4,5	2,5	4,26	3,3
4	38	38	7	7				
	40	40	4,5	5	5	2,5	5,35	4,2
5	50	43	5	5,5	5,5	3	6,68	5,2
6	60	45	5	6	6	3	7,80	6,1
8	80	50	6	7	7	3,5	10,96	8,6
10	100	55	6,5	8	8	4	14,26	11,1
12	120	60	7	9	9	4,5	17,94	14,0
14	140	65	8	10	10	5	22,60	17,6
16	160	70	8,5	11	11	5,5	27,13	21,2

Zementirpulver, s. Eisen S. 47.

Zementstahl, s. Eisen S. 51.

Ziegenleder, findet sämischgar als Waschleder Verwendung.

Zink, Metall, wird aus Zinkerzen gewonnen, welche zuerst geröstet, dann mit Kohle und Zuschlägen (u. a. Kalk) in geschlossenen Gefäßen (Muffeln, Röhren, Tiegeln) geglüht werden. Es bilden sich Zinkdämpfe, welche in Verdichtungsgefäße geleitet, sich zu Metall verdichten. Wird in gußeisernen Formen umgeschmolzen und zu Platten oder Blöcken (Werkzink) geformt. Hat auf der Bruchfläche eine grauweiße, ins Bläuliche spielende Farbe mit starkem Metallglanze und ein blätterig krystallinisches Gefüge. Verschmiert die Feile. Spez. Gew. 7,1—7,3. Zink ist in kaltem Zustande spröde, wird zwischen 100° und 150° sehr dehnbar, über dieser Wärme wieder spröde bei 200° zu Pulver zerstoßbar. Schmelzpunkt 440°. Bei 500° verflüchtigt sich Zink zu festem Zinkoxyd (Zinkweiß).

Zinkgußwaaren an Stelle von Eisenguß, Broncen, Steinmetzarbeiten, Holzschnitzereien, Gittern, Lichtständern u. a. sind sehr gebräuchlich. Zinkguß nimmt Oelanstrich gut an und bei dem Wetter ausgesetzten Gegenständen kann man diese bronciren oder verkupfern.

Zink kann zu Blechen, Drähten und Nägeln verarbeitet werden. Findet außerdem Anwendung zu galvanischen Apparaten und Batterien, zur Verzinkung von eisernen Blechen, Drähten, Ketten u. a., zu Legirungen (Messing, Broncen, Weißmetall). Zu diesen muß das Zink von vorzüglicher Güte sein, darf höchstens 1,5% Blei und 0,1% Eisen, sonstige Verunreinigungen (z. B. Zinn, wenn es aus alten mit Zinn gelötheten Dachblechen, Wasserrinnen 2c. gewonnen ist) aber nicht enthalten, weil diese das Zink zu Legirungen untauglich machen.

Die chemische Untersuchung wird an Bohrspänen vorgenommen, die vor zufälligen Verunreinigungen zu schützen sind. Eine gewisse praktische Prüfung ist dadurch anzustellen, daß auf die hohlgelegte, nicht zu dünne Zinkplatte Schläge mit einem Hammer gegeben werden; gutes Zink verträgt einige Schläge und biegt sich vor dem Bruche etwas durch, schlechtes Zink bricht sofort ohne Durchbiegung.

Ein Zinküberzug schützt Eisen vor Rost und zwar besser als Zinn und Blei. Das Verzinken wird in der Weise bewirkt, daß man das Eisen erst mit verdünnter Schwefelsäure rein beizt, dann scheuert, darauf in eine Salmiaklösung taucht und trocknet. Alsdann kommt das Eisen in ein sehr heißes Zinkbad, worauf es in Wasser gebracht und mit Bürsten abgerieben wird.

Verzinkter Eisendraht u. a. zu Telegraphenleitungen, Drahtgeflechten u. a., verzinkte (galvanisirte) Eisenbleche zu Dachdeckungen, Röhren, Gefäßen aller Art u. a. gebräuchlich. Wie stark die Zinkschicht auf dem Eisen ist, läßt sich nicht unmittelbar messen. Zur genauen Untersuchung müßte auf chemischem Wege das Gewicht des Zinks für die Flächeneinheit bestimmt und daraus die Dicke der Zinkschicht berechnet werden. In anderer Weise wird eine Prüfung vorgenommen, indem man ein Stück des verzinkten Eisens etwa 1 Minute lang in eine Lösung von 1 Thl. Kupfervitriol in 5 Thl. Wasser taucht; es bildet sich auf dem Zinküberzug ein schwarzer Kupferniederschlag, welcher abgewischt wird; dieses Eintauchen und Abwischen wird so oft wiederholt, bis das Zink verschwunden ist und das Eisen anfängt, die rothe Farbe des Kupfers zu zeigen, welches auf dem Eisen festhaftet. Je öfter der Gegenstand das Eintauchen verträgt bevor das Zink verschwindet, um so dicker war die Zinkschicht. Diese muß so innig mit dem Eisen verbunden sein, daß beim mehrmaligen Hin- und Herbiegen oder bei Draht bei einigen Drehungen um seine Längsachse die Zinkschicht nicht reißt oder sogar abblättert. 100 kg Blockzink 28—32 M.

Zinkblech, wird aus gewärmten Zinkplatten zwischen heißen Walzen hergestellt;

geringste Dicke 0,05 mm. Gewöhnliche Länge der Blechtafeln 2000 mm bei 650, 800 und 1000 mm Breite. Größte Breite 1,350 m. Findet Verwendung zu Gefäßen aller Art, zu Wassereimern, Dachdeckung (gewellte Zinkbleche), bei der Herstellung von Lampen, Laternen ꝛc. Zinkgefäße zu häuslichem Gebrauche nicht verwendbar, weil sich leicht giftige Zinksalze bilden.

(Hierzu untenstehende Tabelle.)

Zinkblumen, ist Zinkweiß.

Zinkchlorid, s. Chlorzink.

Zinkcylinder, für Meidinger Elemente, s. S. 186 u. Zinkpol.

Zinkelemente, s. Zinkpol.

Zinkgrau (Schiefergrau, Steingrau), ist Zinkstaub, ein metallisches hellgraues Pulver, welches sich bei der Darstellung des Zinkes bildet. Als Oelfarbe sehr geeignet zum Anstreichen von Eisen, da es dieses vor Rost schützt. Die Anstrichmasse muß wiederholt umgerührt werden, da sich der Zinkstaub zu Boden setzt. Kann mit ähnlich aussehenden Pulvern verfälscht sein. 100 kg 30 M.

Zinkoxyd, ist Zinkweiß.

Zinkpole (Zinkcylinder, Zinkelemente), zu Meidinger'schen Elementen, Fig. 220 u. 221, müssen aus reinem Zink mit höchstens 1,3% Blei, 0,1% Eisen und ohne sonstige Verunreinigung hergestellt sein. Dieselben werden gegossen oder aus Zinkblech gebogen. Im ersteren Falle wird der

1 Quadratmeter Zinkblech wiegt:

Blechdicke mm	1	2	3	4	5	6	7	8	9	10
Gewicht für 1 qm. kg	6,9	13,8	20,7	27,6	34,5	41,4	48,3	55,2	62,1	69,0
Blechdicke mm	11	12	13	14	15	16	17	18	19	20
Gewicht für 1 qm. kg	75,9	82,8	89,7	96,6	103,5	110,4	117,3	124,2	131,1	138,0

Von 0,75—6 mm Stärke 35 M. für 100 kg. Probe 200 qmm.

an den Zinkcylinder sich schließende, etwa 2 mm starke Kupferdraht auf etwa 40 mm Tiefe eingegossen, im andern Falle in der in Fig. 221 gezeichneten Weise angebracht und verlöthet. Uebliche Abmessungen u. a. sind folgende:

Zinkpole.

Höhe mm	Aeußerer Durchmesser mm	Wandstärke mm	Spaltweite	Gewicht gr	Länge des Kupferdrahtes mm	Preise. Das Stück. (kleine)
65	95	—	20	500	140	
67	95	—	5	500	180	
70	104	4	10	590	115	27—30 Pf.
70	93	3,5	—	—	130	
70	87,5	3	—	430	140	
100	120	—	—	1100	160	

Fig. 220 u. 221.

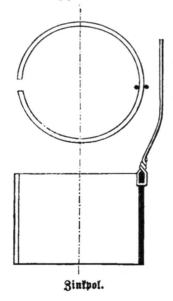

Zinkpol.

Gußchlinder können ohne Schwierigkeit in der eigenen Werkstätte hergestellt und

dann das Material besser geprüft werden, dessen Güte andernfalls durch chemische Untersuchung festzustellen ist. Der Kupferdraht wird auch vereinzelt angenietet, dann verlöthet und die Verbindungsstelle mit Asphaltlack verstrichen, was auch bei der in Fig. 221 gezeichneten Verbindungsweise nöthig ist.

Zinkweiß (Zinkblumen), ist Zinkoxyd, weiße Mineralöl- und Deckfarbe. Wird dargestellt durch Glühen von Zink oder Zinkerzen in Retorten oder ähnlichen Vorrichtungen, wobei das Zink Dampfform annimmt. Die Zinkdämpfe werden in einem heißen Luftstrom zu Zinkoxyd verbrannt und in Kammern geleitet, wo sich das Zinkweiß als äußerst leichtes, lockeres, geruch- und geschmackloses Pulver absetzt; es kann ohne Mahlen und Schlemmen mit Firniß verrieben werden. Zinkweiß muß eine reine, weiße Farbe haben, wenn es silbergrau oder schmutzigweiß ist, so enthält es Zinkgrau oder Verunreinigungen.

Zinkweiß von der allerbesten Güte mit der schönsten, blendend weißen Farbe, fast chemisch rein, heißt im Handel **Grünsiegel**. Diesem nahe steht **Rothsiegel**, mit schöner, weißer Farbe und nur Spuren von Verunreinigungen. **Blausiegel** hat eine unansehnliche Farbe in Folge von fremdartigen Bestandtheilen. Für Weißlackirungen muß das zu liefernde Zinkweiß dem „Grünsiegel", für Oelanstriche dem „Rothsiegel" entsprechen. Dieses darf höchstens 0,3 % Verunreinigungen enthalten.

In feuchten Räumen wird Zinkweiß körnig und als Farbe dauernd unbrauchbar, es ist also in sehr dichten Fässern oder Kisten zu liefern und sehr trocken zu lagern.

Zinkweiß ist theuerer als Bleiweiß und nicht so gut deckend; dagegen wird Bleiweiß bei schwefelwasserstoffhaltigen Ausdünstungen schwarz, was bei Zinkweiß nicht eintritt. Außerdem ist Bleiweiß giftig, dagegen aber wieder wetterbeständiger und hat eine etwas lebhaftere weiße Farbe. Man gebraucht häufig zum Grundanstrich Bleiweiß und als letzten Anstrich bestes Zinkweiß. Unter dem Namen Galmeiweiß kommt weiße Zinkfarbe in den Handel, die aus Zinkweiß und Schwerspath besteht. Reines Zinkweiß muß in Salzsäure ohne Brausen sich vollständig auflösen.

100 kg 40—50 (—80) M.

Zinn, Metall, wird durch Verschmelzen von vorher gerösteten Zinnerzen mit Kohle und Zinnschlacken in Schachtöfen gewonnen. Von fremden Beimengungen, u. a. Eisen und Arsen, wird es durch nochmaliges Schmelzen auf glühenden Kohlen gereinigt, wobei das Zinn zuerst schmelzt, abfließt und das Körnerzinn liefert, während eine schwerer schmelzbare Legirung zurückbleibt. Im Handel kommt das Zinn als Block=, Stangen= und Rollzinn vor. In kleinen Stücken heißt es Körnerzinn. Es hat eine silberweiße Farbe mit einem Stich ins Bläuliche und ist nach Blei das weichste Metall. Verschmiert die Feile. Gerieben hat es einen eigenthümlichen Geruch und Geschmack. Es ist sehr geschmeidig, läßt sich zu äußerst dünnen Blättern (Staniol, Zinnfolie) ausarbeiten. Schmelzpunkt 230°; spez. Gewicht 7,3. Je geringer dieses, um so reiner ist das Zinn. Reines Zinn gibt beim Hin= und Herbiegen ein eigenthümliches (knirschendes) Geräusch (Zinnschrei). Sehr geschätzt wegen ihrer Reinheit sind die Ostindischen Zinne, Banka=, Billiton= und Malakkazinn. Eine gute englische Sorte ist das Lammzinn, nach der Fabrikmarke so genannt.

Zinn findet Verwendung zu Kupfer=, Blei=, Zinn= und anderen Legirungen, insbesondere auch zu Löthen, ferner zum Verzinnen. Zinnfolie dient zum Bedecken feuchter Mauern und als Zwischenlage zwischen Fundament und Mauerwerk, um das Aufsteigen der Nässe zu verhindern.

Zinn darf höchstens 0,2% fremde Bestandtheile enthalten, die hauptsächlich Eisen, Blei und Kupfer sind. Zu untersuchen durch chemische Prüfung von Bohrspänen, die vor zufälligen Verunreinigungen geschützt werden müssen.

Das Verzinnen von dünnen Eisenblechen (s. Weißblech) ist sehr gebräuchlich. Um einzelne Gegenstände auf die einfachste Weise zu verzinnen, reinigt man dieselben und verreibt alsdann geschmolzenes Zinn unter Zusatz von Salmiak oder Kolophonium auf denselben. Zinn in Blöcken 100 kg 175 bis 200 M.

Zinnober, grüner, ist eine Mischfarbe aus Pariser Blau und Chromgelb. S. Chromgrün.

Zinnober, rother, (Zinnoberroth), ist ein selten vorkommendes Quecksilbererz. Wird als rothe Mineralfarbe (Schwefelquecksilber) künstlich durch innige Mengung von Quecksilber und Schwefel und nachfolgendem Glühen, oder durch Erwärmen der Mischung in Aetzkalilauge dargestellt. In dem letzteren Falle erhält man die Farbe nach dem Auswaschen und Trocknen als Pulver, welches auch Vermillon genannt wird, wogegen man den bei der ersten Darstellungsweise gewonnenen Stückzinnober vorzugsweise Zinnober nennt. Er zeigt auch chemisch rein wechselnde Farbentöne, er ist gelbroth bis violettroth, ebenso sind Feuer und Farbenschönheit sehr verschieden.

Wird verfälscht mit Bleimennige, Drachenblut, Chromroth, Englischroth, Antimonzinnober, Schwerspath, Gyps, Bleiweiß u. a. Fremdartige Substanzen sind leicht zu entdecken, indem diese beim Erhitzen der Farbe in einer Porzellanschale zurückbleiben, während der Zinnober sich verflüchtigt. Chemisch zu untersuchen. Praktische Prüfung auf Deckvermögen, Färbekraft, Farbenschönheit u. s. w. s. Farben.

Zinnober ist in feuriger, lebhaft rother Farbe, ohne Stich ins Braunrothe, gut deckend und trocknend, ohne fremdartige Beimengungen zu liefern. Verunreinigungen höchstens 0,5%. Für die gewünschten Farbentöne sind Proben auszulegen. In Fässern oder Kisten, nicht so zweckmäßig in Lederbeuteln, anzuliefern.

Zinnober ist wenig giftig! Den Arbeitern mitzutheilen! Vorsicht beim Gebrauche, Stäuben zu vermeiden! Proben 0,1 kg. Das kg 4 bis 5 M.

Z-Laschen, s. Laschen S. 169.

Zores-Eisen, ist Belageisen.

Zucker, weißer, wird mit einigen Hoffmannstropfen oder Opiumtinctur bei

Bolzenlöcher müssen genau rechtwinklig zu den Seitenflächen gebort und sauber ausgerundet sein. Zughaken müssen aus bestem, zähen Schmiedeeisen bestehen, dessen Zerreißfestigkeit mindestens 36 kg für das qmm und dessen Zusammenziehung bei 200 mm langen Probestäben mindestens 12% der ursprünglichen Länge beträgt.

Gewicht mit 300 mm langem Stück zum Anschweißen 19 kg.

Zwangsschienen, werden in derselben Weise, aus demselben Materiale und in derselben Querschnittsform wie die Schienen gefertigt. Wegen ihrer geringeren Länge kann man sie in mehrfachen Längen

Fig. 222.

1000 — 1000 — 1000
Ganze Länge - 3500
645   645

Zwangsschiene.

Ohnmachten, Schwächen, Verwundungen eingegeben. 0,25 kg Zucker befinden sich im Rettungskasten der Pr. Staatsbahnen.

Zughaken, für die Zugstangen der Eisenbahnwagen müssen in Form und Abmessungen genau der Zeichnung entsprechen. Dieselben werden an Stelle von schadhaften Haken an vorhandene Zugstangen geschweißt und gibt man dem Haken ein 200—300 (bis 580) mm langes Ende zum Anschweißen, mit welchem der Haken aus einem Stücke (ohne Schweißung) hergestellt sein muß. Die Zughaken sollen so sorgfältig geschmiedet sein, daß unganze Stellen durchaus ausgeschlossen sind. Die Schmiedung muß durchaus sauber erscheinen, andernfalls sind die Haken mit der Feile zu bearbeiten. Die

walzen und dann auf einfache Länge schneiden, was mit der Säge und Fräse und nicht mit der Scheere erfolgen muß. Das Biegen der Zwangsschienen soll sofort nach dem Walzen bezw. Schneiden in rothwarmem Zustande erfolgen und ist ein Nachrichten im kalten Zustande nur ausnahmsweise zulässig. Die Länge und Form der Zwangsschienen wird dem Fabrikanten durch Zeichnung angegeben (wie z. B. Fig. 222). Hinsichtlich des Materiales, der Anfertigung, äußeren Beschaffenheit, Prüfung und Abnahme der Zwangsschienen kann lediglich auf das bei Schienen Gesagte verwiesen werden.

Zwillingstrichter, aus Porzellan für elektrische Läutewerke, Fig. 223, sind etwa 125—210 mm lang. Das Material und die äußere Beschaffenheit betreffend, so gilt das bei Isolatoren Gesagte. Sie müssen genau der Zeichnung entsprechen. Je nach auf Zwirnmaschinen. Je nach der Anzahl der Fäden unterscheidet man 2—6 fädigen Zwirn und nach der Natur der Gespinnst= faser Seiden=, Wollen=, Baum=

Fig 223.

Zwillingstrichter.

Länge und Größe 100 Stück 45 bis 80 M.

Zwirn, entsteht durch Zusammen= drehen von mehreren durch Spinnen herge= stellten Garnfäden. Das Zwirnen erfolgt wollen= und Leinenzwirn. Im ge= wöhnlichen Leben versteht man unter „Zwirn" meist nur den Leinenzwirn, wogegen Seiden= zwirn Näh= bezw. Stickseide und Wollen= sowie Baumwollenzwirn Garn genannt werden. E. Nähseide, Drehseide und Hanfzwirn.

Vom Verfaſſer des vorliegenden Werkes ſind im gleichen Verlage erſchienen, die erſtgenannten beiden gemeinſam mit Ingenieur Rich. Koch herausgegeben:

Die Schule des Locomotivführers. Gemeinfaßlich bearbeitet von I. Broſius und R. Koch. Mit einem Vorwort von weiland Edmund Heuſinger von Waldegg. Drei Theile nebſt Fragebuch. Fünfte Auflage. Mit über ſiebenhundert Abbildungen. Preis: M. 10.—

Preisgekrönt von dem Verein Deutſcher Eiſenbahnverwaltungen.

Die Schule für den äußeren Eiſenbahn-Betrieb. Gemeinfaß lich bearbeitet von I. Broſius und R. Koch. Drei Theile. Mit über tauſend Abbildungen im Texte und mehreren Tafeln. Preis: M. 14.—

Reiſeerinnerungen an die Eiſenbahnen der Vereinigten Staaten von Nordamerika. Zweite vermehrte Auflage. Mit zahlreichen Abbildungen. Preis: M. 4.—

—— Näheres wolle man aus dem beigehefteten Verlags-Verzeichniſſe erſehen. ——